Karl Kraus

Die Fackel

Karl Kraus

Die Fackel

ISBN/EAN: 9783744658041

Hergestellt in Europa, USA, Kanada, Australien, Japan

Cover: Foto ©ninafisch / pixelio.de

Weitere Bücher finden Sie auf **www.hansebooks.com**

DIE FACKEL

NR. 159   WIEN, 12. APRIL 1904   VI. JAHR

ERPRESSUNG.

Gemeiner Stadtklatsch, den die Zeitungen aus
einem Steckbrief, einem Überfall und mehreren Eingriffen in Privatlebensverhältnisse, aus enttäuschter
Liebe und befriedigter Perversität bereiteten, hat zu
melden gewußt, der Advokat und Familienvater habe
sich nicht sogleich zur Strafanzeige wider den sexuellen Bedränger der Familien des Franz Josefs-Kai
entschlossen, sondern ihm zwischen Anklagebank und
im Selbsthilferecht verhängten Strafen die Wahl
gestellt, aus deren Qual jener sich durch rasche
Flucht befreite. Fast alle Gerüchte, welche zu dieser
überflüssigen Sensation zusammenliefen, waren aus
dem öffentlichen Interessenkreise auszuscheiden,
und nur der Neuigkeitsgier einer gänzlich ver-
luderten Presse, die Existenzen für Nachrichten preisgibt, blieb es vorbehalten, die Ehrenhaftigkeit von
Privatleuten ohne Beweise hinwegzubeschließen. Bevor
noch einem Angeklagten die Vorladung zugestellt
ist, hat die Spaltenjustiz Zeugen verhört und ihr Urteil
gesprochen. Den einen steht so fest, daß der Angeklagte Kinder geschändet hat, wie den anderen, daß
der Anzeiger ein Erpresser aus Gewinnsucht ist. Und
als ob es keinen Beleidigungsparagraphen gäbe, der
da verbietet, »ehrenrührige, wenn auch wahre Tatsachen des Privat- und Familienlebens« zu erörtern, werden die schuldlosen Angehörigen der beiden Gegner von
dreisten Sudlern beschnittener und unbeschnittener
Richtung verunglimpft, daß die Fetzen der Privatehre

nur so herumfliegen. Zu einer solchen Anarchie in Ehrendingen haben wir es dank einer katastrophalen Geschwornenjustiz, vor der der Beleidigte Reißaus nehmen muß, heute gebracht. Da wird, ohne Furcht, eine wehrhafte Frau könnte von ihrer Hundspeitsche noch fernern Gebrauch machen, in einem Blatt, das sich »christlich-soziales Organ« nennt, in aller Seelenruhe berichtet, daß sie die sexuellen Beziehungen zwischen ihrem Gatten und ihrer Freundin gefördert habe; da rühmt sich jenes gesinnungsverwandte Organ, dessen ordinäre Alkovenneugierde alle jüdischen Vorbilder übertrifft, einer seiner Berichterstatter hätte »Gelegenheit gehabt, in die Korrespondenz des Liebespaares Einblick zu nehmen«, in eine Korrespondenz, die nie in dem vom Schnüfflergeschmack gewünschten Sinne geführt wurde, eines Liebespaares, zu dem der Schmierfink einen perversen Mann und ein ahnungsloses Mädchen zusammenstellt. In dem abgefeimtesten Diebsblatt wird mit der Miene des Vorsitzenden eines militärischen Ehrenrats die Frage erörtert, ob der Anzeiger »korrekt« gehandelt hat, und die Frage verneint, weil — nun, weil er als Verteidiger in einem Strafprozeß einmal Gelegenheit nahm, die Verpestung Wiens durch die neue Wiener Journaille zu beklagen. Wo der Ursprung publizistischer Gehässigkeit so klar ist, wird das »Motiv der Anzeige«, das zur Beurteilung der Tat des Angeklagten doch wahrhaftig gleichgiltig und schwerer als diese beweisbar scheint, hämisch enthüllt, und aus dem Fall eines Geklagten ist im Nu der Fall des Klägers geworden. Was aber die Schäbigkeit versäumt, holt in diesem journalistischen Chaos von Rache und konträrer Sexualempfindung die Dummheit reichlich nach. Einen Fall, in dem es sich um Verführung von Kindern handelt, hält manch einer für den geeigneten Anlaß, die Frage der kriminellen Behandlung homosexuellen Verkehrs zu erörtern, und ein vollendeter Tölpel argumentiert in einer Revue ernsthaft: Brot-

diebstahl aus Hunger oder Notzucht aus Liebe sei die
Betätigung eines Naturdranges, die das Gesetz verbiete;
wenn man so den »völligen Gehorsam gegenüber der
Natur bestraft«, sei es eigentlich unlogisch, »plötzlich ein Verbrechen aus einer Tathandlung zu kon-
struieren, die sich eklatant g e g e n die sonst so ver-
pönte Natur kehrt«, und von diesem »Gesichtspunkt« aus
müsse der einverständliche homosexuelle Geschlechtsverkehr straflos bleiben... Solch potenzierten Stumpfsinn, der sich wie ein dreister Ulk in ernster Sache
ausnimmt, sollen Wiener Zeitschriftenleser schlucken,
deren Vollsinnigkeit schon die bloße Zumutung ab-
weist, mit der Affaire eines Kinderschänders das Problem
des Homosexualismus (als ob der Verkehr mit Mädchen unter vierzehn Jahren heute erlaubt wäre!) aufgetischt zu bekommen.

An dieser Sexualkomödie der Irrungen darf die
öffentliche Meinung nicht intensiver interessiert sein
als die Justiz und über die Berechtigung einer Anzeige nicht vor dem Gerichtstage absprechen. Zur
Lösung der Frage nach der kriminalwissenschaft-
lichen Wertung des Homosexualismus wird auch
die Verhandlung nicht beitragen. Wohl aber könnte
der Streitfall schon heute zu Betrachtungen über
ein anderes strafrechtliches Problem, das wie kein
zweites unter dem Schutt juristischer Begriffswirrnis
begraben liegt, anregen, — das der Erpressung.
Nicht von jener »Chantage« soll hier die Rede
sein, welche von der Strafsanktion lebt, unter die
der konträrsexuale Geschlechtsverkehr mündiger und
williger Leute von der Unvernunft und Unmensch-
lichkeit der Gesetzgeber heute noch gestellt ist. D e r
Fall läge einfach, und kein Staatsanwalt, der mit
Anklagen gegen Perverse zur Hand ist, würde zögern, die
Parasiten ihrer Furcht, die Schweiggelderpresser, nach
§ 98b anzuklagen. Die Bedingungen, die der Advokat und Familienvater vor Erstattung seiner Anzeige gegen den Kinderfreund gestellt hat, sind

natürlich himmelweit von den Forderungen der Gewinnsucht entfernt, die homosexuale Erpresser an ihre Opfer stellen, und er könnte die Frechheit einer Presse, die einen unüberlegten Akt der Selbsthilfe mit Geldfragen in schielenden Zusammenhang zu bringen wagt, jetzt mit der Hundspeitsche züchtigen, wenn er sie seiner Angreiferin nicht zu entwinden vergessen hätte. Aber er hat, wie er in einer Zuschrift an die Zeitungen selbst zugibt, Bedingungen gestellt. Er hat, um einem Universitätsprofessor den Gerichtsskandal zu ersparen und der gekränkten Familienmoral dennoch eine Genugtuung zu verschaffen, über jenen den Verlust des Lehramts nebst mehrjähriger Landesverweisung zu verhängen gewünscht. Sicherlich in besserer Absicht als Gesetzeskenntnis. Gewiß nicht aus der kriminellen Gesinnung, die aus der Furcht des Andern Vorteil zieht. Wohl aber in dem Bestreben, in selbstrichterlicher Herrlichkeit die Furcht zum Nachteil des Andern zu nützen. Ein Rechtsanwalt ist's, der solches für gut fand, einer, der die Fährnisse des § 98 b des österreichischen Strafgesetzes aus reicher kriminalistischer Erfahrung kennen sollte. Die Anzeige stand ihm wie jedem Staatsbürger frei. Wollte er sie vermeiden, so blieb ihm außer dem Ausschluß des Kinderfreundes aus dem Verkehr mit seiner und der befreundeten Familie keine Genugtuung. Er wählte ein Mittelding: die Aufhebung der österreichischen Staatsgrundgesetze. Statt eines gerichtlichen Urteils bloß eine Rechtsfolge nebst Sistierung der Freizügigkeit. Hausjustiz, welche die staatliche Rechtspflege überflüssig macht. Der Professor wollte sich beiden nicht fügen, und ein Steckbrief, zu dessen Abfassung sich beide verbanden, gab ihm das Geleite ... Das Laiengefühl findet, mag die Tat des Verfolgten hundertmal beweisbar, die gerichtliche Anzeige hundertmal berechtigt sein, das Vorspiel, dem diese folgte, unnatürlich. Aber es findet dem Abnormalen keine juristische Formulierung. Es schreckt vor dem nach öster-

reichischem Gesetz einzig zutreffenden Gedanken
zurück, daß hier eine »Erpressung« begangen wurde. Im
deutschen Reich wär's eine »Nötigung«; und man würde
wünschen, daß in unserm neuen Strafgesetz für solche
Milderung Platz geschaffen werde, nach der die bloße
»Übertretung« des Verbots, jemanden durch Bedrohung
zu einer Handlung zu verhalten, etwa mit Geldstrafe zu
ahnden wäre. Unbegreiflich aber wie das Vorgehen
des Advokaten bleibt der Eifer, mit dem in juristischen
Kreisen seine Qualifikation nach dem geltenden Strafgesetz überhaupt erörtert werden konnte. Wenn je
ein Fall klar lag, und wenn je einer die Reform des
die Nötigung unter allen Umständen als »Verbrechen«
grausam ahndenden Strafgesetzes dringlich erscheinen
ließ, so war es dieser. Die ethische Verfehlung liegt
hier gewiß nur in der Anmaßung privatrichterlicher
Machtvollkommenheit; daß sie nach unserm Strafgesetz als Erpressung zu beurteilen ist, müßte jedem
Juristen, der den Paragraphen und seine oberstge-
richtliche Auffassung kennt, klar sein. Aber auch der
Segen begrifflicher Verwirrung ist von oben gekommen,
und die allgemeine Dunkelheit, die sich über die
schwierige Materie gelagert hat, entschuldigt sogar das
Mißverstehen des von selbst Verständlichen. Darum
mag es nützlich scheinen, die Merkmale eines so
populären Delikts populär zu erläutern, damit es nicht
nur die vielen verstehen, die es begehen, sondern auch
die wenigen, die es anklagen und verurteilen.

»§ 98. Des Verbrechens der öffentlichen Gewalttätigkeit durch Erpressung macht sich schuldig, wer
a) einer Person wirklich Gewalt antut, um sie zu
einer Leistung, Duldung oder Unterlassung zu zwingen,
insoferne sich seine Handlung nicht als ein schwerer ver-
pöntes Verbrechen darstellt. — Unter derselben Voraus-
setzung begeht eben dieses Verbrechen derjenige, der
b) mittelbar oder unmittelbar, schriftlich oder mündlich,
oder auf andere Art, mit oder ohne Angabe seines
Namens, Jemanden mit einer Verletzung an Körper,

Freiheit, Ehre oder Eigentum in der Absicht bedroht, um von dem Bedrohten eine Leistung, Duldung oder Unterlassung zu erzwingen, wenn die Drohung geeignet ist, dem Bedrohten mit Rücksicht auf die Verhältnisse und die persönliche Beschaffenheit desselben oder auf die Wichtigkeit des angedrohten Übels gegründete Besorgnisse einzuflößen; ohne Unterschied, ob die erwähnten Übel gegen den Bedrohten selbst, dessen Familie oder Verwandte, oder gegen andere unter seinen Schutz gestellte Personen gerichtet sind, und ob die Drohung einen Erfolg gehabt hat oder nicht«. Es bedarf wohl nicht erst des Studiums analoger oberstgerichtlicher Entscheidungen, um zu erkennen, daß die Ankündigung einer Strafanzeige wegen eines homosexuellen Verbrechens einer »Bedrohung an der Ehre«, daß der Verzicht auf die Professur und das Verlassen des Landes einer »Leistung« gleichkommt, die durch die Ankündigung erzwungen werden sollte, und daß diese geeignet war, dem Bedrohten »gegründete Besorgnisse« einzuflößen. Der Kassationshof hat am 24. Jänner 1885 (Z. 12.607, veröffentlicht unter Nr. 735 der Sammlung »Plenarbeschlüsse und Entscheidungen«) sogar ausgesprochen, daß »die Erzwingung des Geständnisses einer strafbaren Handlung unter den Gesichtspunkt der Erpressung fallen kann«, daß es »für die Frage des Tatbestandes belanglos ist«, ob der Verbrechensverdacht — es handelte sich damals um Diebstahl — »begründet war oder nicht«. Wird erwogen, hieß es in jener Entscheidung, »daß ein Beschuldigter die Wahrheit anzugeben nur dem Gericht gegenüber verpflichtet ist, daß jedoch auch der Richter nicht die Befugnis besitzt, ihn durch List oder Zwang zur Erfüllung dieser Pflicht zu verhalten, ja, daß der Beschuldigte, ohne Zwangsmaßregeln hervorzurufen, Antworten ganz verweigern kann, so läßt sich in der Abnötigung des Geständnisses, also in der Nötigung, zur eigenen Überweisung beizutragen, ein widerrechtlicher, mit einem bestimmten Nachteile für den Beschuldigten verbundener Eingriff in dessen Rechtssphäre nicht verkennen«. Wie erst, wenn die Abnötigung des Geständnisses mit der eigenmächtigen Diktierung von Strafen verbunden ist? Am 30. Juni 1900 (Z. 6689, Sg. Nr. 2512) hat der Kassationshof entschieden, daß ein Beleidigter »wegen Verbrechens der Erpressung haftet, wenn er sich der im § 98 b bezeichneten Drohung bedient, um Ausstellung einer Ehrenerklärung und Zahlung einer Geldbuße zu woltätigem Zweck vom Beleidiger zu erlangen«. Der Kaufmann P. begehrte vom Oberstlieutenant S. Zahlung eines nach dessen Erinnern bereits beglichenen Forderungsbetrages von 2 fl. 50 kr. In dem dadurch hervorgerufenen Wortwechsel ließ S. eine Äußerung fallen, durch welche sich P. beleidigt fühlte. Durch seinen Rechtsfreund ließ er daher dem S. brieflich mitteilen, er werde ihn strafgerichtlich belangen, falls S. keine Ehrenerklärung abgebe und zu Gunsten eines der Wohltätigkeit gewidmeten Fonds 200 fl. erlege; später wiederholte er in einem »Eingesendet« eines Tagblattes dies Begehren. P. wurde mit Urteil des Kreisgerichtes in Neutitschein des Verbrechens der Erpressung schuldig erkannt, die Nichtigkeitsbeschwerde des Verurteilten vom Kassationshof verworfen. Laienempfindung wendet wohl ein, daß der Geldbetrag hier nicht für die Tasche des mit der Anzeige Drohenden, sondern für einen wohltätigen Zweck gefordert wurde. Man hat sich so sehr gewöhnt, das Wort »Erpressung« in etymologischen Zusammenhang mit »Presse« zu bringen, daß man an einen andern Zweck der Bedrohung als den der Erlangung von Schweiggeld nicht mehr denken kann. Hätte, wie ein falsches Gerücht anfangs wissen wollte, unser Rechtsanwalt dem Professor, dem er die Strafanzeige in Aussicht stellte, nebst Degradierung und Verbannung auch noch eine Geldbuße auferlegt, so wäre der Tatbestand der Nötigung erheblich erschwert worden und die einzig »freiwillige«

wäre in dem ganzen Handel die Rettungsgesellschaft gewesen, der die Summe, wie erzählt ward, zugedacht war... Aber ward nicht auch das »Recht« auf eine Strafanzeige, die keine verleumderische Beschuldigung ist, immer wieder zur Entschuldigung des Drohenden hervorgehoben? Am 27. Februar 1886 (Z. 14.548, Sg. Nr. 890) hat der Kassationshof über eine Beschwerde, die als Verteidiger — der Mann selbst vertrat, der heute die alte Erfahrung so unglücklich anwendet, entschieden, daß es »für den Tatbestand des im § 98 normierten Deliktes irrelevant ist, ob der Täter ein Recht hatte, das angedrohte Übel in Vollzug zu setzen«, und er hat unter anderm am 30. Dez. 1881 (Z. 10.512 Sg. Nr. 401) und am 19. Nov. 1898 (Z. 12.588 Sg. Nr. 2290) ausgesprochen, daß »auch die Drohung mit einer an sich berechtigten Strafanzeige den Tatbestand der Erpressung herzustellen vermag«.

Wenn in unserm Fall darzutun versucht ward, daß ja dem Kinderfreund mit keinem größeren Übel gedroht wurde, als ihm ohnedies drohte, und daß der Anwalt und Vater ein entschiedenes »Recht« zur Erstattung der Strafanzeige hatte, so zeigt dies, welche Verwirrung eine hartnäckig festgehaltene Auslegung des Kassationshofes in juristischen Köpfen erzeugt hat. Nicht als ob das oberste Gericht je so naiv gewesen wäre, die Möglichkeit, daß mit einem rechtmäßigen M i t t e l unerlaubter Zwang geübt werden kann, zu bestreiten. Aber der Kassationshof hat, da er in die Judikatur über den Erpressungsparagraphen überhaupt den Begriff des »Rechts«, nämlich des Rechts auf die L e i s t u n g, die durch die Drohung bewirkt werden soll, einführte, eine Materie, die ohnedies zu den schwierigsten des Strafgesetzes gehört, unnötig kompliziert. Der Wortlaut des Erpressungsparagraphen gestattet keinen Zweifel darüber, daß ein Zwang ebensowohl durch ein unerlaubtes wie durch ein erlaubtes Mittel, ebensowohl zu einem erlaubten wie zu einem unerlaubten Zweck geübt werden kann. Ausschließlich unerlaubt ist der Zwang selbst. Man könnte sich gewiß den Fall denken, daß eine Erpressung durch die Bedrohung mit einem an sich erlaubten Mittel (Strafanzeige) zu einem an sich erlaubten Zweck (Erlangung eines dem Drohenden geschuldeten Geldbetrags) begangen ward: »Wenn du mir nicht die hundert Gulden, die du mir schuldest, zurückgibst, werde ich gegen dich die Strafanzeige wegen der Gotteslästerung, die du begangen hast, erstatten.« »Wenn du mir nicht die hundert Gulden, die du mir schuldest, zurückgibst, werde ich dich totschlagen«: dies wäre ein Beispiel für die Drohung mit einem unerlaubten Mittel zu einem erlaubten Zweck, zur Erlangung einer Leistung, auf die ich ein »Recht« habe. »Wenn du mir nicht hundert Gulden schenkst, werde ich dich wegen der Gotteslästerung, die du begangen hast, anzeigen«: hier habe ich kein Recht auf die Leistung, wohl aber eines auf das Mittel, mit dem ich die Leistung durchsetzen will. Und schließlich: »Wenn du mir nicht hundert Gulden schenkst, werde ich dich totschlagen«; hier wird ein rechtswidriges Mittel zum Zweck der Erzielung einer Leistung angewendet, auf die ich kein Recht habe. In allen vier Fällen liegt Erpressung vor, solange unter Erpressung einfach eine bedingte Drohung zu verstehen ist, eine Drohung, die ich ausstoße, um jemanden zu einer Leistung, Duldung oder Unterlassung zu bestimmen. Der Kassationshof hat — und wiederholt — unbegreiflicherweise anders entschieden. Die Rechtmäßigkeit oder Rechtswidrigkeit des angewendeten Drohmittels bildet für ihn kein besonderes Merkmal der Erpressung. Dagegen muß nach seiner Ansicht die Leistung, zu der der Bedrohte verhalten werden soll, eine rechtswidrige sein, das heißt: Erpressung liegt nur dann vor, wenn der Bedrohende »kein Recht« auf die Leistung hatte; hat er eines, erwächst also der sich dem Zwang fügenden Person kein rechtlicher Nachteil (z. B. Zahlung einer Schuld, zu der sie durch die Bedrohung mit Totschlag verhalten wird), so liegt nicht Erpressung, sondern bloß gefährliche Drohung vor. Daß diese Auffassung falsch ist, lehrt der klare Wortlaut des dem Erpressungsparagraphen folgenden § 99: »Wer die im § 98 bezeichnete und auf die dort angegebene Art zur Erregung gegründeter Besorgnisse geeignete Drohung bloß in der Absicht anwendet, um einzelne Personen, Gemeinden oder Bezirke in Furcht und Unruhe zu versetzen, begeht das Verbrechen der öffentlichen Gewalttätigkeit durch gefährliche Drohung«. Jene Drohung also, die ich nicht bloß in der Absicht anwende, um in Furcht und Unruhe zu versetzen, sondern die ich in der Absicht anwende, um irgend eine Leistung usw. zu erzielen — gleichgiltig, ob ich ein »Recht« auf sie habe oder nicht —, jene Drohung, die ich nicht absolut, sondern bedingt ausstoße, ist eine Erpressung. Der Kassationshof hat die erstaunlichste Begriffstechnik entwickelt, um den Irrtum zu fundieren, und er hat sogar einmal über das Wörtchen »bloß« im Wortlaut des Drohungsparagraphen, da es ihm entschieden hindernd in den Weg trat, durch eine tiefsinnig unverständliche Deutung — unter Hinweis auf die Stilisierung des Paragraphen im Hofkanzleidekret vom 8. Juli 1835 — hinüberzukommen gesucht. Rochus D. hatte nämlich den Peter R., um ihn zur Rückstellung eines Betrages von 130 fl. zu zwingen, in einer Weise bedroht, »die mit Rücksicht auf die persönliche Beschaffenheit des Bedrohten und auf die Wichtigkeit des angedrohten Übels geeignet war, dem Bedrohten gegründete Besorgnisse einzuflößen«. Der Gerichtshof erster Instanz, der sich die Praxis des Kassationshofs schon zunutze gemacht hatte, sprach nicht nur von der Anklage der Erpressung frei, sondern hatte den vielleicht ironischen Einfall, ausdrücklich zu erklären, daß auch eine Verurteilung wegen gefährlicher Drohung unmöglich sei, weil die Drohung »nicht bloß in der Absicht ausgeübt wurde, den Bedrohten

in Furcht und Unruhe zu versetzen«. So richtig der
Freispruch von der Anklage der Drohung gewesen
wäre, so falsch war hier der Freispruch von der Anklage der Erpressung. Aber der Gerichtshof erster
Instanz wollte vermutlich die Praxis des Kassationshofs ad absurdum führen. Dieser (6. Oktober 1893,
Z. 8172, Sg. Nr. 1672) belehrte ihn: § 99 bilde zwar
eine Ergänzung zu § 98 b in dem Sinne, daß jene
gefährlichen Drohungen, welche der Bestimmung des
§ 98 b aus dem Grunde nicht unterstellt werden
können, weil sie nicht angewendet werden, um eine
Leistung, Duldung oder Unterlassung zu erzwingen,
nach Umständen der Strafsanktion des § 99 unterliegen. Aber statt des Wörtchens »bloß« sei im Hof-
dekret »auch bloß« gestanden; und daraus gehe hervor, daß der § 99 auch angewendet werden könne,
wenn durch die Drohung außer dem Zwecke der
Einschüchterung noch der weitere Zweck verfolgt
werde, ein vermeintliches Recht durchzusetzen . . .
Warum nicht auch ein Unrecht? Eine Leistung, zu
der der Bedrohte nicht verpflichtet ist? Wenn »auch
bloß« bedeuten sollte, daß unbedingte Drohungen
zwar nicht nach § 98 b, wohl aber bedingte auch
nach § 99 verfolgt werden können, dann steht dem
Entschlusse nichts im Wege, selbst Erpressungen,
durch die eine Rechtswidrigkeit durchgesetzt wird,
als einfache gefährliche Drohungen zu qualifizieren
und den § 98 b für überflüssig zu erklären. In Wahrheit hat die alte Stilisierung »auch bloß« nichts anderes
als das spätere »bloß« zu bedeuten, das mit einem tonlosen
Ubergangswörtchen verschnörkelt war. Im Strafgesetz
ist es eben abgetan, und das Wörtchen »bloß« bildet hier
die scharfe Unterscheidung zwischen der bedingten und
der unbedingten, dem ausschließlichen Einschüch-
terungszweck dienenden Drohung. Man wird es nicht
für möglich halten, daß der Kassationshof (25. Oktober 1880, Z. 8340, Sg. Nr. 282) in dem folgenden
Fall von der Anklage wegen Erpressung freigesprochen

hat: Anton St. schwang gegen Mathias V. in der Absicht, ihn zur Herausgabe eines ihm geschuldeten Betrages von 1 fl. 30 kr. zu zwingen, eine Hacke mit den Worten »Gibst mir das Geld?«; Mathias V. warf ihm den Geldbetrag zu und entfloh. Der General-advokat erklärte in der Verhandlung, daß er die Nichtigkeitsbeschwerde des Staatsanwalts nicht zu vertreten in der Lage sei, und führte aus: »Nicht bloß die Störung der Freiheit, sondern die Verkürzung eines konkreten Rechtes ist die Voraus-setzung dieses Verbrechens... Es muß in den Folgen jenes Benehmens, zu welchem er bestimmt worden ist, ein bestimmter Nachteil zu erkennen sein, welcher für den Genötigten eben daraus erwächst, daß er dem fremden Willen sich gefügt hat, und gerade diesen Nachteil ihm zuzufügen, muß die Absicht des Handelnden gewesen sein. Es würde daher das Ver-brechen der Erpressung nicht begangen sein, wenn die Absicht des Handelnden nicht darauf gerichtet war, dem Genötigten einen rechtswidrigen Nachteil zuzufügen, einen rechtswidrigen Eingriff in die Befugnisse des letzteren zu begehen... Wenn die Absicht des Handelnden nur darauf ge-richtet ist, den Bedrohten zu einer Leistung, Duldung oder Unterlassung zu bestimmen, welche er von diesem im eigenen Namen oder in Vertretung eines Dritten (!) zu fordern ein Recht hat, kann der Bedrohte sich nicht als in dem verkürzt ansehen, wozu er durch die Nötigung gebracht würde, es liegt hier nicht ein materieller Schaden, sondern eine bloß formelle Verletzung vor, ein Eingriff in die Freiheit, als Voraussetzung der Rechte, nicht aber in diese Rechte selbst. Solange durch die Drohung nicht ein rechtswidriger, sondern ein dem Recht entsprechender Zustand hergestellt wird, könnte diese Drohung daher nur um ihrer selbst willen und nicht wegen ihres Erfolges strafrechtlich in Betracht kommen.«. So scharfsinnig wie unrichtig. Wer entscheidet über das »Recht« auf die Leistung? Der Drohende selbst? Ist der zur Selbsthilfe entschlossene, also den Rechtszustand negierende Täter befugt, seinen rechtlichen Anspruch festzusetzen? Und soll wirklich das Gericht, das über seine Drohung urteilt, auch das zivilrechtliche Verhältnis zwischen ihm und dem Bedrohten überprüfen? Wahrheitsbeweis bei Erpressung! Und sogar »in Vertretung eines Dritten« kann man einem Schuldner an die Gurgel fahren, ohne nach § 98b zu haften, wenn nur der Betrag wirklich zu zahlen war und der Erpresser sich mit einer Vollmacht ausweisen kann.

Welch' enge Auffassung, die der Zwangsempfindung des Bedrohten die Pein bestreitet, wenn der Anspruch des Drohenden »gegründet« war! Als ob es nach dem klaren Willen des Gesetzes nicht bloß die Besorgnisse des Bedrohten sein müßten! Aber ist denn in den Folgen jenes Benehmens, zu welchem einer gezwungen worden ist, nicht auch dann ein »bestimmter Nachteil« zu erkennen, wenn er, um dem Totschlag zu entgehen, sich das geschuldete Geld beim Wucherer ausborgen mußte? Die Leistung, zu der ich gezwungen wurde, ist immer mein »Nachteil«. Nicht auf den Anspruch des Drohenden, sondern auf meine Angst der Wahl zwischen einer Leistung, zu der ich augenblicklich nicht fähig bin, und dem Erschlagenwerden kommt es an. Die Zahlung einer Geldsumme, die ich schuldig bin, kann mir zu Zeiten schwerer fallen als ein andermal die einer Summe, die ich nicht schuldig bin. Im einzelnen Fall darf nicht die Verpflichtung, sondern höchstens die Möglichkeit, dem fremden Willen nachzugeben, geprüft und der Grad des Zwanges beurteilt werden. Nie aber kann durch eine Drohung »ein dem Recht entsprechender Zustand hergestellt« werden! Und wie sollte eine Schuldzahlung den Rechtszustand schaffen können, den soeben eine Drohung aufgehoben hat?

Sogar der »gute Glaube an ein Rückforderungs-
recht« war dem obersten Gericht einmal die Hand-
habe, eine Verurteilung wegen Erpressung zu
kassieren. Jedenfalls haben es sich nach seiner Anschauung schlechte Zahler selbst zuzuschreiben, wenn
eines Tages der Ruf »Geld her oder das Leben!«
an ihr Ohr dringt. Wörtlich sagte der General-
advokat am 20. Mai 1879 (Z. 2815, Sg. Nr. 202):
»Der säumige Schuldner, der zur Zahlung, der Ver-
tragsbrüchige, der zur Erfüllung des Vertrages gezwungen wird, darf sich darüber nicht beklagen, daß
er der ihm obliegenden Verpflichtung genügt hat«.
Gewalt oder Drohung, die zu so rechtmäßigem Zwecke
angewendet werde, könne nicht nach § 98 a oder b,
sondern beziehungsweise bloß nach § 93 (Einschränkung
der persönlichen Freiheit) oder § 99 (Gefährliche
Drohung) geahndet werden. Erpressung? Gibt's überhaupt nicht mehr! Der Begriff ist sogar, wo ein
rechtswidriger Zweck im Zwangswege durchgesetzt
wurde, nicht mehr vorhanden. Denn selbst die Erpressung,
die der Kassationshof noch gelten läßt, wäre ja nichts
weiter als eine Drohung, kompliziert mit Schadens-
zufügung und also nach der Höhe des Schadens zu bestrafen... Das Grundirrige dieser Interpretation,
die auch namhafte Strafrechtslehrer (Lammasch u. a.)
gutheißen, wird vollends klar, wenn man entdeckt,
daß der Oberste Gerichtshof sich der Verschiedenheit
der Deliktsinhalte der §§ 98 und 99 an deren Neben-
merkmalen bewußt wird. Die Begriffe »gegründete
Besorgnis« und »Furcht und Unruhe«, erklärt er
am 21. Juni 1880 (Z. 4367, Sg. Nr. 260), seien »nicht
identisch«. Furcht sei eine wesentliche Steigerung
der Besorgnis. Hier hat der Kassationshof zwar übersehen, daß auch im Bedrohungsparagraphen zuerst
von der »zur Erregung gegründeter Besorgnisse geeigneten Drohung« die Rede ist, daß also die folgende Um-
schreibung »Furcht und Unruhe« nur dem stilistischen
Abwechslungsbedürfnisse dienen kann. Wäre dies aber

selbst nicht der Fall, wäre Furcht und Unruhe wirklich etwas anderes, mehr als gegründete Besorgnis, so müßte schon daraus hervorgehen, daß man die »berechtigte« Erpressung nicht willkürlich in das Strafgebiet des nächsten Paragraphen, der von Furcht und Unruhe spricht, bugsieren kann. Sie wäre nämlich überhaupt straflos, wenn sie bloß gegründete Besorgnisse erweckt hat.

Der Unterschied zwischen Erpressung und gefährlicher Drohung ist bei Anwendung des gleichen Mittels die Verschiedenheit zwischen Absicht und Selbstzweck. Dort ist die Drohung ein Anfang, hier ein Abschluß. Dort zumeist ein kalt berechneter Plan, hier zumeist eine heiße Rache. Der Diener, der mit Verrat von Familiengeheimnissen für den Fall seiner Entlassung droht, ist — auch wenn er hundertmal ein kontraktliches Recht auf den Posten hat — ein Erpresser; der entlassene Diener, der aus Wut den Verrat von Familiengeheimnissen ankündigt, begeht eine gefährliche Drohung. Daß man auch ein Recht erpressen kann, sagt schon der Sprachgebrauch, und zum Erpresser wird eben, wer statt zur Klage, zur Drohung greift. Lediglich bei der Strafbemessung wäre das »Recht« auf die erzwungene Leistung als Milderungsgrund in Betracht zu ziehen, wie auch unter Umständen das Recht auf die Anwendung des Mittels, mit dem die Leistung erzwungen wurde (z. B. Drohung mit berechtigter Strafanzeige, wenn der Drohende an ihr persönlich interessiert ist)... Nicht die Drohung an sich, nicht die Leistung an sich, sondern ihr vertrackter Kausalnexus bestimmt den kriminellen Gehalt der Erpressung. Ich darf naturgemäß mit einer Klage drohen, um jemanden zur Erfüllung seiner Verpflichtung anzuhalten, wenn ihre Nichterfüllung mit der Gesetzwidrigkeit, auf die sich die Klage stützen würde, kongruent ist. Ich darf eine Klage wegen Ehrenbeleidigung in Aussicht stellen, um jemanden von der Begehung dieses Deliktes abzuhalten. Der Familienvater dürfte gewiß auch mit der Anzeige wegen Knabenschändung drohen, um den Täter von einem weiteren Versuche, Knaben zu schänden, abzubringen. Nie und nimmer aber darf er mit der Anzeige drohen, um e t w a s a n d e r e s als diese Unterlassung zu erzielen. So wenig, wie einer mit Hundspeitsche oder Revolver drohen darf, um sich eine publizistische Schmähung, also einen Angriff auf die Ehre, vom Halse zu halten (gegenüber einem befürchteten Angriff auf die körperliche Sicherheit würde unter Umständen Notwehr die Drohung mit Selbsthilfe exkulpieren). Ein rechtmäßiges Mittel zu rechtswidrigem Zweck bedrohlich anzuwenden, ist ebenso unstatthaft, wie ein rechtswidriges Mittel zu rechtmäßigem Zweck, und in beiden Fällen ist der verbrecherische Kausalnexus so klar hergestellt, wie wenn sowohl Mittel wie Zweck rechtswidrig wären. Er kann aber auch, wenn jenes wie dieser, Drohung wie Leistung an sich berechtigt wären, gegeben sein. Dann entscheidet die Inkongruenz. Ankündigung einer Klage für den Fall, daß das klagbare Verhalten eintritt, ist erlaubt; Ankündigung einer Klage wegen eines klagbaren Verhaltens für den Fall, daß ein anderes klagbares Verhalten eintritt, ist verboten. Z w i s c h e n Mittel und Zweck, aus denen sich die Erpressung begrifflich zusammensetzt, liegt der Spielraum von Foltermöglichkeiten, nicht in der Rechtswidrigkeit des einen oder des andern. Ich tue, wozu ich berechtigt bin, wenn du nicht tust, wozu du verpflichtet bist — in dieser Alternative des barsten »Rechtszustandes« kann eine Fülle krimineller Absichten enthalten sein, furchtbarer als in der andern: Ich tue, wozu ich nicht berechtigt bin, wenn du nicht tust, wozu du nicht verpflichtet bist!...

Auch das Gesetz erpresst. Es droht mit Strafen, also einer Verletzung an Freiheit oder Vermögen, um Leistungen oder Unterlassungen zu erzwingen. Aber es bietet — wenn es ein vernünftiges Gesetz ist — das Bild vollster Kongruenz zwischen Strafe und

Tat. Es vermißt sich nicht, für Ehrenbeleidiguug
Todtschlag und für Knabenfreundschaft Landesverweisung in Aussicht zu stellen. Der Staat hat die
Erpressung monopolisiert. Darum straft er den, der
im Selbsthilferecht Strafen vorschreibt, als Erpresser.

Prinzessin: »Aber, Herr Geheimrat, ich will ja gar nicht fort!«
— Pierson: »Königliche Hoheit sind also gern hier?« —
Prinzessin: »Ja, sehr gern; ich fühle mich hier ganz wohl!«
Es war nach den Enthüllungen des Mattassich-
Buches hundert gegen eins zu wetten, daß es zu
diesem Zwiegespräch zwischen Louise von Coburg
und dem Leiter der Irrenanstalt Coswig kommen
werde. Natürlich in der von dem Hof- und Polizei-
advokaten Bachrach bedienten Presse. Am 8. April
war es, frisch »aus Dresden« telegraphiert, im ‚Neuen
Wiener Tagblatt‘ zu lesen. Dieses Coswig muß ein wahres
Eldorado sein; in so verlockenden Farben werden jetzt
seine Vorzüge geschildert. Oder in so bestechenden? Noch
immer finden sich Zeitungen, um die nachgerade die
ganze Welt empörende coburgisch - österreichisch-
sächsisch-belgische Schweinerei durch telegraphische
Idyllen zu übertünchen. Sie wissen wohl, warum sie
dem Herrn Philipp sein coburgisches Hauskreuz tragen
helfen. Entweder wird versichert, daß die Prinzessin
bereits dermaßen lalle und exzediere, daß an ihrem
Wahnsinn nicht zu zweifeln sei, oder daß sie herrlich
und friedevoll lebe, eifrige Korrespondenz mit ihren
Verwandten unterhalte und jeden Tag Gott danke,
daß es auf der Welt zwei so prächtige Kerle wie die
Herren Pierson und Bachrach gibt. Jedenfalls —
»schön vernünftig sein und im Irrenhaus bleiben!«

ist die Mahnung, die sie ihr immer wieder zurufen. Wir anderen aber haben nie gezweifelt, daß sie vernünftig ist.

*   *   *

Hoch klingt das Lied von der braven Frau Gräfin Festetics. Sie geht durch die Wiener Redaktionslokale und teilt jedem eine Gabe, dem Schelte, jenem Schläge aus. Besonders im ‚Neuen Wiener Journal' scheint sie fürchterlich gehaust zu haben. Da wurde nach Noten geohrfeigt, und der Redakteure Schar stand in stummer Erwartung. »Beseligend war ihre Nähe, und alle Herzen wurden weit; doch eine Würde, eine Höhe entfernte die Vertraulichkeit.« Denn erstens war es eine Gräfin, die sich eigenhändig bemühte, und zweitens stand ein Uhlanenleutnant daneben, dem ein Damoklesschwert zur Seite hing. Es war eine schwüle Affaire, deren Ausgang Herr Lippowitz, der Gesuchte, in seinem Zimmer abwartete, während der arme verantwortliche Redakteur die pflichtgemäße Obsorge für seine Wangen vernachlässigen mußte... Die Redaktion des ‚Neuen Wiener Journal' erstattete eine Strafanzeige wegen »Hausfriedensbruchs«, behauptete aber am andern Tage, die Gräfin sei plötzlich nach Ungarn abgereist und werde, da sie ungarische Staatsbürgerin sei, nicht ausgeliefert werden: »sie war nicht in dem Tal geboren, man wußte nicht, woher sie kam; und schnell war ihre Spur verloren, sobald das Mädchen Abschied nahm«...

Hoch Festetics! Der verantwortliche Redakteur schlug ihr — bevor sie ihn schlug — eine »Berichtigung« vor, um die Infamie, die über sie tagszuvor im ärgsten Dreckblatt Europas stand, aus der Welt zu schaffen. Gefehlt! Selbst eine Ehrenbeleidigungsklage bringt heute keine Genugtuung, wenn — wahre oder unwahre — Tatsachen aus dem Privat- und Familienleben ausgeschnüffelt wurden. Die Geschwornen verneinen, wo das Gesetz dem Beleidiger aus einer tiefen ethischen Erkenntnis den Wahrheitsbeweis verwehrt — die vernünftigste Bestimmung unseres alten Strafgesetzes —, beharrlich die Schuldfrage und sprechen frei. Wo es sich um Mitteilung solcher ehrenrühriger Tatsachen handelt, für die ein Wahrheitsbeweis zulässig ist, wird der Weg der Geschwornenklage noch immer zu empfehlen sein; denn wiewohl der Kläger auch hier den Freispruch des Beleidigers riskiert, schafft ihm doch wenigstens das protokollarisch bestätigte Mißlingen des Wahrheitsbeweises eine Genugtuung, die Feststellung, daß die gegen ihn erhobenen Anwürfe grundlos waren. Angesichts der Kalamität des Geschwornenverfahrens und angesichts des Jammers eines Preßgesetzes, das dem Mißbrauch redaktioneller Verantwortlichkeit Vorschub leistet, sei für Beleidigte das folgende Aktionsprogramm festgesetzt. Erstens: Schimpfworte und Schmähungen allgemeiner Art — also mit ohnedies geringem Anspruch auf Glaubwürdigkeit — sind zu ignorieren; bei der durch die parlamentarischen Debatten bewirkten Verrohung des öffentlichen Tons kann der einzelne durch die Nichtabwehr unsachlichen Schimpfes keine Einbuße an Ehrenhaftigkeit erleiden. Zweitens: Schmähungen konkreter Art sind durch Geschwornenklage zu verfolgen, wenn es dem Kläger weniger um das Resultat der Verurteilung als um die Klarlegung des Sachverhalts zu tun ist; man inseriere in Zeitungen, die von der Verhandlung bloß den Freispruch berichten und schändlicher Weise den Schein erwecken wollen, als ob er auf Grund eines gelungenen Wahrheitsbeweises erfolgt wäre, die protokollarische Feststellung, daß die Anwürfe grundlos waren. Drittens: Für Eingriffe in das Privat- und Familienleben verschaffe man sich durch Peitsche oder einfache Handreichung Satisfaktion. Hier hat das Geschwornenwesen einen solchen Notstand geschaffen, daß — in diesem einen und einzigen Fall — der Selbsthilfe das Wort gesprochen werden muß, die, wenn sie bloß die »Ehre« und die leibliche Gesundheit des gezüchtigten Individuums nicht wesentlich erschüttert hat, die mildeste Bestrafung durch den Berufsrichter erwartet.

Die Gräfin Festetics hat natürlich keinen »Hausfriedensbruch« begangen, weil — nach Ansicht eines maßgebenden Rechtslehrers — »unbemerkter Eintritt jemandes, den man, wenn man seinen Eintritt vorhergesehen hätte, nicht hätte eintreten lassen, kein Eindringen, kein gewaltsamer Einfall« ist. Was immer sie aber begangen hat, es ist entschuldbarer als die journalistische Ausschnüffelung von Privat- und Familienaffairen, gegen die es heute keinen gerichtlichen Schutz gibt. Herr Lippowitz beklagt sich pathetisch über die »Beugung der Tatsachen«, über die »Beeinflußung der Presse«, die durch Brachialgewalt versucht werde. Eine Presse, deren »Tat-

sachen« Vorgänge in chambres separées sind, ist reif für die Beeinflußung durch Ohrfeigen! »Sollte hier nicht ein Exempel statuiert
werden«, ruft er, »bliebe nichts anderes übrig, als zu den n o t w e n -
d i g e n R e q u i s i t e n eines Zeitungsredakteurs auch eine geladene
S c h i e ß w a f f e auf den Schreibtisch zu legen.« Was gibt's denn
außer der Schere für notwendige Requisiten? Und wozu n o c h eine
Revolver? . . .

* * *

Die Tortajada gestorben. »Verwundert hört man die Botschaft
dieses jähen Todes«. Noch verwunderter, daß sie nicht widerrufen
wird. In Hamburg, auf dem Perron des Klostertorbahnhofs, ward
eine Sängerin namens Olga Viarda vom Herzschlag getroffen. In
einer Berliner Redaktion verstand man durch's Telephon den
Namen Tortajada. Auf norddeutsch und durch den Apparat gesprochen, mag der eine wie der andere klingen. Depeschen, die in
Wien einlaufen, melden den Tod der spanischen Tänzerin, und
stimmungsvolle Nachrufe erscheinen am andern Tag. Aber das
Dementi wird nicht überall abgedruckt. Tortajada bleibt tot, und
wenn sie im Sommer in »Venedig in Wien« auferstehen sollte, so
werden die Herrschaften einfach ihre Nekrologe mit Weglassung
der einleitenden Zeilen abschreiben. Die Zeitungsvorsehung waltet
unaufhaltsam. Wir können nie wissen, wann wir abberufen werden.
Was ist der Mensch? . . .

MITTEILUNG DER REDAKTION.

Offizier. In der ,Zeit' veröffentlicht jemand, der sich »k. u. k. General«
nennt, Betrachtungen über den Krieg in Ostasien. Man hat sich schon lange
gewundert, daß der Mann nicht lieber gleich das Pseudonym des Kaisers
wählt. Wenn k. u. k. Generale für die ,Zeit' schreiben, steht ein zweites
Königgrätz bevor. Aber zum Glück schreiben sie nicht für die ,Zeit',
sondern es handelt sich offenbar bloß um den Versuch eines Redakteurs,
dem einmal die Verkleidung als Hausierer so täuschend gelungen ist,
sich in der Generaluniform an den Schreibtisch zu setzen. Indes, das
Talent zum Handeln mit abgetragenen Uniformen schafft noch keine
innere Beziehung zu des Kaisers Rock, und es ist etwas anderes, ihn
nach seinem Werte abschätzen, etwas anderes, ihn selber tragen. An allen Ecken
und Enden schaut der Redakteur heraus. Und neulich hat er sich vollends
dem Argwohn der militärischen Leser, die an die Autorschaft eines
k. u. k. Generals nach allem Anfang nicht glauben wollten, verraten. Einer

von ihnen macht mich darauf aufmerksam, wie der Spaßvogel auf seinen
eigenen Leim gegangen ist. »Nebenbei und p r o d o m o bemerkt«, hieß es
am 7. April zum Schluß der 10. Betrachtung des k. u. k. Generals, »ist in
einem Blatte, das gern vom hohen Rosse herab spricht, ein Tadel über
den Mangel an Objektivität in der B e r i c h t e r s t a t t u n g der
heimischen Presse unverhohlen ausgesprochen worden. W i r unser-
seits weisen diesen Vorwurf entschieden zurück. . . .« Pro domo?
Für w e l c h e s Haus denn? Nun, Wipplingerstraße 32, wo der Herr
General »Zeilen« macht. Wäre er wirklich ein hoher Militär, also ein
Mann, der beim Wort »Fahne« an ein Regiment und nicht an einen
Bürstenabzug denken muß, warum sollte er sich verpflichtet fühlen, die
Berichterstattung der ‚Zeit', die ihn doch gar nichts angeht, zu verteidigen? Das fatale »Wir« benimmt ihm den letzten roten Rockfutter-
schimmer! Zeitungsschreiber sind zwar nach Wilhelm II. komman-
dierende Generale, aber Generale, dem Himmel sei Dank, noch keine
Zeitungsschreiber . . . Ach, ich sehe schon die § 19-Berichtigung, daß
ein wirklicher General die Kriegsbetrachtungen der ‚Zeit' schreibt und
daß die Abkürzung k. u. k. nicht bloß, wie man vermutet hat, das
Vorhandensein z w e i e r Brüder Kanner, die beide »gedient« haben
und darum militärische Fachmänner sind, anzeigen soll.

Originalgenie. Herr Dr. Elbogen, der Verteidiger des lebens-
länglichen Feigl, hat damals noch in einem zweiten Blatt, in der
‚Wiener Morgenzeitung' vom 24. März, das Wort ergriffen. Er
hätte es nicht tun sollen. Seine Schlüsse waren ja hinreißend. Aber
mit den Tatsachen, aus denen er sie zog, haperte es. Zur Charakterisierung
der Wahrheitsliebe des Mannes diene das Folgende: Herr Elbogen will
beweisen, daß Anton Kraft ein »geborener Verbrecher« ist, und schreibt:
»Dieser selbe Anton Kraft ist trotz seiner dreiundzwanzig Jahre vor nicht
langer Zeit wegen Verbrechens der Erpressung, begangen durch gefährliche
Bedrohung s e i n e r e i g e n e n Mutter — er d r o h t e i h r mit
E r m o r d u n g — zu acht Monaten schweren Kerkers verurteilt worden. . .
Wie sollte angesichts eines solchen Individuums das Gericht die Anwendung des außerordentlichen Milderungsrechtes rechtfertigen?« Es ist
richtig, daß Kraft wegen eines Drohbriefes zu acht Monaten Kerker
verurteilt wurde. Der Brief begann mit den Worten: »Teuerste Mutter!«
und kündigte für den Fall, daß ihm eine Unterstützung versagt würde,
die Ausführung einer Schreckenstat an, die ihn an den Galgen bringen
und von seiner Qual erlösen werde: »Das Opfer wird einer aus unserer
Familie sein, vor allem mein sauberer S c h w a g e r und Firmgöd«.

Konfuser Antisemit. Sie lasen:

‚Deutsches Volksblatt' (7. April):	‚Deutsche Zeitung' (7. April):
(Theater in der Josefstadt.) Gestern abends wurden uns zwei Novitäten vorgeführt...»Die tugend- hafte Hermance« von Claude Roland und André de Lorde . . . eine	(Theater in der Josefstadt.) Zwei Stücke, so albern in ihren Voraus- setzungen und so ordinär in ihren sexualen Motiven, daß sie weder in eine verstandesmäßige Kritik,

köstliche, mit beißender Ironie gespickte Satire, in der eine famose Idee mit echt Pariser Verwegenheit und mit geistreichstem Raffinement durchgeführt ist... Das Publikum unterhielt sich vortrefflich, die Damen erröteten beinahe noch mehr wie in der »Einquartierung«. Herr Maran, der Meister der zweideutigsten Zweideutigkeiten, vor allen sorgte dafür, daß die Lachmuskeln nicht zur Ruhe kamen.

noch in die Sphäre der Unterhaltung einbezogen werden können, fielen heute nach Verdienst durch... Im zweiten Schwanke »Die tugendhafte Hermance« von Roland und de Lorde spielt Maran einen Hahnrei, der dem Hausfreunde ahnungslos selbst zuredet, ihn zu betrügen; wie dies geschieht, wird so unsinnig motiviert, daß trotz guter Darstellung niemand auf den Einfall kam, zu lachen.

Gratulant. Es war ein netter Aprilscherz, den mir Wohlgesinnte sich mit der ,Neuen Freien Presse' am 1. d. M. erlaubt haben. Wenn auch der Glückwunsch um ein paar Wochen verfrüht war — die ,Fackel', nicht ihr Herausgeber feierte damals einen Geburtstag —, so war er doch gut gemeint und wurde dankbar aufgenommen. Um Verwechslungen vorzubeugen, hatten die Aufgeber des Inserats meinen Vornamen w e g g e l a s s e n. Man versteht: Den vollen Namen würde die ,Neue Freie Presse' auch gegen Bezahlung nicht drucken. Nun ahnt sie nicht, zu welcher Publizität sie mir gerade dadurch verhilft. Denn es gibt etliche Leute in Wien, die meinen Vor- und Zunamen führen; ihnen hätte die Ehrung ebenso gelten können wie mir. Steht aber in der ,Neuen Freien Presse' bloß der stark verbreitete Zuname, so fällt diese Ungewöhnlichkeit dem Leser auf, und er kommt dahinter, daß der Glückwunsch nur mir zugedacht sein könne. Für Geld werde ich also in der ,Neuen Freien Presse' bloß halbtot geschwiegen.

Literat. Ein Frühlingswind geht durch den deutsch-österreichischen Dichterwald. Wir haben eine neue Zeitschrift ,Der liebe Augustin'! Man kann ihren Humor nur mit einem Worte charakterisieren: Quellfrisch. F. F. Masaidek tut ja mit. Von seinen Bonmots sind zu erwähnen: »Das Herrenhaus ist ein Museum für politische Mumien«. »Die Russen haben die Japaner unterschätzt. Es geht ihnen so, wie es im Jahre 1866 den Österreichern und anno 70 den Franzosen mit den Preußen gieng«. »Der österreichische Kriegsminister ist immer willig, wenn ein Ugron etwas von ihm will.« »Wenn man bedenkt, welche Kunstgenüsse gegenwärtig in den Wiener Theatern geboten werden, so wäre eigentlich wenig Schade, wenn alle Theater geschlossen würden«. ... In der ,Deutschen Zeitung' fand er neulich ein gutes Wort: »Der Papst hat den Erzbischof Kohn sehr freundlich empfangen. Wahrscheinlich dachte er: ,Wenn man einen hinauswirft, ist es genug. Wozu denn Grobheiten auch noch?'« Das Wort ist von Nestroy. Aber wenn man einen zitiert, ist es genug; wozu denn Quellenangabe auch noch?

Unerfahrener. Ob Sie das ,Neue Wiener Journal', das seit Wochen gratis vor Ihre Wohnungstür gelegt wird, abonnieren sollen? Sind Sie bei Sinnen? Liegen lassen! Nicht einmal gratis annehmen! Als »T e i l n e h m u n g« wird nach Lammasch die »sachliche Begünstigung«

des Diebstahls unter anderm »durch Übernahme der gestohlenen Sache aus der Hand des Diebes« gestraft. »In welcher Weise der Teilnehmer die Sache an sich gebracht, ob entgeltlich oder unentgeltlich, ob zum Zwecke des Gebrauches, der Weiterveräußerung (Abgabe im Subabonnement — wichtig für Cafétiers!) oder der Rückstellung an den Dieb ist für den Tatbestand gleichgiltig«. Das Delikt ist ein fortdauerndes; »ebendeshalb wird auch derjenige, der nachträglich erfährt, daß die bei ihm deponierte oder sonst ihm anvertraute Sache eine gestohlene ist, von diesem Zeitpunkte an Teilnehmer«.

‚Zeit'-Genosse. In dem in Essek erscheinenden Blatte ‚Die Drau' (7. April) finde ich einen Brief des Schriftstellers Roda Roda abgedruckt: »Das Zeitungsausschnitt-Bureau ‚Observer' sendet mir soeben einen Ausschnitt aus Ihrer Nr. vom 17. März, in der Sie sich mit der Wiener Première meines ersten Dramas befassen. Sie führen dort die Kritik der ‚Zeit' an, zu deren eifrigsten Mitarbeitern ich angeblich gehöre. Erlauben Sie mir, bitte, hiezu einige Worte der Aufklärung... Ich bin keineswegs Mitarbeiter der ‚Zeit', seit mehr als einem halben Jahre nicht mehr. Gegen meinen ausgesprochenen Willen und gegen alle Treu und allen Glauben bringt die ‚Zeit' heute noch Arbeiten, die sie im Sommer vorigen Jahres ‚zum Abdruck innerhalb kurzer Frist' von mir erworben hat — Arbeiten, die sie im Sinne eines Abkommens bis längstens Ende September 1903 hätte bringen müssen.« Nun gibt der Offizier Roda Roda den Grund an, warum er sich gegen den Vorwurf, ein eifriger Mitarbeiter der ‚Zeit' zu sein, öffentlich wehre. Die ‚Zeit' sei das einzige Blatt gewesen, das dem vor etlichen Tagen erschienenen »österreichischen Bilse« — »diesem dummen und schmutzigen Buch« — einen breiten Raum gewidmet hat. »Was aber die Kritik der ‚Zeit' über mein schlechtes Stück ‚Dana Petrovic' betrifft, der sollte man nicht eben viel Bedeutung beimessen. Es heißt in der erwähnten Kritik: Dana (die Titelheldin) bleibe auch nach ihrer Ehe ihrem Liebhaber treu und diese Treue werde am Schlusse mit einigen Morden bestraft. Wenn Sie das Stück (was ich Ihnen aber nicht zumuten will) noch von den Esseker Aufführungen her so weit im Gedächtniß haben, wissen Sie, daß das gar nicht der Inhalt meines Stückes ist. Denn meine Titelheldin wird ihrem Liebhaber untreu, wird von ihm vergewaltigt und stirbt schließlich durch Selbstmord. Der Kritiker der ‚Zeit' hat also — mit einem Programm von ‚Dana Petrovic' in der Hand — einer anderen Aufführung beigewohnt — ich glaube der des Dramas ‚Rose Bernd', dessen Titelheldin nach ihrer Verlobung allerdings ihrem ersten Liebhaber treu bleibt. Ein kleines Versehen schließlich, das Jedem passieren kann.«

Andersgläubiger. Charles Weinberger, der flotte, leichtbeschwingte Finder so vieler bekannter Melodien ist nicht mehr; es lebe Karl Weinberger, der deutsche Meister, der Schöpfer einer Oper, die in Prag unter ungeheurem Jubel des Korrespondenten der ‚Neuen Freien Presse' aus der — sit venia verbo — Taufe gehoben wurde. Zwei ellenlange Berichte. In dem einen wird die Versicherung ausgesprochen, daß Herrn Weinberger ein glücklicher »Wurf«, in dem andern, daß ihm ein glücklicher »Griff« gelungen ist. Ich möchte mich für »Griff« entscheiden... Die Nummer der ‚Neuen Freien Presse', in der ein ganzer Schmalzhefen voll Lobes über Herrn Weinberger ausgeschüttet wird, läßt es bedauern, daß Frank Wedekind kein Adoptivsohn des Herrn Wittmann ist; dicht neben dem Prager Hymnus auf »Schlaraffenland« steht eine entrüstete Münchener Notiz über die grandiose »Büchse der Pandora«... Bei dem Zeitungslob für Herrn Weinberger will's aber die Bande nicht bewenden lassen. Schon wird seine Sehnsucht nach der Wiener Hofoper gepölzt, schon wird dem Direktor zugesetzt. Herr Mahler möge sich, so wünscht das ‚Neue Wiener Journal', gar »beeilen, das melodiöse Werk auch den Wienern vorzuführen«. Ja, einen Tritt!

Für alle Briefe, in welchen ich neulich zur Vollendung des fünften Jahres der ‚Fackel' beglückwünscht wurde oder die Unbeliebtheit des Herrn Max Kalbeck in einer für mich schmeichelhaften Weise zum Ausdruck kam, sage ich verbindlichsten Dank.

MITTEILUNGEN DER REDAKTION.

Der Herausgeber muß wegen Mangels an Zeit und zum Schutz gegen Querulanten an alle jene, die eine persönliche Unterredung wünschen, die Bitte richten, den Gegenstand vorher in knappen Worten schriftlich bekanntzugeben. Er wird dann, wenn es ihm für den publizistischen Zweck notwendig oder auch nur förderlich scheint, gern Tag und Stunde des Empfangs bekanntgeben.

Ungenügend frankierte Briefe werden nicht angenommen.

Unverlangte Manuskripte werden nur zurückgesendet, wenn **frankiertes** und **adressiertes Kuvert** beilag. Es genügt die einer Drucksache entsprechende Frankierung, da die Rücksendung wegen Zeitmangels ohne schriftliche Begleitworte, Bedauern oder Begründung, erfolgt.

Der Herausgeber ist außer Stande, alle einlaufenden Zuschriften und Anfragen zu berücksichtigen oder zu beantworten.

Herausgeber und verantwortlicher Redakteur: Karl Kraus.
Druck von Jahoda & Siegel. Wien, III. Hintere Zollamtsstraße 3

ETHIK UND STRAFGESETZ.

»Er hat, um einem Universitätsprofessor den
Gerichtsskandal zu ersparen und der gekränkten
Familienmoral dennoch eine Genugtuung zu verschaffen, über jenen den Verlust des Lehramts nebst
mehrjähriger Landesverweisung zu verhängen gewünscht«. Aber das ist doch nicht einmal eine Unan-
ständigkeit?, dachten und sagten neulich die Leser
des Artikels »Erpressung«; wie sollte es eine strafbare Handlung sein? Wenn Leser wirklich immer zu lesen
verstünden, hätten sie auch verstanden, daß ich
jene Handlung, da ich sie in dem oben zitierten
Satze formulierte, selbst nicht als unanständig werte,
hätten sie auch die ausdrückliche Betonung dieser
Ansicht nicht übersehen, die in den späteren
Worten gegeben ist: »Sicherlich in besserer Absicht
als Gesetzeskenntnis; gewiß nicht aus der kriminellen
Gesinnung, die aus der Furcht des Andern Vorteil
zieht«. Zweifellos hat der Rechtsanwalt und Familienvater, wenn ihm nicht mehr vorzuwerfen ist als die
Tat, welcher er sich in einer Zuschrift an die Tagespresse selbst zieh, ethisch einwandfrei gehandelt. Und
dennoch strafbar?

Ich hätte schon neulich diesen Widerstreit der Erkenntnisse beseitigen können. Aber ich glaubte, daß
wir uns endlich gewöhnt haben, Sittlichkeit und Kriminalität, die man lange genug für siamesische Begriffs-
zwillinge hielt, von einander getrennt zu sehen. Vom
Tyrannenmörder, der seiner Volksgenossen Nöte endet,

bis hinunter zum Mitglied des Tierschutzvereins, das seinem Hündchen des Maulkorbs Zwang ersparen will, erfüllen sie alle das sittliche Gebot, die Selbsthelfer, — und können doch vor dem Strafgesetz nicht bestehen. Das macht: die schönste Entfaltung meiner persönlichen Ethik kann das materielle, leibliche, moralische Wohl meines Nebenmenschen, kann ein Rechtsgut gefährden. Das Strafgesetz ist eine soziale Schutzvorrichtung. Je kulturvoller der Staat ist, umso mehr werden sich seine Gesetze der Kontrolle sozialer Güter nähern, umso weiter werden sie sich aber auch von der Kontrolle individuellen Gemütslebens entfernen. Wenn ich selbst mein materielles, leibliches, moralisches Wohl gefährde, wenn ich hazardiere, von der Eisenbahn abspringe, mich prostituiere, so kann nur die Beschränktheit in Bürgerschulzucht zurückgebliebener Gesetzgeber mich »schuldig« werden lassen. Aber gerade der Staat, der sich Vormundsrechte anmaßt, wird die familiäre Sorge bis zur Vernachlässigung sozialer Rücksichten treiben. Mit beichtväterlicher Liebe zürnt er meinen Lastern und sieht nicht, entschuldigt es vielleicht, wie meine Tugenden den Wohlstand meines Nächsten bedrängen. Ich bin so »anständig«, nicht sofort zum Staatsanwalt zu laufen, wenn ich einen Hausfreund im Verdacht einer kriminellen Handlung habe; ich »begnüge mich«, selbst die Sühne zu bestimmen, die er zu tragen hat. Aber dies Entwederoder, das mir meine feinfühlige Lebensart eingegeben hat, bedrückt den Schuldigen, dessen Schuld der Staat vielleicht mit einer geringern Strafe ahnden wird, als die ich ihm zuerkenne, peinigt den Unschuldigen. Vor Gericht kann er leugnen und wird vielleicht freigesprochen, vor meinem Privatrichterstuhl muß er sich schuldig bekennen, um der Gnade meines Willkürstrafrechts sicher teilhaftig zu werden. Dies sollte, wenn hundertmal Familienrücksicht und andere sittliche Regungen mich bestimmten, statthaft sein? Nur die Grausamkeit des geltenden Gesetzes hindert uns, der vollen Erfüllung sämtlicher Merkmale jenes Delikts, von dem der Erpressungsparagraph handelt, dessen Anwendung zu wünschen. Wer getan hat, was hier beschrieben ward, ist nun einmal — das Laiengefühl behält ja Recht — kein »Erpresser«, kein »Verbrecher«. Aber sicherlich wäre er, wenn unter Aufrechthaltung seines Sinns Terminologie und Strafausmaß des Gesetzes vernünftig abgestuft würden, ein »Nötiger«, ein »Übertreter«. Kein sittlicher Makel würde an ihm haften, wenn er, der aus sittlicher Erwägung in das Strafmonopol des Staates eingegriffen hat, entsprechend gestraft würde. Hunde müssen nun einmal, und gehörten sie den zartfühlendsten Tierfreunden, Maulkorb tragen!

Es mag paradox klingen, aber — wo kämen wir hin, wenn alle moralischen Handlungen ungestraft blieben? Und — wo k o m m e n wir hin, da noch immer so viele unmoralische Handlungen gestraft werden? Ein Gegenstück zu der Erpressung aus Gemüth ist zum Beispiel die Gelegenheitsmacherei. Oft ward hier dargelegt, daß sie als bloße Vermittlung oder Vermietung einer Gelegenheit für geschlechtlichen Verkehr zwischen zwei willigen und mündigen Menschen kein wirkliches Rechtsgut verletzt, daß ihre Bestrafung eine Dummheit ist, daß eine Gerichtsverhandlung über dieses Delikt nicht die sittliche Läuterung der interessierten Kreise, sondern höchstens das Bedauern über das zu späte Bekanntwerden einer Adresse zur Folge hat. Wird aber, wer die Kriminalität der Gelegenheitsmacherei leugnet, darum behaupten, daß sie eine ethische Handlung ist? Das wird nicht einmal der Kulturmensch tun, der Menschliches mit Menschenmaß beurteilt, sittlicher Entrüstung nur im bescheidensten Grade fähig ist und das Seelenheil von alten Weibern, die von den spärlichen Erwerbswegen den bequemsten wählen und einer unausrottbaren Naturnotwendigkeit eine stille Gasse öffnen, für keine soziale Frage hält. Aber nur, wenn wir diese

Naturnotwendigkeit, nach dem Buchstaben eines hundertjährigen Gesetzes, an sich als ein »unerlaubtes Verständnis« ansehen, wenn wir jenen Akt, ohne den höchstwahrscheinlich kein Gesetzgeber, kein Staatsanwalt und kein Polizeikommissär auf die Welt gekommen wäre, an sich für strafwürdig halten, können wir Prostitution und Gelegenheitsmacherei in den Bereich der Kriminalität verweisen. Auf dem Gebiete der Sexualmoral können bloß die Unmündigkeit, die freie Selbstbestimmung und die Gesundheit als Rechtsgüter in Betracht kommen, nie und nimmer die Sittlichkeit als solche; und nur für die Schädigung des andern Teils kann ich zur Verantwortung gezogen werden.

Jene Ethik aber, die Rechtsgüter nicht achtet, sondern gefährdet, könnte man die blinde Ethik nennen. Sie verschuldet vor allem die Nötigung, gegen die man das harte Gesetz anzurufen sich scheut, die aber, wenn sie völlig straflos bleibt, das schlimmste Präjudiz der Selbsthilfe schafft. Auch im Problem der »Bestechung« spielt sie eine Rolle. Sich bestechen lassen, ist immer unsittlich. Bestechen ist nur dann unsittlich, wenn der Zweck, zu dem ich's tue, an sich ein unsittlicher ist oder wenn er die Erlangung eines mir zwar gebührenden Vorteils bedeutet, der aber in keinem Verhältnis zu dem der Öffentlichkeit aus der Korruption erwachsenden Nachteil steht. In Österreich wäre nur der Beamte, der sich bestechen ließe, strafbar, nicht der Zeitungsmann und nicht der Parlamentarier. Nur strafbar, wer einen Beamten, nicht wer einen Zeitungsmann oder Parlamentarier zu bestechen versuchte (ich sage »versuchte«, weil an die Möglichkeit eines Gelingens namentlich bei den journalistischen Funktionären nicht zu denken ist). Gewiß ist es wünschenswert, daß ein kommendes Gesetz nicht nur die unparteiliche Führung der Staatsgeschäfte als Rechtsgut betrachtet, sondern auch — da

wir nun einmal in einem konstitutionellen Staate
leben — die Freiheit der parlamentarischen Abstimmung und — angesichts einer täglich wachsenden
Preßmacht — die Unverfälschtheit der öffentlichen
Meinung. Aber auch, wenn die Bestechung eines
Journalisten strafbar würde, müßte sie nicht in jedem
Falle unsittlich sein. Sie wäre und ist es z. B. nicht,
wenn die Besprechung häuslicher Intimitäten nur
durch Verabreichung von Schweiggeld hintanzuhalten
ist. Sie wäre und ist unsittlich — und ihre Straf-
barmachung ein Bedürfnis —, wenn sie die Besprechung einer gefälschten Bankbilanz verhindern soll.
Der vergangene Sommer ward von Entrüstungsstürmen,
die von Osten kamen, getrübt. In Ungarn sollte —
man denke nur — der Versuch gewagt worden sein,
Abgeordnete zu bestechen. Und noch dazu mit ganz
geringen Summen! Die demokratische Meute in Cis
und Trans war auf den armen Grafen Szapary losgelassen, den man so frevler Geringschätzung des ungarischen Parlaments beschuldigte. Er hatte der
Regierung seine Hilfe geboten, die Mäuler der Ob-
struktion zu stopfen. Daß er sittlich gehandelt hat,
da er in höherem, patriotischem Interesse korrumpieren
oder vielleicht bloß Korruption benützen wollte, ist
zweifellos: nicht die Ethik, nur der Verstand des
ungeschickten Vermittlers, dessen Bemühung ruchbar
wurde, konnte durch den Handel kompromittiert sein.
Und er hätte auch sittlich gehandelt, wenn er nach
dem Gesetz strafbar gehandelt hätte, während das
Zuckerkartell oder der Verwaltungsrat einer Bank, die
volkswirtschaftliche Redakteure bestechen, auch bei
leider unabänderlicher Straflosigkeit gegen die Moral
verstoßen.

Nicht immer ist, nicht immer sollte strafbar
sein, was unsittlich ist, und das Sittliche nicht immer
straflos. Der Grundzug eines modernen Gesetzes kann
nur die Entlastung individuellen Gemütslebens zu Gunsten sozialer Interessen bedeuten. Sicherlich würden dabei

— der Staatsfreund kann beruhigt schlafen — mehr
Rechtsgüter neu gewonnen als aufgelassen werden.

Vom Radium.

Ich erhalte die folgende Zuschrift:

Wie Morde, Eisenbahnunfälle und andere Katastrophen in Serien auftreten, so scheint auch das
Gesetz der Serie für Erfindungen und wissenschaftliche Entdeckungen zu gelten. Es gab eine Acetylen-
begeisterung, die unsere Leuchtgaserzeugung als
veraltet ausschrie, und kaum ist der Zeitungslärm, den
die drahtlose Telegraphie erregt hat, verklungen, er-
tönt auch schon eine nicht minder laute Fortsetzung,
erregt durch die Fülle der neuen Strahlstoffentdeckungen.
Allerdings muß man Zeitungsradium und echtes
Radium auseinanderhalten. Die verblüffenden Wirkungen des echten Radiums sind Sensationen der
Redaktrice Natur, und an den verdrehten Theorien,
die zur Erklärung der neuen Tatsachen herbei-
gezogen wurden, ist das Radium völlig unschuldig.
Und wenn auch vorübergehend der Anschein vorhanden ist, als ob das Radium berufen wäre, uns auf
dem Wege durch unsere Tagesblätter eine neue physi-
kalische Weltanschauung zu vermitteln, so wird sich
doch gar bald die Erkenntnis Bahn brechen, daß die
Strahlstoffphänomene weder das Gesetz der Erhaltung
der Energie, noch das Gesetz von der Unzerstörbar-
keit des Stoffes widerlegen, sondern bestenfalls nur
ergänzen oder erweitern können. Keinesfalls darf man
aber, wie vorlaute Schwätzer gesagt haben, vom
Radium eine Entschleierung des Wesens der Materie

und der Energie erwarten. Schon oft sind solche
Enthüllungen versucht worden, konnten aber notwendigerweise nur wieder Verschleiertes aufdecken.
Was auslegungsfähig ist, ist deshalb noch nicht er-
klärbar, und die unerklärbaren Geheimnisse der Natur
werden durch eine Hypothese dem Erfassen nicht
näher gebracht, sondern bloß in eine sinnliche Vor-
stellungsform eingekleidet. Wenn jedoch bisher verborgene Regungen der Energie, wie die der radioaktiven
Substanzen, aus geheimen Winkeln hervorgeholt
werden, so ist der Wert der Entdeckung nicht so sehr
nach ihrer Sachlichkeit zu bemessen als vielmehr
nach den Rückwirkungen, die für den Betrieb
der Forschung erwachsen. Durch die Strahlstoffentdeckungen wird die wissenschaftliche Witterung
verfeinert, die Empfindungsfähigkeit im Beobachten
gesteigert und subtile Methodik gefördert. Die Denk-
lässigkeit wird aufgestöbert und der wolgefügte
Rentenbesitz an Wissen nicht nur gemehrt, sondern,
was noch wichtiger ist, neuerdings umgesetzt. Ein
Veredlungsvorgang durchzieht umfängliche Gebiete
der Wissenschaft, und das ist wol der wertvollste
und dauernde Gewinn, den uns das Radium bringt.

Das Bedürfnis, die Gewalttätigkeiten in der
Natur, die primitiven großen Urwirkungen voll Rohheit
zu beobachten, ist derzeit wenig dringend. Seitdem
annähernd eine Sonnenhitze im elektrischen Ofen
erzeugt wird und eine künstliche Weltraumkälte zur
Verflüssigung der Luft geführt hat, gibt es kaum noch
große Geheimnisse, die den Kraftextremen zu ent-
locken wären. Man kann hier zwar noch manchem
überraschenden Detail entgegensehen, aber prinzipiell
und methodisch Neues ist nicht zu erwarten, da man
bereits an der Grenze der physikalischen Leistungsmöglichkeiten angelangt ist. Jede Absicht der Grenz-
erweiterung scheitert an dem trivialen Hindernis,
durch das Eroberungen so oft unmöglich werden,
nämlich am Versagen der Mittel, die zur Verfügung

stehen. Wenn die Wände des elektrischen Ofens wegschmelzen und an der unteren Wärmegrenze die Gase zu Wänden erstarren, so sind wir auch mit unserem Witz zu Ende. Doch bleibt der Trost, daß die gigantischen Wirkungen der Kraftextreme ja nicht das ganze Um und Auf der Natur sind, da zwischen den Gründen, wo die Grobkräfte sich in Kämpfen und Gegenkämpfen austoben, auch Gebiete liegen, wo noch manche von den zarteren mechanischen und vitalen Kraftäußerungen ihrer Erforschung harren.

Sogar jeder Spießbürger wird zunächst in der Sonne ein Sammelbecken von Brutalitäten sehen, in dem alle unsere naturgeschichtlichen Wohlanständigkeiten zerstäubt und verpufft werden. Im Millionentrubel dieser kosmischen Börse sind die Kraftkapitalien aufgehäuft. Aber erst durch eine Zwecksetzung und durch ihre Verteilung werden sie zu tätigen und schaffenden Potenzen. Dem Aufsummen steht das Abmindern gegenüber. Erst wenn das Leuchtende durch einen Diamantsplitter in Farbenkomponenten von persönlichem Gepräge zerteilt wird, das sonst totfallende Wasser durch das Getriebe einer Mühle geleitet und zu Funktionen gezwungen wird, so erkennt man, daß nicht nur die Kräfte allein, sondern auch die verteilenden und kraftmindernden Faktoren ebenso wichtig sind wie die Kräfte selbst. Diese lenkenden Faktoren, die im Gefüge des Diamanten und der Mühle ihren Sitz haben, kommandieren die Kräfte, rufen ihnen zu: Hieher, dorthin! tue dies und jenes! — Das ist das zwecksetzende, sozialisierende, organisierende Prinzip in der Natur, verkörpert durch die Werkzeuge einer physischen Intelligenz, die in der Materie wohnt. Eine Art »aufgeklärter Despotismus« bestimmt das Wirken der Kräfte, das, ohne das Walten dieses Herrenprinzips, sich entweder als zweckloses Wüten oder als leeres Dahindämmern darstellen würde. Für diese Werkzeuge des organisierenden Prinzips hat aber die Wissenschaft kaum noch Namen gefunden, geschweige denn sie in eine

zusammenfassende Systematik gebracht. Und gerade
das Radium beweist uns neuerdings, welch' hervorragende Bedeutung ein Stoff als Mittel der Kraft-
verteilung und der Energiezwecksetzung haben kann.
Das Radium besorgt Spaltungen und Abminderungen
der Energie und zeigt, wie viel noch von der Beobachtung der Entspannungen und Abstufungen der
Kräfte, vom Horchen nach diesem oder jenem ener-
getischen Pianissimo zu erwarten ist. Deshalb ist so
ein Milligramm Radium ein distinguierter Körper, nicht
aber deshalb, weil es teuer ist, wie ein Zeitungsschmock
meinte, der auch flugs den Preis überschlug, für den
man ein »Kilo« Radium liefern könnte. Und wenn
nicht schon die Biomechanik lehrte, daß dort, wo die
Kräfte zu Andeutungen ihrer selbst differenziert sind,
das Beginnende und Endende in den Wurzeln des
Lebens sich berührt, das Radium müßte uns lehren,
daß ein Belauschen und Abhören der linden und leisen
Kraftäußerungen auch noch in Zukunft eine wesentliche Vertiefung unserer Naturanschauung zu bieten
verspricht. Das ist das Nichtneue und doch so Moderne
in der Radiumaffaire.

* * *

Ein Nachruf.

Morawitz ist nicht mehr! Dahin die Blüte staats-
anwaltlichen Nachwuchses! Klagend schallt es durch
die Korridore des grauen Hauses, durch jene ernsten
Hallen, wo auch der Unschuldige nur zagend weilt,
weil er den gewissen Pissoirgeruch der österreichischen
Gerechtigkeit nicht verträgt, klagend schallt es durch
die Gänge des Wiener Landesgerichts. Morawitz ist
nicht mehr! Das heißt, er ist nicht mehr in Europa.
Man sieht, Amerika hat es in jeder Beziehung besser
»als unser Kontinent, das alte«. Verfallene Schlösser
— brüchige Moral. Bankerott hier und dort. Dieser
Staatsanwalt zog es vor, abzureisen, bevor er genötigt

war, einmal bei richtiger Gelegenheit die Anwendung des Gesetzes zu beantragen. . .

Auch ein öffentlicher Ankläger hat ein Privatleben. Und es ist eine Impertinenz sondergleichen, wenn in den Mitteilungen über sein finanzielles Ungemach mit feixendem Reporterbehagen von »kostspieligen Liaisons« gesprochen wird. Ein Staatsanwalt darf sein Leben so gut wie ein anderer Staatsbürger genießen; »hat ihm doch Gott wie mir gewollt einen Anteil an diesen Tagen«, könnte man nach Goethe sprechen. Aber er ist ein dummer Heuchler, wenn er von amtswegen mit den Sündern auch jene Leidenschaften anklagt, deren Übertreibung die Sünder zu Verbrechern gemacht hat. Herr Morawitz war ein Lebemann und Spieler; keinen Kollegen sah man das Maul so voll nehmen wie ihn, wenn es galt, Genußsucht als den Urquell alles Kriminellen anzuprangern, keinen sah man so dreist in den Neigungen und Verhältnissen, in Haushalt und Geschlechtsleben des Beschuldigten herumschnüffeln. Einer der unsympathischesten, dieser übernächtige Staatsanwalt, der seinen Kater gegen freie Liebe und Hazard knurren ließ. Und dies Treiben wurde jahrelang geduldet, jahrelang aus dem unversiegenden Kleeborn behördlichen Taktes genährt. Gewiß, das Privatleben dieses »Substituten« durfte seine Vorgesetzten nicht bekümmern; aber den Sittlichkeitsexzessen war abzuwinken, die er zum Gaudium Eingeweihter auf der Tribüne jedesmal aufführte, wenn ein schlichter Bankerotteur aus dem Volke angeklagt war, der sicherlich mehr Nächte in seinem Bett verbracht und weniger Spielchen gewagt hatte als Herr Morawitz . . .

Er ist nicht mehr. Und er zog ein in das bessere Jenseits, das schon so viele Verteidiger beherbergt. Wahrlich, die Wage der Gerechtigkeit bewahrt hierzulande das Gleichgewicht: Staatsanwälte haben vor Advokaten nichts voraus. Und wenn Frau Themis die Binde von den Augen nähme, fände sie beide Plätze

leer. Die Herren müssen sich erst überm Ozean »rangieren«, bevor sie sich wieder um die günstigeren
Chancen bei den Geschwornen raufen können ...
Jetzt haben wir keinen Morawitz mehr! Klagend
schallt es durch die Korridore des grauen Hauses.

Denn er war unser! Mag das stolze Wort
Den lauten Schmerz gewaltig übertönen!

* * *

Noch ein Nachruf.

Unter der Spitzmarke »Wieder Einer« müßte
eigentlich die folgende Nachricht gebracht werden:

»In der letzten Sitzung der Gesellschaft für innere Medizin
und Kinderheilkunde wurden mehrfache Berichte über die Versuche
erstattet, die mit dem Antituberkulose-Serum Marmorek's in Wien
angestellt worden sind. Es wurde konstatiert, daß das Serum in
keinem Falle Erfolg gehabt hat. Dr. Artur Baer demon-
strierte das durch Obduktion gewonnene Präparat der Lunge eines
Patienten, bei welchem an der medizinischen Abteilung von Professor
Schlesinger die Behandlung mit Marmorekschem Antituberkulose-
Serum erfolglos durchgeführt worden war. Patient war fünfzehn
Jahre alt und erfüllte die Bedingung Marmorek's für die Wirksamkeit
seines Serums, nämlich eine kurze Dauer der tuberkulösen Lungen-
erkrankung. Patient war bei der Aufnahme am 21. November 1903
erst seit einigen Monaten krank. Bis zum 2. Dezember 1903 bekam
Patient sieben Injektionen von Marmorek-Serum. Sowohl Husten
als auch Nachtschweiße waren gleich nachher vermehrt, und objektiv
konnte man bereits am 5. Dezember eine Progression des
Prozesses konstatieren. Die Seruminjektionen wurden ausgesetzt,
der Prozeß nahm einen raschen Fortgang und am 15. März erfolgte
der Tod. Auch in zwei anderen Fällen wurde nach Injektion des
Serums der Prozeß nicht aufgehalten und führte in allen Fällen
zum Tode. Die anatomischen Präparate lassen Ausheilungsvorgänge
irgendwelcher Art nicht erkennen. Was aber hauptsächlich dazu
zwang, die weiteren Versuche einzustellen, war der Umstand, daß
aus dem Bodensatz mehrerer erst ad hoc eröffneter Fläschchen im

pathologischen Institute des Kaiser Franz Josef-Spitals kulturfähige Strepto- und Staphylokokken nachgewiesen wurden. Dr. Friedjung konnte bei vier Fällen von Meningitis basilaris ebenfalls keinen Erfolg des Marmorekschen Serums konstatieren. In anderen Fällen, in welchen Marmoreksches Antistreptokokken-Serum injiziert wurde, entstanden an der Injektionsstelle Abszesse, in welchen sich Streptokokken fanden; das Serum scheint also lebende Kokken enthalten zu haben.«

Höher geht's nicht mehr! ... Die Lichter, welche die liberale Presse anzündet, sind bald verlöscht. Das ist der einzige Trost gegenüber der furchtbaren Tatsache, daß es ihr zeitweise gelingt, die Sonne zu verdunkeln. Cliquenmißgunst und Totschweigebann können dem Genie das Dasein verbittern, aber kürzer als seine Qual währt der Ruhm versippter Impotenzen. Auf dem israelitischen Friedhof der Preßreklame ruht neben Szczepanik Marmorek. Moriantur sequentes!

* * *

Im Jubiläumstheater, dessen Schützer durch Judenreinheit nicht zur Einheit gelangen konnten, versucht man es jetzt mit der Rassenmischung. Und alles ist beglückt. Ein Ausstattungsstück »Robinson Crusoe«, verfaßt von einem geheimnisvollen Herrn Alexander Ludwig, hat's dem christlichen Volk von Wien angetan. Es ahnt nicht, wer sich hinter diesem Pseudonym »verbirgt«. Ein arischer Alexander ward einem jüdischen Ludwig gepaart, Herr A. Kolloden einem gewissen Louis Taufstein — lucus a non lucendo —, jenem einzigen Taufstein, vor dem die Besucher der »Budapester Orpheumgesellschaft« bisher nicht zurückscheuten. Und die anti-semitische Theaterkritik, die wahre Orgien des Pöbelsinns gefeiert hat, als das Orchester des Jubiläumstheaters die Offenbach'sche Barcarole spielte, findet jetzt alles in Ordnung. Und diesmal spielt es wirklich nicht Offenbach, sondern die Musik eines Herrn Carl Josef Fromm, der noch dazu früher Redakteur des ‚Deutschen Volksblatts' gewesen ist. Alexander Ludwig: — der unverfängliche Klang des Namens genügt den Biedermännern. Gleich Shylock stehen sie hier auf dem »Schein«. Aber diesem wünscht Graziano, er möge »zum Galgen, nicht zum Taufstein« gebracht werden . . .

· · ·

Ein türkischer Orden ist eine Ehrenbeleidigung. Will man ihn, so ist man ein Masochist. Ein türkischer Orden muß, um als Beleidigung überhaupt ernst genommen zu werden, echt sein. Die Verleihung eines falschen türkischen Ordens ist ein dummer Spaß, eine fingierte Ohrfeige, die den Empfänger weder kränkt noch beglückt. Zahllose Menschen sind jetzt unglücklich, weil's keine wirkliche Beleidigung war. Dem ‚Neuen Wiener Tagblatt‘ ward »von besonderer Seite« gemeldet, daß die Affaire der falschen türkischen Ordensauszeichnungen »auch für eine ziemlich große Anzahl von Personen in Österreich-Ungarn von einiger Bedeutung ist«. Sie, die »mit nicht unbeträchtlichen Kosten«, so heißt's in jener Meldung, »türkische Dekorationen erworben zu haben glaubten und die mit diesen öffentlich erschienen, sind schon unterrichtet, daß sie dupiert worden sind«. Mein Gott, über Geschmackssachen läßt sich nicht streiten. Aber mir könnte man die Summe, für die man einen türkischen Orden erstehen konnte, hinlegen, ich würde ihn nicht anstecken. Ich würde eine türkische Auszeichnung nicht auf mir sitzen lassen. Ich gelte ohnedies schon als Streber, weil ich auf den Franz Josephs-Orden des Stukart und auf den Hofratstitel des Hahn spitze. Keinesfalls aber würde ich für meine Person einen falschen türkischen Orden geringer werten als einen echten. Darum kann ich die Enttäuschung, die sich jetzt der meisten Mitbürger bemächtigt hat, nicht so recht nachfühlen. Sie scheint niederschmetternd gewirkt zu haben, und in einem zweiundeinhalb Spalten langen Artikel bemüht sich das ‚Neue Wiener Tagblatt‘, das ja auch vor Sultansthronen ein demokratisches Organ ist, der Panik gerecht zu werden. Nur mit dem Ringtheaterbrand dürfte diese Katastrophe vergleichbar sein; jeder zweite Wiener hat einen Verlust zu beklagen. Die Verwirrung ist eine grenzenlose: »bei dem Umfange, den die Fälschungen hatten, sind die auswärtigen Regierungen ganz außerstande festzustellen, welche Personen echte und welche falsche türkische Dekorationen besitzen«. Das ist ja das Furchtbare, dieser nagende Zweifel: ist der Medschidie, den ich habe, echt oder falsch? Bei einem Baby kann man doch wenigstens aus der Ähnlichkeit mit dem Hausfreund Schlüsse ziehen, die keinen Zweifel übrig lassen, aber — bei einem Orden? Was nützt es, daß das ,Neue Wiener Tagblatt' beruhigend versichert, daß die Regierungen »angesichts der komplizierten Sachlage« sich nicht veranlaßt sehen werden, »irgendeine der schon erteilten Bewilligungen zum Tragen türkischer Orden in Frage zu stellen, mag nun der Orden ein echter oder ein unechter sein«? Semper aliquid haeret! Und auf dem Konkordiaball werden sie das Ding nicht mehr mit dem alten Respekt, sondern mit ironischem Zweifel betrachten. Das ,Neue Wiener Tagblatt' hat leicht versprechen: »Wer die Bewilligung zum Tragen schon hat, hat den türkischen Orden!«, aber Herr Wilhelm Singer wird der erste sein, der ein freies Wort über die Zustände der Türkei, die eine derartige Entwertung von Orden herbeigeführt haben, finden und seine Sehnsucht westlicheren Gegenden zuwenden wird.... Die unbeliebteste Persönlichkeit in Europa ist jetzt unstreitig dieser »Mahmud«, der den Schwindel aufgedeckt und weit und breit die Saaten froher Hoffnung zerstampft hat. Und dennoch sollten ihm die Ehrenmänner, die für Orden Geld zahlen, dankbar sein. Mit dem Medschidie haben Industrieritter, Bankdiebe und Erpresser das »besondere Merkmal«, das sie sofort kenntlich machte, eingebüßt. Denn wie ist eigentlich der Vorgang bei der Verleihung der hinterwärts von Temesvar wachsenden Orden? Die ausländische Regierung läßt durch ihren Vertreter bei der Regierung des zu Dekorierenden anfragen, »ob gegen die für die Auszeichnung vorgeschlagene Person keine Bedenken vorliegen«. Wenn ja, steht der Verleihung nichts im Wege.

Der moderne Schulmeister.

Borneo, sagte unser Klassenvorstand, ist so groß wie Österreich - Ungarn und ist das Vaterland der

Orang - Utans. Dabei blickte er uns beziehungs-
voll an. Von derlei Bosheiten abgesehen, die er gelegentlich in den Unterricht einstreute, war aber der
Alte eine grundgute Haut. In den oberen Klassen
bis zur Matura lehrte er uns Deutsch; oder richtiger,
wir konnten treiben, was wir wollten. Einen Orang-
bengel muß man eben nach Affenart sich entwickeln
lassen und ihn nicht für eine theologische Struktur
halten. Während der pflichtgemäßen und eintönigen
Verlesungen von Klopstocks Oden oder von anderem
Kautschuk der Literatur schliefen viele unbehindert
ihren Verdauungsschlaf, und die anderen lümmelten
mit verdrehten Augen auf den Bänken und dachten
mit wohllüstiger Absichtlichkeit an nichts, so an rein
gar nichts. Wir konnten in der Deutschstunde auf-
atmen, den Schuldunst von anderen Unterrichtsstunden
verrauchen lassen, wir brauchten keine Sekkaturen zu
fürchten, und darum war dieses Deutsch der Focus
des Entzückens in unserem belasteten Dasein zwischen
den Schulpfählen.

Ich werte heute die Methode unseres alten Professors ungemein hoch. Er war ein Mensch und schützte
jede Natürlichkeit. Andere Lehrer verkrüppelten uns
eher durch das Einbläuen von Regeln, Formeln und
Zahlen. Das Wort »Milieu« war damals noch nicht
geprägt, doch unser Alter wußte jeden Schüler nach
Begabung, Neigung und Herkunft richtig einzuschätzen.
Er überließ uns meist die freie Wahl des Aufsatz-
themas. Und da ergab es sich, daß in unseren Reihen
empfindsame Süßholzraspler saßen und solche, die mit
Federkielen aus den Schwingen des Erzengels Michael
schrieben. Siegfried Walfisch, ein kleiner Israelit,
phrasierte mit Vorliebe ein Thema wie : »Das Gold, der
Herr der Welt«, oder erging sich in ähnlichen Kommerz-
schwelgereien. Und ein Baron, der schrieb in seinen
Aufsätzen das »Ich« konsequent wie der Kaiser mit
großem »I« . . . Für derlei Individuelles fand der
Alte keine Rüge, erst wenn eine Blase des Dünkels

irgendwo zu hoch gestiegen war, gab's ein Wort der Ironie, versetzt mit ein wenig Brennesselsaft. Doch wenn einer wagte, die Schrecken des Ozeans zu schildern, so wurde der Alte wild und rief: Ja, waren Sie schon Schiffskapitän? Wer hat denn von Euch schon das Meer gesehen? ... Und da sich niemand meldete, der das Meer gesehen hatte, so sprach der Alte mit gehobenen Brauen: Nur jemand, der das Meer gesehen hat und es wirklich kennt, darf über das Meer auch schreiben! Verstehen Sie! Es gibt zwar Leute, die über alles schreiben, das sind aber auch Journalisten! .. Und wir wurden dessen außerordentlich froh wie junge Enten, die in ihrem angestammten Wasser plätschern dürfen. Hingegen mußten unsere unglücklichen Kollegen in der Parallelabteilung B unter der Leitung eines andern Lehrers die dümmsten und kniffigsten Sprüchlein aus der »Weisheit des Brahmanen« aufknacken. Ihre Aufsätze stanken förmlich von gequälter Moral und indischer Weisheit. Wir bemitleideten die in der »B«, da wir schon lasterhaft genug waren, zu wissen, wie zuwider es ist, wenn man sich in Aufsätzen mit einem abgestandenen Tantenernst immer selber anpredigen muß und dabei noch von einer muffigen Erfahrenheit triefen soll, die man gar nicht hat.

Wir wurden auch von einem Chemieprofessor belehrt, der uns die Atome in der Form von Oblaten oder von »Bischgoten« an die Tafel malte. Natürlich schworen wir alle darauf, daß die Atome wie Dessertscheibchen und Biskuits ausschauen. Der Geschichtsprofessor wiederum, ein freisinniger Herr, hielt mit Vorliebe flammende Entrüstungsvorträge über die Greuel der Inquisition, über Philipp II. und die anderen katholischen Scheusale, da er wußte, daß ein Schüler, der Sohn eines großmäuligen Bezirksdemokraten und einflußreichen Mitglieds des Landes-Schulrats, seinem Vater über das Gehörte berichtete. Die Bezirksdemokraten waren damals obenauf in der

Politik und in der Schule. Unserem Alten durften wir aber mit derlei Angelerntem und Verzerrtem nicht kommen. Da hörten wir gleich : Die Atome schauen ja nicht wie Biskuits aus ! Das ist nicht Chemie, sondern Zuckerbäckerwahn ! Hypothesen sind wissenschaftliche Vorstellungsbehelfe, aber nicht Wahrheiten, an die man glauben muß ! .. Oder wir vernahmen : Sie schreiben von »christlichen Scheusalen« und von »katholischer Mordgier« ! Geschmacklos ist das sicher und auch nicht sehr taktvoll, wenn Sie Katholik sind ! Wo bleiben denn die heidnischen und muhamedanischen Menschenschlächter, die Neronen und Solimans ? . . .

So renkte der Alte manches wieder ein, was andere verdreht hatten. Er hatte eben schon damals entdeckt, was man seither allmählig wieder zu entdecken beginnt. Er war vorzeitig »modern«, allerdings war auch seine Individualität als Lehrer noch von keinem Wust behördlicher Unterrichtserlässe bedrängt und verwirrt. Professor Viktor Loos.

* * *

ALKOHOL.
Von Peter Altenberg.

Ich bin ein fanatischer Anti-Alkoholiker, aber ausschließlich nach dem Tolstoi-Prinzipe: Wenn die Menschen einmal so gesundheitgemäß, so weise mäßig, so bewußt, erkennend das Gute und das Böse, leben werden. dann werden sie in ihren genialen Nüchternheiten des Alkohols entbehren können. Die Krücke Alkohol für den Lahmen ! Der Alkohol ist das Betäubungsmittel, damit wir es nicht spüren, wie weit entfernt von unseren innersten unentrinnbaren Idealen wir dahin vegetieren ! Damit wir nicht vorzeitig verzweifeln ! Der Alkohol läßt uns Zeit — — — zum Entschluß des Selbstmords ! Der

Gulden, den wir mehr ausgeben als wir sollten, die Frau, die wir als Ungeliebte, Unverehrte dennoch in unsere Arme nehmen, die Stunde, die wir dem notwendigen Schlafe rauben, die Nahrung, die wir überflüssigerweise genießen, Alles, Alles, was nicht das heilige Notwendige im Haushalt des natürlichen Organismus repräsentiert, es muß durch Alkohol in unseren reuevollen Gedächtnissen ausgetilgt werden! Die Melancholie über seine Sünden, seine Unwissenheiten, seine Schwachheiten muß hinweggeschwemmt werden durch Bier und Wein und Schnaps! Bei irgend einem Glase Bier wird einem die ohne Liebe genossene Frau, der überflüssig ausgegebene Gulden und das ganze Martyrium des Daseins wurst! Bier besiegt jede unglückliche Stimmung, schwemmt sie dahin. Der Zins steht vor der Türe oder die Schneider-Rechnung. Aber beim vierten Krügel Löwenbräu sage ich dem Hausherrn die gräßlichsten Dinge ins Gesicht, innerlich natürlich, schmeiße ich den Schneider die fünf Treppen hinab, innerlich. Und selbst die Geliebte erhält einen Tritt, innerlich. Bier besiegt jede unglückliche Liebe.

Alkohol füllt die schreckliche Kluft aus zwischen dem, was wir sind, und dem, was wir sein möchten, sein sollten! Werden müssen! Als der Affe erkannte, daß er ein Mensch werden könnte, begann er zu saufen, um den Schmerz seines Noch-Affe-Seins hinwegzuschwemmen. Als der Mensch erkannte, daß er ein Göttlicher werden könnte, begann er zu saufen, um den Schmerz seines Noch-Mensch-Seins hinwegzuschwemmen. Gebt dem Menschen die ihm zugehörige Tätigkeit — geistige oder körperliche —, die ihm zugehörige Frau, die ihm zugehörige Nahrung, die ihm zugehörige Ruhe — — — und er wird es, ohne selbst es zu wissen, spüren: Ἄριστον μὲν ὕδωρ.

Alkohol ist die Ausgleichung für unsere Unzulänglichkeiten! Je zulänglicher wir sind nach den idealen Plänen Gottes, desto weniger Alkohol brauchen

wir. Alkohol ist der Maßstab für die Melancholie des
Idealisten. Ich schwemme es hinweg, daß ich nicht
göttlich sein kann!

MITTEILUNG DER REDAKTION.

Deutscher Dichter. Liliencron in Wien... Man kann es nicht
glauben, daß so viel Echtheit heute leben, so viel Poesie in einem
Zeitalter entstanden sein kann, welches das Holz seiner Wälder der
Erzeugung von Annoncenpapier hingibt. Vielleicht ist er eine der stärksten
lyrischen Naturen, die je in deutscher Sprache zu ihrem Volke geredet
haben. Sicher die unzeitgemäßeste. Sein Volk las Leitartikel, dieweil der
Dichter zu ihm redete. Und Rudolf Lothar war ein berühmter Mann,
als man sich in Deutschland erinnerte, daß seit fast zwei Jahrzehnten
der »Heidegänger« und »Adjutantenritte« und andere Sammlungen blut-
lebendigster, prachtvollster Dichtung im Magazin des Verlegers Staub
fraßen. Nun werden, wie auf einen unschuldig Verurteilten, späte Freuden
auf das Haupt des Sechzigjährigen gehäuft. Und der festliche Anlaß
hat ihn uns auch, als Meisterleser seiner Gedichte, nach Wien gebracht.
Wie wußten wir das Ereignis zu würdigen? Wie haben wir ihn empfangen?
Was haben wir ihm geboten? Nun, unsere ganze Taktlosigkeit... Detlev
Liliencron hat sich — ich sagte es hier schon einmal — an dem deutschen Volk
für die Teilnahmslosigkeit, mit der es ihm aufwartete, fürchterlich gerächt:
er förderte, durch sein bloßes Dasein und durch gütigen Zuspruch, aller-
orten lyrisches Unkraut. Er glaubte, jedem, der sich mit ein paar ihm
nachempfundenen Versen an ihn wandte, etwas von der Anerkennung
geben zu müssen, die ihm selbst vorenthalten ward. Und so
lebt in deutschen Landen kaum ein reimender Unhold, der nicht mit
einem liebenswürdigen Privatbrief Liliencron's Mißbrauch treiben würde.
Aber es paßt vielleicht wirklich zu diesem genialen Kindergemüt, daß
es von all den lyrischen Kommis, die ohne Liliencron bloß die Prosa
der Manufakturbranche kennen würden, mehr als von sich selbst hält
und mit königlicher Kritiklosigkeit jeden einzelnen zum »Prachtkerl«
ernennt... Auch in Wien laufen einige solcher Prachtkerle herum. Sie
verstellten ihm hier den Ausblick auf die Stadt, die er gern kennen
gelernt hätte. Sie belagerten seine Wohnung. Sie sprachen so lange auf
ihn ein, bis er stockheiser wurde, während ihnen bloß die Hände weh
taten. Und einer, der sich die Herausgabe eines Festalbums anmaßte,
redete den Wehrlosen sogar mit »lieber Freund« an. (Donat amicitiam,
non accipit.) Was hat ein durch beharrlichen Zionismus in die ‚Neue Freie
Presse' gelangter Reporter neben dem Heidegänger zu suchen? Ach, da kam
sich keiner zu gering vor, um dem grundgütigen »Detl«, der ja doch
nicht zuckt, auf die Schulter klopfen zu dürfen. Wie sie zueinander
passen! Er ist ein Soldat, der zwei Kriege hinter sich hat; sie haben
zwei »Stellungen« hinter sich und sind nicht behalten worden. Er ist ein
Jäger; sie wissen von Anstand nichts. Er ist ein Dichter; sie haben

kein Talent. Nur einmal soll er die Gemütlichkeit gestört haben. Von einem Offizier, so heißt es, habe er sich nach Tisch österreichische Adjustierungsvorschriften erklären lassen. Da die anwesenden »Dichter« enttäuschte Gesichter machten, habe er versichert, daß ihn die Knöpfe an der österreichischen Generalsuniform mehr als die ganze Literatur interessieren. In diesem Moment erkannte Jung-Bielitz, daß es doch keine innere Verbindung zwischen den beiderseitigen Weltanschauungen gebe.

Lakai. Das Prinzenpaar von Wales in Wien... Wie wird es von dem servilsten Klatschblatt Wiens, in dem die Untertänigkeit des Lakaien mit der Indiskretion der Kammerzofe wetteifert, wie wird es von der ‚Zeit' empfangen? »Die internationalen höfischen Beziehungen haben es bisher nicht mit sich gebracht, daß Prinz Georg und Prinzessin Mary von Wales dem Wiener Hof einen Besuch abstatteten; aber auch alle jene a n d e r e n U r - s a c h e n eines persönlichen Interesses für fremde Fürstlichkeiten, wie ein besonders ausgezeichneter oder besonders s c h l e c h t e r R u f, romantische oder heitere F a m i l i e n g e s c h i c h t e n oder andere Eindrücke dieser Art, fehlen bei diesen prinzlichen Eheleuten oder sind wenigstens nicht so weit auf den Kontinent herübergedrungen. Die Wiener stehen daher dem englischen Prinzenpaar sehr u n b e f a n g e n gegenüber«... So heißt es zu Beginn des Artikels. Zum Schluß aber ist die schöne Unbefangenheit dahin. Familien- geschichten — wer weiß Familiengeschichten? Wer weiß was »auf ihm«? »Medisancen« zu fünf Kreuzer per Zeile? Hat ihn schon! »Er, der Herzog von York, war ein stiller, bescheidener Mensch; See- mann, und nichts als das, von Erziehung und Neigung; er hatte kaum für anderes Sinn als für seinen nautischen Beruf. Z a r t e, d o c h i n n i g e B a n d e sollen ihn um jene Zeit an eine junge Frau, die Tochter eines höheren Offiziers, geknüpft haben. Selbst in loyalen Blättern wurde lange Zeit behauptet, daß diese Beziehungen sogar durchaus legitime gewesen sein sollen . . . Wie dem auch sei: der Herzog von York, nun- mehriger Prinz von Wales, wurde seiner Frau ein aufmerksamer, ergebener Gatte. Fünf Kinder sind bisher dem Bund entsprossen«. — Saublatt!

Proletarier. »Die Fabriksarbeiterin Marie Neubauer wollte auf dem Wege in die Schuckertsche Fabrik am Donaukai über die Bahn- übersetzung gehen, als ein Zug der Stadtbahn herankam und sie nieder- stieß. Die Neubauer wurde überfahren und verlor das rechte Bein; das junge Mädchen geht mit einem Stelzfuß und kann sich nur schwer vorwärts bewegen. In einer gegen das Eisenbahnärar eingebrachten Klage begehrte sie ein Schmerzensgeld von 20.000 Kronen, für ver- minderte Versorgungsfähigkeit 5000 Kronen und wegen der verminderten Erwerbsfähigkeit eine monatliche Rente von 40 Kronen. Der Vertreter der Generalprokuratur wendete das Selbstverschulden der Klägerin ein, die sich wegen des an dem kritischen Tage herrschenden Sturmes und Unwetters einen Regenschirm vorhielt und so den Vorgängen auf der Übersetzung nicht die nötige Aufmerksamkeit zuwendete. D i e a l s Z e u g e n v e r n o m m e n e n O r g a n e d e r B a h n b e s t ä t i g t e n s e l b s t, d a ß d i e i n B e t r a c h t k o m m e n d e Ü b e r s e t z u n g z u d e n g e f ä h r l i c h s t e n g e h ö r e. D e r Z u g s v e r k e h r s e i d o r t

ein dichter und oft müßten die Arbeiter der Schuckert-
Werke, um rechtzeitig in die Fabrik zu kommen, über
die dort stehenden Züge hinwegklettern. Es wäre notwendig, daß die Stelle eingeplankt werde oder daß ständig ein Wächter dort stehe, der die Fußgeher auf die
Gefahr aufmerksam mache. Das Handelsgericht unter Vorsitz
des Oberlandesgerichtsrates Dr. Kutschera wies die Klage kostenpflichtig ab. Der Gerichtshof sei zur Überzeugung gelangt, daß die
Klägerin beim Passieren der Übersetzung nicht die notwendige Aufmerksamkeit anwendete. Das schlechte Wetter und das Tragen des
Regenschirmes konnte sie nicht von der Verpflichtung entbinden, den
Vorgängen auf der Schiene die erforderliche Sorgfalt zuzuwenden. Da
sie dies verabsäumt hat, ist sie selbst an dem Unfall schuld und die
Klage mußte wegenSelbstverschuldens der Klägerin abgewiesen werden«...
Wenn statt der Arbeiter der Schuckert-Werke Oberlandesgerichtsräte
die gefährliche Stelle passieren müßten, so würden sie, da ein Hinwegklettern über die Züge unwürdig wäre, zu spät in's Gericht kommen,
und Urteile wie das oben zitierte würden unterbleiben. Und das wäre
wenigstens aus dem einen Grunde bedauerlich, weil die Öffentlichkeit
von den mörderischen Stadtbahnzuständen nichts erführe, die, wie wir
jetzt wissen, ein geringeres Verschulden sind als die »Sorglosigkeit« einer
durch Sturm und Unwetter gehetzten Arbeiterin... Bein verloren,
Prozeß verloren. Und Kostenersatz noch dazu! Wenn Marie Neubauer
nicht jetzt von der Vollkommenheit dieser Weltordnung überzeugt ist,
dann ist ihr überhaupt nicht mehr zu helfen... Gott besser's, wenn
nicht die obere Instanz!

Habitué. Herr Hugo Wittmann, der, ach, nach Speidl über
das Burgtheater richtet, schreibt: »Die gestrige ‚Faust'-Vorstellung hat
vor einem übervollen Hause stattgefunden. Sie hatte durchaus keinen
festlichen Charakter, war eben einer von den üblichen klassischen
Abenden des Burgtheaters, vom laufenden Spielplan herbeigebracht, war
leider auch nichts weniger als eine Mustervorstellung, und doch schien
es, als erhöhte sich die Stimmung im Hause von Szene zu Szene, von
Akt zu Akt in sonntäglicher Weise, und neben dem Schauspiel auf der
Bühne konnte man dieses andere herzwärmende Schauspiel genießen,
wie eine geistig regsame Zuhörerschaft sich selbst ver-
gessend am Munde des Dichters hing und nicht einmal durch
die Mängel der Aufführung ihre festliche Andacht herabdämpfen
ließ.« Keine der bekannten Applausstellen habe versagt. So z. B. sei
»nach der Stelle, wo Mephisto den guten Magen der Kirche begutachtet,
von oben herab demonstratives Händeklatschen und Bravo-
gelächter« laut geworden. Welch festliche Andachtsstimmung einer
geistig regsamen Zuhörerschaft! Sie hat durch Jahre auch die Stelle
bejubelt: »Nein, er gefällt mir nicht, der neue Bürgermeister!«... Das ist
die »Rückkehr zu den Klassikern«, wie sie sich die ‚Neue Freie Presse'
erträumt hat.

Literat. ‚Der liebe Augustin‘, unser neuestes Witzblatt, langweilt sich selbst. Seiner Redaktion beginnt vor der eigenen Öde zu grauen. Die ersten zwei Nummern hatten das vollkommenste Abbild der vaterländischen Produktion geboten: Deutsch-österreichisches Flachland, dessen Horizont von jenen Bergen umsäumt wird, deren Bewohner Kröpfe haben und auch sonst zurückgeblieben sind. Und der Geist Masaidek's schwebete über den Wassern... Nun versendet die Unternehmung mit der dritten Nummer ein Zirkular, in welchem sie einen Wechsel in der Chefredaktion anzeigt und versichert, daß die Zeitschrift nunmehr »eine andere, entschieden flottere Form angenommen« habe. »Wenn auch die im Umfange schwächer gehaltene Nummer«, heißt es wörtlich in der zum Abdruck in der Tagespresse bestimmten Notiz, »quasi als Interimsnummer angesehen werden muß, so beweist sie dennoch, daß man mit wenigen, aber guten Beiträgen Besseres leistet, als mit der Unmenge altmodischen Krams.« Statt des Herrn Müller Guttenbrunn, dem man wirklich alles eher als Humor nachsagen konnte, soll der originelle Gustav Meyrink vom ‚Simplicissimus‘ die Leitung übernehmen. Hoffentlich gelingt es jetzt dem ‚lieben Augustin‘, seinem Titel und dem Ansturm deutsch-österreichischer Talentlosigkeit zu trotzen!

Leser. Putzig ist das »Preisausschreiben«, das ein Wiener Montagsblättchen — ‚Sonn- und Montags-Courier‘ heißt es — für die besten Feuilletons erläßt. Die Preise müssen nämlich die Einsender dem Blatt zahlen. Wer's nicht glaubt, lasse sich die »Bedingungen« dieses Bauernfangs, dem die ‚Neue Freie Presse‘ in Reklamenotizen Vorschub geleistet hat, schicken. Die Leser entscheiden über die Qualität der eingesendeten Beiträge, die sämtlich zum Abdruck gelangen. Die Preise werden nach der Anzahl der Stimmen verliehen. Vorher aber wird das Blatt für die sicher nicht zu erwartende Ausgabe reichlich entschädigt. Denn also redete Moses und sprach zu ihnen: »Als Druckkostenbeitrag hat jeder sich beteiligende Autor K 10.— per Normalfeuilleton (100 Druckzeilen) an die Redaktion gleichzeitig mit dem Manuskripte einzusenden. Da bei größerem Umfange die Druckkosten von mehr als 100 bis 200 Zeilen K 10.—, darüber hinaus bis 250 Zeilen K 5.— betragen, ist die eventuelle Nachzahlung gleichzeitig mit der Korrektureinsendung zu leisten«. Ganz praktisch!

Rechtsanwalt. Sie schreiben: »Nach Ihren Ausführungen in der letzten Nummer der ‚Fackel‘ (Erpressung), mit denen ich in der Hauptsache ganz einverstanden bin, erlaube ich mir, Ihre Meinung über folgende, momentan für mich höchst aktuelle Frage einzuholen. Herr A. erzählte Herrn B. Geschichten über mich, die vollständig erlogen sind, meine Handlungsweise in ein schiefes Licht bringen und ganz geeignet sind, mir bei Herrn B., respektive, wenn dieser für weitere Verbreitung sorgt, noch bei anderen Leuten zu schaden. Ich schrieb A. einen Brief, in dem ich ihm für den Fall, daß er nicht B. gegenüber vollinhaltlich revoziere, die gerichtliche Klage in Aussicht stellte. Habe ich damit nach Ihrer Meinung eine Erpressung begangen? Um Antwort wird dringend gebeten!... etc. etc.«

Wenn Sie mit meinen Ausführungen einverstanden sind, dann erfolgt doch die bejahende Antwort Ihrer Frage von selbst. Sollte Ihr Beispiel mich aber ad absurdum führen wollen, so führt es wieder nur die Härte des österreichischen Gesetzes ad absurdum. Daß eine Nötigung vorliegt, unterliegt gar keinem Zweifel. Es ist doch einfach das Schema, das ich auf Seite 16 anführte: Ich tue, wozu ich berechtigt bin, wenn du nicht tust, wozu du verpflichtet bist. Auch dieser Kausalnexus kann den unerlaubten Zwang bedingen. Nun hat Sie vielleicht mein Satz auf Seite 15 auf irrige Fährte gebracht: »Ich darf naturgemäß mit einer Klage drohen, um jemanden zur Erfüllung seiner Verpflichtung anzuhalten, wenn ihre Nichterfüllung mit der Gesetzwidrigkeit, auf die sich die Klage stützen würde, kongruent ist.« Dafür gab ich sogleich das Beispiel: »Ich darf eine Klage wegen Ehrenbeleidigung in Aussicht stellen, um jemanden von der (weiteren) Begehung dieses Deliktes abzuhalten.« Nicht aber, um ihn zur Abgabe einer Ehrenerklärung, zum Widerruf zu zwingen. Ich darf ihm das Gesetz in Erinnerung bringen. Aber das Gesetz straft eben die Beleidigung, nicht die Unterlassung eines Widerrufs. Ich darf einen diebischen Dienstboten vor weiteren Vergehungen warnen, indem ich ihm die Anzeige in Aussicht stelle. Zur Rückgabe des vermutlich gestohlenen Gegenstandes — den ja vielleicht doch ein anderer gestohlen hat — darf ich ihn nicht durch die Drohung mit der Strafanzeige zu verhalten suchen. In einem Falle der Evidenz (Geständnis des Täters u. dgl.) würde natürlich die Nötigung mangels der begründeten Besorgnisse schwinden oder der Diebstahl wäre zur Veruntreuung reduziert, die ja durch Schadensgutmachung aufgehoben wird, und somit die oben zitierte »Kongruenz« zwischen Nichtleistung und Gesetzwidrigkeit gegeben. Ähnlich in Ihrem Fall, wo freilich die Grundlosigkeit der Beleidigung nur durch den mißlungenen Wahrheitsbeweis evident werden kann. Hier würde man sich, solange es nicht eine mit Geldstrafe zu ahndende »Nötigung« gibt, wohl mit dem Mangel an gegründeten Besorgnissen helfen, um nicht anklagen zu müssen. — Auf die Frage einiger Ihrer Kollegen: Gewiß, der Artikel war, ohne fremde Beihilfe, von dem Herausgeber verfaßt. Wie alle nicht signierten Beiträge. Fackelzeichen und drei Sternchen bedeuten natürlich keine Unterschrift, sondern lediglich eine Abteilung zwischen Rubriken, bzw. Artikeln.

Übermensch. Die mehr vom Standpunkt des Jouristen als des Juristen beträchtliche Affaire scheint erledigt, die Hoffnung auf die Selbststellung des Haupthelden mit dessen Ankunft in Valparaiso geschwunden. In der Erinnerung des Franz Josefs-Kai wird er als ein sexueller Oger fortleben. Ein wenig verklärt durch die Schilderungen der Schmöcke, die mehr den »Idealisten« hervorkehrten. Die antisemitischen Gegenschmöcke hatten den Wert seiner wissenschaftlichen Leistung gemindert, weil ihnen bewiesen schien, daß er Knaben unter vierzehn Jahren mißbraucht hatte. Aber »daß jemand ein Giftmörder ist, sagt nichts gegen seine Prosa«, heißt es in einem Essay von Oscar Wilde. Den liberalen Freunden scheint freilich wieder die bloße Tatsache, daß jemand ein Giftmörder ist, für seine Prosa zu sprechen. Gott, was für ein Idealist! rief einer, der mit besonderem Respekt betonte, der Professor habe seine Villa am Genfer See »Karma« genannt. Spießbürger nennen ihre Villa »Zufriedenheit«, »Sanssouci«, »Pollack-Villa« oder, wenn's hoch geht, »Felicitas«. Er nannte sie »Karma«. Das Wort muß unbedingt etwas so Tiefes bedeuten, daß darüber nicht einmal unser Kollege vom Feuilleton Auskunft geben kann. Jedenfalls — ein Idealist. Ein Schwärmer. Sein Haus hieß »Karma« und — »stundenlang konnte er vor dem Pianola sitzen«. . .

Einem Cliquenmann.

Alle Menschen groß und klein,
Spinnen sich ein Gewebe fein,
Wo sie mit ihrer Schere Spitzen
Gar zierlich in der Mitte sitzen.
Wenn nun darein ein Besen fährt,
Sagen sie, es sei unerhört,
Man habe den größten Palast zerstört.

(West-östlicher Divan.)

Berichtigung.

In Nr. 159, S. 20, 1. Zeile von unten, ist statt »nach allem Anfang« zu lesen: *von allem Anfang.*

MITTEILUNGEN DER REDAKTION.

Der Herausgeber muß wegen Mangels an Zeit und zum Schutz gegen Querulanten an alle jene, die eine persönliche Unterredung wünschen, die Bitte richten, den Gegenstand vorher in knappen Worten schriftlich bekanntzugeben. Er wird dann, wenn es ihm für den publizistischen Zweck notwendig oder auch nur förderlich scheint, gern Tag und Stunde des Empfangs bekanntgeben.

Ungenügend frankierte Briefe werden nicht angenommen.

Unverlangte Manuskripte werden nur zurückgesendet, wenn **frankiertes** und **adressiertes Kuvert** beilag. Es genügt die einer Drucksache entsprechende Frankierung, da die Rücksendung wegen Zeitmangels ohne schriftliche Begleitworte, Bedauern oder Begründung, erfolgt.

Herausgeber und verantwortlicher Redakteur: Karl Kraus.
Druck von Jahoda & Siegel. Wien. III. Hintere Zollamtsstraße 3.

DIE FACKEL

| NR. 161 | WIEN, 5. MAI 1904 | VI. JAHR |

Der Minister für Initiative.

So ein unschuldig Verurteilter hat's in Österreich
wirklich nicht gut. Ein Strahl der Hoffnung dringt
in seine Zelle. Einst wird kommen der Tag, der auch
seine Unschuld bezeuget. Und dann wird ihm nicht
nur Entschädigung für die erlittenen Vermögens-
nachteile werden, nein, die Ersatzpflicht des Staates
wird längst auch auf den »sonstigen Schaden« ausge-
dehnt sein, den der Ärmste durch die Verurteilung
erlitten hat. Was hatten seinesgleichen bis heute von
dem Bettel, mit dem der Staat sich ein ruhiges Gewissen
erkaufte, so oft seine Gerichte zu Unrecht erkannt
hatten, irgendjemand sei schuldig, irgendeine Tat nicht
begangen zu haben? Der Zustand bis 1892 war
immerhin würdig. Der unschuldig Verurteilte erhielt
ein von keinem Regierungsvertreter angefochtenes
Nichts. Dann kam das Entschädigungsgesetz; und
nun ging das große Rechnen los. Man multiplizierte
die Zahl der Tage ungerechtfertigter Haft mit dem
Taglohn, subtrahierte die Sonn- und Feiertage und jene
Wochentage, an denen der Verurteilte sich vermutlich
betrunken und nichts erworben hätte: der Rest ergab
jenen Betrag, mit dem der Staat die Heilungskosten
einer judiziellen Fehlgeburt reichlich bewertet glaubte.
Schmerzensgeld wollte er, wo Schmerzen — verlorner Freiheit, verlorner Ehre und verlorner Gesundheit — weher drückten als der Erwerbsverlust, nicht
bewilligen. Bis 1892 war's Standpunkt, später Schäbigkeit. Dem Patrioten vor 1892 kann es nicht viel

verschlagen, wenn ihm Arm oder Bein in's Räderwerk
der Staatsmaschine gerät, da es ja bekanntlich sogar
süß sein soll, für's Vaterland zu s te r b e n. Wenn ich darauf
gefaßt sein muß, daß mir ein Ziegelstein auf den Kopf fällt,
so werde ich mich als Justizopfer umso wohler fühlen,
als ich es nicht ertragen könnte, daß die staatliche Autorität durch das Bekenntnis eines Irrtums Schaden leide.
Seit 1892 ist's ein unabwendbarer Schicksalsschlag,
gemildert durch eine Greislerrechnung. Die Justiz
bekennt ihren Irrtum, aber sie beseitigt ihn nicht.
Nun soll auch mit dieser Übung, die zum Schaden den
Hohn fügt, indem sie den ganzen Jammer eines Justiz-
martyriums in dem Ausfall der Erwerbsmöglichkeit
erblickt, nun soll mit dieser albernen Schäbigkeit
endlich aufgeräumt werden, die den unschuldig wegen
Mordes Verurteilten, dem die Schauer des Todes oder
lebenslanger Nacht schon den Geist beschattet haben,
nicht höher entschädigt als den politischen Delinquenten,
dessen Unschuld sich nach der gleichen Zahl von
Tagen herausstellt. In's Zuchthaus dringt ein Strahl der
Hoffnung, im Herrenhaus ward er entzündet : auf dem
der Sträflingslektüre bestimmten Zeitungsblatt ist der
Antrag zu lesen, den Dr. Unger eingebracht hat, der
als Präsident des Reichsgerichts die abscheuliche Bal-
gerei zwischen dem Staat und seinen Justizopfern
so oft zu schlichten, die unsinnige Vernunft von
1892 zu vollstrecken hatte. Ein Richter, dem das
Gesetz zu dumm wird. Er verlangt, daß der Staat
außer dem greifbaren auch den moralischen und
ideellen Schaden vergüte, den der Unschuldige erlitten
hat, und er stellt eine Behörde an den Pranger, die
als Streitteil vor dem höchsten Tribunal, den Geiz
des Gesetzgebers übertrumpfend, die Tage der Ruhe und
der mutmaßlichen Trunkenheit dem verurteilten Proletarier aus der Rechnung streicht und der man es
zutraut, daß sie ihm auch einen angemessenen Betrag
für Kost und Quartier abziehen könnte. Fort mit
der Algebra! Nun kann's ja wieder wohnlich werden

im Gefängnis. Der Antrag Exzellenz Unger's fand eine begeisterte Stimmung; keine Frage, daß ihn im Abgeordnetenhaus trotz nationalem Unfug allseitige Willigkeit erwartet und daß, wenn ihm die Regierung kein Bein stellt, die vielsagende Einfügung der drei Wörtchen »und sonstigen Schaden« in das Gesetz von 1892 bald vollzogene Tatsache sein wird.

Wenn ihm die Regierung kein Bein stellt! Sollte man's für möglich halten, daß sie den Mut haben könnte, die populärste Sache zu Falle zu bringen, für welche die Weisheit des greisen Unger, das Ansehen der dem Herrenhaus angehörigen Mitglieder der höchsten Gerichtshöfe einsteht? Aus finanziellen Bedenken? Die Schuld des österreichischen Staates werden die zehntausend Gulden jährlich nicht erhöhen, welche die Unschuld seiner Bürger kostet. Und der Appetit seiner Richter nach Justizmorden wird nicht wachsen, wenn mehr Geld zu ihrer Begleichung vorhanden ist als heute. Aus Prinzip? Unger hat den »fast übermenschlichen Titanen« Bismarck zitiert, den sein Glaube an die Omnipotenz des Staates nicht zu der Erkenntnis einer staatlichen Entschädigungspflicht gelangen ließ. Herr von Koerber wirkt und denkt in weniger titanenhaften Formen. In einem Staat, der so allseitig impotent ist wie der seine, ist er sich der Pflichten gegen die von judiziellen Elementarschäden Betroffenen wohl bewußt. Er ist nicht übermenschlich, sondern »human«. Und dennoch weht aus der Antwort, die er dem berühmten Antragsteller gab, der Geist der Verneinung? »Man spricht vergebens viel, um zu versagen; der andre hört von allem nur das Nein«. Die liberale Presse freilich hört es nicht. Und Herr v. Koerber spricht doch sehr viel. Ihr genügt's, wenn in seinen Reden die Wendung »humane Absichten und Ziele«, das Wort »tunlichst« nicht fehlt. Die ‚Neue Freie Presse‘ jubelt, weil von der Regierungsbank das Prinzip anerkannt wurde, geschehenes Unrecht

»tunlichst« zu sühnen. »Die Erklärung«, versichert sie,
»sticht wohltätig ab von dem Standpunkt der starren
Negation, welchen der Vertreter des deutschen Reichs-
justizamtes in der Reichstagskommission gegenüber
den Versuchen eingenommen hat, die unbilligsten
Härten der Vorlage über die Entschädigung ungerechtfertigt Verhafteter zu beseitigen«. Mit nichten!
Die starre Negation ist ehrlicher als die mit Humanität versüßte. Denn negiert hat auch Herr v. Koerber.
Und nur der liberale Untertanenverstand sieht nicht,
was es bedeutet, wenn der Ministerpräsident, wie die
‚Neue Freie Presse‘ lobend hervorhebt, »b e i d i e s e m
A n l a s s e ankündigte, daß die Regierung die Absicht
habe, a u c h eine Lösung des Problems der Entschä-
digung unschuldig V e r h a f t e t e r zu versuchen.«
Wenn er von »finanziellen Bedenken« sprach, bangte
ihm in seinem innersten Gemüt nicht vor der Möglichkeit, daß es so bald zu einer Belastung des
Staatssäckels kommen könnte. Denn er hat den
Antrag Unger großmütig überboten, mit eigener
Initiative kompliziert und dadurch zunächst das eine
bewirkt, daß der ebenso dringlichen wie erfüllbaren
Forderung der Mitglieder des Reichsgerichts Hindernisse kommissioneller Arbeit in den Weg geworfen
sind. Orientalische Phantasie mag die Sitzung des
Herrenhauses, in der der Antrag Unger eingebracht
wurde, als »eine erquickende Oase inmitten der Wüste
unseres entarteten Parlamentarismus« bezeichnen. Aber
die ‚Neue Freie Presse‘ irrt, wenn sie meint, daß
ausschließlich »die nationale Eitelkeit der Czechen«,
die im Volkshause »Orgien feiert«, Schuld trage, daß
nicht »ernste Fragen ihrer Lösung näher gebracht«
werden. Im Herrenhaus ist es die Eitelkeit der Regierung, die sich der Lösung ernster Fragen in den Weg
stellt. Das Monopol für Fortschritt und Humanität
hat in Österreich Herr v. Koerber, und er weiß jeden
unlautern Wettbewerb entschieden abzuwehren. Der
Beifall, der dem berühmten Rechtslehrer im Kreise

der nicht oft aus ihrem seelischen Gleichgewicht gebrachten Peers wurde, war dem Ohr des Ministers
nicht allzu willkommenes Geräusch. Ist er nicht fast schon
ein Rudolph Lothar der Politik, der Zensurbeiräte schafft,
die kalte Douche aus den Gefängnissen entfernt,
Spucknäpfe verordnet und Gedankenfreiheit bewilligt?
Alles durcheinander, das Schlechte und Gute, immer mit
dem sichtbaren Bestreben, seine Vielseitigkeit bewundert zu sehen. Voll kleiner Initiative. Ein aktueller
Minister, der den Aktenstaub eines Jahrhunderts
nicht beseitigt, aber hastig mit einer neuen Verordnung zudeckt. Eine Emsigkeit, die den Amtsschimmel scheu macht, aber auf Beamte von Genie
oder Tüchtigkeit einfach lähmend wirkt. Kein Tag
ohne Verordnung. Der Mann hat das Erlassende;
und sorgenvoll betrachten die Ärzte dieses Reichs
eine geschwächte Konstitution, bei der zur Ver-
stopfung des gesetzgebenden Teils eine ministerielle
Schließmuskelerschlaffung tritt, die das Erlassen nicht
mehr zurückhalten kann . . .

Sicherlich hat Herr v. Koerber nicht mit fis-
kalischem Dolus gehandelt, da er weiter zu gehen sich
bereit erklärte als Dr. Unger und Genossen, da er die
von der Presse in gesperrtem Druck gebrachte Erwartung aussprach, daß »bei der Behandlung des vorliegenden Antrages sicherlich auch das Problem der
Entschädigung wegen ungerechtfertigter Untersuchungshaft erörtert werden dürfte«, und die gleichfalls in gesperrtem Druck gebrachte Erklärung, daß
»die Regierung gerne bereit wäre, die Lösung dieser
ebenso wichtigen, vielleicht noch wichtigeren
Frage zu versuchen«. Nicht Arglist, sondern Eitelkeit
hat ihn die Pflicht vergessen lassen, mit dem eigenen
Ideenschatz bescheiden zurückzuhalten, wenn ein Unger
eine wertvolle Anregung gab. Respektvolle Zustimmung
war hier am Platze, nicht hastiges Überbieten, nicht das
offene Geständnis der Furcht, im Wettlauf um die
politische Unsterblichkeit um eine Nasenlänge zurück-

zubleiben. Der Finanzminister mag ja für solche
Regungen, die von einer schönen Ursprünglichkeit
zeugen und doch die Wirkung des schlauesten fiskalischen Plans erzielen, dankbar sein. Die unschuldig
Verurteilten sind es nicht. Sie, denen Unger's Einsicht,
die nur das Mögliche will, augenblicklich helfen konnte,
werden jetzt wohl auf die gemeinsame Rehabilitierung
mit den unschuldigen Untersuchungshäftlingen warten
müssen. Macht nichts! Die ganze Humanität hätte Herrn
v. Koerber nicht mehr gefreut, wenn er die wichtige
Frage, die Dr. Unger aufgerollt, nicht mit einer
»vielleicht noch wichtigeren« hätte aus dem Felde
schlagen können. Ein Manöver, das zufällig auch dem
Staatssäckel frommt. Aber wahrlich nicht Geiz, bloß
Ehrgeiz hat es verschuldet. Die Sitzung durfte nicht
in dem Erfolg der Idee eines andern gipfeln. Gar
keine Idee! In diesem Staat hat bloß Einer Initiative.
Und wäre es auch die, eine gute Tat zu verschlep-
pen... Der Hoffnungsstrahl, der aus dem Herrenhaus
in die Zelle drang, brach sich an der Regierungsbank.
So ein unschuldig Verurteilter hat's in Österreich
wirklich nicht gut.

Spiritusausstellung... Von Leuten, die als Vertreter der Wiener Presse an die deutschen Aussteller
herantraten, wurde diesen — so wird mir aus Berlin
berichtet — der Antrag gemacht, daß in Wiener
Tagesblättern ein gleichlautender Bericht mit einer
Würdigung aller deutschen Aussteller erscheinen
sollte, wofür von jedem zu Nennenden 2000 Kronen
zu entrichten wären. Als den ehrlichen Maklern brieflich
geantwortet wurde, daß die deutschen Aussteller ge-

glaubt hätten, es sei Sache der anständigen Presse, Gutes und Nützliches zu unterstützen, erklärte sich die Bande ›in Anbetracht des guten Zweckes‹ bereit, die Forderung von 2000 Kronen auf 1000 Kronen herabzusetzen. Ob nun die Aussteller auch auf diesen Vorschlag nicht oder ob sie eben bloß auf diesen eingingen: wenn man die Wiener Kommerzpresse dieser Tage durchliest, wird man finden, daß die Deutschen, wiewohl sie anerkanntermaßen Tüchtiges, ja Hervorragendes geleistet haben — siehe offizielle und Bankettreden —, bei der Wiener Publizistik weit hinter allen anderen Nationen zurückstehen... Doch damit nicht genug. Nachdem der Kaiser seinen Rundgang beendet hatte, trat man mit neuen Vorschlägen an die Deutschen heran. Jeder von ihnen sollte 10 Kronen für jede Zeile in jedem Blatt zahlen, worin berichtet werden würde, daß der Monarch ihre Ausstellungs-objekte besichtigt habe. Nun war aber der Kaiser an einigen vorbeigegangen. Die Herren waren in ihrer deutschen Rechtlichkeit ganz entsetzt über jene Zumutung. Sie äußerten Bedenken, daß sie in große Ungelegenheiten geraten könnten, wenn in den Zeitungen wahrheitswidrig berichtet würde, der Kaiser habe sich für ihre Ausstellungsobjekte interessiert. Da den Deutschen diese ganze Art und Weise des Verkehrs mit der Journalistik vollkommen neu war, so hielten sie eine Konferenz darüber ab, an der auch eine in hoher amtlicher Stellung wirkende Persönlichkeit teilnahm. Der Herr riet den Ausstellern, die ganze Angelegenheit in Berlin an die große Glocke zu hängen und sich mit der Wiener Jour-nalistik nicht weiter einzulassen. Das wollten die Aussteller aus Scheu vor einem Skandal aber doch nicht tun; zudem war es auch den Agenten gelungen, bei dem und jenem die Bedenken über einen Miß-brauch des Namens des Kaisers zu verscheuchen: die direkte Frage, ob die Agenten, wenn man auf ihre Forderung einginge, die ganze Verantwortung für etwaige Folgen auf sich nähmen, wurde ohneweiters bejaht; das sei »alte Praxis und nicht im geringsten bedenklich«...So kam es denn, daß auch diesmal wieder in den Berichten der Wiener Blätter der Kaiser Ausstellungsobjekte »eingehend besichtigt« und — je nach dem Tarif — günstig oder ungemein günstig beurteilt hat, die er überhaupt nicht zu Gesicht bekam. Dafür wurden andere, die er besichtigt hatte, überhaupt nicht erwähnt. Die Wiener Presse trifft kein Vorwurf. Sie hätte sich und den Kaiser ohne Umstände für sie begeistert, wenn... Die Herren haben sich's eben selbst zuzuschreiben. Was hat ihre Halsstarrigkeit bewirkt? Zum Teufel ist der Spiritus, das Phlegma ist geblieben.

* . *

Der Glanzlederfauteuil.

Es gibt keine besseren Österreicher als die Norddeutschen. Wenn sie hier nur erst eingelebt sind, streifen sie außer dem Dialekt alles ab, was des deutschen Mannes Schmuck und Zier bildet. Der Wiener entwickelt sich in Berlin nicht wesentlich; nur daß seiner leichtern Zunge der fremde Dialekt geläufig wird. Der Preuße aber, der sich in der Regel hier wohler fühlt als der Wiener in Berlin, öffnet williger seines Wesens Pforten, lernt allzurasch das Behagen der Gesinnung vorziehen und überösterreichert den Österreicher. In Norddeutschland kennt und schätzt man den Wiener vor allem als Kellner: für den reisenden Landsmann gibt es keinen unerquicklicheren Anblick als die Schneidigkeit, hinter der sich die Schlamperei plötzlich versteckt hat. In Wien beziehen wir die Theaterdirektoren aus Ostpreußen: was würden die Königsberger heute zu ihrem Schlenther sagen, der eine ihrem Wesen so fremde Geschmeidigkeit angenommen hat und von Ibsen und Hauptmann schneller zu einem

Verständnis für die Erfordernisse des österreichischen Hofdienstes gelangte als je ein österreichischer Hofrat zu Ibsen und Hauptmann? Ein krasser Fall von Verwandlung eines norddeutschen Gemütes ist auch die Karrière des Herrn Franz Servaes, Kunstkritikers der ‚Neuen Freien Presse‘. Von kundiger Hand dem deutschen Literaturleben entrissen, plätschert er heute, ein munterer Serwas-Franz, behaglicher als irgend ein Zögling der Wiener journalistischen Schule im Schlammwasser unserer Machenschaften. Er ist der Nachfolger des seligen Ranzoni, aber ich glaube nicht, daß dieser Kritiker, dessen Urteil höher im Preise als im Werte stand, sich je dazu hergegeben hätte, einen Artikel wie den unter dem Titel »Interieurs« am 24. April erschienenen mit seiner Chiffre zu signieren.

Der Architekt Adolf Loos hat eine Zeitlang in der ‚Neuen Freien Presse‘ Modewaren und kunstgewerbliche Gegenstände in seiner leichtfertig glücklichen und interessanten Art rezensiert. Ich vermute, daß seine Artikel eingestellt wurden, weil der Essayist das Inseratengeschäft verdarb und weil er es am Ende nicht dulden wollte, daß hinter seinem Rücken einkassiert und sein Firmenurteil beeinflußt werde. Dem Unfug. daß Geschäftsinhaber ohne Bezahlung zu einer Würdigung ihrer Erzeugnisse gelangten, die sie sonst teuer erkaufen mußten, hat also wohl die Administration der ‚Neuen Freien Presse‘ ein Ende gemacht. Seit Loos ist aber das Blatt, dessen Herausgeber sich offenbar noch nicht reich genug dünken, auf den Geschmack des von literarischer Feder besorgten Warenlobs gekommen. Vereinzelte Fälle waren gewiß schon früher zu verzeichnen, und die ‚Zeit‘, die wirklich niemand bestechen will, hat einmal behauptet, vor Jahren habe Herr Wittmann ein Feuilleton über eine kunstgewerbliche Firma geschrieben, das für tausend Gulden bei der Administration bestellt war. Herr Wittmann bekam sicherlich kein Extrahonorar, schrieb ein Urteil nieder, daß sich vielleicht mit seinem eigenen deckte:

die Fügsamkeit eines Schriftstellers gegenüber redaktionellen Wünschen, deren administrative Herkunft auch der biederste Schwabe riechen muß, bliebe immerhin denkwürdig und für die Korrumpierung der literarischen Unschuld durch die Geschäftspresse bezeichnend. Die Leistung des Herrn Servaes bedeutet einen Schritt weiter auf diesem Wege. Seiner geringern Begabung entsprechend fällt die Bemühung, die Direktive seines Lobes plaudernd zu cachieren, ungleich dürftiger aus. Der Artikel »Interieurs« setzt ohne Umschweife mit einer Empfehlung des »bekannten Möbelwarenhauses« von Portois & Fix ein. »Gerne folgten wir der freundlichen Einladung der Firma, ihre neuen Räumlichkeiten zu besichtigen«. Nachdem Herr Servaes die Schönheit gepriesen hat, muß er, wie's in allen Inseraten üblich ist, auch die Billigkeit der Ware loben. Dies besorgt er in nicht zu überbietender Schalkhaftigkeit wie folgt: »Indem man langsam hindurchschreitet, ist einem zu Mute, als bekäme man eine anschaulich illustrierte Mustervorlesung über die moderne Kunst des Wohnens gehalten. Wir sind indiskret genug, uns auch ein wenig nach den materiellen Bedingungen zu erkundigen, unter denen man sich in den Besitz solcher Einrichtungen zu setzen vermag. Hat doch das wirtschaftliche Moment in unseren Tagen stets ein erhöhtes Interesse. Und da erfahren wir denn, zu unserer Befriedigung, daß nicht bloß die reichen Leute, die alten Stammkundschaften dieses Hauses, hier kaufen können, sondern daß neuerdings besonders auch für Minderbemittelte in vorsorglicher Weise Rat geschaffen wurde. Eine Reihe behaglicher und geschmackvoller Interieurs kann jetzt, dank klug ersonnener Fabriksherstellung, schon zu Preisen geliefert werden, die es auch dem bescheidenen Anfänger ermöglichen, der Vorzüge, die ein Welthaus wie Portois & Fix zu bieten hat, teilhaftig zu werden und sich ganz davon einrichten zu lassen.« »Welthaus«: da

schlug dem Kunstkritiker der Inseratenagent ins
Genick. Jener besinnt sich und erklärt wieder im
literarischen Ton: »Es schien m i r (gemeinsam mit
dem Inseratenagenten hatte er per »Wir« gesprochen)
einen eigenen Reiz zu haben, zunächst einmal eine
solche billige Einrichtung eingehend zu besichtigen.
Ich wurde in eine zusammenhängende Gruppe von
vier Zimmern geführt, denen es an Komfort und Be-
haglichkeit nirgends fehlte und in denen ein an-
spruchsloses junges Ehepaar, das ja bekanntlich schon
in der kleinsten Hütte Raum findet, sich w i e i n
e i n e m Himmelreich fühlen muß«. Das Speise-
zimmer, versichert Herr Servaes, habe »so einladend
auf u n s« gewirkt, »daß w i r eine Zeitlang Platz
nahmen, gemütlich am runden Eßtisch saßen und
u n s e r e Zigaretten rauchten«. (Gewiß gleichfalls von der Firma beigestellt). Jetzt wird
Herr Servaes frivol, und da tut der Inseratenagent
wieder nicht mit: »I c h dächte, man kann sich's
darin wohl sein lassen, mindestens bis zum Eintreffen
einer fröhlichen Nachkommenschaft. Doch auch dann
werden kluge Leute sich einzurichten verstehen.
Wer aber bereits vorher in dieser Hinsicht Sorge
treffen will, der findet am andern Ende des Stock-
werkes eine zweite kleine Familienwohnung, die etwas
luxuriöser eingerichtet ist und in der auch ein vollständig hygienisch eingerichtetes Kinderzimmer sich
vorfindet.« Und »eine schlichte Junggesellenkammer
bildet einen gewissen Kontrast zu einem in Weiß und
Rosa gehaltenen Jungfernstübchen, in dem um das
duftige Bett zarte keusche Träume zu gaukeln
scheinen«. Das ist mehr als man verlangen kann.
Und aus einem englischen Glanzlederfauteuil, den Herr
Servaes erblickt hat, »mag man gar nicht wieder auf-
stehen, wenn man einmal darin niedergesunken ist«.
Wunder über Wunder! Der unabhängige Kunstkritiker,
der mit den Erzeugern der Gegenstände, die er zu be-
sprechen hatte, sicherlich in keine persönliche Ver-

bindung getreten ist, schließt: »Vor dreiunddreißig
Jahren hat der jetzige Chef des Hauses, Herr Anton
Fix, auf Reisen im Auslande gründlich vorgebildet,
das Geschäft von seinem Vater in ganz bescheidenen
Verhältnissen übernommen, stets von dem Gedanken
beseelt, solide und geschmackvolle Möbel zu erzeugen.
Seitdem hat das Geschäft durch die Verbindung mit
Pertois den Fabriksbetrieb eingeführt und nach dessen
Tode eine neue Entwicklung im großen Stile begonnen.
Nun ist der Sohn des jetzigen Chefs, Herr Robert
Fix, der Firma beigetreten und brachte die Erfahrungen einer mehrjährigen, zu Studienzwecken
unternommenen Weltreise hinzu. So baut jetzt schon
die dritte Generation, mit der zweiten einträchtig
vereinigt, an dem Werke weiter, und unsere Wanderung hat uns belehrt, wie rüstig dieses dabei gedeiht,
wie hoffnungsvoll es weiterblüht und wächst.« . . .

Wir fragen uns nur, wie viel das kunstkritische
Urteil eines Mannes wert ist, den seine Chefs zur Besprechung eines Warenhauses kommandieren und dem
pünktlich alle Stile, die er darin vertreten findet, gefallen? Anstatt kritischer Besprechung, die gewiß auch
im gewerblichen Gebiete statthaft und notwendig ist,
liefert er das Lob der »Leistungsfähigkeit« einer Firma,
deren »Ruf seit Jahrzehnten feststeht« und die es
»mit vielseitiger Schmiegsamkeit versteht, sowohl
den neuen Bewegungen des einheimischen Geschmackes
zu folgen wie auch in älteren und ausländischen Stil-
arten Mustergiltiges zu schaffen«. Wie viel das kunstkritische Urteil eines solchen Kritikers wert ist, läßt
sich dann nur mehr aus den Geschäftsbüchern der
jeweiligen Firma nachweisen. Die Verwendung von
Literaten für die Abfassung von Geschäftsreklamen
ist eine vorzügliche Einrichtung der modernen Presse.
Nur sind wir — gleich Herrn Servaes — »indiskret genug, uns auch ein wenig nach den materiellen Bedingungen zu erkundigen, unter denen
man sich in den Besitz solcher Einrichtungen

zu setzen vermag. Hat doch das wirtschaftliche
Moment in unseren Tagen stets ein erhöhtes Interesse«... Wird Herr Servaes wieder Werke der bil-
denden Kunst als freier Urteiler rezensieren können?
Seine neue Beschäftigung gleicht dem bequemen
Glanzlederfauteuil, der ihm bei Portois & Fix in die
Augen gestochen hat: man kann sich daraus gar
nicht mehr erheben, »wenn man einmal darin niedergesunken ist«...

Ein deutsch-österreichisches Literaturwerk, ‚Der
liebe Augustin‘, hat sich, wie die Leser aus der letzten
Nummer der ‚Fackel‘ erfahren haben, selbst gelang-
weilt und in einem verblüffend aufrichtigen Zirkular
sich mit den Hoffnungen eines Redaktionswechsels
getröstet. »Mit der Unmenge altmodischen Krams«,
die in den beiden ersten Heften aufgestapelt war,
soll aufgeräumt werden. Trauernd vernimmt das
deutsch-österreichische Schrifttum die Botschaft.
Wieder ist den Frimbergers und Frauengrubers, die
sich in dieser verderbten Welt allein noch den lyrischen
Glauben an das »Muatterl« bewahrt haben und in
einer Epoche wüster Sexualpoesie den Wahlspruch
bekennen, daß, wer das Dirndl nicht ehrt, der Dirne
nicht wert ist, — wieder ist den »Heimatkünstlern«
zwischen Attnang und Redl-Zipf eine Gelegenheit
entzogen. Die ‚Ostdeutsche Rundschau‘, die Vertreterin
jener literarischen Richtung, der es mehr auf die
Zuständigkeit als auf die Begabung ankommt, findet,
daß mit dem Programmwechsel des ‚lieben Augustin‘
alles hin sei, und schreibt wörtlich: »Strotzten die
zwei ersten Nummern auch nicht von Witz und

Talent, so trugen doch die Beiträge, namentlich der bildliche Teil, d i e M e r k m a l e h e i m i s c h e r H e r v o r b r i n g u n g.«

Ein Merkmal heimischer »Hervorbringung« ist zum Beispiel die Ersetzung des Wortes »Produktion« durch eine deutsche Scheußlichkeit. Aber man weiß ja, daß die ‚Ostdeutsche Rundschau‘ krebsartige Neubildungen der deutschen Sprache jedem Fremdwort vorzieht und daß sie auch vom Zuckerkartell keine Pauschalien mehr annimmt, weil eine deutsche Schriftleitung sich höchstens auf die Annahme der Gesamtgelder von einem Süßzeug-Verband einlassen könnte. Was aber die »zwei ersten« Nummern des ‚lieben Augustin‘ — deutscher wäre die »ersten zwei« Nummern — anlangt, so scheint mir gerade deren Mangel an Witz und Talent das Merkmal der heimischen Hervorbringung zu bilden. Wann endlich wird diese langweilige Gesellschaft von dem Wahne lassen, daß man zu ihr hält, weil man die liberale Clique wie die Pest haßt, daß man die Verderbtheit der Schriftleiter vergessen muß, weil man die Korruption der Redakteure brandmarkt, daß man die Ledernheit protegiert, weil man die Frechheit angreift? Ich glaube, daß unserer Kultur die importierte Begabung noch immer besser frommt als die bodenständige Talentlosigkeit. Und die »Minderwertigkeit« fremder Kultur wird gewiß am schlechtesten durch die Anflegelung fremder Künstler — Kubelik's in Linz und Kozian's in Innsbruck — dargetan. Das bedeutendste Dokument nationalen Schrifttums als Niederschlag dieser Kämpfe ist und bleibt die Straßentafel. Bis zu welcher Stufe völkischer Vertrottelung sind wir denn gelangt, daß es uns nicht mehr auffällt, wenn die deutschliberale Presse, die über die Prager Première des Herrn Weinberger in spaltenlangen Artikeln referierte, von dem gleichzeitigen Ereignis der »Armida«, einer Oper Dvořak's mit Text von Vrchlicky, mit keinem Worte Notiz nahm? Glauben die Mauldeutschen denn

wirklich, daß die Lyrik zwischen Linz und Innsbruck
eine Erscheinung aufweist, die man mit Fug dem
Czechen Machař an die Seite stellen könnte? Warum
verstopfen wir uns denn die Ohren, wenn uns erzählt
wird, daß die Nationen, mit denen wir nun einmal in
einem Staats- oder Reichsverband leben, Künstler
hervorbringen? Ein gelegentliches Interesse für die
czechische, polnische und ungarische Literatur könnte
uns gar nicht schaden. Was gehen uns denn die
Zwistigkeiten der Herren Franko Stein und Fresl an,
wenn wir einen böhmischen Lyriker lesen wollen?
Was hat ein Schriftsteller von der Bedeutung Franz
Herczeg's mit der »judäo-magyarischen« Clique, die
wir ja weiter verachten können, zu schaffen?

Nationale Kunst besteht nicht in der fort-
währenden Versicherung, daß man national sei. Eine
kleine ungarische Skizze, wie die hier zum erstenmal
mal in deutscher Sprache veröffentlichte, ist nationaler,
echter zugleich und künstlerischer als alles, was bis
heute auf dem ostdeutschen Flachland gewachsen ist.
Die ergiebigere Puszta ist, wie mir der Übersetzer
mitteilt, Tömörkény's einziges Thema. »Er schildert
mit vollendeter Beobachtung, scheinbar ohne jede
künstlerische Absicht Leben und Sterben dort unten.
In seinen kleinen Skizzen gibt es — abweichend von
der vorliegenden — nur selten irgend einen Konflikt
oder irgend eine Pointe. Ruhig, großzügig malt er
den gleichförmigen Alltag — aber in diesen anspruchs-
losen Lebenssegmenten athmet mehr wurzelhaftes
Ungartum, als in den meisten jener Werke, die all-
jährlich als neueste ungarische Literatur den Budapester Büchermarkt überschwemmen und bei denen
sich oft — die wenigen Ausnahmen in Ehren —
auf der ersten Seite das französische oder skandina-
vische Vorbild erkennen läßt.« Als bezeichnend für
die literarischen Cliquenverhältnisse ist noch zu erwähnen, daß Tömörkény in Ungarn selbst nur wenig
bekannt ist, weil er, der Stadtbibliothekar von Szeged,

dem Preßklüngel der Hauptstadt fernesteht. Seine Skizzen sind in dem kleinen Provinzblatt der Stadt, in der er lebt, erschienen.

Der Kampf mit dem Soldaten.

Von Stefan Tömörkény.

János war aus mehreren Gründen vom Gehöft in die Stadt gekommen. Erstens interessierten ihn die Marktpreise, dann hatte er auch ein paar Kleinigkeiten einzukaufen. Er brauchte nämlich einen Ring, den er dem Ferkel durch die Nase ziehen wollte, dann einen Ring für die Pendeluhr — von dort stehlen ihn die Kinder immer wieder herab —, und endlich wollte er auch Steuer zahlen.

Dieses besorgte er zuerst, und bereichert verläßt er eben das Steueramt. Er hatte nämlich zu Hause beschlossen, zehn Gulden zu zahlen, in Wirklichkeit aber nur fünf gezahlt. So fühlte er sich jetzt finanziell bereichert, was immer ein sehr vergnügter Zustand ist. Nun konnte er also nach den Ringen sehen. Bald fand er zwei sehr schöne. Der eine paßte gerade für die Uhr, der andere schien ihm für die Nase des Ferkels ein wenig groß — aber schließlich wächst ja das Ferkel und die Nase wächst mit. Damit wäre er jetzt ganz fertig und könnte wieder heimwärts, als ihm einfällt, seinem Buben ein billiges Notizbuch zu kaufen. Soll er lieber dahinein kritzeln, als auf die Wände!

Das war ganz vernünftig. János geht also in eine Spielwarenhandlung, besieht sich die ausgestellten Gegenstände und kauft dann um ein paar Kreuzer ein kleines Notizbuch. Es ist nichtsdestoweniger sehr schön, ja sein Rücken ist fast so vergoldet, wie der auf der Bibel. — Wollen schau'n, was der Bub' da hineinschreibt!, meint er mit vertraulichem Lächeln zum Verkäufer. Sie werden dafür verantwortlich sein! — So gehen sie auseinander.

Wie aber János die Börse mit dem Kleingeld in die Tasche zurückstecken will, fällt sie zu Boden. Es ist nämlich gar nicht so leicht, sich in dem schweren Schafpelz zu bewegen, wie man glauben würde.

János bückt sich, und wie er die Börse aufheben will, fällt sein Blick auf eine kleine bunte Gestalt. Es war ein Spielsoldat, mit blauem Rock und roten Beinen, der mit seinem Holzarm stramm salutierte. Der unglückliche kleine Krieger lag auf der Erde, sein Csáko stieß an eine Fußkante des Pulttisches; aber auch so liegend, hörte er nicht auf zu salutieren. Als János ihn erblickte, schoß es ihm blitzschnell durch den Kopf, daß er seinem Buben mit dem Notizbuch ganz gut auch die kleine Puppe nach Hause bringen könnte.

Rasch greift er darnach, preßt den Soldaten an die Börse und schließt beide in die Faust. Dann richtet er sich auf und steckt die Faust in die innere Tasche. Dort läßt er Börse und Soldaten los und zieht die Hand offen wieder zurück. So — das wäre in Ordnung. Er empfiehlt sich endgiltig vom Verkäufer und hüllt sich auf der Straße wohlgelaunt fest in seinen Rock.

Er vermeidet es, auch nur ein einziges Mal in die Tasche zu greifen, ehe er beim Gehöft angelangt ist.

Es ist niemand zu Hause. Der Bub ist in der Schule, die Frau drüben in der Nachbarschaft, wo man irgend eine Gasterei vorbereitet.

Er spannt also die Pferde aus, sucht den Schlüssel hervor und geht ins Haus. Hier ist es angenehm warm. János stampft ein paar mal fest auf und geht auf und ab. Dann überlegt er. Soll er der Frau nachgehen oder lieber dem Ferkel den Ring anlegen?

Dabei fällt ihm das Notizbuch und der Soldat ein. Heraus damit! Er fährt in die Tasche, nimmt Beides hervor und legt es auf den Tisch. Dann geht er zum Fenster, blickt auf die stille Landschaft und auf den Weg hinaus, ob der Bub noch nicht käme. Nein, er kommt noch nicht.

János wendet sich wieder dem Zimmer zu, und wie jetzt sein Blick auf den Tisch fällt, tritt er betroffen einen Schritt zurück.

Das Notizbuch liegt auf dem Tisch, der Soldat aber, den er doch auch hingelegt hatte, liegt nicht, sondern steht aufrecht da und hält die Hand hoch erhoben.

— Hm, hm — sagt János.

Dann geht er langsam hin und legt ihn nieder.

So wie er aber die Hand fortzieht, springt der Soldat wieder auf, schüttelt sich nach rechts und links, als ob er sehr zornig wäre, und bleibt dann kerzengerade stehen, den Blick starr auf János gerichtet. Und nicht um eine Welt ließe er die Hand herabsinken.

No — meint János und beginnt den rot-blauen kleinen Mann genauer zu betrachten. Er war aus Holz. Aus ganz gewöhnlichem Holz. Wenigstens sah es so aus. Wie kommt es aber, daß er sich doch bewegt?

Wieder legt er ihn fest nieder, drückt ihn auch ein wenig gegen die Tischplatte, damit er nur sicher liegen bleibe. Und er bleibt auch. Unter der starken Hand rührt er sich nicht.

Kaum aber läßt die Hand nach, so springt er wieder empor, schwankt ein wenig und steht aufs neue da, die gemalten Augen auf János gerichtet.

— Daß dich der Blitz — —! ruft János und schlägt ihn zornig wieder nieder.

Diesmal wird er schlau zu Werke gehen. Er wird die Hand nicht rasch abheben, sondern ganz langsam, vorsichtig wegziehen. Er versucht dies auch — und was geschieht? So wie er behutsam die Finger aufhebt, so erhebt sich nach und nach auch der Soldat, bis er wieder gerade dasteht und drohend den Arm hebt.

— Mir droh nicht! — sagt János und geht vom Tisch weg bis in die Ecke des Zimmers.

Von dort sieht er ihn mißtrauisch an. Im Zimmer und auch draußen herrscht Totenstille. Es beginnt zu dämmern und auf die Puszta senken sich die bleiernen Schleier des Winterabends. Nichts regt sich. Nur im großen, bauchigen Ofen fallen manchmal die Glutstücke hörbar zusammen und schlagen dumpf gegen die Wand. Das Notizbuch liegt auf dem Tisch. János sitzt auf der Ofenbank, der Soldat steht drüben und sieht unausgesetzt János an. Keiner rührt sich.

János wird immer schwächer und schließlich schlägt er vor dem starren Blick des Soldaten die Augen nieder.

— Ich hab' dich nicht gestohlen — verteidigt er sich leise — du bist auf dem Boden gelegen. Warum konntest du damals liegen?... Weil du eingequetscht warst? Bedank' dich, daß ich dich aufgehoben hab'! Das ist kein Diebstahl. Ein Anderer hätt' dich auch genommen. Und mich schau nicht so an, das sag' ich dir, sonst schlag ich dich nieder! Hörst du?

Und er sammelt Kraft und geht drohend auf ihn zu. Schon hebt er die Faust, als ihm ein neuer Gedanke kommt. Auf dem Tisch steht ein Wasserkrug und rings um ihn ist das Holz naß.

Rasch nimmt er den Soldaten und preßt ihn mit dem Kopf in das Wasser. Da hast du's! — Hund! — ächzt er, während auf seiner Stirne kalte Schweißtropfen hervorperlen.

Wie er die Hand losläßt, schreit er laut auf. Der Soldat steht nicht mehr auf, sondern bleibt dort im Wasser liegen.

János sieht frohlockend zu. — Na — das hast du jetzt davon! Jetzt rühr' dich — wenn du kannst — Hundsfott!

Und er rührt sich. Mit Schrecken gewahrt es der größere der beiden Gegner. Das Wasser vermochte ihn nicht ganz an die grüne Farbe des Tisches anzukleben. Er beginnt sich zu bewegen und Hopp! steht er wieder Habt Acht! da und hebt den Arm.

Wenn das keine absichtliche Drohung ist, so gibt es überhaupt keine Drohung auf der Welt. János ist erst verblüfft, schlägt wuchtig auf's Bett und zischt vor Wut. — Warum hab' ich dich nur hergebracht! — schreit er. — Mich laß in Ruh'! Mich richt' nicht zu Grund! Ich schlag dich in Stücke!

Er nimmt auch den Stock aus der Ecke, bleibt aber in gehöriger Entfernung und versucht den Soldaten mit dem Stock niederzudrücken. Es geht nicht. Er weiß immer auszuweichen, und je kräftiger János hinfährt, umso heftiger droht er.

János wischt sich den Angstschweiß von der Stirn. Was soll er nur tun? Was soll da geschehen? Ach was — einmal stirbt Jeder. Er drückt sich gewandt um den Tisch herum, um zum Fenster zu gelangen, das er mit zitternder Hand öffnet. Dann wendet er sich entschlossen zurück und und ergreift mit der großen Hand den kleinen Mann, der in der Faust ganz verschwindet.

— Kaspar . . . Melchior . . . Balthasar . . . sagt er und schleudert den Soldaten zum Fenster hinaus.

Er fliegt ein Stückchen, dann fällt er zwischen die gefrorenen Erdhaufen und schwankt hin und her.

— Huh! stöhnt plötzlich János auf.

Dort, auf der Spitze eines Schneehäufleins steht der Soldat schon wieder, schwankt, winkt, hebt den Arm, und aus seinem Blick spricht eine gräßliche Anklage.

— Dieb, Dieb, Dieb . . .

János glaubt die Worte zu hören und eine namenlose Angst schnürt ihm das Herz zusammen.

Und — Verderben über Verderben! — gerade jetzt kommt sein Kind aus der Schule. Er erkennt es schon von weitem auf der Straße. Jetzt kommt es immer näher und er möchte ihm gern zurufen: — Geh' ihm aus dem Weg! Weich ihm aus! Aber er kann nicht, und ermattet muß er sehen, wie der Bub den Soldaten bemerkt, aufhebt und triumphierend ins Haus bringt.

Schon bei der Tür ruft er freudig:

— Schau' Vater, was ich gefunden hab'!

Der Vater springt auf und streckt abwehrend die Hand aus:

— Nicht bring ihn herein! Ich will ihn nicht sehen! Gerade jetzt hab' ich mit ihm gekämpft . . .

Der Kleine versteht von all dem kein Wort. Er sieht den Soldaten liebevoll an und ruft dann lachend:

— Schau' doch Vater, da unten ist Blei drin. Wenn ich ihn niederleg', springt er von selbst auf! So schau' doch her! — —

Von János weicht plötzlich alle Mattigkeit, aller Schreck, und der innere Sturm legt sich.

— O! seufzt er erleichtert — Blei ist drin?!

Und dann, wie um sein sonderbares Benehmen von vorhin zu erklären, setzt er zögernd hinzu:

— Ich hab' schon geglaubt — Seele.

ANTWORTEN DES HERAUSGEBERS.

Kulturträger. Die ‚Zeit‘, nach dem ‚Neuen Wiener Journal‘ das gemeinste Tratschblatt des Abendlandes, hat sich, um der Welt die endgiltige Wahrheit über die Prinzessin Louise von Coburg berichten zu können, entschlossen, einen Spezialkorrespondenten nach Coswig zu entsenden. Denn wenn es wirklich im Rechtsstaat Österreich möglich wäre, daß eine Fürstin ihrer Freiheit beraubt werden kann, bloß weil sie gegen ihren Gatten eine unüberwindliche Abneigung hegt — »was hätte dann der im Staub der Heerstraße des Lebens wandelnde Bürgerliche zu gewärtigen?« »Diese Erwägung«, ruft der Spezialkorrespondent in der Einleitung zu seinen Recherchen pathetisch, »nicht etwa das Interesse an dem einen oder dem anderen der einander feindlich gegenüberstehenden Teile, bestimmte die Redaktion der ‚Zeit‘, mich mit der Aufgabe zu betrauen, die Verhältnisse an Ort und Stelle zu studieren und über das Ergebnis meiner Beobachtungen ohne Rücksicht auf die Stellung, die einzelne Personen in dieser Angelegenheit einnehmen, also vollkommen unabhängig und unbeeinflußt zu berichten.« Siehe ‚Zeit‘ vom 1. Mai, Seite 4, 1. Spalte. Und in der 4. Spalte lesen wir: »Körperlich ist die Prinzessin vollkommen wohl. Nur von einer Schuppenflechte (Psoriasis) wird sie seit langem belästigt. Früher einmal drohte die Flechte sich über den ganzen Körper auszudehnen. Man berief einen Hautarzt, dem es gelang, dem Übel Einhalt zu tun. Heute hat sich die Flechte auf dem Kopf festgesetzt und ist von dort nicht zu vertreiben, weil sich die Prinzessin andauernd weigert, den Kopf mit der ihr verordneten Salbe zu behandeln.« — Saublatt!

Offizier. Also der Verfasser der »Betrachtungen über den ost-asiatischen Krieg«, den man in Offizierskreisen allgemein für einen Journalisten hielt, ist doch ein »wirklicher« General. Da ich's bezweifelte, enthüllte sich ein »Generalmajor des Ruhestandes Leopold Auspitz« der staunenden Welt. Aber der Verdacht, daß dieser General bei dem Wort »Fahne« eher an einen Bürstenabzug als an ein Regiment denken müsse, war doch halb und halb berechtigt. Denn dieser General hat im Preß-bureau des Kriegsministeriums gedient und wirkt jetzt im Preßbureau des Ministeriums des Äußern. Und neuestens hat er den Titel freiwillig abgetan und zeichnet nur mehr als »Leopold Auspitz«. — Am Ende stellt sich auch noch heraus, daß der Journalist, der seinerzeit als Hausierer verkleidet Artikel für die ‚Zeit' schrieb, ein wirklicher Hausierer ist.

Verwandter. Wenn's nach der ‚Neuen Freien Presse' ginge, brauchte die Welt keine anderen großen Männer als, die ohnedies in den Familien ihrer Redakteure wachsen. Alles im Hause. Der hervorragendste Tondichter der Gegenwart ist ohne Zweifel Karl Weinberger (nicht zu verwechseln mit dem beliebtesten Operettenkomponisten der Vergangen-heit Charles Weinberger). Was ist er noch? Adoptivsohn des Herrn Wittmann. Eine Frau Petrasch ist, wie einmal wörtlich zu lesen war, »die bedeutendste Rezitatorin beider Hemisphären«. Was ist sie noch? Schwägerin des Herrn Hanslick. Eine Naive — Gott wie talentvoll! — schäkert über die Podien der Theaterschulen, gegen die Frau Retty eine erfahrene Salonschlange ist; so naiv, daß sie nicht einmal weiß, wie all die schönen Notizen über sie in die ‚Neue Freie Presse' kommen. Was ist sie noch? Töchterlein des Inlandredakteurs. Das sind nur so einige Beispiele für die Rentabilität der legitimen Beziehungen zwischen Kunst und Redaktion der ‚Neuen Freien Presse'. Von den illegitimen, deren Quittierung tagtäglich in der Theaterrubrik zu finden ist, gar nicht zu sprechen. In dieser großen Preßfamilie gibt's Maler, Dichter, Komponisten, Sänger, Tänzer, Erfinder, Terminspieler, Advokaten — lauter Genies. Nur ein Arzt hat bisher noch gefehlt. Das Abendblatt vom 21. April hilft auch diesem tiefgefühlten Bedürfnis ab: »... Einen ebenso a u ß e r g e w ö h n -l i c h e n E r f o l g hatte der nächstfolgende Redner, Dozent Dr. W. Pauli, ein junger Wiener Gelehrter, dessen ü b e r a u s s c h w i e r i g e n A u s -f ü h r u n g e n der Kongreß mit großer Spannung folgte . . . Der Vortragende schloß seine f o r m v o l l e n d e t e n, mit s t ü r m i s c h e m Beifall aufgenommenen Ausführungen mit dem Hinweise ...« Was ist Herr Dr. Pauli noch? Schwiegersohn des Herrn Friedrich Schütz. Schmock würde sagen: So reichte Politik dem Theater, Literatur der Wissenschaft die Hand. Der reine Konkordiaball! Der Familiensinn der

‚Neuen Freien Presse' aber ist zu verstehen, wenn man bedenkt, wie
»tief in unserm Volke« nach Acosta »die Familie wurzelt«, wie unaus-
rottbar tief die ‚Neue Freie Presse' . . .

Kulissenschieber. Ja, Sie haben nicht nur Theaterverständnis, Takt
und Routine vor den Kritikern voraus. Sie wissen doch auch über das
Tatsächliche Bescheid. Aus den Referaten der Tagespresse können wir
nicht mehr erfahren, was gespielt wurde und wer gespielt hat. Denn es
wurde immer etwas anderes gespielt und es hat immer ein Anderer
gespielt, als die flinken Jungen, die sich hinten an den Thespiskarren hängen,
zu erzählen wissen. Der vom ‚Neuen Wiener Journal' schrieb neulich das
Programm einer Jubiläumsvorstellung des Theaters an der Wien ab.
Aber Programme sind bekanntlich so etwas ähnliches wie Ideale: sie
werden nie erfüllt. »Auch die Gedichtvorträge der Frau Türk-Leuthold
wollen erwähnt sein.« Sie wollen vielleicht, aber sie sollen nicht. Sie
sind nämlich ausgefallen. »Zum guten Ende folgte schließlich ein Tanz-
divertissement, in dem Fräulein Weigang sich von der besten Seite
zeigen durfte«. Aber sie hat sich dem Reporter offenbar von gar keiner
Seite gezeigt, denn die Tanznummer, die im Programm erst zum Schluß
angeführt war, wurde schon in einen Akt der ‚Fledermaus' eingelegt,
der an diesem Abend zur Aufführung gelangte . . . Der Begriff »Pro-
grammmusik« ist dem Kunstkenner geläufig. Er wird sich auch an den
Begriff »Programmkritik« gewöhnen müssen.

Sammler. Der ostasiatische Leitfadian der ‚Neuen Freien
Presse' schreibt am 30. April: »‚Mir fehlt der Arm, wenn mir die Armbrust
fehlt', heißt es irgendwo in einem unserer klassischen Dramen«. Wo denn?
Schon das Wort »Armbrust« hätte ihn auf die Idee bringen können, daß der Satz
aus dem »Tell« sein dürfte. Er hatte das Glück, unrichtig zu zitieren, und ging
daran vorbei. Richtig heißt es: »Mir fehlt der Arm, wenn mir die
Waffe fehlt.« Dies die Antwort auf Hedwig's Frage: »Was willst du
mit der Armbrust? Laß sie hier!« Damit hatte aber Schiller kein Wortspiel
und gewiß keine ethymologische Beziehung im Sinne; er wußte —
im Gegensatz zum Leitartikler — sehr wohl, daß Armbrust nicht von
»Arm« und »Brust«, sondern von »arcubalista« stammt.

Habitué. »Aus München wird uns telegraphiert: Im Residenztheater wurde heute zum erstenmal Rudolf Lothars dreiaktiges Lustspiel
‚Die Königin von Cypern' gegeben, das seit vorigem Jahre in Buch-
ausgabe (erschienen bei Cotta's Nachfolger, Stuttgart) vorliegt. Es ist ein
schelmisch-liebenswürdiges Spiel von Männerschwachheiten und Frauen-
list und von der Macht der Allbezwingerin Aphrodite. Das Stück, in
dem ein schöner Kern steckt, zeigte sich bühnenwirksam
genug, um mehr als eine achtungsvolle freundliche Aufnahme zu erzielen.
Am Schluß konnte sich der anwesende Verfasser mit den Hauptdarstel-
lern einmal zeigen.« (‚Neue Freie Presse'.) — »Die Uraufführung von
Rudolf Lothar's dreiaktigem Lustspiel ‚Königin von Cypern' am Residenztheater hatte unter Savits' Regie freundlichen Erfolg, den einiger Widerspruch nicht wesentlich beeinträchtigte«. (‚Neues Wiener Tagblatt'.) —

»Die Uraufführung von Rudolf Lothar's Lustspiel ‚Die Königin von Cypern' im Residenztheater wurde sanft abgelehnt.« (‚Extrablatt'). — »Rudolf Lothar's Drama ‚Königin von Cypern' wurde bei seiner heutigen Uraufführung im Residenztheater abgelehnt.« (‚Zeit'). — An einem drastischen Beispiel lernen wir da einmal die Cliquenskala kennen: je ferner Herr Lothar einer Redaktion steht, desto aufrichtiger wird der Bericht. In Berlin gibts schon keine Meinungsverschiedenheit. Der Korrespondent des ‚Berliner Börsencourier' konstatiert, daß die ‚Königin von Cypern' es »zu keinem Erfolg brachte«, das ‚Berliner Tageblatt' berichtet, das Kostümlustspiel sei »auf starken Widerspruch gestoßen; der schwache Beifall am Schlusse galt nur den Darstellern, die sich mit den blutlosen Operettenfiguren abmühten«. In München ist man vollends darüber einig, daß die ‚Königin von Cypern' ein Schund ist und durchfiel. Nur in Wien, wo die Macht der Allbezwingerin Presse noch größer ist als die der Aphrodite, gelingt das schelmisch-liebenswürdige Spiel mit der Wahrheit und dem Vertrauen des Publikums. . . Die Aktentasche, mit der Herr Lothar noch immer herumrennt — sein Schreiben ist nach Heine eigentlich ein Laufen —, ist eine wahre Pandorabüchse. Glaubt man, daß er, während er München beglückt, Wien ungeschoren läßt? Abgesehen von Vorträgen, Essays, allsonntäglichen Interviews hat er sich neulich wieder theatralisch bemüht. Leider heimlich. Im Theater an der Wien wurde eine Operette »Befehl des Kaisers« gegeben, und das Textbuch hatte Herr Lothar aus dem Französischen in eine andere Sprache übersetzt. Kein geringerer verbirgt sich nämlich hinter dem Pseudonym »Peter Carr«. Bis man zum wahren Spitzer' kommt, muß man also jetzt bereits drei Hüllen durchdringen. Ach, die Übersetzung der Liedertexte erwies sich, wie mir ein Eingeweihter mitteilt, als unbrauchbar, da sie ohne Rücksicht auf die Sangbarkeit hergestellt war. Nach langwierigen Verbesserungen gelang es endlich, den Text der Musik notdürftig anzupassen. Die Operette fiel durch. Librettist und Komponist dürften in Wien keinen Heller verdient haben. Herr Lothar — selbst unbestechlicher Theaterrichter — hatte schon im Herbst 1000 Kronen erhalten. Für eine Stümperarbeit, die jeder Berlitz-Schüler zuwege gebracht hätte. Mochte er sich aber auch noch so schlau hinter dem dritten Pseudonym verstecken, das Mutteraug' hat ihn doch erkannt: Die ‚Neue Freie Presse' fand mit dem ihr eigenen Scharfsinn heraus, daß namentlich dem Übersetzer für seine »liebenswürdigen Liedertexte« alles Lob gebühre . . . »Liebenswürdig« scheint die charakteristische Bezeichnung für unseres Lothar Schaffen in allen seinen Verkleidungen zu sein.

Erschreckter Leser. »Aus der Unterwürfigkeit der versauerten und verknöcherten Gouvernante lauerte der Dämon berechnender Gewinnsucht, rücksichtslosen Strebertums, tiefgewurzelten Menschenhasses unheimlich hervor, und mit Schaudern glaubte man in ihr das schlechte Prinzip der Handlung, den bösen Feind des Kaiserschen Hauses zu erkennen, der an Lorchens reiner Lichtgestalt zuschanden wird.« Von welcher Tragödie spricht denn Herr Kalbeck? Doch nicht etwa vom »Faust«? Nein, bloß von den »Beiden Leonoren« des Herrn Paul Lindau, die im Burgtheater überflüssigerweise wieder aufgewärmt wurden, und von der Leistung des Fräuleins Senders. Entweder bereitet der Hugo Wolf-Prozeß Herrn Kalbeck Alpdrücken oder eine Zahngeschwulst quält ihn. Hoffentlich beruhigt er sich bald!

Eingeweihter. Sie wollen wissen, daß J. J. David, ein Redakteur des ‚Neuen Wiener Journals', der schreiben konnte und darum nicht zu verwenden war, an Herrn Lippowitz, der ihn, als er dahinter kam, sofort entließ, den folgenden Abschiedsbrief gerichtet hat: »Mein lieber Lippowitz! Schneiden tut weh. Kleben Sie wohl! . . . . «

MITTEILUNGEN DER REDAKTION.

Der Herausgeber muß wegen Mangels an Zeit und zum Schutz gegen Querulanten an alle jene, die eine persönliche Unterredung wünschen, die Bitte richten, den Gegenstand vorher in knappen Worten schriftlich bekanntzugeben. Er wird dann, wenn es ihm für den publizistischen Zweck notwendig oder auch nur förderlich scheint, gern Tag und Stunde des Empfangs bekanntgeben.

Ungenügend frankierte Briefe werden nicht angenommen.

Unverlangte Manuskripte werden nur zurückgesendet, wenn **frankiertes** und **adressiertes Kuvert** beilag. Es genügt die einer Drucksache entsprechende Frankierung, da die Rücksendung wegen Zeitmangels ohne schriftliche Begleitworte, Bedauern oder Begründung, erfolgt.

Der Herausgeber ist außer Stande, alle einlaufenden Zuschriften und Anfragen zu berücksichtigen oder zu beantworten.

Herausgeber und verantwortlicher Redakteur: Karl Kraus.
Druck von Jahoda & Siegel. Wien, III. Hintere Zollamtsstraße 3

DIE FACKEL

| Nr. 162 | WIEN, 19. MAI 1904 | VI. JAHR |

KONZESSIONIERTE SCHNÜFFLER.

Die Ministerien des Handels und des Innern
kamen zu der Erkenntnis: »Es hat sich ergeben, daß
die Tätigkeit mancher dieser Unternehmungen Miß-
stände und insbesondere sehr bedauerliche Eingriffe
in das Privat- und Familienleben hervorgerufen hat,
durch die nicht nur jene, die die Tätigkeit derartiger
Institute in Anspruch nahmen, sondern auch dritte
Personen folgenschwere, ja mitunter geradezu verhängnisvolle Schädigungen ihrer Interessen zu beklagen hatten.« Und die Ministerien zogen die Konsequenz aus solcher Erkenntnis und verboten die
Privatdetektivbureaux? Nein, sie erhoben sie zum
Range eines konzessionierten Gewerbes. Der Staat,
der die Prostitution für der Übel schlimmstes erklärt, erteilt die Befugnis zu ihrer Ausübung. Aber
die Prostitution verletzt kein Rechtsgut, während
die Ausübung des Detektivhandwerks eine permanente
Bedrohung der Sicherheit darstellt. Wenn die Un-
sittlichkeit den Befähigungsnachweis erbringen kann,
mag sie bestehen bleiben. Ihr schadet das bißchen
Bevormundung nicht, und den guten Staat macht's
glücklich. So ward denn die Schnüffelei ein kon-
zessioniertes Gewerbe. Nur »vollkommen verläßliche,
unbescholtene Personen« werden sie betreiben dürfen.
Ist's nicht, als ob die Polizei, die Lizenzen für Prostitution ausgibt, von ihren Bewerberinnen ein tadel-
loses Vorleben verlangte? Die sogenannte Sicherheitsbehörde hat längst die Konzessionierung der

Privatdetektivbureaux empfohlen. Offenbar aus Dankbarkeit für die Hilfe beim Aufspüren von Verbrechen,
die manch einem Polizeirat zur Beförderung verhalf und
manch einem Privatdetektiv die sorglose Ausübung
der unsaubersten Praktiken ermöglichte. Nun hat der
alte Geheimbund seine öffentliche Sanktion erhalten,
und die Bedrohung des Privatlebens der Staatsbürger
ist jener Konzessionspflicht unterworfen, die in Wirklichkeit ein Recht, jenem scheinbaren Zwang, der die
Freiheit für die Schnüffler bedeutet, die ihn auf sich
nehmen. Wenn »Gebärdenspäher und Geschichten-
träger des Übels mehr in dieser Welt getan, als Gift
und Dolch in Mörders Hand nicht konnten«, so
werden sie sich von nun an auf ihr Patent berufen
können. »Bewerber um eine Konzession«, so heißt es
in jener prächtigen Verordnung, »haben in ihrem
Ansuchen genau zu bezeichnen, welches Gebiet und
welche Tätigkeit sie zum Gegenstande ihres Geschäftsbetriebes zu machen beabsichtigen. Ausgeschlossen
ist alles, was vom Standpunkt der öffentlichen Sicherheit oder der Sittlichkeit bedenklich erscheint«. Sollte
die Polizei nicht auch von den Prostituierten verlangen,
daß sie das Gebiet und die Tätigkeit angeben, die sie zum
Gegenstande ihres Geschäftsbetriebes zu machen beabsichtigen, und sollte sie ihnen nicht einschärfen, daß
sie alles, was vom Standpunkt der Sittlichkeit bedenklich erscheint, zu vermeiden haben? Nein, die
Behörde hat mit ihrer Verordnung gewiß nicht bezweckt, den armen Privatdetektivs, die ohnehin so sehr
unter der Konkurrenz der Journalistik zu leiden
haben, die letzte Möglichkeit einer Betätigung zu
sperren. Was würde denn die schönste Konzession nützen,
wenn die öffentliche Sicherheit und Sittlichkeit gewahrt bleiben müßten? So schlimm kann's nicht gemeint sein, und das ‚Neue Wiener Journal‘, das dem
verwandten Gewerbe seine Sympathie nicht versagen
kann, glaubt so fest, der Lebensnerv der Schnüffelei
werde nicht angetastet werden, daß es geradezu die

Hoffnung ausspricht, »daß nach Inkrafttreten der erwähnten Ministerialverordnung auch bei uns in Österreich dieses Gewerbe einen Aufschwung nehmen
wird«. Die Tischler legen den Hobel hin, die Schlosser
jammern über die schlechten Zeiten und selbst die
Glaser haben, trotz den Gelegenheiten, die der
nationale Streit schafft, wenig zu tun. Nur das
Gewerbe des Privatdetektivs nimmt in Österreich
einen »Aufschwung«. Zwar hat auch das ‚Neue Wiener
Journal‘ den Sinn der Ministerialverordnung so verstanden, daß dem Privatdetektiv »die Wahrung und
der Schutz des Familienlebens zur strengsten Aufgabe
gemacht wird«. Aber es fühlt nur zu gut, daß es
sich hier um einen der besten Amtswitze handelt,
mit denen je die Öffentlichkeit beruhigt wurde. So
sicher man dem ‚Neuen Wiener Journal‘ die Wahrung
und den Schutz des Familienlebens zur Aufgabe
machen könnte, so sicher wird dies mit jenen Ehren-
männern gelingen, die tagtäglich unter der Chiffre
»In flagranti« annoncieren, ihre Unübertrefflichkeit
im Erforschen von »Eheaffairen« und »Liaisons«
rühmen, »phrasenlos, unauffällig und gentlemanlike
arbeiten« und sich in dieser verderbten Welt allein
noch »vornehmste Gesinnungstüchtigkeit« bewahrt
haben. Mit jedem ihrer Worte sucht die Verordnung
ihre Spaßhaftigkeit zu beweisen. Von den Bewerbern
um die privatpolizeiliche Konzession fordert sie außer
einem tadellosen Vorleben auch noch eine genügende
»allgemeine Bildung«. Es mag zweifelhaft sein,
ob diese Eigenschaften zur Erlangung eines Minister-
portefeuilles in Österreich unerläßlich sind. Sicher
sind sie störend bei der Ausübung des Schnüffler-
handwerks, und ich habe noch nie gehört, daß man
mit Unbescholtenheit und allgemeiner Bildung nicht
lieber eine Professur als die Stelle eines Kulissen-
plauderers oder Privatdetektivs anstrebt. Ich habe
das Amtsblatt nicht vor mir, aber wenn ein Artikel
der ‚Zeit‘, der die Verordnung bespricht, den

Wortlaut zitiert, dann haben ja die Ministerien des Handels und des Innern schon in der Stilisierung die ganze witzige Absicht dieses Ernstes verraten: Die Konzession werde nur dann erteilt werden, wenn der Bewerber »den Mangel jedes Anstandes bei der Sicherheits- oder Sittenpolizei wird nachweisen können«.

Diese Hauptbedingung haben die Detektivbureaux schon vor der Konzessionierung in reichstem Maße erfüllt. Eine recht übersichtliche Darstellung der Entwicklung, der Erfolge und Gefahren des Schnüfflergewerbes — das erste deutsche Institut wurde 1880 in Berlin von Caspari-Roth Roffi errichtet — hat der Dresdener Amtsgerichtsrat Dr. Albert Weingart im ,Archiv für Kriminal-Anthropologie und Kriminalistik' im Jahre 1901 veröffentlicht, und ich entnehme ihr einige krasse Schändlichkeiten, deren jede einzelne die von dem Verfasser zugegebenen Vorzüge der Einrichtung reichlich wettmacht. Da haben wir vor allem das bewährte Hausmittel der »Provokation zum Ehebruch«. »Manche Institute«, schreibt Weingart, »verfolgen die zuerst in Paris aufgekommene Praxis, in Ehescheidungssachen einen Ehebruch der Gegenpartei mit List herbeizuführen. Typisch für das hierbei gewöhnlich eingeschlagene Verfahren ist der folgende Fall, der 1899 ein Gericht in Berlin beschäftigte. Eine Frau wollte sich von ihrem Mann wegen Ehebruchs scheiden lassen, hatte aber nicht genug Beweismaterial. Sie wendete sich an ein Institut, und dieses beauftragte eine seiner Agentinnen mit Erledigung der Sache. Die Agentin war jung und hübsch; sie begab sich in das Geschäft des Ehemannes, kaufte ihm etwas ab und bat ihn in so liebenswürdiger Weise, die Ware in ihre Wohnung zu senden, daß der Kaufmann dies persönlich ausführte. Er wurde mehr als entgegenkommend empfangen und trug einen leichten Sieg über diese weibliche Tugend davon. Plötzlich öffnete sich eine Türe, und die Schwester der Kundin erschien zufällig im Zimmer. Diese hinterbrachte das Vorgefallene der betrogenen Ehefrau, die daraufhin geschieden wurde.‹ Ob wohl unsere Inhaber vornehmster Gesinnungstüchtigkeit etwas anderes im Sinne haben, wenn sie in ihren täglichen Annoncen mit anwidernder Zudringlichkeit immer wieder ›Wahrheitsbeweise‹ in Aussicht stellen? ›Ein in Holland lebender Menschenfreund, dem das Gebahren mancher Detektivinstitute auffiel, beschloß, dieses unlautere Treiben aufzudecken, und erdichtete zu diesem Zweck einige kitzliche Fälle, zu deren Erledigung er sich an mehrere Privatdetektivanstalten wendete. Der erste Fall betraf angeblich eine in Berlin getrennt von ihrem Manne lebende Frau, die des Ehebruchs überführt werden sollte, damit der Mann einen Scheidungsgrund in die Hand bekomme. Der Holländer wendete sich an ein Berliner Bureau, schilderte die betreffende Dame als raffinierte Person, der man sich nur mit Vorsicht nähern könne, und fragte an, ob der Herr Direktor über einen geeigneten Herrn verfüge, der es unternehmen wolle, die Frau zur Verletzung der ehelichen Treue zu bewegen. Zugleich ersuchte er um Übersendung der Photographie des betreffenden für den ‚Fall‘ geeigneten Vertrauensmannes. Umgehend erfolgte die vom 9. April 1891 datierte Antwort, daß der Auftrag angenommen sei und der Auftraggeber versichert sein dürfe, daß, wenn es überhaupt möglich sei — und das scheine ja der Fall zu sein —, die gewünschten Beweise geliefert werden sollen. Der Herr Direktor ist im Übrigen, da er nicht die Ehre hat, seinen Auftraggeber zu kennen, so vorsichtig, die gewünschte Photographie nicht zu senden; hingegen erbittet er umgehend einen Vorschuß von 500 Francs zur Bestreitung der Unkosten. Dabei blieb die Sache. — Im zweiten Falle wendete sich der Holländer unterm 29. Juni 1901 als ›C. v. Lang, München‹ an ein anderes Privatdetektivbureau in Berlin mit einer ähnlichen Sache. Es handelt sich angeblich um eine Frau, die zur Zeit in Wiesbaden weilen und gleichfalls zur Verletzung der ehelichen Treue verleitet werden soll. Der Auftraggeber will die Geschäftsprinzipien und Bedingungen des Instituts und dergl. mehr wissen. Der Herr Direktor ist alsbald bereit, den schwierigen ‚Fall' zu behandeln, und bemerkt dabei, daß er ‚bei bedeutendem Honorar sogar nicht abgeneigt sei, die Sache persönlich zu bearbeiten'. Und das will etwas heißen. Denn der Herr Direktor versichert, daß er noch jede ihm übertragene Sache zu Gunsten seiner Klienten erledigt habe. Feste Bedingungen hat der gewiegte Geschäftsmann nicht, da der ‚Fall immer nach Lage der Sache behandelt werden muß und die Kosten daher sehr verschieden ausfallen.' Auf alle Fälle aber werden sie groß ausfallen, da er ‚nur große Sachen annimmt und nur mit dem feinsten Publikum zu tun hat'. Nach weiteren Verhandlungen schickt Herr Direktor X. das folgende Abkommen ‚Herrn C. von Lang, Hochwohlgeboren, München': ‚Die Unterzeichneten, Herr C. von Lang in München als Auftraggeber und Herr Direktor X. in Berlin als Beauftragter schließen folgendes Abkommen: Herr Direktor X. verpflichtet sich, sobald er telegraphische Ordre erhält, nach Wiesbaden zu reisen und in dem ihm angewiesenen Hôtel Wohnung zu nehmen, sich von dem Tage an zunächst für einen Monat zur Verfügung zu stellen und nach den ihm dort gegebenen Instruktionen mit einer ihm noch zu bezeichnenden Dame bekannt zu machen und dieselbe möglichst zum Ehebruch zu bewegen. Herr v. Lang verpflichtet sich, beim Unterzeichnen dieses Vertrags die Summe von M. 750.— an Herrn Direktor X. einzusenden. Falls noch ein zweiter Monat nötig sein sollte, verpflichtet sich Herr von Lang, an Herrn X. weitere M. 750.— zu zahlen. Wenn es Herrn Direktor X. gelingt, seine Aufgabe zu erfüllen, und dadurch die Ehescheidung herbeigeführt wird, so verpflichtet sich Herr v. Lang, an Herrn Direktor X. die Summe von M. 1500.— als Honorar zu zahlen. Berlin, den 11. Juli 1891. gez. X. — Im folgenden Fall tritt das Privatdetektivinstitut von C., Berlin, Dorotheenstr. 88 in Erscheinung. Der Versucher tritt als ,E. Byron, Bruxelles, 11 Place du Martyr' auf und konstruiert den Fall der Mißheirat eines Neffen. Die Familie desselben würde 1000 Thaler daran wenden, wenn der Frau, während der Ehemann auf Reisen geht, eine Verletzung der ehelichen Treue nachzuweisen wäre, und der angebliche Brüsseler Onkel fragt an, ob Herr v. C. einen ansehnlichen gewandten Mann zu dem gedachten Zweck zur Verfügung habe; eventuell soll ihm eine Anzahl Photographien der designierten Herren zugesendet werden. Herr Direktor von C. ist alsbald bereit (Brief vom 2. Sept. 1890), die Angelegenheit zu übernehmen. Er arbeitet aber nur im Großen und verlangt deshalb ein Fixum von M. 4000. Außerdem hat er ,Geschäftsprinzipien', und diese gebieten ihm, daß M. 3000 sofort als Vorschuß gezahlt werden. Herr v. C. ist auch Menschenkenner; denn er sendet zunächst keine Photographien, sondern gibt als Produkt seiner Lebensweisheit den folgenden Satz zum Besten: ,Ich könnte Ihnen ja mit einer ganzen Auswahl von Photographien dienen; aber ich richte mich nicht nach dem Gesicht, sondern nach den Fähigkeiten und Erfolgen meiner Beamten, die zu dieser Spezialität herangebildet sind. Ich bitte also, mir die Wahl zu überlassen'. Der fingierte Brüsseler Onkel, dem es darum zu tun ist, die Geschäftspraktiken und die dazu verwendeten Persönlichkeiten gründlich kennen zu lernen, läßt aber nicht locker; er verlangt Photographien der zu der bewußten ,Spezialität' herangebildeten Beamten, und erhält dann auch unterm 17. Oktober 1890 eine kleine Photographie eines äußerst schneidig und patent aussehenden jungen Mannes zugeschickt. Im Begleitschreiben des Herrn v. C. heißt es: ,Hier vorläufig ein Photogramm eines meiner in Ehescheidungsangelegenheiten gewieg-

testen Detektivs, und glaube ich sicher, daß
die Wahl auf diesen Herrn fallen wird. Leider kann
ich augenblicklich nur dies eine Bild übersenden, da
die übrigen geeigneten Beamten sämtlich auswärts
sind und nach und nach erst in 8 resp. 12 Tagen
zurückkehren'. Der Brüsseler Onkel ist nun aber
hartnäckig und hat an dem im Bilde eingesandten
Herrn allerhand auszusetzen; zunächst scheint ihm
der Gesichtsausdruck jüdisch. Dies Bedenken be-
schwichtigt Herr v. C. alsbald in einem Schreiben
vom 23. Oktober 1890, und zwar mit den Worten:
‚. . . teile Ihnen mit, daß betreffender Herr kein
Jude ist, sondern aus einer achtbaren evangelischen
Familie stammt. Nebenbei bemerke ich, daß jüdische
Elemente bis jetzt und wohl auch ferner nicht in
meinen Diensten stehen. Ich halte diesen Herrn, der
bereits mehrere Resultate in seinem Fach aufzuweisen
hat, für die geeignetste Person'. Im Uebrigen dringt
der Herr Direktor, seinen Geschäftsprinzipien gemäß,
auf schleunigen Vorschuß. Der zähe Onkel ist aber
immer noch nicht zufrieden; er will noch mehr Photographien haben, um unter den Herren Verführern
seine Auswahl treffen zu können. Herr v. C. ist aber
ebenso zäh und preist seinen in Vorschlag gebrachten
‚Einen' noch weiter an. Derselbe wisse unter anderem
mit der Herstellung von Liebesbriefen trefflich Bescheid, denn er stamme aus einer Offiziersfamilie.
‚Dies dürfte Ihnen wohl betreffs seiner
Fähigkeit in jeder Beziehung genügen'.
Dem ‚Onkel' scheinen diese Mitteilungen auch genügt
zu haben, denn die Korrespondenz bricht mit diesem
Briefe ab. — Dieselbe erfundene Geschichte von der
Mißheirat des Neffen spielt eine Rolle im nächsten
Falle, der ein Hamburger Institut in Tätigkeit zeigt.
Der Hamburger Direktor ist aber bescheidener; er
verlangt zunächst nur Mk. 1500.— Vorschuß und
sendet auch gleich einige Photographien von Ange-
stellten, die den Fall ‚bearbeiten' sollen; doch fügt

er den freundschaftlichen Rat bei, die Auswahl ihm
zu überlassen, da ,er die Leute besser kennt, als
Photographie besagt'. Gleichzeitig übermittelt er
Prospekt und Tarif des Institutes und bittet um
genaue Angabe der Lebensweise, der Leidenschaften
u. s. w. der betreffenden Dame, wann der Ehemann
verreist und wieder zurückzukommen pflegt und dergleichen mehr. Nach einem schriftlichen Hin und Her
entscheidet sich der Onkel für einen der in effigie
eingesandten Herren, und zwar für einen angeblichen
österreichischen Baron. Der ist aber, wie der Herr
Direktor unterm 15. Oktober 1890 mitteilt, leider
nicht mehr zu haben, da er ,in einer sehr dringlichen
Angelegenheit nach Newyork abreisen mußte und
voraussichtlich vor vier bis sechs Monaten nicht zurückkehren wird'. Ein Passus dieses Briefes ist zu
charakteristisch, als daß er nicht wiedergegeben werden
sollte. Es heißt da: ,Wir wollen hierbei nicht ver-
fehlen, Ihnen mitzuteilen, daß derselbe (der österreichische Baron nämlich) als Kavalier und Aristokrat
sich hierzu nicht ganz eignen würde; es könnte
passieren, daß sein angeborenes Ehrgefühl
ihm im entscheidenden Moment gebietet,
nicht zu handeln, wie ihm vorgeschrieben,
und daß er dann unverrichteter Sache zurückkehrt. Ihren Auftrag zur vollständigen Zufriedenheit auszuführen, müssen wir jemanden haben,
dessen Ehrgefühl für Geld käuflich ist, der uns eben
streng ergeben, raffiniert und gerade für diesen Fall
durchaus leidenschaftlicher Natur und tauglich ist'. Als
solch ,tauglicher Mann' wird ein ,Lord Benningfield' vorgeschlagen — nach sicheren Ermittelungen ein gewisser
Georg Knoop, Hamburg, Bahnhofstraße 7 wohnhaft
— und dem Briefe auch ein nach bekanntem Muster
hergestelltes ,Abkommen' beigefügt, wonach dem
,Lord' für seine Taten 2000, dem Direktor sogar
6000 Mark im Falle des Gelingens zu zahlen sind.
Der Schlußbrief der interessanten Korrespondenz

trägt das Signum ‚Polizeibehörde der Freien und Hansa-Stadt Hamburg‘ und enthält die Mitteilung, daß dem Herrn Direktor infolge der gegen ihn eingeleiteten Untersuchung die fernere Ausübung des Gewerbebetriebes polizeilich untersagt worden ist.‹
Nicht minder bewährt ist die Anstiftung zum Meineid. Weingart erzählt unter anderem: ›Besonderes Aufsehen erregte die Verurteilung des Detektivinstitutsinhabers Grützmacher wegen Meineides und Anstiftung zum Meineid. Grützmacher war Kriminalkommissar in Berlin gewesen und hatte sich hier durch seine Geschicklichkeit ausgezeichnet. Sein Gehalt reichte nicht zu, seine zahlreiche Familie (13 Kinder) zu unterhalten. Er geriet in Schulden, ging deshalb ab und begründete nun das Privatdetektivinstitut ‚Greif‘. Seine Devise, die überall, nicht nur in Annoncen und Zeitungen, sondern auch z. B. auf den Scheiben der Straßenbahnwagen zu lesen war, lautete: ‚Der Greif greift alles!‘ Durch skrupelloses Vorgehen, insbesondere durch Fallenstellen in Ehescheidungssachen, erzielte er jährlich ein Einkommen von 60 bis 80.000 Mark, bis der folgende Vorfall seinem Treiben ein Ende machte. Ein Musikalienverleger in Berlin hegte gegen seinen Schwiegersohn, den Konsul P. in Lübeck, Verdacht, daß dieser die eheliche Treue verletze, und wollte deshalb eine Ehescheidung herbeiführen. Er gab Grützmacher den Auftrag, Beweise dafür, daß der Konsul P. gegen die eheliche Treue verstoße, zu sammeln. Grützmacher stellte nun die Leimrute auf und setzte Lockvögel aus. Er veranlaßte, daß, als der Konsul P. eines Tages von Lübeck nach Bonn fuhr, ein hübsches Mädchen namens Becker zusammen mit einer älteren Begleiterin denselben Zug benützte, während der Fahrt die nähere Bekanntschaft des Konsuls machte und in Bonn in demselben Hôtel wie dieser abstieg. Der Konsul fragte sie, ob er sie in ihrem Hôtelzimmer besuchen dürfe; sie ging

darauf ein, der Konsul besuchte sie; es kam aber zu keinem Ehebruch. Grützmacher bestimmte hinterher im Ehescheidungsprozeß beide Frauenzimmer, die Becker und ihre Begleiterin, dazu, daß sie unter Eid falsch aussagten. Er wurde deshalb wegen Anstiftung zum Meineid zu zwei Jahren Zuchthaus verurteilt.«

Drittens das Unglaubwürdigmachen von Zeugen: »Wenn einem Auftraggeber daran liegt, die Glaubwürdigkeit eines Belastungszeugen abzuschwächen, so begnügen sich manchmal die Privatdetektivs nicht damit, die Vergangenheit des Zeugen zu durchforschen und Tatsachen ausfindig zu machen, die ihn irgendwie anrüchig und minder glaubhaft machen könnten; sie gehen zuweilen auch darauf aus, den Zeugen in Angelegenheiten zu verwickeln, die ihn in einem ungünstigen Licht erscheinen lassen sollen. — Vom Schwurgericht in Hirschberg waren zwei Männer wegen Sittlichkeitsverbrechen mit einer Jugendlichen verurteilt worden. Es gelang ihnen, eine Wiederaufnahme des Verfahrens herbeizuführen. Es kam ihnen nun darauf an, die Hauptbelastungszeugin, jene Jugendliche, unglaubwürdig zu machen. Diese war in Berlin bei einer Herrschaft in Dienst getreten. Ein Detektivinstitut erhielt den Auftrag, zu ermitteln, ob das Mädchen in Berlin einen unsittlichen Lebenswandel führe, damit daraufhin ihre Glaubwürdigkeit angefochten werden könne. Ein Agent des Institutes schlängelte sich an das Mädchen heran, spielte den galanten Bräutigam, lud das Mädchen in ein Café ein, küßte es hier in Gegenwart anderer Leute, unter denen sich der Direktor des Instituts befand, und fuhr dann mit dem Mädchen in einer Droschke allein nach Haus. Daraufhin wurden der Direktor und sein Agent als Zeugen vor das Schwurgericht geladen; das Mädchen durchschaute aber den Schwindel und erzählte den Geschworenen, wie es in eine Falle gelockt worden sei; der Agent gab dies zu. — In einem andern Fall drängten sich im Auftrag eines Instituts elegante blumenspendende Herren an ein junges Mädchen heran, um dieses zu Fall zu bringen. Das Mädchen hatte Ansprüche an einen Herrn, und dieser wollte sich den Ansprüchen dadurch entziehen, daß er das Mädchen zur Prostituierten zu machen suchte, um ihre Glaubwürdigkeit anfechten zu können.«

Viertens die Anstiftung zu strafbaren Handlungen: »Ein Bureau in Newyork schickte seine Agenten mit falschem Papiergeld aufs Land hinaus, und zwar immer zwei Herren auf dieselbe Strecke. Der eine Agent verkaufte falsches Papiergeld zu niedrigem Preise; einige Zeit später erschien dann beim Käufer der zweite Agent, sagte ihm sein Verbrechen auf den Kopf zu und verlangte eine bedeutende Summe, damit er eine Anzeige unterlasse. Gab der Käufer nichts, so denunzierte er ihn bei der Polizei und machte auch damit ein Geschäft, da die amerikanische Polizei denjenigen, die den Verbreiter falschen Papiergeldes anzeigen, eine hohe Prämie zahlt.«

Fünftens die Untreue gegen den Auftraggeber: »Manchmal dienen die Detektivs beiden Parteien; namentlich in Ehescheidungssachen setzen sie sich zuweilen mit den zu Beobachtenden in geheime Verbindung, lassen sich auch von diesen bezahlen und berichten dann einfach, was ihnen von diesen aufgetragen wird. Ein vorsichtiger Mann beauftragt daher, wenn er einen Detektiv in Anspruch nimmt, zugleich einen zweiten, der den ersten überwachen soll; freilich schützt auch das nicht immer, da diese Detektivs manchmal unter einer Decke stecken. — Ein reicher Händler in Wien ließ seine Frau wegen Verdachts des Ehebruchs durch zwei Detektivs beobachten. Täglich schickte ihm dieser Berichte, die aber nie etwas Bestimmtes und Belastendes enthielten. Als er schon 500 Kronen Gebühren bezahlt hatte, ließ er den Detektiv durch einen

andern Detektiv überwachen. Da stellte sich heraus,
daß der erste mit seiner Frau gemeinschaftliche Sache
gemacht hatte; er hatte ihr den ganzen Plan ihres
Mannes verraten und ein intimes Verhältnis ange-
knüpft, aß mit ihr zu Abend und fuhr mit ihr
spazieren.«

Sechstens die Erpressungen: »Wer einen
Detektiv beauftragt, ist hierbei meist genötigt, diskrete
Familienverhältnisse zu enthüllen. Dies benützen nun
manche Detektivs, namentlich wenn sie von ihrem
Bureau entlassen und stellungslos sind, indem sie sich
an die ihnen bekannt gewordenen Auftraggeber
wenden und diese mit Ansuchen um Gelddarlehen
belästigen. wobei sie meist durchblicken lassen, daß
sie bei einer Ablehnung die ihnen bekannten Geheimnisse verraten würden.«

Einen Fall von Betrug, der sich in Wien ereignet hat, habe ich selbst — in Nr. 146 der ‚Fackel‘ —
behandelt. Ich kam damals auf die Affaire Hasel-
Ziehrer zurück und erzählte:»...Eines Tages aber ging
die Witwe Hasel nicht nur der ererbten Autorrechte,
sondern auch des Beweismaterials verlustig. Zwei
Herren waren bei ihr erschienen, deren einer sich als
Sekretär der Newyorker Oper vorstellte. Diese wolle
‚Fiammina‘ aufführen. Ziehrer sei in Amerika populär,
die Enthüllung der Autorschaft seines Lehrers werde
dort große Sensation machen; nur handle es sich
darum, jene Dokumente zu erhalten, durch die der
geistige Anteil Hasel's an Ziehrer's Jugendwerken
verbürgt sei. Anzahlung 500 Kronen; binnen sechs
Wochen definitiver Bescheid. Die in dürftigen Verhältnissen lebende Frau liefert die Partitur, welche
die Randbemerkung Hasel's über seine Autorschaft
enthält, und andere Beweisstücke aus. Vor Ablauf
der bedungenen Frist langt ein Schreiben aus Newyork
ein, sämtliche Dokumente Professor Hasel's seien in
Verlust geraten. Der Frau gelingt es, in Erfahrung
zu bringen, daß die beiden Amerikaner Angestellte

eines Wiener Privatdetektivinstituts waren.« Der
Staatsanwalt verwies die Betrogene — an die ‚Fackel‘.
Ich wiederum forderte den Staatsanwalt auf, wegen
Betruges einzuschreiten. »Wenn er ein tapferer Staatsanwalt ist«, schrieb ich, »wird er den Fall zum Ausgang einer Campagne gegen das Gesamtunwesen der
Detektivinstitute nehmen, die bisher in schamlosester
Weise und unter den Augen der Behörden Ehre,
Privatleben und Eigentum der Staatsbürger angreifen
durften.«... Immerhin gebe es, meint Weingart, eine
ganze Anzahl von Bureaux, die sich von solchen
»wilden Sachen« fernhalten. Aber ich wüßte nicht,
wie's in einem Betriebe anständig zugehen sollte, der,
wenn er schon nichts schlimmeres tut, mindestens
die Erschnüffelung der »vollständigen Tageseinteilung
von Ehegatten, Verwandten und Bekannten« besorgt
und die Herbeischaffung »beweiskräftigen Materials«
— nicht bloß zur Überführung von Hausdieben — garantiert. Gegen diese lockenden Versprechungen schafft
nur das Strafgesetz Remedur. Wenn nicht ärgere, vom
Staatsanwalt zu verfolgende Vergehen nachweisbar sind,
so machen sich die Privatdetektivs in allen Fällen mindestens einer Ehrenbeleidigung durch Verbreitung »ehrenrühriger, wenn auch wahrer Tatsachen aus dem Pri-
vat- und Familienleben« schuldig. Daß man ihnen
schon mit dem einen Paragraphen den Garaus machen
könnte, beweist der folgende Gerichtsfall, den ich in
einer Zeitung, die infolge Mangels an Detektivinsera-
ten ein freies Wörtchen in dieser Sache wagen kann,
am 21. Mai 1903 gefunden habe. Der Inhaber eines
Detektivbureaus und ich glaube auch vornehmster
Gesinnungstüchtigkeit, der täglich auf der letzten
Seite fast sämtlicher Wiener Blätter pathetisch
wird, ist wegen Beleidigung angeklagt. Das Bureau hatte den ehrenvollen Auftrag erhalten, die
»Lebensweise« eines Geschäftsführers zu kontrollieren,
der im Verdachte stand, 1500 Kronen entwendet zu
haben. Es erkundete, daß der Mann »mit einer hübschen

Wirtstochter vertraulich verkehre und dafür dem Vater des Mädchens mit Geld aushelfe«. Den Brief, der diese Information enthielt, fand der Beobachtete unter der Korrespondenz seines Chefs. Wirt und Tochter klagten wegen Ehrenbeleidigung. Der Angeklagte wies — schon vor der Ministerialverordnung — auf ein Privileg der Gemeinheit, auf den angeblichen Besitz einer Konzession hin. Zwischen dem Detektiv und dem Richter (Gerichtssekretär Dr. Bernegger) entspann sich ein recht interessanter Dialog. Der Angeklagte erklärte, er sei Besitzer einer Konzession und laut einer Vereinbarung mit dem Auftraggeber trage dieser alle strafrechtlichen Konsequenzen. — Richter: Diese Vereinbarung ist von Ihnen geschlossen. Das hindert aber nicht, daß sich doch Jemand durch eine Auskunft beleidigt fühlen und Sie klagen kann. — Angekl.: Herr Richter, aber meine Konzession berechtigt mich, Auskünfte zu geben. — Richter: Ihre Konzession ist dem Strafgesetze gleichgiltig. Das Gesetz verbietet es, sich in das Privatleben zu mengen. Auch wenn Sie die Konzession dazu haben, dürfen Sie keine Mitteilungen aus dem Privatleben an die Öffentlichkeit bringen. Das Strafgesetz wird nicht zu Gunsten der Privatdetektivs geändert. Ich rate Ihnen deshalb, einen Ausgleich einzugehen. — Der Detektiv entging durch eine Abbitte der sichern Verurteilung. Ich denke, daß die Konzession, die der Ehrenmann nur vorgeahnt hat, von nun an keinen Gesinnungstüchtigen hindern wird, Aufschlüsse über das Liebesleben der Staatsbürger zu erteilen, wohl aber dazu ermuntern wird, sie mit verstärkter Frechheit vor Gericht zu vertreten. Konnte man das Gewerbe nicht verbieten, so war es doch unsinnig, es zu erlauben. Nicht Konzession, nur das Strafgesetz kann über die gefährliche Nähe der Verdachtsfabriken beruhigen.

Theater, Kunst und Literatur.

Das führende Blatt deutschösterreichischer Kultur hat eine Festwoche hinter sich. Vom 4. bis zum 11. Mai wurden die Herren Nordau, Goldmann und Sternberg auf die moderne Literatur losgelassen. War das eine Freude! Der stärkste Pathetiker, der feinste Ironiker und der kurzweiligste Humorist des Freisinns an der Arbeit! Schon am 4. Mai begann's nach ausgelassenem Gänseschmalz zu riechen. Man kennt die ausgelassene Art dieses St—g, der berufen war, die erste Aufführung der »Weber« zu würdigen. Die großzügige Geschmacklosigkeit, die die Haltung der ‚Neuen Freien Presse‘ in literarischen Dingen bestimmt, hat es nicht zugelassen, daß Speidel aus der Pension geweckt oder doch wenigstens einer der Feuilletonkritiker ausersehen werde, dem größten dramatischen Ereignis, das Wien seit Jahren geschaut hat, gerecht zu werden. Ein Kommunalreporter, dessen Witz eben noch das Problem der Tramwayüberfüllung, dessen Ernst das Thema von den Gasröhren zu bewältigen vermag, war der geeignete Mann, die »Weber« in Wien einzuführen. Was kann man von solch' armem Teufel verlangen? Er soll über die Wirkung des großen Revolutionsstücks sprechen und gibt statt dessen plötzlich seinem Lokalehrgeiz nach: »Das Haus war selbstverständlich vollkommen ausverkauft und trug in allen seinen Teilen die hergebrachte Premièren-Physiognomie. Die Galerien schienen ein wenig schwächer besetzt als an sonstigen Sensationsabenden der Leopoldstädter Bühne; aber das ist auf die strenge Befolgung jener behördlichen Vorschriften zurückzuführen, die in letzter Zeit mit Rücksicht auf die Sicherheit des Theaterpublikums erflossen sind und teilweise auch der Überfüllung der Galerien dadurch abhelfen sollen, daß sie die Zahl der Entreekarten, die ausgegeben werden dürfen, genau festsetzen, beziehungsweise das bisherige Ausmaß derselben entsprechend restringierten...« Drei gedankenschwere

Punkte schließen diese künstlerische Betrachtung. Es
ist wie im ersten Akt der »Weber«, — die Schwüle vor
dem Gewitter. Jetzt erst wird der St—g loslegen !
Aber er bewitzelt noch die Carltheaterclaque, die es sonst
viel wüster treibe als die echten Galerieenthusiasten
bei der Première der »Weber«. Endlich kann die Theater-,
Kunst- und Literaturfremdheit, die sich in der ersten
Hälfte des Artikels hinter Lokalscherzen verbergen
mußte, zum Ausbruch kommen. Der Mensch scheint
— anders als die alberne Wiener Zensur — zu
glauben, daß die »Weber« ein Agitationsstück
für die Fabrikanten seien; wenigstens spricht er
von der »großen Rede« Dreißiger's im ersten
Akt, die »verpufft« sei. Dagegen findet er
plötzlich — weiß man denn, was in so einem Gehirn
vorgeht? —, daß im dritten Akt »Herr Wach
(Gendarm) eine ansprechende Leistung« bot. Es
ist ein typisches Merkmal der Theaterfremdheit,
einen beliebigen Episodisten für den Angelpunkt der
Vorstellung zu halten. Hat Dich, lieber Leser, nicht
oft schon der Sitznachbar in Raserei gebracht, der
beim Auftreten eines beleibten Statisten in den Ruf
ausbricht: »Aha, Baumeister !«? Solche Sitznachbarn
schreiben auch für Zeitungen und »entdecken« dann
mit dem Falkenauge des absoluten Ignoranten unter
den fünfzig Episodisten der »Weber« just den
gleichgiltigsten. Dieser St—g, der Bassermann's Dar-
bietung »fahrig und zerfahren« nennt, markante
Leistungen, z. B. den alten Baumert des für diese eine
Rolle gebornen Pauli oder den Pfeifer des Herrn
Forest nicht erwähnt und sich plötzlich auf den
Darsteller des »Gendarmen« wirft, hat natürlich nicht
die blasse Ahnung, warum er gerade den entdeckt. Mir hat z. B. die natürlich verlegene
Art gefallen, in der der Spieler des Kutschers
die prächtige Antwort auf die Frage, was die revol-
tierenden Leute denn eigentlich verlangen, gebracht hat:
»Mehr Lohn wull'n se halt hab'n, die tummen Luder«.

Ich hätte aber, da ich selbst Herrn Pauli's unvergleichliches Hungermännchen nicht für eine schauspielerische Probe halte, nicht den Mut, in einem Milieuensemble, wo alle episodische Natürlichkeit Regiesache ist, auf Entdeckungen auszugehen ... Herr Sternberg, der die »Weber« aus dem Gesichtswinkel des Handlungsreisenden im dritten Akt betrachtet, schließt—wörtlich—mit der Versicherung, daß den Erfolg des Werkes »die überzeugende Echtheit der Gesinnung, der man sogar gelegentlich Übertreibungen zugute halten muß«, bewirkt hat. Der Mann hält also doch die »Weber« für ein Tendenzstück, aber — trotz der »großen Rede« Dreißiger's — für ein sozialdemokratisches... Ich kann mir nicht helfen, dieser St—g ist ja gewiß eine an sich gleichgiltige und nur durch die ihr aufgebürdete Mission beträchtliche Persönlichkeit: aber ich kenne kaum einen zeitgenössischen Schriftsteller, der eine so markante Art hätte. Er schreibt Wendungen hin — man weiß nicht, ob sie witzig sind, aber man muß sich die Kopfhaut kratzen. Er hat etwas »Prickelndes«. Dazu diese Suffisance, mit der vom Standpunkt des Jours bei Frau Jeiteles über Fragen der Kunst abgeurteilt, die moderne Malerei verhohnsimpelt und das moderne Theater wie ein Pokerspiel abgetan wird. Das Traurige ist, daß die ,Neue Freie Presse', wenn ihr nun schon einmal der Weichselzopf hinten hängt, sich nicht mit dem einen Nordau begnügen will, der doch wahrhaftig den Bedarf an philiströser Schäbigkeit ganz allein decken könnte. Mit diesem glatten Stilisten der übelsten Gesinnung könnten wir uns als dem vollkommenen Repräsentanten dessen, was wir hassen, immerhin abfinden. Aber so müssen wir unsere Empörung vergeuden, müssen täglich dem in Notizen verspritzten Gift standhalten und außer dem Gewaltphilister in Paris auch noch Herrn Schütz, auch den in die Literatur verschlagenen Kommunalreporter und schließlich den anmutigen Herrn in Berlin ertragen, der, wie Herr Nordau sich räuspert und wie er auf die Kultur spuckt, ihm trefflich abgeguckt hat.

Die Nummer der ‚Neuen Freien Presse' vom 6. Mai sollten vorsorgende Abonnenten kommenden Geschlechtern aufheben. Was sie birgt, ist noch denkwürdiger, als der Empfang der ›Weber‹ durch einen Tramwayüberfüllungshumoristen. Man braucht, da Kontrastwirkung an sich schon ein Element des Humors ist, bloß festzustellen, daß im Leitartikel der eben verstorbene Herr Moritz Jokai — wohlgemerkt, als Dichter und nicht als Verwaltungsrat und Versicherungsagent — zur Säkularerscheinung erhoben wird und daß gleich unter dem Strich Herr Max Nordau Rodin für einen dilettantischen Pfuscher erklärt. Herr Nordau hat nun der Reihe nach bereits alle großen Denkmäler unserer Kultur verunreinigt. Und darf noch immer frei herumlaufen. Man kann seinen immer abscheulicheren Exzessen gegenüber nichts tun, als den jeweils angerichteten Schaden konstatieren.

Ein Lesepublikum, daß diesem maniakalischen Wüten ohne lauten Protest zusieht, muß sich auch die jämmerliche Berliner Nachahmung des Pariser Musters gefallen lassen, Herrn Paul Goldmann. Das ist nicht etwa einer, den Ehrgeiz oder Bequemlichkeit zum Niveau des rationalistischen Spießers hinunterführt. Der kann sich mit dem Leser nicht verständigen, weil er tief unter dem Horizont des Lesers denkt. Es ist eine Offenbarung philistrischer Flachheit, wie sie bisher vielleicht überhaupt noch nicht erlebt worden ist. Diese Fülle von Banalität ist in ihrer Art ebenso unverständlich wie der Tiefsinn, der sich dem Erfassen durch hundert Schleier entzieht. Wenn wir diesen Paul Goldmann lesen, ist's uns, als ob die Druckerschwärze uns die Augen verklebte: so nah ist das alles gerückt, was er uns zu sagen hat, so unentwirrbar einfach ist die Weisheit, die er verkündet.

An diesem Paul Goldmann sehe ich aber auch, was das Milieu ausmacht, aus dem und über das ein Schriftsteller schreibt. Ich traue keinem mehr, der in Korrespondenzen aus einem der Länder des Weltpostvereins eine hübsche Feuilletonbegabung verrät. Herr Goldmann hat einmal aus China fesselnde Reisebriefe geschrieben und selbst in Paris noch, auf dessen Pflaster eben jeder Reporter zum geistigen Elegant wird, sich zu einer Hoffnung der deutschen Publizistik emporzustapeln gewußt. Seine Berliner Theaterbriefe rangieren tief unter den Möglichkeiten irgend eines Wiener Kulissenkuli, dessen einzige Talentprobe bisher die Stilisierung des Konflikts zwischen einem Tenoristen und seinem Direktor gewesen ist. Kommt dazu die Mißempfindung über den Aufwand an Superklugheit, mit dem die letzte Trivialität vorgebracht wird, so ist die Erbitterung begreiflich, mit der selbst im Kreise der ausgepichtesten Spießbürger jedes Feuilleton des Herrn Goldmann empfangen wird. Auch der dümmste Kerl empfindet schließlich die Beleidigung, wenn ihn einer für noch dümmer halten will, als er ohnedies ist. In neun Spalten und in einem unaufhaltsam dünnflüssigen Stil, der besonders der Kritik von Durchfällen angepaßt ist, wandelt Herr Goldmann — am 11. Mai — den Satz ab, daß »die Klassiker modern sind — ja noch mehr, daß sie moderner sind als die Modernen«. In Philisteria ist neuestens der Klassikerkoller ausgebrochen. Herr Goldmann, der den heutigen Dichtern politische Indolenz vorwirft, berauscht sich an dem Gedanken, daß bei der Neuaufführung von »Kabale und Liebe« in Berlin »das Publikum, als der Musiker Miller dem Präsidenten die Tür wies, ‚Bravo!‘ rief«. Immer wieder kommt er darauf zurück, und von diesem Zwischenfall glaubt er die Renaissance klassischen Empfindens in Deutschland ableiten zu können. Nur eines gebe es, was einem dichterischen Werke Ewigkeit verleiht: die »großen Ideen«. Wohl ein dutzendmal konstatiert Herr

Goldmann, daß die modernen Dramatiker keine »Ideen«
haben. Es berührt einigermaßen drollig, einen Kritiker,
der vielleicht von allen lebenden Zeitungs-
schreibern am wenigsten »Ideen« hat, solche unauf-
hörlich von den Dramatikern verlangen zu hören. Dazu
nämlich gehört so gut wie gar keine Grütze, jedes
moderne Werk einfach mit der Beteuerung von der
Schwelle zu weisen, daß es ein »Klassiker« besser
gemacht hätte. Das wird auf die Dauer auch dem
eingefleischtesten Philister zu dumm, der sich durch
die fortwährende Spekulation auf das »gesunde Gefühl« nicht fangen läßt und schließlich die Impertinenz
empfindet, die die fortgesetzte Abkanzelung eines
Gerhart Hauptmann durch einen seichten Tagschreiber
im Grunde bedeutet. Auch den Ernst einer Kritik
vermag er zu würdigen, die in sechs Spalten die
Worte »Klassiker«, »Ideen«, »Freiheitssehnen«,
»Donnerruf« bis zum Erbrechen wiederkäut, um
plötzlich umzukippen und, weil ihr ein paar dumme
Witze eingefallen sind, »Kabale und Liebe«, das eben noch
als ewiges Muster hingestellte Werk, zu verhöhnen und
zu erklären, diese Tragödie arbeite auch »mit
den Mitteln der Verwechslungsposse« und sei
nur deshalb ein Trauerspiel, weil »Schiller offenbar
ganz besonders daran lag, daß im fünften Akt die
Limonade zur Verwendung kam.«... Durch neun
Spalten, in Ernst und Scherz, müssen wir dies salz-
lose Gewässer über uns ergehen lassen, weil in Berlin
ein Repertoirestück des Hoftheaters auch auf einer
andern Bühne gespielt wurde. »Der ärgste Druck«,
schreibt Herr Goldmann, da er von dem politischen
Inhalt von »Kabale und Liebe« spricht, »ist von den
Völkern genommen, aber wie viel Druck ist
noch geblieben!«... Und das Publikum würde
»Bravo!« rufen, wenn man den lästigen Druck-
schwärzern, die die Tyrannis der Fürsten abgelöst
haben, die Tür wiese.

. . .

Rout bei Neumanns.

Im goldenen Prag, dem »Schmockkästchen der Monarchie«, ist auch allerlei Schnurriges zu lesen. Im ‚Prager Tagblatt‘ zum Beispiel ein Feuilleton unter dem Titel »Rout bei Neumanns«. Von dieser sinnigen Einrichtung, die der geschäftskundige Direktor des deutschen Landestheaters, Herr Angelo Neumann, eingeführt hat, war hier schon einmal die Rede: die Abfütterung der Journalisten ist eine so gründliche, daß sie es für ein ganzes Jahr satt bekommen, die Theaterwirtschaft des schlauen Händlers mit kritischen Augen zu betrachten. Schon über das Fressen selbst werden Reconnaissance-Feuilletons geschrieben. Die Frau Buska, Heroine, Salondame, erste Liebhaberin, Naive und Direktorsgattin, erreicht es wenigstens einmal im Jahr, »bezaubernd« zu sein. Wenn Journalisten essen, so essen sie immer — wie unappetitlich! — mit dem Messer der Kritik und wischen sich mit Zeitungspapier den Mund ab. Und immer dieselbe Fröhlichkeit, mit der die Absichten des Gastgebers quittiert werden, mag nun Herr Krupp in Berndorf, Herr Philipp Haas in Wien oder Herr Neumann in Prag sich gute Nachrede zu sichern wünschen. Als ob diese culinarische Beeinflußung der öffentlichen Meinung — zumal wenn auch Zigarren in beliebiger Auswahl zur Verfügung stehen — etwas Selbstverständliches, Normales und vom Standpunkt einer unparteiischen Presse zu Billigendes wäre. Der Prager Feuilletongourmand sagt von Herrn Neumann unumwunden: »Er sieht einen Kritiker durstig in der Ecke stehen; aber statt ihn mit einem Löffel Wasser zu vergiften, bietet er die Biere des Landes oder die Weine der Fremde in Überfluß an.« Es muß ja recht nett zugegangen sein: »Das reiche Buffet«, meldet der dankbare Gast, »bricht nicht nur unter der Last der Gerichte, sondern mehr noch unter der Last derjenigen, d i e s i c h d a r a u f s t ü r z e n«. Der Anblick all der schönen Leckerbissen läßt ihn den Mund spitzen, und niedlich schreibt er: »Es ist u n s gelungen, e i n k l e i n e s Tischchen zu besetzen und Paula Conrad-Schlenther zu Tischchen zu führen«. Aber warum sagt das Schmöckchen »uns«? Bei der Erteilung kritischer Zensurnoten mag man sich majestätisch fühlen: man schreibt doch Gottseidank anonym und hält schützend die Macht der Zeitung vor sein dürftiges Ich. Aber man frißt doch nicht anonym? Man verzehrt doch e i g e n h ä n d i g all die guten Sachen, die die bezaubernde Frau Buskaaufgetischt hat? Nein, der Kritiker kann von dem Plural nicht lassen, auch wenn er die armen Theaterleute, die bei solcher Gelegenheit eines ganzen Jahres Sünden abbüßen, schwitzend um sein leibliches Wohl bemüht sieht. In Prag scheint nämlich »das Theatervölkchen« auf der tiefsten Stufe der Demütigung vor der Presse angelangt zu sein: »Unsere ersten Schauspielkräfte mühen sich, uns ein reiches Souper aus zahllosen Hin- und Hergängen zu verschaffen.« Ich habe in meinem ganzen, an Erfahrungen vom Wesen der Presse reichen Leben einen Satz von ähnlicher Verworfenheit nicht gelesen. Der Stolz eines Schmocks, dem Schauspieler Kellnerdienste leisten müssen, und die höhnische Generosität, die statt Trinkgelder Kalauer verabreicht, vereinigen sich zum Eindruck einer Gesinnungsniedrigkeit, die selbst mich abgehärtetsten Leser verblüfft hat. Aber zur Verhöhnung der Rolle, in welche die Diener der Kunst gezwungen sind, tritt verdientermaßen die Geringschätzung des gastfreien Direktors, der sie ihnen, einer verwöhnten Kritik zu Gefallen, aufgezwungen hat. »Man würde es gar nicht glauben«, ulkt unser Feinschmecker, nachdem er sich bei Neumanns breit gemacht hat, »daß in eine solche Privatwohnung mehr Menschen hineingehen, als tatsächlich Platz haben.« Ja, gibt's denn so viele Theaterkritiker in Prag? Ach nein, »die ganze Presse«, erzählt er, »sämtliche Rubriken vom Leitartikel bis zur Geschäftszeitung« waren ja vertreten. Und wenn man dazu bedenkt, daß jedes Ich in dieser Gesellschaft eigentlich ein »Wir« ist und nicht bloß sich, sondern gleich »uns« anpampfen will, so wird es begreiflich, daß Buffet und Wohnung sich als zu klein erwiesen.

Viele, aber nur zum Schein
Kamen zu den Fresserei'n,
Gingen zum Buffet direkt,
Nahmen sich, was ihnen schmeckt,
Gratulierten nicht einmal
Und verließen das Lokal.

Der Unterschied zwischen der gesamten übrigen Publizistik und mir wird wieder einmal offenbar: Wir fressen, und ich übergebe mich . . .

Zur Liliencron-Feier.

Von Hugo von Hofmannsthal erhalte ich die folgende Zuschrift:

Rodaun, 11. Mai 1904.

Sehr geehrter Herr Kraus,

von einer kleiner Reise zurückgekehrt, erhalte ich durch Dr. Rudolf Kassner, den ich seit vierzehn Tagen nicht gesehen hatte, die Nachricht von einer Affaire, die ich deswegen nicht ignorieren will, weil durch mein Schweigen Detlev v. Liliencron — um meine privaten Ansichten über ihn handelt es sich in dieser Klatschgeschichte — in der Vermutung bestärkt werden könnte, daß ich so über ihn und seine Arbeiten denke, wie man es ihm geklatscht hat. Es werde, so verständigt mich Dr. Kassner, kolportiert: ich habe meinen Beitrag zu einer in Wien von einem Herrn Donath herausgegebenen Huldigungsschrift mit einer für Liliencron sehr verletzenden Motivierung verweigert. Ich fühle einen ziemlichen Ekel bei dem Gedanken, daß ein privater Brief, den ich an Herrn Donath zu richten die überflüssige Freundlichkeit hatte, den Anlaß und das Material zu dieser Geschichte hergegeben hat. Dieser mir im Übrigen unbekannte Herr Donath schrieb mir mehrmals im Laufe des Winters, einen Beitrag zu der von ihm herausgegebenen Festschrift erbittend. Mein sehr ausgesprochener Widerwille gegen derlei vom Zaun gebrochene Festlichkeiten, mein sehr ausgesprochener Ekel davor, mich mit zwei Dutzend Literaten, die ein beliebiger Faiseur zusammengetrommelt hat, sozusagen an einen Tisch zu setzen, mag mich veranlaßt haben, die erste und vielleicht auch die zweite dieser Zuschriften zu ignorieren. Einer weiteren Zuschrift ließ ich die Ehre einer motivierten Ablehnung widerfahren. An den Wortlaut dieses Briefes kann ich mich selbstverständlich nicht erinnern, sehr lebhaft aber an die dégoûtierte Stimmung, an den mich ganz ausfüllenden Wunsch, Ruhe davon zu haben. In dieser Laune mag ich etwas sehr Ungeduldiges gegen Liliencron hingeschrieben haben. Ich glaube, es gibt einige Wiener Literaten, die mich durch die Einladung, mich an ihren Huldigungen, an ihren für einen verehrten Gast veranstalteten Banketten zu beteiligen, dazu veranlassen könnten, zurückzuschreiben: Goethe, oder Shakespeare, kann mir gestohlen werden. Ich würde aber in diesem Fall immer meinen, es sei zu lesen, daß mir jemand anderer gestohlen werden könne. Sehr bedaure ich aber doch den Kopf, der hingeht und dem gefeierten Gast, dem geliebten Dichter zu seinem sechzigsten Geburtstag nichts anderes zu erzählen weiß, als: der X. X. hat uns einen Brief geschrieben, wenn ich Ihnen den Brief zeigen würde...!

Nein, es ist nicht Liliencron, der mir gestohlen werden kann, es sind andere Leute.

Soll ich mich hinsetzen und sagen, daß ich Gedichte wie den »Maibaum«, wie »Kurz ist der Frühling«, wie das »Schlachtschiff Téméraire« und zehn, und zwanzig und hundert andere so wundervoll finde, so überaus wundervoll, daß ich wirklich die Worte, sie richtig zu verherrlichen, nicht in einem Athem hinsprechen möchte mit den trivialen und ungeduldigen Worten, die zu gebrauchen mich soeben eine häßliche Sache gezwungen hat?

Als ich diesen langen Brief zu schreiben mich anschickte, hatte ich nur das vor Augen, den Anschein, als hätte ich Liliencron auf so häßliche Weise verletzen wollen, aus der Welt zu schaffen. Nun, wo er geschrieben ist, erscheint es mir unmöglich, daß Liliencron bei dem unmeßbaren Abstand, der zwischen Menschen seines und meines Niveaus einerseits und solchen Herren anderseits besteht, auch nur einen Augenblick solchen Klatsch habe glauben können. Ich glaube nicht, daß Gutsherren, ob ihre Jagdgründe nun aneinanderstoßen oder weit auseinanderliegen, durch den Klatsch von Bedienten verhetzt werden können.

Finden Sie aber Gelegenheit, in einem Brief an Liliencron diese Angelegenheit zu erwähnen, so bitte, grüßen Sie ihn von mir aufs freundlichste.

Ihr aufrichtig ergebener

Hofmannsthal.

P. S. Ich habe oben jenen Herrn Donath als mir unbekannt bezeichnet. Nun macht mich Dr. Kassner aufmerksam, daß er zufällig Zeuge war, wie sich der genannte Herr mir gelegentlich einer Vorlesung in einem öffentlichen Lokal vorstellte. So muß ich also das obige Adjektiv zurücknehmen. Es gibt bis jetzt keine Form, wie man sich ohne die äußerste Brutalität, jenes einseitigen Wunsches, Bekanntschaft zu schließen, erwehren könnte.

.

Der grobe Unfug, den ein Sänger Zions zu Detlev von Liliencron's sechzigstem Geburtstag getrieben hat, ist hier schon einmal flüchtig berührt worden. Die »Festschrift«, die Herr Donath herausgab, um den Gefeierten mit »lieber Freund« anreden zu können — ich sagte: donat amicitiam, non accipit —, hat in der Tagespresse freundlichere Beurteilung gefunden. Herr Donath, »selbst Dichter«, durfte widerspruchslos als die Persönlichkeit auftreten, die berufen ist, die österreichische Literatur am Ehrentage eines großen deutschen Dichters zu vertreten. Man wird einwenden, daß es nicht auf die gleichgiltige Person des Anregers der Huldigung, sondern auf diese selbst und ihre Teilnehmer ankam. Der Einwand taugt nicht. Soll eine derartige Demonstration überhaupt einen Sinn haben, so mußte sie von den würdigsten Repräsentanten der österreichischen Literatur ausgehen. Es ist gar nicht einzusehen, warum die Saar, Rosegger, Ebner-Eschenbach, deren gesamte Lebensleistung — bei allem Respekt sei's

ausgesprochen — doch kaum das Bändchen »Adjutantenritte« aufwiegt, es unter ihrer Würde finden
sollten, zur Huldigung für einen Liliencron aufzurufen. Reicht ihre Schätzung des für mein Gefühl
stärksten lyrischen Naturells, das seit Goethe und
Lenau das deutsche Volk beglückt hat, zu solchem
Aufruf nicht aus, so dünkt's mich immer noch würdiger,
zu schweigen als mit längst gedruckten Beiträgen
sich den Nachtredakteuren, Konzipienten und Witzblattpoeten, aus denen sich Donath's Reigen zusammensetzt, anzuschließen. Denn diese Liste
»österreichischer Dichter«, in der der Veranstalter
keinen Journalisten, der ihm nützen könnte, vergessen
hat, ist einfach ein Skandal. In der berühmten Anrede
beruhigt er Liliencron wenigstens darüber, daß sie alle
»in Österreich geboren« sind. Das mag ja auch für die
Strauß und Trebitsch und andere literarische
Kaifirmen meinetwegen zutreffen. Ist es aber allein
schon ein Grund, in einem Sammelwerk österreichischer Kunst vertreten zu sein? »Ursprünglich
dem Kaufmannsstande bestimmt, widmete er sich
später der Literatur«, lautet eine typische Biographenwendung. Ach, es sind ihrer so viele vertreten, die
ursprünglich dem Kaufmannsstand, und so wenige,
die von allem Anfang an dem Dichterberufe bestimmt
waren! Aber für so arm habe selbst ich die österreichische Literatur nicht gehalten, wie sie sich in
diesem Almanach gibt; ich tausche seinen ganzen
Poesiegehalt von 257 Seiten für eine Zeile Liliencron.
Wenn man nicht das dankbare Gemüt dieses Herrn
Donath schätzen lernte, der auf der Titelseite in der Auslese der berühmtesten Dichter seinen König und Feuilletonredakteur Theodor Herzl anführt, man müßte ihn rein
für den bösartigsten Verkleinerer der vaterländischen
Produktion halten. Sicherlich hat ihn aber keine
schlimmere Absicht geleitet als die, sich vor der literarischen Welt Arm in Arm mit dem holsteinischen Baron
zu zeigen, der zwei Kriege mitgemacht hat und wohl auch

das noch ertragen wird. Die Huldigung hatte ihren Zweck erreicht, als die Zeitungen melden konnten, der »langjährige Freund des Dichters« — Herr Donath ist natürlich nicht einmal langjährig — habe die Festschrift dem in Wien weilenden Jubilar persönlich überreicht... Ich bin — für künftige Fälle sei's der österreichischen Literatur ans Herz gelegt — ernstlich der Meinung, daß bei der Veranstaltung derartiger Kundgebungen viel mehr auf die Person des Anregers als auf die des Gefeierten zu achten ist, da doch jenem selbst die eigene Person wichtiger zu sein pflegt. Nicht alle, die für Liliencron sind, müssen deshalb auch für Donath sein, und es ist töricht, die zu tadeln, welche beide Sympathien nicht zu vereinen imstande sind und darum die stille Verehrung eines Dichters der Mitwirkung an einer geräuschvollen Reklame für seinen langjährigen Freund vorziehen. Einer dieser Geschmackvollen war Hugo v. Hofmannsthal. Daß sein guter Künstlername in dem Gedränge von lyrischen Dilettanten und Lokalhumoristen nicht zu finden ist, fiel allgemein auf. Nicht daran, daß die Saar, Rosegger, die Ebner-Eschenbach und Marriot, Altenberg, David und Schnitzler den Unfug unterstützt hatten, nahm man Anstoß, sondern an Hofmannsthal's Zurückhaltung. Und der literarische Klatsch gab ihr sogleich eine Deutung, die den Verehrern Liliencron's umso schmerzhafter sein mußte, wenn sie zugleich Schätzer des österreichischen Künstlers sind. Ich selbst bin in dieser Lage und brachte darum gern die Verwahrung Hugo v. Hofmannsthal's, der für das richtige Gefühl, daß es sich um eine Donath-Feier handle, bloß einen mißverständlichen Ausdruck gefunden hatte, zur Kenntnis der literarischen Leser.

* * *

ANTWORTEN DES HERAUSGEBERS.

Nordbahnbeamter. Ich erfülle Ihren Wunsch durch Abdruck Ihres Briefes: »Der Kampf, den die ‚Arbeiter-Zeitung' seit einiger Zeit gegen das System Kuttig führt, dürfte Ihnen ebensowenig entgangen sein wie der famose Erlaß des Hofrats Jeitteles. Über den Wert des Erlasses werden Sie sich selbst ein Urteil bilden; ich gestatte mir jedoch Ihre Aufmerksamkeit auf die folgende Tatsache zu lenken: Im August 1903 brachte die ‚Arbeiter-Zeitung' unter dem Titel: ‚Verkehrsunsicherheit auf der Nordbahn' einige Artikel, die zu reproduzieren die ‚Z e i t' keinen Anstand genommen hat. Ja, die ‚Zeit' schwang sich sogar — am 6. September 1903 — zu einem Artikel auf, der die korrupten Verhältnisse bei der Nordbahn streifte und auf die vom Betriebsdirektor Kuttig betriebene Protektion mit Restaurationen und Brauhäusern ziemlich deutlich hinwies. Es muß doch auffallen, daß die ‚Zeit' jetzt, wo die Anklagen der ‚Arbeiter-Zeitung' mit einer solchen Fülle von Material und Tatsachen belegt sind, ɩim Gegensatz zum Vorjahre das Interesse für diese Sache ganz verloren hat. Wo mag da die Ursache liegen?... Würden Sie nicht die Geneigtheit haben, auf die Eigentümlichkeit dieser Erscheinung in irgendeiner Form einzugehen? Ich glaube, daß es dafür stände und daß Sie vielen Kollegen die Augen öffnen würden, welche ‚Die Zeit' durch ihre damals zur Schau getragene Beamtenfreundlichkeit als Abonnenten gekapert hat.«

Musiker. Ein mauldeutsches Provinzblatt bringt den folgenden Nachruf für Anton Dvořak: »In Prag ist am 1. d. M. nach kurzer Krankheit Anton Dworschak, der Komponist tschechischer Opern, Symphonien und Kammermusikwerke gestorben. Dworschak, der in Mühlhausen bei Kralup in Böhmen geboren war, stand im 63. Lebensjahre. Bei den Tschechen galt er als musikalische Größe, ebenso wie dort Vrchlicky als dichterische Größe gilt, und wurde deshalb gleichzeitig mit letzterem vor zwei Jahren ins Herrenhaus berufen.« Punktum und Streusand. Ich stelle mir die bekannte »Lage der Deutschen in Österreich« so vor, daß sie dazu einladet, ihren hervorragendsten »Schriftleitern« fünfundzwanzig aufzumessen.

Habitué. Was ich für schmachvoller halte: daß die »Weber« so lange verboten waren, oder ihre endliche Freigabe mit Streichung der Worte »Fabrikant« und »Gendarm«? In zwei Sätzen nämlich, die nunmehr etwa lauten: »So a richtiger, der wird mit zwee-dreihundert Webern fertig« und »So einer hat a schweres Leben: amol muß er an verhungerten Betteljungen in's Loch stecka, dann muß er wieder . . .« Was ich also für schmachvoller halte? Das Verbot war eine Dummheit, die Streichung ist auch eine Frechheit. So a richtiger Zensor, der wird mit dem schönsten Kunstwerk fertig; amol muß er den Staat schützen, dann muß er wieder beweisen, daß er auf der Welt ist . . . Was sich nur das Menschenskind in der Statthalterei denken mag? Daß es verstehe, daß Hauptmann nicht die Fabrikanten und die Gendarmen treffen, sondern bloß die Stimmung seiner Webersleute charakterisieren will,

kann man ja nicht verlangen; aber daß es sich von der Verstümmelung
zweier Sätze wirklich einen Erfolg verspricht, ist zu töricht. Nicht gegen
Verbote, sondern gegen das dreiste Hineinpatzen in Dichtersätze sollte
man immer wieder protestieren. Hauptmann, in dessen Weberdialogen
jedes Wort an seinem Platze ist, steht als Idiot da, wenn er auf den
Fabrikanten und den Gendarmen, die beide auf der Szene anwesend
sind, mit »So a richtiger« und »so einer« hinweisen läßt. Nichts ist
typischer für den Amtswahn als dieses scheinbar geringfügige Detail:
ohne die feinsinnige Verfügung wäre das Kraut nicht fett geworden.
Der Graf Kielmansegg sollte doch wirklich lieber auf sein Fahrrad acht
geben als sich um die Literatur kümmern!... Auf dem geistigen
Niveau eines Zensors steht etwa auch die kritische Äußerung des
‚Deutschen Volksblatts‘. An Herrn Schwer's Produktion gemessen, weist
Hauptmann's Drama »grobe technische Mängel« auf. Sehr klug ist der
— von mir ein wenig stilistisch gereinigte — Satz: »In Berlin fand das
Drama mit seiner starken sozialdemokratischen Färbung einen günstigern
Boden als in Wien, wo die Massen anderen politischen Schlagworten
folgen«. Gewiß, für Wien hätte Hauptmann christlich-sozial dichten
müssen. Aber der kundige Thebaner weiß nicht, daß die Berliner
Sozialdemokraten von allem Anfang an den »Webern« als einer dem
Parteigedanken fernen, rein künstlerischen Zustandsschilderung recht
unfreundlich gegenübergestanden sind. Das ‚Vaterland‘ ist noch dümmer;
es »begreift die Zensurschwierigkeiten«, aber »nicht etwa des eigentlichen
Inhaltes wegen, sondern aus Gründen des guten Geschmacks«. Herr
»Wgr.«, der ein paar Tage später Wilbrandt's »Timandra« »ein Werk
von hoher Schönheit, edel und maßvoll dem Gedankeninhalte
wie der Form nach« nennt, sollte doch endlich seinen Namen voll
zeichnen, damit man sich ihn ein- für allemal merken kann. — Herr
Salten in der ‚Zeit‘ klagt, die Zensur habe den »Webern« »die frische
Schlagkraft durch langjährige Haft vernichtet«. »Was sind uns heute
die ‚Weber‘?... Künstlerisch bringt uns dies Schauspiel keine neue
Botschaft mehr«. Nach ein paar Zeilen: »Was den Herrschaften aber
nicht gelungen ist, das ist die Zerstörung der dichterischen Schönheit
des Werkes. Heute, da der Tageslärm und das Geschrei der Parteien,
wovon dieses Stück umtost war, längst schon verstummt ist, heben die
poetischen Stimmen aus diesem Werk lauter zu reden an. Die reinen,
menschlichen Akzente werden vernehmlicher, und eine bessere Wirkung
stellt sich ein als die agitatorische: wir gewahren ein unsterbliches
Meisterwerk.« Nun also — dann wäre doch die Zensur zu loben?
Und künstlerisch bringen uns die »Weber« also doch eine Botschaft,
die sich hören läßt? — Über die Regie des Herrn Brahm wäre nur
noch etwas Schlimmes und etwas Gutes zu sagen. Auf den letzten Akt
schien sie es abgesehen zu haben. Allabendlich wurde das Mielchen —
vermutlich ein Carltheaterkind —, das im Tone eines tragischen Girardi
sein »Ach! Ach!« aufsagte, ausgelacht. Dafür aber wurde der Sieg des
Weberaufstands mit feiner Symbolik dadurch angedeutet, daß der viel-
genannte Gendarm im letzten Akt ein Weber geworden war . . .

Hofbeamter. Kürzlich wurde im Hofoperntheater die zweite Vorstellung des »Falstaff« von Verdi abgesagt. Dafür gab's das Ballett »Der faule Hans« und »Cavalleria rusticana«. Das Geld für die gelösten Karten wurde natürlich nicht zurückerstattet. — Soll noch einmal wiederholt werden, was hier so oft gegen diese äußerste Schamlosigkeit gesagt worden ist? Einem Publikum, das bei solcher Gelegenheit weder die Zivilgerichte anruft noch die Kasse demoliert, geschieht ganz recht. Der Kaiser hat natürlich keine Ahnung von der kaufmännischen Unmoral, mit der seine Angestellten in seinen Häusern schalten. Ich habe hier schon einmal gesagt, daß es uns zwar nichts angeht, aus welchen Gründen »Rose Bernd« vom Repertoire des Burgtheaters abgesetzt wird, daß wir aber ein Recht auf Empörung hätten, wenn wir gezwungen wären, statt der »Rose Bernd« den »Bibliothekar« zu besuchen. Der systematische Betrug an armen Theaterbesuchern, die, wenn sie für Shakespeare und Richard Wagner gespart haben, nicht ihr Geld zurückbekommen, sondern Davis und Brüll genießen müssen, wäre immer wieder in Leitartikeln und ausländischen Korrespondenzen anzuprangern. Dann würde sich vielleicht doch die Hoftheaterbehörde zu jener Moral bequemen, die den privaten Geschäftstheatern selbstverständliche Pflicht ist. Ich lauere auf die Gelegenheit, daß mir das Malheur passiert. Dann werde ich, da für die Erstreitung einer so geringen Schadenssumme, wie sie ein Theaterbillet darstellt, bloß das Bagatellgericht kompetent wäre, ein Dutzend Theaterbesucher auffordern, ihre Ansprüche an die Intendanz mir zu zedieren, und den Skandal bis zum obersten Gerichtshof verfolgen.

Impresario. Unter dem Titel »Die wandernde Fledermaus« schrieb die ‚Newyorker-Staatszeitung' am 16. April, Frau Strauß, die in Wien lebende Witwe des Walzerkönigs, wisse »neben den reizenden Tönen das Gold in den Werken ihres verstorbenen Gatten klingen zu machen. Diesem Klang galt ihre Fahrt vor zwei Jahren nach Paris, wo Strauß' Meisterwerk ‚Die Fledermaus' noch völlig unbekannt ist. Das kam daher, daß das Textbuch zu dieser Operette dem Halévy'schen ‚Réveillon' unbefugt entlehnt ist und Halévy stets Protest gegen die Aufführung der Operette mit dem entlehnten Libretto einlegte. Nun hat sich aber Johann Strauß' Witwe deshalb mit Halévy versöhnt, und schon im April werden die Pariser ‚Die Fledermaus' im Théâtre Variété zu hören bekommen. Aber nicht genug damit, Frau Strauß will die frisch französierte Operette mit dem fremdländischen Text nach Wien bringen und sie auch dort im Kostüm des zweiten Kaiserreichs französisch singen lassen. Das wäre doch wirklich nicht nötig; die Melodien Johann Strauß' sind ja in allen Sprachen unvergänglich — besonders wenn die Reklametöne nicht störend hineinschmettern.« Eine Preisfrage: Hätte die ‚Neue Freie Presse' die Pariser Première der »Fledermaus« in spaltenlangen Depeschen gewürdigt, wenn Johann Strauß n i c h t der Schwager Josef Simon's wäre?

Epikuräer. Eine Gerichtssaalmeldung besagt: »Herr Staatsanwaltssubstitut Dr. v. Morawitz, dessen mit einem dreimonatlichen Urlaub verbundene Amerikareise das Publikum beschäftigt hat, wird in den nächsten Tagen nach Wien zurückkehren, obwohl sein Urlaub noch nicht abgelaufen ist. Es heißt, daß Dr. v. Morawitz nach seinem Scheiden aus dem Staatsdienste, von dem noch nicht bestimmt ist, ob es in Form einer Pensionierung geschehen wird, s i c h i n e i n K l o s t e r z u r ü c k - z i e h e n w i l l.« So ein Schlankel!

Stilist. Wohin käme man, wenn man das Kapitel »Sprachver- pestung durch die Presse« konsequent behandeln wollte! Oft muß man sich krasse Fälle entgehen lassen, weil man das Gefühl hat, daß es auf demselben Zeitungsblatt noch krassere geben könnte. Wer aber würde es nicht müde, den Journalisten die Läuse zu suchen?... Im Kampf gegen die Syntax, mit dem die ‚Neue Freie Presse' den russisch-japanischen Krieg begleitet, hat sie neulich die folgende Trophäe erbeutet: »Eine Räumung wäre dann wohl kaum möglich, da die Festung, wenn sie d i e s a u c h h e u t e, wie die Herstellung des Eisenbahnverkehrs beweist, n i c h t i s t, doch in absehbarer Zeit auf der Landseite von den Japanern vollkommen e i n g e s c h l o s s e n s e i n w i r d.«

Germane. Ein Zeitungsausschnittbureau vermittelt mir eine Lebensäußerung deutschvölkischer Albernheit, die durch einen Artikel der ‚Fackel' angeregt wurde. Die ‚Unverfälschten Deutschen Worte' — so etwas gibt's noch immer — schreiben: »Die ‚Fackel' vom 19. März ent- hielt einen Aufsatz von Herrn Karl Bleibtreu über den J u d e n W e i n i n - g e r, der mit den Worten schließt: ‚— dann wird man gewiß dieses jugendlichen Märtyrers gedenken, der ähnlich wie sein — auch von ihm verkannter und verlästerter — Stammesgenosse Heine ein besserer Deutscher war, als das biersaufende, tarockspielende Bärenhäuterpack der Heilô-Schreier!' V i e l l e i c h t w a r H e i n e g a r n o c h e i n b e s s e r e r D e u t s c h e r a l s d i e s e r B l e i b t r e u.« — So freue ich mich denn, daß der gesunde Fußtritt Bleibtreu's, den sie lange genug für einen der Ihren hielten, seine Wirkung getan hat. Ich weiß nicht, ob Heine ein besserer Deutscher war als Karl Bleibtreu; jedenfalls hat er ein besseres Deutsch geschrieben als Karl Iro.

Astronom. Ein »Freund« der ‚Neuen Freien Presse' — es muß auch solche Käuze geben — hat eine wesentliche Modifizierung der astronomischen Begriffe vorgenommen. Er schreibt ihr (siehe Abendblatt vom 11. Mai), er habe »Sonntag abends 7 Uhr 32 Minuten einen Kometen in Gestalt einer grünen K u g e l am ö s t l i c h e n Himmel erblickt«. Auch andere Besucher des Restaurants Tonello wollen diesen eigenartigen Kometen gesehen haben. Sicher hatte er vor der ‚Neuen Freien Presse' den Schweif eingezogen.

Spieler. Was man dazu sagen soll, daß die ‚Wiener Mittagszeitung' neulich den Bericht über den während einer Schachpartie plötzlich er- folgten Tod eines Mannes unter der witzigen Aufschrift »Schach und — matt« brachte? Drei Erdschollen in das Grab, eine in das Gesicht des Berichterstatters!

Herausgeber und verantwortlicher Redakteur: K a r l K r a u s.
Druck von Jahoda & Siegel, Wien, III. Hintere Zollamtstraße 3.

DIE FACKEL

| NR. 163 | WIEN, 31. MAI 1904 | VI. JAHR |

Titel.

Neulich wurde ein armer Teufel abgestraft, der einen ihm verliehenen päpstlichen Orden getragen hatte, bevor ihm die Bewilligung, ihn zu tragen, erteilt ward. Das ist schrecklich. Die Erschütterungen, denen die dürftigen Gemüter hierzulande ausgesetzt sind, sind nachgerade unerträglich. Heute schwellt frohe Hoffnung die Brust, morgen drückt sie eine Enttäuschung ein. Und die Schadenfreude der ganzen Nachbarschaft! Es gibt wirklich noch immer Leute, die einem den Gregorsorden nicht gönnen... Manchmal glaube ich, der Spott über Ordens- und Titelsucht sei antiquiert. Aber dann höre ich wieder, daß sich einer sein ganzes Leben lang abquält, ein »Truchseß« zu werden. Über weniges wird er in St. Moritz zum zehntenmal an Kaisers Geburtstag die Volkshymne singen, und der Herbst wird in's Land gehen, und wir werden alt werden, und er wird noch immer nicht Truchseß geworden sein. Dann höre ich wieder, daß ein Mann umgeht, dessen einziges Ziel ist, Bahnhofsportieren die Larve vom Gesicht und die unechten Orden von der Brust zu reißen. Nein, ich halte nur den »Serenissimus«-Spaß für veraltet, die Dummheit der Untertanen ist akuter denn je. Orden sind noch immer die Belohnung für Fleiß und gute Sitten; aber die Vorzugsschüler des Staates sitzen auf der Eselsbank. Nichts scheint abgebrauchter als die witzige Unterscheidung zwischen Titeln und Mitteln. Aber in Österreich sind jene noch immer zugkräftiger als diese. Wird man sich endlich entschließen, einem tiefgefühlten Bedürfnis der Bevölkerung nachzugeben, und einen Wechsel der Werte »kaiserlicher Rat« und »Regierungsrat« vornehmen? In einem Land, wo der musikalische Sinn des Volkes zunächst auf den Klang eines Namens reagiert, ist es geradezu töricht, den Regierungsrat noch länger über einem kaiserlichen gestellt zu lassen. Der Richter, der eine Verhandlung leitet, wird wohl manchmal mit »Herr Gerichtshof« oder »Kaiserlicher Adler« angesprochen, von den Gebildeteren aber doch mit »kaiserlicher Rat«. In diesem Namen liegt die äußerste Summe von Devotion, die der Österreicher zu vergeben hat. Daß er der übliche Titel für jeden Großhändler ist, der zum Laienrichter ernannt wurde oder 20.000 Gulden für irgendeinen Korruptionszweck hergegeben hat, und daß in Österreich's Jammer guter Rat noch immer teurer ist als ein kaiserlicher, ahnt das gute Volk nicht. Man braucht gar nicht an das Pariser Mißverständnis von dem als österreichischer Staatsmann angesehenen »conseiller impérial« zu erinnern; in einem monarchischen Staat und unter Bürgern, für die es schmeichelhaft ist, von einem Hofwagen überfahren zu werden, ist die heutige Rangordnung widersinnig und bloß geeignet, eine unverdiente Geringschätzung der Regierungsräte herbeizuführen. In dem besten Einfall des Wollustspiels »Herzogin Crevette« ist etwa der Widerspruch vereinigt, der zwischen Klang und Bedeutung des Titels »kaiserlicher Rat« besteht. Dem Gesandten von Oceanien — die trefflichste Gestaltung des unvergleichlichen Maran — wird eingeredet, daß die Wendung »Ich pfeif' drauf« den Ausdruck tiefster Teilnahme oder höchsten Respekts bedeute, und so weiß er auf jede gewichtige Mitteilung nur mit unerschütterlichem Ernst zu erwidern: Ich pfeif' drauf... Herr Mendel Singer, der vielleicht seinen Titel »kaiserlicher Rat« nicht orthographisch schreiben kann, der journalistische Aushorcher sämtlicher politischen Parteien, zieht sich allsommerlich in ein Tiroler Dorf

zurück und wird dort am Geburtstag des Kaisers
als dessen Vertreter mit Tusch und Trubel gefeiert. Nichts
ist in Österreich unmöglich, und ich rate dir: hast du
keinen Titel, so mach' dir einen. Denn siehe, vor mir
liegt ein Briefpapier, das an seiner Spitze einen sonderbaren Aufdruck hat. Das Konterfei von drei Orden an
einer Kette, und darunter steht wörtlich: »Jagdverleger und Jagdschriftsteller Camillo Morgan, Ritter
königlicher und fürstlicher Orden sowie ausgezeichnet vom Thronfolger Österreich-Ungarns Seiner kaiserlichen und königlichen Hoheit dem durchlauchtig-
sten Herrn Erzherzog Franz Ferdinand durch eine
Busennadel aus Brillanten. Wien, IX/4 Sobieski-Platz 4«.
Ich weiß weder, wer Herr Morgan, noch was ein
Jagdverleger ist; ich weiß nicht, ob die Busennadel, die
Herr Morgan bekam, vielen oder wenigen einen Stich ins
Herz versetzt hat. Aber ich weiß, daß die Wirkung noch
epatanter wäre, wenn der Besitzer des Briefpapiers
auch sämtliche Titel und Orden des Erzherzogs
Franz Ferdinand angeführt hätte. Unterzeichnet ist
der Brief mit »Camillo Morgan, Fürstlicher Rat«.
Was ist das? So etwas wie die Kaulquappe zum kaiserlichen Rat? Meines Wissens gibt's den Titel in
Österreich nicht. Aber ich wette hundert gegen eins,
daß Herr Morgan damit die Einwohner eines österreichischen Gebirgsdorfes alarmieren kann. Jahraus
jahrein werfen die Leute in der Großstadt das Geld
hinaus, um wirkliche Titel zu ergattern. In einem
Land, dessen Bevölkerung für Ehrerbietung so sehr disponiert ist, bedarf's solcher Anstrengung nicht. Und
ist die Zulegung irgend eines »Rats« doch ein wenig
zu riskant, so versuche man's einfach mit einem Fremdwort. Ein Fremdwort ersetzt in Österreich sogar die Protektion. Mein Freund hat einmal in einem gesteckt
vollen Eisenbahnzug auf die folgende Art ein Separat-
coupé erlangt. »Reserviert!« schreit der Kondukteur.
»Das gibts nicht!« schreit mein Freund. »Aber für
den Herrn Oberrevidenten!« schreit der Kondukteur.

»Und wissen Sie nicht, wer ich bin?« schreit der Andere — »Ich bin Hypochonder!«... Rief's, und mit ergebener Bitte um Entschuldigung, daß er ihn nicht sogleich erkannt habe, öffnete der Kondukteur die Tür des Separatcoupés.

Die Kartoffelbegeisterung.

Der Prater sieht heuer auch sein technisches Frühjahrsrennen, den Wettkampf zwischen Benzin und Spiritus. In der Rennbahn des Ausstellungsparkes schießen die Automobile daher mit jenem Übermut, der schon längst die Friedfertigkeit unserer Landstraßen in Unsicherheit verwandelt hat. Hingegen kann man der Spirituslokomotive, die neben den Autos gemächlich einherhumpelt, eine Gefährlichkeit nicht zuerkennen, sie ist geradezu ein Muster von Harmlosigkeit. Wären die technischen Bedingungen nicht verschieden und hätte nicht der Zufall des analogen Raumbedürfnisses beide Bahnen so nahe gerückt, man müßte diese Nebeneinanderstellung von Benzin und Spiritus, die zum Vergleich förmlich herausfordert, als die beste Idee der Ausstellungs - Kommission bezeichnen. Denn deutlicher und populärer als durch dieses Zirkusspiel konnte die Überlegenheit des Benzins als Kraftquelle über den Spiritus nicht versinnlicht und einer der wichtigsten Leitgedanken der Ausstellung, die Hervorhebung des Kraftalkohols, nicht besser in sein Gegenteil verwandelt werden.

»Benzin 1, Spiritus 2« — das sind die heute beim Rennen errungenen Plätze. Die Ziffern drücken auch den Rang im Konsum, haarscharf aber das Verhältnis der Kosten der beiden Energiestoffe aus, bemessen für die gleichen Arbeitsleistungen. Vorläufig ist's also nichts mit dem doppelt so teueren Arbeiter, und es ist auch noch fraglich, ob in Österreich die fiskalischen Gnadenbezeigungen und die Einsicht der Produzenten den Spiritus werden konkurrenzfähig machen können. Einer der besten Kenner, Professor D e l b r ü c k , erwartet sogar in Deutschland keine weitere Steigerung des Konsums von Gewerbespiritus und erhofft eine solche nur dann, wenn es gelingen sollte, die Erzeugung wesentlich einfacher und billiger zu gestalten. Es gilt nämlich einen Kampf gegen die Natur zu führen, gegen diese Großkapitalistin und Hochmeisterin der Chemie, die in verschwiegenen Gründen kostenlos das Erdöl destilliert. Für uns ist also das Benzin halb ein Geschenk, hingegen ist die Spirituserzeugung teuer und kompliziert. Nun ist zwar nicht in allen Fällen der technisch verwickelte Weg auch schon der aussichtslose ; aber die heutige Erzeugung des t e c h n i s c h e n Alkohols ist unstreitig aussichtslos und. könnte nur in wesentlich verbesserter Form die Herstellungsmethode der Zukunft bleiben. Der technische Spiritus wird nämlich nach demselben Leisten hergestellt wie der Genußalkohol, da wie dort: die Pflanze und die Gärung. Und hierin liegt eben das Rückständige, das Unentwickelte dieser Produktion. Es hat sich bis heute noch keine Differenzierung in der Erzeugung eingestellt, da der k o n z e n t r i e r t e Alkohol für das Automobil und die Lampe nach demselben Prinzip dargestellt wird wie der v e r d ü n n t e Alkohol, der Anreger für die Zunge und die Nerven.

Die Gärung liefert immer den dünnen, wasserhältigen Spiritus, der erst vom Wasser befreit werden muß, wenn er technischen Zwecken dienen soll. Man darf auch nicht vergessen, daß der Ackerboden, sollen wir nicht verhungern, für den h a b i t u e l l e n Konsum — Menschen- und Tiernahrung, Genußmittel, Kleidung — aufgespart bleiben muß.

Hingegen ist der technische Konsum — Kraft, Licht, Wärme — ohnedies schon vollständig vom Ackerboden unabhängig gemacht. Die Scholle ist entlastet und dem Geschäft der Nahrungsbildung nicht entzogen. Nun soll aber plötzlich — so hört man Neunmalweise sagen — Kraft, Licht und Wärme wieder aus den Schollen gewonnen werden. Man könnte etwa mit ebensoviel Berechtigung die Rückkehr zur Holzfeuerung predigen, dieser alten Wärme- und Lichterzeugung der Wilden, für die der habituelle und der technische Konsum noch eine untrennbare Einheit darstellen. Das Ungereimte der heutigen mitteleuropäischen Kartoffelbegeisterung liegt somit auf der Hand. Dieses Forcieren der Verwendung des Kartoffelalkohols steht momentan in offenem Widerspruch mit der gesamten übrigen physischen Kulturentwicklung, und die Divergenz rührt daher, daß man außer der Erzeugungsart des Genußalkohols eben keine Darstellungsmethode für technischen Alkohol kennt, die, der natürlichen Produktionsentwicklung gemäß, losgelöst vom Ackerboden wäre. Solange dies nicht zutrifft, ist die Spirituslampe bloß als Produkt eines ökonomisch - technischen Raffinements interessant, das bereits an Voraussetzungen anknüpft, die sich erst in der Zukunft erfüllen können. Wir haben noch gar nicht den richtigen technischen Spiritus, wollen ihn aber schon verbrennen.

Die künstliche Herstellung von Nahrungsmitteln liegt in weiter Ferne, darum brauchen wir jede Scholle für den nächsten Bissen Brot. Und wenn wir auch aus fremden Erdteilen vorteilhaft Getreide kaufen und deshalb auch in gewissen Grenzen den Heimatsboden industrialisieren können, so fällt dieser Kartenbau einer erhöhten Bodenrente, sofern er durch die Kartoffelbegeisterung errichtet wurde, sofort in sich zusammen mit dem Zeitpunkt, da der technische Alkohol synthetisch, also aus anorganischen Stoffen erzeugt wird. Diese Zukunft liegt aber fast greifbar nahe. Man hat schon aus Sägespänen, Torf, Maikäfern und Fäkalien, somit unabhängig vom Agrarprozeß, ferner aus Acetylen, somit auch unabhängig von der Gärung, Alkohol dargestellt. Es ist also nur noch ein glücklicher Schritt zu tun, und wir haben das, was wir brauchen: den synthetischen Alkohol zu technischen Zwecken, der unabhängig von der Scholle erzeugt ist. Diese naturgemäße Differenzierung der Produktion muß sich früher oder später notwendigerweise vollziehen, und erst dann wird man von einer Konkurrenzfähigkeit des Spiritus zu Leucht- und Kraftzwecken sprechen können, denn seine Erzeugung wird nicht mehr im Widerspruch mit dem Gang der technischen Entwicklung und den agrarischen Leistungsmöglichkeiten stehen. Auf einem Quadratkilometer einer chemischen Fabrik in Deutschland erzeugt man heute künstlich ebensoviel Indigo, wie auf dem ganz kolossalen Komplex der gesamten Indigoplantagen Hindostans wächst. Nur jene chemische Fabrik, die den Boden bloß als Standplatz braucht, kann als die richtige, technische Bodennützerin gelten.

Gleichwohl ist die heutige Spiritusbewegung sehr nützlich. Einem Bedürfnis der Gegenwart entsprechend, verknüpft sie zur Zeit bestimmte Agrar- und Industrieinteressen, die sie später wieder reinlich scheiden wird. Bei den Festbanketten war man allerdings, wie die Bratentoaste gezeigt haben, sehr zuversichtlich. Dem braucht man aber keine Bedeutung beizumessen, da Dudelsäcke immer pfeifen, wenn sie voll sind. Bedenklicher war schon die Oberflächlichkeit, die mitunter in den ernsten Beratungen zu Tage trat. Man hielt sich allzusehr an den Irrtum des deutschen Kaisers, der da gesagt hat: »Die Schätze aus den Tiefen der Erde können versiegen, aber die Sonne läßt in der Kartoffel Licht, Kraft und Wärme unerschöpflich reifen«. Diese Weisung des Monarchen hätte, da sie unzutreffend ist, nicht als Devise für die Spiritusausstellung, als Ferment für die Er-

regung einer Kartoffelbegeisterung dienen dürfen.
Denn wie oberflächlich das Schlagwort von der
unerschöpflichen Sonnenwärme ist, die aus der Kartoffel gewonnen werden soll, zeigt die Tatsache,
daß man den verdünnten Gärungsalkohol erst dann
in den konzentrierten Gewerbealkohol überführen
kann, wenn man zu seiner Abscheidung reichlich
K o h l e n w ä r m e aufwendet. Dieser Betrag an
Kohlenwärme ist mitunter sogar größer als die
Wärmemenge, die der Alkohol nutzbringend wieder
abgibt. Wir können uns also beim Spiritusbrand
mit ebensoviel Recht vorstellen, daß wir Kohlenwärme
benützen, als wir uns einbilden können, daß Kartoffel-
oder Sonnenwärme das Licht geliefert hat. Und da
man wahrscheinlich auch in Zukunft Kohle zur
Erzeugung von Alkohol benützen wird, so ist zunächst
nicht einzusehen, wie durch eine immer ausgebreitetere
Verwendung von Spiritus Kohle erspart werden soll;
denn in der eigenen Erzeugung einen Teil des
selbstproduzierten Spiritus wieder verbrennen, das
dürfte noch auf lange hinaus ein zu teuerer Scherz
bleiben. Wie die Dinge derzeit liegen, bildet der
Spiritus gar keinen Ersatz für Kohle, sondern bloß
die Form, die eine extensivere Ausnützung der Kohle
oder einer anderen Energie gestattet, die neben der
Sonnenwärme zur Erzeugung des Alkohols aufgewendet worden war. Mit Kohlenstücken kann man
eben kein Automobil speisen. Das hat uns aber die
Kartoffelbegeisterung einfach zu sagen vergessen,
indem sie von versiegenden Kohlenfeldern und von
unbegrenzter Ausnützung der Sonnenwärme sprach.
Ergeht man sich freilich einmal in Zukunftsbildern, so
stellen sich eher tröstende als abschreckende Gedanken
ein. So schnell wird uns nicht die Kohle schwinden, und
geschähe es doch, so müßte man eher Witz und Waffen
schärfen, um eine bessere Ausnützung des Wassers,
der Flut, der Winde und anderer unweise benützter
Kraftmittel zu erfinden, als daß man zum Raubbau auf

den Feldern greift. Die Frucht reift nicht für technische Zwecke, sondern nach einer altparadiesischen
Wahrheit zur Befriedigung der nächsten Notdurft
des Lebens. Nicht auf den Kartoffelfeldern liegt
unsere Zukunft, sondern im Spiritus, der in den
Köpfen der wissenschaftlichen Laboratorien reift.

Professor Victor Loos.

• • •

Das Charakteristische der österreichischen Straf-
rechtspflege ist, daß man nicht weiß, ob man sich
mehr über die richtige oder über die falsche Anwendung des Gesetzes entrüsten soll. Zu jenem hat man
freilich öfter Anlaß als zu diesem, da unsere Richter
gewiß besser sind als unser Gesetz. Aber so lange
es besteht — und es wird dank der nationalen Verspielt-
heit unserer Gesetzgeber noch lange bestehen —,
berührt die falsche Auffassung eines brauchbaren
Paragraphen schmerzhafter als die richtige eines un-
brauchbaren.

Ein Dienstmädchen fordert seinen Geliebten auf,
in die Wohnung der Quartiergeberin zu kommen,
weil es mit ihm zu reden habe. Der Mann folgt der
Aufforderung und empfängt von der Geliebten heftige
Vorwürfe, weil er zur Erhaltung ihres Kindes
nichts beitrage. Sie sehe nun wieder der Entbindung
entgegen, er solle seiner Verpflichtung als Vater
wenigstens so weit nachkommen, daß er Geld auf
Wäsche für das zu erwartende Kind hergebe. Es
kommt zu einem heftigen Wortwechsel, in dessen
Verlauf das verzweifelte Mädchen die Tür absperrt.
In dem Raufhandel, der sich hierauf entspinnt und
einige Minuten währt, gelingt es dem Kavalier, dem
Mädchen den Schlüssel zu entreißen. Er verläßt das
Zimmer und erstattet die Anzeige wegen »Einschränkung der persönlichen Freiheit«. Die Schwangere

wird von einem Erkenntnissenat zu einem Monat
Kerker verurteilt. Eine wie kleine Erkenntnis genügt doch zur Schöpfung eines so großen Erkenntnisses!
Aber dem Gesetz wird es gerecht. Das arme Mädchen
hat wirklich die Freiheit des Ehrenmannes eingeschränkt, und es mag Richter geben, die die Strafe
im Hinblick auf das gesetzliche Maß »von sechs
Monaten bis zu einem Jahr« glimpflich nennen.
Ich weiß nicht, wie tief bei Berücksichtigung mildernder Gründe der Strafsatz reduziert werden kann,
aber man hat die Empfindung, daß, wenn nun schon
einmal die »Merkmale« eines törichten Gesetzes erfüllt
waren, die Verurteilung zu ebensovielen Stunden genügt hätte, als die Festhaltung des Alimenten-
verweigerers Minuten gedauert hat.

Der Vorsitzende jenes Erkenntnissenats, Herr
Oberlandesgerichtsrat Dr. von Holland, ist ein hervorragendes Mitglied des Tierschutzvereines. Aber
weder aus dieser Eigenschaft noch aus dem Urteil,
mit dem er eine Verzweifelte zur Verbrecherin
stempelte, kann man die Vermutung ableiten,
daß er sich auf den Menschenschutz nicht verstehe.
Ist er so gewissenhaft, sich nach dem Wortlaut eines
Paragraphen zu richten, den ein Gerechter über-
treten hat, so ist er darum nicht weniger imstande,
den Sinn eines andern zu verachten, gegen den sich
ein Sünder vergangen hat.

,Schwarze Zeitung' — diesen ominösen Titel
führte ein Blatt, ausschließlich zu dem saubern Zweck
gegründet, die Forderungen von Gläubigern einzu-
treiben und durch Publikationen säumige Schuldner
»anzuspornen« oder zu brandmarken. Ein Brief, in
welchem der Herausgeber die Bezahlung des einer
Firma geschuldeten Betrages »binnen acht Tagen« unter
Androhung der Publikation in der ,Schwarzen Zeitung'
und anderen Blättern verlangte, bewog die Wiener Staatsanwaltschaft, die Anklage wegen Erpressung zu erheben.
Der Angeklagte verteidigte sich, da sich überdies die

Unrechtmäßigkeit der Forderung herausgestellt hatte,
mit dem Beteuern, er habe »nur in der Überzeugung
von ihrer rechtlichen Begründung den Brief abgehen
lassen«. Mit Recht — und offenbar unter dem Eindruck der kurz vorher in der ‚Fackel' veröffentlichten
Klarlegung des Begriffs »Erpressung« — erklärte der
Staatsanwalt, daß, selbst wenn die Verantwortung
des Angeklagten glaubhaft wäre, »nicht zugegeben
werden könne, daß das Begehren einer rechtlichen
Leistung, respektive der subjektive Glaube an diese
den Tatbestand der Erpressung ausschließt. Es falle
ihm nicht im entferntesten ein, mit dem Obersten
Gerichtshofe zu polemisieren, aber er müsse doch
hierin eine Anschauung vorbringen, die sich mit
mehreren Entscheidungen des Kassationshofes nicht
decke. Aus dem Gesetze sei nirgends zu ersehen, daß
zur Erpressung die Rechtswidrigkeit der Leistung
gehöre. Sollte der Gerichtshof mit Rücksicht auf die
Entscheidungen des Kassationshofes doch anderer
Meinung sein, so beantrage er, den Angeklagten
wenigstens wegen gefährlicher Drohung zu verurteilen,
da der Drohbrief geeignet war, den Empfänger in
Furcht und Unruhe zu versetzen«. Den Gerichtshof, dem
Herr Dr. v. Holland vorsaß, rührte die Einwendung
des Angeklagten, daß er, wenn die Forderung eingegangen wäre, bloß eine Provision von 3 Kronen erhalten hätte; »um diesen Betrag hätte er gewiß
nicht seine und seiner Familie Existenz aufs Spiel
gesetzt.« Aber seine und seiner Familie Existenz
sichern die tausendmal 3 Kronen, die das Handwerk
in einem Jahr einbringt, und ich weiß nicht, ob einen
Bravo die Beteuerung exkulpieren wird, daß er für
die Übernahme eines Totschlags nur ein ganz geringes
Trinkgeld erhalten habe. Der Gerichtshof aber begründete den Freispruch in jenem typischen Fall von
journalistischer Erpressung anders: nach den Entscheidungen des Obersten Gerichtshofs sei Erpressung nicht vorhanden, wenn ein Recht auf die

Leistung, beziehungsweise der Glaube an die Rechtmäßigkeit der Forderung vorliege. Aber auch als
eine gefährliche Drohung könne die Tat nicht
qualifiziert werden, weil es sich um die Erzwingung einer Leistung gehandelt habe, was bei der
gefährlichen Drohung, die eine unbedingte sei,
nicht zutreffe ... Schon in Nr. 159 schob ich einem
Senat, welcher einen Gläubiger, der körperliche Bedrohung angewendet hatte, mit derselben Begründung
freisprach, die heimliche Tendenz zu, die Praxis des
Obersten Gerichtshofs ad absurdum zu führen. Denn es
ist klar, daß die »gefährliche Drohung« eine unbedingte,
von der Absicht der Erzwingung einer Leistung durchaus freie Drohung ist, und daß der Oberste Gerichtshof,
wenn er die Erpressung eines »Rechtes« willkürlich in den
benachbarten Paragraphen zwängt, auf einem juristischen Holzweg ist. Aber der Oberste Gerichtshof
blieb konsequent, verurteilte den damals von der Anklage
wegen Erpressung Freigesprochenen »wenigstens«
wegen gefährlicher Drohung, und wird dies auch im
vorliegenden Falle wieder tun. Viel monströser noch
als der Kontrast zwischen der verurteilten Schwangeren
und dem freigesprochenen Erpresser wäre sonst die Perspektive, die das zweite Urteil des Herrn Dr. v. Holland
als solches eröffnet: In Wien kann jeder, der sich mit
einem Schuldschein oder einer Vollmacht ausweisen
kann, den säumigen Zahler bei der Gurgel packen
und ihn mit dem Revolver oder der geschwungenen
Hacke zu sofortiger Begleichung verhalten. Da ein
»Recht auf die Leistung« vorliegt, ist er kein Erpresser.
Da die Absicht der Erzwingung einer Leistung vorliegt,
ist er kein Bedroher. Er ist nichts weiter als ein etwas
ungestümer Gläubiger, dessen Temperament man die
Anwendung von Revolver und Hacke zugute halten
muß. Nur hüte er sich, dabei grob zu werden. Sonst
könnte es ihm noch passieren, daß er wegen Ehrenbeleidigung eingeht!   . . .

Ich erhalte die folgende Zuschrift:

Mit Recht werden auf der staubigen Schmelz und in der würzigen Alpenluft Ghega und die Semmeringbahn gefeiert. Die Großtat der Technik war aber nicht auch eine Großtat der Regierung nach Achtundvierzig. Man fragt sich: Wie kam diese Regierung auf den Gedanken, die Technik zu fördern? Wie kam es, daß man gerade die schwierigste Trasse über das Gebirge wählte, da ja doch der weit bequemere Weg auf der andern Seite des Wechsels nach Graz zur Verfügung stand? Warum mußte man erst ein neues Bausystem erfinden, eine damals unerhörte Anforderung an die Lokomotive stellen? Warum hat man Ghega zu Studienzwecken gar nach Amerika geschickt? Hatte die Regierung schon damals in weiser Voraussicht erkannt, daß es notwendig sei, einen Bautypus für die Alpen zu schaffen, daß es rühmlich sei, einmal auch das österreichische Genie aufleuchten zu lassen? ... Alle diese Motive haben zur Geburt der Semmeringbahn nicht beigetragen, sondern lediglich — die Angst vor den Ungarn. Auf dem unsichern Insurgentenboden durfte unter keiner Bedingung die strategische Linie nach Italien gebaut werden, und als man einige Jahre später im Heerlager nicht erkannte, daß die Schlacht bei Solferino keine Niederlage sei, ließ man sich durch die Ankündigung einer ungarischen Insurrektion, diesen diplomatischen Kniff Napoleons, zum Frieden bewegen. Seitdem hat sich die Angst vor Ungarn zum chronischen Übel Österreichs ausgewachsen, ein unbeabsichtigter Nutzen wie die Semmeringbahn will sich aber nicht mehr einstellen.

· . ·

Seinerzeit haben zwei Professoren der Wiener technischen Hochschule, Winkler und Spitzer, einen wissenschaftlichen Streit durch Zuschriften an die

‚Neue Freie Presse' auszutragen gesucht. Der Fall war damals sehr einfach, denn er drehte sich um ein mathematisches Problem. Spitzer hatte sich geirrt, und der überlegene Rivale hatte dies nachgewiesen. Nicht wissenschaftlich ruhig, sondern unter einem Aufwand von bissigen persönlichen Bemerkungen. Da beide Kämpfer ordentliche Professoren waren, schwieg das Professorenkollegium der Technik. Seither haben sich die Sitten schon gebessert. Im jüngsten Streite, dem zwischen Professor Hofrath B r i k und dem Dozenten Dr. v. E m p e r g e r, hat zwar beiden Kämpen gleichfalls die wissenschaftliche Gelassenheit gefehlt, aber man hat sich doch nicht mehr an das Forum der ‚Neuen Freien Presse', sondern an das Bezirksgericht gewendet, und das Professorenkollegium hat beschlossen, den Dr. v. Emperger aus der Technik auszustoßen, da er nicht ordentlicher Professor und somit auch nicht mit dem Freibrief, in wissenschaftlichen Polemiken grob zu sein, ausgestattet ist. Indessen hat das Gericht hinsichtlich der Ehrenfrage zu Gunsten des kassierten Dozenten entschieden. Die Entscheidung über den wissenschaftlichen Streitpunkt liegt aber nicht so einfach wie im Falle Spitzer-Winkler, in dem eine mathematisch zweifellose Feststellung möglich war. Der Fall Brik-Emperger ist ein Streit um einen »Koeffizienten«, also ein Ding, das durch korrekte und wiederholt kontrollierte Versuche festgestellt werden muß. Da auch in dieser Hinsicht dem Professor Brik ein Irrtum unterlaufen ist, so hätte sich das Professoren-Kollegium umsoweniger als Clique fühlen dürfen, sondern hätte, anstatt dem Unterrichtsministerium die Entlassung Empergers vorzuschlagen, neuerdings die Dringlichkeit der Errichtung technischer Laboratorien und Versuchsanstalten betonen sollen.

L.

• •

Kaemitz bei Groß-Jestin, Pommern, 24. Mai 1904.

Sehr verehrter Herr Kraus!

In der österr.-ung. Artillerie diente vor einigen Jahren ein Oberleutnant Freiherr v. Binder-Krieglstein, den ich flüchtig kannte. Er hatte als blutjunger Leutnant ein brillantes Buch »Psychologie des Krieges« geschrieben und erregte damit in militärischen Kreisen etwa ein gleiches Aufsehen, wie Weininger auf seinem Gebiete. Freiherr v. Binder wurde z. B. in die Kriegsschule, in die man doch sonst nicht eben leicht aufgenommen wird, kommandiert.

Oberleutnant v. Binder verließ bald den österr.-ung. Militärdienst und wandte sich nach Deutschland, wo er jetzt preußischer Hauptmann der Landwehr ist.

Als ich nun die Artikel des ‚Zeit'-»Spezial«-Kriegskorrespondenten aus Korea las, die so platt und so unmilitärisch wie möglich sind, konnte ich nicht genug staunen. »Lieber Binder, wie hast Du Dich verändert!«

Gelegentlich einer kurzen Anwesenheit in Berlin sprach ich über diesen Gegenstand mit mir bekannten Herren.

Und da erfuhr ich: Der ‚Zeit'-Korrespondent E. Freiherr von Binder-Krieglstein versteht allerdings nichts von militärischen Dingen. Sehr einfach — er ist nämlich mit dem berühmten Soldaten-Philosophen C. von Binder-Krieglstein nur — entfernt verwandt.

Der Abkürzung des Taufnamens liegt zweifellos eine ähnliche Tendenz zu Grunde, wie in dem Falle S. Altenberg = Peter Altenberg. Mir gegenüber wenigstens ist die versuchte Täuschung eine zeitlang gelungen. — Genehmigen Sie, verehrter Herr Kraus, den Ausdruck aufrichtiger Hochachtung Ihres

Roda.

• • •

Zur Wiener Liliencron-Feier.

Von Gottfried August Bürger (1748—1794), der als Pfadfinder und Neubildner anschaulicher Worte, nach Temperament und Schicksal, wohl eine gewisse Ähnlichkeit mit Liliencron aufweist — ohne in der Genialität lyrischer Stimmung unserem gefeierten Zeitgenossen auch nur nahe zu kommen —, von Bürger, nicht von Liliencron stammt die zornige Abwehr:

»Ha, das Donatgeschmeiß!
Kaum hört und sieht's was Neues,
So hat es gleich Geschreies,
So puppert Herz und Steiß.
Geduld! Man wird's euch zahlen,
Euch dünnen Schulpennalen!

Traut nicht! Es regt sich hie
In meinem Wolfstornister
Der Kuckuck und sein Küster —
Ein Kobold — heißt Genie.
Dem schafft's gar guten Frieden,
Wem Gott solch Ding beschieden.

— — — — — — — —

Doch ihr, Kunstjüngerlein!
Mögt meine Melodeien
Nur nicht flugs nachlalleien.
So leicht lallt sich's nicht 'nein.
Beherzigt doch das dictum:
Cacatum non est pictum.

Die Verse stehen in der »Prinzessin Europa« (Bürger's
sämtliche Werke, Ausgabe Wurzbach, Hesse's Verlag I. Bd. 2. Buch.)
Älius Donatus war ein römischer Grammatiker und Rhetor im
4. Jahrhundert n. Chr.

ANTWORTEN DES HERAUSGEBERS.

Eingeweihter. Aber nein! Das ist ja nicht möglich. Herr Wilhelm
Singer, schreiben Sie, soll in's — Herrenhaus berufen werden! »Das
ist beileibe kein Scherz; die Sache ist abgemacht«. Singer stellt, so
wollen Sie wissen, das Steyermühlblatt der Regierung zur Verfügung
und erhält als Preis die Berufung in's Herrenhaus, die im Herbst nach
Schluß des Journalistenkongresses und feierlicher Abfütterung unter den
Auspizien der Herren Koerber, Hartel und Lueger erfolgen wird . . .
Da sei Gott vor! Ich halte unsern Ministerpräsidenten für einen sehr
herablassenden Herrn. Aber den Scherz macht er nicht! Diese Geduld-
probe wird er uns — erlassen! Was würde sonst die berühmte Verordnung gegen das Ausspucken nützen?

Techniker. Ein Artikel der ‚Allgemeinen Ingenieur - Zeitung'
»Spaziergänge durch die Spiritus-Ausstellung« enthält die folgende wenig
schmeichelhafte, im Ganzen richtig charakterisierende Verteidigung des
Herrn Sektionschefs Exner: ». . . Fragt man nach den Gründen, die

ganze Gruppen wissenschaftlicher Größen zu einer Ausstellungsabstinenz bewogen haben, so hört man den Namen Exner nennen. Der Austellungspräses ist eine der meistbelobten, doch auch eine der meistgetadelten Persönlichkeiten unseres an charakteristischen und lächerlichen Typen nicht armen Österreich. Als politischer Parteimann ist er vielleicht aus Überzeugung oder auch bloß aus Zweckmäßigkeitsgründen liberal. Er vertritt jenen schleißigen und phrasenreichen Liberalismus, der mit dem Tatsachen- und dem Wahrhaftigkeitssinn der aufstrebenden Generation auf dem Kriegsfuß steht. Doch die Handels- und Gewerbekammern und die industriellen Rentierklubs stellen nicht die aufstrebende, sondern die saturierte Generation dar, und diese ist notwendigerweise muffig konservativ und nominell liberal. Ohne die Hilfe dieser Geldmächte gibt es aber keine Ausstellungen. Und da nach einem alten Mißbrauch in Österreich zuerst nach der Partei- und Cliquezugehörigkeit eines Mannes gefragt wird, ehe man an seine Wertung schreitet, so ist die Erteilung von Lob oder Schmähungen oft ganz unabhängig von den tatsächlichen Leistungen des Mannes. Deshalb ist Exner ebenso oft überschätzt wie unterschätzt worden. Für den Techniker genügt es zunächst, daß Exner tätig, rührig ist. Die Mängel eines bloß enzyklopädischen und auf manchen Gebieten, über die er sich verbreitet, sogar flüchtigen technischen Wissens dürfen nicht vergessen lassen, daß Exner vielleicht eben deshalb, weil ihn technisches Spezialwissen nicht zu sehr bedrückt, einen Blick für das Mögliche und eine oft durchdringende Schärfe der Beurteilung für das Erreichbare bewahrt hat. Selbst ein Mitglied der Regierung, verhöhnt er manche ihrer Einrichtungen, schafft sich so eine populäre Basis nach unten und bewahrt dabei so viel Takt, um nicht nach oben anzustoßen. In Österreich darf man ganz offen nach des seligen Taaffe Muster Witze machen, wenn sie nur unterhaltend sind und so nebenher auch die patriotische Absicht, zu heilen, nicht vermissen lassen. Als Causeur, Initiator und Veranstalter, als Glöckner und Rufer hat sich Exner fast immer bewährt, und in dieser Stärke liegt notwendigerweise auch seine Schwäche. Die wissenschaftlich-kritische Sonde verträgt sein Gehaben und Wirken mitunter nicht, aber man bedenke, daß so mancher, der im Ingenieur- und Architektenverein über einen Lapsus des Redners Exner lächelte, die repräsentative Kraft und die zusammenfassende Tätigkeit nicht gehörig gewürdigt hat, die in dem Sektionschef für Ausstellungen verkörpert ist. Es ist wahr, diese Tätigkeit wirkt vorwiegend an der Oberfläche, aber sie wirbelt diese Fläche eben auf und damit auch die tieferen Schichten, die nur zu sehr zur Trägheit neigen. Wie oft war schon Exner der Hecht im technischen Karpfenteich, wie oft hat er die Versimpelten aufgerüttelt und auf das Ganze hingelenkt! Oft war's allerdings ein Schlag ins Wasser, denn nicht jeder Hieb ist ein Treffer. Zieht man aber die Summe der Tätigkeit Exners in Betracht, so muß man gerechterweise anerkennen und betonen, daß er der Faktor im heutigen Österreich ist, der Gewerbe, Industrie einerseits, also die

Produktion, mit der Schule, Unterweisung und Lenkung, also den technischen Wissenschaften, in einen Kontakt gebracht hat, der immerhin
innig genannt werden muß. Man kann dieses Gelingen, das sich in den
Worten: Gewerbeförderungs- und technisches Versuchswesen konzentriert,
vielleicht unvollständig heißen, vielleicht in mancher Richtung d i l e t t a n -
t e n h a f t nennen, aber es ist sehr die Frage, ob wir ohne Exner überhaupt
so viel erreicht hätten, als wir durch ihn erreicht haben. Organisatorische Talente sind nicht zu häufig, und wollte man gar auf das organisatorische
Genie kat'exochen warten, dann könnte wohl eher das Jahrhundert zur˙
Neige gehen. D i e T e c h n i s c h e H o c h s c h u l e i n W i e n h a t d i e
W e r b u n g E x n e r s u m e i n e D o z e n t u r z u r ü c k g e w i e s e n. Es
war die Ausübung eines Rechtes und sollte wahrscheinlich auch eine
W e r t u n g d e s T e c h n i k e r s E x n e r vorstellen. Ungerechtfertigt ist
aber die auffallende Nichtbeteiligung der obersten technischen Instanz
bei einer so eminent technischen Angelegenheit, wie es die Spiritus-
Ausstellung ist. Weil Exner an der Spitze steht? Weil's bloß eine Ge-
werbeausstellung ist? Gibt es an Hochschulen wirklich noch Gelehrte,
die so denken? . . .«

    »*Ein Zionist in Prag*«. Sie beklagen sich darüber, daß in Nr. 162
Detlev v. Liliencron als das stärkste lyrische Naturell seit Goethe und
Lenau bezeichnet ist, vermissen die Nennung Heine's und wittern Antisemitismus. Aber sie sind, da Sie mich darob auf offener Karte beschimpfen, nicht nur ein Flegel. Sie sind auch ein Esel. Denn in derselben Nummer, ein paar Seiten später, haben Sie bemerken müssen,
daß ich einen Ausbruch teutonischen Stumpfsinns gegen Heine verspottete.
Also Antisemitismus, den Ihresgleichen immer wittert, wenn gegen
Wucher und Presse losgezogen und der Anpassung an europäische
Sitten vor der Auswanderung nach Palästina das Wort geredet wird,
kann nicht schuld gewesen sein, daß ich den Namen Heine bei jener Gelegenheit — wie Sie's nennen — »unterschlagen« habe. Vielleicht — denken Sie
einmal nach — war's ein anderer Grund. Jetzt erschrecken Sie nicht: vielleicht
stelle ich Heinrich Heine, der mir — ich muß es wohl nicht ausdrücklich
betonen — als literarische Persönlichkeit ein Gaurisankar neben dem
Bisamberg antisemitischen Schreibgelichters scheint, als lyrische Natur
h i n t e r Detlev v. Liliencron. Und viele Kunstverständige teilen wohl
meinen Geschmack. In einer hübschen Liliencron-Beilage, mit der sich die le-
derne ‚Zeit' zu Pfingsten geschmückt hat, schreibt Gustav Falke: »Als ich zum
erstenmale Goethe's Lyrik kennen lernte — es war nicht in der Schule —,
lief ich in meinem Stübchen hin und her, ganz beseligt, erdentrückt,
sang und deklamierte diese köstlichen Lieder und konnte kein Ende
finden. Ähnlich ging es mir später nur noch bei Liliencron.« Und
Ellen Key: »Daß Liliencron's schönste Lieder unmittelbar nach denen
des jungen Goethe gelesen werden können, ohne doch zu verblassen,
dies ist das Höchste, was über Liliencron von jemandem gesagt
werden kann, der Goethe's Namen ebenso wenig zu mißbrauchen vermöchte, wie der Gläubige den Namen Gottes.« — Noch eins: Ihr
Gesinnungsgenosse, der Veranstalter der Liliencron-Festschrift hat —

dies vergaß ich neulich zu erwähnen — eine geschickte Hand bei der Redigierung der ihm übersandten Beiträge bewährt. Daß er ihr glücklich entronnen ist, dafür mag sich Hofmannsthal heute bedanken. Denn Peter Altenberg z. B. hatte ein Gedicht gesendet, das mit den Versen begann :

> Weil einer nicht am Typhus s t a r b,
> War's darum nur ein leichtes Fieber?
> Glauben Gnädige an eine Liebe nicht,
> Weil einer nicht daran v e r d a r b?

Der Sinn schien dem Redakteur der Festschrift nicht klar genug. Er änderte feinsinnig:

> Weil e i n e r nicht am Typhus starb,
> War's darum nur ein leichtes Fieber?
> Glauben Gnädige an eine Liebe nicht,
> Weil e i n e r nicht daran verdarb?

Jetzt ist der Sinn ganz klar: Was beweist es, daß ein einzelner nicht an Typhus gestorben ist? Deswegen sind doch alle anderen gestorben, und es war eben kein leichtes Fieber, sondern eine Epidemie.

Germane. Ein Satz aus dem ‚Deutschen Tagblatt‘ (vormals ‚Ostdeutsche Rundschau‘) vom 21. Wonnemond: »Ein Japaner wandelt als Fleisch gewordene Fußnote durch das Stück, und zu ihm gesellt sich noch im letzten Akt ein anarchistischer Redakteur, der aussprechen muß, was der Dichter n i c h t meint, wenn er seinen Helden, einen Kraft- und Gewaltmenschen, der da vermeinte, mit seiner kühlen Vernunft die Sinne, Gefühle, Stimmungen, Triebe und Launen beherrschen zu können, unter der Last der Erkenntnis zusammenbrechen läßt, daß auch er nur ‚Gelächter, Fabel und Fastnachtspiel vor Gott‘, daß es, wo der Stärkste gegenüber einer Frau, die die Alleinherrschaft der Vernunft nicht anerkennt, so wenig vermag, besser sei, statt· des Meisters ein ‚Wurstel‘ zu sein, ein Hampelmann, an dessen Drähten Leidenschaft, Stimmung und Laune ziehen.« Reicht die deutsche Zunge s o weit, um diesen Satz zu bewältigen? Daß doch der schwache Punkt der »Deutschen in Österreich« gerade das Deutsch sein muß!

Literat. Ein wohlwollender Leser sendet mir den folgenden Ausschnitt aus der ‚Umschau‘: »Die Medaille für literarischen Stumpfsinn gebührt dem Roman ‚Die Karraborier‘ von Franz S e r v a e s. Wer sich gründlich langweilen will, der lese diese witzigen Geschichten. Jeder Witz erregt nur Schmerz und Mitleid. Wer dagegen vor Lachen Purzelbäume schlagen will, der lese Servaes, wo er ernst sein will, z. B. seine Kunstreferate oder die groteske Widmung der ‚Karraborier‘: ‚Du weißt, daß ich diesen rasch hingeworfenen Intermezzi — denen G e w i c h t i g e r e s bald folgen möge (verschone uns, o Herr!) — etwas von meinem E i g e n t l i c h s t e n dahingebe, mögen auch rauhe herrische Stimmen mich hinter die Zaunpfähle der Kritik unfreundlich zurückweisen wollen. (Bene loquasti, Frater Servaesti.) Denn Du weißt, daß, wenn in meiner Kritik etwas Gutes ist, dieses a u s d e m k ü n s t - l e r i s c h e n. G r u n d e meines Wesens e n t s p r i n g t‘. Der letzte Satz ist Karraborier-Deutsch. So geht es fort in diesem schwulstigen, possierlichen Stil! An solcher unfreiwilligen Komik ist das Buch überreich, und insofern kann man es als Unterhaltungslektüre und zur angenehmen Erschütterung des Zwerchfells nur wärmstens empfehlen.« ... Ob auch die Geschäftsreklamen, die der Kunstkritiker der ‚Neuen Freien Presse' stilisiert — er schreibt à Portois & prix Fix —, von seinem »Eigentlichsten« sind und »aus dem künstlerischen Grunde seines Wesens« entspringen?

Kanalräumer. Den Tiefpunkt publizistischer Verkommenheit bedeutet wohl der folgende Satz aus dem Artikel eines Montagsblattls über eine private Liebes- und Erbschaftsgeschichte, in welchem die beteiligten Personen mit vollen Namen genannt waren: »Einflußreiche Verwandte wurden telegraphisch nach Dresden berufen, um den Grafen umzustimmen, allein es war nicht möglich, mit ihm zu sprechen. Seine junge Frau, die Tragweite der Situation erkennend, wich nicht von seinem Bette und ließ ihn keinen Augenblick allein. Die Verwandten harrten gleichfalls aus und rechneten damit, daß die Gräfin doch aus einem natürlichen Erfordernisse gezwungen werden müsse, wenn auch nur auf Minuten, hinauszugehen. Aber sie hielt drei Tage an seinem Bette aus, ohne zu schlafen und ohne auch nur auf eine Sekunde hinauszugehen. Als er dann die Augen für immer schloß, brach sie vor Erschöpfung zusammen.« Die Worte »natürlichen Erfordernisse« und »hinauszugehen« waren in Sperrdruck zu lesen. — Hoffentlich bestimmt dieser Fall die Reformatoren unseres Strafgesetzes endgiltig, den Paragraphen, der nur die ehrenrührigen Eingriffe in das Privatleben ohne Zulassung eines Wahrheitsbeweises straft, auch auf die bloß verletzende Erörterung privater Verhältnisse (vor allem die Berührung der leiblichen Sphäre) auszudehnen und das Antragsdelikt zum Offizialdelikt zu erheben, das, wenn es nicht in Wahrung eines öffentlichen Interesses begangen wurde, beweislos abzustrafen ist.

Ausstellungsbesucher. Ihr abfälliges Urteil über die Kaiserstatue und über die eine Spiritusflamme darstellende Gypswurst ist durchaus berechtigt. Namentlich das Standbild des Monarchen, das infolge der geschmacklosen Behandlung des Toisonornats allgemein als eine bildhauerische »Empfehlung des Reformkleides« aufgefaßt wird, erregt Sensation. Würde man Strafrecht als Anschauungsunterricht tradieren, so gäbe es keine bessere plastische Darstellung des Delikts der Ehrfurchtverletzung.

Klient. Es wird gemeldet: »Die niederösterreichische Advokatenkammer hat den Hof- und Gerichtsadvokaten Dr. Otto Frischauer mit Disziplinarerkenntnis auf sechs Monate suspendiert.« Warum nur auf sechs Monate?`

Habitué. Kürzlich ward hier der Wunsch geäußert, Herr »Wgr.«, der Theaterkritiker des ‚Vaterland', möge doch endlich einmal seinen Namen voll zeichnen, damit man wisse, wer diese unvergleichlichen

Rezensionen schreibt. Nun meldet sich ein Leser zum Wort, der angeblich weiß, wer »Wgr.« ist, und verleumdet frischweg einen Herrn Karl Wagner, Professor an der Staatsoberrealschule im III. Bezirk. Wohl kann man einem Mittelschullehrer zutrauen, daß ihn das »Maßvolle dem Gedankeninhalte nach« entzückt und daß er dem Wilbrandt »vorzüglich« gibt, während der Hauptmann für die äußere Form der schriftlichen Arbeiten »kaumgenügend« bekommt. Dennoch spreche ich die Hoffnung aus, daß sich Herr Professor Wagner gegen den Vorwurf, mit Herrn »Wgr.« identisch oder verwandt zu sein, wehren wird.

Patriot. Da der Unfug der publizistischen Ausschlachtung von Kaiserworten ungestraft fortbetrieben werden kann, ist eine ambitiöse Firma einen Schritt weiter gegangen. Der durch seinen politischen Idealismus wie durch seine Schank-Artikel beliebte Herr Weißenböck hat Ansichtskarten mit der Darstellung seines Ausstellungsobjektes in der Rotunde ausgegeben, an deren Spitze der Vermerk gedruckt ist: »Wurde von Sr. Majestät dem Kaiser mit den Worten ‚h ö c h s t b r i l l a n t‘ belobt.«

Publikum. Daß ein Kritiker einen Sänger oder Dirigenten für einen andern Sänger oder Dirigenten hält, daß ein Kritiker die Leistung einer Schauspielerin, die er nicht leiden kann, auch dann herabsetzt, wenn die Dame bloß auf dem Theaterzettel stand und von einer ihm sympathischen Kollegin vertreten wurde, dies alles ist schon dagewesen und in der ‚Fackel‘ wiederholt als das Phänomen der sogenannten »Programmkritik« gedeutet worden. Wir haben es mit einer Art Berufskrankheit dieser armseligen Tölpel zu tun, die nicht sehen und nicht hören können und durch einen fatalen Zufall in das Verfügungsrecht über Druckerschwärze eingesetzt sind. Aber man empfieng doch in jedem Falle die tröstende Gewißheit, daß sie wenigstens l e s e n können. Nun, auch darin sollen wir noch, wie es scheint, enttäuscht werden. Ein Reporterlein, das in der ‚Reichswehr‘ sonst nur an den Vorstadtbühnen seinen vorlauten Schnabel wetzt, wurde auf eine Vorstellung der »Maria Stuart« im Burgtheater losgelassen. Das gab eine Katastrophe, die in der Geschichte deutscher Theaterkritik ihresgleichen nicht hat. Wer am 29. Mai die Wiener Tagesblätter las, fand in jedem einzelnen Kritiken der Leistungen des Fräuleins Frauendorfer, die als Elisabeth gastierte, und des Fräuleins Bleibtreu, welche die Maria Stuart gab. Nach der ‚Reichswehr‘ war der Sachverhalt ein wesentlich anderer. Da wird eingehend geschildert, wie Fräulein Frauendorfer die — Maria Stuart auffaßte. »Mit großen, feierlichen Bewegungen« habe sie gespielt und in der Gartenszene habe »ihre künstlerische Persönlichkeit das Publikum gefesselt«. »Die Hilflosigkeit der seelenstarken G e f a n g e n e n verstand sie mit eindringlicher Wahrheit zu künstlerischem Ausdruck zu bringen, und in der Begegnung m i t E l i s a b e t h zuckten Flammen innerster Empfindung auf. M a r i a S t u a r t r e g i e r t e p l ö t z l i c h a u f d e r S z e n e. Ihrem Auftritt folgte ein großer Beifallslärm, der sich nicht beschwichtigen wollte.« Andere Kritiker haben an Fräulein Frauendorfer die »kleine Gestalt«, die »unglückliche Erscheinung« auszusetzen, unser kundiger Thebaner empfiehlt sie als eine »von einer glücklichen

Erscheinung bestens unterstützte Schauspielerin«. Wenn nun auch dieser
Vorzug des Fräuleins Bleibtreu dem Burgtheaterpublikum seit etwa
zehn Jahren schon bekannt ist, so ist es doch anderseits erfreulich, daß
sich das Fräulein Frauendorfer wenigstens im Ausland auf die Kritik
der ,Reichswehr' berufen kann, wenn's mit dem Wiener Engagement
nichts werden sollte... Trotz der Mahnung Maria Stuarts »Denkt an
den W e c h s e l alles Menschlichen!« ist dem Kritiker dies Malheur passiert,
Offenbar haben die Worte »Regiere Recht, so läget I h r vor mir im
Staube jetzt, denn i c h bin Euer König« auf ihn einen so tiefen Eindruck
grübt, daß er den Zustand, den sie erst herbeiwünschen, bereits in
die Gegenwart verlegte.

Erschreckter Leser. Kürzlich ward hier eine Kritik des Herrn
Kalbeck zitiert: »Aus der Unterwürfigkeit der versauerten und verknöcherten Gouvernante lauerte der Dämon berechnender Gewinnsucht,
rücksichtslosen Strebertums, tiefgewurzelten Menschenhasses unheimlich
hervor, und mit Schaudern glaubte man in ihr das schlechte Prinzip
der Handlung, den bösen Feind des Kaiserschen Hauses zu erkennen,
der an Lorchens reiner Lichtgestalt zuschanden wird.« Herr Kalbeck
sprach nämlich von Lindau's »Die beiden Leonoren«. Jetzt aber schreckt
er uns wie folgt: »Den Tod vor Augen — denn die erregte Einbildungskraft der Gefangenen sieht ein schreckliches Unglück voraus, das sofort
eintreten kann — folgt die Verführte dem mächtigen Antriebe ihres
Lebenswillens. Mag die nächste Minute sie zerschmettern, der Geliebte
geht mit ihr ins Verderben. Was kümmern sie noch die sonst so
ängstlich beobachteten Rücksichten auf die Meinung der Menschen?
Für sie drängt sich die Ewigkeit in den flüchtigen Moment, und angesichts des drohenden Unterganges sinkt sie dem Schicksalsgenossen in
die Arme.« Von welcher Schicksalstragödie spricht Herr Kalbeck jetzt?
Nun, von Arthur Pserhofer's »Diplomatin« und der Liftgeschichte, die darin
vorkömmt. »Sie wird sich schämen«, so ernüchtert uns Herr Kalbeck
selbst, »wenn der Fahrstuhl sie dann sicher zum zweiten Stock hinauf-
trägt«. In sieben Spalten und mit dem tiefgründigen Ernst des Deutsch-
professors in einem Breslauer Mädchenlyceum analysiert er die
»Charaktere«, bespricht er das Schicksal des »Helden« und der »Hel-
din« einer Posse, die vom Repertoire schon abgesetzt war, als die Leser
des ,Neuen Wiener Tagblatts' in der dritten Feuilletonspalte einschliefen
Fürwahr, ein salzloser Patron!

Neugieriger Leser. Gewiß, auch ich halte Hermann Bahr's
»Meister« für eine schätzenswerte Arbeit, gedanklich ebenso hoch über
der Seichtheit wie technisch über der Liederlichkeit seiner bisherigen
dramatischen Produktion. Das würde freilich an sich nicht allzuviel
bedeuten. Aber ich bekenne gern, daß die Szenenführung des ersten und
des zweiten Aktes dramatischen Zug hat, und vor allem, daß die un-
philiströse Überprüfung von Treue und Eifersucht, die Berührung der
Jahrtausendlüge von der zur Unterleibeigenen bestimmten Frau dramatisches Neuland bedeutet. Leider gelit, so wie's technisch kein Stück
aus einem Ganzen ist — weil der Geschichte vom Naturarzt die Geschichte

vom Ehemann aufgetürmt wird —, zum Schluß auch der gedankliche Wagemut in die Brüche, und der dritte Akt verwirrt, von der unaufrichtigen Szene des parodistischen Jünglings an bis zum Schluß mit dem »Wurstl« — ein vom seligen Karlweis überkommenes Schlagwort einer fixen Idee —, die Meinung des Autors. Immerhin — ein sichtliches Zusammennehmen aller sonst zersplitterten Fähigkeit, eine Arbeit, die den Wert hat, manche Gedanken, die sie vielleicht selbst nicht enthält, doch anzuregen. — Von Pserhofer's »Diplomatin«, derer sich dafür auch das Burgtheater liebreich annahm, kann man nicht dasselbe behaupten. Die sprachlichen Vorzüge dieses Lustspiels sind in den letzten Tagen oft besprochen worden. »Du wirst sehr alt werden, Bertha, aber das wirst Du nicht erleben.« — »Wo blieben Sie denn so lange? . . .« Antwort: »Wieso so lange?« — »Der Lift setzt sich in Bewegung und bleibt unmittelbar darauf scheinbar stecken . . .« Antwort: »Wieso scheinbar?« — Diese Proben sind nach einer zutreffenden Kritik Polgar's, der nichts hinzuzufügen ist, zitiert. Daß sie in der ‚Sonn-‘ und Montagszeitung‘ zu lesen waren, ist eine Pointe für sich. Es ist übrigens alte Wiener Tradition, daß der beste Kritiker für das schäbigste Montagsblatt schreiben muß, während sich auf den einträglichen Posten der großen Tagespresse die Schütz und Kalbeck räkeln dürfen . . . Werden es die Wiener Schwachgeister, die ich schon durch das Lob Bahr's enttäuscht habe, fassen, daß ich einen Dramatiker, der mir nie einen Prozeß angehängt hat und mit dem ich seit Jahren »gut stehe«, tadle? Aber ich kann mich nun einmal nicht bei dem Gedanken beruhigen, daß das Burgtheater als Szene einer Flohhatz nach Wortwitzen gerade gut genug sein soll, und wenn ich auch überzeugt bin, daß Arthur Pserhofer in der Literatur heute schon den Rang einnimmt, den Julius Bauer erst nach jahrzentelangem Ringen erreicht hat, so bin ich im Gegensatz zu Herrn Schlenther doch nicht dafür, daß Dichter, die durch eine Verlobung bei Taussigs zum Schaffen inspiriert werden, den aus tieferem Erlebnis Produzierenden den Weg versperren.

Den Verlegern. Die Rubrik »Büchereinlauf«, in der außer den von Autoren freundlichst übersandten Widmungsexemplaren auch die »Rezensionsexemplare«, die der ‚Fackel‘ von den Verlegern zugingen, verzeichnet wurden, wird nur diesmal noch erscheinen. Sie sollte nichts als eine Quittung über den Empfang bedeuten, die anfangs weniger unbequem schien, als die Rücksendung unerwünschter Bücher. Und nicht einmal diese geringfügige Revanche konnte in den Fällen gegeben werden, wo der Herausgeber, dem Zeitmangel fast nie die Lesung eines Rezensionsexemplares erlaubt hat, ein zufälliger Blick von der Wertlosigkeit oder Schädlichkeit des eingesandten Buches überzeugte und ihm wenigstens hier den Verdacht ersparte, daß die Nennung einer Empfehlung gleichkomme. Jetzt seien die Herren Verleger darauf aufmerksam gemacht, daß, da die ‚Fackel‘ die Kritik neuer literarischer Erscheinungen nicht systematisch betreibt, die Zusendung von Rezensionsexemplaren, die ja auch sonst einen argen Mißbrauch bedeutet, durchaus überflüssig ist. Autoren, die mit der Widmung ihrer Bücher nicht den Wunsch nach einer Rezension, sondern bloß freundliche Oesinnung ausdrücken wollen, kann ich ja schriftlich Dank sagen. Verlegern aber bin ich nicht dankbar, und nie kann mich der Anblick eines gratis empfangenen Buches zu einer günstigen Beurteilung seines Inhalts bestimmen.

Berichtigung.

In Nr. 161, S. 22, 16. Zeile von unten, ist statt »ethy-mologische«: *etymologische*; in Nr. 162, S. 19, 17. Zeile von unten, statt »Lesepublikum, daß«: *Lesepublikum, das*, S. 24, 6. Zeile von oben, statt »kleiner«: *kleinen*, S. 26, 14. Zeile von oben, statt »sich ohne«: *sich, ohne* zu lesen.

BÜCHEREINLAUF.

Tinti Baron Hermann, In letzter Stunde! Ansichten und Vor-schläge zur politischen Lage Österreichs. Wien und Leipzig. Wilhelm Braumüller.

Went von Römö Karl, k. u. k. Feldmarschall-Leutnant, Ein Soldatenleben. Erinnerungen eines österreichisch-ungarischen Kriegsmannes. Wien und Leipzig. Wilhelm Braumüller.

Frey Philipp, Der Kampf der Geschlechter. Wien. Wiener Verlag.

Laucher Dr. Carl, Die Kronenquelle zu Obersalzbrunn in Schlesien. Breslau. Grass, Barth & Comp. (W. Friedrich).

Telmann Fritz, Messenhauser. Drama in 5 Akten. Mit einem Geleitwort von Prof. August Sauer. Wien. Verlag der ‚Wage‘ (Stern & Steiner).

Scheu Robert, Der Staatsstreich. Burleske Posse in 5 Aufzügen. Wien. Verlag der ‚Wage‘. (Stern & Steiner).

Hirschfeld Dr. Magnus, Der urnische Mensch. Leipzig. Max Spohr.

Hickmann Prof. A. L., Geographisch-Statistischer Universal-Taschen-Atlas. Ausgabe 1904. Wien und Leipzig. G. Freytag & Berndt.

Schneider Karl Camillo, Furcht. Novelle. Wien. C. W. Stern (Buchhandlung L. Rosner).

Schneider Karl Camillo, Das alltägliche Leben. Wien. C. W. Stern (Buchhandlung L. Rosner).

Liliencron Detlev von, Poggfred. Kunterbuntes Epos in vierundzwanzig Cantussen. (Sämtliche Werke XI. und XII. Band). Berlin und Leipzig. Schuster & Loeffler.

Herausgeber und verantwortlicher Redakteur: Karl Kraus. Druck von Jahoda & Siegel, Wien, III. Hintere Zollamtstraße 3.

DIE FACKEL

| NR. 164 | WIEN, 11. JUNI 1904 | VI. JAHR |

DIE GEMÜTLICHEN.

Ein Aktionär der Nordbahn: »Besitzen
Verwaltung und Präsidium Kenntnis davon, daß
in einem in Wien täglich erscheinenden, vielge-
lesenen Blatte durch einige Wochen, ja Monate
eine Reihe von Aufsätzen erschien, in welchen
vielfach belobte und allerhöchsten Ortes ausgezeichnete Beamte der gemeinsten und infamsten Handlungen geziehen werden, und wenn die Verwaltung
diese Kenntnis besitzt, ist sie gesonnen, die angegriffenen Beamten anzuweisen, eine gerichtliche
Klage anzustrengen und ihnen den kräftigsten Bei-
stand materiell und moralisch zu gewähren, damit
diesen publizistischen Angriffen ein Riegel vorgeschoben werde?«

Verwaltungsrat R. v. Lenz: »Fällt uns
gar nicht ein!«

Lenzluft... Die Erde und das Nordbahnprivileg
erneuern sich, und wie eine Erinnerung an ferne Kor-
ruptionstage weht es uns an. Da war's noch eine
Lust, Liberaler zu sein! Ein wechselvolles Jahr: Der
Herbst stürmte gegen die Nordbahnvorlage, aber der
holde Lenz, der bei der Abstimmung nicht erschienen
war, gewährte ihr die Sonne seiner Gunst. Es galt
— um den Preis der Ehre und des Mandats — eine
fette Direktionspfründe zu ergattern. Die Tantièmen-
saaten keimten, die Blätter, vom Pauschalienregen
begnadet, sprossen, die Strauchdiebe gediehen, und
die Bäume des Freisinns wuchsen in den Himmel.
Es war eine Lust, Liberaler zu sein...

Seit Wochen hat die ‚Arbeiter-Zeitung' den Betriebsdirektor der Nordbahn, Herrn Regierungsrat Zdenko v. Kuttig, und zwei andere Beamte unter Anführung bestimmter Tatsachen der schwersten Vergehungen, des Amtsmißbrauchs, der Erpressung und Bestechlichkeit geziehen. Sie hat von korrupter Absicht bei Restaurantsverpachtungen, von einer Beteiligung am Brauergewinn, hat von einem mit allen Details belegten Fall gesprochen, in dem eine Bestechungssumme von 6000 Kronen an den Betriebsdirektor gezahlt worden sei. Dies und alles andere, was sie behauptet hat, kann nur entweder wahr oder unwahr sein. Ein Drittes gibt es nicht. Und die Ermittlung des Sachverhalts ist weder durch einen Erlaß des Herrn Generaldirektors und Hofrats Jeitteles noch durch die trostlos törichte Versicherung, daß es sich um eine »Privatangelegenheit« der Angegriffenen handle, zu erzielen, sondern einzig und allein durch eine Klage vor dem Schwurgericht. Wenn der Präsident Herr Markgraf Pallavicini sagt: »Wir haben uns mit der Sache von Anfang an beschäftigt und stehen auf Seite der angegriffenen Beamten«, so ist diese Erklärung ebenso großartig wie unzureichend. Wenn Herr Hofrat Jeitteles sagt, daß Verwaltung und Direktion die angegriffenen Beamten »nur dann« zur Klage veranlassen würden, »wenn wir im geringsten an die Berechtigung der Vorwürfe glaubten«, so ist das die Logik eines Verzweifelten. Glaubt Herr v. Jeitteles an die Berechtigung der Vorwürfe, muß er die Beamten sofort hinausjagen, ohne ihnen die erbärmliche Falle des Klagezwangs zu stellen. Ist er ungläubig, so darf er kein anderes Ziel kennen als die Rehabilitierung des Ansehens seines Instituts durch Gerichtsverhandlung und Bestrafung der Verleumder. Alles andere ist Läpperei und einem Mann von der Klugheit des Generaldirektors eigentlich nicht zuzutrauen. In welcher Welt leben wir denn? Ist die Verwechslung, die in besseren Aktiengesellschaften zwischen Mein und Dein gepflogen wird, zur völligen Verwirrung der Ehrbegriffe entartet? Gilt nur dort nicht, was selbst in sozialen Niederungen die Bedingung ethischen Daseins bildet? Ist's dort ein Ruhmestitel, daß, wenn eine Hand die andere wäscht, beide schmutzig bleiben? Herr v. Jeitteles und Herr Markgraf Pallavicini sind Offiziere. Als solchen ist es ihnen verboten, das Haus des Herzogs v. Parma zu besuchen, weil ihr Athem sich mit dem des herzoglichen Sekretärs, jenes Grafen Ledochowski mischen könnte, der, als er seine theoretische Abneigung gegen die Duellsitte aussprach, in den Armeekreisen des katholischen Österreich für vogelfrei erklärt wurde. Dürfen sie tagtäglich mit Männern verkehren, Männern die Hand reichen, in Erlässen und Generalversammlungen die Partei von Männern ergreifen, die den Vorwurf verbrecherischen Gebahrens lautlos über sich ergehen ließen? . . .

Nichts ist lächerlicher als das Protzen mit internen ›Erhebungen‹, die der österreichischen Öffentlichkeit die Beweiskraft eines gerichtlichen Verfahrens ersetzen sollen. Als ob es sich bloß darum gehandelt hätte, Herrn Kuttig und Consorten im Ansehen der Herren Jeitteles und Consorten herabzusetzen! Und nichts ist alberner, als hier den vornehmen Mann spielen, den nichts aus der Fassung bringen kann und der das Hundegebell verachtet. Liegt denn nur eine ›Beschimpfung‹ der Nordbahnbeamten vor? Dreht sich's um Schmähungen allgemeiner Art, die in der abgestumpften Öffentlichkeit von heute ungeglaubt verhallen? Darf sich der Beleidigte diesmal auf die durchgehende Verrohung des publizistischen und parlamentarischen Tons berufen und auf die Schwierigkeit, durch ein schwurgerichtliches Verfahren Sühne zu erhalten? Nein, es handelt sich um den Anwurf konkretester Tatsachen, um die bestimmte Beschuldigung der unsaubersten Machenschaften in bestimmten Fällen. Selbst, wenn hier gegen alles Gesetz und Recht der Geschwornenapparat versagte, würde doch

das Beweisverfahren den Sachverhalt unzweifelhaft
feststellen und, wenn schon nicht das Verdikt, so
doch die Verhandlung den fälschlich Beschuldigten
jene Genugtuung bringen, um die es ihnen, um
die es ihren Vorgesetzten vor allem zu tun
sein muß. Auch der untadelhafteste Ehrenmann
kann sich in diesen verrohten Zeitläuften auf
den Standpunkt stellen, daß er es klaglos hin-
nehmen muß, wenn er auf bedrucktem Papier ein
Lump gescholten ward. Aber selbst das eingefleischteste
Mißtrauen in die Einsicht der Volksgerichtsbarkeit
wird ihn des Zwangs nicht entheben können, sie anzurufen, sobald er des Diebstahls beschuldigt wurde.
Aber ist denn wirklich der Verdacht gegründet, daß
sie versage, wenn ein sozialdemokratischer Journalist
zwanzigmal die schwersten Anwürfe gegen Stützen
der Gesellschaft und der Aktiengesellschaft wiederholt
hat? Und ist der Verdacht, den ein Nordbahnge-
waltiger hinwarf, gegründet, daß sich ihr der
Beleidiger entziehen und bloß der redaktionelle Sündenbock vom Bezirksgericht zu einer kleinen Geldbuße
verurteilt würde? Wenn in dieser Affaire von Stroh-
männern und von der Vernachlässigung pflichtmäßiger Obsorge die Rede sein kann, so kommt
doch gewiß nur die Nordbahn mit ihren Generalversammlungen und ihrem Verkehr in Betracht, und die
‚Arbeiter-Zeitung‘ sollte die Zumutung einer Fahnen-
flucht, die nicht nur eine journalistische Ehrlosigkeit,
sondern geradezu den Selbstmord der sozialdemokratischen Partei in Österreich bedeuten würde, mit
einer Beleidigungsklage beantworten. So könnte doch,
wenn sich die Nordbahn nicht entschließen will, das
Material, das im Kampf gegen das »System Kuttig«
verwendet ward, der gerichtlichen Überprüfung zugeführt werden.

Wenn sich die Nordbahn nicht entschließen
will... Aber — »fällt uns gar nicht ein!« Der Lenz
lacht, und die Butter, die manch einer auf dem Kopfe

hat, zergeht in der Sonne. Darum ist's besser, die Jalousien zu schließen. Was hinter ihnen vorgeht, weiß ich nicht; aber ich halte sie alle für ehrenwerte Männer, die da drinnen seit zwanzig Jahren, von Bilinski bis Pallavicini, dem Staate nehmen, was des Staates, dem Publikum, was des Publikums ist, dafür aber den Zeitungen geben, was der Zeitungen ist; die für sichere Bilanzen und für einen unsichern Verkehr sorgen und Herrn Kuttig einen guten Mann sein lassen. »Sesina weiß zu viel und wird nicht schweigen«... Es lebe die Korruption der Angestellten, damit es den Vorgesetzten wohl ergehe auf Erden! Es lebe das »System Kuttig«, auf daß sich das höhere System erhalte: »Bilanzki-Pallawatschini«...

Schauspielerkultus.

Der seichteste Hohn journalistischer Weltweisheit gilt der Enthüllung, daß der Kulissenzauber eigentlich ein fauler Zauber sei, daß die Heroen der Bretter bei Tageslicht menschlicher aussehen, daß nicht alles Gold ist was glänzt, daß der Schein trügt und ehrlich am längsten währt. Literaten, die mehr aus Neigung als aus Begabung Satiriker sind, pflegen sich das Theatergetriebe, die Eitelkeit des Bühnenglücks, den Schauspielerkultus, den von Claque und Gärtner besorgten Ruhm als Spottrevier zu wählen. Ist die humoristische Wirkung als das Lustgefühl zu definieren, das durch die Aufdeckung eines Kontrastes ausgelöst wird, so wird es naturgemäß auf einem Gebiete, wo schon der Hervorruf eines toten Helden eine Welt von Kontrasten eröffnet, schwer sein,

keine Satire zu schreiben. Der Geschmackvolle
wählt das Schwerere. Flachköpfe, auf deren Antlitz
Temperamentmangel kaum eine Hohnfalte erzeugen
kann, haben von jeher ihrer Ernüchterungstendenz
keinen bessern Spielraum gewußt als die Bretter,
die, wie sie sagen würden, nicht die Welt, sondern
die Halbwelt bedeuten. Das Theater ist die satirische
Gehschule, in der sie mit schüchternen Gänsefüßchen
die ersten Schritte wagen. Aber wahrlich, mir ist
der Bauer, der dem Franz Moor von Temesvar nach
der Vorstellung aufgelauert hat, mir ist der Mann,
der kürzlich in Berlin dem alten Miller beim Hinaus-
wurf des Präsidenten »Bravo! So ist's recht!« zurief,
und jener andere, der irgendwo anders dem Wacht-
meister im »Zapfenstreich«, da er auf die Tochter
losdrücken will, ein angstvolles »Thu's nit!« entgegen-
schrie, mir ist sogar der Lebegreis, der einmal in
»Ös Budavár« bei der Schaustellung der sich ent-
kleidenden Pariserin dem im spannungsvollsten Moment
sinkenden Vorhang mit ausgestreckten Armen wehren
wollte, sympathischer als die kühlen Beobachter,
welche die Schminke abkratzen, die Kränze zer-
pflücken und den Applaus auf seine Bestandteile von
Begeisterung und Bezahlung analysieren...
    Daß einem Währinger Mädchen eine Locke des
Herrn Benke wichtiger ist als der Kopf von Helm-
holtz, scheint mir unabänderlich. Glaubt einer im
Ernst, daß dieser »Übelstand« aus der Welt zu
schaffen ist? Und ist's denn ein Übel? Ich habe mich
seinerzeit nicht einmal über den christlichsozialen
Bezirkshuber entsetzen können, der da behauptet hat,
der »Kaufmann von Venedig« sei von Grillparzer.
Straßenreinigung, nicht Bildung verlangen wir von
den Gemeindepolitikern, und nur die im luftleeren
Raum denkenden Ideologen des Fortschritts können
glauben, daß ein tüchtiger Rauchfangkehrer heutzutage ohne die Kenntnis Heinrich Heine's sein Fort-
kommen nicht finden könne. Ist es im deutschen

Reich statistisch nachgewiesen worden, daß nicht allzuviele Soldaten eine Ahnung davon haben, wer Bismarck
war, so brauchten wir uns wahrhaftig nicht in Grund
und Boden zu schämen, wenn sich eines Tages heraus-
stellen sollte, daß es noch immer Wiener gibt, die von
Goethe und Schiller nicht mehr wissen, als daß sie
-- nach einem bekannten Couplet — etwas n i c h t
geschrieben haben. Die Möglichkeit einer Verbreitung
geistiger Kultur wird fast so sehr überschätzt wie
ihre Dringlichkeit. Ich wenigstens will so wenig
meinen Heine mit Herrn Noske gemeinsam haben,
wie mir eine Annäherung Gregorig's an Goethe
erwünscht wäre. Lassen wir unser soziales Gewissen
sich ausschließlich um die Instandhaltung der äußeren
Lebensgüter bekümmern! Ein bücherscheuer Volksvertreter, der ein Wuchergesetz beantragt, ist besser
als ein literaturfreundlicher Parteigegner, der es
abschaffen will. Und das Theater? Als Surrogat,
nicht als Maßstab kulturellen Strebens wollen wir es
betrachten. Solange eine deutsche »Jungfrau vom
»Hüttenbesitzer« tiefer ergriffen sein wird als von
»Ödipus«, wird die literarische Forderung an die
Volksbühne eine ideale Forderung bleiben.

Neunhundert von tausend Hörern Sonnenthal'-
scher Tränenrede ist es gleichgiltig, ob dieser zer-
mürbte König eines Shakespeare oder Wilbrandt's
Gedanken die wundervolle phonetische Rührung abge-
winnt, und sie schneuzen sich lauter, wenn er in dem
Satz: »Dein Wunsch war des Gedankens Vater, Heinrich !«
den Vater betont, der doch für alle Fälle etwas Herz-
licheres bedeutet als der Wunsch. Auf den Rhythmus
kommt's an, nicht auf die Bedeutung. Dies ist, seitdem
»des Lebens Unverstand mit Wehmut zu genießen
Tugend und Begriff« ist, trotz dem Naturalismus das
Wesen aller Theaterkunst. Der folgende Stumpfsinn soll — so beiläufig — in einem »Buchdrama«,
das vom Dichter des Nibelungenliedes handelt, nachzulesen sein. Der Kürenberger liegt zum Schluß tot

in seinem Blut und irgend ein Gefolgsmann spricht
den tragischen Epilog:

> »— — er reichte nicht allein
> Der edlen Muse milden Feuerwein,
> Den Himmelstöchter kelterten aus jener
> Bezaubernd stillen Blume, die niemals
> Den Duft verliert,
> Er war auch Mustervormund an Gedankenfreiheit,
> Und diese ist die Amme der Kultur!«

Man denke sich die Verse von einem unserer
alten Redekünstler gesprochen: das ganze Burgtheater-
geräusch klingt in ihnen wie das Rauschen des Meeres
in der Muschel oder wie das Rauschen der Pathetik im
Ohr eines alten Billeteurs von der vierten Gallerie.
Schwänge sie Lewinsky, die Jünglinge rasten, stöhnte
sie Sonnenthal, die Mädchen zögen die Taschentücher.
Aber der Instinkt der Masse, die auch von unliterarischer
Kost fett wird, geht den richtigen Weg, wenn er das
ausschließliche Verdienst an ihrer Zubereitung den
Schauspielern zuerkennt. In dieser Erkenntlichkeit
wurzelt der Schauspielerkultus, der, sollte er wirklich
abgeschafft werden, folgerichtig von einer Begeisterung
für die Ohnet und Philippi, die literarischen Urheber
so schöner Erschütterung, abgelöst würde. Vorläufig
tun wir — ich sagte es schon einmal — recht, Baumeister's Gestalt im »Erbe« einem Falstaff vorzuziehen,
der da kommen wird. Und es ist einfach nicht wahr,
daß die Mimenverherrlichung eine spezielle Erscheinung der Wiener Gedankenarmut sei. In Berlin
hat der äußerst literarische Herr Brahm Herrn Kainz
beim Abschied den Imperatorenreif auf die Stirn
gedrückt. Aber ich sehe nicht ein, warum man den
wahrhaft Großen ihrer Kunst, der Wolter und Matkowsky, Mitterwurzer und manchen Burgtheateralten
nicht mit jener Eindringlichkeit hätte danken sollen
oder danken sollte, die den Nachruhm einzuholen und die
Vergänglichkeit ihrer prachtvollen Gebilde wettzu-
machen sucht. Wie tölpisch war die Begrinsung
der Jubiläumsehren, die kürzlich auf das Haupt Ernst

Hartmann's gehäuft wurden. Es mag ja sein, daß
»nie ein Eroberer lauter gefeiert« wurde. Aber wir
sollten doch stets mit aktuellen Maßen messen,
für die organischen Gebrechen der Weltordnung nicht
den einzelnen büßen lassen und lieber fragen, ob ein
Hartmann der Wiener Bevölkerung nicht besser gezeigt hat, was Humor, Grazie und Geschmack ist, als
sämtliche lebenden Feuilletonisten und Glossatoren
der Wiener Presse. Wenn begeisterte Theaterbesucher
einem Jubilar die Pferde ausspannen wollen, so ist
dies noch immer ein kulturvolleres Beginnen, als
wenn skeptische Theaterredakteure Garderobengeheim-
nisse ausschnüffeln. Verdammenswert ist bloß der
Personenkultus, den die Presse treibt, mag er den des
Publikums erst erzeugen oder durch ihn bedingt sein.
Jetzt ist die Zeit, da wir erfahren, daß Herr Schmedes
nach Fanö und Herr Streitmann nach Vöslau auf
Ferien geht. Die es mit Interesse hören, sind so verächtlich nicht wie die, die's mit Eifer melden. Herr Tewele
weiß ganz gut, warum er gelegentlich in dankbarer
Rührung eines Wiedersehens von »seinen lieben Wienern«
sprechen darf; sie sind eben in viel höherem Maße s e i n e
Wiener als etwa die des wieder in unserer Mitte
wirkenden Physikers Boltzmann. Und wer ist mehr
zu bedauern, der rasend gewordene Benke-Enthusiast
oder der Vertreter deutschen Schrifttums, der über
die Abschiedsvorstellung des mittelmäßigen Schauspielers — im Deutsch des ‚Deutschen Volksblatts‘
— wie folgt berichtet? »Nach dem ersten Stücke
gab es zahlreiche Hervorrufe, aber schon zu diesem
Zeitpunkte ließen es sich viele Damen nicht nehmen,
ihrem Ideal Blumen auf die Bühne zu werfen. Nach
dem zweiten Akte prasselten die Beifallsstürme orkan-
artig auf den scheidenden Schauspieler nieder, der
inmitten eines w a h r e n Blumenhaines auf der Bühne
erschien und auf den ein w a h r e r Platzregen von
duftigen Grüßen aus schöner Hand sich ergoß. Aber
nicht genug damit, man trug Herrn Benke auch

zahlreiche, höchst wertvolle Geschenke auf die Bühne, so prächtige überlebensgroße Büsten, silberne Statuetten, Lorbeerkränze in Silber und Gold, Enveloppes etc. etc. Der Beifallssturm und das Blumenbombardement legten sich nicht eher, als bis der also Gefeierte in einer Ansprache in den üblichen Redewendungen seinen Dank für diese Beweise der Sympathie und seine Bitte ausgesprochen hatte, ihm die gleichen Gefühle entgegenzubringen, wenn er das Glück haben sollte, einmal wieder in Wien aufzutreten. Als er dann das gegen ihn gerichtete Blumenbombardement erwiderte und die ihm eben gespendeten Buketts in das Publikum schleuderte, lieferten sich die Scharen der in die vordersten Reihen sich vordrängenden enthusiasmierten Backfische förmliche Schlachten, um ein solches Andenken zu erhalten. Wäre er auf die naheliegende Idee gekommen, eigene Bukette anfertigen und mit seinen Ansichtskarten, von denen sich, wie er uns einmal erzählte, eine Million im Umlaufe befinden, versehen zu lassen, so wäre es sicher zum Blutvergießen gekommen. Am Schlusse der Vorstellung wiederholten sich diese Ovationen noch eine Viertelstunde lang, bis der eiserne Vorhang dem Toben grausam ein Ende bereitete. Darauf stürmten die Enthusiasten zum Bühnenausgange auf die Straße, wo sich wohl tausend seiner Verehrerinnen und Verehrer sammelten, um ihn mit Hochs und Blumenbuketten, die sie in der Eile von Hausiererinnen, die mit klugem Instinkte die Gelegenheit zu einem Geschäfte erspäht hatten, erstanden hatten, zu begrüßen. Beim ‚Wilden Mann' in Währing aber gab es ein solennes Fest zu Benke's Ehren, bei dem eine Regimentskapelle spielte und Kollegen des Künstlers in Vorträgen und seine Freunde in Reden ihm ihre Sympathien bewiesen.« Ein anderer weiß zu melden, daß im Zwischenakte vom Orchester ein »Benke-Marsch« gespielt wurde, und gibt den Gesamteindruck mit den Worten wieder, die Benke-Feier habe »sogar

die bewegtesten Ferdinand Bonn-Abende überboten‹.
Dies läßt wieder einen ›Bonn-Verehrer‹ nicht ruhen,
der mich in einem entrüsteten Schreiben gegen die blas-
phemische Zusammenstellung der beiden Namen zu
Hilfe ruft. Er beginnt mit den Worten: ›Das ist
doch stark!‹ und schließt mit den Worten: ›Das ist
doch infam!‹... Die österreichische Öffentlichkeit
scheint heute so problemfrei, daß der Streitfrage, ob
Bonn oder Benke weniger Lorbeerkränze verdienen,
breitester Diskussionsraum eröffnet werden kann.
Verächtlich ist bloß die Presse, die sie aufwirft, um
hinterdrein die Streitteile zu verhöhnen.

* * *

In allen Sprachen ...

Das Lippowitzblatt ist in der letzten Zeit des öfteren gerichtlich gebrandmarkt worden. Der verantwortliche Redakteur
mußte, wie's immer geschieht, für den anonymen Urheber einer
Beleidigung — eines Eingriffs in das Privatleben eines Verstorbenen
— büßen. Der Bezirksrichter verurteilte ihn zu der gesetzlich höchsten
Strafe und gab die bemerkenswerte Begründung, daß das Geständnis
(die pflichtgemäße Obsorge vernachlässigt zu haben) in diesem Falle
nicht als mildernder Umstand in Betracht kommen könne, sondern
bloß als Ausdruck des Willens, sich der Verantwortung für das
schwerere Delikt zu entziehen. Noch schmerzhafter für Herrn
Lippowitz war die Verurteilung, die er — der Gräfin Festetics verschafft hatte. Sie war wegen ›Hausfriedensbruchs‹ angezeigt und
kam mit einer winzigen Geldstrafe wegen Beleidigung sämtlicher
Redakteure des Diebsblattes davon, — wobei die ausgeteilten Ohrfeigen
schon mitbeglichen waren. Und da sagt man noch, daß das
Leben in Wien teuer sei!...
Daß der Ruf des Herrn Lippowitz bereits ein internationaler
ist, habe ich schon einmal behauptet. Wahrhaftig, in allen Sprachen
wird bereits sein Lob gesungen.
Französisch: ›Les parasites du journalisme . . . le refuge
des cambrioleurs de la presse.‹

Polnisch: »Właścicielem ,N. Wiener Journal' jest niejaki Lippowitz, brudne indywiduum, polujące na sensacyę, nie wahające, się napadać na cześć osobistą kobiet bezbronnych, byle tylko módz sprzedać więcej egzemplarzy pisma. Lippowitz znany też jes: z tego, że wycina żywcem artykuły z innych gazet i podaje jako oryginalne korespondencye. Z tego powodu ogłosił organ księgarzy niemieckich ostrzeżenie przed Lippowitzem. Niedawno temu pojawił się i w prasie francuskiej podobny protest. Nic dziwnego, że złodziej, który nie szanuje cudzej własności literackiej, napada też w cyniczny sposób na bezbronnych ludzi i okrada ich z czci.« — Diese Stelle ist einem Artikel des ,Naprzod' über die Affaire Festetics (10. April 1904) entnommen. Von Herrn Lippowitz heißt es darin, er sei »ein Individuum, das auf der Jagd nach Sensationen sich nicht scheut, die persönliche Ehre wehrloser Frauen anzugreifen, um nur mehr Exemplare seines Blattes verkaufen zu können. Lippowitz ist auch dadurch bekannt, daß er ganze Artikel aus anderen Zeitschriften ausschneidet und als Original-Beiträge bringt. Das Organ der deutschen Buchhändler hat deswegen eine Warnung vor Lippowitz veröffentlicht. Ein ähnlicher Protest ist unlängst auch in der französischen Presse erschienen. Kein Wunder, daß ein Dieb, der das literarische Eigentum nicht achtet, ebenso cynisch auch wehrlose Menschen angreift und sie ihrer Ehre beraubt.«

Ungarisch: Ein Leitartikel des ,Magyarország' über die Affäre Festetics (8. April 1904), geschrieben von Nikolaus Bartha, dem nach Angabe des Übersetzers hervorragendsten Publizisten Ungarns. In diesem Leitartikel steht eine Zeile für sich. Sie lautet: Jól tette.

Das heißt deutsch: »Sie tat gut daran.« Wer? Natürlich die Gräfin Festetics. »... mig azokat a szemenszedett legényeket, kik a hazudozást és a rágalmazást iparszerüleg üzik, ki nem rekesztik a hirlapirói kötelékből, a megbélyegző itélet közzétételével. Az a pof, mely a bécsi szerkesztőségben elcsattant, sok tanulságot rejt magában.« »Pof« heißt deutsch: »Ohrfeige« ... Der Artikel Nikolaus Bartha's aber lautet in seinen bemerkenswertesten Stellen:

»Eine Wiener Zeitung — gleichviel welche — veröffentlichte einen Artikel unter dem Titel: ,Die Karrière der Gräfin'. Ob das Blatt die Wahrheit oder Unwahrheiten schrieb — ich weiß es nicht. Ich weiß auch nicht, was es schrieb, denn ich las es nicht. Sicher ist nur, daß die Wiener Zeitung sich mit dem Privatleben einer Frau beschäftigte. Übrigens — ob Mann oder Frau, ist in diesem Falle gleichgiltig; die Frau zeigte sich nämlich als Mann. Ich lege also nur darauf Wert, daß das Privatleben irgend jemandes vor die Öffentlichkeit geschleppt wurde. Die Frau, der dies geschah, nahm sich exemplarische Genugtuung. Sie erschien, von ihrem Sohne, der Offizier ist, begleitet, in der Redaktion und ohrfeigte dort vor den Augen der Mitarbeiter den verantwortlichen Redakteur.

Sie tat gut daran.

Ich als Geschworner würde die beleidigte Frau auch dann für unschuldig erklären, wenn sie den Journalisten, der sie an den Pranger stellte, erschossen hätte. Und ich kenne den Wert des Lebens und weiß wohl, daß es für den Tod keine Remedur gibt.

Es müssen aber die stärksten Exempel statuiert werden, damit die Zeitungsliteratur endlich von ihrem Krebsgeschwür genese. Das verhängnisvolle Gebrest hat ohnehin schon in auffälligster Weise um sich gegriffen. Mancher Journalist zieht keine scharfe Grenze zwischen dem öffentlichen und dem privaten Leben. Es ist zweifellos wahr, daß diese Grenze in gewissen Fällen kaum Haaresbreite hat. Bei der Wirksamkeit von Individuen, die im öffentlichen Leben eine Rolle spielen, berührt sich die Peripherie ihres Privatlebens gar häufig mit jener des öffentlichen Lebenskreises. In solchen Fällen vermögen dann nur hervorragend scharfe Geister oder gewissenhafte Richter die verschwommene Grenzspur einzuhalten. Doch ist diesmal nicht von dieser Kategorie die Rede. Vor meinen Augen erscheinen in diesem Augenblicke jene verworfenen Journalisten, denen die Geistesschärfe ebenso mangelt wie das Gewissen, die die journalistische Qualifikation durch die Veranlagung der Fratschlerin ersetzen und stets bereit sind, mit der öffentlichen Lüftung von Privatangelegenheiten jemandem das Leben zu vergiften. Die in schmutzigen Dingen freigebig, in anständigen aber gemein sind. Ich sehe förmlich, wie sie wegen dieses Artikels hier im Düngerhaufen ihres Wortschatzes umherwühlen. Aber da ihre Phantasie ohnehin vom Lügen erschöpft, vom Verleumden ermattet ist und sie bestenfalls nur sich selbst wiederholen könnten, da ich ferner weiß, daß kein einziger anständiger Mensch ihre Lügen und Verleumdungen zu seinen Ansichten macht, will ich trotz dem drohenden Unrat aussprechen, was ich für wahr halte.

Ich kenne die Regel, daß der Journalist nur die Wahrheit schreiben dürfe, diese aber dann ganz ungeschmälert schreiben müsse. Die Regel scheint richtig, aber sie scheint es eben nur. Denn es ist unmöglich, sie zu befolgen. Die Wahrheit ist nämlich zuweilen selbst auf gerichtlichem Wege nicht zu erforschen. Absichtliche Entstellung verunehrt allerdings die Feder des Journalisten. Irrtümern aber vermag er nicht auszuweichen. Falsche Informationen, die für richtig gehalten wurden, das Zusammenspiel von allerlei Nebenumständen können ihn oft genug irreführen. Derartige Irrtümer aber dürfen ihm nicht als Vergehen angerechnet werden — wenn seine bona fides und die Bereitwilligkeit vollkommener Richtigstellung vorausgesetzt werden können. Auch ich meinerseits befolge also jene Regel nicht. Mein Sittengesetz geht dahin, daß der Journalist sich nur mit öffentlich Wirkenden und jenen ihrer Angelegenheiten beschäftigen darf, die vor das Forum der Öffentlichkeit gehören. Hiebei soll er die Grenze berechtigter Kritik nicht überschreiten. Innerhalb dieser Grenze aber ist seine Tätigkeit durch nichts behindert. Er mag nach Maßgabe seiner Einsicht und seines Temperaments sanft, aufklärend, spöttisch oder scharf sein. Wenn es ihm gefällt, mag er statt der Tinte Vitriol verwenden. Wenn er es für gebotener hält, auch süße Milch. Seine Feder mag zum malenden Pinsel oder zum mörderischen Dolch werden. Meinetwegen zerschmettere er den Gegner, locke er ihn in den Hinterhalt oder mache er ihn lächerlich!

Der rechtschaffene Journalist steht in Reih' und Glied. Er führt Krieg gegen das Elend, gegen Mißbrauch und Vorurteil . . . . . Er kämpft nie für sich, sondern stets für die Interessen des Gemeinwohls. Dergestalt gleicht der rechtschaffene Journalist der Wolke, die sich auflöst, während sie befruchtet; oder dem Feuer, das sich verzehrt, während es Andere wärmt.

Der verworfene Journalist steht auf der Lauer und schleicht um den Herd. Er späht nach einer Beute — bald auf der Straße, bald in öffentlichen Gebäuden, im Couloir, im Gerichtssaal . . . . .

Mit großer Aufmerksamkeit las ich den Jahresbericht des Journalistenvereins. Dort war auch der Schutz der journalistischen Anständigkeit betont. Meine Herren — das ist leeres Gerede. Und es bleibt solange leeres Gerede, bis man auf das strengste gegen jene vorgeht, die Privatangelegenheiten von Privatpersonen vor die Öffentlichkeit zerren. Es bleibt weiterhin solange leeres Gerede, bis man jene auf dem Unrat groß gewordenen Kerle, die das Lügen und Verleumden gewerbsmäßig betreiben, unter Kundmachung des brandmarkenden Urteils aus dem Verbande ausschließt. Die Ohrfeige, die da in jener Wiener Redaktion erschallte, birgt gewichtige Lehre in sich. Ein Lehre, die man mit Vorteil zur Wiederherstellung des gestörten Gleichgewichts der journalistischen Anständigkeit in Ungarn verwenden könnte. Denn wenn wir die Anarchie der Preßfreiheit noch weiter dulden, so werden wir heute, morgen dieser ängstlich gehüteten Freiheit nicht mehr würdig sein.«

* * *

Aus Berlin wird gemeldet: »Der Berliner Schriftsteller Richard Skowronnek, der sich als dramatischer Autor und als Verfasser von masurischen Dorfgeschichten einen Namen gemacht hat, hat seine literarische Tätigkeit aufgegeben und ist als kaufmännischer Leiter in eine Wiesbadener Lackfabrik eingetreten.«

Die peinliche Biographenwendung: »Ursprünglich dem Kaufmannsstand bestimmt, widmete er sich später der Literatur« erfährt endlich einmal die erwünschte Umkehrung. Und dieser Skowronnek war gewiß nicht einer der Schlechtesten. Hoffentlich findet das Beispiel Nachahmer! Es wäre jammerschade, wenn die Lothar, Leon, Sternberg und Goldmann noch länger »ihren Beruf verfehlten«. Es muß ja nicht immer eine Lackfabrik sein, auch die Tuchbranche hat ihren Wert.

Den Huldigern Liliencron's.

Einst habt ihr in der Rolandsnot
Dem Rittersmann auf Mord und Tod
Den blanken Schild zerbeult.
Heut macht das Siegsgebrüll Geschäft,
Wie einst ihr mit dem Hund gekläfft
Und mit dem Wolf geheult.

So wechselt Farbe flohgeschwind,
So fühlt, von wannen weht der Wind,
Auch noch das dürrste Hirn.
Bei Gott, täts nicht sein eigner Glanz,
Ich risse euern Talmikranz
Ihm von der freien Stirn!

Kiel.   Kurt Piper.

ANTWORTEN DES HERAUSGEBERS.

Proletarier. In Nr. 160 ward hier die traurige Geschichte der Fabriksarbeiterin Marie Neubauer erzählt, die zuerst von der Stadtbahn und dann von der Justiz überfahren wurde. Sie wollte auf dem Wege in die Schuckertsche Fabrik am Donaukai über die Bahnübersetzung gehen, als ein Zug der Stadtbahn herankam und sie niederstieß. »Die Neubauer wurde überfahren und verlor das rechte Bein; das junge Mädchen geht mit einem Stelzfuß und kann sich nur schwer vorwärts bewegen. In einer gegen das Eisenbahnärar eingebrachten Klage begehrte sie ein Schmerzensgeld von 2000 Kronen, für verminderte Versorgungsfähigkeit 5000 Kronen und wegen der verminderten Erwerbsfähigkeit eine monatliche Rente von 40 Kronen. Der Vertreter der Generalprokuratur wendete das Selbstverschulden der Klägerin ein, die sich wegen des an dem kritischen Tage herrschenden Sturmes und Unwetters einen Regenschirm vorhielt und so den Vorgängen auf der Übersetzung nicht die nötige Aufmerksamkeit zuwendete. Die als Zeugen vernommenen Organe der Bahn bestätigten selbst, daß die in Betracht kommende Übersetzung zu den gefährlichsten gehöre. Der Zugsverkehr sei dort ein dichter und oft müßten die Arbeiter der Schuckert-Werke, um rechtzeitig in die Fabrik zu kommen, über die dort stehenden Züge hinwegklettern. Es wäre notwendig, daß die Stelle eingeplankt werde oder daß ständig ein Wächter dort stehe, der die Fußgeher auf die Gefahr aufmerksam mache. Das Handelsgericht unter Vorsitz des Oberlandesgerichtsrats Dr. Kutschera wies die Klage kostenpflichtig ab. Der

Gerichtshof sei zur Überzeugung gelangt, daß die Klägerin beim Passieren der Übersetzung nicht die notwendige Aufmerksamkeit anwendete. Das schlechte Wetter und das Tragen des Regenschirmes konnte sie nicht von der Verpflichtung entbinden, den Vorgängen auf der Schiene die erforderliche Sorgfalt zuzuwenden. Da sie dies versäumt hat, ist sie selbst an dem Unfall schuld und die Klage mußte wegen Selbstverschuldens der Klägerin abgewiesen werden.« Zu diesem schweren Justizunfall machte ich die Bemerkung: »Wenn statt der Arbeiter der Schuckert-Werke Oberlandesgerichtsräte die gefährliche Stelle passieren müßten, so würden sie, da ein Hinwegklettern über die Züge unwürdig wäre, zu spät in's Gericht kommen, und Urteile wie das oben zitierte würden unterbleiben. Und das wäre wenigstens aus dem einen Grunde bedauerlich, weil die Öffentlichkeit nichts von den mörderischen Stadtbahnzuständen erführe, die, wie wir jetzt wissen, ein geringeres Verschulden sind als die ,Sorglosigkeit' einer durch Sturm und Unwetter gehetzten Arbeiterin... Bein verloren, Prozeß verloren. Und Kostenersatz noch dazu! Wenn Marie Neubauer nicht jetzt von der Vollkommenheit dieser Weltordnung überzeugt ist, dann ist ihr überhaupt nicht mehr zu helfen... Gott besser's, wenn nicht die obere Instanz!« — Nun, sie hat's gebessert. Das Oberlandesgericht unter dem Vorsitz des Hofrats Preiß hat das Urteil des Handelsgerichts a u f g e h o b e n und die Sache an dieses zurückverwiesen. Die zweite Instanz fand allerdings, daß das Vorhalten des Schirmes eine Unvorsichtigkeit sei. »Daraus folge aber noch nicht, daß die Bahn von der Haftpflicht befreit sei. Würde die Notwendigkeit feststehen, an der Unglücksstelle größere Schutzmaßregeln zu treffen, wäre die Bahn ersatzpflichtig. Die Klägerin hat Anträge gestellt, um das zu beweisen. Deshalb wurde dem Handelsgericht aufgetragen, den Beweis durchzuführen.« Dieser Beweis, der wohl schon durch die Aussagen der in der ersten Verhandlung als Zeugen vernommenen Organe erbracht ist, wird die Stadtbahn darüber belehren, daß es noch andere Pflichten gegenüber dem Publikum gibt als die des Einhebens von Strafgeldern.

K. k. Polizei-Direktion. Daß über den mitteleuropäischen Skandal der »S t i e r k ä m p f e   i n   B u d a p e s t« in der Wiener Presse nicht geschrieben wird, ist weiter nicht auffallend. Man ist es hierzulande gewohnt, die Intensität des Schweigens als Maß der verschwiegenen Schändlichkeit zu nehmen. Fast so aufreizend aber wie die Sache selbst ist die Duldung, die unsere Behörde der Propaganda angedeihen läßt, die sich das kulturvolle Unternehmen an allen Wiener Straßenecken und in öffentlichen Lokalen leistet. Weg mit den Plakaten! Man ist ja sonst in Österreich nicht so zimperlich, wenn es gilt, den Lockungen ungarischen Unternehmungsgeistes den Weg zu sperren, und harmloser als die Budapester Klassen-Lotterie sind die Budapester Stierkämpfe auch nicht. Weg mit den Plakaten!

K. k. Finanz-Landes-Direktion. Ja, die ungarische Klassen-Lotterie! Da fliegt mir ein hübsches Zirkular einer Budapester Schwindelfirma zu. Zuerst wird die österreichische Behörde gefrozzelt: »Die königl. ungar. Lotterie erfreut sich s p e z i e l l in den im Reichsrate vertretenen Königreichen und Ländern e i n e r i m m e r z u n e h m e n d e n B e l i e b t h e i t, und m i t R e c h t.« Mit Recht, wenn auch wider Gesetz. Wie schnell sich die Auszahlung der Gewinne — natürlich lauter Haupttreffer – vollzieht, wird an dem folgenden Beispiel gezeigt: »Ein Wiener Privatier las im ‚Pester Lloyd' Dienstag morgens, daß sein Los am Montag mit 50.000 Kronen gezogen wurde. Er nimmt sein Los, setzt sich um 9 Uhr a u f die Bahn, ist um die Mittagszeit in Budapest, behebt seinen Gewinn in barem Gelde, und ist abends wieder in Wien. Also innerhalb 24 Stunden, nachdem sein Los gezogen war, hatte er sein Geld und war wieder zuhause. Eine promptere Erledigung ist doch nicht denkbar. S e l b s t r e d e n d h a t t e d e r M a n n n i c h t n ö t i g, n a c h B u d a p e s t z u k o m m e n, er konnte das Geld per Post zugesandt erhalten, oder wir hätten es ihm persönlich überbracht.« Ist das nicht hübsch, ist das nicht schön, hat man so 'was je geseh'n?

Kleinmeister. Ich las zwei Gerichtssaalberichte — und mir steht der Verstand still. Am 24. April in der ‚Arbeiter-Zeitung': »(Durch Miß- handlungen zum Selbstmord getrieben). Vor dem Bezirksgericht Favoriten standen gestern die Bindermeister Perl sen. und jun. als Angeklagte. Die Anklage legte ihnen zur Last, daß sie ihren Lehrling, den Franz Charvat, durch unausgesetztes Schlagen, Mißhandeln und Malträtieren so weit gebracht haben, daß er sich schließlich aus Verzweiflung zu erhängen versuchte. Er wurde jedoch bemerkt, von einem Sicherheits- wachmann abgeschnitten und stand gestern als Zeuge gegen seine Peiniger. Seine Aussagen waren erschütternd. Er hat in Barndorf in Ungarn durch zwei Jahre die Binderei erlernt, dort bekam er nichts zu essen, war schließ- lich davongegangen und nach Wien zu den Perl gekommen. Die machten mit ihm aus, er müsse nochmals von vorne zum Lernen anfangen und müsse dreieinhalb Jahre lernen! Seitdem sind zwei Jahre verstrichen und während dieser Zeit bekam er unausgesetzt Hiebe. Mit der Faust, mit dem Stock, einmal sogar mit einer E i s e n s t a n g e. Schon im vorigen Jahre stand Perl jun. wegen einer Mißhandlung vor Gericht. Damals wies das Parere eine zwei Zentimeter lange Blutunterlaufung auf dem Rücken auf, und Perl jun. wurde zu zehn Kronen Geldstrafe verurteilt. Seitdem sind die Perl klüger geworden. Mißhandlungen, die Spuren hinterließen, brachten sie ihm nicht bei, aber sie pufften, schimpften und schlugen unausgesetzt. Was den Burschen endlich zur Verzweiflung trieb, war folgendes: Ein Gehilfe hatte ihm befohlen, nach Feierabend ein Schaff zu einer Frau zu tragen. Er kam dem Befehle nach, dabei erwischte ihn Perl jun. und schlug, im Glauben, der Bursche stehle, sofort auf ihn ein. Alle seine Beteuerungen, daß er im Auftrage handle, nützten nichts. Der Mensch schlug nur immer auf ihn ein, und da riß dem Jungen endlich die Geduld. ‚N u r d a s e i n e v e r d r i e ß t m i c h, d a ß i c h l e b e n s o l l w i e e i n H u n d, a b e r G o t t w i r d e s d e m j u n g e n H e r r n a u c h n o c h h e i m z a h l e n', schrieb er in einem Abschiedsbrief. Die Angeklagten ließen durch ihren Vertreter er- klären, den Lehrling wohl gezüchtigt, aber nicht mißhandelt zu haben.

Und warum sie ihn ,züchtigten', gaben sie auch an. Er sei frech, ver-
logen, unfolgsam und diebisch gewesen. Dafür führten sie auch Zeugen.
Der Wirt Nejedly gab an, der Bube sei so frech. So habe ihm er,
der Herr Wirt, einmal gesagt: ,Komme nicht Samstag, da haben wir
keine Zeit!' Und darauf habe ihm der Bube frech erwidert: ,Und an
anderen Tagen haben wir keine Zeit!' Das war selbst dem Richter zu
dumm. ,Das ist bezeichnend, was man in jenen Kreisen
für frech erklärt!' rief er, und dann wendete er sich an den Schriftführer und sagte: ,Bitte, protokollieren Sie die Aussage
dieses Zeugen genau! Sie ist ungemein bezeichnend!'
Das war aber noch nicht der Höhepunkt der Verhandlung. Die Wirtin
Chmelarc trat auf und gab bekannt, daß in ihrem Keller Brotstücke
und Eierschalen gefunden worden seien. Das Brot habe der Bursche
wahrscheinlich in den Keller geworfen und die Eier ihr gestohlen.
Diese Angaben hatten die Perl auch dem Gericht gemacht und auf
Grund dieser Aussage war der Bursche auch wegen Diebstahls angeklagt! Als der Staatsanwalt aber diese ,Zeugin' gehört hatte, trat er
sofort von der Anklage zurück, und der Richter rief: ,Da sieht man,
wie der Ruf eines Menschen heruntergebracht werden
kann!' Dann kamen andere Zeugen. Zwei Gehilfen, die noch heute
bei Perl arbeiten, sagen aus, daß der Bube verwendbar und fleißig gewesen sei und ein tüchtiger Binder werden wird. Frech war er nicht.
Aber der Meister und dessen Sohn haben ihn wegen jeder Kleinigkeit
geschlagen. In der Werkstätte haben sie es selbst gesehen, im Hofe soll
der Bursche jedoch noch mehr geschlagen worden sein. Der eine Gehilfe gab dann an, daß er tatsächlich dem Burschen den Auftrag
gegeben habe, das Schaff fortzutragen. Stehlen habe also der Bursche
das Schaff nicht wollen. Vier andere Zeugen treten auf, und alle sagen
mit erschreckender Gleichartigkeit aus: ,Wir haben gesehen, wie
Perl jun. und sen. zu wiederholtenmalen den Burschen
schwer mißhandelten.' Eine Zeugin sagte aus, sie habe gesehen,
wie Perl sen. mit einem Holzstück auf den Burschen los-
schlug. Sie glaubte jedoch, es sei der andere Lehrling gewesen, der
geschlagen wurde, was dieser jedoch verneinte. Nun sprang der Richter
ein: Glauben Sie, daß es der andere Lehrling besser hat? fragte er
den Charvat. — ,Ja, der hat seine Eltern, kann nach Hause gehen,
aber ich, ich habe ja niemanden, mit dem ich reden könnte!' sagte der
Bursche schluchzend. Richter: Aber warum sind Sie nicht fort-
gegangen? — Der Bursche: Ich bin in Wien ja fremd, und dann
glaubte ich, ich müsse bleiben, weil ich so schon einmal aus einer
Lehre fortgelaufen bin. — Der Verteidiger der Angeklagten stellte nun
noch den Antrag, den Vorstand der Bindergenossenschaft zu vernehmen,
der bezeugen kann, daß gegen Perl nichts vorliege. — Richter: Daß
der das bezeugen kann, glaube ich, denn er weiß nicht,
was bei Perl vorgeht, aber hier haben wir es gehört.
Ich weise diese Anträge zurück. Dann verurteilte er die Angeklagten
zu je vierzehn Tagen Arrests. In der Begründung hob er hervor:

‚Die Züchtigungen, die in maßloser Weise bei den nichtigsten Anlässen dem Lehrling zuteil und so lange Zeit fortgesetzt wurden, waren dazu geeignet, den armen Burschen zur Verzweiflung, ja in den Tod zu treiben. Vom Milderungsrecht wurde kein Gebrauch gemacht, da Perl jun. schon einmal wegen Mißhandlung dieses Burschen angeklagt war und sich doch nicht gebessert hat. — Der Verteidiger der Angeklagten meldete die Berufung an.‹ — Und am 29. Mai las ich in der ‚Neuen Freien Presse': »(Kassierung eines Schuldurteils). Der Bindermeister Leonhard Perl und sein Sohn wurden am 23. April d. J. vom Bezirksgerichte Favoriten wegen Mißhandlung des Lehrlings Franz Charvat, der einen Selbstmordversuch verübt oder fingiert hatte, zu je vierzehn Tagen strengen Arrests verurteilt. Bei der heutigen Appellverhandlung gab der Senat der Berufung der Angeklagten statt und sprach Vater und Sohn in Gemäßheit der Ausführungen ihres Verteidigers mangels des objektiven Tatbestandes frei.« Der Vorsitzende des Appellsenats heißt natürlich Adam u.

Sonderbarer Schwärmer. Sie sind Besitzer eines »Zentralorgans für Korrespondenzen und Anträge jeder Art«, betitelt ‚Der Goldonkel', das in Wien erscheint, und wünschen, daß namentlich Ihre »seriöse und streng diskrete Heiratsvermittlung« in der ‚Fackel' Würdigung finde. Das kann geschehen. Freilich kostenlos und an dieser Stelle und nicht gegen Bezahluug im Inseratenteil der ‚Fackel', an deren Verlag Sie das folgende schmeichelhafte Schreiben gerichtet haben: »Mit heutigem beauftrage ich Sie, hiemit meine tiefer untenstehende Annonce ‚Ehevermittlung' auf den Raum von 30 Zeilen 2 spaltig je einmal pr. Woche in Ihrem werten Journale einrücken zu lassen, den denkbar billigsten Preis hiefür zu berechnen, nach jedesmaligem Erscheinen Belegexemplare zu übermitteln, und geschieht die Aufgabe dieser Annonce 26 mal, die Bezahlung hiefür erfolgt nach dem Erscheinen bei Überreichung der Rechnung prompt und bar in Wien.« Pflichtgemäß legte mir die Administration den Text Ihres Inserates vor, und ich habe sogleich seine Eignung für den redaktionellen Teil der ‚Fackel' entdeckt. Nicht einen Heller müssen Sie bezahlen.

Kunstturner. Nur dem gänzlichen Mangel an Beweisen, sagte der Staatsanwalt-Substitut v. Türk, habe es der Angeklagte bisher zu danken gehabt, daß er der strafenden Gerechtigkeit entronnen sei. »Er hat stets mit einem Fuße das Kriminal gestreift, aber heute, meine Herren Geschwornen, sitzt er mit beiden Füßen auf der Anklagebank.« Türkisch!

Leser. Eines der verblüffendsten Wahrworte — zufällig nicht von Masaidek — fand ich neulich in der ‚Deutschen Zeitung', in einer auch sonst tiefsinnigen Betrachtung über »die Kurtisane auf der Schaubühne«: »Ein Drama mit historischer Grundlage kann ebenso interessant wie ein anderes sein, es braucht nicht in Jamben oder Hexametern geschrieben zu werden, denn zu keiner Zeit haben die Menschen so gesprochen. Sie waren damals ebenso modern, wie wir heute moderne Menschen sind, und sie haben, gleich uns, einer nur uns zur Vergangenheit gewordenen Gegenwart angehört.« Wahr, wahr!

Kanalräumer. Ich schrieb in der letzten Nummer: »Den Tiefpunkt publizistischer Verkommenheit bedeutet wohl der folgende Satz aus dem Artikel eines Mont-gsblatterls über eine private Liebes- und Erbschaftsgeschichte, in welchem die beteiligten Personen mit vollen Namen genannt waren: ,Einflußreiche Verwandte wurden telegraphisch nach Dresden berufen, um den Grafen umzustimmen, allein es war nicht möglich, mit ihm zu sprechen. Seine junge Frau, die Tragweite der Situation erkennend, wich nicht von seinem Bette und ließ ihn keinen Augenblick allein. Die Verwandten harrten gleichfalls aus und rechneten damit, daß die Gräfin doch aus einem natürlichen Erfordernisse gezwungen werden müsse, wenn auch nur auf Minuten hinauszugehen. Aber sie hielt drei Tage an seinem Bette aus, ohne zu schlafen und ohne auch nur auf eine Sekunde hinauszugehen. Als er dann die Augen für immer schloß, brach sie vor Erschöpfung zusammen.' Die Worte ,natürlichen Erfordernisse' und ,hinauszugehen' waren in Sperrdruck zu lesen«. »Hoffentlich«, schrieb ich, »bestimmt dieser Fall die Reformatoren unseres Strafgesetzes endgiltig, den Paragraphen, der nur die ehrenrührigen Eingriffe in das Privatleben (ohne Zulassung eines Wahrheitsbeweises) straft, auch auf die bloß verletzende Erörterung privater Verhältnisse (vor allem die Berührung der leiblichen Sphäre) auszudehnen und das Antragsdelikt zum Offizialdelikt zu erheben, das, wenn es nicht in Wahrung eines öffentlichen Interesses begangen wurde, beweislos abzustrafen ist.«... Ich mußte die Notiz wiederholen, um die clowneske Komik der Antwort, die inzwischen erfolgt ist, verständlich zu machen. Es fällt mir natürlich auch heute nicht ein, gegen das Blatterl, das die liebliche Geschichte gebracht hatte und mich nun deshalb beschimpft, zu »polemisieren«. Ich gebe meine Fußtritte ganz unabhängig von Sympathie oder Antipathie, die einer meiner Tätigkeit entgegenbringt. Der Montagsmann irrt, wenn er glaubt, daß ich mit ihm »wieder einmal anbandeln wollte«. Fällt mir gar nicht ein! Dort, wo der Fußtritt zur Reklame wird, bin ich doppelt vorsichtig. Es gibt Blätter, die mich jede Woche besudeln und von mir doch keines Tadelswörtchens gewürdigt werden. Dann wieder kommt es vor, daß ich eine Zeitung, die mich lobt oder in Ruhe läßt, plötzlich anfasse. Daß ich beschimpft werde, ist an sich wahrhaftig noch kein Gegenstand öffentlichen Interesses. Auch diesmal würde ich mit keiner Silbe erwidern, wenn nicht ein groteskes Mißverstehen meines Tadels vorläge, das in ähnlich typischer Artung nicht leicht zu finden ist und dessen Erörterung wieder eine prinzipielle Bedeutung für die Reform des Privatlebensparagraphen haben könnte. Um das Blatt war's und ist's mir nicht zu tun. Ich habe nicht einmal seinen Namen genannt, weil ich überzeugt war, daß den »Tiefpunkt publizistischer Verkommenheit«, den ich bezeichnete, auch ein anderes Blatt mit Leichtigkeit erreichen könnte. Das wäre ein geringer Übelstand, wenn Gemeinheiten, wie die zitierte, bloß auf einen von ein paar Dutzend Leuten gelesenen Montagszettel beschränkt blieben! Das gäbe eine kleinliche Polemik! Aber mir war's darum zu tun, an einem juristischen Schulbeispiel zu zeigen, wie das zu schaffende Gesetz ähnlichem Mißbrauch der Druckerschwärze vorbeugen könnte. Darum ve r b r e i t e ich sogar rücksichtslos die Gemeinheit, die vor dem Wiederabdruck in der ‚Fackel' kaum gelesen wurde. Das ist ein alter Vorwurf, den Gedankenlose gegen mich erheben, wenn sie sagen, daß sie die publizistische Niedertracht, die in Wien begangen wird, zumeist erst durch die ‚Fackel' erfahren. Sehr richtig! Aber ein geheimes Gerichtsverfahren gibt's leider nur im Gerichtssaal, nicht im Schrifttum, und ich verhindere die zehnmalige Wiederholung des Frevels, wenn ich ihn einmal selbst wiederhole. Im vorliegenden Fall freilich zweimal. Denn über den Rekurs des Verurteilten kann ohne die Aufrollung des Tatbestandes nicht verhandelt werden. Und dieser Rekurs ist wieder typisch. »Es war«, führt er aus, »in dem Artikel die Rede davon, daß jene kleine Schauspielerin von der Josefstadt, die einen Grafen beerbte, drei Tage an dessen Sterbebette aushielt, ohne auch nur eine Minute davon zu weichen, um den Sterbenden dem Einfluß seiner Verwandten zu entziehen. Ist die Sache wahr, dann ist das Faktum auch interessant. U n d wenn man in Zeitungen haarklein beschreiben durfte, wie der Kistenreisende seinerzeit sich während seiner Fahrt mit seinen leiblichen Bedürfnissen abfand, muß es auch gestattet sein, dem kunstvollen Trik der kleinen Künstlerin, drei Tage jede menschliche Regung zu unterdrücken, seine Bewunderung zu zollen.« Sieh da, ein Publizist, der's mit seinen Rechten so ernst nimmt wie mit seinen Pflichten. Aber wer sagt denn, daß man damals »in den Zeitungen beschreiben durfte . . .«? Daß die Zeitung kein Ort des Anstands ist, wissen wir längst; daß sie aber ein Anstandsort sein muß, ist doch nicht ganz so selbstverständlich. Auch stimmt der Vergleich nicht. Die Beschreibung der Interna eines Kistenreisenden hätte ich, wäre damals schon die ‚Fackel' erschienen, sicherlich mit einem Fußtritt quittiert. Aber nicht, weil es sich hier um einen Eingriff in das Privatleben eines Kistenreisenden — davon kann nicht die Rede sein —, sondern weil es sich um die Breittretung einer widerlichen Sensation handelte. Dem Kistenreisenden war die Berichterstattung über die bravouröse Technik seiner leiblichen Funktionen sicherlich nicht unerwünscht, die Beherrschung durfte bei ihm als eine Sache des Metiers in Frage kommen, und ich hätte bloß Gelegenheit gehabt, dem beleidigten Geschmack die Genugtuung zu verschaffen. Anders die Gräfin, die sich ja nicht vor der Öffentlichkeit produziert hat. Der Schwachkopf, der mir antwortet, glaubt im Ernst, daß ich im Fall der Gräfin an der Erörterung des Allzumenschlichen a l s s o l c h e n Anstoß nahm. Wörtlich schreibt er: »G o e t h e u n d L e s s i n g u n d a n d e r e bedeutenden Männer haben weit heiklere Dinge publizistisch verwertet, ohne darum dem hochpeinlichen Prozesse der Mit- oder Nachwelt verfallen zu sein.« Unter den anderen bedeutenden Männern hat er offenbar mich gemeint; denn auch mir kann er nachweisen, daß ich — sogar in derselben Nummer — die Wendung »Jahrtausendlüge von der zur Unterleibeigenen bestimmten Frau«

geschrieben habe. Ich bin also »wohl der letzte, der von solch einer Andeutung so schwer entsetzt sein sollte.«... Es gibt Argumentationen, die so überwältigend dumm sind, daß man sich ohne Widerstand besiegt geben muß. Ich habe von ehrenrührigen Eingriffen in das Privatleben, von der verletzenden Erörterung privater Verhältnisse, von der Berührung der leiblichen Sphäre einer bestimmten Person gesprochen, und der Mensch glaubt wirklich und wahrhaftig, es habe sich mir um die Reform des — Sittlichkeitsparagraphen gehandelt! Einem solchen Gegner bin ich nicht gewachsen. Er hätte mir natürlich nicht an einer, nein an hundert Stellen der ‚Fackel' nachweisen können, daß »ich selbst« die Berührung der leiblichen Sphäre nie gescheut habe. Aber er versteht nicht, daß es sich beim Privatlebensparagraphen um die verletzende Erörterung in Beziehung auf eine bestimmte Person handelt. Als ob ich, wenn ein Tintenstrolch schriebe, daß der Minister A. sich sexuellen Ausschweifungen hingibt, an dem Ausdruck »sexuelle Ausschweifungen«, oder wenn er meldete, daß der Sektionschef B. »Hämorrhoiden« hat, an dem Ausdruck »Hämorrhoiden« Anstoß nähme! Der Eingriff in das Privatleben kann mit den zimmerreinsten Worten verübt werden, während der Gebrauch des unanständigsten Ausdrucks für keinen bestimmten Menschen verletzend sein muß. Die ‚Neue Freie Presse' nennt bekanntlich außer dem Herausgeber der ‚Fackel' auch die Syphilis nicht; aber sicherlich nicht deshalb, weil sie einen Eingriff in das Privatleben ihrer Leser zu vermeiden trachtet. Es ist zu dumm!... Indes, ein Montagsschreiber muß schließlich nicht gescheiter sein als ein Jurist. Der Vorsitzende des Prozesses Wolf-Schalk in Brüx — ich bewahre den denkwürdigen Verhandlungsbericht — hat die profunde Weisheit verkündet, daß in dem Privatlebensparagraphen das Rechtsgut der Sittlichkeit geschützt werde. Er sagte: »Was den Wahrheitsbeweis in der Affäre Seidl betrifft, so mußte vorerst die Frage erörtert werden, ob es sich hier um Tatsachen aus dem Privat- und Familienleben handle. Der Gerichtshof hat diese Frage bejaht. Aus der Natur der von den Parteien selbst zum Vortrage gebrachten Vorkommnisse geht klar hervor, daß viele Stellen das Privat- und Familienleben betreffen. Es handelt sich nicht nur um das Privatleben des Anklägers, sondern insbesondere auch um das dritter Personen, und in dieses einzugreifen steht keiner der Parteien irgend ein Recht zu. Nach dem § 490 St. G. ist ein Wahrheitsbeweis bei Angelegenheiten des Privat- und Familienlebens ausgeschlossen. Der Zweck dieser gesetzlichen Bestimmung ist ein zweifacher: Erstens die Heiligkeit des Familienlebens zu schützen, zweitens öffentliche Sitte und Rücksichten zu wahren. Diese beiden Gesichtspunkte müssen unbedingt eingehalten werden, wenn Vorkommnisse des privaten und Familienlebens zur Erörterung gelangen sollen. Wenn nun die in Rede stehenden Ausdrücke im Gerichtssaal erörtert und ausgeführt würden, müßten Anstand und Sitte im Gerichtssaal verletzt werden. Der Umstand, daß alle diese Dinge schon in Drucksachen und in Versammlungen vorgebracht wurden, kann daran nichts ändern, zumal die Hauptsache von Wolf zugegeben wurde, da er zugestanden hat, daß er an der Hochzeit des Mädchens teilnahm, daß er sich vom Vater desselben Geld entlieh, und daß er den bewußten Trinkspruch ausgebracht habe. Weil die Sittlichkeit durch die Erörterung dieser Tatsachen des privaten und Familienlebens im Gerichtssaal in höchstem Maße verletzt würde, erklärt der Gerichtshof, daß den angebotenen Beweisanträgen nicht stattzugeben sei.« Höher geht's nicht mehr! Wenn also Gefahr besteht, daß »Anstand und Sitte im Gerichtssaal verletzt« würden, so ist eine Beweisführung überhaupt nicht zuzulassen. Was ist's denn aber mit der gesetzlichen Institution der geheim durchgeführten Verhandlungen? Nein, wenn einer wegen Notzucht angeklagt ist, muß er ohne näheres Eingehen auf den Gegenstand verurteilt werden, weil die Erörterung zweifellos Anstand und Sitte im Gerichtssaal verletzen würde! Das Schamgefühl der Richter bäumt sich schon gegen die bloße Verhandlung über ein Notzuchtsdelikt auf. Der Rechtsgelehrte von Brüx war ernstlich der Meinung, daß mit dem besondern Ehrenschutz, den der vernünftige Privatlebensparagraph bezweckt, auch ein Moralschutz verbunden sei. Soll man da einem kleinen Journalisten die Begriffsverwirrung, wenn sie sich auch drolliger äußert, übelnehmen? Der hat doch wenigstens auf anderem Gebiete ein wirkliches Verdienst aufzuweisen. Er hat — man höre und staune — die ‚Fackel‘ um ihren Kredit gebracht. »Seitdem wir den Leuten gezeigt haben, wie wenig hinter dieser selbstgefälligen Aufgeblasenheit steckt, sucht man in dem roten Büchel ja nur mehr den Skandal und legt es enttäuscht zur Seite, wenn an Stelle persönlicher Anspuckerei langweilige Sentenzen aufgetischt werden.« Diesmal aber war's mir wirklich nur um die Sentenz zu tun. Nicht jeder ist meines Speichels würdig.

Korrektor. Der »Druckfehlerteufel« ist oft ein sehr absichtliches Individuum. Das Chaim-Konzert, in welches ein gutgelaunter Setzer des ‚Neuen Wiener Tagblatt‘ ein »Kaim-Konzert« verwandelt hatte, ist überboten. Das Feuilleton der ‚Neuen Freien Presse‘ vom 29. Mai machte durch einen Druckfehler geradezu Aufsehen. Er wirkte wie der konzentrierteste Ausdruck des Rachegefühls eines durch das schlechte Deutsch der Redakteure gemarterten Setzerpersonals. Der Feuilletonist sprach von fürstlichen Eheirrungen, von den Anfechtungen, denen die »Ebenbürtigkeit« heutzutage ausgesetzt ist: »Nie zuvor ist diese altehrwürdige Schutzpatronin von hochfürstlichen Damenhänden so schwer mißhandelt, von rechts und links mauschelliert werden.« Der Setzer hat ganz Recht. Wenn ein liberaler Feuilletonist sich darüber skandalisiert, daß Prinzessinen mit Leutnants, Malern, Sprachlehrern und Kutschern sich vergnügen, so mag man ihn durch die Weglassung eines einzigen Buchstaben an die viel ärgere Verirrung, an die dauernde Verbindung zwischen Fürstenhäusern und Jobberfamilien erinnern.

Herausgeber und verantwortlicher Redakteur: Karl Kraus.
Druck von Jahoda & Siegel, Wien, III. Hintere Zollamtstraße 3.

DIE FACKEL

| NR. 165 | WIEN, 8. JULI 1904 | VI. JAHR |

Geschäftszahl U I 152/4
——
34

.   Im Namen Seiner Majestät des Kaisers!

Das k. k. Bezirksgericht Josefstadt in Stfs. Wien als Preßgericht hat über
die Anklage des Ernst Vergani als Privatanklägers gegen Karl Kraus, 28./4. 1874
Wien geb. u. zust., konfessl., led., Herausgeber und verantw. Redakteur der periodischen Druckschrift ‚Die Fackel‘, IV. Schwindgasse 3, wegen Übertretung nach
Art. III des Ges. vom 15/10 1868, R.-G.-Bl. Nr. 142 in Anwesenheit des Dr. Robert
Gruber als Vertreters des Privatanklägers, des auf freiem Fuße befindlichen Angeklagten Karl Kraus nach der heute durchgeführten Hauptverhandlung auf Grund
des vom Vertreter des Privatanklägers gestellten Antrages auf Bestrafung und
Auftrag an den Angeklagten, das Urteil samt Gründen gem. § 20 Pr.-Ges. in der
periodischen Druckschrift ‚Die Fackel‘ kostenfrei abdrucken zu lassen, zu Recht
erkannt: Karl Kraus ist schuldig, als verantwortlicher Redakteur der periodischen
Druckschrift ‚Die Fackel‘ durch Aufnahme des in Nr. 147 dieser Druckschrift vom
21/11 1903 auf Seite 18 und 19 abgedruckten Artikels, welcher den Tatbestand des
Vergehens gegen die Sicherheit der Ehre nach §§ 488, 493 St.-G. begründet, jene
Aufmerksamkeit vernachlässigt zu haben, bei deren pflichtmäßiger Anwendung die
Aufnahme des strafbaren Inhaltes der Druckschrift unterblieben wäre, nach hiedurch
die Übertretung nach Art. III des Gesetzes vom 15/10 1868, Nr. 142, R.-G.-Bl.
begangen und wird gemäß dieser Gesetzesstelle zu einer Geldstrafe von vierzig
Kronen, im Nichteinbringungsfalle zu 4 Tagen Arrest, sowie gem. § 389 St. P. O.
zum Ersatze der Kosten des Strafverfahrens und Vollzuges verurteilt. Ferners wird
demselben gemäß § 20 Pr.-Ges. aufgetragen, dieses Erkenntnis ohne Gründe in
dem nach Rechtskraft desselben zunächst erscheinenden Hefte der periodischen
Druckschrift ‚Die Fackel‘ und zwar auf der ersten Seite desselben kostenlos aufzunehmen.

Gründe:

Der im Urteilstenor angeführte Artikel begründet mit Rücksicht darauf,
daß in demselben nach seinem Gesamtinhalte dem Privatankläger imputiert wird,
daß er den Kampf im ‚Deutschen Volksblatte‘ gegen das Wiener Brauhaus aus
gewinnsüchtigen Motiven führe, objektiv den Tatbestand des Vergehens gegen die
Sicherheit der Ehre nach den §§ 488, 493 St.-G.

Ein Wahrheitsbeweis wurde nicht angetreten.

In subjektiver Richtung hat der Angeklagte eine Verantwortung vorzu-
bringen verweigert. Dem Angeklagten kann der Straftat nicht als Vergehen gegen
die Sicherheit der Ehre zugerechnet werden, weil ihm eine nach § 7 des St.-G.
qualifizierte Beteiligung, welche die Kompetenz des k. k. Landes- als Schwurgerichtes begründen würde, nicht nachgewiesen ist, und liegt sonach der Fall einer
subsidiären Haftung nach Art. III der Preß-Gesetz Nov. vor.

Bei Bemessung der Strafe war erschwerend kein Umstand, mildernd der
von dem Privatankläger nicht widersprochene Umstand, daß der Angeklagte
rechtzeitig sich zur Nennung des Verfassers des Artikels bereit
erklärt hatte.

Der Ausspruch über die Strafkosten stützt sich auf die zit. Gesetzesstelle.

Über den von dem Privatankläger gestellten Antrag war gemäß § 20
Pr.-Ges. auf kostenlose Veröffentlichung des Erkenntnisses in der ‚Fackel‘ — und
zwar, mangels eines dem entgegenstehenden Interesses, ohne Gründe — zu erkennen.

Wien, am 11. Mai 1904.

Heidt m. p.   König m. p.

K. k. Bezirks-Gericht Josefstadt in Strafsachen, Abteilung I.

DER FALL HERVAY.

Jardin de Paris... Die Lernfreudigkeit, durch alle Sensationen müdegehetzt, hatte gerade vom Cancan genossen und sich von den unendlichen Beinen des Fräuleins Avril jenem Käfig zugewendet, in dem das Geschlechtstier in den Zuckungen des orientalischen Bauchtanzes verendet. Durch das Gedränge wandelnder Schminkschatullen wieder zurück zum Variété, wo der Schluß des Programms noch zu absolvieren ist. Was muß ich hören? Welch barbarische Töne stören den Frieden der elysäischen Felder? Es klingt wie von Strampfen, Paschen und Juchezen! So schreiten keine ird'schen Pariser Weiber! Wird die Szene zum Tribunal? Bricht dieser parfümierten Nacht der jüngste Tag an? Soll das Laster in Grund und Boden gestampft werden? Es ist nicht anders: Sie feiern den Sieg des Schuhplattler über den Chahut, das Sündenvolk hat sich bekehrt, und auf zerklatschten Hirschledernen wird der Wert der ›Gesundheit‹ demonstriert... Leider doch nicht überzeugend. Der Variétédirektor, der die Tiroler Truppe berief, hat falsch kalkuliert. So pervers sind die Pariser nicht, daß sie das Haxenschlagen als ein letztes Raffinement empfinden könnten. Keine Hand rührt sich, wie wilde Tiere werden die Urheber dieses ›brouhaha‹ angestarrt, das Mißverhältnis zwischen Schweiß und Anmut dieses Tanzes erregt teils Ärgernis teils Mitleid. Träte als letzte Variéténummer ein Sittenprediger auf, er müßte sich, wenn er sein Fünkchen ästhetischen Fühlens wach erhalten hat, von der ordinären Gesundheit dieser Lederhosenorgie der kulturvollen Verkommenheit zuwenden, die ringsum seinen Zorn erregte. Und allen Deutschen in Österreich zum Trotz, die einen schweren Kampf um die Erhaltung der Aufschrift ›Hier‹ auf den Pissoirs der böhmischen Bahnstationen führen müssen, sei es ausgesprochen, daß sich in mir mehr das Gefühl der Scham als das der heimatlichen Zusammengehörigkeit geregt hat. Auf die Untersuchung, ob die Rädelsführerinnen des Skandals nicht am Ende »mudelsauber« seien, ließ ich mich natürlich nicht ein; unter den Larven des Pariser Nachtlebens hatten ihre fühlenden Brüste den denkbar schlechtesten Eindruck gemacht. Die Gesundheit war durchgefallen...

Und sie fällt immer durch. Ob sie in die Champs Elysées oder ob das Raffinement ins Mürztal dringt. Überall steilt das Leben, dieser unabsichtliche und doch unerbittliche Humorist, seine Kontraste... Und so las ich am andern Tag in einer Wiener Zeitung, daß der Bezirkshauptmann Franz Hervay Edler von Kirchberg Selbstmord verübt hatte. Zauberin, Bigamie, Pflichtgefühl, Mürzzuschlag... Das flimmerte nur so vor den Augen. Aber ich erkannte sogleich, daß es doch wohl hauptsächlich auf Mürzzuschlag ankommen werde. War's eine der üblichen Lokalsensationen, die das Schnüfflerpack aus dem Kehricht der Tageschronik hervorzieht, uneingedenk der ethischen Zeitungspflicht, die auch das Sterben als eine Angelegenheit des Privatlebens achtet? Die ganze Koppel von Preßkötern im Nu auf die Spur einer Frau gehetzt, die in der Kärnthnerstraße ohnmächtig hingefallen war — man denke: die Frau eines Bezirkshauptmanns, und ohne die Presse vorher zu verständigen! Da ist gottseidank irgend etwas' nicht in Ordnung. Und schon bestätigt der Telegraph aus Graz, die »Vergangenheit« sei eine derartige, daß die Nachbarn allen Grund hätten, eine glückliche Gegenwart zu zerstören. Ein Schrei nach »Wahrheit« dringt durch das Mürztal, und mit allen steirischen Gebirgstrotteln vereinigen sich alle Wiener Tintenstrolche in dem Verlangen nach Klarheit. Es soll endlich an den Tag, ob die Zufriedenheit im Hause Hervay auf gesunder oder morscher Grundlage ruht. Die Ungewißheit ist nicht länger zu ertragen. Lippowitz hat doppelten Zeilenlohn versprochen, und der Bürger von Mürzzuschlag wird sich beruhigt zu seiner kuhwarmen Gattin legen, wenn der Abend endlich des

Rätsels Lösung gebracht hat. So oder so! Selbst die Enthüllung, daß Frau v. Hervay nichts auf dem Kerbholz habe und ihr eheliches Glück ein verdientes sei, wird immer noch wohltuend wirken neben dieser furchtbaren Ungewißheit, die sich seit Wochen schon vergeblich in die Bettwäsche des Nachbarn vertieft. Zu lange hat man sich diese mondaine Frau mit ihren feinen Manieren und ihrer feinen Unterwäsche gefallen lassen, zu lange hat sie ungestraft den Ort rebellisch gemacht. Nicht nur, daß sie den strammen Bezirkshauptmann gekapert hat, ist sie auch auf dem besten Wege, den anderen Ehemännern die Köpfe zu verdrehen. Wunder genug, daß sich noch ein Unabhängiger fand, der, anonym zwar, aber mit deutschem Mannesmut den Versuch gewagt hat, »der Zauberin die Larve vom Gesicht zu reißen«. In dem deutschvölkischen Blättchen — dessen Besitzer natürlich Smrczek heißt — war das Feuilleton erschienen, das in Wahrung berechtigter Interessen sich mit dem Vorleben dieser Frau v. Hervay befaßte und mit der neckischen Chiffre »J Durchschaudi« gezeichnet war. Man kennt die Sorte. Treudeutsch bis zum Erbrechen, aber an Verlogenheit, Feilheit und Sensationsgier den besten israelitischen Vorbildern nachstümpernd. Indes, so verheerend selbst im fernsten Alpental Druckerschwärze wirken kann, noch ist ja im Hause Hervay alles beim Alten. Wie lange wird unser Bezirkshauptmann dieser geschiedenen v. Lützow trauen? Da fällt ein Schuß. Endlich! Da wird eine verhaftet....

Ein scheußlicheres Schauspiel ward nicht erlebt. Doch gegen menschliche Niedrigkeiten anzukämpfen, ist nicht Sache des Publizisten. Bosheit, Klatschsucht, provinzielle Topfguckerei — wer wollte seine Feder in solche Quellen ärgsten Unheils tauchen? Nur den, nicht die Menschen vermag öffentliche Kritik zu erziehen, und keine steirische Gans wird sich künftig abhalten lassen, ihren Schnabel am nachbarlichen Frieden zu wetzen. Aber denk-

würdig bleibt, wie nach dem Selbstmord des Bezirkshauptmanns Presse und Kleinstadt, Jud und Christ,
die Schuld einander zuschoben. Dasselbe ‚Neue‚
Wiener Journal‘, das, noch warm von den Ohrfeigen
der Gräfin Festetics, mit den Enthüllungen über Frau
v. Hervay begonnen und gemeldet hatte, der Bezirkshauptmann sei beurlaubt, sei zur sofortigen Niederlegung
seines Amtes gezwungen worden, klagt nach dessen Tode
jene Faktoren an, die nicht davor zurückgescheut
sind, »die privaten Verhältnisse eines Beamten der
Öffentlichkeit preiszugeben«. »Eine unauffällig durchgeführte Scheidung oder die gleichfalls nicht an die
große Glocke zu hängende Ungiltigkeitserklärung der
Ehe hätte Herrn v. Hervay die Freiheit wiedergegeben
und ihm die Möglichkeit geboten, in einem anderen
Wirkungskreise seine Tätigkeit fortzuführen«. Schwarz
auf weiß gedruckt! Nein, weiß auf schwarz. Der
Lippowitz ruft: Haltet den Lippowitz! Oder er will,
da er die Gesellschaft eine unberufene Richterin
nennt, bloß das Monopol der Presse auf Zerstörung von
Familienglück wahren... Aber da meldet sich die »Gesellschaft«, der der Vorwurf gilt, zum Wort, vertreten durch
das ‚Deutsche Volksblatt‘. Konnte man glauben, daß
Herr Vergani einen andern Standpunkt als den des
gekränkten Mürzzuschlagers einnehmen werde? Der
Horizont des ‚Deutschen Volksblatts‘ sitzt der Engstirnig-
keit einer steierischen Provinzstadt wie angemessen.
Das dreckige Selbstbewußtsein, das hinter einem Jäger-
schen Normalhemd pocht, die Freude an der eigenen
Schäbigkeit, das Behagen an der üblen Ausdünstung des
eigenen Charakters, Beschränktheit und Rohheit,
Dummheit und Stolz — mit kleinen dialektischen
Unterschieden ist's immer dasselbe. Freilich kann ich
nicht verhehlen, daß mir der Gedankengang, der
durch den Artikel »Die Jüdin« zieht, mehr nach
Hallstatt als nach Mürzzuschlag zu tendieren scheint:
Frau v. Hervay eine Missionärin der Alliance israélite,
die in das stille Alpental gesendet wurde, um dessen

biedere Insassen durch »die Lehren der Talmudisten
und der jüdischen Morallehrer« zu Falle zu bringen.
Glaubwürdiger als diese Version klingt das Bekenntnis einer schönen Seele: »Mit einer steigenden Erbitterung, die bei dem geraden ehrlichen Charakter
der Steirer nur natürlich ist, hat die Bevölkerung von
Mürzzuschlag die allmähliche Umgarnung ihres braven
Bezirkshauptmannes durch die jüdische Kokette verfolgt... Und als die Entlarvung der Elenden endlich
gelungen war, da hätten die biederen Leute wohl
am liebsten in flammender Empörung einen Akt
derber Lynchjustiz an der frechen Verbrecherin vollzogen, wenn nicht die Behörden, dem Buchstaben
des Gesetzes entsprechend und w a h r l i c h n i c h t
d e m e i g e n e n T r i e b e, die Circe vor den derben
Fäusten, die sich verlangend nach ihr ausstreckten,
geschützt hätten.« Die Mürzzuschlager konnten also
nicht halten, was ihr Name versprach, weil
die Gesetzkenntnis, nicht die Gesinnung, der Behörden
ihnen in den Arm fiel. Die Weltanschauung des
‚Deutschen Volksblatts‘, in der sich das sittliche Ideal
eines St. Marxer Viehtreibers mit dem ästhetischen
des Kerzelweibs organisch verbindet, ist nicht oft
so klar zu tage getreten wie in diesem Tobsuchtsausbruch gegen eine Frau, zu deren — bitte, nicht zu
erschrecken — Gunsten sicherlich noch mehr vorzu-
bringen wäre als der billige Triumph über ein paar
nicht eben erleuchtete Herren der Schöpfung.

Denn es sei geradeheraus gesagt — und in
einem Lustrum des Kampfs gegen die Schlechtigkeit
habe ich mir das Recht verdient, es zu sagen, ohne
mißverstanden zu werden —: es gibt Zeiten und
Stimmungen, in denen man auf den Standpunkt des
‚Simplicissimus‘ zurückkehrt: Ein reingewaschener
Sünder ist mir lieber als drei Gerechte mit Schweiß-
füßen! Man ist lange genug ein Prediger in der Wüste
gewesen, um sich schließlich mit der Befugnis einer
ästhetischen Wertung der Menschen und Dinge zu

belohnen. Auch an der Tafel des Lebens ist manchmal
jener der leidlichere Genosse, der das Messer in die Tasche,
als der es in's Maul steckt. Und nie noch ward mir
der Nachbar, der in meine Suppe spie, durch die
Versicherung erträglicher, daß er ein »anständiger
Mensch« sei. Wurde der Pfad, den der Sucher menschlicher
Vollkommenheit betrat, immer wieder zum Scheideweg
der Unvollkommenheiten, so habe ich öfter mich, da
Form ohne Inhalt oder Inhalt ohne Form zu wählen
war, für die ästhetische Richtung entschieden, die
Dummheit, nicht die Schuld als der Übel größtes betrachtet, und im tiefsten Seelengrund die Empfindung
gehegt, daß das Leben zu kurz sei, um sich bei dem
Anblick ungefälliger Dinge aufzuhalten. Keine Gefahr,
daß solche Maxime die Entschließung rechtfertigen
könnte, lieber ein kluger Lump zu sein als ein plumper
Ehrenmann. Nicht vom Sein, bloß vom Sehen handelt
diese Lehre. Und einen fesselnderen Anblick als die
Schwarzalben von Steiermark, als der beim ersten
Anprall des Lebens gefällte Normalmensch Hervay
bietet diese Zaubererstochter immerhin, die die Ehe-
pakte wie Spielkarten verschwinden läßt, Männer
in Esel verwandelt und erst scheiterte, als sie die
Frage stellte, ob jemand von den Herrschaften in
Mürzzuschlag zufällig ein reines Taschentuch bei sich
habe... Ich kann mir nicht helfen: von dieser »Elenden«
könnte mir das ‚Deutsche Volksblatt‘ nachweisen, daß
sie mit fünfhundert Männern verheiratet war, sie
scheint mir dennoch wertvoller, dem Ideal der
— ethisch kaum bestimmbaren — Weiblichkeit
verwandter als eine christlichsoziale Versammlungs-
megäre. Und keine Saite menschlichen Entsetzens
klingt in mir mit, wenn ich in dumpfem Ge-
murmel rings um mich das Wort »Bigamie« vernehme.
Ich leugne ja nicht die Notwendigkeit, im Gegenwartsstaat besonders gebrechliche Rechtsgüter, wie
die Ehe und die Familie, mit besonderem Schutz zu
umgeben. Aber die Empfindung des Grauens beschleicht

mich nicht, wenn einer sich der Übertretung eines
Zweckgesetzes schuldig gemacht hat, einer Übertretung, die doch selbst durch moralische Verfehlung
aus dem technischen nicht zum fühlbaren Verbrechen
werden könnte; und ich halte Wucher, Ausbeutung
und den im frommen Österreich straflosen unlautern
Wettbewerb noch immer für ruchlosere Taten als die
Durchbrechung des »sittlichen Prinzips der Mono-
gamie«. Daß Frau v. Hervay, die der »zweifachen Ehe«
beschuldigt und der bis heute nichts anderes nachgewiesen ist als die gerichtliche Scheidung von
ihrem vorletzten Gatten, vor versammeltem Volke eskortiert, auf der Fahrt nach Leoben im Mürzzuschlager Bahnhof förmlich ausgestellt, vor der Lynchjustiz bewahrt,
aber der Schmähwut des Pöbels geflissentlich preis-
gegeben, daß sie mit einer Diebin zusammengesperrt
wurde, beweist, wie schwer sich unsere Behörden
in einer Zeit, in der es keine Hexenprozesse
mehr gibt, zurechtfinden. Seit dem Prozeß gegen
eine Ehebrecherin — solche Hexen gibt's noch —,
der vor zwei Jahren hier spielte, ward ein ähnlicher
Anfall von Heimweh nach dem Mittelalter nicht beobachtet. Frau v. Hervay mußte offenbar sofort verhaftet werden, weil Gefahr bestand, daß sie sich zum
sechstenmal verheiraten und vielleicht gar den Staatsanwalt betören könnte. Man hätte sonst wieder, wie
das ‚Deutsche Volksblatt' schreibt, »mit Ausdrücken
höchster Empörung, flammendsten Zornes von dem
Siege des raffinierten Weibes über den Beamten«
sprechen müssen...

Der Sieg eines »Weibes« über einen »Beamten«!
Was ist das doch für ein sonderbares Delikt! Es wird,
wenn die »Vergehen gegen die Interessen der Gesamtheit« neu codificiert werden, besondere Berücksichtigung finden müssen. Denn bisher war »hieramts«
von Liebe nichts bekannt, und es muß gründlich dem
Verdacht vorgebeugt werden, daß jeder Bezirkshauptmannschaft eine k. k. Circe zugeteilt sei, die

pflichttreue Beamte von dem Pfad der Korrektheit abzubringen habe. Nur glaube ich, daß das strengste Gesetz nicht helfen wird. Wie Franz v. Hervay's Unschuld zu Falle kam, so werden .noch viele vortreffliche Bezirkshauptmänner, Landesgerichtsräte, Professoren, Sektionschefs, vielleicht gar Statthalter und Minister straucheln. Es braucht bloß durch_eine Türspalte ein Sonnenstrahl des Lebens in Bureaustube oder Lehrzimmer zu dringen. Der Amtsschimmel wird scheu, dem das nächste beste Weibchen die Sporen gab. Perverser als die Faszinierung eines Bezirkshauptmanns ist eine staatliche Ordnung, in der die Regierenden sich an praktischer Welterfahrung von den Regierten beschämen lassen müssen und in der es vorbildlich ist, nichts erlebt zu haben; perverser ist ein System, wonach Männer, deren Leben eine prolongierte Gymnasialzeit ist — mit guter Sittennote, vielen Büchern und einem Weib — Sexualgesetze schaffen und auslegen, als Familienväter verkappte Vorzugschüler zu Ordnern im Chaos des Geschlechtsverkehrs bestellt sind. Gibt es etwas Groteskeres als die Erscheinung eines Schweizer Philisters, der ein Strafgesetz zu entwerfen hat und dekretiert, daß jede Abweichung vom horizontalen Pfad der Geschlechtstugend — auch im Ehebett — strafbar sei? In der Respektlosigkeit, zu der man täglich erzogen wird, wenn man solide Lebensfremdheit und gelehrte Phantasiearmut am kompliziertesten Werke sieht, möchte man wünschen, daß doch der Geschlechtstrieb der Gesetzgeber irgendwie von der verfassungsmäßigen Norm abweiche, damit sie an ihrem eigenen Leibe die Torheit des Versuchs erfahren, das Nervensystem unter Strafkontrolle zu stellen. Den Weg menschlicher Befreiung bezeichnet die Erkenntnis, die das Verbrechen zur Unmoral, diese zur Krankheit, die Krankheit zur Neigung mildert. Kann man noch wähnen, daß solche Duldung ein Volk schwächen könnte, wenn sie die Gehirnkraft seiner wertvollsten Bürger von dem Druck krimineller Drohung und sozialer Achtung erlöst? Nie wird — im Sexualreich — freies Gewähren die Menschheit so tief herunterbringen wie Verbieten, was heimlich dennoch geschieht. Beginnen wir nur erst die Dächer abzuheben und die Decken von den Schlafzimmern, so wird manch ein General die Schlacht verlieren! Nur der Scheuklappenverstand, der alle Entwicklung von der eigenen Geburt datiert, hat die Vorstellung von der Modernität sexueller Entartung ausgeheckt. Aber unsere Gerichtssaalrubrik ist ein Erbauungsbuch neben jenen vergilbten Protokollen, die, wie ich weiß, ein Justizbeamter kürzlich entdeckte und die der staunenden Welt die Kunde bringen, daß im Wien der Kongreßzeit ein Knabenbordell bestanden hat. Wehrt sich Mürzzuschlag gegen die »Sittenverderbnis der Großstadt«? Einst ward — ich beeide den Fall — der Versuch gemacht, eine Prostituierte der Moral, der Familie, der Heimat zurückzuerobern. Aber der neue Zustand war nicht zu halten. Die »Schanddirne« verließ das biedere oberösterreichische Dorf am ersten Tage. Die beiden Welten vertrugen sich nicht: der Loisl, ihr Bruder, hatte sie vergewaltigen wollen...

Fort mit der sexuellen Heuchelei! Nur wenn wir aufhören, unser Menschlichstes als eine geheimnisvolle Welt zu scheuen, können wir uns vor ihren Fährnissen schützen. Fort mit der menschenmörderischen Lüge von den »geheimen« Krankheiten! Das Wort hat nicht der Unterdrückung, sondern der Verbreitung gedient; nur öffentlichen Übeln kann man beikommen. Unsere Moral ist wahrlich eine Mutter, die ihr Kind mit einer Ohrfeige belehrt, wenn es gefragt hat, was in Schiller's »Räubern« der Ausdruck »Hure« bedeute. Oder sie gleicht dem klügeren Lehrer, der die Stellen unterstreicht, die der Schüler nicht lesen darf. Welch ein Abgrund von Sittlichkeit! So wachsen die Kinder dieser Zeit heran, wissen nicht, was sie müssen, und wissen so viel, was sie nicht dürfen. Untrennbar bleibt ihnen, seit jenem Schreck der mütterlichen Ohrfeige, das Sexuelle mit dem Moralischen verbunden, die erste starke Erregung der Sinne bringt sie in die Gefahr seelischer Konzeption, der erste Anprall des Lebens macht sie straucheln. Eine distinguierte Fremde braucht bloß ein wenig mit den Dessous zu rascheln, und sie nennen sie »Märchen«. »Sexuelle Tiroler« — ich habe das treffende Wort just vor einem Jahr zitiert, als Frank Wedekind's »Erdgeist«, die Komödie von der pathetischen Mißdeutung des Geschlechtslebens, die Tragödie der Frauenanmut, den schnurgeraden Sinn der Wiener Kritik verwirrte. Aber einer von Lulu's Hampelmännern, der Maler Schwarz, tötet sich, weil sein geliebtes Weib nicht, wie er glaubte, von vornehmer Abkunft ist, sondern »aus der Gosse« stammt, und weil sie nicht, wie er glaubte, bei einer Tante aufgewachsen ist, sondern im Alhambra-Café barfuß Blumen verkauft hat. »An dem Glück, daß du gekostet, kann nichts etwas ändern. Du überschätzest dich gegen besseres Wissen, wenn du dir einredest, zu verlieren. Es gilt zu gewinnen.« Nützt nichts: der »Idealist« geht an dem innern Konflikt, nicht mehr lieben zu können, was er liebt, zugrunde. Es genügt das Wissen um die Vergangenheit, die Aufklärung eines Freundes wirft ihn um. Und ich glaube auch nicht, daß Franz v. Hervay an dem äußern Skandal gestorben ist. Der Anteil, den kleinstädtischer Klatsch und journalistische Schnüffelei an der Katastrophe haben mögen, soll nicht unterschätzt werden; aber nur eine unpsychologische Auffassung vermag ihnen die ausschließliche Schuld zuzuerkennen. Der Bezirkshauptmann Franz v. Hervay hat sein Mürzzuschlag in sich getragen. Ein Musterknabe, dem sein ehemaliger Klassenvorstand vom »Theresianum« den Nachruf in einer Zeitung gehalten hat. Man darf wirklich in typischer Beziehung von dem Sieg eines Weibes über einen österreichischen Beamten sprechen, von einer der schwersten Niederlagen, die sich die Korrektheit jemals geholt hat. Von einer Blamage der Gesundheit, die Cancan tanzen sollte, aber nur schuhplatteln gelernt hatte. Der gefallene Mann...

Ihr Antlitz wenden
Verklärte von dir ab.
Die Hände dir zu reichen,
Schauert's den Reinen!

»Er ist der erste nicht!« ruft zähnefletschend der Teufel. Und wenn man daran denkt, wie viel Tüchtigkeit dem Staat durch den Hingang eines so guten Beamten, der nur auf das Leben so schlecht vorbereitet war, verloren ging, möchte man in Faust's Klage ausbrechen: »Jammer! Jammer! von keiner Menschenseele zu fassen, daß mehr als ein Geschöpf in die Tiefe dieses Elendes versank, daß nicht das erste genugtat für die Schuld aller übrigen in seiner windenden Todesnot vor den Augen des ewig Verzeihenden!«... Ist der verführte deutsche Hans eine tragische Figur? Nicht als Opfer der Verführerin, wohl aber als das Opfer seiner Erziehung. Vor den Herren der Schöpfung wird es geheim gehalten, daß auch ihr ewig Weh und Ach so tausendfach aus einem Punkte zu kurieren ist. Man hat ihnen die Medizin immer nur als Gift bezeichnet. Und so sterben sie an dem Glauben, vergiftet zu sein. Die Liebe darf ihre sozialen Ansprüche nicht enttäuschen; sonst brechen sie unter ihr zusammen. Zuerst glückliche Gefangene ihrer Sinne, beginnen sie sich plötzlich den Schlaf aus den Augen zu reiben, erinnern sich an die ethische Mission der Frau als Fortpflanzerin von Beamtengeschlechtern und verwünschen die holde Unorthographie der Frauenliebe, die da »genus« mit zwei s schreibt.

Den Schießversuchen des Grafen Milewski auf dem Nordbahnhofe steht unsere Behörde noch wohlwollender gegenüber als die ungarische den Stierkämpfen, die schließlich doch abgesagt wurden. Die Untersuchungshaft gedenkt der Herr Graf auf seiner Yacht zu verbringen. Und dabei ist dieser Graf nur ein römischer Graf, was bekanntlich auch der Maler Lippay ist, der freilich die Leute noch schlechter trifft als der Graf Milewski. Die Offenheit, mit der man jetzt im amtlichen Österreich zugibt, daß der Mensch beim Baron anfängt und der Häftling beim Baron aufhört, entwaffnet alle Empörung. Als der gräfliche Kunstschütze im Landesgericht ankam — »Herr Graf bemühen sich selbst?« hätte der Untersuchungsrichter beinahe gerufen —, wurde ihm mit Rücksicht auf seinen aufgeregten Zustand das Verhör in der dumpfen Stube erspart und »im Garten« serviert... Aber muß man denn in Österreich wirklich Graf sein, um beim Schießen auf Menschen billig davon zu kommen? In Korneuburg bekam neulich ein Wilderer einen Monat schweren Kerkers für einen Fasan, der Jäger, der dem Wilderer dafür die Lunge durchschoß, vierzehn Tage einfachen Arrests. Des kriminalistischen Rätsels Lösung dürfte lauten, daß der Fasan eben ein gräflicher Fasan war.

.   .   .

Man kann sagen, daß seit Haman keiner so gründlich gehaßt wurde wie der Magistratssekretär Demel, der sich nachgerade zur ständigen Rubrik in den Wiener Zeitungen herauszubilden scheint. Daß der Mann für sein ungezogenes Benehmen in der Spiritusausstellung gerichtlich bestraft wurde, genügt nicht. Und da Ehrenbeleidigungen hierzulande nur bis zur zweiten Instanz, aber nicht bis ins dritte

Geschlecht geahndet werden, hilft man sich mit Protestversammlungen, in denen zur Abwechslung der Jud
den Wurstl erschlägt. Das »Gremium der Wiener
Kaufmannschaft« veranstaltete neulich eine Humanitäts-
orgie, die so pathetisch verlief, daß man jeden Augenblick den seit den Tagen von Polna verschollenen Ausruf
erwartete: »Ist denn kein Zola da?« Aber Herr Pollak
v. Parnegg ersetzte ihn vollkommen. Man hatte dem
Mann schweres Unrecht getan, da man ihm vorwarf,
daß er seit seiner Nobilitierung mit den Christlichsozialen liebäugle. Er hat über dem Parnegg den
Pollak nicht vergessen und sich der Juden mit dem
objektiven Wohlwollen eines Fernstehenden angenommen. Wenn der Mann einst das Adelsprädikat
als Namen wird führen dürfen, werden ihn antisemitische Blätter gewiß des Philosemitismus beschuldigen und einen Judenknecht nennen. Er gestand
zu, daß »gerade jüdische Kaufleute und Industrielle
ungemein viel zur Förderung unseres Exportes beitragen«, und rief: »Blicken Sie, meine Herren, um
sich und ziehen Sie im Kreise unserer Repräsentanz
Vergleiche untereinander, ob zwischen dem Wirken
und Schaffen der einzelnen ein Unterschied besteht,
ob die einen oder die anderen mehr opferwillig sind oder
ob wir uns selbst in unserem Äußern unterscheiden. Ich bin sicher, daß Sie zu dem Resultat
kommen werden, daß in unserer Repräsentanz kein
Unterschied zu Tage tritt«. Das ist sehr leicht
möglich, und sicher unterscheidet sich selbst der
aristokratische Präsident des Gremiums in seinem
Äußern von keinem jüdischen Kaufmann. Außer
Herrn v. Pollak nahmen noch mehrere andere Redner
das Wort, und es entstand eine lebhafte Debatte
darüber, daß alle einig waren. Einig in dem Entschlusse, in Herrn Demel das Prinzip des Bösen zu
erblicken. Hoffentlich macht diese Resolution, die die
Absetzung des langweiligen Magistratssekretärs als
behördlichen Kommissärs für die Gremiumssitzungen,

vielleicht sogar seine Hinrichtung zur Folge haben
wird, der Qual der Zeitungsleser ein Ende!

Vor Schluß des Blattes: Jetzt geht's erst recht
los. Der Magistratsdirektor droht mit einer Amtsehren-
beleidigungsklage, das Gremium beruft eine außerordentliche Sitzung ein, die ‚Neue Freie Presse‘ speit
Leitartikel. Herr Demel bleibt auf dem Repertoire.

* * *

Von dem Unglück, das der Psychiaterdünkel
über die Menschheit gebracht hat, von der Schmach
der Familienjustiz und dem Mißbrauch des Kuratel-
wesens handelt ein bemerkenswerter Aufsatz »Das Recht
im Irrenwesen«, den Hofrat Burckhard in der ‚Zeit‘
veröffentlicht hat. Seine Gründe so richtig, wie seine
Ziele falsch: »Der Arzt soll als Sachverständiger gehört werden, aber er soll nicht Richter sein, und wie
schon Gambetta vorgeschlagen hat, soll nur von
Laien nach Anhörung der Sachverständigen in
öffentlicher Verhandlung über die Frage der geistigen Gesundheit wirksam erkannt werden dürfen«. Um
Gotteswillen! Auch noch Geschworne für die Psyche!
Wahrhaftig, schon im Jahre 1901 war dies ernsthaft
in dem bekannten ‚ufruf verlangt worden. Und
Burckhard schreibt: »Darüber, ob die rechtliche Persönlichkeit eines Menschen vernichtet werden darf, soll,
wie auf dem Gebiete des Strafrechtes, auch auf dem
Gebiete des Irrenrechtes der Laie entscheiden. Entscheiden im vollen Lichte der Öffentlichkeit, entscheiden unter Leitung eines Richters auf Grund der sachverständigen Ausführungen der Ärzte — wie dies ja
heute schon so oft auf dem Gebiete des Strafrechtes der
Fall ist. Diese Forderung ist so wenig eine Beleidigung
der Ärzte, als die Einführung der Schöffengerichte
und der Geschwornengerichte eine Beleidigung der

Richter und der Juristen enthielt. Ich bin so weit
entfernt, dem Arzt gegenüber den Juristen auszuspie-
len, daß ich auch in Rechtssachen dem Juristen alle
Entscheidungen ganz wegnehmen und die Entscheidung
immer nur dem Laien zuweisen würde. Auch der Jurist
sollte bei jeder Rechtsprechung nur Sachverständiger
oder Helfer in der Rechtfindung sein.« Aber im Geschwornenwesen ist er doch nicht einmal das! Im Straf-
gericht e n t s c h e i d e t der Laie. Vernünftigerweise
müßte man, wenn man sich von der Volksjustiz schon
nicht trennen will, mindestens für eine Umkehrung der
Kompetenzen eintreten, dem Richter die Beurteilung
der Schuld und dem Laien die Bemessung der Strafe
zuweisen. Für die Entscheidung aber, ob einer ins Irrenhaus gesteckt werden soll, kann nur eine Kompetenz
in Betracht kommen, die des Fachmanns. Wohl ist es
unumgänglich, daß sich·auch die Freiheitsentziehung,
die der Psychiater ausspricht, im vollen Licht der
Öffentlichkeit abspiele. Aber zu ihrer Kontrolle
ist ein Richterkollegium, nicht eine Schar von Klein-
gewerbetreibenden berufen.

Nicht der Vorschlag, die Tendenz des Aufsatzes
ist lobenswert. Burckhard bekräftigt sie durch ein
ungemein interessantes Beispiel: »Heute kann man
ja ruhig davon reden, da ja kein Mensch mehr daran
zweifelt, daß unser G i r a r d i geistig gesund ist. Um
11 Uhr Vormittags hatte eines Tages die Wiener
Polizeidirektion angeordnet, daß Girardi in eine Irrenanstalt gebracht werde, und schon war der Wagen
abgeschickt, der ihn ‚holen‘ sollte, dies alles auf Grund
einer privaten Intervention und des Attests eines
Arztes. Und um 2 Uhr desselben Tages hatte die
Polizeidirektion diese Anordnung zurückgezogen auf
Grund einer anderen Intervention und des Attests
eines anderen Arztes. So wenig gleichgiltig es für
Girardi gewesen wäre, welcher Arzt, welcher Inter-
venient recht gehabt und recht erhalten hätte, so
gleichgiltig ist das für unsere prinzipielle Frage.

Und darum scheint mir dieses Beispiel die schweren Mängel des Rechtszustandes so schlagend darzutun. Denn eines ist gewiß: einer der beiden Ärzte hat grob geirrt — welcher geirrt hat, ist gleich- giltig für unsere Frage. Sicher ist, daß die Behörde sofort bereit war, das Verdikt des Arztes zu ratifizieren. Ob es nun gegolten hat, einen Gesunden auf Grund eines falschen Zeugnisses der Freiheit zu berauben, einer Anstalt und vielleicht ernstlicher Schädigung seiner Psyche zu überliefern, oder ob es gegolten hätte, einen gemeingefährlichen Narren frei umherlaufen zu lassen, darauf kam es der Behörde nicht an: sie war zu beidem bereit. Die Atteste waren ihr nichts als die Mittel, sich den Wünschen des Barons Soundso und der Frau Soundso gefügig zu erweisen. Und wäre der Wunsch, der Frau Schratt gefällig zu sein, nicht der stärkere gewesen, so hätte man Girardi eben ‚eingefangen‘ und zwangs- weise in eine Anstalt gebracht, und vielleicht hätte er dort zu ‚toben‘ angefangen, wie ich und hundert andere im gleichen Falle toben würden, und wahr- scheinlich wäre er heute noch drinnen. Und da wagt man zu bestreiten, daß unsere Vorschriften über Irren- wesen ganz erbärmlich sein müssen und daß auf dem Gebiete des Irrenwesens dem Verbrechen, der Fahr- lässigkeit und dem Irrtum Tür und Tor weit offen stehen!« — Der Arzt, der Girardi für irrsinnig erklärt hat, ist der bekannte Dr. Joseph Hoffmann. Der Baron Soundso ist Herr v. Rothschild, der durch die Rettung Girardi's in ziemliche Verlegenheit kam und auch mit dem Wunsche, sich vor übler Nachrede dadurch zu schützen, daß er einer einflußreichen Frau hunderttausend Gulden durch seinen Prokuristen Langbein anzubieten versuchte, kein Glück hatte. Es ist gut, daß von Zeit zu Zeit die Erinnerung an diese unerhörte Affaire aufgefrischt wird.

.　.　.

Da ich nicht Gehirnpatholog bin, kann ich gegenüber den »Glossen«, die der berühmte deutsche Satiriker Masaidek allsonntäglich veröffentlicht, keinen richtigen Standpunkt finden. Dagegen bringe ich gern die folgende Erklärung Karl Bleibtreu's, der es hier mit einer literarischen Erscheinung zu tun zu haben glaubt, zum Abdruck:

Die schönen Tage in Aranjuez sind nun zu Ende. In tiefe Ungnade bei den löblichen Antisemiten gefallen, denke ich fern von Madrid über meine Missetat nach, in »jüdischen« Blättern geschrieben zu haben. Dieser Pluralis Majestatis kommt nämlich der ‚Fackel' zu, die ja bekanntlich ein jüdisches Hauptblatt und eine geliebte Hochburg jüdischer Korruption vorstellt. Der strenge Cato, dessen unentwegte Gesinnungstüchtigkeit mich durchschaute und entlarvte, heißt Masaidek. Seinen Zorn auf die böse ‚Fackel', die eine geistige Anlehnung seiner »Glossen« aufhellte, entladet er hochherzig nicht wider den Fackelträger, sondern meine dunkle Person. Das Blatt, dem er seine sittliche Entrüstung anvertraute, ist natürlich die ‚Deutsche Zeitung', ein mir einst nahestehendes Organ. Ohne jeden persönlichen oder sonstigen Anlaß beehrte mich dieses Organ des echten Antisemitismus, dem indes, wie mir von allermaßgebendster Stelle erklärt wird, der parteioffizielle Charakter, den es sich anmaßt, nicht zukommt, aus heiterem Himmel mit der »Glosse«, daß ich »an geraden Tagen für jüdische, an ungeraden für antisemitische Blätter« schreibe und bei gutem Humor auf alle schimpfe, »die es nicht ebenso machen wie er.« Ich enthalte mich aus bestimmten Gründen, diesen reizvollen Vorwurf der Charakterlosigkeit mit dem Worte zu kennzeichnen, das hier allein zutrifft. An das würdige Blatt sandte ich die folgende Berichtigung: »Die Behauptung des Herrn Masaidek, daß ich u. s. w., ist formal, inhaltlich und im weitesten Sinne unwahr. Wahr ist dagegen, daß ich in der ‚Fackel‘, deren Bekämpfung der Korruption man schwerlich „jüdisch‘ nennen wird, den Philosophen Weininger, der aus Überzeugung Christ wurde und den deutschen Idealismus vertrat, für ‚deutscher‘ erklärte als viele Deutsche mit jüdischer Gesinnung.« Ob diese d e u t s c h e Zeitung nunmehr die Unwahrheit ihrer Behauptung einräumt oder nicht, kommt wohl für Beurteilung jedes Gentleman aufs Gleiche hinaus. Daß ich aber für s o l c h e Deutsche mich den Hetzereien der liberalen Presse preisgab, liefert neuen psychologischen Beitrag zur Wertung von Kreisen, deren eigene Gesinnungstüchtigkeit sich so glänzend in den Jubiläumstheater-Affairen bewährte. Man weiß ja manchmal im Leben nicht, wo die Dummheit aufhört und die Bosheit anfängt, und umgekehrt. Daß man das Judentum eines Disraeli und Konsorten vernichtend geißeln, dagegen die echtdeutsche Kultur eines Heine und Ferdinand Lassalle bewundern kann, daß man die schroffste Ablehnung des Judentums (wissenschaftlicher und geistig idealer Antisemitismus) nicht mit dem Maul- und Radauantisemitismus verwechseln will, der oft nur gemeinen materiellen Neid oder reaktionär-klerikale Tendenzen austönt, das geht natürlich über das Verständnis bornierter Parteiverbohrung. Die Parteijuden freilich sehen schärfer: sie fürchten nicht den Pöbelantisemitismus, von dem sie wahrscheinlich annehmen, daß man ihn zur Not mit klingenden zahlbaren Beweismitteln besänftigen könne, sondern den vornehmen Geistesantisemitismus, gegen den man verlogene Freiheits- und Humanitätsphrasen nicht ausspielen darf. Sie hassen H. St. Chamberlain, aber nicht die ‚Deutsche Zeitung‘ und Herrn Masaidek. Im Übrigen fange ich an einzusehen, daß Vieles, was man gemeinhin »jüdisch« nennt, bloß »menschlich« genannt werden sollte. Das Allzumenschliche kennt leider keine Nationalität, ein geistig verjudeter Germane ist wahrlich jüdischer als ein von ger-

manischer Kultur getränkter Jude. Das zweite kommt
selten genug vor, ohne Zweifel. Und ich werde nie
ein Hehl daraus machen, daß meine grenzenlose Verachtung jener pseudo-antisemitischen Streberbande,
deren geistiges und sittliches Judentum aus der Haut
fahren möchte, meine sonstige Stellungnahme nicht
ändert. Was ich fühle und denke, sagt deutlich mein
soeben erscheinendes dreibändiges Werk »Die Vertreter des Jahrhunderts« mit dem Byronmotto: »Da
ich zu keiner Partei gehöre, beleidige ich alle Parteien.« Dixi.

Chur (Schweiz).   Karl Bleibtreu.

* * *

Ich erhalte die folgende Zuschrift: »Bisher habe ich selten
die Sonntagsartikel des Herrn Lothar-Thomas zweimal gelesen; es
war mir einmal genug. Am 12. Juni mußte ich aber diese Lektüre
wiederholen, weil ich das erste Mal meinen eigenen Augen nicht
traute, da ich als Äußerungen eines hervorragenden Rechtsge-
lehrten Ansichten abgedruckt fand, deren Unrichtigkeit jeder Eisen-
bahnkondukteur mit dem Gesetzbuche in der Hand beweisen kann.
Nach der zweiten Lesung mußte ich annehmen, daß meine Sinne
mich nicht täuschen, aber jetzt wußte ich wieder nicht, ob sich
Herr Thomas den Scherz erlaubte, seine eigenen Ansichten als
Gutachten eines Gelehrten auszugeben, oder ob dieser versuchen
wollte, was man alles dem Herrn Thomas anhängen kann, um
noch Glauben zu finden. Denn daß ein berühmter Jurist im Ernste
das gesagt hätte, was ihm da zugeschrieben wird, das glaube ich
einfach nicht. Es heißt in dem Artikel unter anderem: ‚Hat sie
(die Bahn) für mich keinen Platz in der Wagenklasse, für die mein
Billet gilt, so hat sie dafür zu sorgen, daß mir ein anderer Platz
zugewiesen werde ... Jedenfalls aber ist die Bahnverwaltung im
Augenblicke, wo ich eine Fahrkarte besitze, verpflichtet, mich zu
befördern und zwar mit dem Zuge, für den ich die Karte gelöst
habe ... In dieser Beziehung ist ja die Rechtslage ganz klar ...‘
Gegenüber dieser ‚klaren Rechtslage‘ sagt der § 14 des Betriebs-
reglements für die Eisenbahnen der im Reichsrate vertretenen

Königreiche und Länder, eingeführt auf Grund des Gesetzes vom 27. Oktober 1892 (R.-G.-Bl. Nr. 187), welches Reglement die rechtliche Grundlage des Personenbeförderungsvertrages bildet, wörtlich das Folgende: ‚Die Fahrkarten geben Anspruch auf Plätze, soweit solche vorhanden sind. Wenn einem Reisenden ein seiner Fahrkarte entsprechender Platz nicht angewiesen werden kann, ihm auch nicht ein Platz in einer höheren Klasse zeitweilig eingeräumt wird, so steht es ihm frei, die Fahrkarte gegen eine solche der niedrigeren Klasse, in welcher noch Plätze vorhanden sind, unter Erstattung des Preisunterschiedes umzuwechseln oder die Fahrt zu unterlassen und das bezahlte Fahrgeld zurückzuverlangen.' Man sieht, daß die geltenden Bestimmungen so ziemlich das Gegenteil von dem sagen, was die ‚Neue Freie Presse' verbreitet. Leider ist die Veröffentlichung derartiger Unrichtigkeiten geeignet, das Publikum irrezuführen und in Streitigkeiten mit den Eisenbahnorganen zu verwickeln, die nicht im Interesse einer glatten Abwicklung des Bahndienstes gelegen sind.«

Der Schwätzer Lothar, dieser Gemischtwarenhändler der öffentlichen Meinung, hat einen bezirksgerichtlichen Prozeß, den ein Passagier gegen eine Bahn gewann, zur Belästigung der Hofräte Pfaff und Grünhut benützt. Ohne eine Ahnung von dem Wesen der Sache, um die es sich drehte, von den Voraussetzungen des Urteils zu haben, rannte er den beiden Gelehrten die Tür ein und heischte Auskunft. Die Herren sollen empört gewesen sein, als sie das Gewäsch, das ihnen da zugemutet wurde, lasen, und versichert haben, sie hätten überhaupt nicht gewußt, daß die Unterredung einen publizistischen Zweck verfolge... Gegen die Prostitution der Wissenschaft, die jedem Reporter mit Gutachten zu willen ist, muß immer wieder eingeschritten werden. Recht geschieht den Herren! Sie, nicht Herrn Thomas trifft die Schuld. Ein »Privatgespräch«! Herr Lothar könnte auch gekommen sein, um seinen juristischen Wissensdurst zu stillen! In keiner andern Sache mußten die Herren journalistische Absicht vermuten, als gerade in dieser. Es wird sich doch nicht aus persönlichem Interesse über die Platzfrage bei den Bahnen informieren, wer überall freie Fahrt in der ersten Klasse hat?

. . .

Am 2. Juli war im Feuilletonteil des ‚Neuen Wiener Tagblatts‘ zu lesen: »Erklärung. In meiner Erregung über die neuerlich — allerdings ohne Zutun Berufener — veröffentlichten Kritiken Hugo Wolfs (aus den Jahren 1884 bis 1887) über Johannes Brahms und meine Person habe ich mich leider hinreißen lassen, in dem Feuilleton ‚Ein Musikbuch aus Österreich‘ vom 9. März d. J. Ausdrücke wider Hugo Wolf zu gebrauchen und Urteile über seine Handlungsweise auszusprechen, die mir heute bei ruhiger Überlegung selbst als unstatthaft, zumal gegenüber einem Verstorbenen, erscheinen. Ich fühle mich daher veranlaßt, alle Stellen meines Feuilletons, welche eine Beleidigung des Andenkens Hugo Wolfs darstellen, mit dem Ausdrucke wahrhaften Bedauerns zurückzunehmen. Max Kalbeck«. Und: »Die gefertigte Redaktion schließt sich ihrerseits der vorstehenden Äußerung des Bedauerns über jene Stellen des Feuilletons vom 9. März d. J., die dem Andenken des dahingeschiedenen Tondichters Hugo Wolf nahetreten konnten, vollinhaltlich an. Die Redaktion des ‚Neuen Wiener Tagblatt‘.«

Nun, demütiger man kann nicht. Und am tiefsten drückt sich Herr Kalbeck dort, wo er die Gemeinheit zu entschuldigen sucht. Erstens, weil er zugibt, daß nicht ein sachliches, sondern ein persönliches Motiv, die Erregung über Wolf’s Angriffe auf »seine Person« ihn zur Schmähung des toten Meisters veranlaßt hat. Zweitens, weil er diese selbstmörderische Bloßlegung seiner publizistischen Objektivität nur unternimmt, um seinen Namen mit Johannes Brahms zusammenspannen zu können. Eine so vollkommene Preisgebung seiner Würde, ein so vollkommenes Bekenntnis der Unsachlichkeit und Eitelkeit haben die klagenden Geschwister Wolfs gewiß nicht verlangt!

* * *

Liebe Fackel!

Die ‚Neue Freie Presse‘ berichtet in ihrem Morgenblatt vom 29. Juni, daß bei der Rundfahrt König Eduards im Hamburger Hafen »für die Berichterstatter drei Barkassen bereit standen«. Wie wird dieses Wort ausgesprochen?

Ein Linguist.

* * *

ANTWORTEN DES HERAUSGEBERS.

Versicherter. Der »dreiwöchentliche Prozeß« wäre heute eine altbackene Sensation. Nur damit das Kuriosum in diesen Blättern verzeichnet sei: Offenbar zum Beweise, daß sie eine Ausbeutergesellschaft ist, hatte die »Viktoria« den Prozeß angestrengt, und der Angeklagte wurde wegen Erpressung nach dem Ehrenbeleidigungsparagraphen verurteilt. Unentschieden blieb die Frage, ob die Korruption oder ihr Bekämpfer gefährlicher sei.

Offizier. Zur Zuschrift Roda Roda's in Nr. 163 bemerken Sie: »Freiherr Karl v. Binder-Krieglstein, ehemaliger k. u. k. Oberleutnant, trat etwa 1894 in die Reserve, lebte eine zeitlang als Privatmann in Görz und wurde dann militärischer Mitarbeiter des ,Fremdenblattes'. Anläßlich der Kaisermanöver in Ungarn, wo Binder-Krieglstein als Berichterstatter tätig war, vom deutschen Kaiser aufgefordert, in die preußische Armee einzutreten, war er in Preußen zuerst Oberleutnant im Feldartillerie-Regiment Nr. 18 und wurde dann als Hauptmann zum Generalstabe kommandiert, schied vor etwa 1 1/2 Jahren freiwillig aus und ging vor 3 Monaten als Berichterstatter des ,Lokalanzeigers' nach Japan. — Eugen Baron Binder-Krieglstein, der für die ,Zeit' und zugleich für einige deutsche Blätter schreibt, ist ein jüngerer Bruder des Genannten, war ebenfalls, wenn ich nicht irre, Offizier in Österreich und ging, von seinem Bruder gefördert, als Berichterstatter des ,Fremdenblattes' nach Kreta und in den griechisch-türkischen Krieg. Er freundete sich mit den Türken derart an, daß das ,Fremdenblatt' im Auftrage des Ministeriums des Äußern erklären mußte, er sei gar nicht sein Berichterstatter, wurde von den Griechen gefangen genommen, durch diplomatische Vermittelung in Freiheit gesetzt, siedelte nach Konstantinopel über, wo er ein kleines Amt im Preßbureau des Ministeriums des Äußern erhielt, ging bei Ausbruch der China-Wirren nach Ostasien, später nach Venezuela (Aufstand) und ist jetzt auf russischer Seite in Ostasien. — Jedenfalls ist der Korrespondent der ,Zeit' nicht der berühmte Militärschriftsteller.«

Ungläubiger. Die Firma Franz Hanfstaengel, Hofkunstanstalt in München, veröffentlicht den nachstehenden, an sie gerichteten päpstlichen Erlaß: »Vatikan, 4. Juni 1904. Hochgeehrter Herr! Seine Heiligkeit Papst Pius X. empfing mit größtem Danke die künstlerische und äußerst gelungene Wiedergabe des hervorragenden Meisterwerkes des berühmten päpstlichen Malers, Geheimen Kämmerers Grafen Bertoldo Domenico Lippay, der imstande war, das erhabene Antlitz so glücklich zu treffen. Wer die prächtigen Reproduktionen, die aus Ihrer Anstalt hervorgegangen sind, bewundert hat, kann nicht umhin, die lebhaftesten Wünsche für deren weiteste Verbreitung auszusprechen, so daß es einer großen Anzahl von Personen und Instituten ermöglicht wäre, wenigstens indirekt sich in die Vollkommenheit des Originalgemäldes vertiefen zu können. Indem Ihnen der Heilige Vater für die liebenswürdige und kostbare Widmung dankt, erteilt er von Herzen den apostolischen Segen Ihnen, Ihrer Familie und dem Gedeihen Ihres Etablissements. Ich ergreife diese Gelegenheit gerne, um Sie meiner ausgezeichneten Hochachtung zu versichern. Ganz ergebenst Giovanni Bressan, Geheimkapellan Sr. Heiligkeit.« — Los von Rom!

Antisemit. Eine in der ,Fackel' abgedruckte Zuschrift hatte Herr Vergani einst »zur Gänze« wegen Ehrenbeleidigung inkriminiert. Später beschränkte er die Klage auf einen einzigen Vorwurf und ließ sie fallen, soweit sie sich auf alle anderen Vorwürfe bezog. Zu den aus der Klage ausgeschiedenen Stellen gehört z. B. die folgende: »Daß Herr Vergani an den Unternehmungen der Kommune zu schmarotzen sucht und daß der Bürgermeister den Versuch abwehrt, ist nichts Neues. Niemals hat Herr Dr. Lueger, wenn das ,Deutsche Volksblatt' sich für eine bestimmte Art der Lösung eines kommunal-wirtschaftlichen Problems einsetzt, verabsäumt zu erklären, daß es seine ,besonderen Gründe' für diese Haltung haben müsse.«

P. A. Beides erhalten.

Redner. Aus der ,Neuen Freien Presse': »Herr Makino Nobuaki führt die Konversation mit Europäern gewöhnlich in englischer S p r a c h e, die er noch ungleich geläufiger h a n d h a b t als das Französische.«

Leser. In einem nicht nur klagenden, sondern auch kläglichen Bericht über den Tod des Dr. Theodor Herzl, in dem ganz zum Schluß erst und ganz schüchtern zugegeben wird, daß ihr Mitarbeiter auch Zionist war, stellt die ,Neue Freie Presse' fest, daß sie ihn im Jahre 1891 zum Pariser Korrespondenten »ernannt« hat. Ernannt! Ein Kaiserwort, das - unbezahlbar ist! Wir von Gottes Gnaden Herausgeber der ,Neuen Freien Presse' . . . Im Ton eines Tempeldieners dagegen ist die folgende Stelle geschrieben: »Aus Familiengründen hatte er den Wunsch, Paris zu verlassen und seinen Aufenthalt wieder in Wien zu nehmen. Er wurde Redakteur unseres Feuilletons und kam in unmittelbaren Zusammenhang mit den Wiener Verhältnissen. Die Gründe, welche ihn zur Rückkehr nach Wien bewogen, waren so charakteristisch für seine ganze Persönlichkeit, daß sie in diesem schmerzlichen Augenblicke trotz ihrer privaten Natur erwähnt werden müssen. Dr. Herzl stand zu seinem Vater und zu seiner Mutter in einem ungewöhnlichen Verhältnis. Es war nicht die Liebe der Eltern zu einem wahrhaft prächtigen Sohn; es war auch nicht die Zuneigung eines Sohnes zu den Eltern. Es war mehr als das, etwas ganz Eigenartiges, das diese Gefühle zur höchsten Innigkeit und gegenseitigen Ergebenheit steigerte. Die Eltern, welche ihn nach Paris begleitet und dort mit ihm gewohnt hatten, wollten nach Wien zurückkehren, und dieses Motiv hat auch Dr. Herzl bewogen, von Paris zurückzukehren.« Der Familiensinn, der bei der ,Neuen Freien Presse' zum Ausbruch kommt, so oft einer ihrer Setzer jubiliert oder einer ihrer Redakteure stirbt, hat sich diesmal mit geradezu verheerender Gewalt entladen. Sie scheint die Absicht zu haben, einige Wochen hindurch dem Leser überhaupt nichts anderes als den Wortlaut sämtlicher Kondolenzen mitzuteilen (die an die Redaktion ergangen sind, weil ihr als geistreicher Mann jetzt nur mehr der st - g übrig bleibt). Sogar das Schreiben des Baurats Stiasny ist uns nicht vorenthalten geblieben. Man liest jetzt nichts als tausendmal hintereinander: »Empfangen Sie — —«. Soviel hat die ,Neue Freie Presse' in vierzig Jahren volkswirtschaftlicher Tätigkeit nicht empfangen.

In dem Erscheinen der ,Fackel' tritt eine längere Unterbrechung ein.

Die Fackel

NR. 166	WIEN, 6. OKTOBER 1904	VI. JAHR

IRRENHAUS ÖSTERREICH.

Durch die zerbrochenen Fenstergitter hallt der
Jammer der Offiziellen: drin beklagen Dummheit und
Niedertracht die Rettung einer Menschenseele, weinen
all die tieftrauernd Zurückgebliebenen, die mit Polizei-
paragraphen, Hofdekreten und psychiatrischen Nichts-
würdigkeitenLouisens vonCoburgErdenwallen zwischen
Agram und Döbling, Purkersdorf und Coswig begleitet
haben. Noch klingt ihr Weheruf, — schon übertönt
von dem gellenden Pfui und Hohngelächter aus jenen
zivilisierten Staaten Europas, wo Justizmorde nur in
den dringendsten Fällen und nie in privatem Auftrage begangen werden. Und diese Blätter, auf denen
zuerst dem Schwachsinn der um Louise bemühten
Psychiater das Wort geredet ward, seien hundert-
facher Resonanz geweiht des Aufschreis, den das
durch sechs Jahre von einem mesquinen Advokaten
beschummelte Rechtsgefühl getan hat. Wir, denen
die Regierenden es täglich schwerer machen, nicht
zu Haß und Verachtung gegen sie aufzureizen, wir,
die diesem schönen Lande bald nur noch ein Patriotis-
mus der Landschaft verbinden wird, wir Verlornen,
für den Franz Josefs-Orden nicht Gebornen, wollen
uns der klaren Erkenntnis freuen: Österreich, dessen
Staatsgewalt so oft im Männerkampfe unterlag, hat
sich ein für allemal beschieden, der Schauplatz von
Hetzjagden auf Frauen zu sein.

Zivile und Militärbehörden, Gendarmerie und
Polizei, wir sehen sie aufgeboten, die Richtung sexu-

eller Triebe in legitime Bahnen zu lenken. Seit dem Tage, da eine schlichtbürgerliche Kreatur, deren sittliche Werte sich bloß in Expensen berechnen lassen, vor das Bett einer schlafenden Prinzessin drang, wissen wir, daß es in Österreich eine staatliche Exekutive der Eifersucht gibt. Aber sie erwürgt nicht, vergiftet und ersticht nicht. Sie untersucht den Geisteszustand. Und gilt es in einem Lande, wo der Mensch beim Baron anfängt, an sich für irrsinnig, einen Prinzen mit einem Grafen zu betrügen, warum sollte diese Diagnose in einem Lande, wo der Mensch beim Psychiater aufhört, nicht den Freiheitsraub rechtfertigen? Daß bei uns, im Reiche des Trinkgelds und der Gnade, irgend etwas unmöglich sei, hat auch, bevor ein Ministerpräsident den Preßkongreß knieend empfieng und ehe ein antisemitischer Bürgermeister Herrn Singer seinen Bruder nannte, niemand mehr geglaubt. Töricht wär's nur, einen Ausnahmsfall zu beklagen, wo ein System tadellos funktioniert hat.

Denn siehe, die österreichische Bevölkerung wird seit langem nur mehr nach zwei Gesichtspunkten eingeteilt: in Vollsinnige und Irre oder in Unschuldige und Verbrecher. Vollsinnige und Verbrecher werden in den für sie bestimmten Irrenhäusern untergebracht, der Aufnahme von Irren und Unschuldigen dienen die Strafanstalten. Für die gewissenhafte Unterscheidung und Regelung dieser oft schwierigen Verhältnisse sorgen die Gerichtspsychiater. Ihrer Routine stellt sich manch ein Erkenntnisproblem in den Weg, — das schwerste: ob es nicht gottgefälliger ist, zehn bürgerliche Irre ins Kriminal als einen adeligen Sünder ins Irrenhaus zu bringen. Die Psychiater teilt man — von etlichen nie recht ernstgenommenen Wissenschaftlern abgesehen — in Spitzbuben und Schwachköpfe. Sollte ich Beispiele für beide Kategorien anführen, so könnte ich höchstens sagen, daß ich Herrn Regierungsrat Hinterstoißer, Louisens ersten Begutachter, für einen ehrsamen und ihren Verwahrer Pierson für einen klugen Arzt halte. Es gibt Psychiater, die einfach aus Passion dasselbe tun, wozu andere nur für hohen Schandlohn zu haben sind. Man würde gewiß fehlgehen, wenn man glaubte, daß alle Gräuel dieser Welt durch Korruption bedingt werden und daß bei Einwurf der Münze die Niedertracht automatisch funktioniert. Der Nervenpathologe Benedikt mag ja recht haben, wenn er im Falle Coburg von einer »tendenziösen Irrenerklärung« spricht und im gelesensten Tagesblatte die Meinung vertritt, daß es Ärzte gebe, die »den Mißbrauch ihres Wissens und Könnens den Interessen der herrschenden Klassen zur Verfügung stellen«, und daß das Motiv der Erwartung von »Stellen, Titeln, Orden und Reichtümern« bei den ärztlichen Experten in gewißen Fällen »bestimmt nachweisbar« sei. Wozu denn aber in die Ferne eines Korruptionsbeweises schweifen, wenn die gute Borniertheit so nahe liegt? Die Fachverlorenheit, die auch in der Seelenforschung nicht auf das Leben, sondern nur auf die Schablone dressiert ist? Die, weil »was Brot in einer Sprache, Gift heißt in der andern Zunge«, immerdar den Hungrigen für einen Mörder hält! Seit dem Tage, da ich in dem gerichtsärztlichen Gutachten über einen Verbrecher das »Symptom« verzeichnet fand: »Er hatte keinen Geschmack mehr an feineren Darbietungen des Burgtheaters und der Oper, und ethisch immer tiefer sinkend, trieb er sich mit weiblichen Bekannten im Tingel-Tangel herum«, seit damals glaube ich, daß nicht alle Menschen schlecht sind. Ja, auch die Dummheit hat ihren redlichen Anteil an unserm Staatsjammer. Ich weiß jetzt, die »Herabsetzung der intellektuellen und ethischen Funktionen« einer Prinzessin kommt öfter infolge der Herabsetzung der intelektuellen als der ethischen Funktionen ihrer Ärzte zustande. Leider. Wäre dem Bilde der immer respektvollen, immer ahnungslosen Stupidität, die sich, weil's der Weltgeist will, gebrauchen läßt, der Anblick einer zielbewußten Käuflichkeit nicht durchaus

vorzuziehen? Gegen Dummheit haben Götter vergebens, gegen Korruption Schriftsteller mit Erfolg
gekämpft. Sie mag sich immerhin als Gegengift gegen
jene bewähren: ein höheres Angebot paralysiert den
hohen Einfluß, verhilft einer gerechten Sache vielleicht zum Sieg. Aber die Dummheit hat ihre Gesinnung und nicht um alles Gut der Welt läßt sie sich
diese abkaufen. An der Gemeingefährlichkeit der un-
bestechlichen Psychiater habe ich keinen Augenblick
gezweifelt, und die Fälle Girardi's und Louisens dürften
sie notorisch gemacht haben. Herr Professor Wagner
von Jauregg hat von den Rothschild und Coburg,
hat für die Bereitwilligkeit, dort in der Eifersucht,
hier in der Untreue ein Irrsinnsymptom zu erkennen,
sicherlich keinen baren Gulden bekommen. Die Be-
fleckung, die seinem gelehrten Namen geschah, als
er sich für die Internierung des von ihm nie untersuchten,
bloß durch einen bedenklichen Theaterarzt geschilderten Girardi aussprach, als die Gefahr, daß der ge-
liebteste und gesündeste Geist des Wiener Kunst-
lebens sicherer Zerstörung überliefert werde, nur
durch Zufall und Gnade abgewendet ward, — ein
gewissenhafterer Kollege hätte sie sich mit einer
Million vergüten lassen. Aber diese selbstlose Übernahme aller Ehrenfolgen einer psychiatrischen Untat
macht in viel höherem Maße das Bild pathologischer
Geistesschwäche aus als das Zertrennen von Kleidern,
mit dem sich die arme Gefangene von Coswig ihre
Zeit vertrieben und ihren Schmerz gestillt hat. Wenn
nur die hundertzwanzig Stiefel, die unsere Gerichtspsychiater in einem Jahre verfertigen, auch so un-
schädlicher Passion ihre Entstehung dankten, wie
die vielberufene Garderobe einer luxusgewohnten
Prinzessin! Wenn sie nicht jeder für sich bestimmt
wären, ein Schicksal zu zertreten!...

Ich hasse das Handwerk, weil es auf brüchigem
Wissensgrunde den Machtwahn des Individuums nährt
und gleich dem Journalismus seinen Mißbrauch in sich
trägt. Ich sehe in seinen Vertretern, denen ich zu-

meist die Fähigkeit bewußten Handelns, somit auch
das Talent zur Bestechlichkeit abspreche, Geistes-
gestörte, deren Verhältnis zu den passiven Irren ich
als den Unterschied zwischen konvexer und konkaver
Narrheit bezeichnen möchte. Genialem Irrsinn (Meynert)
steht in der überwiegenden Zahl der Fälle Schwachsinn gegenüber, der mit fixen Ideen und Lebens-
schablonen arbeitet, oft in Bosheit und maniakalische
Verfolgungssucht übergeht, hier dem Staatsanwalt
frohndet, dort nach Psychosen jagt. Man lese das Referat
des im weitesten Seelenreiche beschränktesten Forschers,
des Hofrats von Krafft-Ebing, der seinen Weltruf dem
stofflichen Interesse dankt, das überhitzte Romanleser
seiner Lehre von den sexuellen Perversitäten ab-
gewannen, man lese das sogenannte »Fakultäts-Gut-
achten«, das die Wiener medizinischen Kapazitäten
dem Prinz-Gemahl so willig und so adrett lieferten
wie die Schneider von Paris Ihrer Hoheit die
Toiletten, und das sicherlich ebenso unbezahlt blieb
wie diese. Es ist von den Vollzugsorganen Coburg-
gischen Geizes wiederholt erklärt worden, daß den
Versicherungen von Laien, die die schwachsinnige
Prinzessin normal fanden, umso geringerer Glaube
beizumessen sei, als sich das Leiden der hohen Frau
nur dem Kennerblick und nur in beständigem Verkehr langsam offenbare. Was aber die Kenner, die
ihre Zeit nicht mit der Erwartung eines pathologischen Symptoms der Prinzessin vertrödeln konnten
und einen erlauchten Besteller dennoch befriedigen
wollten, zuwege gebracht haben, das wird noch in späten
Tagen als die Autodiagnose chronischer Lebensfremdheit des Fachgelehrten und akuter Sinnesverwirrung
des vom hohen Auftrag geblendeten Hofrats vorbildlich sein.

Die sittliche Minderwertigkeit der Prinzessin wird
von einem Bergsturz in der Jugend, der ihrem Fall
vorherging, abgeleitet, ihr Hang zur Verschwendung
in weniger symbolische Beziehung zu dem Tod des
Kronprinzen Rudolf gebracht, der ihr Nervensystem

dermaßen erschüttert habe, daß sie sich »dem ihr
früher fremden Pferdesport in einer für gesunde Sinne
unverständlichen Weise« ergab. Nun, hier gibts wenigstens noch Zusammenhänge. Als eines der auffallend-
sten Symptome aber müssen verheiratete Psychiater
die »zunehmende, durch nichts motivierte Abneigung gegen den Prinz-Gemahl« bezeichnen. Und
daß der Prinzessin »ein Oberleutnant Mattassich«
besser gefällt als ein Herzog von Sachsen-Coburg-
Gotha, ist vollends in den Augen der Wiener medizinischen Fakultät eine Anomalie, die die Entmündigung und Internierung der Kranken notwendig
macht. »Anamnese und Befund« ist jenes Moral-
traktätchen betitelt, in dem als das bedenklichste
Symptom geistiger Entartung die Beharrlichkeit bezeichnet wird, mit der die Prinzessin an ihre geistige
Gesundheit und an die Unschuld ihres Geliebten
glaubt. »Sie hält sich«, wiederholt dann das eigentliche
Gutachten, »für makellos, geistig vollkommen normal,
ihre Internierung für ein kolossales Unrecht«. Ist das
nicht närrisch? Und wäre die Prinzessin nicht viel
vernünftiger, wenn sie sich für geistesgestört hielte?
»Ihre Stimmung ist häufig eine gereizte«, sie erliegt
»gelegentlichen zornigen Aufwallungen«; ihre Festhaltung in einer geschlossenen Anstalt »empfindet sie als ein schweres Unrecht«; Mattassich's
Verurteilung wähnt sie »durch Lug und Trug herbeigeführt und träumt davon, als Mann verkleidet, ihn
aus seinem Kerker zu befreien.« Das ist bedenklich.
Aber anderseits erträgt sie den Aufenthalt in der
Irrenanstalt mit »Gleichmut« und »nicht einmal eine
tiefere und nachhaltigere Reaktion stellte sich ein,
als sie die Verurteilung des Mattassich erfuhr.« Auch
das ist bedenklich. Erregung ist ein krankhaftes
Symptom, Ruhe ist auch ein krankhaftes Symptom;
»wie gut muß erst sein« — Erregung mit Ruhe?
Das allerkrankhafteste Symptom ist aber, daß sich
die Prinzessin »ihrer Reaktionsschwäche einigermaßen
bewußt wird.« Sie äußerte — man höre und staune —

am 6. April: »Ich bin viel zu nachgiebig und anständig, dulde lieber schweigend, als daß ich Skandal
mache«. Ja, so wird sie — dachte Herr von Krafft-
Ebing — ihr Lebtag aus dem Irrenhaus nicht
herauskommen! Der Laie nennt's kluge Selbst-
beherrschung, der Kenner Bewußtsein der Reaktionsschwäche. Und er sagt: »Beraubt man einen Geistes-
gesunden seiner Freiheit, so sind heftige Reaktionen im
Sinne von Aufbietungen aller Rechtsmittel, Flucht-
versuchen, stürmischen Affekten bis zu schließ-
lichen Selbstmordversuchen zu gewärtigen«. Sieht
man heute, da die Prinzessin von ihrer »Reaktionsschwäche« eben geheilt ist, wie recht der Hofrat
Krafft-Ebing hatte? Eine untrügliche Irrenprobe:
Bleibt der Patient in der Anstalt, so gehört er
hinein; reißt er aus, so ist er gesund. Bleibt der
Patient am Leben, so ist er wahnsinnig; bringt er
sich um, so wird der Sektionsbefund ergeben, daß
er bei Verstand war. Louise von Coburg macht dem
Beobachter ausnahmsweise schon vor Flucht oder
Selbstmord die Diagnose leicht: sie »liegt viel zu
Bett, vertändelt ihre Zeit mit Toilette, schnipfelt an
Kleidern und Spitzen herum, liest flüchtig Zeitung,
interessiert sich für Nichtigkeiten, ohne ernstlich an
Vergangenheit und Zukunft zu denken oder gar
Schritte zur Verbesserung ihrer Situation
zu unternehmen.« Sie »äußert Sehnsucht, einmal eine Opernredoute zu besuchen, die Volkssängergesellschaft ‚Schrammeln‘ zu hören.« Sie zeigt »Mangel
an Logik und Schwäche der Argumentation«. Alles
in Allem: welch ein Zerrbild einer Frau! Sie schändet
ihr Geschlecht, dem die Kenner seit jeher ein stär-
keres Bedürfnis nach Logik und Argumentation als
nach Opernredouten und Spitzentoiletten zuerkannt
haben . . . . .
Man traut seinen Augen nicht und sieht noch
einmal nach, ob wirklich der Freiherr von Krafft-
Ebing und der Dekan Vogl ihre Namen unter dies
Gutachten gesetzt haben, in dem von »Mangel an

Logik und Schwäche der Argumentation« wohl nur der
geringste Teil auf ein krankes Weibergehirn entfällt
und dessen wissenschaftlicher Ernst, aus Klatsch und
sittlicher Entrüstung destilliert, in der Enthüllung
des Schrammeln-Planes und in dem Vorwurf gipfelt,
daß »geschwächtes sittliches Empfinden die Ehe als
eine Last und selbst Fessel erscheinen ließ, w e l c h e
zu Zerstreuungen außer dem Hause, Reisen, Sport
usw. führten«. Der damals wehrlose Mattassich wird
von diesen Kavalieren der Wissenschaft »ein unwürdiger Mensch« genannt, den die hohe Frau »verab-
scheuen« sollte, und auch die Behauptung, die Prinzessin suche »in g e r a d e z u schwachsinniger Weise
ihre Handlungen zu beschönigen« klingt mehr ehren-
beleidigend als psychiatrisch. Daß der Satz von ihrer
Unverbesserlichkeit »in der fast einjährigen Zeit
der gefolgten Internierung« mehr böhmisch als deutsch
klingt, kommt am allerwenigsten in Betracht gegenüber dem viel ärgeren Hohn auf Schamgefühl, Vernunft und Grammatik, den das spätere Gutachten
unseres Wagner von Jauregg und der drei anderen
»überprüfenden« Kapazitäten aus Berlin, Brüssel und
Dresden bietet.

Die durch nichts motivierte eheliche Abneigung kehrt wieder und wächst sich in der
Beobachtung der erstaunten Herren zu dem »alten
Haß gegen den Gemahl« heraus, der »unverändert
fortbesteht und uns gegenüber mit denselben nichtigen
Argumenten begründet wurde wie früher«. Vor der
ersten Untersuchungskommission hatte nämlich die
Prinzessin angegeben, daß ihr Eheherr »geizig, feig
und wenig reinlichkeitsliebend« sei. Daß namentlich
die letzte der drei Beschwerden in den Augen
deutscher Professoren noch keinen Grund zu einer
Abneigung bildet, wird man allmählich einsehen
müssen. Dagegen wird es immer als unnatürlich
auffallen, daß eine Prinzessin sich besser über
Toilettefragen als über die »Lage ihrer Geschäfte und
die eingegangenen Verbindlichkeiten« orientiert zeigt.

Schon der erste Referent, der mit ihr sprach, hatte diesen Defekt wahrgenommen, und da die Prinzessin ihn während der Unterredung ansah, wahrheitsgetreu nach Wien berichtet, »daß der Blick der verschleierten Augen regelmäßig in das L e e r e gerichtet ist«. Lebhaft beklagt wird die »krankhafte Willensschwäche, welche die Patientin auch in Coswig verhindert hat, eine Änderung ihrer Lage anzustreben und auf die v o n S e i t e n d e s M a t t a s s i c h an sie herangetretenen B e f r e i u n g s v e r s u c h e einzugehen«. Weil der Satz so schön ist, machte die Prinzessin auch seine Wahrheit zu schanden, und Herr Wagner von Jauregg, der gleich seinem Vorgänger Krafft-Ebing einzig aus der Tatsache, daß einer im Irrenhaus bleibt, auf dessen Irrsinn zu schließen imstande ist, müßte heute selbst zugeben, daß sich die Willensschwäche seiner Patientin gebessert hat. Herr Pierson freilich gibt dies auch heute nicht zu, und es ist wohl die burleskeste Blamage, die man der Psychiatromanie wünschen konnte, daß der geprellte Wächter vom Lindenhof dasselbe »Symptom« in der Flucht erblickt, das der Gutachter im Ausharren gefunden hat: krankhafte Willensschwäche sei es, die die hohe Frau den Befreiungsversuchen eines Mattassich habe e r l i e g e n lassen... Lustige Kapazitäten! Aber es kommt noch lustiger: Die Prinzessin — wer weiß das heute nicht? — kratzt sich am Kopfe. Auf Reisen, vor Fremden, im Restaurant, im Hotelvestibule. Ich muß dies Kennzeichen der Gemeingefährlichkeit nicht erst prüfen. Lacht doch Europa seit Wochen über die gewissenhaften Seelenforscher, die die Menschheit von der Gefahr einer sich kratzenden Prinzessin befreien und ihr dafür einen schießenden Grafen auf den Hals schicken... Haltet ein, der Witz ist allzu schmerzhaft, sein Salz brennt offene Wunden!

Glaubt Ihr nicht, daß das Zusammentreffen der Fälle Coburg und Csaky bewirken müßte, daß die fühlende Menschheit dieses Ragout von Bosheit, Rückständigkeit, Dünkel und Kriecherei, das sich

Gerichtspsychiatrie nennt, endlich satt bekommt?
Glaubt Ihr nicht, daß man die Autoritäten einsperren
müßte, die »den dauernden Aufenthalt der Frau in
einer geschlossenen Anstalt für unbedingt notwendig«
erachten, weil alle Symptome dafür sprechen, daß
der Mann keine Schneiderrechnungen zahlen will?
Die unter Sachverständigeneid den kecken Ulk
wagen, Kopfkratzen als psychisches Verfallszeichen
zu verwerten und ein paar Zeilen tiefer als die natürliche Folge eines Hautleidens zu erklären? Die sich
nämlich augenzwinkernd auf den Bericht des Irren-
wucherers vom Lindenhof berufen: »Auch haben die
Erfahrungen dieser Reise gezeigt, daß die Frau Prinzessin nicht mehr im Stande ist, sich durch längere
Zeit in der Außenwelt so zu benehmen, daß unlieb-
sames Aufsehen vermieden wird. Sie mußte wiederholt daran erinnert werden, daß sie nicht in einem
öffentlichen Restaurant oder Hotelvestibule sich am
Kopfe kratzen darf«; und die sich gleich darauf im
dummen Flunkern mit medizinischer Gründlichkeit das
Geständnis entschlüpfen lassen: »Der seit langer Zeit be-
stehende Hautausschlag (Psoriasis) war bei unserer Untersuchung nur in geringer Intensität und Umfang vorhanden«. Ja, wenn nichts weiter als die Demütigung,
die sich eine Königstochter von diesem Herrn
Pierson auf Reisen gefallen lassen mußte, an der
Psychiaterei zu rächen wäre! Nichts weiter an österreichischer Behördenwillkür zu rächen wäre als die
Schmach von Agram, die Mattassich auf Seite 48 seiner
Memoiren beschreibt: »Als ich vom Hotel eskortiert
wurde, wartete schon im Korridore unter Anführung
des Dr. Bachrach der Gerichtspsychiater von Wien,
Regierungsrat Dr. Hinterstoisser, und der damalige
Polizeichef. Als ich das Hotel verlassen hatte, drangen
diese Herren in das Zimmer der Frau Prinzessin,
welche im Bette lag. Trotz Zureden der Hofdame,
Gräfin Marie Fugger, waren sie nicht zu be-
wegen, das Zimmer zu verlassen, während sich die
Frau Prinzessin ankleidete; — sie mußte das in ihrer

Gegenwart tun! Der Wortführer war natürlich Dr.
Bachrach, und er verkündete der Frau Prinzessin,
sie müsse entweder in das Palais Coburg zu ihrem
Gatten zurückkehren oder ihre Einwilligung geben,
in eine Heilanstalt gebracht zu werden. Die Frau
Prinzessin entschloß sich für das Sanatorium in
Döbling, da sie unter gar keiner Bedingung zu ihrem
Gatten zurückkehren wollte. Dr. Bachrach begann
das Zimmer zu durchschnüffeln, unterließ es nicht,
das Bett der Frau Prinzessin in Augenschein zu
nehmen; er suchte Beweise des Ehebruchs. Das war
wohl der gemeinste Akt, der geschehen ist... Daß
die Frau Prinzessin damals, bei diesem schamlosen
Überfall, nicht wahnsinnig wurde, sondern wie Augen-
zeugin Gräfin Marie Fugger erzählt, zwar zu Tode
erschrak, doch sofort ihre Fassung und bewun-
derungswürdige Ruhe gewann, ist vielleicht ein An-
haltspunkt für ihre geistige Normalität«.

Ich glaube jedem Wort, das Mattassich über
Agram, jedem Wort, das Louise von Coburg über
Coswig sagt. Ich halte diese Frau, deren gerechte
Sache mir auch die Sympathie von Sensations-
reportern nicht verekeln kann, nicht nur für vollsinnig, sondern nach den Interviews, die sie den
Korrespondenten in die Feder diktiert hat und deren
Pointierung ich einem Frischauer gewiß nicht zu-
traue, für einen Geist von seltener Frische und Festigkeit. Diese Mimikerin eines sechsjährigen Schwachsinns, die heute jedem Argument ihrer schändlichen
Peiniger gewachsen ist, würde dank einer in Leiden
erworbenen Routine ein viel glaubhafteres Gutachten
über den Geisteszustand der Herren Wagner, Jolly,
Mellis und Weber liefern, als es umgekehrt der Fall
war. Eine Wissenschaft, deren Praktiker auf Grund
der »Simulationstheorie« mit Verrückten die Zucht-
häuser und auf Grund der Adelstheorie mit Verbrechern die Heilanstalten und den Ringstraßenkorso
bevölkern, kann uns Laien nicht imponieren. Aber
wir lachen ihr ins Gesicht, wenn sie an der befreiten

Prinzessin gar die neueste Entdeckung demonstrieren
will, daß Wahnwitz Vernunft simulieren könne. So
wär's denn ein schwaches Gehirn, das hier Proben
starker Leistungsfähigkeit gibt. So täuschte ein armer
Narr die Welt mit kluger List über seinen Blöd-
sinn. Den Psychiatern ist dergleichen noch nicht
gelungen... Aber verzichten wir getrost auf die
Beweise, mit denen Louise von Coburg tagtägiich
jetzt ihre fünf Sinne verteidigt. Ihre Ankläger sprechen
sie frei. Um an ihrer Verstandeshelle nicht mehr zu
zweifeln, um ihre Mündigsprechung ohne den neuerlichen Unfug einer psychiatrischen Kommission für
begründet zu erachten, braucht man bloß jenen
Hauptabschnitt des Gutachtens nachzulesen, der »Ergebnis der persönlichen Beobachtung durch die Unterzeichneten« überschrieben ist. Hier ist Wahrheit. Ein
Laie, der die Prinzessin sieht, kann sich keine Vorstellung von ihrem wirklichen Zustande machen?
Möglich. Sicher aber ein Laie, der die Prinzessin
n i c h t sieht. Der bloß das Votum liest, das vier
Kenner, die sie sahen, abgegeben haben. Wertlos,
soweit es sich auf die früheren Ungutachten und auf
die Berichte der bezahlten Wächter Pierson und Ge-
bauer stützt, verrät es in dem »Ergebnis der persönlichen Beobachtung« hinter verlegenem Stammeln ein
niederschmetterndes Bekenntnis: beim besten Willen
des Prinzen von Coburg war es unmöglich, an der
Prinzessin irgend etwas zu »beobachten«. »Ihre ganze
Haltung bei unseren Besuchen war die der vornehmen Dame, die gewohnt ist, Konversation zu
machen und sich über mancherlei Themata leicht und
gewandt, wenn auch ohne tieferes Eingehen auszusprechen.« Natürlich täuscht dergleichen den Kenner
nicht: »Sie hatte sich ersichtlich auf diese Explo-
rationen vorbereitet und war bestrebt einen möglichst
guten Eindruck zu machen.« Bekanntlich hat sie
sich — nach der Versicherung des heute bis zur
Tobsucht gereizten Herrn Pierson — auch auf die
Interviews, deren schlagfertige Wendungen den Kenner

nicht verblüffen, »Jahre hindurch gewissermaßen präpariert«, in all der Zeit nicht so sehr an ihre Freiheit, wie an den kommenden Besuch des Herrn Frischauer gedacht. Auf den ersten Blick wären auch die vier Kapazitäten getäuscht worden. Aber dann! »Bei näherem Eingehen auf die früheren Ereignisse sowie auf die jetzt bei der Frau Prinzessin vorhandenen Anschauungen über Gegenwart und Zukunft entrollte sich uns das Bild ihres defekten Geisteszustandes in voller Deutlichkeit.« Wie denn? Beginnt sie, wenn man über die ersten konventionellen Redewendungen hinaus ist, Hautkrusten zu verzehren, Kleider zu zerfetzen und Erdäpfel nach den Besuchern zu werfen? Viel trostloser! Sie erklärt, daß sie ihren Mann noch immer nicht liebe und »bezeichnet ihre Beziehungen zu Mattassich als etwas durchaus Zulässiges«. Sie sagt, daß sie von Wechselangelegenheiten nichts verstehe und »auch jetzt nicht glaube, daß Fälschungen vorgekommen seien«. Noch toller: sie »protestiert dagegen, daß man sie für schwachsinnig erklärt habe und gibt der Hoffnung Ausdruck, daß wir durch unsere Beobachtungen zu der Überzeugung kommen werden, die Entmündigung müsse aufgehoben werden.« In dieser »persönlichen Beobachtung« also, die mit einer Polemik gegen den Schriftsatz der Prinzessin über schlechte Behandlung und mit dem neuerlichen Hinweis auf die Erfahrungen der venezianischen Reise schwindelhaft verwoben ist, haben die Herren Wagner, Jolly, Mellis und Weber ermittelt, daß die Prinzessin erstens: ihren Gemahl haßt, zweitens: den Oberleutnant Mattassich liebt und drittens: sich für vollsinnig hält. Sonst nichts? Liegt keine einzige medizinische Wahrnehmung vor? Doch, eine: daß der Hautausschlag (Psoriasis) im Schwinden ist. Folgt: Der »zur Zeit der Entmündigung konstatierte Zustand von krankhafter Geistesschwäche besteht unverändert fort«, und »der dauernde Aufenthalt der Frau Prinzessin in der geschlossenen Anstalt ist in Rücksicht auf diesen Krankheitszustand und im

Interesse der hohen Patientin unbedingt notwendig‹ ...
Ich behaupte, daß noch nie ein frecherer Versuch, die
Öffentlichkeit dumm zu machen, unternommen worden
ist und daß dies internationale Gutachten, wenn ihm
nicht bald die amtliche Desavouierung folgt, den Zweck
erreichen könnte, den es im höfischen Auftrag erreichen soll: eine Schwachsinnserklärung der europäischen Öffentlichkeit.

Bevor sie sie anerkennt, wird sie mit dem
Haufen von Schranzen und Schergen fertig werden,
die von der Unzurechnungsfähigkeit einer Prinzessin
noch ein paar Jährchen zu leben gedachten. Nicht
ob den erlauchten Gemahl schäbiges Geldinteresse —
die Erwartung der belgischen Millionenerbschaft, die
einer Geisteskranken nicht zufallen kann — trieb,
hat uns zu kümmern, nur die krankhafte Willensschwäche der Behörden, die das Zauberwort ›Von
oben‹ bannt und die hohes Wünschen als Gesetz
vollziehen. Was wiegt — selbst dem Dreyfusgläubigen
— das von einem Weltlamento beweinte Unrecht der
›Affaire‹ neben dem Fall Mattasich? Das Opfer des
Staatsinteresses neben dem Martertum privater Rache?
Die scheinheilige Niedertracht, die aus jeder ›Maß-
nahme‹ gegen das unbequeme Liebespaar in die
Nasen anständiger Menschen stank, hat dem Begriff
›Funktionär‹ für alle Zeiten eine penetrante Bedeutung verschafft, die unabänderlicher ist als das
Gutachten einer psychiatrischen Kommission und
als das Urteil eines Militärgerichts. Und die
Reinkultur der Lumperei, die ein Zusammenwirken
advokatorischen und ärztlichen Eifers züchtete, wird
nicht mehr übertroffen werden. Steht denn anderswo
der Tücke eines Mächtigen ein Bachrach zur Verfügung — der Regierungsrat wurde, weil er den Regierenden den Rat erteilt, wie man alimentensüchtige
Geliebte los wird, und der statt der Kinder gleich die
Mütter abtreibt? Und gibt es in einem Weltwinkel
eine Advokatenkammer, die so zu kuschen verständе
wie die unsere? Die in stiller Standeswürde erstrahlte,

dieweil man ihren Feistmantel des Verrats am Kura-
torenamt, ihren Neuda der Briefunterschlagung, ihren
Bachrach gemeinster Brutalität gegen eine Frau beschuldigt? Gibt es irgendwo noch einen Staatsanwalt
Kleeborn, dem die vorgesetzte Justizbehörde, wie ich
aus dem Munde klassischer Zeugen weiß, nie mehr
mit einem Tadelswörtchen an den Leib kann, »weil
er sich durch seine Verdienste in der Affaire Coburg
bei Hof beliebt gemacht hat«? Viele sind ihrer, die
gewußt haben, was sie tun. Nur den Psychiatern —
so wollen wir beten — vergib, o Herr!

Das Schicksal der endlich vom Sanatorium Ge-
heilten, an das so viele Fragen öffentlich-rechtlicher
Natur sich knüpften, ist auch zum Prüfstein journalistischer Moral geworden. Es versteht sich von
selbst, daß man nirgend gezaudert hat, die Personen-
affaire über die Sache zu stellen, der Pikanterie die
Perspektive zu opfern. Aber der Weg zur Erkenntnis
und publizistischen Pflichterfüllung ward zweifach
verfehlt: von der den seichtesten Instinkten dienst-
baren Neuigkeitspresse, die den Hofklatsch wichtiger
als das Irrenrecht, die Fluchttoilette einer Prinzessin
interessanter als die Flucht findet, und von einer revue-
beherrschenden Meinungspresse, die den großen Gegenstand über störenden Begleiterscheinungen vergißt
und den Klatsch pathetisch transponiert, die aus
einem falschen literarischen Adelsbewußtsein es verschmäht, für eine Wahrheit im Troß zu siegen, und es
vorzieht, einsam für eine Lüge zu sterben. Von den
täglichen Dienern der Sensation also und von Maximilian
Harden, dem Herausgeber einer Wochenschrift.

Zu einer Zeit, da die psychiatrische Abfertigung,
die man drängenden Gläubigern zuteil werden ließ,
da die Promptheit einer höfischen Familienjustiz schon
manche Gemüter erregte, hat die Wiener Schandpresse die internierte Prinzessin noch von Modebericht-
erstattern beobachten lassen und unentwegt für die
Reform der Militärjudikatur in Frankreich gekämpft.
Wenn sie heute ihren Bachrach verleugnet und schein-

bar einer guten Sache dient, die ihre Feigheit einst
selbst mit bezahlten Verlegerannoncen nicht zu fördern
wagte, so liegt ihr viel weniger das öffentliche Interesse
an der Beseitigung schmachvoller Zustände am Herzen
als die Hoffnung, der Konkurrenz ein paar Pariser
Neuigkeiten abzufangen. Und welch ein Spielraum
bleibt noch immer für die Gesinnungsschäbigkeit!
Der sozialdemokratische Abgeordnete Südekum — so
heißt es eines Tages —, dessen Haus die Flüchtende
aufnahm, sagte in einem Parteiblatt, daß Mattassich
ihm gegenüber »erklärt habe, es komme ihm nicht
darauf an, die Prinzessin zu befreien, sondern sich
ihrer Zeugenaussage für eine Wiederaufnahme seines
Strafprozesses zu versichern.« Herr Südekum wollte
also, so dachte jeder Leser, die Heldenpose des Be-
freiers, der in einer schwachen Stunde sich selbst
allzumenschlicher Gesinnung zieh, vor aller Welt enthüllen. Unbegreiflich genug, da sie doch eben erst
einträchtig gehandelt hatten und dem Fluchthelfer
Louisens die Absicht, des Prinzen von Coburg
Laune zu heben, nicht zuzutrauen war. Begreiflich
genug für den, der Technik und Handgriffe
unserer Druckschwärzer der Wahrheit kennt. Ein
Blick in deutsche Blätter, die die Erklärung des
Sozialdemokraten im Wortlaut brachten, ergab, daß er
zu gunsten des Vielgeschmähten gesprochen und daß
die Bande durch die perfide Unterschlagung des
Wörtchens »nur« in dem Satze: »es komme ihm nicht
n u r darauf an, die Prinzessin zu befreien...« den
Sinn der Worte Südekum's und den Sinn der Tat
Mattassich's in's Gegenteil umgefälscht hatte. Ein paar
Tage später nannte Österreichs Ministerpräsident die
Presse den »Hauptarm des Stromes, durch welchen
die Wahrheit in den Geist der Völker fließt«. »Nur die
Gewohnheit«, rief er, lasse uns »den Aufwand an Mühe
und an Kunst übersehen, den jedes Zeitungsblatt an
jedem Tage bestreitet«; und machte Bismarck's Meinung,
daß »durch die Presse verdorben werde, was das Schwert
uns Deutschen gewonnen hat«, frohen Mutes durch das

Diktum zu schanden: »Der größte Welteroberer und
der mächtigste Weltbeherrscher ist die Presse«. Ja,
Österreich wenigstens hat sie erobert und ihren
Koerber beherrscht sie. Was hierzulande eine Würde
trägt, legte sie ab, um sich den Herren Notizenschreibern
nackt zu ergeben. Da wurden denn Feste gefeiert,
beim Rathausbuffet steckte ein Welteroberer einen
ganzen Hummer in die Tasche, und es wurden mehr
Zigarren weggetragen, als unbedingt notwendig war.
Dieses aber nannte man »Preßkongreß«...

In solcher Gesellschaft zu dinieren, mag bloß
unappetitlich sein; mit ihr für eine gute Sache zu
kämpfen, ist heroisch. Der Herausgeber der Berliner
‚Zukunft‘ fühlt sich so schwerer Entschließung nicht gewachsen. Wiewohl er von der Presse eine viel höhere
Meinung hat als die ich hier vertrete — er möchte dem
Raubtier die Zähne nicht ausbrechen, sondern plombieren —: nie würde er fremden Federn die seine paaren,
nie einem gerechten Standpunkt beipflichten, auf dem
vor ihm schon Andere gestanden sind. Da er aber in
einer Angelegenheit, in der das Urteil eines Publizisten seines Ranges besondere Resonanz finden
könnte, den Standpunkt der Ungerechtigkeit bezogen
hat, so muß selbst mit einem Nachdruck, der die
Freundschaft schmerzt, ausgesprochen werden, »was
ist«. Maximilian Harden hat schon durch den Angriff
auf die tote Jenny Groß es manchem Anhänger
ermöglicht, die Grenzen seiner Persönlichkeit zu erkennen: nicht bloß eines Geschmacks, der den Artikel
an dem Tag des Begräbnisses erscheinen ließ, sondern auch eines Horizonts, der für die Erkenntnis
keinen Platz hat, daß die ästhetische Hebung der
Frau der Kultur mehr Nutzen gebracht hat als ihre
ethische Erniedrigung Schaden. Der Artikel, der nicht
bloß die selbst gegenüber einer Toten erlaubte Ansicht
vertrat, daß sie als Schauspielerin nichts gekonnt
und als Kapitalistin begabtere Kolleginnen verdrängt
habe, sondern auch unerlaubter Weise die Entstehung ihres Reichtums erörterte, machte den Ein-

druck einer pathetisch geadelten Betrachtung des
,Neuen Wiener Journals'. Vollends bei der Entrüstung
darüber, daß »die Knopfarbeiter und die Industrieherren
in der Kronenstraße sich plagen müssen, damit
Fräulein Rita Leon (die Freundin des Herrn Röhll)
das Leben genießen kann«, hatte man das peinliche Gefühl, daß Johannes unter die Kulissenplau-
derer gegangen war . . . Echt, wo er aus dem großen
Erlebnis »Bismarck« schafft, unvergleichlich als
Essayist, ist Harden auf sozialkritischem Gebiete nie
besonders glücklich gewesen. Die Physiognomie, die
er hier zeigt, ist die des deutschen Familiendemokraten,
dem die Ehre alter Kaufhäuser über alles geht
und der sich über die Schande käuflicher Mädchen
hochmoralisch entrüstet. Und nun wahrt er gar
die Hausehre Coburgs. Das ist originell, aber nicht
erfreulich. Besonders nicht, wenn man bedenkt,
daß der unabhängige Publizist, um die Originalität
zu retten, Autoritätsglauben posieren und sich ernsthaft auf die Gutachten der Hinterstoißer, Krafft-
Ebing, Wagner v. Jauregg (die er hoffentlich
nie gelesen hat), auf die Meinung der »Männer von
höchster Reputation« berufen muß. »Ein Hofrat und
fünf Ärzte haben eidlich begutachtet...« — glaubt man
nicht den Ton des lieblichen Inserates von der »Männer-
schwäche«, das durch Jahre in der ,Zukunft' prangte,
zu hören? Auch Herr Pierson wird unter den
Autoritäten aufgezählt, die die Prinzessin »für der
Anstaltspflege bedürftig erklärt« haben. Herr Pierson,
der bis heute die Meldung unberichtigt ließ, daß er
von dem Kapital, das der Schwachsinn einer hohen
Patientin repräsentierte, das ganze, den Lindenhof
umgebende Terrain angekauft und sein Etablissement
vergrößert und verschönert habe. Der war der
Anstaltspflege der Prinzessin gewiß bedürftig. Wie
fatal, daß er seine Gefangenen fast so schlecht zu
hüten versteht, wie das ärztliche Berufsgeheimnis! Der
gute »Papesi«, der heute in den Zeitungen höhnisch auch
das Körpergewicht seiner früheren Patientin mitteilt und

den »intimen Verkehr des Mattassich mit Frau Stöger«
enthüllt! Welch eine wissenschaftliche Autorität!...
Enthält der verärgerte, saftlose und sichtlich aus
dem Trieb, anders zu sagen, entstandene Artikel
nicht doch eine Behauptung, die auch andere schon
ausgesprochen haben? Man liest da, daß es bei dem
Freiheitsrummel sich ausschließlich »um die Jagd
nach den Millionen handelt, auf die Louise, wenn
sie für psychisch gesund erklärt wird, durch Erb-
recht gesetzlichen Anspruch hat.« Wem handelt sich's
um so profane Zwecke? Natürlich dem Prinzen?
Nein, Harden meint: der Prinzessin. Aber selbst
damit könnte er Recht haben. Nur wird freilich
niemand die Enttäuschung fühlen, die die Entdeckung
bringen soll, daß eine Frau mit ihrer Freiheit auch
das Recht auf jenes Millionenvermögen zurückge-
winnen will, auf das der Gatte so heftig spekuliert.
Eine Erbschleicherin ihres eigenen Erbes! Die Logik,
die hier lieber das Streben nach Mündigkeit dolos
findet als die Entmündigung, kapiere ich wahrhaftig
nicht.

Und die Weltanschauung, die sich in der zarten
Bemerkung ausprägt, Louise habe in der Anstalt alles,
nur »keine Männchen« zur Verfügung gehabt, und
in dem Hohnwort, die andere Louise habe »mit einem
Dutzend Männchen aller Schichten die Ehe gebrochen
und sei dennoch eine Heroin geblieben«, will ich
nicht kapieren. Möge Deutschlands erster Publizist nie sich ein geringeres Ziel setzen als die
Sorge um das Dekorum höfischen Lebenswandels!
Wir, die Etikette nicht von Ethik ableiten,
werden ihn daran nicht hindern. Nur möge er so
vorsichtig das Problem der Prinzessinnentugend von
den allgemeinen Fragen der Geschlechtsfreiheit
sondern, daß man ihn nicht für einen Moralgreiner
hält. Ich weiß mir ein moderneres Amt, als all-
wöchentlich monarchische Fassaden reinzufegen.
Tät ich's, so würde ich wenigstens streng zwischen
den »Pflichten einer Prinzessin« und den Rechten

des Geschlechts unterscheiden und mir nie den
Satz entschlüpfen lassen: »Warum soll die Frau,
die im Berliner Westen der Ehemann neulich
im Arm eines Advokaten fand, bespien und den
beiden Louisen ein Altärchen errichtet werden?« Ich
würde nicht den Schluß ziehen, daß auch die beiden
Louisen bespien, sondern eher, daß auch der Berliner
Dame ein Altärchen errichtet werde. Denn erstens
kann nach dem Wort des Bahr'schen Meisters der
Betrug einer Frau »abscheulich oder heroisch oder
indifferent« sein, also manchmal auch heroisch; und
zweitens sollen freie Geister alles wünschen, was der
moralischen Bande, die heute wieder die Menschheit
strangulieren, in das monogame Gestüt zwängen
möchte, ein Greuel ist. »Dafür kämpfen Sie«, sagt
jener Meister, »daß kein Mensch mehr sich ver-
messen soll, einen andern zu richten, sondern jeden
lassen, wie er ist!«. Nie würde ich Louise von Coburg
vorwerfen, daß ihr »der Leutnant Mattassich im
Prater durch Schenkelkraft und stramme Männlichkeit
aufgefallen« ist. Erstens weil ich diesen Eingriff in
die privateste Sphäre nicht geschmackvoll finde, ferner
weil ich die Verdammung solcher Ästhetik deutschen
Pastoren und Züricher Frauenvereinen überlasse und
schließlich weil ich von der Überzeugung durch-
drungen bin, daß die Sinnesart, die von der Schenkelkraft eines Leutnants stärker angezogen wird, als
von der Verstandeskraft eines Kant, eine in allen
Frauen, die Frauen sind, latente und in allen
Frauen, die nicht bloß Präparate männlicher Eifersucht sein wollen, wirkende ist. Der moderne Publizist muß sich vor der Gefahr, auf dem Gebiete wichtigster Lebensfragen mißverstanden zu werden,
ängstlich hüten. Nichts wäre bedenklicher als das
Spülwasser abgestandener Gedanken auf die Mühle der
Reaktion zu treiben, sich zum Exponenten einer
Weltanschauung zu machen, welche durch die allem
Schöpferwillen hohnsprechende Verbindung der Sexu-
alität mit der Ethik so viel Leid in die Welt gebracht hat

und, damit nicht zufrieden, das Selbstbestimmungsrecht weiblicher Sinne vollends aufheben, die Anmut des Frauenkörpers verkrüppeln möchte.

All diese und hundert andere Gedanken könnte die große Irrenhauskomödie von Agram bis Elster in einem Gehirn auslösen, das sich die Kraft zutraut, durch die Darstellung, und nicht die Schwäche, bloß durch eine Veränderung des Standpunkts zu wirken. Was kümmert's mich, daß derselbe Freiheitsrausch, den ich mir antrinke, auch die schlechte Presse ein wenig benebelt hat? Ich behalte noch Besinnung genug, auch ihr ein kräftig Pereat zuzurufen. Wer die Affaire Coburg vom Standpunkt des gekränkten Ehemanns auffaßt, vergeht sich schwer gegen ein öffentliches Interesse, das vielleicht nie zuvor die Lösung wichtigster Fragen so nah gerückt fand. Auch wer der aus Irrenhaft befreiten Prinzessin kein »Altärchen« errichten will, muß es der Gelegenheit errichten, die ein Stück zeitgeschichtlichen Jammers zur Diskussion gestellt hat: die Unsicherheit des Anspruchs, für vollsinnig gehalten zu werden. Und selbst wenn ihn Louise von Coburg mit Recht verwirkt hätte, dürfte der freie Publizist die Resonanz, die ihr Fall weckte, nicht tadeln, sondern preisen, müßte auch an falschem Beispiel die allgemeine Schmach entwickeln. Nie dürfte er, der allein zu kämpfen gewohnt ist, in den Reihen jener sich finden lassen, auf deren gemütloses Schergenamt ein Goethe'scher Freiheitsheld mit dem Rufe weist: Und diese treibt ein hohles Wort des Herrschers...

DE LIBERTATE.*)
Von Peter Altenberg.

Der Prinzessin von C . . . . . geweiht.

Der Fürst saß tief in seinem Lehnstuhl. »Laß ihn eintreten — —‹ sagte er zu dem Kammerdiener.
Der Dichter trat ein.

»Es gehen Sagen über Sie, mein Herr, daß Sie ›à rebours‹ leben, in Spelunken hausen, so die Nacht zum Tage machen, Dirnen erhöhen und Vorgänge des Daseins in unerhörter Weise deuten, die Welt verdrehen, bouleversieren wollen und alles Hergebrachte mit Ihrem Haß verfolgen, bloß weil es von gestern und nicht von morgen oder übermorgen!? Ein Robespierre der Seele — — —. Ich selber hasse das. Allein das Leben meiner Nächsten um mich herum geht à rebours. So verordnete ich heute meinem allzu kranken und geschwächten Herzen als letztes Mittel Sie und Ihren Geist, ein Gift, das mir vielleicht die Gifte vergiftete, die mich vergiften — — —. Sprechen Sie! Können Sie mir die Weltordnung verdrehen? Vergehen in Tugenden umwandeln und Gesetz? Auf daß ich milder gegen jene werde, die sich nach unserem Maßstabe vergangen?!«

»Fürst! Wir alle sind Gefangene, Kerkersträflinge des Lebens, Rekruten mit gebundener Marsch-Route, Galeeren-Menschen unser selbst. Wie in einer schrecklichen dicken roten Ziegelkaserne verbringen Alle diese kurzen Fristen, die ihnen verliehen sind, lassen das süße Schicksal, geboren worden zu sein, ungenützt. Nun gut. Wer wollte aufbegehren?! So ist es! Schweige, Rekrut des Lebens!

Aber wie? Besitzen wir nicht die heiligen Begabungen, das Leben, welches uns entrinnt, in unseren Phantasieen, in Träumen und Erdichtung festzuhalten?! So sind wir Künstler unser selbst, Farceure unserer Seele! Und wie, wenn Gott selber nun ein solcher Künstler würde und einige sparsame Exemplare dieser Knechtes-Gattung »Mensch« schaffte als Wesen, die frei sind von dem allen, was uns zwängt? Gottes Phantasie-Geschöpfe! Gottes Dichtungen und Träume selber?!

Ja, Gott, der Künstler über alle Künstler, schafft hie und da, um uns, den Müden, das Leben frei von Knechtschaften und Banden vorzuführen, Menschen-Exemplare unter hundert Millionen Sklaven, welche, losgelöst von dem Gesetz der Lebensschwere und seinen Drängen, den Anderen die Freiheit zeigen, nicht als I d e a l und nicht als S c h r e c k g e b i l d e, die Freiheit an und für sich, die Freiheit, die gelöst im Welten-Raume liegt, gebunden nun in einem Organismus, zu einem Organismus umgeschaffen, einem freien Menschen! In einem Bettler, einem Könige vielleicht, in einer Dirne, in einer Prinzessin — — —!

Bald findest Du, mühseliger Rampant, diese durch Gottes Künstlerlaune »Organismus gewordene« Welten-Freiheit als einen

---

*) Aus »W a s d e r T a g m i r z u t r ä g t.« Berlin, S. Fischer 1901.

armen Dichter, wie Paul Verlaine, der exzedierte und verkam, bald
als eine Schauspielerin mit braunroten Haaren und grauen Augen
und wunderbaren Armen, bald als einen Kaufmann, der sich
plötzlich auf Bergalmen zurückzieht, wie ein Holzknecht lebt,
Schwarz-Föhren mit greisenhaftem Moose liebt und nach dem
Sonnen-Sterben Klopf-Vögeln lauscht, dem Ur-Tamtam des Waldes!
Oder bald als ein junges Mädchen aus gutem Hause, welches
unbekümmert in freiem Leichtsinn ihren Leib verschenkt, bald als
einen König, der unerhörte Bauten aufführt, bald als eine Metze,
die zügellos dem Abgrunde entgegengaloppiert und darauf pfeift,
bald als eine Prinzessin, die Grenzen überschreitet und im Unbe-
grenzten hinfliegt und sich schaukelt wie der Kondor in allzu
dünnen Höhen-Lüften, dem Irdischen fern und außerhalb der
Schwerkraft — — —! Im Paradies des Unerlaubten.

Merkwürdig seid Ihr, vor Gefangenschaften schon Stupide!
Wie einer seid Ihr, den böse Verwandte eingeschlossen hielten in
einem Stall-Raum und die Kommission zeigte ihm nun plötzlich
seine Freiheiten!

Ganz zusammenknacksen möchte er, umkippen, ganz »teppert«
würde er. Und so die Menschen! Sehen sie die Freiheit von
ihrem Stallraum aus, von Gott in einem Exemplare ihrer armseligen
Gattung, wenn auch ein wenig übertrieben, mit starken Farben aufgetragen, exemplifiziert, so werden sie ganz teppert und verzagt.
Wie ein Bauern-Rüpel, der zum erstenmal ein großes Ding in
Lüften frei und ruhig, gleichsam erlöst und lächelnd, schweben
sähe. Gleich stürzte er hin, ergriffe die Leine, die am Boden
schleift und massakrierte das Schwebe-Ding, weil es ein
Schwebendes, ein Fliegendes, das sich hinwegsetzt — — —.

Ich kenne einen schlichten Kaufmann. Doch über seinem
Bette hängen zwei wundervolle Stiche. Darunter steht geschrieben:
»Als ich 18 war, war Kossuth mein Gott. Nun, da ich 70, ist es
Victor Hugo! Ich blieb, in Freiheit — — —!«

Viele sagen: »Ist es ein Kaufmann, bitte, einer, der da
handelt?!«

Nein, es ist ein heiliges Paradigma, welches Gott in die
Welt stellte, um Seelen-Freiheit nachzuweisen auch im Geburn-
densten! Im Gegenteil, just herrscht sie erst! Denn Gluten unter
der Asche haben mehr Expansionskräfte als Flammen, die sich
schwächen, indem sie sind!

So gibt es »Fürstinnen des Lebens«, welche die »Frau in
Freiheit« darstellen, ein lichtes Schau-Objekt für unsere trüben
Augen, auf daß wir einmal sehen die Freiheit, die zersplittert liegt
im Weltenraume, gedrängt in einem Punkt nun, den man fassen
kann! Fürstinnen des Daseins, ungezwängt vom Mieder des Lebens,
die Frau an und für sich, die »Mensch gewordene« Schönheit
dieser Welt, die Frau ohne ihre Annexe, ohne die faden Attribute
edler Weiblichkeiten, ohne die Krone der Tugend, ohne das Szepter
der Treue, ohne den Mantel der Demut, ohne den Reichsapfel der
Liebe, die Frau ohne Dankbarkeit und ohne Friedens-Sehnen,

ohne Ruhe-Lust und ohne Güte, die Frau ohne ihr Handwerks-
zeug der Seele, frei, ganz frei, frei wie ein Gegenstand, dem Gott
in seiner Künstler-Laune die Schwerkraft nähme und es schwebte
frei, da alles andere fiele und zu einem Ruhe-Zentrum gravitierte!
Eine Freie, die im Sonnen-Äther des Seins hinschwebte! Oder ein
Wesen, ausgesetzt den Welten-Stürmen, selber Welten-Sturm! Oder
ein wunderbares Ungeheuer, h a u s e n d i m e i g e n e n L a b y r i n t h e
s e i n e r S e e l e, m i t j e d e m H a u c h e S e l i g k e i t e n s p e n -
d e n d u n d m i t j e d e m P r a n k e n s c h l a g e e i n e n M a n n
z e r m a l m e n d!
     Ausgeburten aus dem Künstler-Hirne von Gott-E. T. A. Hoff-
mann, der es manchmal satt hat, hundert Millionen »Wäschezettel-
Kontrolleusen« und »Schaben-Verhinderinnen« zu erschaffen und
einmal in Einer eine Orgie feierte seiner eingedämmten Schöpfer-
kräfte! Blicket ihr nach, Ihr, aus euren Cachots, aus euren Höhlen,
aus euren Kasernen, euren Ställen, aus euren dunstigen Schlaf-
gemächern, euren Zellen, euren Kerkermauern, blickt ihr nach!
Und statt daß Ihr, stupide Sklavenbrut, wie einst die Primitiven
vor hehren Wundererscheinungen und Unfaßbarem, in die Kniee
sänket und bewundernd stauntet vor Unbegreiflichem, zerstört Ihr
heute, in frechem Eigendünkel, jene seltenen herrlichen Gebilde,
die Gott als höchster Künstler in einzelnen Exemplaren von »Sich
Auslebenden« in eure dunkle Knechtschaft sendet, auf d a ß I h r
w i s s e t, d a ß e s F r e i h e i t g i b t u n d L i c h t! G e b i l d e, i n O r g i e n
i h r e r s e l b s t h i n t a u m e l n d, sich selbst beunruhigend und das
träge All, doch immer Freiheit atmend, frei vom Zwange! Wie
ein Mensch gewordenes Shrapnel, das explodierte und seiner Kräfte
maßlosen Zwang verlöre, indem es birst und nun, erlöst, die
Kräfte rückgibt an den Weltenraum! ... O, sagt mir nichts — —.
Ich weiß, was Allen ziemt, wovor sie sich zu hüten haben, die in
Gemeinschaft leben! O, ich weiß es. Jedoch wenn wir unseren
erhabenen Niedrigkeiten aus einmal in Jahren eine lichtere Prinzessin
erschauen in dem Erdentale, die in die Welt fliegt, frei von Erden-
Schwere und irdischem Gesetz, dann haben wir nur eine Seelen-
Pflicht, dieser tief traurig nachzublicken in Regionen, die uns ver-
sagt sind, zu unserem Heile, uns, den korrekten und normalen
Erdenbürgern der irdischen Gemeinsamkeit!!
     Gebt mir Champagner, Herr! Ich trinke ex auf die Prin-
zessin! Sie lebte lügelos!
     Ich trinke auf die »Prinzessinnen des Lebens«, die sich um
ihre Lebensfülle nicht betrügen lassen!
     L e i c h t i s t 's, s i c h e i n z u e n g e n, w e n n m a n e n g!
Ich trinke ex auf die Prinzessinnen!
     Und schmettere mein Glas nach rückwärts an die Wand!
     Ah — — — — —
     Nun komm', Bertha oder Grete oder Anna, man ist wieder bereit
zur Pflicht des Tages, zur Robot! Zu den Gemeinsamkeiten!!«
     Der Dichter schwieg.
     Ganz versunken aber in seinem Lehnstuhl lag der Fürst
und sann — — — — —.

DIE FACKEL

NR. 167   WIEN, 26. OKTOBER 1904   VI. JAHR

Schon am 12. Juli — in diesem Sommer ließ
mich doch hin und wieder ein Zeitungsblatt, das in
meine Ferialruhe drang, Niedertracht und Dummheit
dieser Welt fühlen — schon am 12. Juli mußte ich
bedauern, daß ich die ‚Fackel‘ sistiert hatte.

Eine Dienstmagd stand vor den Wiener Geschwornen, weil sie ihr körperlich verkümmertes, fast
idiotisches Kind, das man im Spital nicht behalten wollte,
in den Donaukanal geworfen hatte. Sie hatte 15 Kronen
Monatslohn, sollte 24 Kronen Kostgeld für das Kind
zahlen und mußte noch für ein zweites, jüngeres
sorgen, dessen Vater ihr nicht erreichbar war, weil
er ihr »eine falsche Adresse angegeben hatte«.

Der Vorsitzende sagte: »Sehen Sie, Sie sind
etwas leichtfertig!«

Der Vater des getöteten Kindes, der einen Stall
der Wöchnerin als den ihrer würdigsten Niederkunfts-
ort angewiesen hatte, war damals vom Gericht für eine
Summe von 440 Kronen von seinen Vaterpflichten
befreit worden.

Die sich der Mutterpflichten entledigt hatte,
wurde vom Wiener Schwurgericht zum Tode durch
den Strang verurteilt.

Die Verhandlung förderte aus dem Vorleben der
Angeklagten zwei Belastungsmomente an den Tag.
Christine Rizek ist vorbestraft. Sie hat, als sie auf
dem Lande bedienstet war, im Garten Obst gestohlen
und ist dafür zu vierundzwanzig Stunden Arrests
verurteilt worden. Ferner wurde erwiesen, daß sie

einmal auf einem Maskenball war und damals
nach Torsperre heimkam.

Der Vorsitzende rief der schluchzenden Frau
zu: »Reden Sie doch lauter! Am Maskenball haben
Sie gewiß besser reden können!«

Da sich Christine Rizek — in Erwartung
des Todesurteils — nicht beruhigen konnte, rief
ihr der Vorsitzende zu: »Wollen Sie ruhig sein,
sonst laß ich Sie abführen! Machen S' nicht
solche G'schichten!«

Der Vorsitzende heißt Oberlandesgerichtsrat
Granichstädten.

Es gibt Dinge auf Erden, die fast so himmel-
schreiend sind wie ein verbotener Fackelzug.

* * *

Psychologie des Volkstribuns.

Aktuelle Gedanken aus Otto Weininger's »Geschlecht und
Charakter«.

»Die ‚Männer der Tat‘, die berühmten Politiker,
und Feldherren, mögen wohl einzelne Züge haben,
die an das Genie erinnern; aber mit dem Genius
kann sie nur verwechseln, wer schon durch den
äußeren Aspekt von Größe allein völlig zu blenden
ist. Das Genie ist in mehr als einem Sinne ausgezeichnet gerade durch den Verzicht auf alle Größe
nach außen, durch reine innere Größe. Der wahrhaft bedeutende Mensch hat den stärksten Sinn für
die Werte, der Feldherr-Politiker ein fast ausschließ-
liches Fassungsvermögen für die Mächte. Jener
sucht allenfalls die Macht an den Wert, dieser
höchstens den Wert an die Macht zu knüpfen und
zu binden. Der große Feldherr, der große Politiker,
sie steigen aus dem Chaos der Verhältnisse empor wie der Vogel Phönix, um zu verschwinden wie
dieser. Der große Imperator oder große Demagog

ist der einzige Mann, der ganz in der Gegenwart
lebt; er träumt nicht von einer schöneren, besseren
Zukunft, er sinnt keiner entflossenen Vergangenheit
nach; er knüpft sein Dasein an den Moment, und
sucht nicht auf eine jener beiden Arten, die dem
Menschen möglich sind, die Zeit zu überspringen.
Der echte Genius aber macht sich in seinem Schaffen
nicht abhängig von den konkretzeitlichen Bedingungen seines Lebens, die für den Feldherr-Politiker
stets das Ding-an-sich bleiben, das, was ihm zuletzt
Richtung gibt. So wird der große Imperator zu einem
Phänomen der Natur, der große Denker und Künstler
steht außerhalb ihrer, er ist eine Verkörperung des
Geistes. Die Werke des Tatmenschen gehen denn
auch meist mit seinem Tode, oft schon früher, und
nie sehr viel später, spurlos zugrunde, nur die Chronik
der Zeit meldet von dem, was da geformt wurde,
nur um wieder zerstört zu werden. Der Imperator
schafft keine Werke, an denen die zeitlosen, ewigen
Werte in ungeheurer Sichtbarkeit für alle Jahr-
tausende zum Ausdruck kommen; denn dies sind die
Taten des Genius. Dieser, nicht der andere, schafft
die Geschichte, weil er nicht in sie gebannt ist,
sondern außerhalb ihrer steht. Der bedeutende
Mensch hat eine Geschichte, den Imperator hat
die Geschichte. Der bedeutende Mensch zeugt
die Zeit, der Imperator wird von ihr gezeugt und —
getötet . . . .«

(V. Kapitel: »Begabung und Gedächtnis«, S. 177 f.)

»Der höhere, der bedeutende Mensch mag zwar
das gemeine Bedürfnis nach Bewunderung oder nach
dem Ruhme teilen, aber nicht den Ehrgeiz als das
Bestreben, alle Dinge in der Welt mit sich als empi-
rischer Person zu verknüpfen, sie von sich abhängig
zu machen, um auf den eigenen Namen alle Dinge
der Welt zu einer unendlichen Pyramide zu häufen...
Der wahre Genius gibt sich selbst seine Ehre, und
am allerwenigsten setzt er sich in jenes Wechsel-

verhältnis gegenseitiger Abhängigkeit zum Pöbel, wie
dies jeder Tribun tut. Denn im großen Politiker
steckt nicht nur ein Spekulant und Milliardär, sondern
auch ein Bänkelsänger; er ist nicht nur großer Schach-
spieler, sondern auch großer Schauspieler; er ist
nicht nur ein Despot, sondern auch ein Gunstbuhler;
er prostituiert nicht nur, er ist auch eine große
Prostituierte. Es gibt keinen Politiker, keinen Feld-
herrn, der nicht ‚hinabstiege‘. Seine Hinabstiege
sind ja berühmt, sie sind seine Sexualakte! A u c h z u m
r i c h t i g e n T r i b u n gehört die Gasse. Das
Ergänzungsverhältnis zum Pöbel ist geradezu konsti-
tutiv für den Politiker. Er kann überhaupt nur Pöbel
brauchen; mit den anderen, den Individualitäten, räumt
er auf, wenn er unklug ist, oder heuchelt sie zu
schätzen, um sie unschädlich zu machen, wenn er so
gerieben ist wie Napoleon. Seine Abhängigkeit vom
Pöbel hat dieser denn auch am feinsten gespürt. Ein
Politiker kann durchaus nicht alles Beliebige unternehmen, auch wenn er ein Napoleon ist, und selbst
wenn er, was er aber als Napoleon nicht wird,
Ideale realisieren wollte: er würde gar bald von
dem Pöbel, seinem wahren Herrn, eines Besseren
belehrt werden. Alle ‚Willenserersparnis‘ hat nur für
den f o r m a l e n Akt der I n i t i a t i v e Geltung; frei ist
das Wollen des Machtgierigen nicht... A m b i t i o heißt
eigentlich Herumgehen. Das tut der Tribun wie die
Prostituierte. Napoleon hat in Paris nach Emerson
‚inkognito in den Straßen auf die Hurras und Lob-
sprüche des Pöbels gelauscht‘. Von Wallenstein heißt
es bei Schiller ganz ähnlich... Wie der ‚große Mann
der Tat‘ auf ein I n n e n l e b e n verzichtet, um sich
gänzlich in der Welt, hier paßt das Wort, a u s z u l e b e n,
und zugrundezugehen wie alles A u s g e l e b t e, statt zu
bestehen wie alles E i n g e l e b t e, wie er seinen ganzen
W e r t mit kolossaler Wucht hinter sich wirft und
sich ihn weghält, so schmeißt die große Prostituierte
der Gesellschaft den Wert ins Antlitz, den sie als

Mutter von ihr beziehen könnte... Beide, die große Prostituierte und der große Tribun, sind wie Brandfackeln, die entzündet weithin leuchten, Leichen über Leichen auf ihrem Wege lassen und untergehen, wie Meteore, für menschliche Weisheit sinnlos, zwecklos, ohne ein Bleibendes zu hinterlassen, ohne alle Ewigkeit...«

(X. Kapitel: »Mutterschaft und Prostitution«, S. 301 ff.)

* . *

Kaiserworte.

Nun ist die Schändlichkeit einer Presse, für die der österreichische Ministerpräsident Worte der Bewunderung findet, wiewohl sie mit den Worten des österreichischen Kaisers Inseratengeschäfte macht, gerichtlich angeprangert. So oft in der ‚Fackel‘ behauptet ward, daß bei einem Rundgang des Monarchen durch eine Ausstellung von Wiens Preßbanditen ein paar 1000 Kronen in die Debatte gezogen werden, schüttelten die unbekehrbaren Gläubigen journalistischer Loyalität ungläubig die Köpfe. Wenn der Kaiser »Sehr schön« gesagt hatte, so schien's ihnen bloß die Erfüllung einer Herzenspflicht, daß von dieser Kundgebung allerhöchsten Wohlgefallens Notiz genommen wurde, und die Versicherung, daß für solche Notiz auch die allerhöchsten Preise von den Ausstellern erpreßt wurden, ward schleunig in jenes dunkle Reich der Verleumdung verwiesen, aus dem die ‚Fackel‘ seit fast sechs Jahren — allen friedliebenden Spitzbuben zum Tort — ihre Anklagen schöpft. Gott erhalte — so mochte man, dem patriotischen Sang den neuen Sinn anpassend, ausrufen — Gott erhalte uns eine Naivetät, die bei der Lektüre der Zeitungsberichte über eine Ausstellungseröffnung ehrfürchtig bleibt und die sich vom Hauch vaterländischer Geschichte umwittert fühlt, wo M. Dukes' Nachfolger die Annoncenzeilen berechnet haben!

Aber die Dummheit des Lesers entschuldigen
heißt wahrhaftig noch nicht die Feigheit des Staatsanwalts begreifen. Dem schmählichen Schacher mit
Kaiserworten hätte längst Einhalt geschehen müssen,
wenn nicht österreichische Behörden, in Furcht vor
Gott und der ‚Neuen Freien Presse‘ erzogen, das
Interesse der Zeitungsjobber über staatliche Interessen
zu stellen sich verpflichtet fühlten. Eher wird ein
Kameel irgendeiner Rangsklasse durch ein Nadel-
· öhr gehen, als daß einem der journalistischen Banden-
führer, die der Ministerpräsident als »Weltbeherrscher«
anerkennt, von amtswegen ein Haar gekrümmt würde.
»Ein Kaiserwort soll man nicht drehn noch deuteln«;
aber es redigieren, aus »schön« »sehr schön« machen
und einen Taxameter monarchischen Beifalls einzuführen, ist in diesem von Loyalität erstickenden Lande
erlaubt. Ein Staatsanwalt — er heißt zum Glück
Pollak — hat einmal die These aufgestellt, daß es
die Pflicht jedes Staatsbürgers sei, eine Majestätsbeleidi-
gung zu denunzieren. Aber an die eigene Pflicht, den
hundsgemeinen Wucher mit Kaiserlob als Majestätsbelei-
digung — deren Tatbestand bekanntlich schon die bloße
Verletzung der Ehrfurcht bildet — anzuklagen, hat er
sich noch nicht erinnert. Es mußte dahin kommen, daß
die Frechheit, die Kaiserworte zur Ware gemacht hat, sich
in das Handelsgericht wagte, einen säumigen Zahler zur
Begleichung von Kaiserlob zwingen wollte und am hell-
lichten Tage als »Usance« verfocht, was das ärgste
Schandmal der österreichischen Presse bildet. Nun be-
zweifelt kein Mensch mehr, daß eine Beschuldigung der
‚Fackel‘ wahr sei, die der Beschuldigte gegen sich selbst
erhebt. Nie noch hat es einen verurteilteren Kläger gegeben als den, der neulich vor dem Bezirksgericht in
Handelssachen sein Recht auf Honorierung gedruckten
Monarchenbeifalls vertrat. Man kann den Bericht über
die groteske Schmach in der ‚Arbeiterzeitung‘ vom
18. Oktober nachlesen. Daß Kaiserworte ein Handelsobjekt geworden seien, »konnte man«, so heißt es da,

›aus einer Verhandlung erfahren, die Donnerstag beim Bezirksgericht in Handelssachen stattfand. Dort bildeten nämlich Kaiserworte, gesprochen auf der Spiritusausstellung zu einem Fabrikanten, allen Ernstes den Gegenstand einer Bezirksgerichtsverhandlung in — Handelssachen. Im nachstehenden der Sachverhalt: Bei Eröffnung der Spiritusausstellung war's. Der Kaiser lobte die Ausstellungsobjekte des Fabrikanten H. Kaum war der Kaiser weg, so stürzte auch schon ein kleiner, dicker Herr, der sich bis dahin lauernd im Hintergrund gehalten hatte, auf den Fabrikanten zu, ihn beim Rockknopf fassend. ‚Entschuldigen Sie', sagte er, ‚ich bin von der Zeitung; was hat Ihnen Seine Majestät gesagt?' Dabei ließ er den Rockknopf des Fabrikanten los, zog Papier und Bleistift hervor und spitzte die Ohren. ‚Entschuldigen Sie', sagte der Fabrikant abweisend, ‚aber ich habe jetzt keine Zeit, ich bin sehr beschäftigt, vielleicht wenden Sie sich an meinen Prokuristen.' — ‚Entschuldigen Sie, vielleicht könnten Sie mir doch —', sagte der kleine Herr neuerdings und versuchte den schon im Gehen begriffenen Fabrikanten festzuhalten. ‚Nein, es geht wirklich nicht', erklärte dieser, ‚ich bin wirklich sehr beschäftigt; wenden Sie sich doch an meinen Prokuristen.' Der Fabrikant sprach's und ging. Am nächsten Tage stand die lobende Äußerung des Kaisers in den bürgerlichen Blättern. Einige Tage darauf erhielt der Fabrikant eine Rechnung der Annoncenfirma M. Dukes' Nachfolger, in der die im Texteil der Blätter erschienenen Kaiserworte mit 500 Kronen als Inserat in Rechnung gestellt waren. Da der Fabrikant gegenüber den Blättern und auch gegenüber der Annoncenfirma M. Dukes' Nachfolger keine Verpflichtung eingegangen war — er hatte ja die Kaiserworte nicht inseriert —, so verweigerte er die Bezahlung. Schließlich ließ er sich aber doch herbei und zahlte einen Teil der verlangten Summe, und zwar 215 Kronen.

Die Firma Dukes war aber damit nicht zufrieden und klagte nun den Rest beim Bezirksgericht in Handelssachen ein. Bei der Verhandlung berief sich der Klagevertreter darauf, daß es eine ‚Handels-usance‘ sei, daß derartige Kaiserworte, die im Textteil der Blätter erscheinen, als Inserate honoriert werden. Der Richter, Gerichtssekretär Dr. v. Kanitz, erklärte hierauf, es verstoße gegen die guten Sitten, daß mit Kaiserworten Handel getrieben werde. Er werde die Klage abweisen und den Akt der Staatsanwaltschaft abtreten. Der Klagevertreter zog hierauf, nachdem er noch erklärt hatte, daß der Firma Dukes hier lediglich die Rolle des Agenten zufalle, der zwischen den Ausstellern und den einzelnen Blättern vermittle, seine Klage gegen den Fabrikanten zurück.« — —

Nicht jeder Richter hält so rein. Nicht jeder ist sich seiner Unabhängigkeit von den Preßmächten so klar bewußt. Jetzt wird es, so sollte man hoffen dürfen, an dem Staatsanwalt sein, in Zukunft spontan eines Amtes zu walten, das ihm durch den Rücktritt des »Klägers«. in dem einen Fall leider nicht überwiesen werden konnte. Zu den vielen Dingen, die »nur in Österreich möglich« sind, gehört die Affenschande jener Gemütlichkeit, die nicht nur Verkäufer, sondern auch Gläubiger von Kaiserworten duldet und die eine Gerichtsverhandlung zustandekommen läßt, in der ein säumiger Schuldner im Namen derselben Majestät, deren Lobesworte er nicht bezahlt hat, zur Zahlung verurteilt werden soll. Aber wie verpestet muß die druckgeschwärzte Athmosphäre, in der unsere öffentliche Moral atmet, schon sein, wenn wir die Stinkbombe, die neulich im Handelsgericht platzte, scherzend für ein Knallbonbon ansehen und die »Weltbeherrscher« nicht endlich als Weltbeschwindler entlarven sollten!

• - •

»Er möchte dem Raubtier die Zähne nicht ausbrechen, sondern plombieren«, sagte ich neulich, des Herausgebers der ‚Zukunft‘ und meine Preßkritik unterscheidend. Und vorher schon hatte ich wiederholt meine Tendenz klar gelegt: die Tagespresse allen verführerischen Glanzes einer literarischen Form zu entkleiden, der wieder der Literatur zurückgegeben, Büchern und Revuen zugeführt werden müßte. »Harden«, schrieb ich einmal, »der an das Zeitungswesen den Maßstab einer relativen Ethik anlegt, will die Presse verbessern. Ich will sie verschlechtern, will es ihr erschweren, ihre schändlichen Absichten hinter geistigen Prätensionen wirken zu lassen, und halte die stilistisch bessere Presse für die gefährlichere. Ich bin nicht dafür, daß Räuberhöhlen von Portois & Fix eingerichtet werden, — weil sonst Publikum und Polizei viel später, als ersprießlich, dahinter kommen, daß es Räuberhöhlen sind. Die Ziele des Economisten müssen unverschleiert, ohne ideale Beteuerungen im Leitartikel, ohne stilistische Unterstützung der ersten Schriftsteller Europas, zutage treten, und eine vorläufige Amerikanisierung der Presse, eine Annoncierung der Käuflichkeit, die jeden Zweifel ausschließt und das Offenbarungsmysterium der Druckerschwärze verscheucht, ist uns Kulturbedürfnis. Ich klebe an der Zeitung, weil sie sich zwischen Welt und Betrachtung geschoben hat und weil es gilt, die Menschen wieder zu den Dingen zu führen, ich habe so viel Sorgfalt an die ‚Neue Freie Presse‘ verschwendet, weil sie die literarischeste der deutschen Zeitungen ist, und wenn ich eine Osterausgabe dieses Blattes mit ihren hundertzwanzig blendenden Seiten, mit denen sie einen Fischzug des Börsenwöchners zu verdecken sucht, für eine österreichische Katastrophe halte, so habe ich der enormen journalistischen Leistung, die in ihr steckt, mein tiefstes Kompliment gemacht.«

Fast anderthalb Jahr, nachdem diese Worte
geschrieben waren, erschien die deutsche Ausgabe
einer Schrift von Oscar W i l d e »Der Sozialismus und
die Seele des Menschen« (Berlin 1904 Karl Schnabel,
Axel Juncker's Buchhandlung). Mir erscheint sie als das
Tiefste, Adeligste und Schönste, das der vom Philistersinn
gemordete Genius geschaffen, mit ihrer unerhörten
Fülle der Leben und Kunst umspannenden Betrachtung als das wahre Evangelium modernen Denkens.
Auf diesen schlanken 98 Seiten — denen sich noch eine
ergreifende Schilderung aus dem Zuchthaus zu Reading, ein »Ästhetisches Manifest« und ein Gedicht
anschließen — ist nichts ungedacht, nichts unausgedacht
geblieben. Und ich bin stolz darauf, Oscar Wilde der
modernen Presse gegenüber einen Standpunkt beziehen
zu sehen, der dem meinen nicht allzufern liegt. Er
spricht von der brutalen Vergewaltigung des Künstlers durch die Schlagworte des Pöbelurteils, so da
lauten: »unmoralisch«, »unverständlich«, »exotisch«,
»ungesund« und »dekadent«. »Aber schließlich«,
setzt er fort, »erwartet kein Künstler vom vulgären
Geist Grazie und ebensowenig Stil vom Vorstadtin-
tellekt. Gemeinheit und Dummheit sind im Leben
unserer Zeit zwei sehr lebendige Erscheinungen. Man
bedauert sie natürlich. Aber sie sind einmal da. Sie
sind ein Gegenstand der Beobachtung, wie andere
Dinge auch. Und es ist nur loyal, wenn hinsichtlich
der Journalisten unserer Zeit konstatiert wird, daß
sie einen Künstler immer unter vier Augen um Entschuldigung für das bitten, was sie öffentlich gegen
ihn geschrieben haben. Ich brauche kaum zu sagen,
daß ich mich nicht einen Augenblick lang darüber
beklage, daß das Publikum und die öffentliche Presse
jene Worte mißbrauchen. Ich sehe nicht ein, wie
sie bei ihrem Mangel an Verständnis für das, was
die Kunst ist, sich irgendwie richtig ausdrücken
könnten. Ich stelle bloß den Mißbrauch fest, und die
Erklärung für seinen Ursprung und für die Bedeutung

der ganzen Erscheinung ist sehr einfach. Sie geht auf den barbarischen Begriff der Autorität zurück. Sie geht zurück auf die natürliche Unfähigkeit einer Gemeinschaft, die durch die autoritäre Herrschaft verderbt ist, den Individualismus zu verstehen oder zu schätzen. Mit einem Wort, der Mißbrauch kommt von dem ungeheuerlichen und unwissenden Gebilde, das man öffentliche Meinung nennt, die schlimm und wohlwollend ist, wenn sie den Versuch macht, das Handeln der Menschen zu beherrschen, die aber infam und übelwollend wird, wenn sie versucht, in die Sphäre des Geistes oder der Kunst überzugreifen. Es ist in der Tat viel mehr zugunsten der physischen Gewalt des Volkes zu sagen als zugunsten seiner Meinung. Jene kann gut und schön sein. Diese muß töricht sein. Man hat oft gesagt, mit Gewalt lasse sich nichts beweisen. Das hängt jedoch ganz davon ab, was man beweisen will. Viele der wichtigsten Probleme der paar letzten Jahrhunderte, wie die Frage der Fortdauer des persönlichen Regiments in England oder des Feudalismus in Frankreich, sind ganz und gar vermittelst der physischen Gewalt gelöst worden. Gerade die Gewalttätigkeit einer Revolution ist es, die das Volk einen Moment lang großartig und glänzend erscheinen läßt. Es war ein verhängnisvoller Tag, als das Volk entdeckte, daß die Feder mächtiger als der Pflasterstein ist. Nun suchten und fanden sie gleich den Journalisten, bildeten ihn aus und machten ihn zu ihrem eifrigen und gut bezahlten Diener. Es ist für beide Teile sehr zu bedauern. Hinter der Barrikade kann viel Edles und Heroisches stehen. Aber was steht hinter dem Leitartikel als Vorurteil, Dummheit, Heuchelei und Geschwätz? Und wenn diese vier zusammentreffen, machen sie eine fürchterliche Macht aus und bilden die neue autori-

täre Gewalt. In früheren Zeiten hatten die
Menschen die Folter. Jetzt haben sie die
Presse. Gewiß, das ist ein Fortschritt. Aber es ist
doch noch sehr schlimm und demoralisierend. Jemand
— war es Burke? — hat den Journalismus den vierten Stand genannt. Das war seinerzeit ohne Frage
wahr. Aber in unserer Zeit ist er tatsächlich der
einzige Stand. Er hat die anderen drei aufgefressen.
Der weltliche Adel sagt nichts, die Bischöfe haben
nichts zu sagen, und das Haus der Gemeinen hat
nichts zu sagen und sagt es. Der Journalismus beherrscht uns. In Amerika ist der Präsident vier Jahre am Regiment, und der Journalismus
herrscht für immer und ewig. Zum Glück hat in
Amerika der Journalismus seine Herrschaft bis zur
äußersten Roheit und Brutalität getrieben. Als natürliche Folge hat er angefangen, einen Geist der Aufleh-
nung hervorzurufen. Man lacht über ihn oder wendet sich
mit Ekel ab, je nach dem Temperament. Aber er ist
nicht mehr die tatsächliche Macht, die er
war. Man nimmt ihn nicht ernst. Bei uns
spielt der Journalismus, da er, von einigen
bekannten Fällen abgesehen, nicht solche Exzesse
der Gemeinheit begangen hat, noch eine große
Rolle und ist eine tatsächlich bedeutende
Macht. Die Tyrannei, die er über das Privatleben
der Menschen ausüben möchte, scheint mir ganz
außerordentlich zu sein. Sie kommt daher, daß
das Publikum eine unersättliche Neugier
hat, alles zu wissen, es sei denn das Wis-
senswerte. Der Journalismus, dem diese Tatsache
bekannt ist, befriedigt die Nachfrage, wie es der
Kaufmann eben zu tun pflegt. In früheren Jahrhunderten nagelte das Publikum den Journalisten die
Ohren an die Pumpe. Das war recht häßlich. In
unserm Jahrhundert nageln die Journalisten ihr eigenes Ohr ans Schlüsselloch. Das ist weit übler.‹

Man sieht, Oscar Wilde erkennt mit der ‚Fackel'
das relative Heil europäischer Geisteskultur in einer
Amerikanisierung der Presse und hält diese in ihrer
heutigen Gestalt für einen des Angriffs würdigen, fast
noch würdigeren Gegenstand als etwa einen schlechten
Kaiser. Was hätte er zu dem Siegeszug gesagt, den
die Einbrecher europäischer Kulturschätze neulich durch
Österreichs Gauen unternehmen durften? Daß die
Presse der größte Welteroberer und der mächtigste
Weltbeherrscher ist, wird von ihm und wurde stets
in der ‚Fackel' zugegeben. Aber tiefste Verachtung
gebührt den Scheinregierenden, die seine Oberhoheit
freudig anerkennen und die — vom Minister bis
zum letzten Bezirkshauptmann — das Unterwerfungs-
sprüchlein kniefällig aufsagen.

* * *

Der Übersetzer der Werke August Strindberg's ersucht mich
um die Aufnahme der folgenden
Erklärung:
Am 1. August wurde Schwedens Anschluß an die Berner
Convention zum Schutze literarischen Eigentums perfekt. Unmittelbar vor Torschluß brachte der Wiener Verlag eine Raub-
ausgabe von Strindberg's »Ehegeschichten« (eigentlich »Heiraten«)
in den Handel. Ist ein Verleger schon so unanständig, einen berühmten, aber armen Autor wie Strindberg zu bestehlen, so sollten
wenigstens Sortimenter und kaufendes Publikum diesen Diebstahl
nicht unterstützen!
Berlin-Grunewald, 3. September 1904.
Emil Schering
(als Übersetzer und Vertreter Strindberg's)

* * *

Es ist ja gewiß bedauerlich, daß sich die Prinzessin von
Coburg jetzt des Herrn Frischauer nicht erwehren kann. »Sehen
Sie mich an und sprechen Sie mit mir, und Sie sollen sagen, ob ich

geisteskrank bin«. Mit diesen Worten — die freilich unverkennbar
die Stilmarke des Besuchers tragen — hat sie ihn einmal empfangen,
und nun wird sie ihn nicht mehr los. Er hatte von allem Anfang
an den Prüfstein für die geistige Normalität der hohen Frau gefunden: seinen eigenen Geist. »Über einige Bemerkungen, welche
spaßhafte Pointen enthielten, lachte die Prinzessin herzlich ...
Ich fand, daß Prinzessin Louise eine wirkliche Empfänglichkeit
und lebhaftes Verständnis für geistvolle Äußerungen hat.« ...
Übrigens scheint sie nicht nur den Humor, sondern auch die
Taktlosigkeit des Besuchers sofort gewürdigt zu haben. »Bezeichnend
für die Überlegtheit, mit der die Prinzessin spricht, ist folgende
Bemerkung, welche sie machte. Ich meinte: ,Ich will nach Plänen
und Projekten Eure königliche Hoheit nicht fragen.' ,Da haben
Sie ganz recht', erwiderte die Prinzessin, ,ich würde Ihnen
darüber auch nichts sagen. Ich will ruhig leben, meine
Tage in einfacher Zurückgezogenheit verbringen'«. Trotz
dieser deutlichen Willenskundgebung fand Herr Frischauer doch
Gesprächsthemen, auf die die Prinzessin scheinbar einging. Zwar ist es
sicher nicht wahr, daß sie den Aufenthalt in dem Rudinger'schen
Sanatorium in Purkersdorf gelobt hat. Sie hat sich wiederholt über die
miserablen Zimmer, die sie in dieser Heilschwindelanstalt be-
wohnen mußte, beklagt und ist sich gewiß bewußt, daß es Herrn
Rudinger, dessen »humane Behandlung« sie jetzt angeblich rühmte,
viel weniger um ihr Wohl als um seinen kaiserlichen Ratstitel
zu tun war. Aber das ist schließlich ein kleiner Irrtum des Herrn
Frischauer, der sein Lob des Purkersdorfer Geschäftes — die ihm
versippte Familie Zuckerkandl soll jetzt daran beteiligt sein — einfach
der Prinzessin in den Mund legte. Schlimmer ist, daß der Mann
wirklich ein gemeinsames Interessengebiet fand, auf das ihm die Prinzessin wohl oder übel folgen mußte. »Wir sprachen über verschiedene
Dinge und Personen. Die Prinzessin kennt die Verhältnisse in
Wien; sie stand mit Personen in Beziehung, die auch ich kenne,
und sie ist über die Vorgänge einer Epoche unterrichtet, von der
auch ihr Besucher manches weiß. Dadurch wurde das Gespräch
sehr erleichtert.« ... »,Daran erkenne ich den N. N.', meinte sie, als ich
ihr ein Wort eines ihrer verstorbenen Verwandten erzählte,
ganz', und dann erging sie sich in Betrachtungen, welch großer
Geist der Verstorbene gewesen, der ihr durch Verwandschaft nahe-

gestanden hatte.« Es läßt sich nicht leugnen, daß der Kronprinz
Rudolf den Herrn Frischauer seiner Kameradschaft gewürdigt
hat. Ich halte natürlich die geistige Verbindung eines Kronprinzen
mit einem Journalisten prononziertester Façon für weit bedauerlicher,
menschlich und politisch bedenklicher, als die sexuelle Beziehung
einer Kronprinzessin zu einem hübschen Sprachlehrer. Einem System,
das die Persönlichkeit in spanisches Ceremoniell einsargen möchte,
steht ein falsches Freiheitsideal gegenüber. Die Erziehung der österreichischen Prinzen beginnt bei Kalksburg und endet beim Frischauer.

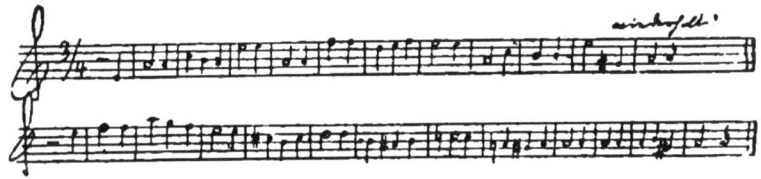

Das Lied vom armen Kind.

Von **Frank Wedekind.**

(Vortragsrecht vorbehalten.)

Es war einmal ein armes Kind,
Das war auf beiden Augen blind,
Auf beiden Augen blind;
Da kam ein alter Mann daher,
Der hört auf keinem Ohre mehr,
Auf keinem Ohre mehr.
Sie zogen miteinander dann,
Das blinde Kind, der taube Mann,
Der arme, alte, taube Mann.

So zogen sie vor eine Tür,
Da kroch ein lahmes Weib herfür,
Ein lahmes Weib herfür.
Bei einem Au-Automobilunglück
Ließ sie ihr linkes Bein zurück,
Das ganze Bein zurück.
Nun zogen weiter alle drei,
Das Kind, der Mann, das Weib dabei,
Das arme lahme Weib dabei.

Ein Mägdlein zählte vierzig Jahr,
Derweil sie stets noch Jungfrau war,
Noch keusche Jungfrau war.
Um sie dafür zu strafen hart,
Schuf Gott ihr einen Knebelbart,
Ihr einen Knebelbart.
Sie flehte: Laßt mich mit euch gehn,
Ihr Lieben, laßt mich mit euch gehn,
So wird noch Heil an mir geschehn!

Am Wege lag ein kranker Hund,
Der hatte keinen Zahn im Mund,
Nicht einen Zahn im Mund;
Und fand er einen Knochen auch,
Er bracht' ihn nicht in seinen Bauch,
Ihn nicht in seinen Bauch.
Nun trabte hinter den anderen Vier
Das alte kranke Hundetier,
Das alte kranke Hundetier.

Ein Dichter lebt' in tiefster Not,
Er starb den ewigen Hungertod,
Den ewigen Hungertod.
Mit Herzblut schrieb er sein Gedicht,
Man druckt es nicht, man kauft es nicht
Und niemand liest es nicht.
Drum schloß er mit dem kranken Hund
Der Freundschaft heiligen Seelenbund,
Der Freundschaft heiligen Seelenbund.

Und dann schrieb er zu Aller Glück
Ein wunderschönes Theaterstück,
Ein wunderschönes Stück,
In welchem die Personen sind
Der taube Mann, das blinde Kind,
Das arme blinde Kind,
Das lahme Weib, die Jungfrau zart
Mit ihrem langen Knebelbart,
Die Jungfrau mit dem Knebelbart.

Und eh' die nächste Stund' entflohn,
Konnt' Jeder seine Rolle schon,
Die ganze Rolle schon.
Verständnisvoll führt die Regie
Das arme kranke Hundevieh,
Das arme Hundevieh.
Drauf ward das Schauspiel zensuriert
Und einstudiert und aufgeführt
Und ward ganz prachtvoll rezensiert.

Die Künstler fanden viel Applaus,
Man spannt dem Hund die Pferde aus
Und zieht ihn selbst nach Haus.
Da gabs nun auch Tantiemen viel
Und hohe Gagen für das Spiel,
Das ungemein gefiel. —
Nachdem sie ganz Europa sah,
Da reisten sie nach Amerika,
Da reisten sie nach Amerika.

Zum Schlusse hört nun die Moral:
Gebrechen sind oft sehr fatal,
Sind manchmal eine Qual;
Die Poesie schafft ohne Graus
Beneidenswertes Glück daraus,
Sie schafft das Glück daraus.
Dann schwillt der Mut, dann schwillt der Bauch,
Und sei's bei einer Jungfrau auch.
So ist's der Menschheit guter Brauch.

ANTWORTEN DES HERAUSGEBERS.

Gerichtssaalhabitué. Die Saison hat mit einem großen Heiterkeitserfolg begonnen. Baron Distler, der Star des Wiener Landesgerichts, wurde in der Komödie »Der schießende Graf« von einem dichtbesetzten Auditorium, das nur leider neuestens die Operngläser nicht gebrauchen darf, wiederholt akklamiert. Die Berichterstatter verzeichneten nach dem Dialog: »Der Zeuge Barber gibt an: 25 Jahre alt, römisch-katholisch . . . Vors. (unterbrechend): Jetzt sind Sie katholisch!« Heiterkeit und nach den Worten: »Ihre Braut ist doch vernünftiger, weil sie ja älter ist als Sie« schallende Heiterkeit, die sich nach der Bemerkung, daß bloß das Gesäß des Zeugen getroffen worden sei, und nach dem anschließenden Extempore: »Edlere Organe sind also durch den Schuß glücklicherweise nicht verletzt« noch steigerte. Alles klappte. Die Gerichtspsychiater hatten ihre Rollen sehr gut inne. Es war eine recht animierte Vorstellung, und das Publikum nahm sogar den alten Effekt, daß zum Schluß der Graf freigesprochen wird, gemütlich hin. Freilich war der abgebrauchte Truc diesmal von einer neuen Seite gezeigt worden. Der Graf Milewski ist nämlich bloß ein römischer Graf, wie z. B. der Lippay. Die Tendenz aber verkündete Baron Distler in den Worten: »Ich würde dies auch getan haben, hätte mich aber einsperren lassen müßen«. Da der Angeklagte für den Schuß auf dem Nordbahnhofe nicht eingesperrt wurde, so wollte sich Baron Distler offenbar über die Parteilichkeit der österreichischen Justiz beklagen, die erst beim Grafen und nicht schon beim Baron die »Aufregung« als Strafausschließungsgrund gelten lasse.

Kritiker. Im Textteil der ,Neuen Freien Presse' war am Sonntag, 2. Oktober, eine ausführliche literarische Kritik der »Biscotte« von Pierre Wolf, der Première des Orpheumtheaters, zu lesen. Da gab's psychologische Wendungen, literarische Vergleiche, eingehendes Lob für die Darsteller des »selbst in seiner Unmoral charmanten Dramas« und endlich die Feststellung, daß »die Pariser Komödie zu einem durchschlagenden Erfolge des wienerischen Orpheums wurde«. »Alles in allem« — so schloß der Artikel — »wenn wir schon bei früheren Anlässen konstatiert haben, daß man unter der Direktion Gabor Steiner gut Komödie spielen kann, heute haben wir erfahren, daß dieses Lob auch für die moderne und modernste französische Komödie gilt« . . . Man wird sich vielleicht dafür interessieren, wer der Ressortkritiker der ,Neuen Freien Presse' ist, der einer seit dem Engagement wirklicher Schauspieler gewiß ernst zu nehmenden Bühne so warme Anerkennung spendet. Ich kann's verraten: Herr Direktor Gabor Steiner. Die am 2. Oktober im Textteil abgedruckte Besprechung der »Biscotte«, die jeder Leser für eine redaktionelle Kritik hielt, halten mußte und halten sollte, ist am 1. Oktober vor der Vorstellung fix und fertig aus der Direktionskanzlei des Orpheumtheaters in die Druckerei der ,Neuen Freien Presse' geliefert worden. Dieser Vorgang spielt sich, wie ich höre, seit einem Jahr vor jeder Première des Orpheumtheaters ab. Da per Zeile 5 Gulden gezahlt wird, so beträgt die Summe, die die ‚Neue Freie Presse' in der letzten Saison für sachliche Kritik von Direktor Steiner bezogen hat, etwa 2000 Gulden... Am 1. Oktober war eine — unbezahlte — Rezension des Josefstädter Theaters erschienen, die, da sie der Feder eines Redakteurs entstammte, recht ungeschickt geschrieben war. Ihre ersten Zeilen, die einen Heiterkeitssturm in Wien erweckten, sind sprichwörtlich geworden. Sie lauten: »(Theater in der Josefstadt.) Zum erstenmal: ‚Angèle' von O. E. Hartleben; ‚Karrnerleut'' von Karl Schönherr; ‚Der Dieb' von Octave Mirbeau. Ich verkaufe Ihnen Karl Schönherr's ‚Karrnerleut'' und ich verkaufe Ihnen Octave Mirbeau's ‚Der Dieb'. Otto Erich Hartlebens ‚Angèle' verkauf ich Ihnen nicht — obwohl gerade sie ein käufliches Frauenzimmer ist. Herr — diese Angèle, sehen Sie sie an, sie ist entzückend.« Das war einmal ehrlich! Das klang wie der Sehnsuchtsschrei des geborenen Kurzwarenkommis, den ein widriges Geschick zur Theaterkritik verdammt hat. »Ursprünglich dem kaufmännischen Berufe bestimmt, widmete er sich...« Nun, wenn die ‚Neue Freie Presse' dem Publikum Theaterstücke wie Stückware anbietet, macht sie doch kein so gutes Geschäft wie wenn sie dem Theaterdirektor zuruft: »Ich verkauf Ihnen den Artikel über ‚Biscotte'...!«

Jourbesucher. Brüll's »Fehme« gegenüber hat die Kritik den Ton verfehlt. Hohn und Entrüstung klangen so, als ob etwa ein modernes Drama von Wilbrandt zur Diskussion stände. Die Nochnichtdagewesenheit des Ereignisses kam nicht zum Ausdruck, die Sprachlosigkeit dessen, der es erlebte. Was vermögen Worte? Ein Analphabet müßte man sein wie der Autor der »Fehme«, um auszudrücken, was sich da im Burgtheater begab. Nur in unartikulierten Lauten läßt sich darüber berichten. Aber die Wiener Kritik verwendete ganze Sätze und lieferte ihr übliches Burgtheaterfeuilletonpensum... Der Literat Schlenther hat nun doch wieder die Erinnerung an die Zeiten der »Freien Bühne« geweckt, aber freilich der des seligen Rudolfsheimer Volkstheaters. Damals wurde einer Intrigantin zugerufen: »Sie sind die Schlange, die ich an meinem Busen genährt!« Von den Höhepunkten der »Fehme« haben die meisten Kritiker den »Rostbraten mit Zwiebel« und die »Flamme, welche die Glut verzehrt« notiert. Ich habe mir auch gemerkt, daß manche Sätze verdächtige Weise mit dem Worte »Aufgewachsen« beginnen und daß auf die Frage, ob die Adoptierung eines Mädchens nicht rascher bewilligt werden könnte, geantwortet wird: »Ich habe bereits mit dem Sektionschef gesprochen«. Auffallend war nur, daß nicht gleich Herr Liharzik im Parkett interpelliert wurde. Noch nie gab's in dem unakustischen Theater so intime Wirkungen, und das Haus präsentierte sich — drei Wochen vor der Tell-Aufführung — als »ein einzig Volk von Brüdern«... Eine neue Literatur droht jetzt heraufzukommen: die Literatur des Publikums. Sie ist die Reaktion gegen die Literatur der Literaten. Wie's ein beliebiger Parkettbesucher machen würde, wird uns jetzt auf der Szene, wie's ein Zeitungsleser schreiben würde, im Feuilleton gezeigt. Das Burgtheater und die ‚Neue Freie Presse' bringen den Mauschel an sich. Wie sich ein Herr von der Fruchtbörse mit Problemen herumschlägt, wird auf der ersten deutschen Bühne dargestellt, und im ersten Blatt Deutschösterreichs darf ein Mann, der bloß Harnsäure und nicht das geringste Talent hat, Karlsbader Herbststimmungen verarbeiten. Das muß man gelesen haben. Das läßt sich einfach nicht nacherzählen. Ich meine, daß das Feuilleton vom 10. Oktober noch über die »Fehme« geht. Was da geschrieben wurde, würde ein Leser der ‚Neuen Freien Presse' vielleicht doch nicht zu sprechen wagen. Die Sprache des Stückes »Me schießt« ist klassisches Hochdeutsch dagegen. Zunächst ward in der ungezwungensten Weise eine schöne Seele enthüllt: Der Verfasser bekennt, daß er »die Menge liebt«, aber nicht etwa die misera plebs, sondern die »wohlhabende, behäbige, satte« Menge. »Und keinen Ort der Welt kenne ich, wo ich weniger von der andern Masse gestört bin, unsichtbarer im Meere der Bourgeois untertauchen, an ihren Vorzügen mich laben, an ihren Sünden mich ergötzen und im Gewühle ungestörter mein geliebtes Ich pflegen kann, als Karlsbad«. Ein lieber Kerl, nicht wahr? Was dann — durch neun Spalten — folgt, ist eine einzige berauschende Symphonie auf das Thema: »Jeden Früh, wenn ich aufkomm und ausgeh, trink ich meinen Tee und ess ich meine Eier«. Herr Kohn im »Posthof« und Herr Kohn im »Kaiserpark«. Kein anderer Gedanke. Aber eine unendliche Fülle von Jargonwendungen. »Mitten hinein dränge ich mich in die schiebende, sich stauende Masse«. Das versteht sich doch von selbst. Aber er hat auch ein Auge für die Mitdrängenden und bemerkt unter anderen einen »berühmten Eisenbahndirektor mit seinem pikanten, von einem Herzlbart umrahmten Gesicht«. Ungemein natürlich wirkt die Stelle: »Mein süßes Weibchen hatte sich in den Kopf gesetzt, wir müssen in diesem Jahr unbedingt nach Heringsdorf. Vergebens all mein Bitten und Drohen: ‚Wirst du sehen, ich werde einen schlechten Winter haben...'« Später, da sich die Harnsäure meldet: »Mir scheint, mein Kind, ich werde doch nach Karlsbad müssen.« Der Arzt wird gerufen, »er konstatiert eine ganze Sandbank«. Aber der Anmut des Gedankens ist sogleich wieder die Anmut der Sprache gesellt: »Der Herbst in Karlsbad scheint doch nicht so ohne zu sein«. »Etwas ermüdet nahm ich auf dem Zimmer eine Kleinigkeit«. Die Kellnerin, die »seinen« Tee und »seine« Eier bringt, heißt natürlich »ein goldenes Mädchen«. Später: »Ganymädelchen«. Immer wieder versichert der prächtige Mensch uns, daß er »die Menge liebt«. Aber im Herbst ist's so einsam in Karlsbad. Wohin soll er sich wenden? »Auf den Aberg? Nein, ich hatte keine Lust, am Aberg noch grämlicher zu werden«. Natürlich speist der Mann beim »Hopfenstock«. »Mit einer Aufmerksamkeit werde ich bedient, wahrhaftig rührend«. Nun erfahren wir wieder körperliche Intimitäten. Z. B., daß er sonst, im Sommer, »einen königlichen Appetit entwickelt«. Denn »diese kauende, schmatzende Menge, die machte mir immer Appetit«. Sonderbarer Schwärmer! Er entdeckt, daß die Wohnung unruhig ist. »Höchstens werde ich kein Mittagsschläfchen halten, mein Arzt verbietet es mir auch so regelmäßig, ich könnte zu korpulent werden«... Welch ein Causeur! Zum Schlusse erzählt er uns noch, daß auch Goethe über Karlsbad geschrieben hat.

Musiker. Nein, eine Detektiv-Polka hat Herr Ziehrer noch nicht komponiert. Die Geschichte brachte ihm auch wahrhaftig mehr Ärger als Anregung. Was nützt die schönste Herauslockung eines Belastungsmaterials, wenn zwar der Staatsanwalt pariert und die Verfolgung der Agenten des Herrn Ziehrer ablehnt, aber die unverbesserliche Witwe Hasel zivilrechtlich ihre Ansprüche geltend macht? Auch beim Zivilgericht gibt es Strafverhandlungen. Und peinlicher konnte die Sache für den dankbaren Schüler Emmerich Hasel's nicht enden, als sie trotz Abweisung der Klage tatsächlich geendet hat. Wenn die ,Wiener Morgenzeitung' schreibt: »Durch diesen Ausgang des Prozesses ist die Hinfälligkeit der Anwürfe, mit denen der verdienstvolle und beliebte Komponist seit längerer Zeit verfolgt wurde, vollkommen klargestellt«, so ist das einfach idiotisch. Das Urteil hat mit den Anwürfen nicht das geringste zu schaffen. Der Richter war der — wahrscheinlich juristisch falschen — Ansicht, daß zwischen der vertrauensseligen Frau und den Detektivs, die sich als New-Yorker Theaterleute vorstellten, ein Kaufvertrag zustande gekommen sei. »Die Irreführung der Klägerin in der Person des Käufers sei nicht so bedeutungsvoll, daß sie die Auflösung des Kaufvertrages zur Folge haben müßte, da nach dem Inhalte des Vertrages nicht die Person des Käufers, sondern der Kaufpreis die Hauptsache war«. Das ist unrichtig. Aber die I r r e f ü h r u n g ist jedenfalls gerichtlich festgestellt; und keinen Augenblick ließ der Richter die Verhandlungshörer im Unklaren darüber, wie er die Handlungsweise des verdienstvollen und beliebten Komponisten ethisch bewerte. Auch über die Ethik einer Berichterstattung, die im Urteil die »Irreführung« zu einem »I r r t u m in der Person des Klägers« umfälscht, dürften die Akten zu schließen sein. »Die Masken herunter!«, rief der Richter den beklagten Detektivs zu und: daß »man Unrecht daran tue, Richter für naiv zu halten«. Daß aber die beiden Gentlemen nicht zu ihrem Vergnügen die Papiere herauslockten, sondern Beauftragte des Herrn Ziehrer waren, wurde erwiesen. Dieser ließ alle Schriftstücke, die ihm gebracht wurden, großmütig rückerstatten, nur das Konzept jenes kompromittierenden Briefes, den sein Lehrer Hasel einst an ihn gerichtet hatte, behielt er zurück. Ziehrer habe es — so versichert der Schriftsatz des Beklagtenvertreters — »gleich nach Erhalt i n e i n e r A u f w a l l u n g d e s Z o r n e s ü b e r d i e d a r i n e n t h a l t e n e n B e s c h i m p f u n g e n s e i n e r E l t e r n zerrissen.« Dies sollte Herr Ziehrer als Zeuge bestätigen. Ein wahres Glück, daß der Richter diesen Antrag ablehnte. Herrn Ziehrer ist es erspart geblieben, eine Unwahrheit auszusagen oder seine Helfer Lügen zu strafen. I c h h a b e d a s K o n z e p t seinerzeit, da es mir die Witwe Hasel mit dem andern Material brachte, g e l e s e n u n d w e i ß m i c h g e n a u z u e r i n n e r n, d a ß n i c h t e i n die Eltern Ziehrers beleidigendes W o r t d a r i n enthalten war. Somit kann nur die Beharrlichkeit, mit der Hasel seine Autorrechte geltend machte, die Empörung des Herrn Ziehrer geweckt haben. Begreiflich genug, daß er das Dokument vernichtete. . .

Literarhistoriker. Es gäbe allerlei drollige Unfälle nachzuholen. Der junge Theaterverein »Sezession« hat Heinrich Leopold Wagner's »Kindermörderin« (1776) gespielt. Ein liberales Intelligenzblatt, die ,Österreichische Volkszeitung' berichtet darüber am 28. August wie folgt: »Der Beatrixsaal war der Schauplatz der Tat. Hier wurde das Trauerspiel eines jungen Autors — Heinrich Leopold Wagner ist sein Name — zur ersten Aufführung gebracht. ,Die Kindermörderin' ist es betitelt. Es macht ungefähr den Eindruck, als ob man durch eine lange, lange Allee ginge und hinter jedem Baume lugt ein guter Bekannter hervor, der uns artig grüßt. Da marschieren sie alle auf: der Stadtmusikant Miller und Meister Anton in einer Person, deren liebwerte Gattinnen, Luise und Klara, Clavigo, dann ein mixtum compositum von Carlos, Wurm und Marinelli, ein dito von Clavigo und dem Prinzen von Guastalla, auch ein Vetter vom Stamme Brackenburg, und so fort mit Grazie. Also nichts weniger denn jenes Kunstgenre, das sich hinter dem so vieles mit christlicher Nächstenliebe verhüllenden Namen ,Sezession' verbirgt. Aber das Ganze verrät etwas dramatisches Talent, es pulsiert frisch in dem Stücke, die Handlung schreitet rasch vorwärts, was Anfänger doch so selten nur zuwege bringen, die Sprache ist ungezwungen, hält sich ziemlich frei von Banalitäten und das Ganze erweckt trotz der häufigen Reminiszenzen doch nachhaltiges Interesse. Irren wir nicht, so haben wir es in dem Dichter mit einem ganz netten Talent zu tun, das freilich nicht den Ossa auf den Pelion türmen, aber möglicherweise noch recht hübsche Proben auf einem Gebiete liefern wird, das ihm — nach der Flagge ,Sezession' zu schließen — nicht einmal sympathisch ist: auf dem Gebiete des alten, ehrlichen Philisterstückes.« — Ist es nicht traumhaft? Und die Kritik beginnt mit den Worten: »Wer Jugend hat und nur halbwegs Bildung besitzt — gleichviel, ob diese in späterer Zeit zu wahrer Bildung sich gestaltet oder in Halbbildung ausartet —, schwärmt für's Theater.« . . .

Beobachter. Der Nachrichtenwahnsinn, der in der Affaire Coburg zum Ausbruch kam, hat sich in der folgenden, mit fetter Überschrift versehenen Sensationsdepesche selbst übertroffen: »König Leopold über seine Tochter. London, 8. September. (Privattelegramm.) König Leopold von Belgien besuchte gestern Dover auf seiner Jacht ,Alberta'. Der König ging, bloß von seinem Sekretär begleitet, auf kurze Zeit ans Land. Ein Journalist, welcher den König höflich ansprach und eine auf die Prinzessin Louise bezügliche Frage stellte, erhielt vom König die Antwort: ,Ich habe nichts zu sagen.'« — Der Journalist übrigens, der den König höflich ansprach, ist wohl ein Beweis dafür, daß sich die Weltbeherrscher zu fühlen beginnen. Bald wird man von einem »Königsstolz vor Männerthronen« sprechen können, und von Herrn Löwy wird uns berichtet werden, daß er elastischen Schrittes aus dem Coupé gestiegen sei.

Sexueller Tiroler. Der Referent des ,Deutschen Volksblatts' erzählte den Inhalt von Strindberg's »Fräulein Julie«. Er redete sich in eine wahre Erbitterung gegen die handelnden, so schamlos handelnden

Personen hinein und schrieb den besten Satz, den ich je in einer
Theaterrezension gelesen habe: »Die Situation wird von Sekunde zu
Sekunde schwüler, das Laster liegt förmlich in der Luft.«

Lebemann. In Zürich tagte eine »internationale Konferenz gegen
den Mädchenhandel«. Wurden da etwa Strafverschärfungen gegen Menschenraub beschlossen, die Rechtsgüter des freien Willens und der Unmündigkeit klarer umgrenzt? Nicht doch. Der Ehrenvorsitzende
Herr Professor Hilty erklärte: »Soll das menschliche Leben überhaupt
einen Zweck haben, so muß alles Tierische oder Tierähnliche, mit dem
der Mensch ins Leben tritt, abgestreift werden.« Und das Tierische, w o
d u r c h der Mensch ins Leben tritt? Wie ist denn z. B. der Herr Professor
Hilty entstanden? »Ein deutscher Pastor, Herr Burckhardt«, so meldet der
Kongreßbericht trocken, »begehrte die Abschaffung der Chambres séparées«.
Aber da wäre doch die Abschaffung der Betten viel radikaler!

Maler. Ich bin der Ansicht, daß es in der Kunstkritik im Gegensatz zu der Theaterkritik vor allem auf das Lesenkönnen ankommt. Ein
Theaterkritiker kann sich, wie verschiedene Katastrophen der letzten
Jahre bewiesen haben, nicht immer auf das gedruckte Personenverzeichnis verlassen. Ein Kunstkritiker hat's leichter. Gewiß kann es auch vorkommen, daß Maler absagen oder daß ein schon in den Katalog aufgenommenes Bild eines Künstlers im letzten Moment durch ein anderes
Bild desselben Künstlers ersetzt wird. Ich glaube, daß hier bereits einmal
von dem Abenteuer des armen Ausstellungsbesuchers die Rede war,
dem ein Wiener Kunstkenner in tiefgründiger Ausführung den Sinn
eines Bildes von Alexander, das der Katalog unter dem Namen »Im
Spiegel« führte, zu deuten suchte und der später in München ein ebenso
betiteltes Werk desselben Künstlers sah, vor dem ihm die Beziehung
zwischen Sinn und Namen sofort einging. Immerhin — hier haben
wir es mit Ausnahmsfällen zu tun. In der Regel kann sich der Kunstkritiker darauf verlassen, daß, was im Katalog steht, auch im Saal hängt.
Herr Servaes, der Pechvogel, braucht solche Stütze nicht, sondern verläßt
sich kühn darauf, daß er nicht s e h e n kann. Und so sah er, wie Sie
mir mitteilen, in diesem Sommer, da er über die Ausstellung im
Münchner Glaspalast schrieb, die g r o ß e L ä n g s w a n d nicht, die
Kaulbach's Werke bedeckten, und schrieb unbesorgt: »F. A. Kaulbach
fehlt gänzlich in diesem Jahr.« Herr Servaes, der im Gegensatz zu
Hamlet a u c h w e n n der Wind südlich ist, einen Kirchturm von einem
Leuchtpfahl nicht unterscheiden kann, sollte doch nicht so übermütig
auf das dem Kunstkritiker unentbehrliche Hilfsmittel des Kataloges
verzichten.

Spion. Im letzten Sommer habe ich einmal das ‚Deutsche
Volksblatt‘ und einmal die ‚Sonn- und Montagszeitung‘ zu Gesicht
bekommen. Scharf und Vergani! »Heilbringend vorbedeutungsvolle
Namen! Nie wird das Glück von Österreich sich wenden, so lang zwei
solche Sterne, segenreich und schützend, leuchten über seinen Heeren.«
Ich wollte aber nicht Schiller's Questenberg, sondern einen andern
österreichischen Minister zitieren. In Berlin war nämlich ein Auszug

aus den Memoiren Albert Schäffle's veröffentlicht worden. Das ‚Deutsche Volksblatt' griff eine sehr interessante Äußerung auf, die der einstige österreichische Handelsminister über die Person des Alexander Scharf machte. Schäffle erzählt nämlich, daß er alsbald die Notwendigkeit erkannte, die Börseneinbrecher durch einen aus ihren Kreisen geholten Spion überwachen zu lassen. Er habe keine bessere Wahl treffen können als die eines gewissen Scharf, Eigentümers der ‚Sonn- und Montagszeitung', der ihn stets gut bedient habe . . . An dem Montag, der der Zitierung im ‚Deutschen Volksblatt' folgte, war nun in dem Blatt des Herrn Scharf wortwörtlich und in fettestem Druck zu lesen: »Im ‚Berliner Tageblatt' (vom 22. August 1904) ist ein Auszug aus den noch nicht im Buchhandel erschienenen ‚Memoiren des gewesenen österreichischen Handelsministers Albert Schäffle' erschienen, die sich auch mit dem Eigentümer dieses Blattes, Herrn Alexander Scharf, beschäftigen. Das ‚Deutsche Volksblatt' reproduziert die hierauf bezüglichen Stellen, unterschlägt aber die Quellenangabe, indem es das ‚Berliner Tageblatt', dem der Artikel entnommen ist, verschweigt. So wie der Rabe das Stehlen, so vermag auch das Vergani-Blatt das Unterschlagen nicht zu lassen, denn außer der ersterwähnten Unterschlagung unterschlägt es sofort einen bedeutungsvollen Satz, mit dem der Artikel im ‚Berliner Tageblatt' schließt. Dieser unterschlagene Satz lautet: ‚Nie hat Scharf mein Vertrauen getäuscht'. So schreibt Schäffle über den Eigentümer dieses Blattes . . . Falls Vergani nicht persönlich diese Unterschlagung verübte, sondern nur einer seiner Tintenkulis, dann richten wir an diesen die Frage: Können Sie uns glaubwürdig Jemand nennen — es muß gerade kein Minister sein — der von Ihrem Chef gesagt hätte: ‚Nie hat Vergani mein Vertrauen getäuscht'??? Findet sich ein solcher Mann, dann sind wir bereit, auch den in Rede stehenden Tintenkuli Vergani's als einen Ehrenmann zu bezeichnen.« — — — — — Es gibt wirklich noch Humor . . . Nun, das ‚Deutsche Volksblatt' hat vielleicht aus Rücksicht auf die Dummheit seiner Leser, die an ein positives Vertrauensvotum glauben konnten, den bedeutungsvollen Satz weggelassen. Natürlich war es selbst wieder zu dumm, Herrn Scharf das Bewußtsein eines Triumphes auszureden und ihm plausibel zu machen, daß die Anerkennung, Schäffle's Vertrauen getäuscht und die Rolle des Spions refusiert zu haben, eigentlich schmeichelhafter gewesen wäre. Weil Schäffle des feilen Wiener Offiziosentums mit hohnvollem Dank gedacht hat, wächst der Stolz des Herrn Scharf ins Unermeßliche. Er trägt jetzt den Kopf so hoch, daß die Engel im Himmel die Butter riechen. Herr Vergani aber fühlte sich wirklich wieder einmal bei einer Unterschlagung ertappt und unterließ es, Herrn Scharf darüber aufzuklären, daß ein »Vertrauter« ein Mann ist, zu dem niemand auf der Welt Vertrauen hat als eben der eine, der ihn bezahlt.

Neugieriger. Sie fragen, ob Maximilian Harden »reagiert« habe. Gewiß. Er hat die Zusendung des Tauschexemplars der ‚Zukunft' eingestellt. Jetzt muß ich das Blatt abonnieren. Ja, ja, so strafen Große.

Herausgeber und verantwortlicher Redakteur: Karl Kraus.
Druck von Jahoda & Siegel. Wien. III. Hintere Zollamtsstraße 3.

DIE FACKEL

| NR. 168 | WIEN, 10. NOVEMBER 1904 | VI. JAHR |

DER HEXENPROZESS VON LEOBEN.

> »Nur Wenige, nur sehr Wenige
> überstanden wie durch ein Wunder
> alle die Qualen und wurden dann,
> wenn nicht ‚neue Indicien' hinzukamen,
> welche die Wiederholung der ganzen
> Prozedur heischten, nach einiger Zeit
> als Krüppel an Leib und Geist aus
> der Kerkerhöhle entlassen, um über
> die ‚Religion der Liebe'nachzudenken«.
>
> Johannes Scherr, Geschichte deutscher
> Kultur und Sitte.

Es geschehen jetzt Dinge, vor denen die
Sprache der Empörung stumm wird, der feinsten Erziehung eine geballte Faust würdiger dünkt, als der
artikulierte Ausdruck der Gefühle, und der Besonnenheit,
wofern sie nur Menschenblut in den Adern hat, der
Gedanke an brachiale Abwehr näher liegt ‘als die
Achtung vor dem Gesetz. Ist es ein Plan der Oberen,
die mit ihren Erlässen den Herrgott und mit ihren
Taten den Teufel versöhnen, ein Vorbild der Anarchie
zu schaffen? Und ist es kein Plan, wie erklärt Ihr
Höflinge der öffentlichen Meinung, daß jetzt ein Ruf
nach Lynchjustiz an den Justizlynchern wie Donner-
hall durch die Lande braust? Lebenslanger Kerker
für den Raub einer Geldbörse, »Machen S' keine
G'schichten!« als Zuspruch vor einer Verurteilung zum
Tode, der Hexenprozeß gegen eine der Faszinierung
eines Beamten beschuldigte Frau — bezwinge sich,

wer kann: die Feder reicht nicht mehr aus, man muß
zum Tintenfaß greifen....

Der Hexenprozeß von Leoben... Ist's die Nostalgie
nach dem Mittelalter, die in der Gerichtsbarkeit des
Volkshasses sich heimlich kündet? Wie müßten wir
jene aufgeklärten Zeiten beneiden, in denen der
Zauberin bloß physische Qual bereitet, aber der
Pranger europäischer Publizität erspart wurde! Kein
Tal der Steiermark ist so lieblich, daß seine Bewohner
nicht auch heute geneigt wären, einer geheimnisvollen Fremden den Zauber, mit dem sie den Sinn
der Söhne des Landes betörte und den heirats-
fähigen Töchtern abwendig machte, mit Steinwürfen
auszutreiben. Aber die Technik des Hexenprozesses hat
durch die Erfindung der journalistischen Schwarzkunst
eine unerhörte Vervollkommnung erfahren. Denn die
Hexenrichter fürchten die Publizität nicht, weil sie
ihre eigene Ruchlosigkeit bekanntmachen könnte,
sondern benützen sie, weil sie die Pein der Angeklagten vergrößert. Sollten die Folterwerkzeuge bloß
Geständnisse herauspressen, so dient die Druck-
maschine der Verbreitung jener schmerzlichen Fragen,
die als Eingriff in die privateste Sphäre einer Frau
Sinn und Wirkung verfehlten, wenn sie bloß vom
Richter zur Angeklagten gesprochen wären. Durch
tausend Zeitungsberichte einer Welt voll Bosheit
kundgemacht, wiegen sie wohl die Qual »unter die
Arme gebrannter Schwefelfedern« auf. Ja, so sehr, daß
die arme Sünderin »nicht anders gemeinet, sie würde
bleiben und das Herz ersticken«....

Scheußlicheres ward nicht erlebt, seit in deutschen
Landen nicht mehr nach der Strafprozeßordnung des
Hexenhammers und nach der peinlichen Halsgerichts-
ordnung Recht gesprochen wird. Aber der Dank
des ehrlichen Kulturforschers, dem Wahrheit über
Empfindlichkeit geht, gebührt dem mutigen Senat
von Leoben, der das tiefe Heimweh der Volksseele
nach jenen altehrwürdigen Einrichtungen begriffen

und sich auf eigene Faust als Malefizgericht etabliert
hat. Anklage auf »Bigamie« hieß es, weil man's
Hexenprozeß nicht nennen konnte, ohne das Kulturbewußtsein fortschrittlicher Juristen, denen ja das Strafrecht von 1803 heilig ist, zu verletzen. Aber in
Leoben, am. Ausgang des Jahres 1904, ward ein
Senkblei in den tiefsten Brunnengrund österreichischen
Volksempfindens hinabgelassen, und siehe, es stieß
auf den Wunsch nach Teufelaustreibung.

Leontine von Hervay war auf einem Besenstiel
nach Mürzzuschlag durch die Luft geritten, wobei ihr
seidener Unterrock sichtbar wurde. Ein ahnungs-
volles Barchentgemüt rief sofort: »I durchschaudi«.
Was nützte es, daß sie den Bezirkshauptmann glücklich gemacht hatte? Eine Zaubererstochter und fremder
Sprachen mächtig. Also »teuflischer Buhlschaft«
dringend verdächtig. Dem einen erkrankte wohl das
Vieh, dem andern verdarb vielleicht das Getreide.
Der ganze Ort wird rebellisch. Dem Bezirkshauptmann hat sie einen Liebestrank eingegeben, andere
Honoratioren werden folgen, die begehrtesten Mürz-
zuschlagerinnen müssen zurückstehen. Soll man es
dahin kommen lassen, daß sie »die Männer verhindert
zu zeugen, und die Weiber, zu gebären, und die
Männer, daß sie den Weibern, und die Weiber, daß
sie den Männern die ehelichen Werke leisten können«?
»Eine Hexin ist eine Person« — hat ein berühmter
Lehrer des »Malleus maleficarum« definiert — »welche
mit Vorsatz und wissentlich durch teufelische Mittel
sich bemüht und untersteht, ihr Fürnehmen hinaus-
zubringen oder zu Etwas dadurch zu kommen und
zu gelangen«. Nur daß man »solich böß weyber von
ihres verkehrten willens wegen nach keiserlichem
recht tödten sol vnd mag«, muß heute leider ein
frommer Wunsch bleiben. Sache der Gerichte ist
es, anstandshalber seine Anerkennung zu markieren.

Und österreichische Behörden, die sonst im
Schweiße ihres Angesichts den Täter suchen, fahndeten

diesmal steckbrieflich nach der Tat. Mindestens war Leontine v. Hervay schuldig, sich durch fünf Monate der Herstellung eines Tatbestandes hartnäckig widersetzt zu haben. Je geringer die Aussicht auf die juristische Fundierung einer Anklage wurde, desto länger mußte ihre Untersuchungshaft dauern, die erst geendet ward, als der erlösende Einfall »Bigamie« sich der Sterzschicht unter der Schädeldecke eines steirischen Staatsanwalts entrang. Die Idee einer Betrugsanklage mußte wieder dahin zurücksinken. Denn die Hoffnung eines verschuldeten Bezirkshauptmanns enttäuschen, ist im Sinne eines Gesetzes, das der Eheschließung bloß das ethische Motiv der Neigung zugrundelegt, kein Betrugsfaktum; und überdies war nicht einmal nachzuweisen, daß Frau von Hervay den Mann, dessen innere Lebenstumbheit ihr verfallen war, über die äußere Gestaltung ihres Verhältnisses getäuscht hatte. Das ist ja das infernale Blödsinnsstigma dieser Gerichtsverhandlung: nicht mehr gegen die Angeklagte bewiesen zu haben, als daß sie eine Gesellschaft von Topfguckern, der die Wahrheit zu sagen keine gesetzliche und keine ethische Pflicht sie zwang, angeschmiert hatte. Schmecks, bei den Buren bin ich Krankenschwester gewesen — hat die Antwort auf die langweiligen Fragen nach dem »Woher« gelautet, die »Falschmeldung« auf dem Meldzettel des bürgerlichen Klatsches, so verbrecherisch wie jene falsche Angabe des Alters auf dem Meldzettel des Mürzzuschlager Hotels. Eine Hochstaplerin. Zwar hat sie nicht Kaufleute, bloß Neuigkeitskrämer betrogen, zwar hat sie kein Recht am Eigentum, bloß das Recht auf »Wahrheit« geschädigt. Und daß sie just die sichere Wirkung des Burentaumels auf »wurzelhaft-völkische« Gemüter benützte, um sich mit der Ruhe vor lästigen Fragern zugleich eine billige Popularität zu verschaffen, könnte Nichtmitglieder des Mürzzuschlager Turnvereins eher ergötzen als empören. Aber der Staatsanwalt weiß, was seines Amtes ist. Sie hat nicht nur Frauen, die um siebzehn Jahre jünger sind, in der Gunst des saubersten Beamten der Stadt ausgestochen, sondern — Zauberinnen sind manches imstande — sich auch selbst um siebzehn Jahre verjüngt. »Falschmeldung«. Es geht einem durch und durch, wer den Klang dieses Deliktes hört. Wäre der Gatte am Leben und fände bei Hervays ein Gastmahl statt, der befreundete Kreisgerichtspräsident von Leoben schmausete bei einer Falschmelderin! Die Sonne bringt es an den Tag, buchstabieren die Schulkinder von Mürzzuschlag. Vor langer Zeit hat sie's getan, schwer drückt sie die Gewissenslast, ein unvorsichtiges Wort kann sie verraten. Eine Falschmelderin! Ohne die Verpflichtung, überhaupt ihre Jahre anzugeben, hat sie in den Meldzettel beim steirischen Ochsen ein falsches Alter eingetragen. Sie hat also geradezu die Absicht gehabt, irrezuführen. Und von allen. Seiten schrillt's ihr ins Ohr: Falschmelderin!...

Die Gegensätzlichkeit zwischen der Pathetik der Namen und der Erbärmlichkeit der Dinge ist der humoristische Grundzug unseres Strafrechts. Aber als die steirischen Berge kreisten, ward noch die »Bigamie« geboren. Das ist in seiner Art auch ein spaßiges Delikt. Seine Gesetznorm schützt nämlich, da die betrügerische Nebenabsicht ausdrücklich erst in einer Strafverschärfung getroffen wird, an und für sich nichts weiter als eines jener transcendentalen Güter, als deren Wächter sich die österreichische Gerechtsame so gern aufspielt: die Sittlichkeit oder die Heiligkeit der Ehe oder den Ernst der kirchlichen Zeremonie oder dergleichen. Als bekannt ward, Frau v. Hervay sei der »Bigamie« schuldig befunden, fuhr's durch die Garküchen der steirischen Moral, in denen der Sterz aus Klatsch und Bosheit bereitet wird, wie ein Blitz der Erkenntnis. Das hatten sich alle ja gleich gedacht. Was? Nun, daß der Hervay auch dieses Fremdwort geläufig ist. Keiner kann's übersetzen; aber jeder begreift, daß die Frau verhaftet, eskortiert, im Bahnhof vor dem Pöbel

ausgestellt, mit Schimpf und Steinen bombardiert, fünf
Monate in Untersuchungshaft gehalten und schließlich zu ebenso langem Kerker verurteilt werden
mußte. Eine Definition? »Bigamie« ist, wenn ein
Bezirkshauptmann in unwiderstehlichem Drang sich
ins Bett einer geliebten Frau zu legen, die erst in
zwei Wochen das Scheidungsdekret einer wahrscheinlich ungiltigen Ehe erhalten wird, zwecks Vermeidung
des Ärgernisses der »freien Liebe« den Ortspfarrer
zur Abhaltung einer Scheintrauung ohne Eintragung
in das Trauungsbuch bewogen hat. Dieses Verbrechens,
das immer erst nach dem Tode des Bezirkshauptmannes verfolgbar ist, macht sich die Frau schuldig,
die sich dem Willen des Verstorbenen nicht energischer
zu widersetzen wußte, als der Pfarrer. Bewiesen ist
es, wenn der Richter festgestellt hat, daß die Schein-
zeremonie des »Eheverlöbnisses« auf die Ortsinsassen,
die zu täuschen die zugestandene Absicht der Ver-
lobten war, »den Eindruck einer wirklichen Trauung
gemacht« hat. Bigamie ist sowohl hinsichtlich ihrer
Verfolgbarkeit — nach dem Selbstmord des Mannes —
wie ihres Wesens — verspätete Zustellung der
Scheidungsurkunde — ein Termindelikt.

Pfui über eine Justiz, die statt Schuld mit
Strafe zu bezahlen, Terminhandel mit der Gerechtigkeit treibt, die »aus dem Körper des Vertrages
ganz die innere Seele reißet« und aus der Gesetzesform
den Sinn, um eine Tat hineinzupressen! Pfui über
eine Regierung, die in diese richterliche Unabhängigkeit
von Vernunft und Erbarmen nicht eingreift, die die
Ungeheuerlichkeit einer Verhaftung wegen des Ver-
dachtes, verdächtig zu sein, geschehen läßt, der verlegenen Konstruktion von Tatbeständen, der Auf-
pirschung eines alten Meldzettels, dem Ballspiel zwischen
Kerkerzelle und Beobachtungszimmer — die Frau sollte,
wenn nicht schuldig, »wenigstens« verrückt sein —
und zwischen Spital und Kerker zusieht; die
während einer fünfmonatlichen Untersuchungshaft

nicht mit der Wimper zuckt, um endlich, da die
Leobener Bosheit der Kautionsverteuerung zum
Christenhimmel stinkt, durch ein Telegramm an die
Grazer Oberstaatsanwaltschaft sich für ein Abendblatt
den Ruhm der Humanität zu retten!

... »In den Verdacht der Hexerei«, schreibt ein
Kulturforscher des offiziellen Hexenprozesses, »konnte
das Größte wie das Kleinste, das Ernsteste und
Lächerlichste bringen, ungewöhnliche Schönheit wie
ungewöhnliche Häßlichkeit, außerordentliche Einfalt
wie hervorragender Verstand, Armut wie Reichtum,
Gesundheit wie Krankheit, ein unbesonnenes Wort,
eine unbedachte Geberde, Tugend und Laster, Vorzüge und Gebrechen, guter und schlechter Ruf —
Alles, Alles... Hat eine Weibsperson rote Haare oder
schielende Augen, sie muß eine Hexe sein, bezeugt
ihr ein Hund oder eine Katze auffallende Anhänglich-
keit, sie ist eine Hexe...« Und wenn sie erst statt des
ortsüblichen Flanells seidene Jupons trug! Wenn die
schadenfrohen Nachbarinnen entdeckten, daß sie keinen
Kropf hatte! Dann nimmt das Verfahren, wie es
Johannes Scherr beschrieben, seinen Lauf: »War die
Angeschuldigte in Haft gebracht, so wurde zunächst ein
kurzes summarisches Verhör mit ihr angestellt, wobei der
Inquirent zuerst ‚nur so spaßhaft förschelnd‘ auftreten
sollte, um die Hexe ‚zu fangen‘ d. h. zu einem
Geständnis zu verleiten, welches, so unbedeutend es
sein mochte, zur Basis des ganzen Verfahrens dienen
sollte... In jedem Falle wurde sie einst-
weilen in's Gefängnis geworfen«. Leontine
von Hervay erkrankt und wird natürlich als »Simulantin«
behandelt. Der Gerichtsarzt läßt kein Mittel unver-
sucht, ihre Gesundheit zu beweisen, und wir hören
daß eine in den Rücken der Simulantin gesteckte
Nadel gute Dienste getan hat. Zeigt die moderne
»Nadelprobe« nicht den Fortschritt der Wissenschaft?
In alten Zeiten diente sie durchaus nicht der
Ergründung hygienischer Rätsel. »Fand sich irgend

ein Leberfleck oder Muttermal«, berichtet Scherr, »so
wurde eine Nadel darein gestoßen. Blutet es nicht,
so ist der Beweis der Hexerei geliefert, blutet es
aber, so ist dies wenigstens kein Gegenbeweis, denn
‚der Teufel macht es bluten, um die Hexe zu retten'.«
Leontine v. Hervay wird, da sie im Gerichtsaal Albernheit zum Lachen stimmt, schamlos genannt, und da sie
Grausamkeit zum Weinen bringt, eine Komödiantin
gescholten. Die »Tränenprobe«, die dem »peinlichen Verhör« einst voranging, wird uns wie folgt überliefert:
»Hiebei legte ein Priester oder Richter der Ange-
schuldigten die Hand auf den Kopf, sie beschwörend: Bei
den bitteren Tränen, welche der Heiland am Kreuz für
unser Heil vergossen, bist du unschuldig, so vergieße
Tränen, bist du schuldig, keine! Konnte die Hexe
nicht weinen, so war der Beweis ihrer Schuld fertig,
weinte sie aber, so hatte ihr nur der Teufel zum
Schein Augen und Wangen naß gemacht.« Leontine
v. Hervay wird ohnmächtig: »Diese Folge unerträglicher Qual gab man dann für eine Machination des
Teufels aus.« »Was die rechtliche Seite der Sache
überhaupt angeht«, sagt Scherr, »so wurde die Hexerei
von den Verfassern des Hexenhammers und gleich-
gesinnten Juristen als ein ‚außerordentliches' Verbrechen (crimen exceptum) bestimmt, woraus man
folgerte, daß der Richter bei Verfolgung desselben
sich nicht an den ordentlichen Gang der Kriminal-
procedur zu halten habe, sondern ‚außerordentliche'
Mittel anwenden dürfe und müsse, um der Wahrheit
auf den Grund zu kommen«. Es stimmt. Die Hervay
ist der Bigamie angeklagt, in einer halben Stunde wäre
der Tatbestand, zu dem eine vorhandene Trauungsurkunde und ein fehlendes Scheidungsdekret gehören,
rechtlich festgestellt. Herr Labres aber, der Hexenrichter von Leoben, geht zur »peinlich Frag« über, die den
eigentlichen Zweck des Verfahrens bildet. »Ich will mit
Ihrer Jugendzeit beginnen. Wer waren Ihre Eltern?«
»Haben Sie nicht jemandem einen Ihrer Verehrer

als Milchbruder vorgestellt?« »Haben Sie nicht später
mit dem Oberleutnant Goltsch ein Verhältnis gehabt?«
»War nicht auch noch ein anderer Mann in Mürz-
zuschlag, für den sich die Angeklagte interessiert
hat?« Ein Hoteldiener bestätigt, daß der Oberleutnant
Bartel sich in unvollständiger Toilette in das
Zimmer der Angeklagten begeben hat. Hier ist offenbar der Punkt, wo man der Hexe die »teuflische
Buhlschaft« wird nachweisen können. »Das haben
Sie tatsächlich beobachtet?« »Können Sie das auf
Ihren Eid aussagen?« »Haben Sie das bestimmt gesehen, was Sie jetzt unter Eid ausgesagt haben?«
»Haben Sie seine Toilette wahrgenommen?« Nach
allem erkundigt sich Herr Labres, seine Neugierde,
die heute einmal befriedigt sein will, schreckt
wohl vor der Trauungsurkunde des Pfarrers, aber
nicht vor den Unterhosen des Oberleutnants
zurück, und nur die Frage bleibt der Inqui-
rierten erspart, ob das »semen diabolicum calidum
aut frigidum« gewesen sei. So ward die »Bigamie«
bewiesen... Wie klingt mir doch die Mahnung eines
Präsidenten an die Geschwornen im Ohr, da einst
die innere Wahrheit eines beleidigenden Vorwurfs
erhärtet war und nur der Irrtum eines falschen Bei-
spiels übrig blieb, da, sagen wir, ein Diebstahl von tausend
Gulden, aber nicht die behauptete Entwendung von
zehn nachgewiesen werden konnte: »Hier, meine
Herren, haben wir uns ausschließlich zu fragen:
Ist bewiesen, daß...«. Wie's ihnen paßt! In Leoben
fragten sie sich ausschließlich, ob bewiesen sei, daß
die der Bigamie Beschuldigte sich in zwei Ehen des.
außerehelichen Beischlafs beflissen habe; und arbeiteten
für die publizistischen Bedürfnisse des Herrn Lippowitz...

Sonst mußte sich Frau v. Hervay nur noch
gegen die Anklage auf Eitelkeit (Meldzettel) und
Verlogenheit verteidigen, gegen den Vorwurf zweier
Eigenschaften, die kein steirisches Weib je ge-

schändet haben. Kurzum dagegen, daß sie »überhaupt unsympathisch« ist. Diesen Tatbestand geben auch jene, die gegen seine strafrechtliche Verwertung entrüstet protestieren, ausdrücklich zu. Ich weiß nicht, ob mit Recht. Möglich, daß Leontine v. Hervay bloß österreichische Bezirkshauptmänner fasziniert, aber auf Stationsvorstände schon abstoßend wirken muß, möglich, daß kein Mensch, der sie heute — nach der Prozedur — sieht, den Zauber begreift, den sie als Frau doch hier und dort geübt haben muß, möglich, daß ich selbst das härteste ästhetische Verdikt über sie fällen würde. Die Verhandlung hat es nicht gerechtfertigt. In dieser schweißfüßigen Atmosphäre einer Gerechtigkeit, die einen Barchentfetzen um die Augen gebunden hatte, war sie — Herr Vergani wird mir böse sein — die weitaus sympathischeste Figur. Sie sprach deutsch. Und sie lehrte ihren Richter, wie man den Namen »Meurin« französisch ausspricht. Sie durfte als Angeklagte lügen, aber sie bekannte immer nur die Wahrheit: »Herr Präsident, ich bin wegen Bigamie angeklagt. Das gehört doch nicht hieher! Warum läßt man all diesen Schmutz erörtern?«. Und als sie nach der Zulässigkeit der Verlesung des infamsten Bettklatsches sich erkundigt, der Präsident verlegen geantwortet hatte: »Ich weiß nicht, der Herr Staatsanwalt hat es verlangt« und als dieser erklärte, daß er bloß das Urteil, nicht die Gründe einer Ehescheidung zu hören gewünscht habe: — — wahrhaftig, Herr Labres — um mich eines naheliegenden Bildes zu bedienen — stand da, »wie's Mandl beim Sterz«! Ja, der häufige Genuß dieser beliebten Mehlspeise, die den normalen Steiermärker fasziniert und ihm das Weib entbehrlich macht, übt auch seine verheerenden Wirkungen; Richter werden befangen und sie wissen nicht mehr, w a r u m sie eigentlich eine Ungerechtigkeit begehen... Aber war die Angeklagte nicht auch sympathischer als die Zeugen, die, jeder ein Bündelchen Reisig

unterm Arm, herbeigeeilt waren, den moralischen
Scheiterhaufen zu erhöhen? Da ist der Stationsvorstand von Mürzzuschlag, dem's bekanntlich »wie
Schuppen von den Augen fiel: das muß eine Jüdin
sein!«; und der sicherlich die Verspätung der Süd-
bahnzüge den Künsten dieser Sirene zuschrieb. Uns
ist es längst wie Schuppen von den Augen gefallen,
daß die Südbahn eine Schandbahn ist, und wir
würden wünschen, daß der Betriebsbeamte von Mürzzuschlag sich mehr um die Pünktlichkeit der Lokal-
trains als um die Frage bekümmere, ob in seiner
Station die Züge des Herzens normal verkehren.
Aber daß die Angeklagte mit Lug und Trug sympathischer ist als die überlebenden Beamten der
Bezirkshauptmannschaft Mürzzuschlag, die im Prozeß
verhört wurden, wird auch der überzeugteste Anhänger des Denunziantentums nicht bestreiten können.
Die Herren hatten — hinter dem Rücken ihres Vorgesetzten, wo sie sich nach lieber Gewohnheit
aufhielten — über die Ehre des Hauses Hervay
Gericht gehalten und das Resultat ihrer Vorlebens-
studien dem trefflichen Statthalter, der sogleich das
Weitere verfügte, übermittelt. Die würdige Auslese
des österreichischen Beamtenadels. Man kennt den
Typus, der in den Nuancen des Musterknaben von
der Bezirkshauptmannschaft, des Statthaltereigigerls
und des schnappenden »Präsidialmopses« immer derselbe bleibt. Er heißt in der Regel »Maria«, trägt
ein Armband und hat ein Gesicht, dessen verblüffende
Ähnlichkeit mit dem Gesäß des Landeschefs oder
Ministers nur durch die tägliche Berührung zu erklären ist und leider oft schon die peinlichsten Verwechslungen bei nachstrebenden Kollegen bewirkt
hat. Der Angeklagten von Leoben wurde es sehr
verübelt, daß sie von dieser Sorte gesagt hatte: »So
benehmen sich die Herren, die sich bei mir dick ge-
fressen haben!« Sie glaubte richtigstellen zu müssen,
daß sie bloß gesagt habe, die Herren hätten bei ihr

»die Beine unter dem Tisch ausgestreckt«. Der mildere
Ausdruck entschuldigt hoffentlich die Angeklagte,
aber nicht die Herren Zeugen, denen man ein reich-
liches Frühstück beim Bezirkshauptmann vor der
Reise zum Statthalter schon zutrauen kann. Ungescheut
und ohne das Bedenken, einen Scheinheiligenschein
zu lädieren.

Die »Lügen der Frau Hervay«! Mir sind sie
sympathischer als die Wahrheiten eines Staatsanwalts.
Und einer, der das Leben besser kannte als Herr
Dr. Reimoser, nämlich Oscar Wilde, ließ seinen Lord
Henry sprechen: »Ich liebe Männer, die eine Zukunft,
und Frauen, die eine Vergangenheit haben.« In seinem
Dialog über den »Verfall der Lüge« aber lesen wir:
»Athene lacht, als sie die ränkevollen Worte
des Odysseus vernimmt, und die Pracht der Lüge
schmückt die bleiche Stirne der makellosen Helden
Euripideischer Tragödien und stellt die junge Braut
einer der herrlichsten Oden des Horaz unter die
edelsten Frauen der Vergangenheit«. Wer sich die
Erkenntnis von der ethischen Unbeschwertheit
der Frauenseele erobert hat, wird über die Spieß-
bürgerentrüstung, die gegen eine lügenhafte Welt-
dame nach kriminellem Schutz oder psychiatrischer
Hilfe langt, eine Lache anschlagen. Herr Maximilian Harden, der natürlich, wiewohl der Fall
seinem publizistischen Interessengebiet fernliegt,
»gegen« Frau Hervay ist, entschloß sich, seine
Lesefrüchte aus den Gärten der »pseudologia phan-
tastica« auszustellen. Trotzdem kann er — der un-
vermeidliche Nachtrab im Feldzug gegen eine Frau
— sein moralisches Entsetzen nur mühsam verbergen.
»Sie kommt aus Nizza, wohnt im Hotel und benimmt
sich so, daß ein Herr wagen kann, sie keck anzu-
reden.« Das schreibt nicht etwa jener Kölner Pastor,
den kürzlich der ‚Simplicissimus‘ so hinreißend ver-
ulkt hat, sondern der auf Berliner Bahnhöfen ver-
botenste Freigeist des neuen Deutschland. Und immer

wieder bekennt er das tiefste Mitgefühl mit der
»Enttäuschung« des Mürzzuschlager Bezirkshaupt-
manns, daß Bellachinis Tochter keine Jungfrau war.
Dafür aber auch die Genugtuung über die rächende
Gerechtigkeit der Volksseele: »Das Hotelpersonal
wird befragt; und festgestellt, daß die Freifrau, als
sie schon Hervay's Ring am Finger trug, zärtliche
Zusammenkünfte mit einem Oberleutnant hatte«. Der
Bezirkshauptmann »war unter den Legitimen der
Fünfte; die Zahl der Illegitimen wäre, da zwei Erd-
teile die Schauplätze dieses Erlebens waren, sicher
nicht zu ermitteln«. Ja, wenn eine Wochenschrift
über den Apparat des ‚Neuen Wiener Journals‘ verfügte! Herr Harden hat ohnedies getan, was er tun
konnte. In objektiver Beziehung hält er den verbrecherischen Tatbestand der Eitelkeit und Verlogenheit
für »festgestellt«. Aber er möchte die Angeklagte bloß mit
einem psychiatrischen Gutachten bestraft wissen. »Ich
glaube, das Urteil hätte anders gelautet«, schreibt er,
»wenn den Richtern nicht das W i c h t i g s t e aus dem Vorleben der Angeklagten unbekannt geblieben wäre.«
Das Wichtigste ist, daß sich von ihr schon in der
Jugend »die Schwester, die eines ehrenwerten Holz-
händlers brave Hausfrau wurde, zurückgezogen« hat.
»In Eberswalde« wurde sie »wegen chronischer Un-
wahrhaftigkeit und Faulheit aus der Pension entfernt,
in Berlin wegen derselben Eigenschaft aus der höheren
Töchterschule der Frau Burtin gestoßen.« »Kein
Schulmädchen« habe »neben ihr mehr sitzen wollen«.
Man begreift wirklich nicht, warum Herr Harden,
wenn er solches wußte, so lange geschwiegen und
sich nicht freiwillig als Zeuge in Leoben gemeldet
hat. In wichtigen Fällen der Rechtsfindung zu dienen,
ist eine Pflicht, der man auch ohne Aufforderung
nachkommen muß. Herr Harden konstatiert ja selbst,
daß »das Ermitelungsverfahren bis an die Spree
nicht gereicht« hat. »Festgestellt« ist bloß »außerehelicher Verkehr mit zwei Oberleutnants der öster-

reichischen Armee«. »Für diese Charge«, setzt Herr
Harden zartsinnig hinzu, »hat sie offenbar eine
Schwäche«. Vielleicht haben die Leser der ‚Zukunft‘
aus anderen Blättern ersehen, daß in Leoben ein
Prozeß wegen Bigamie verhandelt wurde, und werden
nun glauben, daß Herr Harden dieses Delikt als doppelten Ehebruch auffaßt. »In foro festgestellt« ist
nach seiner Darstellung übrigens auch »das nizzaer
Leumundszeugnis«, das die Angeklagte belastet.
Wenn er den Gerichtssaalbericht noch einmal mit
freundlicherem Auge liest, wird er finden, daß die Stelle,
auf die er sich bezog, etwas ausführlicher wie folgt
lautet: »Zur Verlesung gelangt noch eine Note des
Konsulats in Nizza, in der es heißt, daß Frau v.
Lützow eine notorische Schwindlerin und mit Zuchthaus vorbestraft ist. Dagegen bestätigt der Präfekt
von Nizza, daß es sich bei dieser Auskunft um eine
andere Frau v. Lützow handle. Die Angeklagte
habe vielmehr einen tadellosen Lebenswandel geführt.
Unter Tränen erklärt nun die Angeklagte, daß sie
häufig mit dieser vorbestraften Frau v. Lützow zu
ihrem Unglück verwechselt worden sei.« Sehr übel
vermerkt Herr Harden, daß sie (die kein ganzes
Kleid besaß) sich — vom Verteidiger — »das
Nötige erpumpte« und in eleganter Trauertoilette auf
der Anklagebank Platz nahm. Und direkt stilwidrig
war das Benehmen der Angeklagten in der Verhandlung. »Als der Präsident sie an ihre Vor-
spiegelung einer Riesenerbschaft erinnerte, gellte
aus ihrem zarten Munde der ostberlinische Hohn-
schrei durchs alte Dominikanerkloster: ‚Da lachen ja
die Hühner!‘« Diese Frau wußte das Glück, in
einem früheren Dominikanerkloster eingesperrt zu
sein, so wenig zu schätzen! Wie muß sie sich erst
in dem minder ehrwürdigen Krankenhaus gehen
gelassen haben, als sie, wie’s damals hieß, »über und
über mit blau- und wundgeschlagenen Stellen bedeckt,
körperlich und geistig gebrochen«, zum zweitenmal

dort eingeliefert wurde! In einem katholischen
Grazer Blatt ward ihr Zustand geschildert, ward
daran erinnert, daß »auch der wildeste Jäger ein tod-
wundes Tier nicht zu Tode hetzt« und zwischen den
Zeilen die Vermutung ausgesprochen, daß es auf eine
natürliche Beseitigung der großen Justizverlegenheit
abgesehen sei. Und da — in so ernstem Milieu — hat
diese Frau den schlechten Geschmack, zu behaupten,
daß die Hühner lachen! . . . Sie lachen bloß über
den sittlich entrüsteten Herrn Harden, der einer
Kuhmagd die Worte in den Mund legt: »Der
(der getäuschte Bezirkshauptmann) kann in der Braut-
nacht ein Mensch nicht von einer Jungfer unterscheiden
und will im Mürzbezirk hier der Höchste sein!« Ob
den steirischen Kuhmägden der gestelzte Stil des
Herrn Harden geläufig ist, weiß ich nicht. Möglich
ist, daß sie seine Moralgesinnung teilen . . . Das
Bekenntnis zum Fall Hervay ist von den sozialkriti-
schen Verirrungen dieses außerordentlichen Essayisten
die traurigste. Nichts wiegt die Enttäuschung des
armen Bezirkshauptmanns gegen die meine, da ich
durch Jahre an die Echtheit dieses publizistischen
Charakters geglaubt habe.

. . . Aber in den Gerichtsakten des Falles Hervay —
wahren Racheakten der Biederkeit und der guten Sitte —
ist mehr verewigt als eine schlechte Prozeßleitung und
ein falsches Urteil, und der ahnungslose Schriftführer
des Leobener Kreisgerichtes hat seinen Beruf zum
Kulturgeschichtsschreiber erwiesen. Was sich zwischen
Juni und Oktober in Obersteiermark abgespielt hat,
gleicht der Austreibung des Teufels aus einer »Besessenen«, gleicht mittelalterlicher Exorcisierkunst
wie manch ein Richter manch einem Büttel. Das muß
ausgesprochen werden, mag die Aufklärung heute
noch so sehr kompromittiert, mag das Geistesleben durch
liberale Druckerschwärze mehr getrübt sein als
durch das Dunkel versunkener Zeiten. Das muß

gegenüber dem Toben einer antisemitischen Presse
ausgesprochen werden, die sonst schärferer Kontrolle
nicht bedarf, weil sie — neben der jüdischen —
einen geringeren Grad von Gefährlichkeit dem
höheren Grad von Talentlosigkeit dankt. Im ‚Deutschen
Volksblatt‘ ist die publizistische Verbindung zwischen
Hexenglauben und Gegenwart hergestellt, und in der
engstirnigen Rohheit, die von dem »teuflisch gearteten
Judenweib«, von dem »modernen Vampyr« leitartikelt
und über das Leobener Prozeßergebnis jubelt, hören
wir verirrte Stimmen aus jenen Zeiten, da der Berichterstatter eines Hexengerichts melden konnte:
»Da nun sie so gebundener auf dem Stuhl gesessen,
hat der Scharpfrichter mit Gehülf ihr die beiden Hauben
vom Kopf genommen, und als ein Spolium in seinen
Schubsack gestecket, hernach ihr den Hals entblößet,
und eine schwarze Haube aufgesetzt, wo mittler Zeit
der Kitzinger Scharpfrichter das Schwert entblößt, und
mit einer so ausnehmenden Geschicklichkeit ' den
Kopf abgehauen, daß alle umstehende das vollkommenste Vergnügen über diesen so glücklichen Vollzug haben verspühren lassen.« Aber lachende Henker
sind stilvoller als Henker, über die man lachen muß.
Und ist's nicht spaßhaft, wenn das ‚Deutsche Volksblatt‘ gegen die »raffinierte Person« ins Treffen führt,
daß sie — ich zitiere wortwörtlich — »schlau genug
gewesen war, ihre Handlungen so einzurichten, daß
die gerichtliche Untersuchung das Substrat für eine
Betrugsanklage nicht lieferte, so daß die Staatsanwaltschaft nur die Beschuldigung wegen Bigamie
erheben konnte«! Wie wahr ist das! Aber wenn erst
das ‚Deutsche Volksblatt‘ wüßte — was ich aus
sicherer Quelle weiß —, daß die Hervay auch so
schlau war, keinen Hochverrat zu begehen, so daß
die Staatsanwaltschaft einfach dupiert und beim
besten Willen verhindert war, auch die Anklage wegen
Hochverrats zu erheben!... Wo Niedertracht aufreizt,
ist Dummheit immer ein versöhnendes Element; und

die blutigste Angelegenheit wird komisch, wenn
etwa die »kerndeutschgesinnte Bevölkerung von Mürzzuschlag« gepriesen und eine Frau beschimpft wird,
die in der zweitägigen Verhandlung die einzige deütsch
redende Person war, — wenn der Mund des Deutsch-
tums voll ist und das Herz in dem folgenden Satzmonstrum
übergeht: »Die Judenpresse nahm von allem Anfange
für das skrupellose Weib Partei und gebärdete sich
geradezu wie toll, als man es wagte, die Person,
deren mehr als bedenkliche Vergangenheit und deren
Machinationen, um den nur allzu leichtgläubigen letzten
Gatten einzufangen, der sein übergroßes Vertrauen
schließlich mit dem Tode bezahlte, vollkommen
hinreichten, um den Verdacht eines begangenen
Betruges zu rechtfertigen, zu verhaften.« Und ist
nicht auch der Kretinismus, der die Parteinahme für
eine Mißhandelte der »jüdischen Solidarität« zuschreibt,
seines Lacherfolges sicher? Ich allein könnte mit
Leichtigkeit hundert »Arier« — ohne Anführungs-
zeichen sollte das dumme Wort nicht mehr gebraucht
werden — aufzählen, die in und nach den Prozeß-
tagen ihrem Entsetzen über jedes Wort, das in Leoben
gesprochen wurde, beinahe ekstatischen Ausdruck
gegeben haben. Über eine Unbarmherzigkeit, die da
rief: »Sie waren so untergebracht, wie es sich für
Sie gehört!«, die selbst gegen den Wunsch des Staatsanwalts die Enthaftung der Verurteilten mit einem
»Marsch! Abführen!« versagte, um sie später für
eine unerschwingliche Summe zu bewilligen. Nie
hat ein Gerichtsfall so allgemeine und nachhallende
Erbitterung geweckt, nie hatte man so sehr den
Eindruck, daß in der öffentlichen Wertung Richter
und Verbrecher die Rollen getauscht hatten, nie
waren die Vorsichtigsten und die Unabhängigsten,
Christ und Jud, Hoch und Nieder, Beamte und Privat-
leute, Hofräte und Libertiner so einig. Einig in dem
psychologischen Begreifen, einig in der Verdammung
einer Justiz des Hasses, die nach einem in der Gegen-

wart beispiellosen Beweisverfahren ihr Vorurteil verkündete. — —

Mürzzuschlag ist entsühnt, die Frau, die mit
Einem heimlich anfieng, unschädlich gemacht, und
die Befürchtungen der obersteirischen Kaffeekränz-
chen, daß »bald ihrer mehre dran kommen« und
daß die Hervay, wenn sie erst ein Dutzend Hono-
rationen hat, auch die ganze Stadt haben werde,
sind nicht erfüllt worden. Die übelriechende Tugend hat über das soignierte Laster gesiegt. Aber
Dichter haben dies Motiv, das in Mürzzuschlag zu
einer wahren Simandltragödie zu erwachsen drohte,
stets als eine Quelle heiteren Ergötzens in Ehren
gehalten und — Maupassant wie Liliencron — die
Schadenfreude über die Blamage der Korrektheit
nicht zu verbergen gesucht.

> Sie ist schon an die fünfzig heran
> Und stellt noch immer ihren Mann.

Im Dorf gibt's eine Kirchenfeier und nachher wird
getanzt.

> Was? Auch der Herr Baron von der Eichen,
> Dieser fromme Mann ganz ohnegleichen,
> Bewegt sich mitten im Tänzerkreise
> Und tanzt eine lustige Walzerweise
> Mit der Dame, die heute früh angekommen
> Und an dem Seelenfest teilgenommen?
> Aber plötzlich läßt dieses Lamm aller Lämmer
> Jählings fallen seinen Klemmer.
> Nahm seine Tugend überhand?
> Hat er sie einstmals vielleicht gekannt?
> Und er löst sich los von der städtischen Taube,
> Und macht sich regelrecht aus dem Staube.
> Herr Kandidat Bozi, ein hübscher Junge,
> Denkt, da bin ich mal schön im Schwunge,
> Und tanzt auch mit der »Dame aus der Stadt«,
> Die sein schüchtern Herz gefangen hat.
> Ja, später hat er, jasminenumlaubt,
> Ihr gar ein leichtes Küßchen geraubt,
> Und träumte dann die ganze Nacht,
> Wie ihn dies Küßchen so selig gemacht.

Frivol, nicht wahr? Aber im Leben geht es
seriös aus, wenn einer glaubt, daß an dem schlechten

Aussehen einer »Sechsundzwanzigjährigen« die Tropen
schuld sind, und später versichert: »Bis vor wenigen Tagen
war ich überzeugt, daß ich von einem unberührten Wesen
Besitz ergriffen habe«. Das sexuelle Tirolertum endet
meistens letal.... Oder es staut sich zu einem Hasse
gegen das Leben, der jede Regung, die es selbst unterdrücken muß, bei Anderen brünstig verfolgt. Der Wahn,
daß geschlechtliche Betätigung sittliche Wertminderung
bedeute, erzeugt eine Verbissenheit, die ihre Orgien
in der Kontrolle des Freien genießt. Die Überzeugung
liegt im ewigen Kampf mit der eigenen Natur; unterliegt sie, ist sie durch die Bewußtheit der Sünde
zweifach geschwächt und nimmt Rache an der Natur
— des Andern. Plötzlich hört man aus irgend einem
Gebirgswinkel, daß ein Gerichtsvorsteher zwei Liebes-
leuten wider alles Recht die Alternative gestellt hat,
zu heiraten oder auseinanderzugehen. Geschlechtsneid,
meine Herren; der sich doch wenigstens feindselig
mit den Dingen befassen will, auf die er wie gebannt starrt, deren Name (Cocotte, Concubinat) seine
Einbildungskraft beschäftigt und auf deren Genuß
er von amtswegen verzichten muß. Dieses Leben
eines österreichischen Kriminalbeamten, der die
außereheliche Liebe als ein »unerlaubtes Verständnis« betrachtet und neben jeder »beischlafähn-
lichen Handlung« einen Paragraphen aufsteigen sieht,
muß ein grauenvolles sein. Kaum gewährt es den
Ärmsten, die andere nicht leben lassen, Selbst-
befriedigung. Denn der österreichische Richter, der
dabei betreten ward und nicht avancieren durfte, ist
gewiß eine typische Erscheinung... Ihr, »die ihr
Triebe des Herzens kennt«, sagt, warum rächt Ihr
euch am Leben? Warum pfuscht Ihr beständig dem
Herrgott ins Handwerk? Und warum spielt sich der jüngste
Richter immerzu als jüngstes Gericht auf? Warum
erkühnt Ihr euch, der von Seelenkennern »unerforschten
Macht des Weiberwillens« mit der Paragraphen-
schlinge beikommen zu wollen? Führt ein Hochgericht

auf, so grausam, so abnorm in seinem Gang und Urteil, »daß Engel weinen, die, gelaunt wie wir, sich sterblich lachen würden«...

Der ewige Milderungsgrund für die verurteilte Justiz: sie weiß nichts vom Leben. Und wenn sie sagt, daß eine Frau bereits im fünften Monat ist, so meint sie gewiß die Untersuchungshaft... Aber hinter ihr steht eine Regierung, die für die Aufstellung von Spucknäpfen sorgt und humane Erlässe herausgibt, in denen es heißt: »Das Strafverfahren ist bestimmt, dem Gesetz Geltung zu verschaffen, nicht aber dem Sensationsbedürfnis zu dienen. Überdies entspricht es dem berechtigten Verlangen nach Sühne weit mehr, wenn in solchen Fällen das Verfahren in rascher Folge nach der Tat abgeschlossen wird, als wenn nach weitläufigen, der Sache selbst nicht dienenden Erhebungen bei der Hauptverhandlung ein unverhältnismäßiger Apparat in Szene gesetzt wird.« Und: »Stets ist streng darauf zu achten, daß Untersuchungshaft überhaupt nur dann zu verhängen ist, wenn die gesetzlichen Voraussetzungen zweifellos vorliegen... Keinesfalls ist es zulässig, sich bei Beantwortung der Frage, ob Haft zu verhängen sei oder nicht, durch äußere Erscheinungen, etwa durch das mit der Tat verbundene Aufsehen, bestimmen zu lassen.« Kann man mehr verlangen? Höchstens eines: Mehr Spucknäpfe!

Die Wissenschaft auf der Straße.

Österreich ist das Land der Schwierigkeiten, aber stolz ist auch die Art, wie sie bewältigt werden. So hat man's jüngst erst wieder beteuert. Und in der Tat hat Österreich mit dem Bau der

Semmeringbahn zuerst gezeigt, wie selbst die Alpen für den Ingenieur kein unüberschreitbares Hindernis sind, und mit Genugtuung konnte man in den letzten Tagen vernehmen, daß zwei österreichische Projekte von Schiffshebewerken prämiiert wurden, die erkennen lassen, daß auch die Terrainschwierigkeiten unseres Sudetensystems siegreich überwunden werden können. Nur in der steilen Türkenstraße, wo die österreichische Physik wohnt, bemühen sich die europäischen Kapazitäten Lang, Exner und Boltzmann seit Dezennien vergeblich, das größte vaterländische Gebirge — die Einsichtslosigkeit und sträfliche Gleichgiltigkeit gegenüber den Wissenschaftsbetrieben — zu überwinden. Doch Österreich hilft sich immer selbst, und wenn die ratlosen Professoren keinen Ausweg wissen, fangen die geduldigen Dippelbäume an, zu demonstrieren. Das Vorbild der wackelnden Zimmer der Technik hat einen patriotischen Lehrsaal in der Türkenstraße bewogen, mit dem Einsturz zu drohen, und diese Aussicht auf ein Erdbeben und ein Blutvergießen muß doch endlich klar erweisen, daß allenfalls Dr. Lueger den Naschmarktweibern, Herr v. Hartel aber nicht der Wissenschaft Hallen schuldig bleiben darf. Obdachlose Universitätsprofessoren unter Regenschirmen eine »Standlwissenschaft« dozieren zu sehen, wäre selbst der abgestumpftesten Loyalität eine allzuharte Prüfung ... Der Unterrichtsminister hat nun einmal kein Glück mit den Lehrsälen, er baut sie an unrechtem Ort. In Innsbruck schießt man sich in den Straßen, weil man die Lehrsäle fortbringen will, die in Wien dringend nötig sind.

Professor Viktor Loos.

* * *

Erlauschtes.

A.: »Wer ist denn eigentlich der neuernannte Bezirkshauptmann? Die Familie ist ganz unbekannt.«

B. (mit Überzeugung): »Es muß aber doch eine gute Familie sein. Denn ich erinnere mich, daß der Onkel einmal jemanden angeschossen hat und dafür ins Irrenhaus gekommen ist.«

* * *

ANTWORTEN DES HERAUSGEBERS.

Schalk. Komische Alte werden in der Sprache der Theaterreporter »unverwüstlich« genannt. So tritt uns am Saisonbeginn auch unser alter Masaidek, der Humorist der christlichsozialen Weltanschauung entgegen. Weil Kürze denn des Witzes Seele ist . . . Aber auf den Körper verzichtet Herr Masaidek immerzu. Auch stellt er die Wahrheit eines Gedankens weit über dessen Originalität. Eine seiner letzten »Glossen« lautet z. B.: »Es gibt große Philanthropen, die von Rechts wegen ins Zuchthaus gehörten.« Nur zu wahr! Allsonntägig erwartet man jetzt die Glosse: »Zweimal zwei ist vier«. Aber ich glaube, daß Masaidek sie nicht schreiben wird, weil doch mancher Leser eine versteckte Pointe dahinter wittern könnte. Dieser Masaidek ist offenbar auch der maßgebendste Beurteiler der Begabung anderer Schriftsteller. Einmal schrieb er, daß ich mit Heine zwar manchen Charakterzug gemein habe, daß mir aber »dessen Witz mangle«. Herr Masaidek kann das um so besser beurteilen, als er nicht nur eigenen Witz, sondern wirklich auch — den Heine's besitzt. Ich habe ihm schon einmal nachgewiesen, daß ihm der Humor Nestroy's nicht mangelt. Neulich aber hat er uns vollends verblüfft. Alles war wie sonst. Man las treffende Aperçus wie das folgende: »Wenn das Telephon noch eine weitere Vervollkommnung erreicht, so werden wir bald mit unseren verstorbenen Freunden im Himmel und in der Hölle diskutieren können«. Ganz zum Schluß aber kam die Überraschung. Da hieß es: »Kürzlich machte der ‚Habakuk‘ sehr gute Sonntagswitze. Dagegen waren meine gleichzeitigen Glossen ziemlich abgeschmackt. Das kam daher, weil ich tags zuvor mit dem ‚Habakuk‘ beisammen war, bei welcher Gelegenheit wir unsere Gedanken austauschten.« Das antisemitische Wien lachte über den wirklich gelungenen Scherz, der aus der scheinbaren Herabsetzung der eigenen Person und der scheinbaren Erhöhung des Gegners die bissigste Wirkung holt. Nun, Heine war zwar ein Geselle, den ein rechtschaffener Mitarbeiter der ‚Deutschen Zeitung‘ anspucken muß. Aber darum ist's doch gut, wenn einem solchen Heine's Witz nicht mangelt. Ein Witz nämlich, den Heine nach einem Gespräch mit seinem Bruder, dem beschränkten Chefredakteur des ‚Wiener Fremdenblatt‘, gemacht hat.

Geograph. Sie schreiben: »Die Neue Freie Geographie ist eine interessante Wissenschaft. Hören wir, was der durch die Apodiktizität seiner Urteile so grausame und zugleich so erheiternde Militärschmock — im Abendblatt vom 3. Oktober — über Rußlands baltische Flotte sagte: ‚Am 15. d. soll die Flotte definitiv die Ausreise nach Ostasien antreten und, da zur Fahrt, ob sie nun durch den Suezkanal oder um das Cap der guten Hoffnung geht, zwei Monate in Aussicht genommen sind, etwa Mitte Dezember auf dem Kriegsschauplatz eintreffen. An eine Fahrt um die Südspitze Amerikas, also um das Kap Horn herum, kann wohl bei der Nähe des Winters und der dortigen Eisverhältnisse wegen nicht gedacht werden‘. — Kap Horn liegt (laut Mayer's Konversations-Lexikon, 5. Auflage, Band 8, Seite 1007) 55° 50′ 41″, rund 56°, also zirka ebensoweit südlich vom Äquator

wie z. B. Glasgow, Edinburg, Aarhuus, Helsingör, Kopenhagen (55⁰ 41′),
Helsingborg, Memel, Moskau, Mitte Kamtschatka, Mitte der Labrador-
küste n ö r d l i c h vom Äquator. Am 23. September beginnt nach den
Lehren der a l l g e m e i n e n Geographie auf der nördlichen Halbkugel
der Herbst, auf der s ü d l i c h e n der F r ü h l i n g. Die Längen der
Seewege Reval-Suez-Ceylon-Wladiwostok und Reval-Kap Horn-Wladiwostok verhalten sich zu einander ungefähr wie 35 : 55, und es würden
demnach für die zweite Route als Fahrtdauer anzunehmen sein
(2 Monate : 35) $\times$ 55 = 2·86, rund 3 Monate, und da sich die Längen
der Seewege Reval-Kap Horn und Kap Horn-Wladiwostok zu einander
ungefähr wie 26 : 29 verhalten, als Fartdauer für die Strecke Reval-Kap
Horn (3 Monate : 55) $\times$ 26 = 1·4, rund 1 ¹/₂ Monate. Demnach würde
die Flotte Kap Horn 1 ¹/₂ Monate nach ihrer Abfahrt (15. Oktober) von Reval, also zirka am 1. Dezember erreichen, d. i. zu einer
Zeit, wo Kap Horn (2 ¹/₃ Monate nach dem 23. September) ungefähr
dieselbe Jahreszeit hat wie z. B. K o p e n h a g e n (2 ¹/₃ Monate nach dem
21. März) a m 1. J u n i . . . Da ferner in demselben Absatze, ein
paar Zeilen weiter, auch gesagt wird: ‚Wenn Port Arthur gefallen ist,
dann hätte die Fahrt des baltischen Geschwaders keinen Zweck mehr,
denn nach Wladiwostok wird dasselbe angesichts der dortigen Eisverhältnisse nicht einlaufen können . . .‘, so geht auch zur Evidenz
hervor, daß nach den Lehren der Neuen Freien Geographie am 1. Dezember auf Kap Horn (56⁰ s ü d l i c h e r Breite) und »etwa Mitte Dezember« in Wladiwostok (43⁰ n ö r d l i c h e r Breite), also n a h e z u
g l e i c h z e i t g sowohl auf der s ü d l i c h e n als auch auf der n ö r d l i c h e n
Halbkugel der Erde W i n t e r herrscht.« Soweit die Zuschrift. Ich aber
sage euch: Es ist gleichgiltig. Das Vertrauen des Lesers ist mehr wert
als alle Bildung des Redakteurs. Auch bei einem ausgesprochenen
Bildungsblatt. Der »Freund unseres Blattes« will nicht nur »jeden Früh,
wenn er aufkommt«, seinen Tee und seine Eier, sondern auch seine
»Neue Press« vor sich haben. Er liest Kap Horn, Wladiwostok und
Eisverhältnisse, und freut sich der Wohlinformiertheit eines Blattes,
das Namen und Dinge aufzählt, die ihm von der Handelsschule her nur
mehr in dunkelster Erinnerung sind.

Dialektforscher. Es ist ausgemacht, daß der Jargon als Zeitungs-
sprache obligat wird. Wenn man bedenkt, welch große Erleichterung
er für die Redakteure bedeuten wird, kann man den Entschluß der
Wiener Redaktionen nur gutheißen. Da die ‚Neue Freie Presse‘ mit dem
Karlsbader Feuilleton so großen Erfolg hatte, will die ‚Sonn- und Montagszeitung‘ nicht zurückstehen. Am 31. Oktober empfiehlt der Kritiker den
Besuch des Orpheumtheaters mit den Worten: »Was da neben ihr noch die
Herren Tuschl, Guttmann, Lunzer, Gottsleben und Günther für Ulk
treiben, was da noch an hübschen Liedern von Hellmesberger, Aletter
und Steiner jun. gesungen und von feschen Balleteusen getanzt wird,
ist a m b e s t e n, m a n s i e h t und h ö r t e s s i c h s e l b s t a n.« Wie
sagt doch der Dichter? »Der Mensch, was kommt arm auf der Welt, is
b e s s e r, soll gleich der Kopf abgehackt werden.«

Dieb. Ich erhalte die folgende Zuschrift: »Löbliche Redaktion der
‚Fackel'! Der letzte Blutstropfen wird den Trafikanten vom ‚Neuen
Wiener Journal' ausgesaugt. Bedenkt man, mit welcher Schlauheit und
welcher Geschicklichkeit, einem Honig ums Maul zu schmieren, dieses
Schundblatt an uns herangetreten ist, indem es uns 10—12mal im Jahre
durch Gratisblätter eine Remuneration zukommen ließ, so findet man
es ja begreiflich, daß wir uns bemühten, das Blatt abzusetzen, trotzdem
wir namentlich in einer Zeit, wo es tagtäglich gratis in aufdringlicher Weise
vor jede Tür gelegt wurde, einen schweren Stand hatten. Jetzt kommt
die saubere Gesellschaft und sagt, das Blatt koste uns Trafikanten von
nun an 7 Heller anstatt wie bisher 6 Heller. Ich frage nun, ob es
recht und billig ist, uns für Mühen, Arbeit und all die Reden, die wir
halten mußten, um das Blatt anzubringen, einen Heller herauszupressen.
In einer Versammlung der Trafikanten empfahl ich, das Blatt fortan
nur dem zu geben, der es verlangt. Wir werden wissen, was wir dem
‚Neuen Wiener Journal' für den Diebstahl des sauer verdienten Hellers
schuldig sind. Im Namen sämtlicher Trafikanten Wiens bitte ich Euer
Hochwohlgeboren diese Zuschrift gütigst in Ihr geschätztes Blatt auf-
zunehmen. Im voraus bestens dankend hochachtungsvoll Madelaine
Wielander. Wien, 31. X. 1904.« Welches Staatsgrundgesetz die
Trafikverschleißer zwingt, das ‚Neue Wiener Journal' überhaupt zu
führen, ist mir unbekannt. Der Diebstahl des Geldes mußte natur-
notwendig eintreten, da der Diebstahl des Geistes erschwert ward.
In Berlin - Charlottenburg erscheint neuestens eine Monatsschrift
»‚Geistiges Eigentum', Blätter zur Bekämpfung des literarischen
Diebstahls«. Sie macht — in den vorliegenden zwei Nummern
— den Eindruck, als ob sie eigens zur Überwachung des Lippowitz-
blattes geschaffen wäre. Es heißt da, nachdem versprochen wurde, die
kleinen Diebe laufen zu lassen: »Wenn aber eine weit verbreitete
Zeitung, wie das ‚Neue Wiener Journal', welches eine Fülle gut bezahlter
Annoncen enthält, mindestens die Hälfte seines gesamten
Inhalts anderen Blättern entnimmt, so kann man dies sicher nicht als
nobel gegen die Schriftstellerwelt bezeichnen. Solch ein Blatt erscheint
mir wie ein reicher Geizhals, der mit Vergnügen in seinem Golde wühlt,
jeden Tag eine dicke Fettschicht ansetzt und anderen Leuten nicht das
liebe Leben gönnt. Ist es nicht ein wahrer Hohn, daß solch ein Dick-
wanst von anderen Zeitungen, die ihre Beiträge ehrlich bezahlen, mit
Gratisartikeln durchgefüttert wird? Warum versehen angesehene Blätter
wie Frankfurter, Kölnische und Vossische Zeitung im Interesse ihrer
Mitarbeiter nicht all ihre Artikel (mit Ausschluß der kurzen Nachrichten)
mit dem Nachdruckverbot, um solchen Leuten gründlich das Handwerk
zu legen?« Später ist von der »bodenlosen Frechheit österreichischer
Preßpiraten« die Rede. Nr. 1 führt in einem Repertorium von 68 Nachdrucken »aus deutschen und österreichischen Blättern jeder Richtung«
nicht weniger als 31 des ‚Neuen Wiener Journals' an, darunter 18 ohne
Autornamen und Quellenangabe, Nr. 2 unter 171 Nachdrucken 51 des
‚Neuen Wiener Journals', darunter 27 ohne Autornamen und Quellenangabe. Zu dem Nachdruck eines Artikels über »Schönheitsmassage«
bemerkt der Diebsanzeiger: »Das ‚Neue Wiener Journal' ist ein gutes
Pferdchen — frißt alles«.

DIE FACKEL

NR. 169	WIEN, 23. NOVEMBER 1904	VI. JAHR

Die Ballerinen werden teurer!... Dies die
schmalzige Quintessenz der halb wehmütigen, halb
neckischen Preßbetrachtungen über den »rauhen
Griff«, mit dem die Steuerbehörde neulich in das
»Tanzidyll« der Wiener Hofoper gefahren ist. Man
hörte das Herz der Kulissenschnüffler schlagen. Man
sah feixende Gesichter, und ein Rauschen prickelnder
Sensation ging durch den pikanten Blätterwald. Die
Ballerinen werden besteuert? Nun, das Ereignis hat auch
seine gute Seite: man kann Koryphäen und Funk-
tionäre interviewen. Treppauf, treppab. Öfter noch
treppab. Der Mann vom ‚Neuen Wiener Journal‘,
der als Spezialist für Ballet- und Steuersachen gewirkt hat und der heute stolz »117 Stockwerke bin
ich gestiegen!« rufen kann, fatiert einen Hinaus-
wurf. Ein Stubenmädchen »schließt so fest die Tür,
daß die schönen Stechpalmen in dem reizenden Vorzimmer hörbar auf ihren Sockeln zittern.« Aber er
revanchiert sich sogleich: Die Dame war für ihn
nicht zu sprechen? »Gerade sie hätte doch so viel
Grund gehabt, auf die Steuerbehörde zu schimpfen!
Mit Neid blicken die Kolleginnen auf sie; denn kommt
es zu einer Besteuerung, dann wird sie Unsummen
blechen und sogar Grundsteuer zahlen müssen«. Sie
»funkelt von Diamanten und hat doch so eine
bescheidene Gage!«... Die Aufrichtigkeit des Mannes
kennt keine Grenzen. Er interviewt glücklich eine
Ballerine. Aber »während wir in die beste Unterhaltung kommen, erscheint das Dienstmädchen mit

einer Visitkarte. Der Besitzer der Visitkarte scheint
dem Fräulein doch sympathischer zu sein als meine
Wenigkeit, denn sie wird unaufmerksam und richtet
schließlich an mich die schwer mißzuverstehende
Frage, ob ich noch viel zu sprechen habe. ‚Nein,
keineswegs‘, meine ich im Gefühle meiner vollständigen Überflüssigkeit und empfehle mich mit Dankes-
worten.‘ ... Und nun: »Was die Behörde sagt«; ein
gewissenhafter Schmock muß auch dies zu erfahren
trachten. Und die . Behörde ist gegen Preßleute
immer zuvorkommend, kein anderer Besucher könnte
ihr »sympathischer« sein als ein Journalist. Die gewisse
hervorragende Persönlichkeit mit der entsprechend ge-
wichtigen Stimme ist bald gefunden. Selbstverständlich
ist ihr von dieser Angelegenheit »amtlich noch gar nichts
bekannt«. Trotzdem öffnet sie dem Vertreter des
‚Extrablatts‘ die ärarischen Schätze ihrer Herzens-
kammer. »Ich schöpfe alle meine Kenntnisse aus
den Zeitungen«. Das soll die Ungenauigkeit der
Aufschlüsse entschuldigen, wirkt aber als Kompliment. Der »Funktionär« ist ein Ironiker. So oft er
von den »Unterstützungen« und »Zuwendungen«
spricht, die eine Ballettdame bezieht, versäumt er es
nie, seinen Worten höhnischen Nachdruck zu geben
und den Souteneur einen »edlen Spender« zu nennen.
Aber er wird auch pathetisch. »Warum muß der
Hausmeister«, ruft er, »der vom Sperrsechser lebt,
sein Einkommen rückhaltlos einbekennen und warum
soll eine Tänzerin einen Teil ihres Einkommens
verheimlichen dürfen?«

Mit diesem glücklichen Vergleich wären wir in
der Tat dem Kern der Frage nahegerückt. Dem
»Funktionär«, der alle seine Kenntnisse aus den
Zeitungen schöpft und darum über die Besteuerung
der Ballerinen bloß den ortsüblichen Klatsch vorbringen kann, dürfen wir den Unterschied zwischen
dem Sperrgeld des Hausmeisters und dem Sperrgeld
der Frauenmoral zu bedenken geben. Jenes gehört zu

den unantastbaren Schutzgütern unseres Rechtslebens. Das Sperrsechserl ist die Einheitsmünze der österreichischen Rückständigkeit. Wir haben keinen legitimeren Begriff. Aber der Tribut, den schöne Frauen zur Erhaltung ihrer ästhetischen Werte empfangen, wird er nicht hierzulande von Sitte und Gesetz immer noch als »Schandlohn« betrachtet? Wir können dem Fiskus dankbar dafür sein, daß er die Heuchelei der Staatsmoral entlarvte, welche den Zins von jener Prostitution einhebt, die sie ins dunkle Reich sozialer Verachtung weist. Zwischen Staat und Prostitution besteht sozusagen neben dem strafrechtlichen auch ein zivilrechtliches Verhältnis. Aber es ist nicht nur unmoralisch, sondern auch nach dem herrschenden Gesetz selbst wieder strafbar; denn der Staat, der den Liebesgewinst besteuert, zieht aus einem »unerlaubten Verständnis« materiellen Vorteil und macht sich somit der Übertretung der Kuppelei schuldig. Die unsaubere Methode der Eintreibung des Kuppleranteils ist ein besonderes Kapitel. Eine Tänzerin, bei der zwei Herren von der Behörde erschienen waren und für den Fall, daß sie der Vorladung nicht Folge leiste, »andere Schritte« angedroht hatten, teilt einen Dialog mit, der sich später zwischen ihr und einem Amtsrüpel entspann: »Sie können doch nicht von Ihrer Gage leben? Noch weniger eine schöne Wohnung halten. S i e m ü s s e n e i n N e b e n e i n k o m m e n h a b e n !« »Ich habe kein Nebeneinkommen. Ich bekomme nur Geschenke. Diese kann ich doch nicht fatieren!« »Doch! Sie haben die Geschenke, die Sie im vorigen Jahre erhielten, anzugeben!« »Heute bekomme ich vielleicht ein Geschenk, im nächsten Monat nicht.« »Das ändert nichts an der Sache.« »Aber ich bitte! Der Herr, der mir Geschenke macht, muß doch ohnehin sein Einkommen besteuern lassen.« »Der Herr, der Ihnen Geschenke macht, kann auch für Sie die Steuer dafür zahlen. G i b t e r I h n e n o h n e h i n s c h o n v i e l , s o k a n n e r I h n e n n o c h m e h r

geben. Wie heißt der Herr? Nennen Sie mir
seinen Namen, dann werden wir ihn entsprechend
besteuern.«...

Ich wage es, nicht nur die ästhetischen Gaben,
sondern im Ernst auch die Ethik einer Ballerine
über die eines Steuerspitzels zu stellen. Ich glaube
wirklich, daß sich in der fiskalischen Gier, die
Dessous durchforscht, nicht zuletzt auch die bürgerliche Überschätzung der Leichtsinnsmöglichkeiten
einer Tänzerin ausdrückt. Der Typus, dessen Vertreterinnen jetzt so bös mitgespielt wird, ist weder
der exzessivste noch der interessanteste. Wenn
der Spießbürgersinn nicht von der Vorstellung des
gespreizten Tüllrocks berauscht wäre, mußte er in
der Trägerin fast die Erfüllung seiner sittlichen
Ansprüche finden. Das Geschlechtstemperament, das
sich im Tanz ausgibt oder in der Langweile mimischer
Verrichtung abstumpft, prägt sich in dem ewig einför-
migen Puppengesicht zu einer Gewähr der Treue und der
bedingten Sittlichkeit aus. Nur der Trauring unterscheidet die ein- und ausgeheiratete Sklavin bourgeoiser Moral
von der ökonomischen Verwalterin ihrer Reize, der
das Verhältnis die »Versorgung« bedeutet. Wenn die
Schauspielerin die Potenzierung der weiblichen Möglichkeiten von Anmut und Leidenschaft darstellt,
so wird der Tänzerin zumeist die Entwicklung
zu hausfrauenhafter Wohlanständigkeit organisch sein.
Wedekind's Lulu, der genialsten Entfaltung amorali-
scher Pracht, glaube ich alles, bloß das Tanzen nicht.
Die Sparbüchse der Pandora...

Aber Psychologie ist keine Finanzwissenschaft.
Und man muß einer Behörde danken, die den Staat
als Heuchler entlarvt, Staats- und Hofbehörden der
Kuppelei überführt. Der »Funktionär«, der seine
Kenntnisse aus den Zeitungen schöpft, findet die
k. k. Neugierde durchaus zulässig, »wie eine Tänzerin
es wohl zustande bringe, mit einer Gage von beispielsweise 800 bis 900 Gulden eine elegante,

schön möblierte Wohnung zu halten, prächtige
Toiletten, Boutons zu tragen, im Fiaker zu fahren.«
In Wahrheit könnte sie mit ihrer Gage, die »beispielsweise« auch fünfzehn Gulden monatlich beträgt, nicht
einmal die Kosten ihres Tüllröckchens bestreiten. In
Wahrheit dürfte sie auch nichts dagegen einwenden,
wenn die Hoftheaterintendanz so aufrichtig wäre,
sich für die Gelegenheit, die sie hübschen Mädchen
schafft, direkt bezahlen zu lassen...

Ist es nicht grausam, gerade vor einem Mann der
Presse das steuerbehördliche Recht auf Mißtrauen bei
einem Widerspruch zwischen Einkommen und Aufwand
zu verfechten? Ach, unsere Behörden haben sich
bisher bloß gegen Ballerinen und nicht auch gegen
Journalisten zu der Erkenntnis emporgerungen, »daß
irgendwelche geheime Quellen sprudeln müssen, wenn
man mit einer verhältnismäßig kleinen Gage Aufwand
treibt«. Die Subventionen eines Ballettonkels könnte
man immerhin als Geschenke, die der Steuerpflicht
nicht unterliegen, auffassen, aber kein Zweifel kann
darüber bestehen, daß P a u s c h a l i e n »regelmäßige
Zuwendungen« sind. »Die Steuerbehörde«, sagt unser
Funktionär, »hat ein Recht auf die volle Wahrheit,
sie kann ihre Nachforschungen nach allen Richtungen
hin ausdehnen«. Aber sie will nicht immer. Und
nie noch hat man gehört, daß sich zwischen
einem Steuerbeamten und einem volkswirtschaft-
lichen Redakteur der ‚Neuen Freien Presse‘ der folgende Dialog entsponnen hat: »Sie können doch
nicht von Ihrer Gage leben? Sie müssen ein
Nebeneinkommen haben!« »Ich habe kein Nebeneinkommen. Ich bekomme nur Schweiggelder. Diese
kann ich doch nicht fatieren!« »Doch! Sie haben
die Schweiggelder, die Sie im vorigen Jahre erhielten,
anzugeben!« »Heute bekomme ich vielleicht ein
Schweiggeld, im nächsten Monat nicht.« »Das ist
nicht wahr. Sie können sich das Schweiggeld regelmäßig erpressen.« »Aber ich bitte! Der Bankier muß

doch ohnehin sein Einkommen besteuern lassen.« »Der Bankier kann auch für Sie die Steuer zahlen. Gibt er Ihnen ohnehin schon viel, so kann er Ihnen noch mehr geben. Wie heißt der Herr?«... Korruption ist schlimmer als Prostitution. Diese gefährdet höchstens die Ethik des Individuums, jene in allen Fällen die Ethik der Gesamtheit. Trotzdem haben wir noch nicht vernommen, daß die Steuerbehörde sich bei der Bemessung des Einkommens von Wiener Redakteuren höhnisch nach den »edlen Spendern« erkundigt und die hommes entretenus fester geschurigelt hätte.

Der Fall Otto Weininger*).
Erklärung und Berichtigung.

Wenige Monate nach dem Tode meines Sohnes legte ich einem seiner Freunde, Herrn Emil Lucka in Wien, die Zweckmäßigkeit der Abfassung und Herausgabe einer kleinen Schrift dar, die über die Entstehung von »Geschlecht und Charakter« einigen Aufschluß geben und für einen weiteren Kreis von Verständnissuchenden einen Leitfaden schaffen sollte, als nach Otto Weininger's eigener Prophezeiung für sein Werk in naher Zukunft zu erwarten gewesen war.

Herr Lucka hielt damals die Stunde noch nicht

---

*) Dem psychiatrischen Unfug, der sich's an der Vernichtung der Lebenden nicht genügen läßt und berühmte Leichname zu begutachten anfängt, ist ein artiges Produkt zuzuschreiben: der Versuch eines Herrn Dr. Ferdinand Probst in München, Otto Weininger's Bedeutung zu einer Geisteskrankheit abzuplatten. Die Gesinnung, die einst einen gewissen Puschmann antrieb, an Richard Wagner sein psychiatrisches Mütchen zu kühlen und die sich auch an Nietzsche, Goethe

für geeignet. In jüngster Zeit erschienen aber einige neue kritische Arbeiten, und in Gewährung meiner Bitte unternahm es jetzt Herr Lucka, dem Freunde die Liebestat und manchen zum Erfassen und zur richtigen Beurteilung seiner Schriften einen Dienst zu erweisen.

Was mich zur Erneuerung meiner Bitte antrieb, war der Umstand, daß vor einigen Wochen in München eine Broschüre: »Der Fall Otto Weininger« von Dr. Ferdinand Probst erschien. So nahe mir, dem Vater, die Beurteilung der veröffentlichten Geistesarbeiten meines Sohnes immer gehen mochte, ich würde mangels der wissenschaftlichen Berechtigung hiezu, nicht aus der Reihe der schweigenden Zuhörer treten dürfen, wenn in jener Dr. Probst'schen Schrift nicht für die Darstellung und kritische Betrachtung des äußeren Lebensweges Otto Weininger's in mancherlei Zügen meine eigenen Mitteilungen herangezogen und verwendet worden wären.

Es obliegt mir die Pflicht der Untersuchung, ob die mir zugeschriebenen Äußerungen richtig wiedergegeben sind, und zur Feststellung des Ergebnisses meiner Prüfung erscheint mir ein Nachwort zu Herrn

---

usw. vergriffen hat, poltert aus jeder Zeile des Probst'schen Büchleins. Aber fast nie ist für solch klinisches Unterfangen böser Wille verantwortlich zu machen, fast stets bildet beschränkte Zurückgebliebenheit, die verfolgen muß, wo sie nicht folgen kann, einen Strafausschließungsgrund. Man könnte sich denken, daß einer die Schlüsse Weininger's (Minderwertigkeit der Frau) verpönt und seinen Erkenntnissen (Anderswertigkeit der Frau) zujauchzt. (So habe ich, als ich das Werk am Tage nach seinem Erscheinen las, dem mir damals persönlich unbekannten Verfasser zugerufen, »ein Frauenverehrer stimme den Argumenten seiner Frauenverachtung begeistert zu«.) Aber Herr Probst steht vor jeder Zeile, die Weininger geschrieben hat, ratlos da. Stellen aus »Geschlecht und Charakter« wie die folgende: »In der Tat muß ich die allgemeine Ansicht, welche ich lange geteilt habe, völlig verfehlt nennen, die Ansicht, daß das Weib monogam und der Mann polygam sei; das Umgekehrte ist der Fall«, wecken das Entsetzen des Moralphilisters. »Das Höchste«, ruft er, »leistet Weininger mit den Worten: ‚Ihre Stellung außerhalb des Gattungszweckes stellt die Hetäre in gewisser Beziehung über die Mutter, soweit dort von ethisch höherem Standort überhaupt

Lucka's Schrift keine unpassende Gelegenheit. Nicht
als ob ich ihnen eine besondere Wichtigkeit beimessen
wollte, wenn sie richtig verzeichnet worden wären;
aber es liegt in der geflissentlichen Verzerrung mancher
Schilderungen eine auffallende Methode, zu deren
Erkenntnis die folgenden Zeilen beitragen mögen:

In einem Briefe vom 15. Februar d. J. trat der
Münchener Nervenarzt, Herr Dr. L. Löwenfeld,
mit dem Ersuchen an mich heran, ihm mitzuteilen,
was ich als Vater des Otto Weininger von dem
Lebenslaufe meines Sohnes, von seiner körperlichen
und geistigen Entwickelung zu berichten wisse. Es
sei dem Münchener Arzte daran gelegen, in einem
Schriftchen die Wahrheit über den Verfasser von
»Geschlecht und Charakter« niederzulegen, die von
hiesigen Freunden in vieler Beziehung entstellt wurde.

Auf Seite 3 der Probst'schen Broschüre ist zu
lesen: »Er (der Vater) wünschte eine psychiatrische
Betrachtung«. Den Wunsch, eine solche zu veranlassen,
habe ich weder empfunden noch je zu irgend Jemand
geäußert. Ich war aber zu jener Zeit empfindlicher
als ich es heute bin, für die vielen Lügen und Übertreibungen, die bezüglich meines Sohnes im Umlauf

die Rede sein kann, wo es sich um zwei Weiber handelt . . . Nur
solche Männer fühlen sich von der Mutter angezogen, die kein Bedürfnis
nach geistiger Produktivität haben. Bedeutende Menschen haben stets
nur Prostituierte (im weitesten Sinne des Wortes) geliebt'«. Alles
Mannesbewußtsein bäumt sich auf und alle Sicherheit des Besitzers
gerät ins Wanken, wenn man Weininger's Satz schlucken muß: »Das Weib
ist fortwährend, der Mann nur intermittierend sexuell«. Die Enthüllung, daß »Weiblichkeit universelle Sexualität« ist, und die Erkenntnis:
»Der Geschlechtsverkehr ist der höchste Wert der Frau; ihn sucht sie
immer und überall (auch in der Kuppelei) zu verwirklichen«, müssen
selbst den Kurzsichtigsten die pathologische Basis des Weininger'schen
Systems erkennen lassen . . . Alles wird als »Symptom« herangezogen.
Auch Weininger's künstlerische Bemerkung, daß die A-Dur-Melodie der
Grieg'schen Peer Gynt-Suite »die größte Luftverdünnung, die jemals
erreicht worden ist«, darstelle. »Das fühle einmal jemand nach!« ruft
höhnend Herr Probst, der's vielleicht als der einzige Hörer der Peer
Gynt-Musik nicht vermag . . . Dafür rächt er sich durch hässliche Aus-
fälle wider einen Toten. Der witzige Ton dieser wissenschaftlichen

gewesen sind, und nachdem ich Erkundigungen über Herrn Dr. Löwenfeld's Integrität und über seine wissenschaftliche Stellung eingezogen hatte, die ein günstiges Ergebnis lieferten, ließ ich mich in Erfüllung seiner Bitte zu vertrauensvollen Mitteilungen herbei über den äußeren Lebensweg Otto Weininger's und über so viel von seinem Geistes- und Gemütsleben, als mir erschlossen schien — dies alles in der für mich selbstverständlichen Erwartung, meine Darstellung streng wahrheitsgemäß verwertet zu finden.

Kurze Zeit nach der Überweisung meiner Mitteilungen an Herrn Dr. Löwenfeld schrieb mir dieser, daß er sich bestimmt gefunden habe, die ihm gelieferten Aufschlüsse einem Münchener Kollegen, Herrn Dr. Probst, zur Verfügung zu stellen, der über den Verfasser von »Geschlecht und Charakter« einen Vortrag halten und auch die Schrift über ihn verfassen wolle.

Bei meinem unbedingten Vertrauen zur Persönlichkeit des Herrn Dr. Löwenfeld hegte ich nicht den geringsten Zweifel, in Herrn Dr. Probst einen würdigen Stellvertreter erwarten zu dürfen. Darin erfuhr ich aber durch die veröffentlichte Broschüre eine arge

---

Untersuchung ist das Abstoßendste an dem Buche, und um den Hohn, der in dem vom Vater gelieferten Material schwelgt, könnte ein Nordau den Verfasser beneiden. Man braucht bloß den Satz zu lesen: »Typisch sind auch die Faxen mit der rührenden Demut, die mit dem maßlosesten Größenwahn vereinbar war« — um den Takt des Herrn Probst zu bewundern. Sein Schamgefühl bewährt er an der unpassendsten Stelle. Er traut sich nämlich nicht, das Wort »Koitus« auszuschreiben, und zitiert Weininger's Wort von dem »einzig vitalen Interesse der Frau, das nach dem K . . . . . überhaupt geht«. In einer wissenschaftlichen Schrift! Allerdings wendet sie sich, wie eine Fußnote besagt, »an breitere Schichten« — Weininger's Werk hat bloß fünf Auflagen —; und darum »haben wir auf die wörtliche Wiedergabe besonders schamloser Stellen verzichtet«. Herr Servaes ist übertrumpft. Der hat kürzlich in der ‚Neuen Freien Presse‘ über Nietzsche's Krankheit geschrieben und mußte um die Syphilis wie die Katze um den Brei herumschleichen. Und derselbe Herr, der versicherte, daß es »nicht Prüderie oder moralische Vertrottelung« sei, wenn Nietzsche's Schwester dem Gerücht entgegentrete, erklärte ein paar Zeilen tiefer, dafür, daß der

Enttäuschung, und ich beklage es sehr, dem Herrn Dr. Löwenfeld den berechtigten Vorwurf nicht ersparen zu können, daß er den Herrn Kollegen mit dem von mir beigestellten schriftlichen Materiale nach G u t d ü n k e n wirtschaften ließ.

Dieses Gutdünken offenbart sich in der verzerrten Darstellung, als ob i c h eine psychiatrische Betrachtung gewünscht hätte, als erste Ungenauigkeit. Auf derselben Seite 3 des Probst'schen Heftes und in übermäßig häufigen Wiederholungen der g a n z e n Schrift wird erwähnt, ich hätte meinen Sohn für ein »Genie einzigster Art« gehalten, zumindest für ein Genie kurzweg. — Nun ist dieses Wort auch nicht ein e i n z i g e s m a l in meinen schriftlichen Mitteilungen enthalten, wiewohl es noch bei Lebzeiten Otto's, nach dem Erscheinen von »Geschlecht und Charakter« im Juni 1903, und in mächtig verstärktem Maße nach dem Tode meines Sohnes oft genug und laut genug an mein Ohr schallte. — Das Wort »Genie« oder »genial« kam nie aus meinem Munde, nie aus meiner Feder. Jeder denkende Mensch bildet sich wohl seine Meinung über die Bedeutung dieses Wortes. Auf die Gefahr hin, den Leser etwas anmaßend mit eigener

---

Philosoph mit »der« Krankheit nicht behaftet gewesen sei, »bürge uns der d u r c h a u s l a u t e r e, in m o r a l i s c h e n und ästhetischen Dingen geradezu überempfindliche C h a r a k t e r des Mannes«... Und solch eine Trottelpublizistik wagt es, die klerikalen Gegner der Moralheuchelei zu beschuldigen! Für die ‚Neue Freie Presse' ist Syphilis eine Charakterlosigkeit und ihre Heilung nur in Korrektionsanstalten möglich . . . Was will man dann von einem deutschen Gelehrten, in dessen Bibliothek kein Buch des Lebens zu finden ist, verlangen? Was er über den — wenn die Gedankenrichtung der Pröbste die normale ist, Gott sei Dank abnormalen — Otto Weininger geschrieben hat, ist albern und widerwärtig zugleich. Umso erfreulicher, daß der Vater Otto Weininger's die Verpflichtung gefühlt hat, die sachliche Grundlage der Probst'schen Hypothese zu erschüttern. Dies soll im Anhange einer in ein paar Wochen bei Braumüller erscheinenden Broschüre von Emil Lucka, einem Freunde des Verstorbenen, geschehen. Selten ist einem schaffenden Geist ein so beherzter Sachwalter im eigenen Vater erstanden. Meiner Einladung, seinen Protest schon jetzt in der ‚Fackel' zu veröffentlichen, ist Herr Leopold Weininger gern gefolgt. **Anm. d. Herausgebers.**

Meinung zu belästigen, erlaube ich mir, diese dahin kundzutun, daß, wenn ich die zehn Finger meiner Hände dem einen Zweck bestimmte, ich nicht alle verwenden wollte bei Aufzählung der Menschen, welchen ich das Attribut »Genie« gewähren möchte. Ich brauche wohl nicht hervorzuheben, daß i c h meinem Sohne keinen freien Finger reserviere ... Auf Seite 5 und etlichemale im Verlauf der Schrift wird, natürlich mit Rufzeichen, die »herrliche Wandlung« erwähnt, welche Otto Weininger in seinen letzten zwei Lebensjahren durchmachte. Der Ausdruck stammt von mir, ist aber in einer den Zweifel ausschließenden Weise für die menschlich schönen Eigenschaften benützt worden, welche in den letzten zwei Lebensjahren an meinem Sohne beobachtet werden konnten, der sich bis zu jener Epoche nicht sonderlich vor anderen Dutzendmenschen ausgezeichnet hatte.

Völlig entstellt sind auf Seite 9 meine Bemerkungen über die Gründe des Selbstmordes wiedergegeben. Diese sind auch für mich in Dunkel gehüllt, wenn ich sie mir nicht aus den in »Geschlecht und Charakter« vorkommenden Thesen zu holen habe. Eine diesfällige Anfrage des Herrn Dr. Löwenfeld beantwortete ich wörtlich dahin, daß ich mich in den finsteren Irrgängen seiner Seele nicht zurechtfinden konnte, in den allerletzten Lebenstagen, und daß auch mir der freiwillige Tod ein Rätsel war. Ich würde mich tatsächlich auch als Laie nicht getrauen, eine so täppische Beweisführung für die Selbstzerstörung zu versuchen, wie sie auf Seite 9 durchgeführt ist. Von »Selbstmordgedanken nach Wiener Kaffeehausmanier« spricht Herr Dr. Probst. Um des Himmels Willen, will denn Herr Dr. Probst derlei wirklich einem Menschen von der unbestreitbar hohen Begabung Otto Weiningers ansinnen? Eine Selbstmordphilosophie in Wiener Mundart: »Verkauft's mei Gwand, i fahr in Himmel«? Beliebt es Herrn Dr. Probst in München ernstlich, den Dr. Otto Weininger

in ähnlicher Stimmung die Himmelfahrt antreten zu
lassen?...

Ich schrieb dem Herrn Dr. Löwenfeld, daß,
nachdem mein Sohn von seinem Freunde Rappaport
vor dem Tode Abschied genommen hatte, ihn wie
ich ihn kannte, keine irdische Macht dazu vermocht
hätte, sich dem Freunde noch unter den Lebenden
zu zeigen. Aber ich bezeichnete dies nicht als
falschen Stolz. Ich beklagte niemals den »Mangel an
Familiensinn« bei meinem Sohne; das ist eine Unter-
schiebung des Herrn Dr. Probst, die ich energisch
zurückweisen muß.

Auf Seite 11 schreibt Herr Dr. Probst: »Für
Wagner hatte Weininger ursprünglich keine Zuneigung«. Dies schreibt derselbe Herr Doktor, der
unter dem von mir nach München gesandtene Material klar und deutlich zu lesen bekam, daß mein
Sohn aus Bayreuth 1902 ein Schreiben an mich
richtete mit den Schilderungen seiner Eindrücke von
den Parsifal-Aufführungen, denen er dort beiwohnte,
einen Brief, der in bewegten Worten des Dankes die
Befriedigung darüber aussprach, daß ich ihn schon
als siebenjährigen Knaben mit der Kunst Richard
Wagners in einer dem zarten Alter entsprechenden
Weise bekannt gemacht hatte, indem ich ihn zum
»Holländer« führte. Tatsächlich hat Otto seit dieser
Zeit und bis zu seinem Tode nie aufgehört, hohen
Kunstgenuß bei Wagner zu suchen, und dies in einem
Zeitraum von vollen 15 bis 16 Jahren. Und auf
Seite 29 von »Der Fall Otto Weininger« steht ganz
dreist geschrieben: »Mit seiner Erlöseridee hängt es
auch zusammen, daß seine Stellung zu Wagner sich
so gründlich änderte«!

Seite 36 bringt die Bemerkung von dem Ein-
drucke, den der »notgedrungene« Besuch eines
Tanzkränzchens auf Weininger machte. Woher leitet
Herr Dr. Probst das »Notgedrungene« ab? Und
welchen Eindruck machte es denn auf Otto? Das

steht nicht in der Broschüre. Ich kann dem Herrn Doktor versichern, daß mein Sohn freiwillig, ohne Zwang, an meiner statt, Mutter und Schwester einige Male zu Kränzchen begleitete und recht heitere Stunden dabei verlebte. Freilich: in den letzten zwei Lebensjahren schämte er sich ein wenig der Teilnahme an dem nichtigen Tanzgetriebe. Aber ist das ein gar so singuläres Empfinden und wird es nicht von Vielen geteilt, über welche dann nicht Broschüren wie »der Fall« soundso geschrieben werden? Und auf derselben Seite wird Otto Weininger der Schar derjenigen beigesellt, die »mit zehn Jahren zur Erkenntnis gelangen, daß Michelangelo eigentlich ein Troddel (hierzulande Trottel) gewesen sei.« Das ist eine Ungeschicklichkeit des Herrn Verfassers: Denn Otto Weininger hielt Michelangelo und Richard Wagner für die beiden größten Künstler-Genies der Welt und den »Jeremias« für das großartigste Bild der Welt. — —

In Vorstehendem habe ich mir erlaubt, auf die wichtigsten Entstellungen ·in Herrn Dr. Probst's Schrift hinzuweisen. Es fiel mir schwer genug, weil ich ohne seelische Erregungen in der Sache meines Sohnes die Feder nicht führen kann. In all seinem psychiatrischen Bemühen kann ich Herrn Dr. Probst bloß die sympathische Beschreibung von Otto Weininger's äußerer Erscheinung hingehen lassen, bei der sich der Verfasser an die Schilderung eines Wiener Neurologen, der die Wahrheit sprach, und nicht an die ihm näherliegende gehässige des Münchener Witzblattes „Jugend' gehalten hat. Sonst ist mein Wunsch, daß die Lüge in Wahrheit verwandelt werde, unerfüllt geblieben. Ich habe in Herrn Dr. Löwenfeld's Ersuchen um Aufschlüsse über meines Sohnes kurzes Erdenwallen mein eigenes Streben zu erkennen geglaubt, und will zur Ehre des Herrrn Dr. Löwenfeld annehmen, daß er mit der Art, wie sein Stellvertreter die ihm übertragene Mission erfüllte, nicht einverstanden ist. Ich öffnete, soweit es die Erinnerung erlaubte, die Tür der Kinderstube, die Türen der Schulzimmer, in denen Otto Weininger seine Lebensjahre bis zum Eintritt in die Hochschule verbracht hat, und tat dies zu dem Zwecke, meinen Sohn dem Verständnisse, der richtigen Beurteilung seitens Berufener, so nahe als möglich zu rücken. Leider habe ich mich geirrt. Wenn ich gewahre, wie das ungeberdige Wesen eines geistig anßerordentlich begabten Schuljungen seinen Lehrern gegenüber auch schon als erstes Gerüste zum Aufbau für die Beweisführung später eintretender geistiger Erkrankung benützt wird, so muß ich reuig beklagen, mich nicht schroff ablehnend verhalten zu haben, als ich gebeten wurde, mitzuteilen, was ich von dem Werden und dem Sein meines Sohnes wußte. Man wird mir, mit einigem Rechte, einwenden: Weshalb erzähltest du? Ich wurde aber gefragt, eindringlich gefragt und antwortete alles Wahre, das ich wußte. Ich wurde ja auch gefragt, ob Otto Weininger ohne Kunsthilfe zur Welt kam. Ich konnte es beherzt bejahen und wundere mich ein wenig, daß Herr Dr. Probst nicht auch darin schon sein »hastiges, nervöses« Wesen, dies eigenmächtige Vordringen zum Lichte der Welt als frühestes Symptom der späteren Geisteskrankheit erkannt hat.

Wien, 4. November 1904.   Leopold Weininger.

* * *

Die in Nr. 139 der ‚Fackel‘ vom 30. Mai 1903 veröffentlichte Zuschrift, die sich auf die Tätigkeit des Herrn Regierungsrates Dr. Josef Hinterstoisser als Gerichtspsychiaters bezog, hat die Auffassung gefunden, daß in ihr eine persönliche Beleidigung dieses Herrn beabsichtigt gewesen wäre. Ich bedaure dies und kann versichern, daß mir die Absicht einer Beleidigung ferne gelegen ist, zumal ich keinerlei Grund habe, in die Ehrenhaftigkeit und Gewissenhaftigkeit der Pflichterfüllung des genannten Herrn Zweifel zu setzen. Der Artikel, welcher mir von anderer Seite zugekommen ist, sollte lediglich eine Kritik der wissenschaftlichen Tätigkeit des Herrn Gerichtspsychiaters Dr. Hinterstoisser enthalten; insoferne diese Zuschrift einer anderen Auffassung Raum gegeben hat, ist dies durch obige Darlegung nunmehr richtiggestellt.

* * *

Das Ansehen, dessen sich die österreichischen Einrichtungen in der ganzen zivilisierten Welt erfreuen, hat den Gedanken gezeitigt, in Amerika eine Filiale der österreichischen Justiz zu errichten. Herr Dr. Walter Brix wird die Verteidigung führen, Staatsanwalt Morawitz die Anklagen vertreten und als Einzelrichter Herr Dr. Emil Reginald Helfer fungieren. Die Verhandlungen werden fast so gemütlich sein wie weiland die vor dem Bezirksgericht Leopoldstadt. Dies Idyll ist nun vorbei, vorbei die Tage, da die Besucher der »Budapester Orpheumgesellschaft« die Würde dieses Hauses durch Erinnerungen an den Ton des Bezirksgerichtes Leopoldstadt geschädigt wähnen konnten. Wenn auch künftig dort ein Richter nicht immer gegen die Wucherer vorgehen wird, so ist doch anzunehmen, daß nicht mehr die Wucherer gegen einen Richter einschreiten werden. Lange, allzulange hatten sie sich als die höchsten Respektspersonen des Bezirksgerichtes Leopoldstadt fühlen dürfen, und der Richter war viel eilfertiger ihrem Ruf auf den Gang gefolgt, als ein Zeuge dem Ruf des Richters in den Verhandlungssaal. Welch unerwünschtes richterliches Gegenbild zu dem Typus stupider Lebensfremdheit! Nie hat man von Herrn Labres gelesen, der Jockeyklub habe über ihn die Ausweisung aus dem Turf·alon verhängt. Eine Justiz, die hinter der Binde blind ist, und eine, die, um zu sehen. sich die Binde amtsmißbräuchlich von den Augen reißt. Erfahrung

erwerben unsere Richter durch Korruption. Gewiß
ist, wie die steckbrieflich verfolgte Unschuld der österreichischen Justiz jetzt beteuert, der Fall Helfer ein
»Einzelfall«. Aber seine Bedingungen sind gegeben,
und das Schlimme an diesem Gerichtsskandal ist nicht
die Verfehlung des »Einzelrichters« — in jedem Sinne
des Wortes —, sondern die Nachsicht einer wissenden
Behörde, die einen Kridatar so lange das Richtschwert
schwingen ließ, bis er es verklopfte und die Flucht
ergriff. »Es kam oft vor«, liest man jetzt gemütlich,
»daß Dr. Helfer bei einem ihm völlig fremden Industriellen oder Finanzmann in seinem Gummiradler
vorfuhr und um ein Darlehen gegen Wechsel ersuchte,
das ihm in einigen Fällen auch tatsächlich gewährt
wurde. In den Kreisen seiner Kollegen wird
behauptet, Dr. Helfer habe einen eigenen Agenten
beschäftigt, der nur die Aufgabe hatte, festzustellen,
zu welcher Stunde des Tages bekannte Finanzgrößen
in ihren Bureaux allein zu sprechen seien.« Und:
»In Kreisen der Advokaten wird unter anderen Geld-
beschaffungsaffairen des Dr. Helfer auch ein besonderer
Fall erzählt, wo ein Vermittlungsagent für den Richter
in einer Darlehensangelegenheit bei einem Manne
intervenierte, der eine dem Dr. Helfer zum Referat
übergebene Strafsache anhängig hatte«. Und einige
erinnern sich plötzlich, daß ein Herr Pollak einmal eine alte Frau per Automobil tötete, daß Herr
Dr. Helfer die Untersuchung führte und daß das Verfahren eingestellt wurde .. Die Helfershelfer sind
strafbar. Der arme Teufel, der sich im Talar lächerlich genug vorkam, weckt eher Mitleid. Man weiß
zwar jetzt, daß er die vorschriftsmäßige Frage an den
Angeklagten: »Sind Sie vermögend?« stets etwas
zielbewußter als andere Richter gestellt hat. Aber man
erinnert sich auch, wie er bei der Verkündung der
Worte: »N. N. ist schuldig...« jedesmal verlegen geworden ist. .

· · ·

Der Besitzer des Wiener Verlags schreibt mir:

Sehr geehrter Herr Kraus, Sie veröffentlichen in Nummer 167 der ‚Fackel' eine Erklärung des Herrn Emil Schering, worin behauptet wird, daß ich mich durch Herausgabe einer unautorisierten Übersetzung von Strindberg's »Ehegeschichten« eines Diebstahls und einer unanständigen Handlung schuldig gemacht habe, und des weiteren die Sortimenter und das kaufende Publikum aufgefordert werden, diesen Diebstahl nicht zu unterstützen. Ich rechne auf Ihre Loyalität und hoffe, daß Sie nach dem Grundsatz, in einer derartigen Angelegenheit immer beide Teile zu Wort kommen zu lassen, auch mir die Möglichkeit geben werden, meinen Standpunkt zu vertreten.

Herr Schering möge doch einmal Umschau unter den deutschen Verlegern halten. Wie viele gibt es, die es nicht für eine ganz natürliche und selbstverständliche Sache halten, Publikationen jener Länder, die nicht der Berner Konvention angehören, in unautorisierten Übersetzungen zu bringen? Ich möchte nur an Philipp Reklam erinnern, dessen »Universal-Bibliothek«, auf die das deutsche Volk doch mit Recht als glänzendes Unternehmen von größter Bedeutung stolz sein darf, zum nicht geringen Teil aus unautorisierten Übersetzungen besteht. Wird Herr Schering auch in diesem Fall das Publikum und die Sortimenter auffordern, Philipp Reklam zu boykottieren? Ich glaube, das Publikum würde über den kläglichen Versuch, eine derartige Aktion einzuleiten, einfach lachen. Oder ein anderer Fall: Wie steht es denn mit der wirklich vorzüglich redigierten Zeitschrift ‚Aus fremden Zungen' der »Deutschen Verlagsanstalt«, die immer russische, amerikanische und anderssprachige Werke in unautorisierter Übersetzung bringt, ja bringen muß. Damit kommen wir zum einschneidendsten Punkt dieser großen Frage: Erstens übersetzen Rußland, Amerika, Holland, ja selbst die nordischen Staaten alles, was bei uns erscheint, ohne erst die Autorisation zu erwerben; es ist daher begreiflich, wenn wir diesen Vorgang mit Gleichem vergelten. Zweitens sind bei diesen Ländern durch die mangelhaften literarischen Verbindungen nur schwierig Autorisationen zu erlangen, und wenn man einmal glücklicherweise in die Lage kommt, eine Autorisation zu erwerben und zu bezahlen, macht ein anderer Verleger sofort eine billigere Konkurrenz-Ausgabe — billiger, weil er kein Autorisations-Honorar zu zahlen hat —, und der sogenannte anständige Verleger büßt einfach sein humanes Vorgehen mit einem großen geschäftlichen Verlust. Solche Fälle haben sich ja wiederholt in den letzten Jahren ereignet. Es gibt da eben nur ein Mittel: Anschluß aller in Frage kommenden Nationen an die Berner Konvention; niemand wird daraus größere Vorteile ziehen, als die bedeutenden wissenschaftlichen und belletristischen Verleger Deutschlands. Schließlich möge Herr Schering auch bedenken, daß wir gerade diesem »Diebstahl« die Kenntnis einiger der hervorragendsten Geister der Weltliteratur verdanken. Wie wären Dostojewski, Tolstoj, Gorki, Ibsen, Björnstjerne Björnson zu uns gekommen, wenn sich die Verleger gescheut hätten, deren Werke übersetzen zu lassen, da die Autorisation nicht zu erlangen war? Ich glaube, die ungeheure Bereicherung, die die Welt durch die Werke dieser Männer erfahren hat, wiegt wohl tausendmal die kleinen »Unanständigkeiten« der betreffenden Verleger auf.

Noch eines wäre zu erwähnen: Das besondere Verhältnis, das oft zwischen den nordischen Autoren und ihren Übersetzern besteht. Wenn ich einen französischen oder englischen Roman kaufe, so zahle ich ein- für allemal eine Autorisationssumme und finde auch den Übersetzer mit einem bestimmten Betrag ab, habe daher die Möglichkeit, da ich verhältnismäßig billig in den Besitz sämtlicher Rechte gelange, das Buch auch billig zu verkaufen. Und meiner Meinung nach ist es eine der wichtigsten Aufgaben des Verlegers, gute Bücher zu billigem Preis herauszugeben. Das früher schon erwähnte besondere Verhältnis zwischen nordischen Autoren und Übersetzern bringt es aber mit sich, daß der Übersetzer an den deutschen Verlag mit seinen Forderungen herantritt, und diese sind, da er gewöhnlich die Hälfte an den Autor abzugeben hat, so hoch, daß von einem billigen Preis des Buches gar keine Rede mehr sein kann. Wer schädigt also das so flehentlich gegen mich zu Hilfe gerufene Publikum mehr: Herr Schering, der durch große und — da keine Konvention vorhanden ist — vollständig ungerechtfertigte Honoraransprüche die Verbreitung der Bücher Strindberg's unmöglich macht oder ich, der durch die Herausgabe einiger meisterhafter Novellen des Dichters zu billigem Preise von einem einzigen Band mehr unter das Publikum bringt, als Herr Schering durch langjähriges Übersetzen zahlreicher Bände? . . . Indem ich Ihnen für die Aufnahme dieser Zeilen bestens danke, bin ich Ihr ganz ergebener

Wien, 5. November 1904.   Fritz Freund.

Der Vertreter Strindberg's antwortet:

Herr Fritz Freund, der Besitzer des »Wiener Verlags«, entˉschuldigt seinen Diebstahl an Strindberg einmal damit, daß auch andere Verleger stehlen. Es gibt eben anständige und unanständige Verleger! — Zweitens damit, daß er dem bestohlenen Strindberg mit seinem Diebstahl gar einen Dienst geleistet, indem er einigen »meisterhaften« Novellen zu größter Verbreitung verholfen hat. Diese »meisterhaften« Novellen sind vier Geschichten, von denen die erste, die länger ist als die drei anderen zusammen, diejenige von Strindberg's sämtlichen einhundert (100!) Novellen ist, in denen am meisten Sexuelles vorkommt. Der Dienst, den Herr Freund Strindberg leistet, besteht also darin, daß er aus dem großen Dichter einen Pornographen zu machen versucht. Schließlich betrügt Herr Freund auch noch das Publikum, dessen Interesse er so warm gegen Autoren und Übersetzer zu vertreten behauptet: er gibt ihm angeblich Strindberg's »Ehegeschichten« für billigsten Preis; in Wirklichkeit aber nur vier (4!) von dreißig (30!). Also weder Autor, noch Übersetzer, noch Publikum dient Herr Freund, sondern lediglich seinem Geldbeutel. Von den vier »Ehegeschichten« hat er nach eigener Angabe fünftausend Exemplare gedruckt. Der Ladenpreis ist fünfzig Pfennig; nehmen wir an, er verdiene am verkauften Exemplar nur zwanzig Pfennig, so hat er nach Verkauf der fünftausend Exemplare das runde Sümmchen von eintausend Mark in die Tasche gesteckt! Strindberg aber hat keinen Pfennig bekommen!

Emil Schering.

Grunewald bei Berlin, 15. November 1904.

* • •

Liebe Fackel!

In der Lehrlingsausstellung stellte unser Unterrichtsminister, Herr v. Hartel, an den Genossenschaftsvorsteher der Zahntechniker die folgende Frage: »Wie groß ist der Export in künstlichen Gebissen?«

ANTWORTEN DES HERAUSGEBERS.

Teilnehmender Freund. Ich las den Satz: »Jener Betrag, welcher von den als Refundierung aus Anlaß der außerordentlichen Heeres- und Marineerfordernisse an die im Reichsrate vertretenen Königreiche und Länder und an die Länder der ungarischen Krone durch allerhöchst sanktionierte Delegationsbeschlüsse bewilligten Jahreskrediten, gemäß des für die Aufteilung des Aufwandes für die gemeinsamen Angelegenheiten festgestellten Beitragsverhältnisses auf die im Reichsrate vertretenen Königreiche und Länder entfällt, ist, beginnend vom Jahre 1905, zur Verzinsung des im Sinne des § 1 jeweils begebenen Schuldbetrages und mit dem Reste zur Tilgung von Staatsschulden zu verwenden, sohin dementsprechend als Erfordernis und Bedeckung in den Staatsvoranschlag unter Kapitel ‚Staatsschuld‘ einzustellen.« — Versteht man jetzt, warum ich mich so wenig mit der österreichischen Politik beschäftige?

Höfling. Louise von Sachsen soll heimlich in Wien gewesen und im Obersthofmarschallamt erschienen sein? Nicht möglich. In einem Berliner Blatt war kurz zuvor der Brief einer der ehemaligen Kronprinzessin nahestehenden Persönlichkeit veröffentlicht. Als der jetzige König mit seinen Kindern nach Bad Schmecks in Ungarn gereist war, sei von offiziöser Seite die Nachricht verbreitet worden, daß Louise, die auf Schloß Wartegg wohnte, sich das Wiedersehen mit ihren Kindern gewaltsam erzwingen wollte. Bald darauf habe ihr ein Verwandter berichtet, bei der Behörde in Bregenz sei ein chiffriertes Telegramm der Wiener Regierung des Inhalts eingelaufen, »daß die Prinzessin sofort arretiert und von der Polizei nach Wartegg zurückbefördert werden würde, wenn sie wagen sollte, in die österreichischen Kaiserstaaten einzudringen«. . . . Dieser Übereifer sähe meinem Koerber ähnlich. Wer nicht gezwungen ist, überlegt sich's ohnedies hundertmal, bevor er »in die österreichischen Kaiserstaaten eindringt«. Man muß nicht von allem haben.

Gerichtshabitué. »Sachverständige in Preßsachen«? Was ist denn das wieder für ein Schwindel? Und warum gleich fünfzehn? . . . Nun, Österreich hat einen neuen Titel. Er mußte verliehen werden, weil man schließlich doch eingesehen hat, daß man mit dem »Regierungsrat« für Preßleute nicht mehr Schindluder treiben dürfe. Aber die neuen Sachverständigen werden wenig zu tun bekommen. Der Staatsanwalt klagt ja so selten wegen Erpressung.

Schwindler. Die k. k. Finanz-Bezirks-Direktion ersucht mich um Publizierung einer Zuschrift, die sich gegen die Förderung des Budapester Losschwindel durch unsere Presse richtet und an deren Schluß es heißt: »Falls alle Warnungen ohne Erfolg bleiben sollten, beabsichtigt die k. k. Finanz-Bezirks-Direktion in Wien, d i e N a m e n der das gewissenlose Treiben der Losfirmen unterstützenden Annoncenbureaus sowie j e n e r Z e i t u n g e n , welche das I n t e r e s s e i h r e r L e s e r s o g e r i n g a c h t e n , daß sie dergleichen Inserate ohneweiters aufzunehmen pflegen, p u b l i z i e r e n z u l a s s e n «. Man droht nicht, man handelt.

Kriminalist. Der Mann, der sämtliche Urteile der Wiener Bezirksgerichte abändert, heißt Adamu (mit Nachdruck auf der dritten Silbe). Dieser Vorsitzende des Appellsenats spricht Lebensmittelverfälscher und Lehrlingsschinder, die in erster Instanz zu geringen Strafen verurteilt wurden, grundsätzlich frei. Man weiß nicht, ob aus Milde gegen die Angeklagten oder aus Grausamkeit gegen Konsumenten und Lehrlinge. Neulich ward die Frage akut, wie Herr Adamu zwischen einem angeklagten Polizeiagenten und einem mißhandelten Passanten entscheiden würde. Ein vom Diensteid geweihter Büttel hatte, wie noch erinnerlich, anläßlich eines »Auflaufs« einen an diesem gänzlich unbeteiligten Gewerbeschüler arretiert und in der Wachstube durch Faustschläge mißhandelt. Das Bezirksgericht verhängte über ihn die milde Strafe von acht Tagen Arrests. Herr Adamu fand einen Ausweg. Er erkannte, daß die Arretierung nicht grundlos erfolgt sei, und setzte die Strafe auf drei Tage herab.

Moralist. »Lieber Herr Kraus«, so schreibt mir ein Münchener Leser, »in München tagte ein Kongreß zur Bekämpfung des Mädchenhandels. Ich brauche Ihnen nicht zu sagen, daß die Reden, die da gehalten wurden, in gleichem Maße moralischer Entrüstung voll waren als leer von irgendwelcher Kenntnis der Dinge. Aber der einzige praktische Vorschlag, den ein Major a. D. machte, verdient große Beachtung, da er Ethik und Finanz in das beste Verhältnis bringt. Der Herr schlug vor: die Besucher der Bordelle mögen die Mädchen s c h l e c h t b e z a h l e n, dann würden diese die Lust, in die Etablissements zu gehen, bald verlieren. Ich bitte, das steht nicht im ‚Simplicissimus‘ sondern in dem seriösen Bericht der ‚Neuesten Nachrichten‘. Zweifellos praktiziert dieser angenehme Herr seinen Vorschlag höchst gewissenhaft und hat sich wohl schon manches damit erspart, oder — er kommt um so öfter . . . Hat sich erst einmal ein stramm organisierter Verein zur schlechten Bezahlung von Freudenmädchen gebildet, so wird es jedem Einsichtigen klar sein, daß dann die Prostitution aufhören wird.« . . . Auch bei uns gibt es Majore a. D.! Wiener Gerichtssaalberichte melden: »Eine junge, hübsche Schauspielerin Albertine K. hatte sich gestern beim Bezirksgerichte Josefstadt wegen einer eigenartigen Anklage zu verantworten. Der pensionierte Major Arthur H. hatte zur Anzeige gebracht, daß die Schauspielerin sich öfters bei dem Fenster ihrer Wohnung in einer so mangelhaften und verführerischen Toilette zeige, daß die Sittlichkeit junger Gymnasiasten, die eine in der Nähe ihrer Wohnung befindliche Schule besuchen, gefährdet sei. ‚Es wäre . n i c h t v o r t e i l h a f t‘, erklärte der Anzeiger, ‚wenn durch dieses Benehmen der Schauspielerin mein zwölfjähriger Sohn verführt würde‘ . . . « Die Angeklagte wurde freigesprochen, weil das Beweisverfahren die Dezenz des Morgenkleides und den Mangel der Absicht, vorübergehende Gymnasiasten zu verführen, ergab. Daß es dieses Beweises bedurfte, ist jedenfalls ein angenehmes Zeichen der Zeit, in der wir zu leben verurteilt sind und unser privates Benehmen verantworten müssen, bevor wir »freigesprochen« werden. Es ist eine schreckliche Zeit; bloß Majore a. D. — in München und Wien — finden in ihr ihren »Vorteil«.

Lyriker. Was alles dem Hohn des deutschen Lesepöbels überantwortet wird! In dem Familienblatt ‚Über Land und Meer‘ (Nr. 8) glossiert der überlegene Briefkastenmann das Gedicht eines Kanoniers, das der Redaktion zum Abdruck eingesandt worden war. Es lautet:

Der Kanonenguß.

Da liegt es noch das große Drumm
Und morgen macht vielleicht schon pumm
ein jeder steht und schaut den Guß
erfunden von Uchazius
es ist nix als ein gelbes Rohr
und was kommt draus hervor?
Zuerst gehts los ein weißer Schimel
springt über den blauen Himmel
dan zeigt sich das Geschos
als schwarzes Roß
in seine Nüstern
hört man flüstern
gerade auf die Feindesreihn
springtz hinein

dorten aber wartet schon
Einer armen Mutter Sohn
heute rot morgen tod
Trifft ihm die Kugel in das Herz
vorüber ist der große Schmerz
Gebet acht gebet acht!
bald ist ein Kind zur Welt gebracht
aber glaubt es mir
lang braucht es bis zum Kanonir
oder was selten der Fall
bis zum Herrn General!
Wie viel Sorgen wie viel Kummer
stört derweil nicht den Schlummer
Von Vater und Mutter
wie viel Futter
braucht es bis es groß ist
und weiß was in der Welt los ist.
auf einmal kommt die Kanon
Und der Mensch muß davon

P. . . . K. . . . .
k. und k. Fahrkanonir in Wien.

Ich höre, daß dieses Gedicht, in Offizierskreisen ziemlich bekannt, schon vor acht Jahren entstanden ist. Sicher hat es der Verfasser nicht selbst an das Blatt geschickt und ist an dem geflissentlich tölpischen Begleitbrief, über den sich der Briefkastenmann lustig macht, unschuldig. Ebenso sicher aber ist, daß kein Familienblattlyriker, kein Albert Träger, je ein Gedicht zustandegebracht hat, das sich an naiv künstlerischer Anschauung, an Kraft und Echtheit der Empfindung mit den Versen des Kanoniers vergleichen könnte.

Leser. Spät, aber lustig. Am 8. September war im ‚Neuen Wiener Tagblatt' zu lesen: »(Eine amtliche Warnung vor den Berliner Heiratsbureaux.) Das Ministerium des Innern hat unterm 23. August 1904 nachstehenden Erlaß an sämtliche politische Landesstellen hinausgegeben: Eine Reihe von in Berlin bestehenden Heiratsvermittlungs-Unternehmungen, wie die Institute »Reform«, »Reell«, »Fortuna«, »Hera«, »Glückstern«, »Liebesglück«, »Juno« und andere mit ähnlichen symbolischen und mythologischen Bezeichnungen, suchen mit Erfolg auch im Inlande einen regen Geschäftsbetrieb zu entwickeln. Wiederholt vorgekommene Beschwerden lassen es geboten erscheinen, das Publikum auf das schwindelhafte Treiben dieser Unternehmungen aufmerksam zu machen und vor denselben nachdrücklichst zu warnen . . . Als Insertionsorgane bevorzugen diese Institute Provinz- und Lokalzeitungen mit dem voraussichtlich am wenigsten urteilsfähigen Leserkreise im In- und Auslande. (Folgt eine Darstellung des Geschäftsbetriebs). Das Ministerium des Innern weist die politischen Landesstellen an, das Erforderliche zu veranlassen, damit seitens der Unterbehörden durch entsprechende Verlautbarungen und geeignete

Aufklärungen des Publikums einer Betätigung des schwindelhaften Treibens dieser Unternehmungen im Inlande tunlichst entgegengetreten werde.« In ebenderselben Nummer des ‚Neuen Wiener Tagblatt' — weiter hinten — war zu lesen: »Heirat sucht häuslich erzog. Dame, 18 J., Vermögen 80.000 Mk. m. solid., strebsam. Herrn, wenn auch ohne Vermögen. Bewerber erfahren Näheres durch »Glückstern«, Berlin, S. 42.«

Spirituskonsument. Die segensreichen Folgen der Spiritusausstellung — so schreiben Sie — stellen sich allmählig ein. Der Brennspiritus ist im Kleinverschleiß um 100% teuerer, Sektionschef Exner noch immer nicht Geheimer Rat und Herr Gabor Steiner Ritter des Franz Josefs-Ordens geworden. Und da soll man nicht Antialkoholiker werden!

Politiker. Sie haben den Nachruf der ‚Sonn- und Montagszeitung' für ihren Eigentümer Alexander Scharf nur flüchtig gelesen, und in der pathetischen Würdigung der politischen Verdienste des Verstorbenen sind Ihnen — in der zweiten Spalte — die folgenden Worte aufgefallen: »Auch der verbissenste parlamentarische und verfassungstreue Doktrinarismus drang schließlich zu der Anschauung vor, daß auf dem bisherigen Wege das Heil Österreichs nicht zu finden sei, daß man sich entschließen müsse, den berechtigten Ansprüchen der Nationalitäten innerhalb des Staates freien Spielraum zu gewähren, den zu engen Panzer der bestehenden Verfassung zu lüften. In diesem Sinne darf man es ein tragisches Schicksal nennen, daß Alexander Scharf in dem Augenblicke vom Schauplatze seines Wirkens abberufen ward, in welchem er die Verwirklichung seiner politischen Ideale näher rücken sah«. Dicht daneben aber, in der dritten Spalte, traf Ihr Blick die Bemerkung, daß sich »die ältere Generation des Anteils erinnern wird, der ihm an der Gründung des ‚Konkordats' gebührte«. Ja, dieser Scharf war mehr, als die wärmsten Anhänger der »Lokalzugstudien« ahnten! Wenn diese aber den Nachruf genauer lesen, müssen sie entdecken, daß das politische Wirken Alexander Scharf's mit der Gründung des »Konkordats« nicht zusammenhängt und daß diese vielmehr mit der wirtschaftlichen Tätigkeit des Mannes, die sein Blatt eine »unerschrockene« nennt, verknüpft ist. Die zweite Stelle lautet nämlich vollständig: »Vierzig Jahre stand er an der Spitze der Wiener Zweigniederlassung der ‚North British', und die ältere Generation der Versicherungsmänner wird sich des Anteiles erinnern, der ihm an der Gründung des ‚Konkordats', des ersten großen Syndikats in Österreich, gebührte.« »Ernstes theoretisches Wissen«, meint die ‚Sonn- und Montagszeitung', habe die Voraussetzung für seinen praktischen Erfolg als Unternehmer bedeutet. Und verspricht, daß sie »die Tradition hoch halten« werde. Nennt man das jetzt »Tradition«? Es ist pietätvoll, die gute Schießwaffe, die so oft der Verwertung theoretischen Wissens gedient hat, nicht zum alten Eisen zu werfen.

Frager. Vor den scheinbar so verdienstvollen Belehrungen im »Fragekasten« des ‚Neuen Wiener Tagblatt' wird gewarnt. Ein Jurist greift den folgenden typischen Fall heraus: Auf eine Anfrage, wie ein

Mietvertrag zu stempeln sei, antwortet Schmock, der Allwisser: »nach Skala III, (das ist ½ % nebst Zuschlag). Richtig ist: nach Skala II (¼ % samt Zuschlag). Der Mann, der den Frager und vielleicht noch Mitleser geschädigt hat, schöpfte seine Wissenschaft aus einem Gratis-Kaffeehaus-Neujahrskalender, in dem gewohnheitsmäßig an der Spitze der abgedruckten Skala-Tabellen ein Unsinn steht. Aus dem Krakauer Kalender hätte er sich korrekt informieren können.

Habitué. Das ‚Deutsche Volksblatt' schreibt: »Seit jenem Tage, an welchem der beliebte Komiker des Jantsch-Theaters Herr Josef Petza zum erstenmal die weltbedeutenden Bretter betreten hatte, ist ein volles **V i e r t e l j a h r h u n d e r t   i n   d a s   M e e r   d e r   E w i g k e i t   g e s u n k e n.**« Das ist nicht wahr. Seitdem Herr Petza Schauspieler geworden ist, sind **2 5   J a h r e   v e r g a n g e n.** Herr Petza ist ein ganz braver Possenspieler guter Wiener Vorstadtschule. Aber das Meer der Ewigkeit hätte höchstens mit einem Jubiläum der Wolter etwas zu tun gehabt. Nur keine Übertreibungen! Mir war's schon zuviel, als Herr Dr. Weiskirchner dem sechzigjährigen Bürgermeister Lueger versicherte, »sein Name übertöne das Rauschen der Jahrhunderte«. Und Herr Dr. Lueger übt doch in seiner bretterbedeutenden Welt noch größere Zugkraft als Herr Petza.

Kinderfreund. In einem Wiener Theater — Direktion Gabor Steiner, Oberregie Tuschl — ist jetzt allnächtlich ein merkwürdiges Schauspiel zu sehen. Halbzwölf Uhr. Auf der Szene wird »Wien bei Nacht« produziert, wie es lebt und lacht und der Welt eine Haxen ausreißt. Die Komtesse »draht« — das Wort ist ekelhafter als die Tat — mit ihrem Kammerdiener. Dagegen ist nichts einzuwenden. Maxim-Stimmung, in der dem Wiener »alles ans« ist, sogar, daß sich darauf »harbe Tanz« reimt. Plötzlich geht ein Schauer der Andacht durch das Haus. Der alte Guschelbauer — er selbst — steht auf der Bühne und singt den »alten Drahrer«. Aber eine tüchtige Regie sorgt für Kontraste. Vier Ammen treten auf, tragen vier Säuglinge im Arm, wickeln sie los, und plötzlich tanzen vier halbnackte Kinder vor den Augen entzückter Zuschauer. Halbzwölf Uhr. Maximstimmung. Rauch und Lärm. Früh übt sich, was ein alter Drahrer werden will, und offenbar sind es jene »Kinder«, denen zugerufen wird: »Wer kein Geld hat, bleibt zu Haus!« Der diensthabende Polizeikommissär sieht's mit Wohlgefallen. Herr Gabor Steiner ist ja ein geschickter Kenner des Wiener Herzens und Herr Tuschl ein tüchtiger Regisseur. Aber der Franz Josefs-Orden ist nicht die geeignete Belohnung für den Miß-brauch von Kindern, und der »Salon Tuschl« ward seinerzeit ausgehoben.

Mürzzuschlagerin. Das ‚Deutsche Volksblatt' — siehe die Nummer vom 13. November — kommt darüber hinweg. Darüber, daß Frau v. Hervay, »die legitime und illegitime Gesponsin **m e h r e r e r   M ä n n e r**«, sich für eine »virgo« ausgab. Und ein paar Zeilen tiefer wird sie eine Frau genannt, »**d i e   d i e   M ä n n e r   w i e   d i e   H e m d e n   w e c h s e l t**«. Die Geschichte wird wirklich immer rätsel-hafter. Wenn wenigstens die Frage gelöst wäre, wie oft im Leben die Frauen, die dem ‚Deutschen Volksblatt' als Muster deutscher Sitte vorschweben, die Hemden wechseln!

DIE FACKEL

| NR. 170 | WIEN, 7. DEZEMBER 1904 | VI. JAHR |

Offener Brief
an Herrn Landtagsabgeordneten Pater Bauchinger.*)

Es ist mir dieser Tage anonym das stenographische Protokoll der Sitzung des n.-ö. Landtags vom 3. November 1904 zugesendet worden, in dem Stellen Ihrer, über die Behandlung der Armen und Elenden, der Waisen und verlassenen Kinder, gehaltenen Rede, wahrscheinlich zu dem Zwecke angestrichen waren, um mir die duftenden Blüten Ihres Geistes und Herzens unter die Nase zu reiben.

Ich sehe mich nun leider genötigt, auf diese Ihre Rede gebührend zu antworten.

Was die von Ihnen urbi et orbi proklamierten Anschauungen über die nach Ihrer Meinung viel zu

---

*) Anm. des Herausgebers: Joseph Schöffel hat meine Bitte um Überlassung eines Kapitels seines Memoirenwerkes, das ich dem Abschluß nahe wähnte, mit dem folgenden Schreiben beantwortet: »Das, was Sie wünschen, kann ich Ihnen leider nicht senden. Ich arbeite oft Tage und Wochen lang, wenn ich von übler Laune und Ekel über die herrschenden Verhältnisse befallen werde, nichts. Ob und wann die Arbeit fertig wird, weiß Gott! Vielleicht fliegt sie früher in den Ofen. Dafür hat mir der Zufall gleichzeitig mit Ihrem Schreiben ein stenographisches Protokoll der Landtagssitzung vom 3. November ins Haus geweht, in welcher sich P. Bauchinger über Armenpflege und über das Hyrtl'sche Waisenhaus ausgelassen hat. Ich benütze nun die Gelegenheit, um Ihnen diese Epistel zu senden... In der moralisch pestgeschwängerten Sumpfluft, in der wir leben, wirken Ihre Publikationen in der ‚Fackel‘ wahrhaft erfrischend. Sie erinnern mich lebhaft an Kürnberger! Machen Sie sich einmal über die politischen Räuberbanden und ihre Häuptlinge her. Wenn jemand heute imstande ist, diese Flibustier zu geißeln, sind Sie es!«

zarte Behandlung der Armen in den Armenhäusern anlangt, so überlasse ich das Urteil über solch' christliche Denkungsweise Ihren geistlichen Oberen, welche, wenn sie Ihnen auch nicht ein menschliches Gefühl für die Leiden der Armut einzuimpfen vermögen, Sie doch verhalten dürften, Ihrer Zunge Zügel anzulegen, um so wenigstens zu verhindern, daß ein Sozialdemokrat einen katholischen Priester über die Grundsätze der Lehre Christi belehre, wie dies, nach dem stenographischen Protokoll, in öffentlicher Landtagssitzung geschehen ist.

Dieser Umstand allein hätte mich jedoch gewiß nicht veranlaßt, mich mit Ihrer Person, Ihrem Tun und Lassen zu beschäftigen, wenn Sie nicht aus Ihrem giftgeschwollenen Herzen Gift auf die von Hyrtl und mir geschaffene Waisenanstalt und auf die in dieser Anstalt erzogenen Waisenkinder gespien hätten.

Sie haben sich nämlich nach dem stenographischen Protokoll über das unter meiner Leitung stehende Waisenhaus, das Sie zwar nicht benannt, aber unzweideutig gekennzeichnet haben, wie folgt geäußert: »Für die Zöglinge, für welche wir die Überschüsse der kumulativen Waisenkassen verwenden, geben wir pro Kopf und Jahr über 500 Kronen aus und was wird schließlich aus diesen Kindern? Sie kommen nicht zurück zu dem Berufe, für den sie geboren und erschaffen sind, und sie werden erzogen weit über ihren Beruf und Stand hinaus. Die Folge davon ist: Sie verlassen das Waisenhaus mit Prätensionen und Ansprüchen, denen niemals entsprochen werden kann, sie treten vom Waisenhause in den Dienst, in die Lehre, wo immer hin, sie sind bei keinem Meister, bei keiner Frau zufrieden, weil es ihnen bei keinem Meister und bei keiner Frau so gut gehen kann wie im Waisenhause. Infolge dessen wird die Unzufriedenheit in diesen jungen Leuten großgezogen und durch die übertrie-

bene Humanität (Abgeordneter Gregorig: Stimmt!),
die gerade im Waisenhause vielfach geübt wird, wird
das Kind statt glücklich nur unglücklich werden.
Ich habe an Mädchen, die aus dem Waisenhause
gekommen sind, aber in keinem Dienst zufrieden
waren, erfahren, daß sie sich der Prostitution in
die Arme geworfen haben und für die Gesellschaft
verloren waren.«

Wie Ihnen vielleicht erinnerlich ist, habe ich
allein die Zuwendung der Überschüsse der kumulativen Waisenkassen zur Pflege und Erziehung
armer Waisen und verlassener Kinder nach jahre-
langen Kämpfen endlich mit Hilfe des Ministerpräsidenten v. Koerber und des Justizministers Baron
Spens-Boden durchgesetzt. Die Hälfte. der auf das
Land Niederösterreich entfallenen Überschüsse wurde
auf meine Veranlassung der Gemeinde Wien,
trotzdem sie keine kumulativen Waisenkassen hat,
zur Pflege ihrer armen Waisen zugewiesen, die andere Hälfte aber zur Kreierung von 300 Stiftplätzen
im Hyrtl'schen Waisenhaus für die gesetzliche Dauer
der Überweisung dieser Überschüsse an die einzelnen
Länder, d. i. bis zum Jahre 1910 bestimmt. — Nach
Ablauf dieser gesetzlichen Frist dürfte der Staat,
wie mir von den Gegnern der Zuweisung dieser
Überschüsse sarkastisch mitgeteilt wurde, angesichts
der im Landtag zum Ausdruck gebrachten ganz
sonderbaren Anschauungen über Humanität, die Ver-
gebung von Stiftplätzen aus den disponiblen Über-
schüssen der vom Staate verwalteten kumulativen
Waisenkassen selbst in die Hand nehmen, was ihm,
gegenüber den eingetretenen höchst bedauerlichen,
niemals geahnten Verhältnissen gewiß Niemand verwehren kann.

Sie klagen darüber, »daß durch die reichliche
Bemessung der Stiftplätze mit 500 Kronen per Kopf
und Jahr (tatsächlich 570 Kronen) die Waisen nicht
zu dem Berufe, zu dem sie geboren und erschaffen

sind, zurückkehren, sondern weit über ihren Beruf
hinaus erzogen werden.« Sagen Sie mir nun, hoch-
würdiger Herr, ohne reservatio mentalis: Ist Ihre
Wiege in einem Grafenschloß, in einem Palast, in
einer reichen Bürgerwohnung oder vielleicht in einer
armen Hütte gestanden? Ist Ihnen an der Wiege
gesungen worden, daß Sie geboren und erschaffen
sind, um zu studieren, dann in ein Redemptoristen-
kloster einzutreten, dort die feierlichen Gelübde der
Armut, der Keuschheit und des Gehorsams abzu-
legen, dann diese feierlichen Gelübde an den Nagel
zu hängen, sich durch die Gnade eines Bischofs zum
Pfarrer ernennen zu lassen, um zuletzt, Ihrer Verdienste als geschickter politischer Agitator wegen, in
den Landtag gewählt zu werden? Wenn Sie in der
Hütte der Armut geboren sind, wer war denn, nach
Ihrer Ansicht, der tolle Humanitätsfex, der Sie dem
Stande und dem Beruf, zu dem Sie geboren und erschaffen wurden, entrissen und zu dem gemacht hat,
was Sie sind? Oder war das vielleicht das Werk der
göttlichen Vorsehung? Ich glaube es nicht, denn
dann hätte sich die göttliche Vorsehung mit Ihnen
gewaltig vergriffen!

Die erhabenste und herrlichste Einrichtung der
katholischen Kirche ist, daß sie die Kinder des Elends
nicht von den höchsten Würden der Kirche ausschließt, so daß selbst der Sohn des Bettlers Papst-
könig werden kann. Dieses demokratische Prinzip
hat die katholische Kirche stets gewahrt und hoch-
gehalten, und sie zählt heute noch unter ihren Bischöfen,
Erzbischöfen, Äbten u. dgl. eine große Menge, deren
Eltern arme Bauern oder Handwerker waren, ja die
selbst in Waisenhäusern erzogen worden sind. Nur
Sie allein, Sie als katholischer Priester wagen es,
dieses Prinzip, das einen Grundpfeiler der katholischen Kirche bildet, anzugreifen, indem Sie behaupten, daß die Kinder der Armen zur Knechtschaft geboren und erschaffen sind und deshalb in

Armut und Knechtschaft bis zu ihrem Lebensende zu verbleiben haben.

Um Ihnen noch mehr Gründe zu Ihrer Entrüstung über den Frevel zu liefern, daß arme Waisenkinder über ihren Stand und Beruf, zu dem sie geboren sind, erzogen werden, teile ich Ihnen mit, daß ich gemäß den Weisungen des verewigten Stifters des Waisenhauses, Josef H y r t l, der selbst der Sohn armer Eltern war und als Stiftling erzogen wurde, die begabtesten der mir anvertrauten Waisen das Gymnasium besuchen lasse, daß einer darunter bereits mit Vorzug maturiert hat, daß fünf bereits als Lehrer angestellt sind, einer Kompositeur ist und sehr viele meiner Zöglinge sich in fixen, gut dotierten Stellungen befinden. Sie werden sich darüber die Haare ausreißen und so das Mistbeet, aus dem so schöne humanitäre Gedanken sprießen, gefährden. Nehmen Sie weiter zur Kenntnis, daß auch das Gesetz über die Verwendung der Überschüsse der kumulativen Waisenkassen bestimmt, daß zum Zwecke der höheren Ausbildung geistig begabter Waisen dieselben bis zum vollendeten 18. Lebensjahre im Waisenhause verpflegt werden können. Dieses Gesetz stammt nicht von mir, es ist das Werk der Regierung, und Sie haben nun Gelegenheit, auch die Herren von Koerber und Baron Spens-Boden mit dem Kot, in dem Sie wühlen, zu bewerfen.

Sie behaupteten weiter — und a biß'l a Lug muß überall dabei sein —, »daß die Kinder, welche vom Waisenhause in den Dienst, in die Lehre oder wo immer hin treten, bei keinem Meister, bei keiner Frau zufrieden sind, weil es ihnen bei keinem Meister und bei keiner Frau so gut gehen kann, wie im Waisenhaus.« Im Hyrtl'schen Waisenhaus wurden ganz verwaiste arme Kinder aufgenommen, welche in der Armenpflege, die sie genossen und die Sie als viel zu zart erklärten, mit den Schweinen ums Futter kämpfen mußten und die infolge dieser üppigen Verpflegung im Wachstum und in der Entwicklung so zurückgeblieben sind, daß sie im Alter von fünfzehn Jahren wie Kinder unter sechs Jahren aussehen. Das Waisenhaus kann ferner einen Knaben im Alter von vierzehn Jahren, dessen beide Füße erfroren und gelähmt sind, einen anderen, dessen linker im Oberschenkel gebrochener Fuß im rechten Winkel angewachsen ist, so daß er sich nur auf dem Gesäß weiterbewegen konnte, und endlich zwei Mädchen, die an Knochenfraß erkrankt an das Waisenhaus abgegeben wurden und nun seit zwei Jahren im Krankenzimmer ein wahres Martyrium durchmachen, Ihnen als Muster vorführen, wie zart diese armen Kinder behandelt wurden. Alle diese Kinder behält das Waisenhaus als supernumerär in Pflege, verwendet sie zu Arbeiten, die sie leisten können, denn kein Meister, keine Frau würde diese Krüppel übernehmen, — sie müßten in irgend einem Winkel nächst dem Saustall, wo sie ihr Futter holten, verenden! Das wäre nach Ihrer Ansicht recht, denn dazu wurden sie ja geboren und erschaffen, nicht aber dazu, daß sie den Satten — dazu gehören vor allen anderen Sie, der Sie einst das Gelübde der Armut abgelegt haben — zur Last fallen.

Im Hyrtl'schen Waisenhause werden die Kinder, wie dies anderwärts üblich ist und wie Sie es wünschen, nicht nach vollendetem 14. Lebensjahre einfach vor die Türe gesetzt und dem erstbesten Meister oder Bauern, der sie vom Markte wie die Kälber holt, als Haussklaven überliefert. Nein! Im Hyrtlschen Waisenhaus werden die Kinder nur durchaus vertrauenswürdigen Arbeitgebern mittelst Lehr- oder Dienstvertrags übergeben, vom Haus aus überwacht, und es wird strenge darauf gesehen, daß sie als Menschen behandelt und nicht als Nutz- und Lasttiere geschunden werden! Ich bin eben kein Sklavenhändler, kein Lieferant von Menschenfleisch und Menschenseelen. Ich liefere Ihnen und den Leuten, die Sie gewählt haben, den Leuten Ihrer Gesinnung keine Menschenware! Ich könnte das vor dem Richter stuhl Gottes nicht verantworten, ebensowenig wie Si einst Ihre Herzenshärte vor dem Richterstuhl des Ewigen und Gerechten, trotz Beichte und Absolution werden verantworten können! Das Hyrtl'sche Waisen- haus dient nach dem Willen des Stifters nicht bloß zur Pflege und Erziehung der darin untergebrachten Waisen, sondern es dient auch allen daraus ent- lassenen Zöglingen als Vaterhaus, in dem sie im Falle der Arbeitslosigkeit und der Not Obdach, Nahrung und Arbeit finden. Von den hunderten meiner Zöglinge ist noch keiner verunglückt, keiner moralisch oder physisch zugrunde gegangen. Sie hängen alle auch mit Liebe an dem Hause, das ihr Heim geworden ist, und besuchen es noch nach Jahren, so oft sich ihnen die Gelegenheit bietet, mit Freude und dankerfülltem Herzen!

Sie haben sich weiter unterfangen zu sagen: »Ich habe an Mädchen, die aus dem Waisen- hause gekommen sind, aber in keinem Dienst zu- frieden waren, erfahren, daß sie sich der Prostitution in die Arme geworfen haben und für die Gesellschaft verloren sind.« Nennen Sie mir doch, wenn Sie das alles nicht frech erfunden haben, eines dieser Mädchen, »an« denen Sie, wie Sie sagen, erfahren haben, daß sie Prostituierte sind! Nennen Sie mir eines dieser Waisen-Mädchen, — die, nebenbei gesagt, von Schwestern des III. Ordens des heiligen Franziskus im Waisenhaus erzogen werden! Kommen Sie mir aber nicht mit giftigem Weibertratsch über geschlecht- liche Sünden und Verirrungen, die Ihre Phantasie erfüllen, die Sie nicht nachweisen können und über die zu urteilen Sie am allerwenigsten berufen sind!

Es ist vorgekommen, daß Weiber unter der Maske der Frömmigkeit und christlichen Barmherzig- keit, unter der Angabe, Waisen an Kindesstatt anzu- nehmen, Mädchen aus dem Waisenhause herausnahmen, um sie dann als Dienstboten ohne Lohn auszunützen und zu mißhandeln. Ich habe diese Mädchen der Sklaverei, in die sie geraten waren, entrissen und in der Folge jede dieser Megären, die sich um Annahme von Waisenmädchen an Kindesstatt beworben haben, vor die Türe werfen lassen! Jedes Waisenmädchen darf aus dem Waisenhause erst, wenn sie nähen, kochen und waschen gelernt hat, mit Dienstvertrag und gegen entsprechenden Lohn in Dienst treten. Die Schwestern sind verpflichtet darüber zu wachen, daß nicht nur ihre ehemaligen Zöglinge, sondern auch deren Dienstgeber ihren Pflichten nachkommen. Es ist auch vorgekommen, daß Mütter ihre Töchter, die im Waisenhaus erzogen und herangewachsen waren, reklamierten, um sie zu verkaufen und aus dem Erlös ihrer Prostituierung zu leben, was jedesmal mit Hilfe der Obervormundschaftsbehörden vereitelt wurde. Von einer Prostituierten, die im Hyrtl'schen Waisenhause erzogen wurde, weiß ich nichts!

Entweder hat also der Teufel, der von Ihrem Herzen Besitz genommen hat, Ihnen derartige Schandmärchen zugeflüstert, oder Sie haben Ihre Informationen von dem Gezücht eingeholt, daß ich soeben beschrieben. Es muß selbst Ihren Parteigenossen im Landtag vor Ihren Expectorationen gegraust haben; denn zugestimmt hat Ihnen, wie das stenographische Protokoll nachweist, trotz der eisernen Parteidisziplin, Niemand, außer Herrn Gregorig, der nicht mehr in der Partei steht.

Ich wollte Sie anfangs, in meiner Eigenschaft als Kurator des Waisenhauses, wegen der frivolen Beschimpfung der Anstalt und der mir anvertrauten Waisen gerichtlich belangen. Ich unterlasse es; denn Sie sind immun, daher wie jedes Kind, wie jeder Idiot für das, was Sie sprechen, nicht verantwortlich!

Der Frost des Alters hat mein Temperament nicht abgekühlt. meinen Geist nicht getrübt, ich bin nicht immun und deshalb für das, was ich schreibe und spreche, v e r a n t w o r t l i c h!

Mödling, Ende November 1904.

S c h ö f f e l.

Der längst als Abschaum der Wiener Advokatie bekannte Herr Otto Frischauer ist in dieser Eigenschaft nunmehr auch vom Bezirksgericht Josefstadt bestätigt worden. Aber so ungeheuerlich wie seine Taten, wie die Langmut der Advokatenkammer, die die Schmach verschuldet hat, daß die gerichtliche Stigmatisierung einen noch aktiven Angehörigen des Standes treffen konnte, so verblüffend ist das Nachspiel, das dem Gerichtstag folgte. Der Richter empfing den Reporter eines Antisemitenblatts und gab ihm eine ausführliche Urteilsbegründung, die am andern Tag an Stelle des Leitartikels prangte. Der Richter besprach die Chancen, die der Angeklagte vor der Berufungsinstanz habe, erörterte die Kraft der Beweismittel, kritisierte die Zeugenaussagen, griff den Angeklagten an, erwog die Verpflichtung des Disziplinarrats und der Anklagebehörde, weitere Schritte einzuleiten, und sagte schließlich zu dem Reporter: »Ich ermächtige Sie, hievon auch der Staatsanwaltschaft Mitteilung zu machen«. Der Richter rechtfertigte sich vor dem Reporter wegen der scheinbaren Milde des Urteils: »Ich finde das nun nicht. Ja, ich hätte ihm auch sechs Monate geben können, aber es schien mir, als würde ich da auch die Erpressung mitbestrafen, und über die hatte ich nicht zu richten... Schon während der Verhandlung habe ich aus dem Zuschauerraum den Ruf gehört: Der verdient ja ein

Jahr! Man könnte ja das Gefühl haben, daß er nicht ein, daß er mehrere Jahre verdient, daß er recht lange eingesperrt gehört, aber wie gesagt, ich hatte lediglich über die Ehrenbeleidigung zu entscheiden. Für mich blieb also nur die Überlegung zwischen einem oder zwei Monaten. Nur mit Rücksicht auf seine Familie — ich habe ja in den Gründen erklärt, daß gar kein Milderungsgrund vorliegt — habe ich ihn nur zu einem Monate verurteilt, dafür lasse ich ihn aber viermal fasten.‹ Hochinteressant ist auch die Meinung des Richters über die Wirkung der Strafe: ›Mir würde schon die Tatsache, auch nur auf 24 Stunden in den Arrest geschickt zu werden, zusammen mit den Vagabunden und dergleichen, genügen, um mir eine Kugel in den Kopf zu schießen. So diffamierend kommt mir das vor. Bei Redakteuren‹, fügte er gewissermaßen entschuldigend hinzu, ‚die wegen politischer Geschichten eventuell auch eingesperrt werden können, liegen die Verhältnisse ja ganz anders, da wird beim Strafvollzuge eben Rücksicht genommen. Aber bei ‚diesem Herrn‘ habe ich gar keine Veranlassung, in den Strafvollzug einzugreifen. Wenn das Urteil rechtskräftig ist, wird er so behandelt wie jeder andere Sträfling‘‹. Für wie verbrecherisch oder irrsinnig muß also dieser Richter selbst die ganze Straferei halten, wenn er die Remedur für die geringste Übertretung als entehrend und die Todesstrafe als die notwendige Ehrenfolge einer Verurteilung zu 24 Stunden ansieht! Natürlich nicht bei Redakteuren, die, auch wenn sie abgestraft sind, nicht gegen sich selbst, sondern immer bloß gegen Andere den Revolver kehren sollen... ›Wir kamen dann‹, erzählt der Reporter gemütlich, ›auch auf die Psychologie des Prozesses Frischauer zu sprechen.‹ Der Richter sagte: ›Wenn man, wie ich, den Dr. Frischauer jahrelang kennt und seine Manier, bei Gericht aufzutreten, hat man ihn gestern nicht wieder erkannt. Zuerst hat er ja noch seine gewohnten Manöver versucht, wie aber die Wlodzimirska die Geschichte mit dem Kontrakte vorgebracht hat, da ist er totenblaß geworden, hat die Zähne aufeinandergebissen und der Schweiß ist ihm auf die Stirn getreten. Und dann sein Plaidoyer. Das hat einen jämmerlichen Eindruck gemacht. Man hat gesehen, er ringt förmlich mit den Worten. Nur durch sein altes Schreien hat er sich aufrechterhalten. Ich hätte ihm ja auch das verbieten können, aber ich hatte das Gefühl, daß er dann einfach kein Wort mehr herausbringt, daß er zusammenbricht. Er muß es ja selber gewußt haben, daß er jetzt fertig ist.« All dies war im Morgenblatt der ‚Deutschen Zeitung‘ vom 3. November zu lesen. »Ebenso freundlich und entgegenkommend wie der Empfang und der Verlauf der Unterredung vollzog sich auch der Abschied«... Der Richter, der der Welt dies Schauspiel geboten haben soll, ist der Landesgerichtsrat v. Heidt. Das Muster peinlicher Korrektheit, so gerecht wie gescheidt, so ehrenhaft wie als Preßrichter furchtlos und keiner Anbiederung fähig an die in den Korridoren des Landesgerichts lungernden, von manch einem Kollegen verwöhnten Weltbeherrscher. Es ist unglaublich. Und während ich diese Zeilen schreibe, wird es gewiß amtlich dementiert. Selbst preßdevote Richter verbreiten ja bereits, daß Vertrauensmißbrauch und Entstellung vorliege. Selbst sie finden den Zustand unerträglich, daß im Wiener Landesgericht die Instanz, die den Verkehr zwischen Staatsanwaltschaft und Gericht vermittelt, ein Zeitungsreporter ist, daß ein Interview gleichsam die nachträgliche Urteilsberatung des Einzelrichters darstellen soll. Wird jetzt auch amtlich der Autoritätsschaden, der durch die Buhlschaft der Gerechtigkeit mit einem Redakteur entstanden ist, repariert, so mag der Vorfall zwei gute Lehren zeitigen. Die, daß ein Richter, dessen Ehrgefühl private Entrüstung und private Äußerung über die Korruption, die ein

Gerichtsfall enthüllte, nicht verwehrt werden kann, nie und nimmer glauben darf, daß man mit einem Journalisten »privat« spreche; und die, daß man überhaupt nicht mit einem Journalisten zu sprechen hat.

．．．

In der ‚Neuen Freien Presse‘ war am 30. November zu lesen:

»[Selbstmord eines Offiziers.] Heute gegen 1 Uhr mittags hat sich der 27jährige Oberlieutenant des in Prag stationierten Infanterie-Regiments Nr. 11 Emil K., der als Frequentant der Kriegsschule hier lebte, in seiner Wohnung in der Mariahilferstraße aus einem Armeerevolver eine Kugel in die rechte Schläfe gejagt. Ärzte der Freiwilligen Rettungsgesellschaft wurden berufen, konnten aber nur mehr den Eintritt des Todes feststellen. Der junge Offizier war erst jüngst zum Oberlieutenant befördert worden. Das Motiv der Tat ist nicht bekannt.«

Die folgende Zuschrift hatte ich am 10. November erhalten:

Gestatten Sie, daß ein alter Offizier Zuflucht zu einem Vertreter des Rechtes vor der Öffentlichkeit nimmt.

Durch meinen regen Verkehr und innigen Kontakt mit den Offizieren der Kriegsschule, und zwar sowohl mit deren Lehrern als auch deren Frequentanten, habe ich Einblick in eine Methode gewonnen, der soeben wieder sechs junge Offiziere geopfert worden sind. Am 7. November vormittags wurde den Herren von dem Kommandanten der Kriegsschule bekanntgegeben, daß sie auf Verordnung des Ministeriums zu ihren Regimentern einzurücken haben. Dies die nackte Tatsache. Den armen Opfern der Fehme wurde keine Ursache ihres Hinausgestoßenwerdens mitgeteilt, und leider verlangte auch keiner von den bis ins tiefste Herz und Ehrgefühl verwundeten Offizieren eine Motivierung. In liebenswürdiger Weise gab ihnen der Kommandant der Schule, Generalmajor Cvitković, die Worte mit auf den Weg: »Nehmen Sie die Versicherung mit hinaus, daß Sie in der Anstalt entsprochen haben; aber das Ministerium hat Ihre Ausschließung

angeordnet.« Weitere von Seite des Kommandanten gefallene
Worte, wie: »Die Truppe schreit nach Offizieren« brachten keine
Beruhigung in die aufgeregten Gemüter der so schwer getroffenen
Offiziere. In wenigen Sekunden durchblätterten die Herren ihre
Vergangenheit, um eine Verfehlung zu entdecken, die diese schwere
Strafe verdient hätte. Vergebens. Flucht vor allen Mitmenschen
und Kameraden — das waren die ersten Gedanken. Aber auch das
Selbstmordgespenst tritt an die ehrgeizigen Offiziere heran,
und wer weiß, ob es nicht Opfer findet.

Den Offizier, dem täglich seine vorzügliche Beschreibung
als weiterer Ansporn vor Augen geführt wird, der mit zwei
schweren Prüfungen und einem an Arbeit und Entbehrungen
reichen Jahre glücklich in den zweiten Jahrgang gekommen ist,
der täglich ernsthaft und ehrlich arbeitend sich wenigstens das
beneficium, seinerzeit keine Stabsoffiziersprüfung ablegen zu müssen,
erringen will, dem durchquert man plötzlich ohne Bekanntgabe
einer Ursache seine Bahn und läßt ihn an sich selbst verzweifeln.
In der Furcht, mit Zurückhaltung und anderen unangenehmen
Äußerungen des Mißtrauens von seinem Truppenkörper empfangen
zu werden, scheut er sich, der unmöglich Gemachte, einzurücken.

Die Motivierung: »um zu kalmieren«, d. h. damit nach
beendetem zweiten Jahrgang nicht so viele Unzufriedene (wegen
nicht erfolgter Zuteilung zum Generalstabsdienst) vorhanden sind,
ist wohl nicht berechtigt, denn sonst müßten wenigstens 50 Offiziere des zweiten Jahrganges entfernt werden, damit die übrigen
alle zugeteilt werden können; auch steht sie ja in Widerspruch
mit den Intentionen des Schulkommandanten, der immer wieder
darauf hinweist, daß die Kriegsschule nicht nur zur Heranbildung des Generalstabes, sondern auch dazu bestimmt ist,
das geistige Niveau und den Bildungsgrad des Offiziers überhaupt zu heben.

Nun aber die Wirkung der Maßregel. Mehr als 90% der
Entfernten suchen sich ein anderes Brot, denn sie sind unter den
Kameraden und in der Gesellschaft unmöglich gemacht, Lust und
Liebe zum Dienst sind untergraben. Es dienen ja, aufrichtig
gesagt, nicht allzuviele Offiziere der Ehre, sondern die meisten
des lieben Brotes wegen. Der ohnehin in Folge ungünstiger Verhältnisse sehr schwache Andrang zum Berufsoffizierskorps wird

hiedurch noch gemindert. Die Unzufriedenheit steigert sich, und nicht in letzter Linie dringt der Radikalismus, und zwar nicht der beste, in die Offizierskreise, in den Stand, dem jede menschliche und politische Regung versagt sein soll.

Daß all dies nicht zur Hebung des Offizierskorps, zur Erhaltung der Liebe zum Berufe beitragen kann, ist sicher leicht einzusehen. Auch die Erziehung und Heranbildung des Offiziers, sowie seine Achtung vor den Vorgesetzten und Höheren kann auf diese Art nicht vorteilhaft beeinflußt werden.

Vielleicht gelingt es auch dieser Wahrheit, durch Ihr geschätztes Blatt den richtigen Weg zu den leitenden Persönlichkeiten zu finden, die wohl über die geschilderten Verhältnisse nicht orientiert sind und nur zu oft vergessen, daß auch unter dem färbigen Rock ein Menschenherz schlägt, — deren Absicht es aber doch nicht sein kann, unzufriedene Elemente in der Armee zu erziehen.

Mit vorzüglicher Hochachtung und ergebenstem Danke

ein alter dekorierter Offizier.

. . .

Avis für Fremde!

Es ist schon von anderer Seite betont worden, daß für die Fremden jetzt in Wien sehr viel geschieht: Maxim, Brady, Süßes Mädel — und am Vormittag, wenn man ausgeschlafen ist, kann man den Ministerpräsidenten besichtigen. Das Entrée besteht nur in der Verpflichtung, ihn zu loben. Seine Energie, seine leidenschaftslose Beharrlichkeit (alles echt), seine »feste, erprobte Stahlgestalt«, sein »gewinnendes Lächeln«, ja sogar, wenn man sehr bereitwillig ist, seinen »Humor«. Herr Holger Drachmann, »der Poet aus dem Norden«, tat es. Man führte ihn in das Arbeitszimmer des Herrn v. Koerber, halb zog dieser ihn, halb sank er hin, und ward nicht mehr geseh'n. Er war ganz in Herrn v. Koerber hineingekrochen und kam erst wieder am darauffolgenden Sonntag im Leitartikel des ‚Fremdenblatt‘ zum Vorschein.

Bezeichnend genug, daß das Interview in dem Organ der Fremden erschienen ist. So fremd stand noch niemand dem österreichischen Ministerpräsidenten gegenüber wie dieser grundgütige Märchenerzähler, der davon überzeugt ist, daß bloß im Staate Dänemark etwas faul sein kann ... Herrn Koerber's Preßbureau arbeitet ganz geschickt. Die Rehabilitierung Österreichs durch ahnungslose Ausländer macht sich in der Tat nicht schlecht. Freilich, Herr Harden, der sogleich heraus hatte, daß Herr v. Koerber die größte Intelligenz im ganzen Parlament sei, sprach sein unbeeinflußtes Vorurteil aus. Seine Reichsverdrossenheit verwandelt sich sofort in rosigste Laune, wenn er auf österreichische Verhältnisse zu sprechen kommt, und sogar der Misthaufen der Wiener Presse imponiert ihm mehr als der der landsmännischen Publizistik. Aber Holger Drachmann glaubt nicht nur, was er selbst sagt, sondern auch, was ihm andere sagen. Seit der Mann in Wien weilt, schmeckt hier alles süßer. Aber sicher wäre er kein so großer Dichter, wenn er nicht Holger Drachmann, sondern etwa Heinrich Müller hieße. Wirklich einer, der nicht seiner Bedeutung seinen Namen, sondern seinem Namen seine Bedeutung verdankt!

* * *

Aus Briefen der Frau von Hervay.

Leoben, den 15. November 1904.

».....Zum ersten Male habe ich seit langen, bangen Monaten gelacht. Herr Doktor Obermayer brachte mir das Heftchen noch spät am Abend gestern. Wenn Sie nur auch den folgenden komischen Vorfall gewußt hätten: Als der Staatsanwalt für eine ,angemessene' Kaution stimmte, 'sagte ich zu meinem Verteidiger: ,timeo danaos et dona ferentes', worauf einer der Herren des hohen Gerichtshofes meinte, ich solle nicht russisch sprechen, warum ich überhaupt verheimlicht habe, daß ich auch russisch spreche. Meine Antwort war: ,Weil ich fürchtete, dann auch wegen nicht erwiesener nihilistischer Umtriebe zu lebenslänglichem Kerker oder zum Strang verurteilt zu werden.' ...... Alles, was zu meiner Entlastung beitragen mußte, wurde sorgsam ausgeschieden, z. B. die Aussage meines Kammermädchens, welches beinahe zwölf Jahre in meinem Dienste stand und kurz vor der Verhandlung von meiner Schwiegermutter engagiert worden ist . . . . . Daß Herr v. Bartel ausgesagt hat, ein rein freundschaftliches Verhältnis habe nur bestanden, ist stillschweigend übergangen worden. Der Hausdiener Sommer aber hat d u r c h s F e n s t e r die Vorgänge in meinem Zimmer, das i m z w e i t e n S t o c k war, gesehen. Dafür sind Widmungen auf Bildern von meines Mannes Hand, die klar beweisen, daß er Alles gewußt hat, n i c h t verlesen worden . . . . . .«

Leoben, den 26. November 1904.

»Gestern Abend machte mich Herr Doktor Obermayer darauf aufmerksam, daß Sie, sehr geehrter Herr, schon früher in Ihrer ‚Fackel‘ einen . . . Artikel über meine Angelegenheit veröffentlicht haben. Darf ich so unbescheiden sein Sie um freundliche Zusendung des Heftes zu bitten? Ihre . . . Art, mit der Sie für das Recht eintreten, verdient vollste Bewunderung! . . . Ich bin von einem neuen, schweren Schicksalsschlage betroffen worden! Während ich im Gefängnisse war, hat der Anwalt der Familie Hervay, Dr. von Weinzierl, über das Vermögen meines Mannes den Konkurs eröffnen lassen. Mir ist von dem Dr. W. und meinem Manne versprochen worden, daß mir nicht nur die große Summe, die ich für meinen armen Mann gab, ersetzt, sondern daß auch für mich gesorgt werden sollte. Der Bruder meines Mannes, Oberleutnant v. H., gab mir sein Ehrenwort darauf. Ich habe keinen Heller bekommen, will ja auch nichts, aber denken Sie sich nur, man hat mir gestern meine restierenden Sachen gesandt und mir fehlt Alles, meine Leib- und Hauswäsche, ein kostbarer Federfächer, alle Nippessachen, die in meinem Zimmer standen, mein ·ganzes Silber — Alles hatte ich von m e i n e m Gelde bezahlt —, die Hochzeitsgeschenke, die ich von meinen Freundinnen erhalten habe; ja, nicht einmal die Bilder meines Mannes, welche mit Widmungen an mich, versehen waren, gab man mir! . . . Ich kann mich bei dieser Kälte nicht einmal warm anziehen! Eine solche Grausamkeit! Man hat uns gesagt, daß mein Silberzeug bei Hervay's sein soll. Herr v. Weinzierl hat ja alle Quittungen und hat unbegreiflicher Weise es nicht für nötig gefunden, mich zu fragen, was mein Eigentum ist, ehe er alle Sachen verkaufte, und hat h e u t e noch nicht einmal die Quittungen durchgesehen! Verstehen Sie, sehr geehrter Herr, eine solche Handlungsweise? Ich habe meinem Manne nie erlaubt, mir das kleinste Geschenk zu machen in Anbetracht der Verhältnisse; sie haben aber alle Geschenke, die ich meinem Manne machte, genommen.

Die Dokumente, unsere Heirat betreffend, hat man vernichtet, um mich wegen Bigamie anzeigen zu können, auf diese Weise hofften sie, meinen Mann zu retten. Erst einen Monat nach seinem Tode hat man mich von dieser Tatsache in Kenntnis gesetzt, ich nahm selbstverständlich zuerst alle Schuld auf mich; mein Leben war ja zerstört, so wollte ich seine Karriere retten!

Selbstverständlich haben Sie das Recht, von dem Gesagten unbeschränkten Gebrauch zu machen.

So habe ich also nicht nur mein kleines Vermögen, meinen Mann, mein Glück und die Gesundheit, nein, auch mein ganzes Hab und Gut verloren. Mein Gemüts- und Gesundheitszustand gestattet ein längeres Verweilen in diesem Klima hier, in der mich umgebenden entsetzlichen Einsamkeit, nicht. Ich werde nach Wien übersiedeln und sucht Herr Doktor Obermeyer in einer guten Familie gegen eine Entschädigung Aufnahme für mich. Gebe Gott, daß ich bald einen Broterwerb finde!«

Leoben, den 29. November 1904.

. . . . . . Ich glaube, Sie beurteilen meinen Mann falsch. Er hat sein Leben von sich geworfen, weil er, als er allein blieb in den Räumen, aus denen die Seele entfernt worden war, sich seiner ganzen Hilflosigkeit und Verlassenheit bewußt wurde; und dazu kam noch das quälende Gefühl, an mir ein kleines Unrecht begangen zu haben. Ich hätte anders gehandelt, nicht von seiner Seite wäre ich gewichen, ich wäre ihm in Not und Tod, ja selbst in die Schande gefolgt! Das Totschießen hätte ja immer noch Zeit gehabt . . . . . . Ich habe meine »vier Männer« ernährt. Der erste fälschte Wechsel, ich bezahlte sie und gab ihm mein letztes, damit er in Amerika ein neues Leben beginnen könne, — ich arbeitete für mein tägliches Brot. Der zweite (Lützow) verriet seinen Brotgeber bei der politischen Polizei und logierte seine Geliebte in unserer Wohnung ein; ich ging von ihm. Der dritte war schwer krank, ich war damals Krankenpflegerin, er sagte mir nicht, daß er mehreremale schon in Irrenanstalten gewesen war, er bat mich, ihn zu heiraten, um ihn allein zu pflegen. Natürlich tat ich es, dem inneren Drange folgend. Es war eine bittere Zeit, in einem Tobsuchtsanfalle warf er mich aus dem Fenster der ersten Etage, ich blieb mit gebrochenen Füßen unten liegen, er kam ins Irrenhaus, ich konnte ihm nicht mehr helfen, ich ging von ihm. Der vierte, Meurin, ließ sich am ersten Tage unserer Bekanntschaft Geld von mir geben, redete mir alles mögliche und unmögliche vor, ich war so müde, ich sehnte mich so grenzenlos nach einem bißchen Glück, nach einer Stelle, wo ich hingehörte, ach, immer nur vagieren, es ist so schrecklich traurig und so schwer für ein Weib! Ich verschaffte ihm eine Stellung, er schlug mich grauenhaft, wenn ich ihm kein Geld gab, ich bin auf der linken Seite taub infolge seiner Mißhandlungen. Dann verkaufte er ohne mein Wissen meine kostbare Einrichtung, schleppte mich nach Kamerun, wo er angeblich eine Plantage hatte, nahm mein Geld und ließ mich mittellos dort sitzen. Dann gab mir ein guter Mensch 3000 M. zur Rückkehr, mein Mann hatte eine schwere Tropenkrankheit bekommen, er flehte mich an (er hatte gehört, daß ich Geld erhalten hatte), ihn nach Europa mitzunehmen, er wolle sich bessern, ich solle ihn bei seinen Eltern sterben lassen. Ich brachte ihn zu seinen Eltern, ihn nahmen sie auf, ich stand auf der Straße, das Hohngelächter des Herrn Meurin schallt mir noch im Ohr! Zwischen den einzelnen Ehen machte ich weite Reisen, von jeher beseelte mich ein glühender Wissensdurst, ich lernte sehen, ich speicherte ein für eine Frau beträchtliches Wissen in mir auf, mein Horizont erweiterte sich; umso schwerer wurde es mir, mich in die Grenzen eines einengenden Verhältnisses zu begeben. In mir regten sich Gaben und Eigenschaften, die ich nicht verwerten konnte. Meine wachsende Menschenkenntnis ließ mich bald die Einsamkeit vorziehen . . . . . .

Ich hatte gar keinen Grund, mein trauriges Schicksal zu verheimlichen, ich tat es n u r auf meines Mannes Bitten und d a ich diese ewigen Fragereien haßte, band ich den Leuten etwas auf; wären sie nur ein bißchen ge-scheiter gewesen, sie hätten sich mit mir darüber amusiert . . . . . .

In Mürzzuschlag erregte es öffentliches Ärger-nis, daß ich lieber auf eine »gute Stube« verzichtete und mir dafür ein Badezimmer einrichten ließ . . . . . .

Man hat mir den Tod meines Mannes erst beinahe drei Wochen, glaube ich, später mitgeteilt, in dieser Zeit habe ich natürlich alle Schuld auf mich genommen, um meinen Mann zu retten, ich horchte auf jeden Schritt im Gefängnis, er mußte ja kommen. Er kam nicht! Aber ich gab alle meine Beweise fort, und alle sind ad acta gelegt worden. Ich bin keine Durchschnitts-frau. Aber die Motive zu meinen Handlungen waren niemals schlechte oder unlautere. Nur bin ich durch dieses fortgesetzte sich in der Notwehr Befinden scharf geworden und rücksichtslos. Die Mürzzuschlager Verhältnisse, die ganze so grenzenlos klein-liche Auffassung von Welt und Leben dieser Leute, auch der jungen Herren, die ich »die Bubis« nannte, reizten mich zu scharfem Spott. Ich habe aus meinen Gesinnungen keine Mörder-grube gemacht, ruhig darüber gesprochen, d a ß i c h d e n S t a t t -halter mehreremale auf Unwahrheit ertappt habe u n d e r m i r s e h r u n s y m p a t h i s c h s e i. Der Herr Statthalter sagte dann auch meinem Manne, er wisse jedes Wort, das bei uns gesprochen worden ist. Nett von den Herren, nicht wahr: was man im »Freundeskreis« plappert, wird zur Staatsaffaire! Aber ihren Kuchen nahmen sie Sonntags früh, gerade wie die Einladungen, gerne an, vielleicht »auf höheren Befehl.« Ja, ehrenwerte Männer sind sie Alle — Alle!

. . . . . . Gewiß; wie man mit meinen Sachen, resp. mit mir umging, habe ich Ihnen mit Wissen Dr. Obermayers mitgeteilt, der mich selbst auf den Gedanken brachte, diese Handlungsweise zu veröffent-lichen. Ich kann mich ja bei dieser Kälte nicht einmal warm an-

ziehen, alles nahm man mir, nicht das kleinste Andenken, nicht
seinen Ehering, nicht seine mit Widmungen versehenen Bilder
hat man mir gelassen. Wer hat es getan? Wer hat meinen
Schreibtisch erbrochen, die Dokumente und Briefe,
die meine volle Unschuld bewiesen hätten und von
meinem Manne geschrieben waren, genommen? Wie
kann Dr. von W. Sachen verkaufen, ehe er überhaupt die Quittungen
nachgesehen hat, ehe er mich gefragt hat, was mein Eigentum ist? Der
Bruder gibt sein Ehrenwort, daß ich selbst die für Franzi gezahlten
Schulden und alle meine Sachen bekommen soll, bei Gericht
sagt er auf meine Frage: »Ja, wenn sie gegangen wäre!« Aber
mein Gott, ich bin doch gegangen worden! Dr. v. Weinzierl sagte
in Gegenwart meines Mannes: »er müsse erst ‚ein‘ Geld schaffen!«
. . . . . Meine Schwägerin war wütend, weil meine Wirtschaft, meine
Kochkunst ihr als Muster hingestellt wurden. (Folgt die Schilderung von Familienintriguen.) Wissen Sie jetzt, warum nicht
nur der Statthalter ein Interesse hatte, mich unschädlich zu
machen? Warum ich partout die Lügnerin sein mußte? Hinaus
damit in die Welt, ich trage für jedes Wort die volle Verantwortung! Sie merken wohl, wie meine Hand fliegt, die Gedanken
jagen sich, die Empörung preßt mir das Herz zusammen. Ich habe
geschwiegen, habe die Leute geschont um der Liebe willen, die uns
mit dem Verstorbenen verbindet — sie haben den Boden unter
seinen Füßen unterminiert, die Herren von der Bezirkshauptmannschaft trugen auf höheren Befehl den Zündstoff hinein, sie alle
schritten hinter seiner Bahre. Ich rang im dunklen feuchten Kerker
in stummer Qual die Hände. Ich werde Ihnen diese ganze Intrigue erzählen. Selbst der Pfarrer war von Dr. Weinzierl beeinflußt.
Auch ein weniger einfältiger Mann hätte gestutzt, wenn jemand
eine »Trauung« von ihm verlangt und sich anstatt des Trauscheines
ein Dokument ausstellen läßt des Inhaltes, daß diese Trauung
nur ein Eheverlöbnis ist und nur in Form einer Hochzeit vorgenommen wird, um dem Brautpaare ein Zusammenleben zu ermöglichen, »doch hat diese Ehe vor dem Gesetze keine Gültigkeit«!
Dies hat zugestandener Weise mein Mann mit dem Pfarrer gemacht, ich aber komme dafür ins Gefängnis. Und mein Mann
und der Pfarrer sollen nicht gewußt haben, daß ich noch gebunden bin und mein Mann bittet den Anwalt, der nur meine
Scheidung führt, um Beschleunigung, weil der Pfarrer wartet und
er später keinen Urlaub zur Hochzeitsreise bekommt, da der Czar
mit dem Kaiser nach Mürzsteg kommt. Dann bekommt mein
Mann vom Anwalt aus Trier das Telegramm »Ehe gelöst«, geht
damit zum Pfarrer und gibt es ihm. Als ich den Pfarrer bei der
Verhandlung frage, was er sich dabei gedacht hätte, sagt dieser Erleuchtete, er hätte das Telegramm auf die Lützow'sche Ehe bezogen;
und dieser Mann hatte das Scheidungsdekret dieser Ehe (daß
sie 1894 getrennt ist) seit einem Jahre im Schreibtisch . . . . . .

Die Leute hier sind fromm und christliche Nächstenliebe steht groß und flammend auf ihrem Panier. Aber meine Arme sind heute nach beinahe sechs Monaten noch nicht geheilt. Und daß mich das hiesige Krankenhaus auf die Kosten meiner Verpflegung geklagt hat, — ich höre Sie lachen, ich lache auch. Man holte mich totkrank aus dem Hospital in der Nacht aus dem Bette, mein Nachtmahl, einige kalte Kartoffeln in der Schale, standen noch auf dem . . ., der mir als Tisch diente, man packte mich in einen Wagen und transportierte mich nach Bruck. Zwei Justizsoldaten bewachten die renitente Verbrecherin, die kaum imstande war, allein zu sitzen! Es mußte geheimnisvoll geschehen, dieser Transport in's Irrenhaus, — so wurde ich auch zurücktransportiert und am anderen Tag fragte mich Baron Capri, — — ob ich die Wagen je zu 24 Kronen bezahlen wolle! . . . . . .

Bei der Katastrophe sagte mir der Vater Hervay, sie seien keine gemeine Menschen, man werde für mich sorgen. Sie haben mich ohne Heller Geld auf die Straße gesetzt, meinen Mann an beiden Armen gepackt und fortgezogen. Der Ohnmachtsanfall in der Kärntnerstraße war eine Folge des Hungers, ich konnte mir nichts zu essen kaufen.

Ich will Ihnen verraten, was ich in Wien will. Ich kann so schwer von geschenktem Gelde leben, muß aber essen; ich bin sehr mager geworden, die Gefängniskost war immer verdorben und der Speisezettel des Herrn Labres war unwahr. Meine Rindssuppe hatte nur ein Fettauge, es rührte aber vom Daumen des Aufsehers her. Der Koch war ein Sträfling, der in seinem Zivilverhältnis Tischler ist. . . . . . Ich möchte einige Rezitationsabende veranstalten, möchte aber, um dem Vorwurf der Sensationslust auszuweichen, nichts vorlesen, was auf meine Zeit im Gefängnis, auf meine seelischen und körperlichen Leiden hinweist. Ich möchte Geld gewinnen, um mir ein paar warme Sachen davon kaufen zu können. Ich bin zwar nicht für Ausstellungen — aber der Not gehorchend, nicht dem eigenen Triebe . . . . . .

Hoffentlich werde ich nicht auch in Wien bei meiner Ankunft mit Steinen empfangen und bespuckt . . . . . .

In dankbarer Wertschätzung Ihre ergebene

Tamara von Hervay.

* * *

Ein Nachspiel zum Prozeß Hervay.

»Der ‚Steirische Zwölferbund‘, ein Verein, welcher sich ‚die Erhaltung steirischer Sitten und Gebräuche in Wien zur Aufgabe gemacht hat‘, veranstaltete Sonntag abends in der Restauration Mayer in der Lerchengasse 18 ein Wettessen von steirischem Sterz. Herr Hans Jauernik, der Obmann des Vereines, kochte, damit diese Nationalspeise unverfälscht auf den Tisch komme, den Sterz persönlich. Die Zubereitung erfolgte nach dem Rezepte: 1 Kilogramm Kukuruzkornmehl, ½ Liter Wasser und — ‚z'weg'n an Abirutsch'n' — 10 Deka Schmalz. Die verabreichten Portionen waren zu ‚Hupf' geformt. Zum Eßkampf erschienen von den achtzehn angemeldeten Bewerbern elf, darunter das lustige Deandl Mirzl Duchon. Auf das Kommando ‚Achtung!' wurden die Löffel ergriffen, auf ‚Fertig!' begann die ‚Pampferei'. Die Schiedsrichter Peschek und Haselmayer beobachteten mit ihren ‚Stopp'-Uhren das Verschwinden des Sterzes. In dreißig Secunden kehrte schon einer der Teilnehmer seinen Teller um und rief ‚Fertig!' Sieger war der aus Falkenstein in Niederösterreich gebürtige Uhrmacher Joseph Dragoner, der den im Vorjahr von Leopold Hacker geschaffenen Rekord von 36 Sekunden um 6 Sekunden schlug. Der Wanderpreis, die silberne Lyra, wurde hierauf dem Sieger feierlich überreicht, der im nächsten Jahr den Preis verteidigen muß ... Mehrere Preisbewerber versicherten, es gehöre nur der eine ‚Vort'l' dazu, ‚das Maul net z'voll z'nehm'n' ...«

ANTWORTEN DES HERAUSGEBERS.

Trottel. Ja, die »Auslieferung des Ehepaars Klein«, die »Reise des Ehepaars Klein« und die »Ankunft des Ehepaars Klein« — das waren Feste des Wiener Kulturbewußtseins. So elastischen Schrittes kann gar kein Potentat einem Eisenbahnwaggon entsteigen, daß er in der Popularität bei Schmock und Spießer mit einem reisenden Mörder konkurrieren könnte. Herr Frischauer in Paris wußte, was man in Wien braucht, und so depeschierte er zehntausend Worte, um die Stimmung wiederzugeben, da »ein grauer, frischer Wintermorgen auf das Ehepaar Klein herniedersah«, das auf dem Pariser Ostbahnhof einwaggoniert wurde. »Frau Klein stieg, von dem Amtsdiener unterstützt, das Trittbrett hinab. Sie blieb einen Augenblick lang stehen, sah in die Straße hinauf, welche auf den Boulevard Sebastopol sehen läßt. Ihr Blick flog nach Paris. Sie sah die hohen Häuser hinauf, sie betrachtete die Kirche St. Laurent, deren herrliche Konturen sich am Firmament abzeichneten. ....« »Man konnte die Mörderin des alten Sikora genau betrachten ... Sie trug eine nicht zu schwere und nicht zu warme dunkelfarbige Herbstjacke, um den Hals einen Pelzkragen, halb aus falschem Hermelin und halb aus einer Luterimitation, auf dem Kopfe einen licht aufgeputzten dunklen Filzhut, von welchem ein sehr leichter, hellgrauer Schleier herabfiel.« »Der Teint ist grünlich, man würde sagen olivengrün, wenn man ihr ein Kompliment machen wollte.« Nachbarin, — Sie wissen schon, was ich von Ihnen will. Man begreift: Würde das Geld, das diese Bande für die Toilettenbeschreibung von Mördern verdepeschiert, gemeinnützigen Zwecken zugewendet, so würde manch einer nicht zum Mörder werden. »Frau Klein zeigte nicht die mindeste Verlegenheit. Unbefangen warf sie ihre Blicke um sich, und als sie

die zwei Wiener Journalisten, welche trotz der frühen Morgen-
stunde auf den Bahnhof zu ihrer Abreise gekommen waren, sah, schien
sie dieselben als Wiener zu erkennen.« Ja, in der Fremde
findet man sich! Herr Klein aber — auch dies muß der Telegraph verbreiten — »dankte den Wächtern mit einem ,Merci!'«. Was
Herr Frischauer, trotzdem er erst sechs Jahre in Paris wirkt, ganz gut
verstanden hat. Zum Schluß, nachdem seine Phantasie dem Mörderpaar
bis Buchs vorausgeeilt war, noch ein wichtiger Nachtrag: »Der Klein
trug einen dunklen Winterüberzieher und runden, steifen schwarzen
Hut«... Was sich dann in Wien begeben hat, die abgehärtetsten Leser
des ,Extrablatt' und die gewiegtesten Kenner der Wichtigtuerei österreichischer Behörden haben es schaudernd erlebt.

Gebildeter. Die denkwürdigen Männer der ,Neuen Freien Presse'!
Aus einem Nachruf: »Nicht alles, was über seine Eßkunst in quali-
tativer und in quantitativer Hinsicht erzählt wurde, mag buchstäblich wahr
gewesen sein; aber hartnäckig erhielt sich die Gasthaussage, Baron
Springer habe in einem unserer vornehmsten Restaurants das eifersüchtig gehütete Vorrecht genossen, zur Mittagsstunde in die Küche zu
gehen und sich selbst sein Rindfleisch abzuschneiden.«

Historiker. Ein weittragendes Ereignis hat sich zugetragen,
in alle Winde wird es telegraphisch gemeldet, die ,Neue Freie Presse'
darf es ihren Lesern nicht vorenthalten: Maximilian Harden's Buchdrucker
ist durchgegangen. »Manche Maschinen sind drei, vier Gläubigern ver-
schrieben«. Maximilian Harden mußte sich deshalb für die letzte
Nummer der ,Zukunft' »mit dem fertigen Satzmaterial begnügen
und die Bemerkungen zurückhalten, die er an einzelne Vorgänge zu
knüpfen wünschte«. Es ist ein wahres Glück, daß die anderen Ereignisse inzwischen respektvoll zugewartet haben, also ohnedies kein
zwingender Anlaß zu einem aktuellen Leitartikel gegeben war. »Immerhin muß ich um Entschuldigung bitten . . .; an eifrigem Mühen, das
Versäumte schnell nachzuholen, wird's nun nicht fehlen. Der
dreizehnte Jahrgang soll mindestens nicht schlechter werden, als die
ersten zwölf waren . . . Da du, werter Leser, so lange schon mit
mir gewandert bist und ich Dir nicht lässig, der Pflicht ungetreu
scheinen möchte, wirst Du, milden Herzens, verstehen, warum ich
heute ein Privatklagelied anstimmen mußte«. Ich bin bekanntlich
Abonnent der ,Zukunft' und verstehe nicht, warum es an leitender
Stelle angestimmt werden mußte. Ich bin aber auch — gleichfalls —
Herausgeber einer unabhängigen Zeitschrift, und darum paßt mir von
allen Rücksichten und Konzessionen am allerwenigsten ein Appell an die
Mildtätigkeit des Publikums. Seine Wünsche waren mir nie richtunggebend, haben mich nie zu einer Stellungnahme gespornt, nie von
einer Tendenz abgebracht. Sein Beifall ist mir eine angenehme Begleiterscheinung meines Wirkens; sein Mißfallen beirrt mich nicht. Dafür,
daß jemand zwölf Kreuzer in einer Tabak-Trafik bezahlt, hat er noch
nicht den Anspruch auf meine ausdrückliche Entschuldigung erworben,
wenn ich aus irgendeinem Grunde verhindert wäre, auch nur eine

Zeile selbst zu schreiben. Wiewohl man in der ‚Fackel‘ mit mehr Recht die Stimme des Herausgebers zu hören wünscht als in einer Revue. Sollte mir das Malheur mit meiner Druckerei — jede Absicht einer Beleidigung der beiden ehrenwerten Herren liegt mir natürlich fern — passieren, so würde ich das Privatklagelied an letzter Stelle, etwa dort wo mein Verlag Mitteilungen erläßt, anstimmen. Ich h a b e einmal eine Druckeraffaire erlebt. Und eine, die nicht bloß persönliches Ungemach, sondern auch einen in der Zeitungsgeschichte beispiellosen Eingriff bedeutete, die die erste Anwendung der sogenannten »lex Szeps« bewirkte, für die urheberrechtliche Judikatur in Österreich richtunggebend wurde, Dozenten zur Abfassung von Broschüren und Artikeln in Fachzeitschriften bestimmte und später den Stoff für Prüfungsfragen bei Advokatenprüfungen lieferte. Ich habe diese Affaire nicht an erster Stelle behandelt. Auch kann ich versichern, daß die ‚Neue Freie Presse‘ kein Wörtchen darüber verlor. Darüber, daß Herr Harden in Berlin »sich mit dem fertigen Satzmaterial begnügen muß«, bringt sie ein ausführliches Telegramm, und die anderen »großen« Blätter drucken es ihr nach. Freilich habe ich auch nie in einem Konzertsaal an mich gerichtete Fragen beantwortet, nie durch die Versicherung, daß Wien die höhere Kultur vor Berlin voraushabe, den Jubel der Schottenringbewohner geweckt und nie Gelegenheit gefunden, meiner »hohen Meinung über den Witz Julius Bauer's Ausdruck zu geben«. Kurzum, es mir ein- für allemal verscherzt, von den Herausgebern und Redakteuren der ‚Neuen Freien Presse‘ bei Sacher fetiert zu werden.

Nationaler. Aus Friedek wird gemeldet: »Bei der heute durchgeführten Wahl in die Gemeindevertretung siegten die d e u t s c h e n K a n d i d a t e n. Gewählt wurden die Herren Barta, Kadimirz, Koltscharsch, Krmaschek, Kuczera, Menschik, Pawlitzky, Ubelaker und Zaar.«

Schalk. Der berühmte christlichsoziale Satiriker Masaidek beantwortet die Feststellung, daß er die Jammerreihe seiner »Glossen« durch einen Witz Heinrich Heine's in erfreulicher Weise unterbrochen hat, mit der Versicherung, daß der frühere Vorwurf eines Diebstahls an N e s t r o y unbegründet gewesen sei ... Ferner erklärt er: »Wenn dem ‚Fackel‘-Kraus kein Witz mehr einfällt, zitiert er meine ‚Glossen‘.« Nur zu wahr! Und darum will ich gleich wieder einige seiner originellsten Aperçus zitieren. Ein besserer Witz könnte mir gewiß nicht einfallen. Also: »Es gehört wenig Mut dazu, unter dem Schutze der Immunität alle Welt zu beschimpfen«. »Der ‚Zuckermann‘ (K. H. Wolf) macht lieber im Parlament Krawalle als in Innsbruck, denn hier ist es nicht so gefährlich«. »Im Jahre 1690 herrschte eine so große Kälte, daß die Wölfe nach Wien kamen. Dies beweist, daß die Wölfe schon damals sehr frech waren«. »Der berühmte Ophthalmolog Stellwag v. Carion ist gestorben. Er war ein edler Mensch und ein entschiedener Antisemit. Leider kann man das nicht von jedem Universitätsprofessor sagen«. »Die bekannte Schriftstellerin Wilhelmine v. Hillern ist zum Katholizismus übergetreten. Das ist ein guter Ersatz für den K. H. Wolf«.

»Mehrere Spaßvögel wollen einen ‚akademischen Abstinentenverein‘ gründen. Dieser Verein dürfte ein würdiges Seitenstück zum ‚Verein zur Abwehr des Antisemitismus‘ werden«. »Blaues Blut schützt nicht vor Narrheit«. *Habitué.* Die heiterste Nachricht, die je in der Theaterrubrik stand, lustiger als selbst jede von Girardi ausgehende Wirkung : »Wie wir erfahren, besteht zwischen Girardi und der Direktion des Theaters an der Wien seit Wochen nicht das beste Einvernehmen, was darin seinen Grund hat, daß **Direktor Wallner auf einer Probe Herrn Girardi die Rolle vorspielen wollte«.** . . Das Handwerk der Kulissenschnüffler hat noch immer einen goldenen Boden. Der anmutige Herr zwar, der jeden Montag in einem »Zwischenakt« mehr Gemeinheiten »plodert«, als sich in einer Woche berichtigen lassen, hat neulich das Privatleben und die wirtschaftliche Lage einer armen Sängerin so gründlich durchschnüffelt, daß sie — ein rühmliches Vorbild für das mutlose Theatervolk — dem Gesellen mit dem § 19 über die Schnauze fuhr. Der beneidetste »Ploderer« ist jetzt der vom ‚Neuen Wiener Journal‘. Die arme Frau Odilon, deren Schicksal wieder ihren Freunden und Feinden in der Wiener Klatschpresse zu schaffen macht, hat ihn, ausschließlich ihn, im Sanatorium empfangen. »Wiewohl sie, um von allen Aufregungen verschont zu sein, keine Besuche annimmt, konnte ich dennoch mit einiger Zuversicht darauf rechnen, daß sie bei mir eine Ausnahme machen werde.« Er tritt ein. »Ein fröhliches Lachen geht über ihr Gesicht; lebhaft streckt sie mir die Hand entgegen und ruft: ‚Nein, das ist aber wirklich nett!‘« Und beim Abschied bittet die Patientin, »den Besuch zu wiederholen«. »Ich sage zu, aber unter der Bedingung, wenn (besser: daß) wir absolut nicht von Sachen sprechen, die sie aufregen könnten«. Und »sie bittet, ich möchte beim Weggehen dem Portier einschärfen, daß er jeden andern Besucher abschlägig bescheiden solle. ‚Natürlich mit der einen Ausnahme‘, meint sie. Dann reicht sie mir die Hand und ruft heiter ‚Auf Wiedersehen!‘ nach.« . . . Die anderen Ploderer werden »zerspringen«. Sie erfahren bestenfalls von Hausmeistern, Stubenmädchen und Garderobierinnen, was in dem Privatleben einer Künstlerin vorgeht. Er von ihr selbst! Der höchste Marquis Posa-Triumph eines Ritters moderner Gedankenfreiheit: Pepi, der Herr wird künftig ungemeldet vorgelassen !

Berichtigung.

In Nr. 168, S. 5, 17. Zeile von unten, ist statt »kreisten« *kreißten* zu lesen.

MITTEILUNG DER REDAKTION.

Von zahllosen Einsendern unverwendbarer Manuskripte wird die Erledigung urgiert. Sie seien auf die wiederholt erschienene Kundmachung verwiesen: »Unverlangte Manuskripte werden nur zurückgesendet, wenn **franklertes und adresslertes Kuvert** beilag. Es genügt die einer Drucksache entsprechende Frankierung, da die Rücksendung wegen Zeitmangels ohne schriftliche Begleitworte, Bedauern oder Begründung, erfolgt«.

DIE · FACKEL

Nr. 171　　WIEN, 17. DEZEMBER 1904　　VI. JAHR

Die Wiener Staatsanwaltschaft hat zwei Inseratenagenten wegen Betruges angeklagt, weil sie sich an einem Raub einen Anteil sichern wollten, der ihnen nicht gebührte. Die Angeklagten wurden mit Recht freigesprochen, weil ihre Leistung, die darin bestand, daß sie die Zeitungen auf die Möglichkeit eines großen Fischzuges aufmerksam machten — wiewohl sie nicht berufen waren, das Geschäft zu vermitteln —, nicht wertloser war als die Leistung der Zeitungen, denen für Inserate über die Rentenkonversion vom Finanzministerium Summen zugewendet wurden, die in der Geschichte österreichischer Preßkorruption ohne Vorbild sind. Bei Nestroy sagt einer: »Ich bin der Mann, der um's Geld Alles tut; wenn's aber dann nicht ehrlich zugeht, dann — ich sag' sonst nichts, als dann! —« Dann schreitet die Staatsanwaltschaft ein, der der bekannte Herr Danneberg nur im »Victoria«-Proceß imponierte, als er die christliche Teilung einer Bestechungssumme mit den Worten »Ich bin ein ehrlicher Kaufmann« bekräftigte. Sie klagte an und blamierte sich. Bloß der Beweis, den sie n i c h t erbringen wollte, gelang ihr: daß das Finanzministerium wahllos Steuergelder in der Summe von einer Million Gulden an die Wiener Tagespresse und an Revolverblätter obskurerer Sorte verschleudert hat, daß nicht die Absicht, zu inserieren, sondern die Absicht zu bestechen, bei einer Aktion maßgebend war, die drei schmierigen Witz- und Wochenblättchen für eine Inseratenseite je

1200 Kronen eintrug. Ein Ministerialrat hat es unter Eid ausgesagt. Und keines der Blätter, auch keine der großen Tageszeitungen, die weit über den Tarif hinaus bezahlt wurden, widerspricht dem Vorwurf, daß sie für eine gemeinnützige Aktion durch Schweiggeld gewonnen werden mußten. Kein parlamentarischer Hohn fegt die amtliche Dummheit von hinnen, die einfach jeden, der bestochen werden wollte, bestochen und die Lumperei so nobel überzahlt hat! Wann endlich wird der österreichische Steuerzahler kategorisch erklären, daß er seinem Geld eine bessere Verwendung wisse als zur Auffütterung der Revolvercanaille?

* . *

Wenn unsere parlamentarischen Tagediebe nicht Unwichtigeres zu tun hätten, wenn sie ihren Willen zum Opponieren und Obstruieren nicht im nationalen Unfug verbrauchen müßten, würden sie vielleicht auf die Idee kommen, einen Unterrichtsminister, wie es Herr v. Hartel ist, nach der Rede, mit der er die Interpellation Erler in Sachen der Kunstakademie beantwortet hat, aus dem Kabinet zu jagen. Schlimmer als die häßliche Protektionswirtschaft, die dem Professorenkollegium der Akademie den geschäftsklugen Inhaber einer Bildhauerfirma, einen mehr gunst- als kunstbeflissenen Routinier aufgedrängt hat, der sich durch Preisunterbietung Aufträge und durch Spenden die Anhängerschaft der gegen ihn rebellierenden Schüler erringen will, beschämender als das Treiben der Kompagnie Hartel, Stadler und Wiener, die vor Ernennung ihrer Günstlinge die Meinung widerspenstiger Professoren in ministerielle Einzelbehandlung nehmen, ist die geistige Dürftigkeit, aus der der oberste Verweser österreichischer Kunst dort, wo er reinen Willens ist, seine Anschauungen bezieht. Herr v. Hartel nimmt für die Ernennung des Herrn Marschall »die Verantwortung voll und ganz auf sich«.

Er hält diesen Mann, der im Reklamenotizenteile der Tagespresse so gut zu Hause ist wie ein gastierender Tenor, wirklich für eine Kapazität. Herr v. Hartel sagt wörtlich: »Ein Künstler, der in seinem Alter in der Lage war, mustergiltige künstlerisch hervorragende Medaillen und Plaketten der hervorragendsten Persönlichkeiten unserer Monarchie auszuführen, der der Ehre gewürdigt worden ist, zum siebzigsten Geburtsfeste unseres erlauchten Monarchen eine Porträtplakette herzustellen, die als eine glänzende Leistung bezeichnet werden muß, der von dem verewigten Papst Leo XIII. einen Ruf nach Rom erhielt, um sein Bildnis herzustellen, und auch von dem neuen Papst Pius X. unmittelbar nach Antritt seines Pontifikats ersucht wurde, eine Medaille auf ihn zu prägen, ist wohl ein Künstler, der als vollwertig in seinem Fache bezeichnet werden muß und dem das vollste Vertrauen in Bezug auf seine Gestaltungskraft und seine schöpferische Individualität entgegengebracht werden kann.« Wörtlich! Und diese Beurteilung des Künstlers nach seinen Aufträgen, des Kunstwerks nach dem Modell hörten die Interpellanten, erwachsene Menschen, an, ohne von Lachkrämpfen befallen zu werden! Herr v. Hartel wird, vor die Wahl gestellt, Böcklin oder den Maler Kurz für den Größeren zu halten, keinen Moment schwanken, wenn er sich erinnert, daß jener bloß Tritonen, dieser aber den König von England gemalt hat. Wenn ich höre, daß Papst Pius X. einem Künstler gesessen ist, so bin ich, wenn dies überhaupt für die Beurteilung der Qualität des Künstlers maßgebend sein soll, eher zu einem für ihn ungünstigen Vorurteil geneigt. Österreichs Unterrichtsminister, der wirklich nicht immer nur protegiert, sondern auch seine Kunstanschauungen betätigt, denkt anders. Was ist's denn mit der Berufung des Lippay an die Akademie?

* * *

O Du mein Österreich!

O Du mein Österreich, Du mein Vaterland,
Hast Du je den Schrei unsrer Not gehört?
Gabst Du Schutz und Trost oder stillen Strand
Wenn Dein blinder Sturm unsre Fahrt gestört?

O Du mein Österreich, Du mein Vaterland,
Deine eigne Saat hast Du stets zerstampft,
Was am Erntetag Dir voll Gold erstand,
Ist an Deinem Herd nur zu Rauch verdampft!

O Du mein Österreich, Du mein Vaterland,
Daß Du noch gebierst, daß Du Kinder hast,
Deren keines je Dich als Mutter fand,
Sprich, wie lange noch trägst Du solche Last!

O Du mein Österreich, Du mein Vaterland,
Deiner Ströme Glanz, Deiner Berge Firn
Blickt auf Gram und Schmach kalt und unverwandt
Und wir neigen Dir unsre Opferstirn.

Martellus.

* * *

Der Gesetzentwurf zur Verbesserung des Schutzes der Ehre.

Antrag Lammasch-Chlumecky-Bilinski.

Dem österreichischen Herrenhause ist ein den
Bestrebungen der Antiduell-Liga entsprungener, von
Hofrat Prof. Dr. Lammasch verfasster Gesetzesvorschlag zur Verbesserung des Schutzes der Ehre un-
terbreitet, dessen namentlich in den Art. II, III und
IV enthaltene Festsetzungen einige Bemerkungen
rechtfertigen.

1. Die Art. II und III beantragen: die staats-
grundgesetzlich gewährleistete Rechtssprechung durch
Geschworne über alle durch den Inhalt einer Druck-

schrift verübten Verbrechen und Vergehen in jenen Fällen zu beseitigen und durch Vierrichtersenate zu ersetzen, in welchen ein Vergehen nur deshalb vorliegt, weil die strafbare Handlung durch den Inhalt einer Druckschrift begangen wurde (§ 493, Abs. 1, St. G).

An eine Reform des Rechtsganges zum Schutze der Ehre kann nur dann herangetreten werden, wenn unter Einem geeignete Festsetzungen des Strafgesetzes zum Schutze Derjenigen, die in Wahrnehmung berechtigter Interessen gehandelt haben, sichergestellt werden (§ 193 St. G. B. für das deutsche Reich). Zahlreiche Freisprechungen der Geschwornengerichte entspringen dem Bewußtsein der Laienrichter, daß der Beschuldigte seinen Ankläger zwar beleidigt, daß er aber ein berechtigtes Interesse vertreten hat. Solche Schuldloserklärungen sind nach geltendem Recht, weil der gesetzliche Boden für diese Betätigung der richterlichen Urteilsfindung noch fehlt, formale Fehlsprüche, sie wirken aber in allen Beziehungen besser, als die unter dem Drucke der Verwaltung stehenden Sprüche der Berufsrichter, wenn begründete Angriffe gegen öffentliche Beamte und im öffentlichen Leben tätige Personen in Verhandlung stehen, ohne daß eine Berufung auf die Wahrnehmung berechtigter Interessen gesetzlich zugelassen wäre. Es geht also nicht an, durch das vorgeschlagene einseitige Verfahren der »legitimen Macht der Presse« die Vorteile des Geschwornengerichtes zu entziehen, ohne gleichzeitig den materiellen Rechtsboden für eine gedeihliche Spruchtätigkeit der Berufsgerichte in Preßbeleidigungssachen zu schaffen.

2. Der Art. IV des Entwurfes will festsetzen, daß auf Antrag des Anklägers oder der Beschuldigten zur Verhandlung und Entscheidung über eine Anklage wegen Übertretung der Ehrenbeleidigung (§§ 487—489 St. G.) oder der Schmähung durch Vor-

wurf verächtlicher Eigenschaften oder Gesinnungen
(§ 491, Abs. 1, St. G.) jenes Bezirksgericht zuständig
wird, welches am Sitze des Gerichtshofes erster
Instanz besteht, in dessen Sprengel die Übertretung
begangen wurde. Diese Bestimmung bezweckt für
die nicht durch die Presse begangenen Beleidigungen
»die Möglichkeit der Anrufung eines Richters beim
Bezirksgerichte zu schaffen, der nicht mit Lappalien
beschäftigt ist«.

Nach diesem Vorschlage werden Dienstboten,
die von ihren Dienstgebern beleidigt und — etwa
durch den Vorwurf der Unredlichkeit — in ihrer
Existenz gefährdet sind, industrielle und gewerbliche
Arbeiter, die sich auch von ihrem Arbeitgeber oder
dessen Aufsehern nicht ungestraft kränken lassen
wollen, Bauern, die sich nicht selten gegen beleidigende Übergriffe der Beamten, Diener der Großgrund-
besitzer — hin und wieder auch dieser selbst und
des Personales ihrer Zucker- und Alkoholfabriken —
zu verteidigen haben, also Berufsstände, die für jedes
Staatswesen wichtiger und wertvoller sind, als die
durch die Mißgriffe ihrer Erzeuger bei der Geburt
getötete Antiduell-Liga, — über einfachen Antrag
ihres Prozeßgegners gezwungen werden können, das
Recht auf den Schutz ihrer verletzten Ehre am Sitze
des Gerichtshofes erster Instanz in mindestens
einmaliger oft genug in wiederholter Verhandlung
erkämpfen und in der Regel der Fälle auch die Zeugen
der strafbaren Handlung vor dem erkennenden Einzelrichter an demselben Orte abhören lassen zu
müssen. Dasselbe harte Schicksal würde die meisten
selbständigen Gewerbetreibenden und alle ihrem Einkommen nach unter dem Mittelstande stehenden
Menschen treffen. Auf die Beistellung eines Armen-
vertreters am Sitze des Gerichtshofes hätten diese
Personen schon aus dem Grunde, weil es sich um
bloße Übertretungen handelt, nach dem Gesetze
keinen Anspruch. Wer so glücklich ist nicht zu

wissen, daß die besitzlosen und die besitzarmen
Volksklassen, also der weitaus größte Teil der Bevölkerung, weder die Zeit, noch die Mittel aufwenden
können, um von einem Gerichtsstande Gebrauch zu
machen, der leicht viele Meilen weit vom Tatorte
entfernt, nur mit namhaften Kosten und mit großem
Zeitverlust, ja in der rauhen Jahreszeit oft genug
nur unter vielen Mühseligkeiten zu erreichen ist, —
der steht den tatsächlichen Lebensvorgängen zu
fremd gegenüber, um mit gesetzgeberischen Vorschlägen für unser großes Reich, das mit der Wiener
Ringstraße nicht identisch ist, hervortreten zu dürfen.
Daran reiht sich:

3. Die abzuweisende Ungehörigkeit, daß der Entwurf in seinem Art. JV zwei verschiedene Gattungen
österreichischer Richter schaffen möchte, die zur Ausübung der Strafgerichtsbarkeit in Übertretungsfällen
gesetzlich berufen sein sollen.

Steht d e r Strafrichter, der großstädtische
Schwindler und zu Hochstaplern gewordene Ange-
hörige einst wohlhabender Familien berufsmäßig ab-
zuurteilen hat, in den Augen der Bevölkerung höher, als
d e r Einzelrichter, der »unmittelbar vorher Jemanden
verurteilte, weil dessen Hund keinen Maulkorb trug
und unmittelbar nachher wegen ähnlicher Kontraven-
tionen Recht zu sprechen hat?«

Wenn eine ungeschickte und planlose Gesetzgebung Polizeiübertretungen der richterlichen Ab-
urteilung überwiesen hat, dann ist diese Gesetzgebung
zu verbessern — was technisch durchaus nicht
schwierig wäre — und nicht in Bestätigung ihrer
Verfehlungen eine willkürliche Gabelung der straf-
richterlichen Urteilsfindung herbeizuführen. Die Erfahrung lehrt, daß die Strafrichter der Bezirksgerichte
am Sitze der Gerichtshöfe im allgemeinen keineswegs
besser vorgebildet sind, als ihre Amtsgenossen bei
den ländlichen Bezirksgerichten. Die Verschiedenheit
des Amtssitzes ruht zunächst auf der besonderen Vor-

liebe eines Teiles der Richter für den Stadt-, eines
anderen Teiles für den Landaufenthalt und nicht allzu selten auf näheren und entfernteren Beziehungen
zur Justizverwaltung. Die Bevölkerung aber achtet
die Sprüche ihrer verständigen, gewissenhaften und
wohlwollenden Richter, die in ihrer schweren Berufs-
arbeit nicht vergessen haben, daß sie selbst den Gesetzen untertan sind und daß sie auch im Amtskleide
sündige Menschen bleiben, die das — irrtümlich dem
heiligen Augustinus zugeschriebene, seiner Herkunft
nach nicht sichergestellte — Wort verpflichtet: »...in
dubiis libertas, in omnibus caritas«; und die Bevölkerung mißachtet die Urteile der unverständigen, ge-
wissenlosen und grausamen Verwalter der Rechtspflege selbst dann, wenn sie die Auszeichnung genießen,
sich amtlich nur mit den größten Gaunern befassen
zu dürfen. Das Urteil des Volkes über seine Richter
aber ist zumeist ebenso treffend, wie das der Studenten
über ihre Lehrer.

Unserer Gesetzgebung wird es gerade noch fehlen,
daß die keineswegs eines besonderen Schutzes be-
dürftige Schichte, die an dem Bestande der Antiduell-
Liga ein besonderes Interesse haben mag, ihre geistigen
Leiter zu Übungen auf dem Boden der Reform des
Strafprozeßrechtes berechtigen dürfte; Verbesserungen,
wie die beantragten, kann die dem gesunden Boden
Würth'scher Vorarbeiten entstammende Leistung
Glaser's immer noch entbehren.

Die »Verbesserung des Schutzes der Ehre« im
Sinne der Antragsteller besteht im wesentlichen:
a) In der tatsächlichen Entziehung des Ehren-
schutzes für die besitzlosen und besitzarmen Volksklassen, somit für mehr als die Hälfte der Bevölkerung
zugunsten besitzender Ehrverletzer durch die Schaffung
eines »privilegium fori« für dieselben; b) In der Herabsetzung des Ansehens der Strafgerichtsbarkeit von
Gesetzes wegen bei allen ländlichen Bezirksgerichten,
sonach bei dem größeren Teile aller Strafgerichtsbar-

keit in Übertretungssachen; c) In der Gefährdung der »legitimen Macht der Presse« auch dann, wenn in Wahrnehmung berechtigter Interessen öffentliche Beamte und im öffentlichen Leben stehende Personen angegriffen und verletzt werden mußten.

Dennoch hat dieser aussichtslose Gesetzesvorschlag eine gute Folge. Der Verfasser des Entwurfes zur Verbesserung des Schutzes der Ehre gehört der Kommission für die Ausarbeitung eines neuen Strafgesetzbuches als Mitglied an. Nach der jetzt abgelegten Probe seines »Berufes zur Gesetzgebung« wird es unabweisbare Pflicht sein, den fertigen Entwurf des neuen östereichischen Strafgesetzbuches zu gegebener Zeit gründlicher, gewissenhafter Prüfung zu unterziehen.

Meran, 3. Dezember 1904. Dr. Berthold Beck.

Wiewohl ich ihr nicht in allen Teilen zustimme, hielt ich mich für verpflichtet, der Äußerung des angesehenen Juristen Raum zu geben. Schon um dem Verdacht zu entgehen, daß ich einem Werk des Professors Lammasch, des hier oft gegen ungerechte Angriffe in Schutz Genommenen, die Kritik verständiger Gegner ersparen wolle.

Ich kann mich heute nicht darauf einlassen, den Geschwornenjammer gegen die Berufsrichtermisère abzuwägen, kann nur in Eile ein paar Bemerkungen an die Kritik des Herrn Dr. Beck knüpfen, an die wie mir scheint beträchtliche Unterschätzung jener Einsicht, der der Wunsch nach Abschaffung der »geschwornen« Richter in Preßsachen entsprungen ist. Zweifellos hat Herr Dr. Beck recht, wenn er sagt, daß man ohne Reform des Strafgesetzes, ohne die Schaffung eines Schutzes für den »in Wahrung berechtigter Interessen« Handelnden die Verschiebung der Kompetenzen nicht vornehmen kann. Dem Berufsrichter wäre jede Satire als »Verspottung« ausgeliefert; jeder nicht erwiesene Vorwurf eines gestohlenen Kreuzers bei erweis-

barem Diebstahl eines Guldens wäre strafbar, jede
kleinste falsche Tatsache im Kampfe für die größte Wahrheit. Aber so richtig dies ist, so unrichtig ist die Annahme, daß die Freisprechungen der Volksjustiz, über
die man so oft den Kopf schütteln muß, »dem Bewußtsein der Laienrichter entspringen, daß der Beschuldigte
seinen Ankläger zwar beleidigt, daß er aber ein berechtigtes Interesse vertreten hat«. Herr Dr. Beck
hätte nur dann recht, wenn er für den Begriff »berechtigtes Interesse« verschiedene Deutungen zuließe.
Vor allem eine sehr populäre, sehr materielle, sehr
kleingewerbliche. Ich habe jenes demokratische Dogma,
das den Bürger und Geschäftsmann zu einer Urteils-
fähigkeit in allen Lebensfragen — und im Reich der
Preßbeleidigung stoßen alle Lebensfragen zusammen
— verpflichtet, das dem Pfeidler zutraut, daß er
andere als Pfeidlerinteressen, und dem Metzger, daß
er andere als Metzgerinteressen für die ausschließlich
»berechtigten« halte, stets als den lächerlichsten
ideologischen Schwindel betrachtet. Die Rechtsge-
fahren, die heute die Geschwornenjudikatur in Preßsachen heraufbeschwört, entspringen ganz anderen
Gesinnungsübeln als selbst jene vermuten, die die
Institution beseitigen möchten. Nicht die politische
Parteigesinnung des Volksrichters, mit der heute
Furcht und Hoffnung jüdischer Angeklagter und
antisemitischer Kläger oft unrichtig rechnet, scheint mir
seine Unfähigkeit zum Richteramte zu begründen. Denn
wenn in dieser Stadt des politischen Schwachsinns
einmal der Spieß, der sich immer am Herde dreht,
umgekehrt, wenn wieder »liberal« Trumpf sein wird,
so werden ja jüdische Furcht und arische Hoffnung,
die an der »Befangenheit« des Geschwornen schmarotzen,
ihre Rollen bloß tauschen müssen. Aber ich bekenne:
Christ und Jude, wofern sie nur ein Geschäft und
eine Familie haben, aus deren Nähe sie die lei-
dige Staatsbürgerpflicht für einen Monat abruft,
sind einig in einer viel schlimmeren Befangenheit

als es die politische ist. Das ist die Befangenheit des in seinem engen Bereich tüchtigen Mannes, der Ruhe haben will und den Kämpfe, deren ethische Bedeutung er nicht ahnt, viel weniger interessieren als der Schaden, der seinem Unternehmen, seinem Hausstand durch unfreiwillige Beschäftigung mit unnützen Dingen ziffernmäßig erwachsen wird. Im Prozeß contra Bahr-Bukovics sollte er sich — nach dem Beschluß des Gerichtshofs, der die Vorladung von Theatersachverständigen ablehnte — »selbst ein Urteil darüber bilden«, ob die Vereinigung von Kritikeramt und Autorenberuf »compatibel« sei, ob es ein Theaterdirektor in der Macht habe, die Stücke eines begünstigten Autors »durch's Repertoire zu peitschen«. Ein Riemermeister, der auf der Geschwornenbank saß, erwachte aus seiner Lethargie. Und er wußte, wenn er je im Theater war, ganz genau, daß man zwar einen Autor für sein Theaterstück, aber nie ein Theaterstück selbst durchpeitschen könne; und sprach mich schuldig. Fremdworte, fremde Dinge, fremde Welten. Zwölf vortreffliche Menschen werden ihrem Beruf, ihren Lieben entfremdet, zu einer Tätigkeit gezwungen, die ihnen viel unorganischer ist als Juristen die Zumutung, einen Monat lang Fensterscheiben einzusetzen, Rauchfänge zu kehren, Riemen zu schneiden. Dennoch gibt es eine Brücke des Verständnisses zwischen den fernen Sphären, aus denen eine Beleidigung geschöpft sein kann, und den Männern, die über sie zu richten haben. Das diesen Welten einzig Gemeinsame ist naturgemäß das Geschäft. Hier ist der Punkt, wo die Zuerkennung »berechtigter Interessen« einsetzt. Und dies ist so unerhört menschlich, daß nur vertrackte Ideologen, die die Geschwornenweisheit im luftleeren Raum der liberalen Doktrin wirkend dachten, davon enttäuscht sein können. In dem Augenblick, da der Kläger Bukovics mit kläglicher Stimme erklärte, daß ich mit den Angriffen auf das Deutsche Volkstheater ihm das Geschäft störe, fühlte ich, daß ich verurteilt war. Hier begann nach langen Stunden zwecklosen Verhandelns das Interesse der zwölf Männer an dem Prozeßgegenstand zu erwachen. Hätte ich damals nicht erhobenen Hauptes gesagt: ich führe den Krieg gegen die Versippung von Kritik und Produktion im öffentlichen Interesse; hätte ich demütig bekannt: ich führte ihn, weil ich eine Privatrache befriedigen wollte, weil mir von den Klägern eine Unbill widerfuhr, weil der Kritiker mich getadelt, der Direktor mir ein Stück abgelehnt hat; hätte ich hilfesuchend erklärt, daß die Herren mir das Geschäft stören, — wahrlich, meine Chancen wären günstiger gewesen! Alles Gerede über die von den ›Tagesströmungen‹ getrübte Gesinnung der Geschwornen ist Unsinn, mindestens Übertreibung. Vor zwölf Antisemiten kann ein polnischer Jude sich einen Freispruch erkämpfen, wenn er die empörendsten Beleidigungen mit der Beteuerung zu tilgen bereit ist, er sei ein ehrlicher Gewerbetreibender und habe sich nur gegen eine ihm von der Gegenseite drohende Geschäftsschädigung zu wehren gesucht. Die in den engen Pflichtenkreis des Erwerbslebens gebannt sind, Jud und Christ, Agent und Greisler, müssen einander in dieser Tiefebene richterlicher Erkenntnis begegnen. Es ist klar, daß ein Publizist einstimmig verurteilt werden muß, wenn er im Dienste der öffentlichen Moral die Versumpfung einer bestimmten Geschäftsbranche aufdeckt und sich hiebei im besten Glauben auch unrichtiger Informationen bedient. Und sicher hat ein Angehöriger dieser Branche bessere Aussichten, der in einem Fachblatt sich an seinem Konkurrenten für erlittene Geschäftsstörung durch ungerechtfertigte Angriffe rächt. Es ist nur zu wahr: die Geschwornen urteilen nicht nach dem Buchstaben des Gesetzes, sondern prüfen die Motive einer Beleidigung. Sie haben die ›Wahrung berechtigter Interessen‹, die man dem Gesetz vor der Handhabung durch Juristen in der

Tat erst einverleiben müßte, längst berücksichtigt. Wer im Gerichtssaal einen ethischen Kampf für das öffentliche Wohl fortsetzt, »mischt sich in fremde Angelegenheiten«. Unlauterer Wettbewerb ist bei uns ein Strafausschließungsgrund.

LITERATUR.
Von Farga.

Wie ein entfesselter Strom ergießt sich seit einigen Jahren ein Chaos von Büchern über die Köpfe der erschrockenen, verschüchterten, hilflosen Zeitgenossen. Es wimmelt von neuen Namen und geschraubten Titeln. Der geänderte Zeitgeschmack hatte den Goldschnittbänden alten Stils gründlich den Garaus gemacht und einer vernünftigen Buchausstattung das Wort geredet. Diese Forderung ward aber zu einem Freibrief für jeden verrückten Einfall hypermoderner Buchbindergesellen. Was da in grellfarbenen Umschlägen, mit Titelzeichnungen, die dem Menschenverstande Hohn sprechen, in Lettern gedruckt, die ihren Stolz darein gesetzt haben, so unleserlich wie nur möglich zu sein auf den Markt geworfen wird: — wenn einer das alles lesen müßte! So denkt man schaudernd und malt sich solches Beginnen schrecklicher aus als alle mittelalterlichen Torturpraktiken. Wird doch jedem schwül genug, dem zufällig nur der Katalog eines Sortimenters in die Hände gerät, ein geschwollener Band von 500—600 Seiten. Wie drängt da alles zuhauf: Lyrisches und Episches, Roman, Novelle, Skizze und Vermischtes. Beim Lesen der Überschriften schon stellt sich ein bleierner Hirndruck ein. »Gesagtes und Gedachtes«, »Sänge, Klänge«, »Irre Wanderseelen«, »Funken«, »Tränenperlen in Reimen«, — — es ist zu viel! Beim Buchhändler blättert man in den neuesten Erscheinungen, Antiquare packen mit Vorliebe den Ansichtssendungen ganze Kollektionen moderner Poesie bei. Man liest das irre Stammeln, die hinkenden Schülerverse. Enttäuschte Gattinnen schildern die Dränge

der ersten Nacht. Jünglinge verwenden ihre erste Bordellbekannt-
schaft zu tiefgründig psychologischen Studien, und geile Backfische
schreien nach dem reinen Mann. Ein heißes Mitleid wallt in uns
auf für die beklagenswerten Setzer, die diesem Schund zum Leben
verhalfen, für die Redakteure, die solche Gourmandisen samt den
lobhudelnden Beizetteln der Verleger zu allererst genießen dürfen.
Und auch jene Enterbten des Glücks dürfen unseres Mitgefühls
sicher sein, die, ihre Abendatzung vom Greisler holend, nicht
ahnen, daß die Lektüre der Emballage ihnen schlimmer bekommen
wird als Wurstgift und Schimmel.

Literatur! Wie klang uns dies Wort stets so berauschend
stark und voll! Und jene, denen sich diese Kunst zu eigen gegeben,
wie hoch stellten wir sie in unseren Träumen! Die wenigen wahrhaft Großen, die wie Seher durch das Leben gingen, die, des
Gottes voll, der Menge wahllos ihre Perlen hinstreuten, in schim-
mernder Fassung boten, was gewöhnlichen Sterblichen wie eine
halbgefühlte Ahnung kaum an das Herz gerührt hatte. Und die
anderen Poeten, minder berühmt oder noch unbekannt, in Dach-
kammern frierend, in Nachtkaffees ihre Lieder schreibend, wie
dünkte ihr Los uns so traurig herbe und doch so beneidenswert!
Sie schrieben nur, wenn sie mußten, wenn des Lebens gemeine
Not gebieterisch es heischte, oder wenn der übervollen Seele das
wahrhaft Geschaute, Gelebte enttropfte gleich blutigroten Rubinen.
Und das Elend, das sie kosteten, das ja fast jedem Poetenschicksal
gesellt ist, es konnte sie nicht so schmerzhaft verwunden wie uns
andere. In Stunden der Verzückung, wenn sie seltsam lockenden,
fernher hallenden Stimmen lauschten, während die stumpfe Menge
in blödem Trott hastete, da erklommen sie wohl steilere Freuden-
gipfel, genossen berauschendere Träume, als Macht oder Liebes-
glanz zu gönnen vermögen.

So dachten wir uns die Poeten. Aber die da anstürmen,
mit Marktgeschrei sich in die Vorderreihen drängen, die sind es
nicht. Spekulanten, die mit der Mode gehen, Skandalmacher,
deren höchstes Ziel eine Konfiskation ist. Anpasser und Poseure, die
jeden neuen Trik, jede gangbare Sensation getrost ausschroten und
dazwischen der wüste Haufe der Talentlosen, Schänder der deutschen Sprache, geblähte Auchliteraten, die ihre Erzeugnisse auf
holländisch Bütten, mit Vignetten und Zierleisten, in fingierten

zweiten Auflagen, mit Portrait, Autogramm und einem kurzen Lebensabriß in die Welt senden.

Und die deutschen Verleger, wie tönt doch ihr Klagen, das sie des Jahres mehreremale anstimmen, so beweglich an unser Herz. Denn groß ist ihre Misère, und unverschuldet! Haben sie doch stets nur aus lauterstem Wohlwollen, aus erhabenem Mitleid oder edler Kunstbegeisterung ihre letzten Groschen daran gewandt, den unbekannten, darbenden, kämpfenden Poeten die Wege zu ebnen, sie zu unterstützen auf dem steinichten Dornenpfad zu Sonnenruhm und Erfolg. Wie kärglich waren doch stets ihre Ansprüche, wie herzlich, ja väterlich ihr Verkehr mit dem Autor, wie eifrig waren sie bemüht, im deutschen Volke vergessen zu machen, daß ihrer Ahnherren einer, der Hofbuchhändler und Hofkammerrat Schwan, einem armen Teufel namens Friedrich Schiller den »Fiesko« um bare elf Silberlinge abgekauft und trotz der wiederholten Auflagen es nicht für nötig erachtet hatte, dieses königliche Honorar zu ergänzen. Gottseidank, so etwas ist heute nicht mehr möglich; und nur schnöder Undank einzelner Federhelden ist es, wenn sie das Gegenteil behaupten. Ausnahmen kommen ja überall vor, und es mag vielleicht einzelne geben, die, von Eigennutz und Habsucht verblendet, den soliden Traditionen des Verlegerstandes untreu werden. Indes, diese Auswürflinge können dem festgefügten Ansehen der Branche nicht schaden. Aber das Publikum, dieses Ungeheuer, das in unberechenbarer Laune heute mißachtet, was es gestern anbetete, das seinen Lesehunger in den Leihbibliotheken stillt und gegen Bücherkaufen eine unüberwindliche Abneigung hegt, es allein trägt die Schuld, wenn der Großteil der Schriftsteller ein dürftig und kärglich Brot ißt. Und im Anschlusse an dieses Lamento lesen wir dann gewöhnlich, daß sich die Verleger nur ungern veranlaßt sehen, neue Kartelle zu bilden, nach berühmten Mustern, oder wie es erst kürzlich geschah, um den Bücherkäufern den geringen Rabatt zu sperren, der ihnen bisher von manchen Firmen gewährt wurde.

Und aus dem geschmähten Publikum steht keiner auf, sich gegen den — ausnahmsweise ungerechten — Vorwurf zu wehren. Mit schafsmäßiger Indolenz läßt man sich indolent und blöde schimpfen. Keinem fällt es ein, diesen Herren die Maske vom Gesicht zu reißen und zu zeigen, daß abgesehen von den 10 bis 20 soliden Firmen die anderen nur Blutsauger sind, Ausbeuter fremder Talente. Zu zeigen, wie skrupellos diese Leute ihren Vorteil stets zu wahren wissen, daß noch nie einer es unternommen hat, ein Erstlingswerk auf eigene Kosten zu verlegen. Nachzuweisen, daß es heutzutage möglich ist, dem größten Stumpfsinn einen Verleger zu finden, wenn nur die Druckkosten von dem Verfasser gedeckt werden. Zu zeigen, wie an der Vorliebe des Publikums für pornographische Literatur die Verleger zum größten Teil mitschuldig sind durch die ekle Art der Reklame, die selbst an Werken ernster Richtung stets nur das vermeintlich Sinnliche, Pikante anpreist.

Welche Vorstellung von der geistigen Reife und Urteilskraft dieser Protektoren der Literatur müssen wir gewinnen, wenn wir in den Fachblättern sehen, wie sich den Verlegern massenhaft Leute als »Lektoren« anbieten, denen dann die Bewertung der eingesandten Arbeit obliegt. Welche Fülle trauriger Details zu diesem Punkte würde eine Enquête unter den Literaten liefern, wenn ein jeder offenherzig seine Erfahrungen zum besten gäbe!

Aufzuzählen wären jene kostbaren Bursche, die sich da rühmen, noch nie mit ihren Autoren abgerechnet zu haben. Und an einzelnen Beispielen könnte man zeigen, wie trefflich auf die Eitelkeit und Unerfahrenheit der Schriftsteller spekuliert wird. Da ist der Uneigennützige, der mit Hintansetzung jeglichen Vorteils gern bereit ist, das Buch in Verlag zu nehmen und auch die Druckkosten selbst zu tragen. Nur am Risiko muß sich der Autor beteiligen, dafür aber bekommt er von jedem verkauften Exemplar 10—15 Pfennige Honorar. Dabei ist der Risikobeitrag lächerlich klein, 300 bis 500 Mark höchstens, die man nach Absatz der ersten Auflage ohne Abzug zurückerhält. Was dem literarischen Anfänger verschwiegen wird, ist die Tatsache, daß der Risikobeitrag die Druckkosten übersteigt und daß von der ersten Auflage im besten Falle 50 Exemplare verkauft werden, sodaß der Glückliche ein Honorar von 5—8 Mark einstreichen darf, den Risikobeitrag aber nie wieder sieht.

Hier Wandel zu schaffen, hat ein Berliner Pfiffikus unternommen, und seine Schläue steht wirklich unübertroffen da. Der stellt sich nämlich den Autoren als Führer ihrer Geschäfte zur Verfügung, und diese haben die Rechnungen der Buchdrucker,

Buchbinder und Papierhändler direkt zu begleichen, da diese Posten durch die Bücher des berlinischen Mäcenas nicht laufen. Lediglich die Unterhandlungen mit den Lieferanten besorgt er selbst, und es wäre unschön zu glauben, daß er von diesen dafür, daß er ihnen Arbeit zuschanzt, irgendwelche Vergütung bekommt, umsomehr, als er sich von den Autoren ein angemessenes Pauschale im vorhinein zahlen läßt. Natürlich werden auch hier den armen Opfern goldene Berge versprochen und ein Partizipieren am Reingewinn in Aussicht gestellt. Doch ach! die schönen Träume von einer Leibrente verflattern im Winde und die reinen Toren können höchstens, wenn sie ihren Humor nicht verloren haben, die Kanzonetta aus dem Rigoletto in etwas veränderter Textierung singen.

Es liegt auf der Hand, daß durch derlei Geschäftchen nicht nur der Buchhandel schwer diskreditiert, sondern auch dem deutschen Schrifttum der letzte ideale Schimmer abgestreift wird, dessen es doch so notwendig bedarf. Hatte das böse Wort Schillers von der Melkkuh bisher zwar immer in etwas Geltung besessen, so blieb es doch erst unseren Tagen vorbehalten, den ganzen Beruf rein nur von der geschäftlichen Seite zu nehmen. Literarische Bureaus und Feuilletonkorrespondenzen schießen wie die Pilze aus dem Boden hervor. Novellen, das Stück zu 6—8 Mark, Satiren, Plaudereien, aktuelle Leitartikel, Politisches, Nekrologe, Hochzeitskarmina, Pikanterien . . . bitte nur zu wählen! Da existiert irgendwo in Deutschland — ich glaube in Frankfurt — ein Bureau, dessen Satzungen mir, trotzdem ich Phlegmatiker bin, hellen Neid erregten. Dieses vortreffliche Institut verlangt für jedes Manuskript einen Kostenvorschuß von Mark 1.50, für die Prüfung der Arbeit und zwar für Prosa: für je 50 Seiten Mark 2.—, Lyrik: für je 20 Seiten Mark 2.—, Drama: für je einen Akt Mark 5.—, außerdem vom Honorar 15 Prozent. Notabene erfolgt der Vertrieb, bezw. die Rücksendung sofort nach Einsendung der Gebühren. Die Herren machen gute Geschäfte, da ja die Dummen nie alle werden, und mancher geplagte Redakteur mag seufzend berechnen, wieviel er zu kriegen hätte, wenn die Lektüre eines einzigen Dramas oder eines Romanes ihm gleich 25—100 Mark eintrüge.

Für Parasiten wird das Gebiet geistiger Arbeit stets ein guter Nährboden sein. Poetische Werke, Bilder, Melodien —

alles ist käuflich und kann dann als Eigenprodukt ausposaunt
werden. Aber solch schmählicher Handel blieb bisher doch
wenigstens geheim; und ich glaube nicht, daß es vor zehn oder
zwanzig Jahren möglich gewesen wäre, eine Annonce wie die folgende in einem öffentlichen Blatte unterzubringen:

> Schriftsteller sucht per sofort einen
> fruchtbaren und erfolgreichen Literaten mit
> originellem Erfindungsvermögen, gediegenem
> Stil und Universalkenntnissen zur schnelleren
> Erledigung vorliegender Aufträge.

* * *

Der Münchener Blitzmajor, der — siehe Nr. 169 — das
Übel der Prostitution durch schlechtere Bezahlung der Prostituierten
aus der Welt schaffen will und der dem ‚Simplicissimus‘ selt-
samer Weise bis heute entgangen ist, macht Schule. Die Herren
der Schöpfung möchten das Nützliche mit dem Angenehmen verbinden, zugleich der Prostitution und der Prostituierten an den
Leib rücken und erheben die alte Methode des »Blitzens« zur
weltverbessernden Theorie. Man weiß jetzt, warum diese Idealisten
es so schön finden und in allen Tonarten besingen, wenn ein
Mädchen ihnen »ihren Leib schenkt« . . . Da wurde neulich
über eine anmutige Gerichtsverhandlung berichtet. »Der 75jährige
Private Moriz Kohn hatte gegen die 17jährige Franziska N. die
Anzeige erstattet, daß sie ihm eine Uhr gestohlen habe. Nach
ihrer Verhaftung gab das Mädchen an, sie sei in der Rothenthurm-
straße von dem Greise angesprochen und unter vielen Versprechungen zu einem Rendezvous verlockt worden. Da sie
vazierend und in Not war, gab sie dem gebrechlichen Alten
Gehör. Aber aus den glänzenden Verheißungen wurde Nichts.
Herr Kohn überreichte dem Mädchen — zwei Bonbons und sagte:
»Jetzt geb' ich Nichts. Aber ich habe Lose, wenn ich einen Haupttreffer mach', wer' ich nobel zahlen.« Bei der gestrigen Verhandlung wiederholte das Mädchen ihre Erzählung, welcher der
Privatbeteiligte nicht widersprach. Die Geschichte mit dem
Haupttreffer gab er lächelnd zu. Das Mädchen erklärte, daß sie
sich durch den Diebstahl der Uhr schadlos halten wollte.« Der
Richter war anständig genug, die mildeste Strafe von 12 Stunden

Arrests zu verhängen, und die Zeitungen meldeten noch den folgenden Dialog: »Zeuge (zu der Verurteilten): Sie können sich bei dem löblichen Gerichtshof bedanken für die milde Straf'. Nächstens ... « Richter: Bitte, bitte, Herr Zeuge, es ist gar kein Grund für Sie, Moralpredigten zu halten! Sie können gehen.«

Wenn ein Journalist um die ausbedungene Bestechungssumme geprellt wird, darf er sie einklagen. Bei uns ist es üblich, daß illustrierte Revolverblätter Schauspieler, die ihnen den Schandlohn für Bild und Lob mit Recht schuldig bleiben, zivilgerichtlich belangen. Kein Richter wagt es, solchen Vertrag als einen, der gegen die guten Sitten verstößt, für ungültig, als eine »causa turpis« zu erklären. Und doch gefährden die Prostituierten der Feder, die Fünfguldenmänner des Gedankens, die Freiknaben, die unter dem Strich gehen, die öffentliche Moral. Das arme Mädchen, das, wo die Not am höchsten war, Herrn Kohn am nächsten fand und das schlimmstenfalls ihre individuelle Ethik, deren Wohl kein irdisches Gericht zu bekümmern hat, in Gefahr brachte, würde mit Spott davongejagt, wollte sie mit ihrem Anspruch vor ein Zivilgericht treten. Besser, daß causa turpis causam turpiorem, den »Diebstahl« einer der Diebin vorenthaltenen Wertsache, erzeugt, daß man die Arme schuldig werden läßt und dann der Pein des Strafgerichtes überliefert. Unsere vortreffliche Gesellschaftsordnung verträgt nun einmal die Prostitution nicht. Herr Kohn, ihre Stütze, verlangt Liebe um seiner selbst willen. Der »Zug des Herzens« muß es sein. Versteht sich, ein Blitzzug ...

*　.　*

Aus Hoboken, der liberalen Zeitungslesern geläufigen Vorstadt New-Yorks, geht mir ein sonderbares Schreiben zu, in dem zur Abwechslung nicht die Lage der Deutschen in Österreich, sondern die Lage der Richter in Österreich begutachtet wird und das nicht die Unterschrift Hans Kudlich's, sondern die der Gattin des Freiheitshelden Reginald Helfer trägt, des bekannten »flüchtigen Gerichtssekretärs«. Ich bringe es, um das Verlangen nach Gerechtigkeit

nicht zu enttäuschen, unverkürzt zum Abdruck.
Nicht, weil ich etwa der Meinung, der Mensch müsse,
um ehrlich leben zu können, sich auf unehrliche
Weise sein Geld verdienen, beipflichte; nicht weil
ich die Erkenntnis, die ein sinnloses Luxusleben mit
Not entschuldigen möchte, zu der eigenen mache.
Wohl aber, weil mir die A n k l a g e, die in dem
Schreiben erhoben wird, verständiger scheint als die
Verteidigung, die es bezweckt. Weil es sich, wie ein lehr-
haftes Kapitel aus dem großen österreichischen Roman
vom Beamtenelend liest, in den eben nicht die stummen
Helden des Entsagens, sondern jene Einblick ge-
währen, die sich den Gefahren seines Milieus glücklich
entzogen haben.

New-York-Hoboken, am 29. Nov. 1904.

Geehrter Herr!

Diese Zeilen gelangen jedenfalls in einem Zeitpunkt in
Ihre Hände, wo auch Sie bereits den Stab über meinen armen
Mann resp. über uns beide gebrochen haben dürften. — Sie sind
der einzige Mensch in Wien, den ich bitte mich zu hören, vielleicht
erbarmen Sie sich und lassen uns in Ihrem Blatte etwas Milde,
etwas Gerechtigkeit werden!

Keine Parallele mit dem »Fall Moravitz«! Dieser Edle v.
Moravitz hat nebst Adel noch ein sehr bedeutendes Vermögen
geerbt und dieses sowie auch fremdes Geld o h n e Not dem
Spielteufel geopfert. Unser Fall steht wesentlich anders. — Als
wir heirateten, war mein Mann wohladjutierter Auskultant (K 80),
mein Heiratsgut bestand aus einer Apanage von K 280. Dieses
Einkommen konnte wohl für zwei bescheidene Menschen genügen,
wenn sie, wie wir es taten, auf all die kleinen geistigen Er-
frischungen, deren kein intelligenter Mensch für die Dauer entraten
kann (Theater, Musik, gute Bücher, Gesellligkeit) verzichten. Dagegen
hat man ja große Aussichten — das baldige Avancement. Der
große Moment kam auch, natürlich Monate später, als man in
seiner Ungeduld hoffte. Nachdem alle Ernennungstaxen und
Witwenpensionen abgezogen waren, sank unser Jubel um ein
stattliches Sümmchen herab. Alles in Allem hatten wir nun K 6000,
und ohne das Kind wäre es gegangen. Ich will mich hier nicht
weiter in breiten Schilderungen des nun kommenden Elends ergehen.
Ärzte mußten bezahlt werden, das Kind mußte ein gesundes,
gutes Zimmer und Landaufenthalt haben — wie sollte man dies
Alles mit K 6000 bestreiten? Damals entstand der Gedanke an
eine Nebenbeschäftigung. Mein Mann bewarb sich um Häuser-

administrationen, um eine Lehrerstelle an Handelsschulen etc. etc. Viele
Finanzbeamte und Herren vom Obersten Rechnungshof — Sektions-
Rat Witting vom Obersten Rechnungshof verwaltet 50 Wiener
Häuser — können sich ihr karges Einkommen durch solche
Stellen erhöhen; dem Richter aber wird bedeutet, daß jedes Neben-
einkommen mit seiner Würde unvereinbar ist. Diese »Würde«,
bekleidet mit dem Talar, soll wohl den Menschen samt Weib und
Kind satt und glücklich machen?! Niemand ahnt, wie wir gelitten
und gekämpft haben — wie viele nach uns noch weiter leiden
und kämpfen! Dies alles für eine Chimäre — einen Titel ohne
Mittel. — In keinem Lande der Welt werden Richter so elend
bezahlt wie bei uns. Vor allen anderen Staatsbeamten nimmt der
Richter der hohen Verantwortung, die er für jedes seiner Worte
zu tragen hat und der ganz besonders ausgeprägten Ehrbegriffe
wegen, die ein Mensch, welcher berufen ist über andere Sterbliche
zu judizieren, haben muß, eine exzeptionelle Stellung ein —
diesem Umstande wird auch in jedem andern Staate Rechnung
getragen; bei uns werden aber nur die Ministerialgigerl bei jeder
passenden und unpassenden Gelegenheit mit Remunerationen,
unzeitgemäßen Avancements und Orden gestopft. — Als mein
Vater mißlicher Verhältnisse wegen auch die Apanage nicht mehr
leisten konnte, waren wir plötzlich auf die nackte Gage angewiesen.
K 370 ≈ fl. 185!! Gerichts-Sekretär, »echt«goldener Kragen. Hut
ab, all Ihr saturierten Kaufleute, Bankiers und Wucherer! Ihr
seid reich — aber w i r sind dafür »w a s«, wir haben »W o h l-
t ä t i g k e i t s - Institute«, genannt: Beamtenvorschuß-Vereine, die
uns gegen 15% bis zur Bewußtlosigkeit (ich meine bis zu unserer
Bewußtlosigkeit) Geld leihen, und Ihr nicht!

Da kam ein Gage-Tag — am Abend desselben war unsere
Habe nach Bezahlung aller kleinen Raten an die verschiedenen
»Wohltätigkeits-Vereine« auf K 30 zusammen geschmolzen. Oh!
hätten wir unser liebes Kind nicht gehabt, — damals wäre der
Moment für unsere Pax gekommen!... •

Nicht der Wunsch nach Luxus und eitlem Vergnügen hat meinen
armen Mann auf die schiefe Bahn getrieben, sondern Hunger nnd
Elend. Er versuchte sein Glück auf dem Turf und gewann und
verlor wie jeder Spieler, wurde leichtsinnig und skrupellos wie
jeder Spieler — in der Hoffnung, daß der große »Coup« gelingen
müsse, mit dem man Alles gutmachen kann. Die Lawine wuchs
und wuchs, unsere guten »Freunde« hätten vielleicht noch retten
können; aber sie sahen mit Vergnügen die Lawine anwachsen, die
uns endlich begrub; so ein Schauspiel hat man ja nicht täglich.
Möge unser Ruin den Staat aus seiner Lethargie wecken! Man
gebe dem Richter was des Richter's ist, ein s t a n d e s g e m ä ß e s
Existenzminimum, in welchem nicht nur Essen und Schlafen ein-
gerechnet ist — sonst werden uns noch all' die Vielen nachfolgen,
die in der Wahl ihrer Eltern oder Schwiegereltern nicht vorsichtiger

waren oder es vorziehen, unter ihrem Talar von »Herrschaften abgelegte« Kleider und ein zerrissenes Herz zu tragen, bis die Pensionierung sie erlöst. —

Die ‚Neue Freie Presse' widmet in einem spaltenlangen von unseren »lieben Freunden« inspirierten Artikel zarter und geschmackvoller Weise dem körperlichen Gebrechen meines Mannes eingehende Besprechung; wozu, ist mir unerfindlich. Besser begreife ich, weshalb der Umstand, daß ich »keineswegs« hübsch bin, von der »Kupplerin in der Fichtegasse« mit unserem Ruin in Zusammenhang gebracht wird ... Ich muß gestehen, daß mich im ersten Moment das so öffentliche an den Pranger Stellen meiner Häßlichkeit kränkte. Jedoch gemischt sei Freud mit Leid. Zum Glück fielen mir die Ballberichte der letzten zwei Jahre ein — wie entzückend, wie reizend war ich damals noch! Konnte man wissen, wie nützlich so ein Gerichtssekretär einem noch einmal werden konnte, — z. B. wenn er in ein Ministerium kam? Ja, die Zeiten und der Geschmack ändern sich! Die Hauptsache ist, die Zeitungen haben ihren »lieben Lesern«, wenn auch auf Kosten der Menschlichkeit und des guten Geschmackes einen amüsanten »Nikolo« beschert — und wenn sie bis zu Weihnachten nichts »Neues« haben, reicht der Fall Helfer mit einigen Details über meine Toiletten, Schminken, Badezimmer-Interieur und noch andere schöne und geheimnisvolle Dinge hoffentlich hin!

Wie eine Landesgerichtsrat-Familie in Wien von ihren »Bezügen« leben muß:

Enge elende Wohnung in einem unerklimmbaren Stockwerk, qualmende Petroleumlampe, ein billiges Dienstmädchen letzter Sorte zu 3 Kindern. Außer bei besonders festlichen Anlässen niemals ein weißes Tischzeug! Die Frau Landesgerichtsrätin, eine reizende, gute und feingebildete Dame muß waschen, kochen, bügeln und räumen. Zum Essen gibts meistens nur das, was vom Tage vorher übrig ist. Zähne plombieren lassen ist ein unerschwinglicher Luxus. Ein Arzt wird erst bei 40⁰ Fieber geholt. Ein neues Kleid kann sich die Frau Landesgerichtsrätin erst kaufen, wenn sie einige Klavierstunden für Geld gegeben hat. — Ich spreche hier von Dingen, die ich aus eigener Wahrnehmung kenne.

So muß ein Richter leben! so bleibt er anständig!! Herrgott, wo nimmt man soviel Charakter, Entsagungsphilosophie und Liebe zum Beruf her!

Ihre Sie hochschätzende

Lucie Helfer.

ANTWORTEN DES HERAUSGEBERS.

Schutzzöllner. In dem Gesetzentwurf der Regierung über den Schutz der Auswanderer ist das Verbot des Mädchenhandels wie folgt geregelt: 1. Wer eine Frauensperson in der Absicht, sie in einem a n - d e r e n   S t a a t e   a l s   j e n e m   i h r e r   H e i m a t   der gewerbsmäßigen

Unzucht zuzuführen oder in Kenntnis des Umstandes, daß sie dort der gewerbsmäßigen Unzucht zugeführt werden soll, in einen anderen Staat befördert, wird wegen Vergehens mit strengem Arrest von sechs Monaten bis zu drei Jahren bestraft. 2. Wer eine Frauensperson in der Absicht, sie in einem a n d e r e n   S t a a t e   a l s   j e n e m   i h r e r   H e i m a t der geweibsmäßigen Unzucht zuzuführen oder in Kenntnis des Umstandes, daß sie dort der gewerbsmäßigen Unzucht zugeführt werden soll, durch Erregung oder listige Benützung eines Irrtums derselben über den Zweck ihrer Reise verleitet, sich in einen anderen Staat zu begeben, oder sie unter Anwendung eines solchen Mittels dahin befördert, wird wegen Verbrechens mit schwerem Kerker von 1 bis zu 5 Jahren bestraft. 3. Wer sich mit einem anderen zu dem Zweck verbindet, Frauenspersonen in einem a n d e r e n   S t a a t e   a l s   j e n e m   i h r e r   H e i m a t durch Beförderung in denselben der gewerbsmäßigen Unzucht zuzuführen, wird wegen Vergehens mit strengem Arrest von 6 Monaten bis zu 3 Jahren bestraft.«

Literarhistoriker. Das »Literaturblatt« der ‚Neuen Freien Presse'! Ja, wo soll man da anfangen? Sicher gab's in der letzten Zeit größere Blamagen als die von Ihnen berichtete. Aber da Hermann Hesse's »Petei Camenzind« immer mehr Interesse findet und eben erst wieder durch die Entscheidung der Bauernfeldpreis-Richter von sich reden machte, so sei nachgetragen, was Sie zu der Besprechung in der ‚Neuen Freien Presse' bemerken: Herr Servaes stellte fest, daß sich die Begebenheiten des Romans u. a. auch »an den Gestaden und angrenzenden Bergen des Züricher Sees« vollziehen, daß der Held »aus dieser Gegend gebürtig« sei, »also ein Autochthone vom Zürichsee«. Nun liegt Camenzind's Heimatdorf »Nimikon« wohl an einem See, doch dessen Ufer tragen den Charakter des Hochgebirges. Wir erfahren von Föhnstürmen und Lawinen. Wie verträgt sich das mit der sanften Hügelwelt der Zürichsee-Ufer? »Wäre es so schwer gewesen«, fragen Sie, »hier den richtigen Namen, den des Vierwaldstättersees, zu finden, auf den doch das katholische Milieu der Heimat Camenzind's ausdrücklich hinweist?« Aber Herr Servaes begnügt sich niemals mit e i n e m Irrtum, und so vermutet er das Urbild von »Nimikon« — der Roman enthält nur erfundene Lokalbezeichnungen — in Pfäffikon. Nun liegt aber dieses gar nicht am Züricher See, — an dessen Ufer allerdings s i e b e n Orte mit der Endung -ikon zu finden gewesen wären ... »Wen das Urbild von Nimikon nun einmal interessiert, dem kann«, so schreiben Sie, »mit dem Hinweis auf Sisikon (an der Axenstrasse zwischen Brunnen und Flüelen) geholfen werden. Auch der Name Camenzind gehört dem Vierwaldstättersee-Gebiete an. In Gersau trägt die Mehrzahl der Grabsteine diesen Namen.« — Sie machen mich ferner auf die vor wenigen Monaten erschienene 2. Auflage der deutschen Literaturgeschichte von Vogt und Koch (Bibliograph. Inst., Leipzig) aufmerksam. Der II. Band dieses Werkes setzt mit Opitz ein und klingt mit Rudolf Lothar aus. Mit Recht betont daher die ‚Neue Freie Presse' in ihrem »Literaturblatt« vom 16. Oktober, »daß der deutsch-österreichischen Dichter und

ihrer Bedeutung ganz besonders eingehend gedacht wird« und daß
»von den bedeutenderen Poeten der neuesten Zeit kaum einer übergangen worden sein dürfte.« Und was berichtet uns der Gelehrte Koch
über den Poeten Lothar? Daß er 1865 in Ofen-Pest geboren wurde,
»für Humor und Ernst begabt«, ein »Ibsenkenner« und der Autor »erfin-
dungsreicher Lustspiele« mit »sicherer Beherrschung der Bühnentechnik«
sei (II, 522). Nicht alle Dichter, die die letzten 50 Seiten des Werkes
bevölkern, tragen so bekannte Namen wie unser Lothar. In Prag kennt
man vielleicht den »Prager Philosophen Christian v. Ehrenfels« (II, 476)
und seine »tiefempfundenen, poesievollen allegorischen Dramen« (1895).
Wo aber kennt man Arno v. Walden's Gedichtsammlung »Christus« (1903),
oder des Wieners Eduard Hlatky Trilogie »Weltenmorgen« (1903), die
»Miltons und Klopstocks Bahnen« verfolgt? (II, 500). Ja, die wahre
Literaturgeschichte hat die Pflicht, zu »entdecken«! Sie muß aktueller
sein als ein Reporter, fixer als der Waschzettel des Verlegers. Nur
Ignoranten werden behaupten, daß Herr Paul Keller aus Arnsdorf mit
seinen Romanen »Waldwinter« (1902) und »Heimat« (1903) und Herr
Max Bittrich aus Forst i. d. Lausitz, dem die Welt den sozialen Roman
»Kämpfer« (1903) verdankt, sich noch hätten gedulden können, bis sich
das Urteil über ihr Schaffen einigermaßen geklärt haben wird.
Gewiß, die zuletzt genannten vier Dichter wurden der Literaturgeschichte
auf Grund von Werken einverleibt, die kaum ein Jahr vor dem Erscheinen
des Vogt-Koch'schen Werkes ans Tageslicht kamen. Aber der moderne Historiker, der durch Erfahrung gewitzigt ist, schließt eben von der absoluten Nichtbeachtung durch die Zeitgenossen auf die Geschichtswür-
digkeit eines Autors. Darum ist es auch ganz folgerichtig, wenn in dem
Buche der Herren Vogt und Koch — um nur zwei österreichische
Namen zu nennen — Peter Altenberg und Karl Schönherr n i c h t
vorkommen.

    Kritiker. »Das Programm des Abends bot reiche Abwechslung.
. . . Stürmisch akklamiert wurde Kammersänger Fritz Schrödter, der in
seiner meisterlichen Art Lieder von Jensen, Beethoven und Massenet
vortrug. . . .« (11. Dezember). Das Programm bot reichere Abwechslung als das Konzert. Herr Schrödter vergaß, den Vertreter der ‚Neuen
Freien Presse‘ zu verständigen, daß er krankheitshalber abgesagt habe

    Leser. »Sicher wäre er kein so großer Dichter, wenn er nicht
Holger Drachmann, sondern etwa Heinrich Müller hieße.« So stand's
in der letzten Nummer. Und nun meldet sich wirklich ein Herr Heinrich
Müller und schreibt: »Die ‚Fackel‘ Nr. 170 erhielt ich in 6 Exemplaren
zugeschickt. Überall war der Passus auf Seite 15 unterstrichen. Man
fragte mich, was S i e g e g e n m i c h h a b e n, obwohl die Mehrzahl aus der
Holger Drachmann-Notiz n i c h t k l a r e r s a h, ob Sie für oder g e g e n
mich sind.« Ich nehme keinen Anstand zu erklären, daß ich dies zuerst
selbst nicht wußte, daß ich aber nach wiederholter Lektüre der Notiz
zu der klaren Erkenntnis kam: ich bin w e d e r für n o c h gegen Herrn
Heinrich Müller.

DIE FACKEL

NR. 172ᵃ   WIEN, 31. DEZEMBER 1904   VI. JAHR

Ob die internationalen Vorkehrungen gegen das
Eindringen der Pest immer eingehalten werden, weiß ich
nicht. Das Eindringen der Gräfin Montignoso zu
verhindern, ist bisher vollauf gelungen. »Die staatlichen Polizeiorgane in Salzburg hatten den Auftrag,
der Gräfin das Betreten österreichischen Gebietes zu
verwehren. In Ausführung dieses Auftrages befanden
sich Freitag und Samstag in der benachbarten
Bahnstation Freilassing ein Polizeikommissär, sowie
mehrere Geheimpolizisten, um die Züge zu kontrollieren.
Auch die Zugänge zur kaiserlichen Residenz, der
Wohnung der großherzoglichen Familie waren scharf
bewacht und mehrere Beamte des Großherzogs
erhielten den Auftrag, der Gräfin nötigenfalls den
Zutritt zur Wohnung ihrer Eltern zu verweigern.
Gleichzeitig erhielt die Gräfin Montignoso die Mitteilung, daß sie unter keinen Umständen Salzburg
betreten dürfe, sondern sich unverweilt nach Florenz
begeben und dort weitere Verhandlungen abwarten
solle«. Dem Sanitätskordon ist ein großer Erfolg zu
verdanken. Immerhin bleibt es räthselhaft, daß sich
Italien dem internationalen Schutzbündnis nicht ange-
schlossen hat. Dresden und Salzburg sind seuchenfrei...
Ward je der Welt ein scheußlicheres Schauspiel geboten? Da der polternde Alte in Dresden
geschmackvolle Leute, die auch das Privatleben
höchster Persönlichkeiten nicht interessiert, mit seinen
Manifesten nicht mehr behelligen kann, durfte man
den Skandal beendigt glauben. Nein, der Schwach-

matikus, der ihm gefolgt ist, muß auch den wilden
Mann spielen und die einst geliebte Frau, die
durch Ehebruch gewiß nicht das Recht auf Mutter-
gefühle verwirken konnte, in Gemütszerrüttung jagen.
Und doch weiß jedes Kind in Sachsen, daß dieser
Gatte nicht freiwillig mit seinen Hörnern durch die
Wand rennt, daß er den Fall nicht so tragisch nimmt
wie sein Hofgesinde; daß August der Schwache sogar
heimlich vor kurzem einen Besuch in Florenz gemacht
hat und daß an dem ganzen Rummel, an der Flucht und
dem Jammer der Kronprinzessin nicht die Enthüllung
einer Schmach, sondern der Geschlechtsneid einer
Verwandten, deren altbewährte Tugend noch jeder
Sprachlehrer respektiert hat, die Schuld trägt. Gewiß,
die Sentimentalität der Weihnachtsschmöcke ist
ebenso lästig wie die Moralität der ,Sonn- und Montagszeitung‘, die gegen Louise auftreten zu müssen
erklärt, weil ihre Affaire zu einer »Verwirrung der
sittlichen Begriffe« geführt habe. Dennoch muß man
die Staatsheuchelei, die der Welt den Skandal der
polizeilichen Abschaffung einer Mutter von Königs-
kindern nicht erspart und das dummenaugusthafte
Nachspiel österreichischer Schutzvorkehrungen geboten hat, bei ihrem wahren Namen nennen. Wozu
gibt es denn Parlamente, wenn sie nicht einmal den
Mut aufbringen, Mitglieder von Herrscherhäusern zu
s c h ü t z e n, den lächerlichen Kontrast zwischen Privi-
legien und absoluter Rechtlosigkeit zu beleuchten
und den auf auf der Höhe der Menschheit Wohnenden
die Mitarbeit an der Klatschpresse ebenso zu verbieten wie den Mißbrauch staatlicher Organe für die
Erledigung ihrer Familienangelegenheiten?

* . * .

Da ich im letzten Hefte im Anschluß an den
Artikel des Herrn Dr. Beck eine flüchtige Psychologie des
Geschwornen entwarf, bedachte ich sehr wohl, daß

auch der Berufsjurist Fragen des Lebens, die in
einem Ehrenbeleidigungsprozeß zu entscheiden sind,
nur zu oft als dürftiger Berufsmensch gegenübersteht.
Ich erinnerte mich an die haarsträubenden Dinge,
welche mir über die Interpretation erzählt wurden, die
das Reichsgericht, die höchste Instanz gelehrter Rechtsprechung in Deutschland, einmal dem Begriff der »berechtigten Interessen« angedeihen ließ. Daß die gelehrten Durchschnittsseelen nicht besser als die ungelehrten
taugen, gedachte ich in einem Nachtrag auszuführen.
Die Zuschrift eines Wiener Richters, die inzwischen
eintraf, überhebt mich dieser Mühe:

Hochverehrter Herr Kraus!

Zu dem in der ‚Fackel‘ Nr. 171 vom 17. Dezember 1904 enthaltenen Artikel »Der Gesetzentwurf
zur Verbesserung des Schutzes der Ehre« erlaube ich
mir die folgenden Bemerkungen zu machen.

Ich stimme der Ansicht des Herrn Dr. Berthold
Beck bei, daß »eine gedeihliche Spruchtätigkeit
der Berufsgerichte in Preßbeleidigungssachen« nur
dann zu erwarten ist, wenn eine gesetzliche Bestimmung geschaffen wird, die den schützt, der in
Wahrung berechtigter Interessen eine Ehrenbeleidigung begangen hat. Ich teile aber mit Ihnen die
Befürchtung, daß die Rechtsprechung auch dann
noch auf ein schwankendes Fundament gestellt sein
wird, insolange vom Gesetzgeber nicht ausdrücklich
ausgesprochen sein wird, was unter »berechtigten
Interessen« zu verstehen ist. Denn es ist nur zu wahr,
daß unsere heutige Judikatur bloß Geld- und Ge-
schäftsinteressen als die allein berechtigten und
schutzbedürftigen anerkennt. Daß die Geschwornengerichte diesen Begriff der berechtigten Interessen
bei ihrer Rechtsprechung vor Augen haben, haben
Sie an einem vor dem Wiener Schwurgerichte statt-
gefundenen Ehrenbeleidigungsprozesse nachgewiesen.
Daß aber auch die Berufsgerichte von dem ganz

gleichen Begriffe der berechtigten Interessen ausgehen,
hat der im heurigen Jahre in München durchgeführte
»Gralsraub-Prozeß« Conried gegen Conrad in schlagen-
der Weise dargetan.

Die Vorgeschichte dieses Prozesses ist bekannt.
Der Münchener Schriftsteller M. G. Conrad, der auf
eine dreißigjährige, ehrenvolle literarische Tätigkeit
zurückblickt, die zum großen Teile der uneigennützigen
Verfechtung der Sache Richard Wagner's gewidmet war,
hatte in einem Aufsatze die Aufführung des Parsifal in
New-York durch Herrn Conried als das bezeichnet, was
sie in den Augen jedes anständigen Menschen ist und
bleibt: als einen Raub am Erbe Richard Wagner's,
als einen Raub an Bayreuth, dieser jedem Kunst-
freund heiligen Stätte. Und diesem selben Conrad
wurde von dem Berufsgerichte in allen Instanzen
der Schutz des § 193 St. G. B. für das deutsche
Reich entzogen, das heißt es wurde ausgesprochen,
Conrad habe nicht in Wahrnehmung berechtigter
Interessen gehandelt, denn er habe keine berechtigten
Interessen an der Wagner-Sache. Krasser ist die
kapitalistische Auffassung des Begriffes »berechtigter
Interessen« wohl noch nie zum Ausdrucke gebracht
worden als in diesem Urteile. Wäre M. G. Conrad
an der Bayreuther Bühne finanziell interessiert, be-
zöge er für die Vertretung der Wagner-Sache von
der Familie Wagner einen Jahresgehalt, wäre er mit
einem Worte in seinem Geschäfte gestört worden,
dann wäre ihm der Schutz des § 193 St. G. B. gewiß eingeräumt worden. Weil dies aber nicht der
Fall, weil er nicht zum Schutze seines Geschäftes
und Geldsackes, sondern aus purem künstlerischen
Idealismus zur Wahrung gefährdeter allgemeiner,
idealer Interessen das Wort ergriffen hat, wurde er
— verurteilt.

Dieser, wie der von Ihnen angeführte Fall
beweisen wohl zur Genüge, daß »eine gedeihliche
Spruchstätigkeit der Berufsgerichte in Preßbeleidi-

gungssachen« nur dann zu erwarten ist, wenn vom
Gesetzgeber klipp und klar ausgesprochen wird: daß
der Schutz berechtigter Interessen nicht nur dem
gebührt, der persönliche, private oder Geldinteressen
vertritt, sondern vor Allem auch dem, der zur
Wahrung allgemeiner, öffentlicher, idealer
Interessen eine Ehrenbeleidigung begangen hat. Mit
dem Ausdrucke meiner Hochachtung Ihr ergebener

Wien, 20. Dezember 1904.   Dr. Friedrich v. Engel.

*

Dieser Vorschlag ist der allein vernünftige.
Eine Überweisung der Ehrenbeleidigungen an gelehrte
Senate wäre, solange die »Wahrnehmung berechtigter
Interessen« nicht ins Gesetz aufgenommen ist, ver-
hängnisvoll, solange sie nicht besonders definiert ist,
überflüssig. Das Streben der Duellgegner nach Um-
gehung des Schwurgerichtes entspringt gewiß der
Erkenntnis eines Übels. Aber wenn ich die Wahl
habe, den Zufall oder einen Pfeidler als Richter
im Ehrenhandel anzuerkennen, wähle ich — einem
schlechten Gesetz gegenüber — gewiß nicht den
Juristen.

*   *   *

Herr v. Hartel hatte in seiner berühmten Beantwortung der Interpellation in der Marschall-Affaire
gegen die Akademie den Vorwurf der »Stagnation«
erhoben. Er war in seinem Munde insofern berechtigt,
als durch das Verhalten der Professoren den protektioni-
stischen Einflüssen tatsächlich stauende Hindernisse
entgegengesetzt wurden. Die Herren verstanden
aber den Vorwurf anders und schickten eine Deputation
mit der Bitte um Aufklärung zum Unterrichtsminister.
Die »Aufklärung«, die ihr wurde, war klassisch.
Vollends klar wird sie durch die Schlußworte des
Herrn Hartel. Die Professoren hatten sich auch darüber

beschwert, daß die Interpellationsbeantwortung die Meinung aufkommen ließ, als wäre die Pensionierung Tautenhayn's im vollen Einvernehmen mit dem Rektorat der Hochschule erfolgt. »Es sei doch bekannt, daß der Rektor nur im ministeriellen Auftrage den bestehenden Wunsch in rücksichtsvoller Form dem verdienten Kollegen pflichtgemäß mitteilte«. Herr v. Hartel schuf wie folgt Klarheit: »Auch will ich gern beifügen, was übrigens bereits aus meiner Interpellationsbeantwortung deutlich hervorgeht, daß sich der Ausdruck ,im gegenseitigen Einvernehmen' lediglich auf die beiderseits gepflogene Besprechung nach einer rücksichtsvollen Verständigung Professor Tautenhayn's bezog.« Das gegenseitige Einvernehmen bestand also darin, daß Herr Hartel, nachdem er einen Auftrag erteilt hatte und die bekannte rücksichtsvolle Verständigung erfolgt war, noch einmal mit dem Rektor eine »beiderseits gepflogene Besprechung« hatte. Wohlgemerkt, beiderseits. Der Rektor war dabei, als Herr Hartel mit ihm sprach, und kann sich jetzt nicht mehr ausreden. Das gegenseitige Einvernehmen war hergestellt... Für die Verlogenheit der Amtssprache ist der einzelne gewiß nicht verantwortlich zu machen. Aber es ist höchste Zeit, daß mit dieser nie sehenden, aber stets ins Auge fassenden, nie überlegenden, aber stets Erwägungen näher tretenden, rücksichtslosen, aber tunlichst berücksichtigenden Gesellschaft, deren Deutsch so schlecht ist wie ihr Wille, aufgeräumt wird!

* * *

Libretti.

Ich war nicht in der »Juxheirat« des Herrn Julius Bauer. Aber weiß ich denn nicht auch so, daß sie ein Schund ist? Muß ich mich in die Wortspielhöhle begeben, um noch einmal zu sagen, was hier

hundertmal wiederholt worden ist? Ich glaube, die
Clique hat sich gemerkt, was sie in der ersten Nummer
der ‚Fackel‘ über den »Adam und Eva«-Skandal zu
hören bekam. Daß es der angenehme st—g, dessen
Humor den des Herrn Bauer wie ein junger Grind
die alte Krätze beneidet, vergessen hat, daß er die
Erfolgfälscherei munter fortbetreibt, ist allerdings
bedauerlich. Aber der Zweck heiligt das Brechmittel;
und die Leser der ‚Neuen Freien Presse‘ haben sich
daran gewöhnt. Es ist gar nicht auszudenken, was
sich dieses dümmste Publikum von seinen Meinungs-
lieferanten alles bieten ließe. Ein aus Saphir’schem
Rinnsal destillierter Buchstabenwitz, dessen Äußerungen
ein reinlicher Mensch nicht über die Schwelle des
Bewußtseins läßt, als Grundelement des Bühnenhumors!
Nie, selbst nicht auf dem Niveau Leon’schen Libretto-
schwachsinns, stand die Operette tiefer als da ihr
Herr Bauer seine Tantiemenlust zuwendete.

　　Über einen schlechthin idiotischen Text kann selbst-
schaffend der Komiker triumphieren. Er spielt auf
eigene Faust. Die Verachtung, die ein Girardi, der in
einem Schnäuzen mehr Humor birgt als sämtliche
Landesberge der Welt in ihrem Lebenswerk, für seinen
Dichter übrig hat, verwandelt sich in Dankbarkeit
für den Mann, der ihm eine Gelegenheit schuf und ihn
im übrigen mit zudringlichen Kalauern nicht allzusehr
belästigt. Unter Herrn Bauer’s »literarischen« Aspira-
tionen, unter seinen Witzanfällen, die alle »gebracht«
werden müssen, unter dieser maschinellen Geist-
erzeugung keucht gerade der schöpferische Bühnen-
humorist. In den Linien, die der theatralische Handwerker vorzeichnet, lassen sich Gestalten formen.
Was aber soll der Künstler mit Situationen anfangen,
die die Sucht nach einem Silbenscherz geboren hat?
Für Herrn Bauer’s Witze müssen Dekorationen
angeschafft werden. Nie entstand ihm aus einer Anschauung ein Gedanke; im Anfang war der Kalauer.
Der »arme Jonathan«, von allen Flachköpfen und

Speichelleckern als »literarisches« Buch gepriesen,
muß in seinem bewegten Dasein auch Tierbändiger
gewesen sein, um den kostbaren Einfall herbeizuführen, er habe sich in dieser Stellung nicht
halten können, wiewohl er »doch den Bestien seiner
Zeit genug getan« hatte. Und seine Geliebte, Molly,
muß sich mit Selbstmordideen tragen, um ihm Gelegenheit zu der Bemerkung zu geben, daß die Welt
darüber staunen werde, wie sich nur »ein weibliches
Wesen mit einem Mannlichergewehr umbringen« konnte.
Herr Bauer macht Verse, deren Formgewandtheit den
dürftigen Witzgehalt immerhin zur Geltung bringt.
In einer der vielen Hochzeitszeitungen bei Taussigs
vorgelesen, mögen sie recht gute Wirkung machen. Kein
Schauspieler kann ihnen beikommen, kein Theater-
publikum goutiert sie. Nicht, weil sie zu geistvoll
— Meilhac's, Cremieux' und Nuitter's Offenbach-
texte und die Hopp'sche Bearbeitung sind geistvoller
—, aber weil sie zu wenig bühnenhaft sind. Von den
Strauss'schen Texten — ich halte den »Zigeuner-
baron« des Börseaners Schnitzer für den besten
— sei hier nicht die Rede; daß Johann Strauss unter
seinen Libretti leiden mußte, daß er keine besseren
»fand«, ist eine musikhistorische Lüge: der Un-
dramatik dieser Walzerherrlichkeit hätte das beste
Buch nicht geholfen. Aber das vertrotteltste ist
der Bühnenwirkung kein Hindernis. Wenn es nur
dem Schauspieler Spielraum läßt. Wie sagt Viktor Leon
im »Opernball«? »So eine Depesche ist oft fatal. O Elek-
trizität! — Es gibt Zeiten, wo man wünschte, daß man dich
nicht erfunden hätt'!« Und wie heißt's in »Toledad«?
»Es war der Fall noch niemals auf der Welt – daß
Spanierinnen einer gut gefällt — denn selbst mit
Geld und Adel vom Papa — man macht nur so (Geste)
und sagt: tatatata.«. Diese schönen und sinnreichen
Worte sind bühnenmöglicher als Herrn Bauer's Pre-
mierenwitze, als Bänkeltexte, die ohne Herrn Wittmann's
Handlungsgerüst vollends haltlos sind. Kein Hörer

einer Normaloperette hat je sich zu verstehen bemüht,
was da oben in leichtflüssigen Melodien eigentlich
verkündet wurde. Wer es an der Hand eines Text-
buches — so etwas gibt es wirklich — erforscht
hat, schaudert zurück und erwartet, daß der Mensch-
heitsgenius sein Haupt verhüllen werde. Die Schauspieler verulken später den Text, singen, was sie wollen,
passen kaum auf die Stichworte. Da noch anspruchs-
lose Professionisten für Millöcker die Textgelegenheit
schufen, da dieser echte Operettenmusiker noch nicht
zur Verbindung mit einem dilettantischen Preßtyrannen
gezwungen war, schuf Girardi seine lebensvollsten Gestalten, deren Reihe er erst wieder den Bruder Straubinger
angliedern durfte. Unbegreiflich ist es, daß große Komiker
der Tantiemen verlustig gehen, die die überflüssigen
Buchmacher einstreichen. Was aber soll ein Girardi
mit den Zwischenaktswitzen einer Bauer'schen Operette
anfangen, die doch zu gequält und zu saftlos sind,
um in das Repertoire des Herrn Eisenbach zu passen?
Herr Dr. Robert Hirschfeld, ein sonst vollsinniger
und dem Cliquentreiben ferner Urteiler, bemüht sich vergebens, in der ‚Frankfurter Zeitung‘ das Gegenteil
zu beweisen. Es war ein ebenso unglücklicher Einfall,
die »Freiheit« Girardi's in der neuesten Operettengestalt
zu rühmen, wie den »Ernst« des Kritikers Bauer heraus-
zustreichen, der nach »Antonius und Kleopatra« das
Mahnwort: »Kaufen sie Busenschützer!« und nach
»Oedipus« die Wendung von dem zum Schluß aus-
geschenkten »Ausstich« fand, der einer Wortwitzlaune
Urteile accommodiert und Schauspielerexistenzen
opfert und so eine viel schlimmere Willkür und Abhängigkeit bewährt als irgend ein kleiner Kollege,
auf dessen Gesinnung man für eine bestimmte Taxe
bauen, mit dessen Meinung man wenigstens rechnen
kann. Herrn Bauer statt für die Raaber für die Wiener
Literatur retten wollen ist ein verzweifelter Entschluß.
Ich nenne ihn nicht unsern Heine. Unser Raabelais
— organische Wortwitze sind statthaft — wäre nicht

imstande, eine unwitzige Zeile zu schreiben. Ist das ein Lob? Nicht eine Zeile, die, wenn man sie von dem aufgeklebten Humor befreite, das stilistische Gepräge einer Persönlichkeit zeigt. Dies scheint mir das Stigma seiner literarischen Unbedeutung. So wahr Kopfjucken keine Gehirntätigkeit ist, so wenig habe ich Herrn Julius Bauer je für einen Schriftsteller gehalten. Kratzt ihm die Witze vom Kopf, und ein Durchschnittsreporter bleibt übrig, der in banalen Sätzchen sein Lob und Tadel ausdrückt und dessen Temperamentlosigkeit kaum einen Periodenbau riskiert.

Zuchtwahl des Journalisten *)

Von **August Strindberg.**

Es war ungewöhnlich lebhaft in dem jetzt verlassenen Ritterhaussaal von Stockholm. Zwei Scheuerfrauen gingen umher und wischten Staub, alten adeligen Staub, der seit 1865 da gelegen hatte, als ihn die beifalltrampelnden Edelleute von ihren Füßen schüttelten, hochgräflichen Staub, der von dem blauen Tuch gerieben wurde, als die Herren des Reiches sich vor Angst auf den Bänken wanden, freiherrlichen Staub vom feinsten Uniformtuch; aber da lag auch unadliger Schreiberstaub von abgenützten, schwarzen Bonjours, nicht zu sprechen von dem, was auf der Gallerie lag, denn bis dahin waren die Frauen noch nicht gekommen.

Der elfenbeinerne Stuhl des Landmarschalls stand leer; auf dem Tisch lag der Hammer und einige Auflagen des Wappenbuches; es sah aus, als wäre Auktion gewesen. Hinter dem Stuhle stand Gustav Adolf (der Zweite) und warf leere Marmorblicke über den leeren Saal hin bis hinauf zum Deckengemälde Ehrenstrahls.

---

*) Erste und einzig autorisierte deutsche Übersetzung.

Aber die Sonne schien durch die Fenster der Fassade und schenkte den Schilden auf der nördlichen Seite einen erneuernden Glanz.

— Das sind komische Tapeten, sagte die jüngere Frau, die noch nicht viel vom Leben gesehen hatte.

— Ach, liebes Kind, das sind ihre Schilde, antwortete die ältere Frau, die noch die alte Staatsverfassung mitgemacht hatte.

— Oh, Jessus, sind das Schilde?

— Ja, das sind Wappenschilde, Wappen, mußt du verstehen.

— Waffen, mit denen sie sich geschlagen haben?

— Nein, nein, keineswegs, Wappen, Wappenschilde, hinter denen sie sich verbergen, wenn sie sich schlagen.

— Und die hängen jetzt hier?

— Ja, irgendwo müssen sie doch hängen; aber all dies ist aus früherer Zeit, da weiß man nicht mehr Bescheid.

Ein junger Herr mit schwarzer Sammetmütze und einer Farbenschatulle in der Hand war eingetreten und auf dem großen Gange stehen geblieben. Er warf einige unehrerbietige Blicke über die Wände, legte den Kopf zwischen die Schulterblätter zurück, guckte nach dem Deckengemälde hinauf und zuckte die Achseln, wie nur ein Künstlereleve die Achseln zucken kann, wenn er etwas Geringwertiges sieht. Dann trat er direkt auf die Frauen zu und fragte, wo Nummer 806 hinge, das adlige Geschlecht Nummer 806.

Darüber konnte Frau Lundin ihm Auskunft geben, um so eher als sie bereits am Morgen die königliche Leiter vor Nummer 806 gestellt hatte. Die Sache war nämlich die, daß ein Klempner das Dach eingetreten hatte, als er für den letzten Reichstag die »Tugenden« reparieren wollte; das hatte zur Folge gehabt, daß es auf den Boden hineingeregnet hatte, das Wasser durch die Zwischendecke gedrungen war, sich durch die Gipsdecke hinuntergesogen und einen Wappenschild stark angegriffen hatte, der gerade die genannte Nummer trug. Warum er gerade die Nummer trug, das beruhte wohl auf einem Zufall, aber die Frauen glaubten, es herrsche auch wer über den Zufall. Es war ein häßlicher Fleck in der Decke; er sah aus wie ein Sumpf, aber aus dem Sumpfe kroch eine rotbraune Schlange die Wand hinunter; sie hätte sich auf 805, 807 stürzen können, auf jede einzelne von fünfzig Nummern, aber sie ging an ihnen vorbei, als ob der weiße Engel sein Zeichen auf sie gedrückt hätte, und traf ihr Ziel wie ein wohlgerichteter Pfeil. Es war nichts Ungewöhnliches an dem Wappen. Der Herzschild war in drei silberne Felder geteilt, auf denen sich drei Hundeköpfe in Gold befanden; er war nicht mit einem Helm oder einer Krone gekrönt, sondern hatte drei Pfauenfedern, auf denen die Augen mit einer ungewöhnlichen Naturtreue ausgeführt waren, so daß sie sich mit wilden schielenden Blicken umschauten. Aber jetzt war die Schlange in den Federbusch gekrochen, hatte mit ihrem schmutzigen Schleim die Augen überzogen, so daß sie wie der graue Staar aussahen, und hatte sich zwischen dem Laubwerk hindurch gewunden und ihren grünen Eiter, den sie oben auf dem Kupferdache zwischen den »Tugenden« gesammelt hatte, über die drei silbernen Felder ausgegossen; an die Hundeköpfe aber konnte sie nicht heran, denn die waren von Gold.

Inzwischen war der junge Herr mit seiner Schatulle die Leiter hinauf geklettert, und da saß er nun und suchte einen Anlaß, seine Restaurierungsarbeit aufzuschieben, die ihm gerade kein Vergnügen bereitete. Er nahm eine kurze Pfeife aus der Tasche und wollte Feuer schlagen, als er sich daran erinnerte, daß er an einem besseren Orte sei, weshalb er der Artigkeit wegen den Frauen die Frage hinwarf:

— Darf man hier rauchen?

— Oh, er sollte sich was schämen, antwortete die ältere Frau.

— Darf man kauen?

Die Frau glaubte hierauf nicht antworten zu müssen, aber erklärte bestimmt, daß er nicht auf den Boden spucken dürfe.

Der junge Herr wartete keine weitere Ordre ab, sondern schob einen Bissen Tabak zwischen die Zähne und fing an, den norrköpinger Scharfschützenmarsch zu pfeifen.

Das war mehr als eine alte Wanze ertragen konnte, die hundert Jahre in einer Bank auf der Referentengallerie gesessen hatte. Sie hatte allerdings viel von der Welt gehört, viel verständige Reden, viel Quatsch und recht viel Unwesen, aber niemals hatte sie jemand an diesem Orte pfeifen hören.

Sie hatte ihre Kindheit in einem Heckenpfahl zugebracht, darauf sich in einem königlichen Glaswagen niedergelassen, der sich an dem Heckenpfahl festgefahren, und war schließlich dem Reichsmarschall (als er mit den Regalien hinauffuhr) ins Ritterhaus gefolgt. Da sie ihre angeborenen volkstümlichen Neigungen nicht ablegen konnte, suchte sie ihren Platz auf der Gallerie, wo sie immer auf den Duft von feuchten Kleidern und Schuhwerk rechnen konnte. Jetzt hatte sie indessen fünf Jahr geschlafen, sie und ihre 99 jährige junge Tochter, als sie beide von dem neuen unbekannten Lärm geweckt wurden. Schlaftrunken stieß sie die Tochter in die Seite und bat sie aufzustehen und nachzusehen, was es gebe.

Diese kam nach einem Ausflug auf die Barrière mit der Nachricht zurück, ein Malergesell (wenn er das gehört hätte!) sei dabei, eine von den Platten anzustreichen. Dies Wort Platten sprach sie mit großer Verachtung aus, weil die Wanzen alles, was nicht von Holz ist, gering schätzen. »Holz muß es sein!« Indessen, die Neugier der Alten war geweckt, und sie beschloß in Begleitung ihrer Tochter die Reise anzutreten, um selbst die Sache in Augenschein zu nehmen. Sie sagten der Referentenbank für kurze Zeit Lebwohl, wanderten den Boden der Gallerie entlang zwischen kleinen Haufen getrockneter Tabakstengel hindurch und erreichten schließlich die Wand. Darauf begann eine Wanderung über die Platten, wobei die Alte die Bemerkung nicht zurückhalten konnte, daß einem die Füße kalt würden, wenn man auf dem dummen Eisen geht. Die junge dagegen mußte dann und wann ihrer Verwunderung über all die feinen und wunderbaren Sachen, die sie sah, Luft machen. Sie wanderten durch Wälder von Eichen; sie stießen auf Kobolde und Greife und Schlangen und Drachen; sie wanderten über Türme und Festen und Städte, zwischen Stümpfen von Menschen und Tieren, zwischen Kronen und Szeptern, Sternen und Sonnen.

Schließlich erreichten sie das Dachgesims.

— Halt dich fest, sagte die Alte, denn jetzt geht es über die Tiefe. Wir wollen zu dem großen Gemälde da mitten in der Decke, da haben wir Leinwand und Ölfarbe.

Es war eine gefährliche Reise. Bald war ein Riß im Gyps, bald hatte eine Spinne ihre Netze ausgelegt, bald stürzte eine verräterische Brücke aus Staub unter ihren Füßen zusammen. Ihr Leben schwebte in Gefahr, und sie waren nahe daran, Schwindel zu bekommen und in die Tiefe hinunter zu stürzen. Schließlich nahmen sie den Geruch von Ölfarbe wahr; sie waren da. »Folge mir«, sagte die Alte. Und jetzt wanderten sie zwischen Wolken dahin, bis sie zum Mantel der Svea kamen. Da hatte der Künstler ein Halbpfund Karmin in einer brillanten Falte aufgelegt. In deren Schutz ließen sie sich nieder. Die Alte rieb sich die Augen und spähte hinab. — »Sieh nach, was für eine Nummer auf der Platte steht«, sagte sie. — »Achthundertsechs«, sagte die Tochter sofort. Die Alte wurde gedankenvoll und lehnte ihre Stirn gegen das sechste Hinterbein. — »Drei Hundeköpfe; drei 'Pfauenfedern! Oh Solon, Solon!«

Jetzt war die Reihe an der jungen, von Neugier überfallen zu werden; und sie hörte nicht eher auf, um eine Erklärung zu bitten, bis die Mutter ihr die Geschichte von 806 zu erzählen versprach, die hiemit folgt, wie sie in der Eile von einer Maus aufgezeichnet wurde, die auf der Referentengallerie saß.

Die Erzählung der Wanze von Nr. 806.

Seine Majestät König Magnus Scheunenschloß lag eines Nachts während des norwegischen Krieges bei Tiveden. Er warf sich unruhig auf seinem Bette umher, denn er hatte ein Nierenleiden, das er sich durch unmäßigen Genuß von Alicante zugezogen hatte. Es war noch dunkel, und er wollte kein Licht anzünden. Er befühlte seine Wasseruhr. Vier! — Noch zwei Stunden bis zum Tage. Er stand auf, sprach einige Gebete, trank ein Glas Bier, und legte sich wieder hin, um zu überlegen. So lag er bis zum Tagesgrauen und warf sich in unruhigen Gedanken auf seinem Bette herum. Am Morgen, als der Arzt eintrat, fand er den Zustand so bedenklich, daß er irgend eine Zerstreuung verordnen mußte, zum Beispiel eine Hinrichtung oder eine Jagd. Da keine Bauern zur Stelle waren und die Leute des Königs nicht entbehrt werden konnten, entschloß man sich zu einer Jagd. Ein glücklicher Zufall hatte es auch gefügt, daß man ein Stück oberhalb Tiveden Elche gespürt hatte; dagegen drohte aber ein Umstand die ganze Kur zu vereiteln: man hatte keine Hunde. Das war ein neues Unglück. Der König, der sich einen Augenblick von seiner Niedergeschlagenheit erholt hatte, geriet außer sich und fiel in Ohnmacht, und das ganze Lager kam in Unruhe. Man setzte große Belohnungen aus für den, der einen Hund schaffen könne, aber vergeblich.

Der Zustand des Königs verschlimmerte sich. Eine dumpfe Stille lag über dem Lager. Man fürchtete das Schlimmste, und niemand wagte sich zu rühren. Schließlich gegen Mittag, als der Arzt eben den Kopf geschüttelt hatte, hörte man ein Gebell aus dem dichtesten Walde. Erst einige tiefe Anschläge, wie von einem Kettenhund, der bellt, weil es so sein soll; dann das Gebell eines lebhaften Spürhundes, das wie ein Jagdhorn klingt und bedeutet, daß er etwas gefunden hat; und darauf ein anhaltendes Gewinsel, als ob er mit der Schnauze einem Hasen auf der Hacken läge. Ein donnernder Hurraruf klang aus den Zeltgassen hervor, und man erwartete jeden Augenblick den keuchenden Jagdhund am Waldrand zu erblicken. Was aber kriegte man zu sehen? Mons, der Putzer des Generalfeldzeugmeisters kam winselnd und wedelnd zwischen den Fichtenstämmen hervorgetrottet.

Man lachte zuerst, dann aber wurde man ernst. Der König, der von seinem Bette aufgestürzt war, kam heraus und wurde Zeuge der Szene, aber der Putzer Mons ließ die Zeit nicht unnütz verstreichen, sondern öffnete sofort seinen Mund und sprach mit der Mütze in der Hand:

— Eure Majestät, meine Herren! Von der Krankheit unterrichtet, die Eurer Majestät hohe Nieren heimgesucht hat, und wissend, was für ein Heilmittel man vorgeschlagen, sowie daß dieses vollständig mangelt, habe ich mir die Freiheit genommen, meine geringen Dienste anzubieten.

— Was kannst du? fragte der König erzürnt.

— Bellen, Euer Gnaden!

— Das ist gut! Kannst du Elche jagen?

— Nein, ich belle große Tiere nicht an, die schlagen aus. Aber Hasen, Haselhühner und andere kleine Tiere, da kann ich.

— Es ist gut! Ich habe allerdings noch nie Hasen vor Putzern geschossen, aber das ist neu und wird mich zerstreuen. — Blas, Hornbläser, und sattle, Stallmeister!

Als der Mittag kam, hatte der König drei Hasen geschossen und war sehr vergnügt. Putzer Mons wurde gerufen, die Belohnung zu empfangen.

— Willst du Gold oder Ehre haben? Wähle, denn beides kannst du nicht bekommen!

— Ehre, Eure Majestät!

— Auf die Kniee, du Hund!

Putzer Mons fiel auf die Kniee nieder, erhielt drei Schläge mit dem Schlachtschwert und stand als Edelmann auf.

— Du sollst drei Hundeköpfe in deinem Schilde führen, zur Erinnerung an deine ausgezeichneten Verdienste; statt des Helms aber sollst du drei Pfauenfedern haben, denn deine Eitelkeit war größer als dein Geiz. Du bist frei, Mons Hund; geh hin, vermehre dich und erfüll die Erde! ·

Jetzt war Mons Edelmann! Jetzt mußte er sich eine Rüstung mit Schild und Schwert kaufen und im Wagen fahren. Aber er hatte kein Gold. Er versuchte auf seinen neuerworbenen Kredit eine Schuhwichsfabrik anzulegen, aber er ging in der Konkurrenz unter. Er machte alle Grade der Demütigung durch und kehrte schließlich zu seiner früheren Stelle als Putzer beim Generalfeldzeugmeister zurück.

Jetzt aber war er verheiratet und hatte Kinder, kleine adelige Kinder, die nach ihrem Stande erzogen werden mußten, und das war nicht leicht.

Der Sohn avancierte zum Sergeanten, bekam den Abschied, verheiratete sich, und hielt den Namen am Leben.

Das Geschlecht zeichnete sich während der folgenden hundert Jahre nicht sehr aus, sondern verhielt sich still und ruhig. Das Höchste, was einer werden konnte, war Fahnenjunker mit dem Abschied als Leutnant. Die denkwürdige Entstehung der Adelschaft war vergessen, und die Familie lebte als arme Edelleute dahin. Etwas aber war da, das nagte und nagte. Die Ehre war ja vorhanden, aber das Geld fehlte immer, und keiner von der Familie wagte sich jetzt zum verachteten Kaufmannsstand herabzulassen; der Schild mußte rein gehalten werden, und die Familie mußte ihr Auskommen im Staatsdienste suchen. Das Geschlecht konnte nicht entarten, weil es nie obenauf gewesen war, aber es konnte auch nicht steigen — aus Mangel an Geld.

Des Stammvaters eminente Fähigkeit, die ihm den Adel eingebracht hatte, übersprang sechs Generationen, bis sie bei dem bekannten Daniel Hund wieder auftauchte, der von Johan III. auf Erich XIV. losgelassen wurde; über diesen schrieb dann Daniel seine Chronik, und wurde damit der erste Chronist des Vaterlandes. Da Johan eine dankbare Natur war, blieb Daniels Beförderung

nicht aus. Mit der Beförderung kam das Gold endlich, und bald
sah man den Hund'schen Palast sich in Stockholm am Norrmalmstorg
erheben. Jetzt wurde ein lustiges Leben geführt; so lustig, daß
als Daniel starb, die Erben alles fortgeben mußten. Alte Weiber
sagten: wie gewonnen so zerronnen, aber die Zeitungen sagten,
Hund sei ein Prophet (weil er einen König angegriffen hatte), und
sie veranstalteten eine Sammlung für die Familie.

Hier ist eine Lücke in den Biographien, das aber weiß ich,
daß das Geschlecht ein kümmerliches Leben fristete, bis zu
Carl XI. Da trieb die Familie eine neue Blüte. Ein Sohn war
da, der mit kleinerem Kopf, aber größerer Eitelkeit, mit weniger
Gefühl, aber größerer Gewissenlosigkeit begabt war als die andern
Kinder. Er wurde in ein Kontor gesteckt. Genaueres weiß man
nicht, aber es heißt, daß er auf eine weniger löbliche Art zum
Unterhalt der Familie beigetragen habe, worauf er eine eilige Reise
nach Neu-Schweden in Amerika antreten mußte.

Nach Stockholm zurückgekommen, fand er sich dort ein
wenig fremd. Viele von seinen gleichaltrigen Kameraden hatten
durch Arbeit, Entsagungen und Redlichkeit sich eine Stellung
errungen, ja einige waren berühmte Leute. Das erzeugte bei ihm
ein tiefes Mißvergnügen. Gleichzeitig merkte man bei ihm ein
ungeahntes Interesse für die Literatur, zumal die Sorte, die pro
Zeile bezahlt wird. Unser Freund befand sich bald mit allen
Vieren in der unter Carl XI. so lebhaft blühenden Zeitungsliteratur.

Da er indessen bald sowohl seine Stoffe als seine alten
Freunde erschöpft hatte, wurden seine Artikel seltener und die
Mahlzeiten unregelmäßiger; die grausame Armut nahm ihn hart
in die Arme, und bald befand er sich im Schuldturm hinter
Schloß und Riegel. Aber die Not ist erfinderisch, und unser Mann
fühlte sich dazu geschaffen, die größte Erfindung des 17. Jahrhunderts zu machen: Die Reisebriefe. Vom Gefängnis gingen bald
die allerherrlichsten Reiseschilderungen von Tunis und Konstantinopel aus; und vom Kriegsschauplatz bekamen gefühlvolle Zeitung-
leser die erschütterndsten Schilderungen eines: »schwedischen
Adeligen«, dessen persönlicher Mut aus jeder Zeile glänzte und
der das Tun und Lassen der Generale einer strengen Kritik unterwarf; besonders aber merkte man des Verfassers sichtliche Vorliebe für
alles, was das Seewesen betraf, und in seiner Kritik der Vorschläge

einer Reorganisation der Flotte verriet er eine erstaunliche Sachkenntnis. Dank seiner Erfindung befand sich unser Mann bald auf freiem Fuße; aber mit der Freiheit kam der Mut zurück und mit dem Mut der Übermut.

Verschiedene Neuheiten hatten sich indessen im Leben der Hauptstadt gezeigt; man hatte eine Fabrik bekommen und man hatte eine Gesellschaft bekommen, bei welcher der Hof Aktien hatte. Zwei solche patriotische Unternehmungen konnten nicht von Bestand sein, ohne daß das Publikum regelmäßige Nachrichten über die Lage der beiden Institute erhielt, über Wünsche und Beschlüsse der Direktion, über künftige Absichten und dergleichen mehr. Für solch einen guten Zweck sollte eine Zeitung das passendste Mittel sein. Zum Redakteur wurde ein Mann gesucht, der durch seine unparteiische Stellung zu allen geschäftlichen Verhältnissen einsehen konnte, daß die französische Karduanfabrik die einzig berechtigte sei, und daß die italienische Glasgesellschaft die einzig nötige für Schweden sei; außerdem mußte der Zeitungschef ein Mann mit einer harten Stirn sein, der alle ungerechten Angriffe der Konkurrenten zurückschlagen konnte; zugleich aber in alle Themata eingeweiht war, die das Publikum interessierten, wie Gedichtbücher, Theaterstücke, Ölgemälde u. a. m., so daß die Zeitung nicht das Aussehen eines geschäftlichen Zirkulars erhielt.

Der Mann brauchte nicht mit der Laterne gesucht zu werden . . . Die noch nicht erkannte Erblichkeitstheorie hatte einen neuen Beweis für ihre Richtigkeit gewonnen: Agathon Hund, aus dem adeligen Geschlecht Hund von Schamlos, sollte nun durch eine Reihe glänzender Taten den von den Vätern ererbten Ruf verteidigen und dem mitgenommenen Namen neuen Glanz verleihen. Und eine bessere Wahl hätten die patriotischen Aktienbesitzer niemals treffen können. Nie brauchten sie zu fürchten, daß sie bei ihrem Redakteur auf hartnäckige Ansichten in Sachen und Dingen stoßen würden, denn alle politischen, sozialen, kirchlichen und ökonomischen Meinungen konnten in dem einzigen Grundsatz zusammengefaßt werden, der seinem ganzen öffentlichen Charakter das ihm eigentümliche Gepräge gab, und den er so formulierte: ›der Mensch muß Wein zu Mittag trinken‹. Die Instruktion, die die Gesellschaft unserm Freund gegeben hatte, war ebenso kurz, aber nicht weniger ausdrucksvoll und bestand aus den zwei Worten: »steck ein!« und »tout beau!«

Die Zeitung erhielt in der Taufe den eigentümlichen Namen Pharao, welcher eine Erinnerung bedeuten sollte an ihre streng monarchischen Tendenzen und ihre Ehrfurcht vor dem Jahrhunderte lang Erprobten; der einfältige Teil des Publikums aber, der das vortreffliche Dasein der egyptischen Pharaonen nicht kannte, meinte bald, mit seinen neuerworbenen Einsichten in die Sache, der Name Pharao sei einem bekannten Spiel entnommen, bei dem man vorzugsweise falsch spielt.

Eine grausame Ironie des allmächtigen Schicksals stellte es an, daß die Redaktion in den früheren Hund'schen Palast am Norrmalmstorg verlegt wurde, der vor langer Zeit unter den Hammer gekommen und jetzt zu Läden aller Art eingerichtet war. Hier in der Parterrewohnung, wo vordem die Banketts des glänzenden Geschlechts zubereitet wurden, saß nun Freund Agathon als ein mächtiger Herr, und hielt Gericht über das Wohl und Wehe der Menschen; und wenn er bisweilen zum ersten Stockwerk hinauf guckte, wo der Rittersaal an ein Möbelmagazin vermietet war, fühlte er einen Stich im Herzen.

Die Reise nach Amerika hatte bei Agathon so tiefe republikanische Eindrücke hinterlassen, daß er auf den Gebieten, wo er frei war, nämlich auf dem der Poesien und der Bilder, bald in Versuchung geführt wurde, die monarchischen Begriffe beiseite zu legen und neue aufzunehmen; um aber der Sache nicht zu schaden, nahm er einige Ideen aus einer abendländischen sogenannten Republik, nämlich dem aristokratischen Venedig, in dessen Verfassung er die unschätzbare und bekannte Institution bewunderte, die der Löwenrachen genannt wurde. In das Schwedisch des 17. Jahrhunderts übersetzt, wurde das eine heimliche offizielle Bekanntmachung, daß das Publikum gegen eine geringe Abgabe von fünf Talern Silbermünze unbewiesene Anklagen gegen seine Feinde drucken lassen konnte. Das Unternehmen war ein glänzender ökonomischer Erfolg, und Agathon wurde nächst dem König der gefürchtetste Mann der ganzen Hauptstadt. Wehe dem, der's unterließ, ihn zu grüßen! Wehe dem, der unter den Stockschlägen klagte! Er schrieb Lobgesänge auf die Alleinherrschaft, auf die Kirchenzucht im Gesetz von 1686, er stellte Ketzerverfolgungen an und druckte Predigten ab.

Einen so gewaltigen Kämpen hatten die Großherren noch
nie gehabt, und obgleich sie sich der Bekanntschaft schämten,
unterließen sie's doch nicht, ihm freundlich zuzunicken, wenn er
mit dem Hute in der Hand am Rande des Rinnsteins stand und
von ihren dahinrollenden Wagen bespritzt wurde; was sie nicht
abhielt, zum andern Wagenfenster hinauszuspucken.

Wenn er des Abends in den Ballhauskeller eintrat, versäumte keiner von den armen Schauspielern, sofort aufzustehen
und ihm einen Platz anzubieten, denn er hatte ihr Wohlergehen
in der Hand. Im 17. Jahrhundert hatte man nämlich einen solchen
Respekt vor dem, was in einer Zeitung stand, daß dem Schauspieler, von dem sie unvorteilhaft sprach, sofort gekündigt wurde;
man sah damals oft manchen Familienvater, der auf die Weise
seines Brotes beraubt worden, einen Zeitungsredakteur um Gnade
für seine Kleinen bitten; welche Gnade darin bestand, daß er das
nächste Mal keine Schelte bekam.

Wenn aber Agathon wohlgepflegt und satt vom Tisch der
Armen aufstand und man seinen Degen in der Tür verschwinden
sah, da hagelten die Flüche wie Feuerregen, und manches Messer
wurde da halb aus der Scheide gezogen, um dann ganz bescheiden
wieder hinunter zu kriechen. Unser Freund aber schwoll von
Behäbigkeit, und seine dünnen Wangen glänzten vor Zufriedenheit. Einige sagten, er habe seine Seele verkauft, andere aber
meinten, sie sei noch immer käuflich.

— — — — — — — — — — — — — — —

Hier machte die Wanze eine Pause und versank in Grübe-
leien. Der Künstler, der seine Zeit damit zugebracht hatte, die
Tragriemen umzuschnallen und heraldische Studien zu machen,
war jetzt bereit, seine Restaurirungsarbeit zu beginnen. Mit einem
Blick fuhr er über die goldenen Felder, spuckte (man denke:
spuckte!) auf den Rostfleck, zog sein Schnupftuch heraus und fing
an zu reiben. Vergebens!

— Gieb einen Scheuerlappen her, rief er einer von den
Frauen zu. Und Seife!

Er erhielt nach einigen parlamentarischen Versuchen das
Verlangte. Aber alle seine Anstrengungen waren vergebens.

— Das muß vergoldet werden! murmelte er, schlug seine
Farbenschatulle zu und stieg hinunter.

• • •

Confession.

Von Frank Wedekind.

Freudig schwör ich es mit freier Stirne
Vor der Allmacht, die mich züchtigen kann:
Wie viel lieber wär ich eine Dirne
Als an Ruhm und Glück der reichste Mann!

Welt, in mir ging dir ein Weib verloren,
Abgeklärt und jeder Hemmung bar.
Wer war für den Freudenmarkt geboren
So wie ich dafür geboren war?

Bin ich nicht der Liebe treu ergeben
Wie es Andre ihrem Handwerk sind?
Liebt ich nur ein einzig Mal im Leben
Irgend ein bestimmtes Menschenkind?

Lieben? — Nein, das bringt kein Glück auf Erden.
Lieben bringt Entwürdigung und Neid.
Heiß und oft und stark geliebt zu werden,
Das heißt Leben, das ist Seligkeit!

Oder sollte Schamgefühl mich hindern,
Wenn sich erste Jugendlust verliert,
Jeden noch so seltnen Schmerz zu lindern,
Den verwegne Phantasie gebiert?

Schamgefühl! — Ich hab es oft empfunden;
Schamgefühl bei mancher edlen Tat;
Schamgefühl vor Klagen und vor Wunden;
Scham, wenn endlich sich Belohnung naht.

Aber Schamgefühl des Körpers wegen,
Der mit Wonnen überreich begabt?
Solch ein Undank hat mir fern gelegen,
Seit mich einst der erste Kuß gelabt.

Und ein Leib, vom Scheitel bis zur Sohle
Allerwärts als Hochgenuß begehrt . . .
Welchem reinren, köstlichern Idole
Nachzustreben, ist dies Dasein wert?

Wenn der Kniee leiseste Bewegung
Krafterzeugend wirkt wie Feuersglut
Und die Kraft, aus wonniger Erregung
Sich zu überbieten, nicht mehr ruht;

Immer unverwüstlicher und süßer,
Immer klarer im Genuß geschaut,
Daß es statt vor Abscheu dem Genießer
Nur vor seiner Riesenstärke graut . . .

Welt, wenn ich von solchem Zauber träume,
Dann zerstiebt zu nichts, was ich getan;
Dann preis ich das Dasein und ich bäume
Zu den Sternen mich vor Größenwahn! — — —

Unrecht wär's, wollt ich der Welt verhehlen,
Was mein Innerstes so wild entflammt,
Denn vom Beifall vieler braver Seelen,
Frag ich mich umsonst, woraus er stammt.

ANTWORTEN DES HERAUSGEBERS.

Patriot. Der Schacher mit Kaiserworten, die in gewerblichen Ausstellungen gesprochen werden, ist nunmehr wohl dank dem energischen Dazwischenfahren eines Handelsrichters unmöglich. Aber das Zitieren von Kaiserworten, die in Kunstausstellungen gesprochen werden, also eine loyale Publikation ohne gewinnsüchtige Nebenabsicht, ist noch von keinem Geschmacksgericht verhindert worden. Der Kaiser spricht als Privatmann, und als ein höflicher noch dazu. Er hat weder den Ehrgeiz, künstlerische Urteile zu fällen, noch die Zeit, sie besonders zu differenzieren. So spricht er mit knappen Worten überall seinen Beifall aus. Eine alte Gewohnheit, deren Liebenswürdigkeit von Reportern mißbraucht wird. Der Monarch ahnt nicht, daß jeder belanglose Ausdruck gütiger Gesinnung von Schnüfflern erlauscht oder von reklametüchtigen Malern den Schnüfflern zugetragen wird. Sonst würde er den freundlichen Brauch nicht mehr üben wollen, und ein Bericht, wie er am 22. Dezember im ,Neuen Wiener Tagblatt' stand, wäre unmöglich. Ich entnehme ihm wörtlich die folgenden Stellen: »Die drei Porträts von John Quincy Adams und seinen ,Seehäusler' bezeichnete der Kaiser als sehr gute Arbeiten. Edmund Adlers Porträt (die Frau des Malers) erfuhr die Kritik: ,Die Dame muß sehr gut getroffen sein.' Die Bilder von Friedrich Beck, Hans Berger, Leopold Baras ,Es war einmal', Barbarinis ,Aus Ebental', Otto Barths Schneelandschaften sprachen sehr an . . . Sehr eingehend erkundigte sich der Kaiser nach dem Landschafter Ferdinand Brunner, der neun Bilder ausgestellt hat. Er fand sie s e h r geschickt gemacht und nannte den Künstler s e h r talentvoll. Oskar Brüchs Bildnis des Oberrechnungsrates Dillmann bezeichnete der Kaiser als ein s e h r schönes Porträt ... Ein besonderes Lob erhielt des Grazers Konstantin Damianos stimmungsvolles Landschaftsbild ‚Aus einem alten Park', das der Kaiser ‚s e h r gut in der Auffassung' nannte ... Rudolf Fuchs' ‚Aktstudie' (‚ein s e h r geschmackvolles, hübsches Bild') gab Anlaß zu lobenden Worten. ... Ernst Graners Aquarell ‚Kohlendampfer' sprach den Monarchen s e h r an ... In der Kollektivausstellung des Düsseldorfers Heinrich Hermanns fand der Monarch namentlich die Küchen-Interieurs s e h r schön. ... Jungwirts ‚Fallende Blätter' und ‚Herbstnebel', Kaiser-Herbsts ‚Ein Junitag' gefielen ihm s e h r ... Ludwig Koch erkannte der Monarch bei seinem ‚Alarm' sofort an der Malweise. Er nannte das Bild s e h r gut. Von Franz Kopallik sprachen alle Sachen s e h r an. Josef Köpf fand der Kaiser sowohl in seinen Köpfen, als in den Landschaften s e h r ansprechend ... Merodes ‚Marktszene' (‚ein s e h r gutes Bild'), Mielichs ‚Wasserträger' und Otto Nowak interessierten s e h r ... Luise Peczenik fand er als Porträtistin s e h r gut ..., Franz Ruß' Motive aus der Wachau s e h r hübsch ... Die Kollektion von Nikolaus Schattenstein sah der Kaiser s e h r eingehend an und fand s e h r viel Talent in den Werken des Künstlers ... Bei Schödl rief der Monarch: ‚Ah, ein bekannter Stillebenmaler; ein s e h r schönes Bild.' ... Stephan Schwartz' Figürchen ‚In Betrachtung' fand der Kaiser s e h r fein ausgeführt ... Temple war dem Kaiser als Landschafter neu, er fand ihn aber s e h r gewandt auf dem neuen Felde ... Trenian-Havliceks Motive aus Wiens Umgebung fand er s e h r duftig ... Nachdem der Kaiser die Bilder von ... mit Interesse angesehen hatte, betrachtete er eingehend Zoffs Marienbilder, die ihm gleichfalls s e h r gefielen ... Der Kaiser schied mit dem Ausdrucke der Zufriedenheit über die s e h r schöne und reichhaltige Ausstellung.«

Mediziner. Sie haben in der ‚Neuen Freien Presse' gelesen, daß Herr Dr. v. Koerber an einer »n e r v ö s e n Magenneurose« leidet. Hoffentlich hat er sich als treuer Leser des deutschösterreichischen Bildungszentralblattes nicht auch eine »verstimmte Magenindisposition« zugezogen.

Kriminalist. Auch der »flüchtige Gerichtssekretär« selbst beehrt die ‚Fackel' mit einem Rechtfertigungsversuch, dessen Naivetät freilich noch weniger glaubhaft wirkt als das aus weiblicher Feder erflossene Unschuldsbekenntnis. Weder als kriminal- noch als sozialpsychologisches Dokument ist der Brief interessant. Herr Helfer bezeichnet alles, was über ihn gesprochen und geschrieben wird, als unwahr. Nur die Tatsache, daß er in New-York ist, kann er nicht in Abrede stellen. Der Artikel der ‚Fackel' über seine Affaire habe ihn schmerzlich enttäuscht. Aber auch die schmerzliche Enttäuschung seiner Gläubiger geht ihm scheinbar nahe. Er halte »in erster Reihe sein Bestreben darauf gerichtet, sie sämtlich voll zu bezahlen und so den eklatanten Nachweis

zu liefern, daß auf seiner Seite eine Schädigungsabsicht nie vorlag«.
Aber ein Angeklagter muß, auch wenn er in Amerika ist, nicht die
Wahrheit sagen. Grotesk ist das Pochen auf seine »Korrektheit im
Amte«. Daß der Mann Advokaten, in deren Prozessen er zu judizieren
hatte oder haben konnte, angepumpt hat, erscheint ihm als eine Angelegenheit seines Privatlebens. Im übrigen enthält das kuriose Schreiben
eine Richtigstellung, der Raum zu geben ich wohl verpflichtet bin:
»Die Automobilunfalluntersuchung Pollak war vor ungefähr zwei Jahren
beim Wiener Landesgericht in Strafsachen anhängig. Ich war damals
bei dieser Justizstelle als Untersuchungsrichter tätig; eine nähere Re-
lation zwischen mir und dieser Strafsache hat nicht bestanden. Dieselbe
wurde, wie aus dem Akte leicht zu entnehmen, von A bis Z von Herrn
L. G. R. Dr. v. Szilvinyi geführt, nnd ich kann daher nicht einsehen,
warum und wieso die Einstellung dieser Untersuchung mit meiner
Person heute in Verbindung gebracht wird«. Nun ja, an der Beilegung
dieser Affaire, in der Herr Dr. Schneeberger den Beschuldigten vertrat,
hat Herr Helfer nicht mitwirken müssen.

Leser. Aus der ‚Neuen Freien Presse', 20. Dezember 1904:
»(Die Verwendung von Hunden im Kriege) ..... Mit einer Wasser-
flasche ausgerüstet, sucht er mit der größten Genauigkeit das Gefechts-
feld ab, findet jeden noch so versteckt liegenden Verwundeten, gibt
diesem Gelegenheit, sich durch einen Trunk zu erfrischen, und holt
entweder persönlich die Sanitätsabteilung, der er angehört, herbei
oder avisiert dieselbe durch anhaltendes Lautgeben . . .«

Fremdenführer. Maximilian Harden war vier Tage in Wien.
Und ist natürlich schon in allen Finessen des Wiener Luxuslebens zuhause. Der Graf Posadowsky ist es nicht, wiewohl er sich länger in
Wien aufhielt. Dieser schwerfällige Norddeutsche fand sich hier nicht
zurecht. »Kannte weder das Geistesklima noch die Persönlichkeiten, auf
die es ankam. Statt in einem Ringstraßenhotel abzusteigen,
zog er in die innere Stadt. Weil's billiger ist? Nichts Welt-
männisches. Keine leichte Hand.« Und so mußte er denn mit seiner
handelspolitischen Mission scheitern... Herr Harden stieg in einem
Ringstraßenhotel ab, und seine Wiener Mission hatte Erfolg. Aber
sind die Verfechter seines »weiten Horizonts« nicht doch ein wenig
enttäuscht, den Gewaltigen auf die Wahl des Hotels so großen Wert
legen zu sehen? Und werden sie ihn nicht belehren, daß der wahre
Parvenu heute nicht mehr in einem der Ringstraßenhotels, wo mit den
Aristokraten gleich auch die Wucherer wohnen, sondern eben in einem
der vornehmen Hotels der inneren Stadt absteigt, weil dort nur die Aristokraten wohnen? Billiger ist's nicht, und in dem Hotel des ungeschickten
Grafen Posadowsky wohnt stets der König von Rumänien... Besser
als über die Wiener Hotelverhältnisse scheint Harden über die Wiener
Preßverhältnisse orientiert zu sein. Er spricht von dem »Irrglauben«
des Grafen Posadowsky, »daß die Wiener sich wie die Berliner Presse
behandeln lasse«. Natürlich ist die Wiener Presse teurer.

Herausgeber und verantwortlicher Redakteur: Karl Kraus.
Druck von Jahoda & Siegel. Wien. III. Hintere Zollamtstraße 2.

Die Fackel

| Nr. 173 | WIEN, 16. JÄNNER 1905 | VI, JAHR |

Maximilian Harden, der berühmte Österreich-
Reisende und gediegene Kenner unserer Verhältnisse,
widmet in der ,Zukunft' Herrn v. Koerber einen
Nachruf, der, wie jede der Feder des Allwissenden
erflossene Betrachtung, das »Endgiltige« offenbart.
Schon vor seinem Fall hatte er ihn erkannt. Aber
diesen für so unmöglich gehalten wie den Fall Port
Arthur's, dessen Meldung fast gleichzeitig mit jenem
Brief des Moritz an Rina eintraf, in welchem Moritz
versichert, daß »bis heute kein irgendwie entschei-
dender Japanersieg« erfolgt sei. Nun, die österreichische Politik versteht Max so gut, wie Moritz
die ostasiatische Kriegsführung. Er war nach Wien
gekommen, um uns zwischen Bismarck und Hansi
Niese von der »leidenschaftlosen Beharrlichkeit«
zu erzählen, welche er im Gegensatz zu uns, die
sie zwar schon kannten, aber den s-Laut bei zu-
sammengesetzten Wörtern als eine wohltätige Einrichtung der deutschen Zunge empfinden, an Herrn
v. Koerber entdeckt hatte. Die Persönlichkeit dieses
Herrn erschien uns mit einemmale von einer neuen,
sympathischen Seite, und wir hatten bei der Lektüre der späteren Nummern der ,Zukunft' die Empfindung: nein, dieser Minister, käme er aus Berlin
zu uns, er würde nicht wie Posadowsky im Hotel
Krantz und nicht wie Bülow — ich verrate ein bisher
unbekanntes Detail — bei Meißl & Schadn absteigen,
sondern gewiß in einem Ringstraßenhotel. Der Mann
war — der Nachruf erzählt es uns — zierlich, elegant

und von »beinahe bismärckischer Kahlheit«. Herr Harden ist Impressionist; dem »Erlebnis Bismarck«, das ihm so lange das mangelnde Temperament ersetzt hat, scheint, gleich eindrucksgewaltig, das Reise-erlebnis Koerber auf dem Fuße zu folgen.

Und nun hören wir, welchen Verlust wir Öster-reicher erlitten haben. Herr v. Koerber »hielt sich sauber; nie wählte er unanständige Mittel«. Wenn der Schmeichler nicht etwa auf Haarwuchsmittel anspielt und nicht an die Sauberkeit der Koerber'schen Toilette denkt, dann geht dieses Abgangszeugnis denn doch ein wenig üher den Spaß. Was würde Herr Harden, dessen Wohlwollen hinter Bodenbach beginnt, über einen Reichskanzler schreiben, dem er Ordensschacher und Preßbuhlerei, wie sie Herrn v. Koerber nachgewiesen wurden, auch nur zutrauen könnte? Wenn er die guten Absichten des früheren Ministerpräsidenten — welchem wären je schlechte vorgeworfen worden? —, wenn er die persönliche Unbestechlichkeit des im Augiasstall amtierenden Mannes bezeugen wollte, — habeat sibi. Aber die An-ständigkeit der Mittel? Einem Minister, der die Preßkorruption zu einer Blüte gebracht hat, die sie vordem unter keiner österreichischen Regierung erreichte? Der .Titel und Würden nicht etwa zum Handelsobjekt machte, um die Eitelkeit der öffentlichen Wohlfahrt dienstbar zu machen, um vom Geld der Protzen Spitäler zu bauen, sondern um das öffentliche Interesse seiner eigenen Eitelkeit dienstbar zu machen, um aus einer käuflichen Presse das Lob seiner Regierungserfolge immer lauter er-klingen zu hören. Da dies oft und oft bei Lebzeiten des Ministeriums Koerber gesagt wurde, so kann es — dem heuchlerischen »de mortuis« zum Trotz — auch jetzt gesagt werden. Und noch eines dazu: Herr v. Koerber hat, nachdem er bereits dem Kaiser seine Demission überreicht, rasch noch, ehe er formell aus dem Amte schied, die Pauschalien-

verträge mit seinen Lieben in Wien erneuert, rasch
noch den Rest des Dispositionsfonds nach Prag gesendet, von wo ihm heute ein kräftiges »Mercy« an
jedem Tage entgegenschallt. Auch der kleine Reklame-
scherz von dem Handschreiben des deutschen Kaisers
— eine Depesche wäre glaubwürdiger gewesen — ward
in Prag geboren. »Jahrmarktbuden, in denen für
Geld Auszeichnungen und Orden zu erwerben
möglich war«, dies seien, meint das Organ des Abgeordneten Dr. Pacak, die Kanzleien des Minister-
präsidiums unter Koerber geworden; der Sitz der
obersten Reichsregierung sei beherrscht von den
»Zeitungsintriganten und Maklern der politischen
Korruption, die sich nicht scheut, das Leben der politischen Parteien zu versumpfen«. Das ist hierzulande die
Freund und Feind gemeinsame Erkenntnis über das
Regime der sauberen Mittel. Sie konnte das unwahre,
doch glaubhafte Gerücht entstehen machen, unter
Koerber habe wie für Titel und Orden auch für
Herrenhausmandate ein fester Tarif bestanden und
zwei Großindustrielle, die unvorsichtigerweise das
Geld gegeben, ehe die Ware geliefert war, seien
durch den Hingang des Verschleißers schmerzlich
getroffen. Sicher ist, daß Herr v. Koerber angenehm überrascht ist, wenn jemand eine für Geld
übernommene Verpflichtung erfüllt. Sonst hätte er
es nicht für notwendig erachtet, den Wiener Redaktionen bei seinem Abschied heißen Dank für das ge-
lieferte Lob seiner Regierungstätigkeit auszusprechen.
Es klingt traumhaft, ist aber wahr: Herr v. Koerber fuhr
bei den Herren, die als Weltbeherrscher noch nicht
demissioniert haben, persönlich vor und bat die
Benedikt, Singer, Löwy und Kornitzer um ihr
ferneres Wohlwollen. Es wurde einem oft schwer,
sich das Untermaß von Würdelosigkeit zu erklären,
zu dem sich ein Mann von unbestreitbarer Beamten-
tüchtigkeit auf einem Posten, der eine Individualität
verlangt, hinunterschraubte. Aber das Abschiednehmen

von den Journalisten verrät mehr als Ungeschicklichkeit: es verrät Intimität. Hat Herr v. Gautsch
einmal das vermeintlich taktische Wort gesprochen,
daß man in Österreich ohne die „Neue Freie Presse‘
nicht regieren kann, so ist es ein noch ärgeres Armutszeugnis, in Österreich ohne die „Neue Freie Presse‘
nicht demissionieren zu können.

Das fernere Wohlwollen kann sie dem Einfluß-
losen trotzdem nicht geben; ihr gilt nur der wirkende
Mann. Ihr Wahlspruch: de mortuis nil nisi male. Ihr
Wahrheitsfanatismus, nur durch die Pietät für
einen Lebenden zurückgehalten, bricht in der
Stunde des Ablebens mit vermehrter Energie durch.
Mit solcher Erbärmlichkeit hat eine Kritik, die auch
den Regierenden nie schonte, nichts zu schaffen.
Und sie muß, wenn sie — selten genug — das Unkraut im wüsten Garten österreichischer Politik jätet,
auch gröblicher zeitgeschichtlicher Fälschung, die
einen Subventionsminister zum Mann der saubecen
Mittel machen möchte, auf die Finger klopfen. Es
ist ja die Frage, ob der Nachfolger, dessen Sitten,
Fleiß und äußere Form der schriftlichen Arbeiten
theresianische Ansprüche befriedigen, besser sein
wird. Sicher wird er geräuschloser sein. Und für den
Anfang mag den Nerven dieses Staats, die ein Genie
aufpeitschen müßte und die ein begabter Gschaftl-
huber so lange irritiert hat, ein Minister, der auf
Gummisohlen regiert, nicht ungesund sein . . .

Daß in Herrn v. Koerber trotz Kahlheit und
gelegentlicher Anstrengung, geflügelte Worte zu erzeugen, kein österreichischer Bismarck dahingegangen
ist, bloß ein Verwaltungstalent, das hoffentlich auf
einen Posten, wo der Eitelkeit geringere Opfer gebracht werden können, wiederkehren wird, des möge
der Herausgeber der „Zukunft‘ versichert sein. Schon
in der zweiten Nummer der „Fackel‘, Mitte April
1899, machte ich ihn in offenem Antwortschreiben
darauf aufmerksam, daß er seit einer dreitägigen

Erholung von den Strapazen des Berliner Kampf-
daseins«, die er hier genoß, »die Wiener Zustände
mit dem Maße milden Erinnerns beurteile«, versicherte ich, daß ich, wenn auch meine österreichischen
Erfahrungen »in der halben Giltigkeitsdauer eines
Retourbillets erworben wären, nie und nimmer die
‚Fackel‘ begründet hätte«. Sein Fernblick vergrößert
auch heute noch, da er wieder ein paar Tage in
Wien verbracht hat, um hier, ein literarischer King-
Fu, alle an ihn gerichteten Fragen zu beantworten.
Soll ich's ihm heute nicht sagen dürfen? Deshalb,
weil ich älter geworden bin und freier denken ge-
lernt habe? Weil der Richtung meines Temperaments
der Ton seiner Verdrossenheit nicht mehr zusagt?
Weil ich mit einer Klarheit, die keine persönliche
Rücksicht trüben kann, endlich Unterschiede der
Gesinnung wahrnehme, die dem ungeübten Auge
verborgen blieben? In dieser unseligen Stadt der
Verbindungen und Beziehungen muß man sich gegen
die stupide Frage: »Was ist zwischen Ihnen und
ihm vorgefallen?« verteidigen, wenn man es gewagt
hat, bei zwingendem Anlasse eine längst erworbene
Überzeugung auszusprechen, trotz persönlichem Verkehr zu bekennen, daß man Herrn Harden nur mehr
als Literaturessayisten — mit Nachsicht der Gedichte
des Herrn Sello — und nicht mehr als humor-
losen Moralretter, überhaupt nicht als polemischen
Greiner erträglich findet. Die Gedankenlosigkeit
fragt einen Schriftsteller, der sich erwiesenermaßen
gegen alte Protektoren, die ihm später als Protektoren aller Niedertracht erschienen, »undankbar«
gezeigt und Hände, die dem Anfänger Knüppel
zwischen die Beine warfen, gestreichelt hat, nach dem
»persönlichen Zerwürfnis«, das die Ursache eines
literarischen Angriffs gewesen sein muß! Einer bemüht sich auseinanderzusetzen, warum er die Haltung
eines andern tadelnswert findet, und die Wiener Frage
lautet: Warum finden Sie seine Haltung tadelnswert?

Er ist doch Ihr Freund gewesen!... Zwischen den
Zeilen müssen die Gründe liegen, die das von Personen-
klatsch verwöhnte Gehirn nicht mehr entbehren kann.

Ja, ich bekenne es, mein erster Ausfall gegen
Harden in der Sache Coburg hatte ein verstecktes
Motiv, das in dem Artikel selbst nicht angegeben war.
Vielleicht nämlich hätte ich zu der Überraschung, die
mir Herrn Harden's G e s c h m a c k bot, geschwiegen.
Der persönlichen Rücksicht war die letzte Stütze
gebrochen, als mir in dem dem Coburgaufsatz folgenden Heft der ‚Zukunft‘ Herrn Harden's G e s i n n u n g
eine Überraschung bot. Da war eine kleine Notiz zu
lesen, in der er auf eine scharfe Verwahrung des
sozialdemokratischen Abgeordneten Südekum antwortete. Herr Harden hatte nämlich, da er die Psychiater
gegen Louise von Coburg schützte, den für jeden Leser
pikanter Literatur unzweideutigen Satz geschrieben:
»Ich gönne Madame Louise die Freiheit, würdige
vollkommen die Motive des — durch Heirat
dem Kohlenkönig Fritz Friedländer verwandten —
Proletariers Südekum, der, leider mit unzulänglichen
Mitteln, den Lassalle spielen möchte und schon für
die Kronprinzessin von Sachsen, d i e s i c h d a n k b a r
e r w i e s, fast so feurig eintrat wie der größere Ferdinand einst für die Gräfin Hatzfeldt«. Herr Südekum weist die, auch wenn sie stichhältig wäre, eines
reinlichen Publizisten unwürdige Anspielung im ‚Vorwärts‘ zurück. Herr Harden staunt. Er habe den
Verdacht, daß Südekum »von der früheren sächsischen
Kronprinzessin mit Geld oder Frauengunst bezahlt«
worden sei, »weder gehegt noch ausgesprochen«.
»Schon der Vergleich mit Lassalle's minder trauriger
Ritterschaft und die Erwähnung der Tatsache, daß
der Proletarier Südekum durch Heirat dem Kohlenkönig Fritz Friedländer verwandt ist, schloß die Annahme aus, Albert Oskar Wilhelm (die Aufzählung
der Vornamen ersetzt den Zunamen des Herrn Südekum und den Humor des Herrn Harden) sei für

blankes Geld zu haben. Und da Louise von Sachsen schon geflohen war, als das rote Gigerl für sie eintrat, war auch an gewährten Minnesold nicht zu denken«. Woran war denn also — fragt der betäubte Leser — zu denken? Noch unschuldsvoller stände Herr Harden da, wenn er gesagt hätte: Der Vergleich mit Lassalle schloß die Annahme aus, daß Herr Südekum der Bestechlichkeit geziehen werden sollte, und die Erwähnung der Verwandtschaft mit dem Kohlenmillionär die Annahme, daß er für »Minnesold« zu haben sei. Aber vielleicht ist der Vergleich mit Lassalle nicht so sehr eine Verneinung der ersten, als eine Bejahung der zweiten Annahme? Und vielleicht wird diese zweite auch nicht durch die scheinheilige Versicherung entkräftet, daß Louise von Sachsen »schon geflohen« war, als Südekum für sie eintrat: er konnte für sie nicht eintreten, ehe sie geflohen war, wohl aber ihre Gunst genießen; und wenn ihm eine Prinzessin nicht unerreichbar wäre, warum sollte es die Schweiz sein, in die sie geflohen? Aber ein ehrlicher Publizist bekennt, was er mit dem Satze »die sich dankbar erwies« gemeint hat. Das Unschuldigste von der Welt! Wie, Herr Südekum wagt es, zu beteuern, er habe von der früheren Kronprinzessin »niemals einen wie immer geaıteten Dank erhalten«? »Er lügt jetzt oder hat früher gelogen. Denn er hat in meiner Gegenwart vor Zeugen erzählt, daß Louise ihm einen Dankbrief geschrieben habe.« Den Dankbrief hat er gemeint! Und nun beliebe man im Vordergrund der Szene, die Lassalle's aristokratische Liebesabenteuer malerisch abschlossen, die »Dankbarkeit« Louisens durch den Dankbrief Louisens, das eine Relativsätzchen durch das andere, zu ersetzen ... Ich nahm vor dieser geschickten Regie Reißaus und beschloß, nach Lassalle-Harden'schem Rezepte »auszusprechen, was ist«, zu sagen, daß ich allzulange gutes Komödienspiel für Lebenswahrheit genommen hatte ...

Und habe ich mir das Recht verdient, es zu
sagen, so habe ich die Pflicht, es dort vernehmlich
zu sagen, wo Herrn Harden's Unfehlbarkeit sich
an österreichischen Verhältnissen zu erproben versucht. Jetzt, da ich seine publizistischen Leidenschaften kenne, muß ich ihm raten, nicht für entlassene österreichische Minister, nur für entlaufene
österreichische Prinzessinen Leumundszeugnisse zu
verfassen. »Du denkst, nur um den einen Hauslehrer
handle sich's«, schreibt der sonst etwas unklare Moritz
an Rina, »Ahnungloser Engel! Gerichtlich festgestellt,
daß mit einem runden Dutzend verschiedener Herren
der Schöpfung die Ehe gebrochen; tatsächlich festgestellt . . .« Da kann man doch wenigstens mit der
Statistik arbeiten. Aber die »Anständigkeit der Mittel«,
deren sich Herr v. Koerber bedient hat? Wer könnte
sie zahlenmäßig beweisen?

Ein Schlußwort zur »Verbesserung des Schutzes der Ehre«.

Herr Dr. Beck ersucht mich um die Aufnahme
der folgenden Zuschrift:
Mit Rücksicht auf die Begründung des in
Nr. 172 enthaltenen, sicher beachtenswerten Vor-
schlages: Es möge in der dem § 193 des deutschen
Reichsstrafgesetzbuches nachzubildenden Gesetzes-
bestimmung ausdrücklich festgelegt werden, daß
unter die Wahrnehmung berechtigter insbesondere
auch die Wahrung allgemeiner, öffentlicher, idealer
Interessen falle, darf der deutschen Rechtsprechung
das Zeugnis nicht versagt bleiben, daß das Reichsgericht diese Auffassung bereits zur Geltung bringt.

Nur darauf besteht der höchste deutsche Gerichtshof ausnahmslos, daß den in der Presse tätigen
Personen nicht mehr Rechte zustehen, als allen anderen, und daß auch der Schriftsteller, der den Schutz
des § 193 d. R. St. G. für sich in Anspruch nimmt,
seine besondere Beziehung nachweisen muß, die
ihn zu der beleidigenden Besprechung berechtigt
hat; dann genügt, daß fremde und lediglich sittlich berechtigte Interessen wahrgenommen wurden:
Entscheidungen Band XV, S. 15; Band XXIII, S. 423;
Band XXV, S. 355.

Das ist das Gesamtbild der deutschen Rechtsfindung zu diesem Gegenstande.

Von österreichischen Richtern wäre kaum zu
besorgen, daß sie in der Auslegung engherziger oder
gar strenger wären, — insolange ihre amtliche Tätigkeit
von der Justizverwaltung unbehelligt bleibt. Deshalb
ist die ausdrückliche Festlegung der Berechtigung
zur Wahrnehmung vermögensrechtlicher oder sittlicher
Interessen immerhin zu wünschen.

Es wird dann kaum notwendig sein, bei der
Wahl des Richters zwischen dem Zufall und dem
Juristen zu schwanken, und sich immerhin empfehlen —
wenn ein solches Verlangen nicht allzu unbescheiden
sein sollte —, diesen sogar dem Pfeidler vorzuziehen.

Meran, 2. Januar 1905.   Dr. Berthold Beck.

*

Im Gegensatz zu der Darstellung des Herrn Dr.
Beck, welcher auch der von Herrn Gerichtssekretär
Dr. v. Engel in Nr. 172 angeführte Fall Conried-
Conrad widerspricht, habe ich von dem Verständnis
der deutschen Rechtsprechung für den Begriff der
»berechtigten Interessen« wenig Erbauliches ver-
nommen. Als mir ein deutscher Kriminalist erzählte,
das Reichsgericht negiere neuestens die öffentlichen
Interessen, die ein Redakteur bei einem beleidigenden
Angriff vertritt, als berechtigte, wollte ich zuerst an

das Walten einer wahren Kulturinstanz glauben,
welche die usurpierte Gerechtsame einer korrupten
Tagespresse nicht zu sanktionieren gewillt sei, mit
einer zwar nicht immer anwendbaren, aber in der
Tendenz berechtigten Entscheidung die »idealen Interessen«, die die Presse zu vertreten vorgibt, als eine
Geschäftsusance entlarve und der Preßfreiheit nicht
den Mißbrauch eines neuen Vorrechts konzedieren
wolle. Ich glaubte an eine Tendenz wie die, welche
unserm Obersten Gerichtshof die Entscheidung über
die »ehrlose Zeitung« eingab. Ich wurde anders belehrt, als ich erfuhr, daß das Reichsgericht ausdrücklich geschäftliche Interessen als die einzig berechtigten anerkannte und dem Redakteur eines Fach-
blatts, der einem Konkurrenten derselben Branche
übel mitspielt, den Schutz des § 193 zubilligte. Daß
der höchsten Quelle deutscher Rechtsgelehrtheit solche
Krämerauffassung entsprungen war, erfuhr ich, als
ich die Untauglichkeit von Krämern für ein Amt,
dessen Erkenntnisse naturgemäß erst jenseits ihres
Horizonts dämmern, behauptete. Möglich ist es immerhin, daß es sich um einen grotesken Einzelfall handelt; aber deutsche Untergerichte scheinen sich diese
und nicht die von Herrn Dr. Beck zitierten Beispiele
reichsgerichtlicher Einsicht zur Richtschnur zu nehmen. Und welche andere »besondere Beziehung« zu
der Parsifal-Angelegenheit hatte denn Conrad in
München, um freigesprochen zu werden, nachzuweisen, als die eines von der kulturellen Wichtigkeit
seines Angriffs überzeugten, dreißigjährigen Verfechters
der Sache Richard Wagner's? Die »besondere Beziehung« wird sich immer leichter zu dem eigenen,
vermögensrechtlichen, als zu dem fremden, sittlich-
berechtigten Interesse nachweisen lassen. Darum kann
nur Gesetzesklarheit — Verbesserung in Deutschland, Neugestaltung in Österreich — engherziger Beurteilung einer idealen Motiven entsprungenen In-
jurie vorbeugen, jener Auffassung, die sie als eine

»Einmischung in fremde Angelegenheiten« bestrafen
möchte. Wenn wir die »Wahrung berechtigter Interessen« mit einer über den Wortlaut des deutschen
Gesetzes hinausgehenden Deutlichkeit errungen haben,
dann können wir getrost und freudig den Tischler-
meistern, die heute die zerbrochene Ehre leimen müssen,
die beschwerliche Arbeit abnehmen und sie den
Berufsrichtern zuweisen.

* * *

Vor einem Vierteljahrhundert kamen die Bewohner dieses
Erdballs, soweit sie liberal denken, überein, Herrn Alexander
Strakosch für den »gewaltigsten Rezitator« zu halten. Und wiewohl
später eine Verwandte des Hofrats Hanslick zur »bedeutendsten Rezitatorin beider Hemisphären« avancierte, behielt Herr Strakosch seinen
Ehrentitel bei. Während er die Mauern des Musikvereinsgebäudes er-
zittern machte, mußte sich eben der Zeitungsleser vergegenwärtigen, daß
die Stimme der Frau Petrasch gerade den andern Weltteil sieghaft durch-
dringe. Im Reiche des Notizenruhms können gleichzeitig alle die
Größten sein. Auch ich bilde mir ein, von der Vorlesekunst
einiges zu verstehen, sie selbst üben zu können. Als ich vor elf
Jahren in München die »Weber« las, druckte die ‚Neue Freie
Presse' das Urteil Michael Georg Conrad's ab, dem eine »ähnliche
Offenbarung rezitatorischen Genies« (oder so ähnlich) noch nicht
vorgekommen sei. Ich glaubte es nicht. Aber ich weiß: es ist
noch kein Eigenlob, wenn einer behauptet, daß er besser als Herr
Strakosch vorlesen könne. Der schrecklichste der Schrecken — das
war und ist noch heute dieser »Altmeister« in seinem Wahn. Wenn
er, gereizt, seinen »Uuuuriel A—cos—ta« loslegt, ist's nicht gut mit
ihm Kirschen essen. Ich bin stets bewundernd vor der Rätselhaftigkeit
dieses Ruhms gestanden. Als den schwitzendsten Rezitator beider
Hemisphären habe ich den Mann allzeit anerkannt. Aber als den
gewaltigsten? Wie gesagt, wenn nicht die Sonne der Frau Petrasch
aufgegangen wäre! ... Im Ernst: ich glaube, daß jeder Durchschnitts-
brüller eines mittleren Hoftheaters künstlerischer rezitieren und
besser die Kleinen lehren kann als dieser Meister der Vortragskunst.
Die Toleranz Laube's, der mit genialem Theaterblick die Talente

entdeckte, die Herr Strakosch zur Verbildung übernehmen sollte, hat noch der Kritik standzuhalten. Ich kann mir nicht denken, daß der Mann als »Instruktor« etwas taugt, der, wie mir bekannt, einem Mitglied des Theaters, an dem er wirkte, einst ein Zettelchen in die Garderobe schickte, auf dem die suggestiven Worte standen: »Sehr geehrtes Fräulein! Ich bitte Sie um alles in der Welt, spielen Sie schön, hingebend, voll Temperament, mit Begeisterung, mit wahrem Enthusiasmus. Sie werden reich belohnt werden. Ihr ergebener Strakosch«. Und wenn er keine Fehlbitte tat, so ist's dann sein Verdienst gewesen ... Die Theaterleitungen scheinen endlich dahinter gekommen zu sein. daß von dem Ruhm des Herrn Strakosch noch kein Schauspieler profitiert hat, und so sehen wir ihn denn wieder als Rezitator umgehen. Neulich raste er durch den großen Musikvereinssaal und die Zeitungen konstatierten, daß er der Alte geblieben sei. Auch ward endlich sein »Porträt« in die Gallerie der Berühmtheiten des ‚Neuen Wiener Journals' eingereiht. Der Herr, der ihn interviewte, fragte ihn nach den Erfahrungen, die er, in dessen Wohnung so viele begeisterte Schauspielerwidmungen zu sehen sind, mit der Dankbarkeit der selbst berühmt gewordenen Schüler gemacht habe. »Der Meister, der mit der ganzen Welt in Frieden bleiben will, sagt mir: ‚Es muß wohl schon so sein. S p ä t e r v e r g e s s e n s i e g e r n a n m i c h , was man an ihnen getan hat'«. Ein Problem: Hat der Mann, der seit Jahrzehnten die Sprache der Klassiker lauschenden Jüngern vermittelt, diesen Satz wirklich gesprochen, oder hat der Vertreter des ‚Neuen Wiener Journals', der allerdings »Deutsch-German« heißt, die Worte, die Herr Strakosch gesprochen, r e d i g i e r t?

* * *

Der Sozialismus und die Seele des Menschen.
von Oscar Wilde*).

Oscar Wilde ist ein evangelistisch empfindender Organismus: er erwartet eine Höher-Entwicklung des Menschengeschlechts, ein Gottähnlich-werden nach

---

*) Berlin 1904, Karl Schnabel, Axel Juncker's Buchhandlung.

den eigentlichen Plänen des Schöpfers. Er erwartet diese Regeneration ausschließlich vom Individualismus.

Durch die vollkommene, ungehemmte und grenzenlose Entwicklung sämtlicher Eigenschaften in einem besonderen, wertvollen Organismus wird der im Gesetz des Tages eingeschlossenen Menge ein Bild gegeben von Entwicklungs-Möglichkeiten jeglicher Art in diesem unbeschreiblich steigerungsfähigen Organismus »Mensch«!

Aus diesen lehrhaften Proben von Kraft-Möglichkeiten wird die staunend oder geschreckt zurückbleibende Menge allmählich sich das für Alle bleibend Wertvolle herauswählen, das Unbrauchbare in dem Rumpelkasten »Exzentrizitäten« vermodern lassen!

Oscar Wilde hält — und das ist sein l'art pour l'art-Wahnsinn — die Künstlernatur für die allein geeignete, durch grenzenloses Auslebenlassen ihrer Individualität den Übrigen lehrhafte Beispiele zu bieten. Dieser Wahn beruht auf dem seiner eigenen Natur innewohnenden Wahne, dem Künstler im Menschen einen größeren Spielraum im realen Leben einzuräumen als dem Menschen im Künstler.

Erfüllt von der Idee, daß die Freiheit des Künstlers gleichsam die Freiheit einer künftigen Menschheit einleite und sichere, schrieb er sein Buch »Der Sozialismus und die Seele des Menschen«.

Ich will nun — da und dort in freier Weise — prägnante Stellen dieses Buches anführen:

Die Kunst ist Individualismus, und der Individualismus ist eine zerstörende und zersetzende Kraft. Darin liegt seine ungeheure Bedeutung. Denn was er zu zerstören sucht, ist die Eintönigkeit des Typus, die Sklaverei der Gewohnheit, die Tyrannei der Sitte und die Erniedrigung des Menschen auf die Stufe einer Maschine.

•

Tatsächlich benutzt das Publikum die Klassiker eines Landes als Mittel, den Fortschritt in der Kunst zu hindern. Sie degradieren die Klassiker zu Autoritäten. Sie benutzen sie als Knüppel, um den freien Ausdruck der Schönheit in neuen, bisher unbekannten

Formen zu hindern. Sie fragen jeden Schriftsteller, warum er nicht wie der oder jener schreibt, jeden Maler, warum er nicht wie der oder jener malt, und vergessen ganz, daß jeder, der etwas dieser Art täte, aufhörte, ein Künstler zu sein.

•

Je vollständiger der empfängliche Betrachter eines Kunstwerkes seine eigenen albernen Ansichten, seine eigenen törichten Vorurteile, seine eigenen dummen Ideen über das, was die Kunst sein soll und nicht sein soll, unterdrücken kann, umso geeigneter ist er, das Kunstwerk zu verstehen und zu würdigen. Denn die Ideen über die Kunst sind doch naturgemäß aus dem genommen, was die Kunst eben bis zu diesem Augenblicke gewesen ist, während das neue Kunstwerk dadurch schön ist, daß es ist, was die Kunst bis dahin nie gewesen ist, und wer es mit dem Maßstabe des Vergangenen mißt, legt einen Maßstab an, auf dessen Überwindung gerade seine Vollkommenheit beruht.

•

Das einzige, was man von der Natur des Menschen wirklich weiß, ist, daß sie sich ändert, daß sie veränderungsfähig ist. Die Systeme, die fehlschlagen, sind die, die auf die Konstanz der menschlichen Natur bauen, anstatt auf ihr Wachstum und ihre Entwicklung.

•

Fragen, ob der Individualismus praktisch ist, heißt fragen, ob die Entwicklung praktisch ist. Entwicklung ist das Gesetz des Lebens, und es gibt keine Entwicklung, die nicht zum Individualismus drängte. Wo diese Tendenz keinen Ausdruck gefunden hat, da liegt künstlich unterdrücktes Wachstum vor oder Krankhaftigkeit oder Abgestorbensein.

•

Ein Mensch wird heute geziert genannt, wenn er sich kleidet, wie es ihm gefällt, sich zu kleiden. Geziertheit in diesen Dingen ist es aber, wenn einer sich in seiner Kleidung nach den Ansichten seiner Mitmenschen richtet, die, da es die Ansichten der Mehrheit sind, äußerst einfältig sein dürften.

•

Die Selbstsucht strebt unwillkürlich danach, um sich herum eine absolute Gleichförmigkeit des Typus zu erhalten, zu erzeugen.

Die Uneigennützigkeit jedoch blickt verständnisvoll und liebevoll auf die unendlichen Mannigfaltigkeiten. Es ist nicht selbstsüchtig, auf seine Art zu denken. Wer nicht auf seine Art denkt, denkt überhaupt nicht.

Der wohlverstandene Individualismus nun, das heißt derjenige, der einer Entwicklung der Gesamt-Menschheit förderlich sein soll, muß jene Elemente enthalten, die, von Allen einmal als Gemeingut verdaut und assimiliert, auch diese Gesamtheit zu einer fast künstlerischen Höhe zu bringen imstande sind!

In jedem Menschen liegen seine »idealen Möglichkeiten«, liegt seine »Freiheit und Wahrhaftigkeit«, sein »Künstler-sein« geknebelt, verrammelt, tief verborgen, der Wieder-Auferstehung harrend.

Eines tut not, nur Eines: Werde, der Du bist!

Ich las das Buch Wilde's. Da fand ich den Satz wieder, aus dem alles Heil den Menschen kommen wird:

Werde, der Du bist!

Wien.   Peter Altenberg.

* * *

Zum Falle Wilde.

(Eine Studie.)

Oscar Wilde schrieb das seltsamste seiner Bücher im Zuchthause zu Reading. Ein wertvolles Dokument, in künstlerisch vollendeter Form. Diese Aufzeichnungen und Briefe*) sind alles eher als Literatur. Da ist Leben und Leiden, und vom Standpunkt der Kultur und des Lebens will es gewertet sein. Für jene, die in der Erniedrigung des andern sich selbst erhöht fühlen und denen fremde Qual Genuß wird,

---

*) De Profundis, Aufzeichnungen und Briefe aus dem Zuchthause in Reading, von Oscar Wilde. Herausgegeben und eingeleitet von Max Meyerfeld. ‚Neue deutsche Rundschau‘, 16. Jahrgang der freien Bühne, 1. Heft, Januar 1905.

ist es interessant, und für jene, denen des Menschen Fühlen eine Wissenschaft ist und ein Spiel, etwas Gelerntes und etwas zum zerstreuen, und des Menschen Leben ein Schauspiel, wird es willkommene Sensation. Anderen mag es schwer erscheinen, den Aufbau eines Kunstwerks zu betrachten, wenn jede Zeile von der Zerstörung eines Künstlers spricht.

Die Lehre dieser Schrift ist die Lehre, die Glück und Ende ihres Autors geben, die Lehre, die aus Oscar Wilde's Leben spricht. Schärfer tritt sie hier hervor als in allem andern, das er schrieb und lebte. Wie konnte diese Wandlung geschehen? Es gibt Anschauungen und philosophische Erkenntnisse, die sich in der Kerkerzelle in Durchschnittsköpfen mit der Sicherheit einer chemischen Reaktion entwickeln. Warum war dieser Geist, den wir das Maß des Durchschnitts durchbrechen sahen, ihnen unterworfen? Erkenntnis der Gewalt des Leidens auf Erden, das ist das Geschenk, das ihm sein Kerker bringt. Ein tiefes Christentum, der gewaltige Pessimismus, der die Liebe als Verzeihung erkennt, ergreift ihn. Damit aber auch das ganze zerstörende Bewußtsein eigener Schuld. Demut nennt er das letzte und beste, das er in sich findet. Verzweifelter als der Anblick hoffnungslosen Ringens gegen Schande und Verachtung ist diese Überwindung. Das ist kein Ziel, auf welches die Entwicklung seines Wesens führen durfte; dieser Vorkämpfer des genießenden Lebens war sicher nicht berufen, ein Prediger der Demut zu werden. Er konnte es nur unter Aufopferung seines eigenen Ich; wenn es nicht jeder Satz erkennen ließe, wir wüßten es aus jenen Jahren, die seiner Haft folgten, daß der kampfesfrohe, schaffende Geist Wilde's seine Verurteilung nicht überwand. Das ist nicht durch Äußerlichkeiten zu erklären; nicht durch die geringe Widerstandskraft des verfeinerten Kulturmenschen oder durch die besonderen Machtmittel europäischer Justiz. Wer nicht in der Veränderung seines Wesens einen

Aufschwung erkennen und von dem läuternden Einfluß des Gefängnislebens sprechen will und von den wunderbaren Wegen, die zur Einsicht und Reue führen, der darf sich auch nicht begnügen, stillschweigend den jähen Zusammenbruch als ein Notwendiges aufzufassen. Er muß des Übels Wurzel suchen in Wilde und außer ihm. — Das Urteil über den Künstler ist gesprochen, er hat es selbst in seinen Werken gegründet, daß nichts anderes hier mindernd einzuwirken vermag. Der Dichter, der selbstherrliche Meister des Wortes, der die Gedanken der Menschheit spielend als Arabesken in sein Schaffen schlang, bleibt unberührt in der Geschichte von der Veränderung der menschlichen Persönlichkeit. Aber diese selbst wird von neuem Gegenstand der Kritik, und die Frage will Antwort, warum, wenn der Geist eines andern großen Verurteilten, der Dostojewski's, so übermächtig erscheint in seinen Kerkern, der Oscar Wilde's zerbricht.

Die Antwort birgt das Leben Wilde's vor der Katastrophe. Überblickt man dieses, wie es so jäh ans Licht der Öffentlichkeit gezerrt wurde, so bietet sich das Schauspiel eines Doppellebens, das durch eine unüberbrückte Kluft geteilt ist, dessen eine Hälfte, bei nächtlichem Gelage, verleugnet wird von jener andern, die in den Salons der Hauptstadt spielt. Unfähig, die eine oder die andere der beiden Gestalten, in denen sich sein Leben abspielt, zu überwinden, verzehrt er seine Kraft in diesem Kampfe, der endlich mit seiner Niederlage enden muß. Dichter, der es nicht wagt, sein wahrstes Fühlen offen zu bekennen; Künstler, der bei den Werken, die er schafft, bedenken muß, sich selbst nicht treu zu offenbaren, damit ja niemand das Verborgene in seinem Selbst erkenne; Mensch, der gezwungen ist, Gleichgültigkeit zu zeigen, wenn es das Stärkste seines Wesens gilt und Gefühle zu zeigen, wo ihm das Fühlen fern bleibt. Das ist die Tragödie einer menschlichen Entwür-

digung, wohl oft gespielt, niemals so grell vom Lichte
der Öffentlichkeit getroffen. Das ist die Rolle, zu der
die Kultur des neunzehnten Jahrhunderts einen ihrer
edelsten Geister zwang. Gewiß, er war ein Meister,
ein Künstler, ein wahrer Fürst der Lüge. Er wäre
nicht er selbst gewesen ohne dieses souveräne Spiel
mit Wahr und Falsch, das ihm wie Keinem zu Gebote stand. Aber sozialer Kämpfer war er nicht. Der
Wunderbau seines Geistes war von unendlicher Fein-
heit und Zartheit, doch Wall und Graben fehlten
ihm; er widerstand nicht dem plumpen Anprall der
Anschauung, mit der Englands vornehmstes Publikum bemüht war, seinen vornehmsten Künstler zu
zertreten.

Daß er die Einheit seines Wesens nicht fand,
sie nicht einmal im Kerker nach sich selber ringend
fand, ist seines Lebens einzige Schuld. Ihm war jener
große Stolz nie eigen, der es nicht erträgt, unge-
kannt geachtet zu werden, der lachend den Feind
aufsucht und ihm die eigene Schwäche zum Angriff
weist. Jener Stolz, der beispielsweise aus jeder Zeile
von Frank Wedekind's Dichtungen spricht, wenn er
mit einem einzigen Worte, spielend, die Oberherr-
lichkeit über jede mögliche Kritik seiner Persönlichkeit an sich reißt, indem er sich frei zu sich
bekennt. Wilde: »Ich vergaß, daß jede kleine Handlung des Alltags den Charakter prägt und daß man
deshalb das, was man insgeheim im Zimmer getan
hat, eines Tages mit lauter Stimme vom Dach
herunterrufen müsse.« Wedekind ruft es sofort;
»freudig kündet er's mit freier Stirne«. Wilde:
»Ich habe mich selbst zugrunde gerichtet. Niemand, ob hoch oder niedrig, kann von einer andern Hand als von seiner eigenen vernichtet
werden.« »So Schreckliches mir auch die Welt angetan hat: ich habe weit Schrecklicheres an mir
selbst getan.« »Ich war es müde geworden, auf den
Höhen zu wandeln — da stieg ich aus freien Stücken

in die Tiefe herab und fahndete nach neuen Reizen. Was mir das Parodoxe in der Sphäre des Denkens war, wurde mir das Perverse in der der Leidenschaft. Die Begierde war schließlich eine Krankheit oder Wahnsinn oder beides.« Auf diesem Irrwege sucht Wilde im Zuchthause nach eigener Schuld, nach einer Klärung seines Wesens, und hätte er seinem »Wahnsinn« nicht so unendlich viel geopfert, die Jahre nach seiner Haft würden es allein beweisen, wie wenig zufällig, wie übermächtig und beherrschend ihm diese Begierde war. Ob moralischer Widerstand gegen das soziale Urteil hier am Platze war, ob eines Menschen Kraft tausendjährigem Vorurteil gegenüber sich hätte Geltung verschaffen können, gilt gleich viel. Nur die Befreiung von dem Makel, dem er sich unterwarf, die Befreiung, die eigener freier Kritik des Moralbegriffes hätte folgen können, vermochte ihm jene Überlegenheit zu geben, die auch im englischen Zuchthause standgehalten hätte. Doch er war kein Fanatiker moralischer Überzeugungen, kein Streiter, auch nicht in eigener Sache. Daß er die Verteidigung des gekränkten individuellen Rechtes dem sozialen Übergriff gegenüber nicht findet, daß er betäubt, irre an sich selbst, keinen Ausweg sieht als die Unterwerfung — begreifen könnte man es vielleicht nur angesichts der beispiellosen Niedertracht und Gemeinheit, mit der gegen ihn der Kampf geführt wird. In jener Atmosphäre, aus der diese Kämpfer hervorgingen, war für einen Vornehmen seinesgleichen die Kraft nicht zu schöpfen, ihnen zu widerstehn; und von seiner angebornen, seiner besten Kraft hatte er zu viel im Kampfe gegen »Wahnsinn oder Krankheit oder beides«, im Kampfe gegen sich selbst, vergeudet, um diesen Gegnern gewachsen zu sein.

Er war der erste nicht und gewiß nicht der letzte. Oscar Wilde, der Künstler und Denker, der vorzeitig seinem Schaffen entrissen wurde, ist

nur ein Beispiel des sozialen Schadens im Gefolge
jenes ungeheuerlichen Irrtums, der individuelle Triebe
nur gelten läßt, wenn ihr sozialer Nutzen ziffernmäßig
nachweisbar ist, und der diesen Nachweis nur in den
Resultaten der Volkszählung zu erkennen vermag.
Wenn menschlicher und speziell sozialer Nützlichkeits-
maßstab schon einmal berufen ist, die Natürlichkeit
in Tugend und Laster zu scheiden, das Beispiel
könnte daran mahnen, wie wenig dieser Maßstab oft
dem echten kulturellen Nutzen gerecht wird. Ein
Einzelfall, doch keiner der leicht aufgewogen wird.
Es könnte auch manchem, der mit ihm ins Gericht
ging, scheinen, daß Wilde und sein Können zu hoch
standen, um als Beispiel zu dienen, daß sich sinnliche
Triebe so wenig lehren lassen wie das Genie, und
daß die Macht der Gesellschaft beiden gegenüber
nur zur Zerstörung hinreicht.

    Wien.   Otto Söyka.

ANTWORTEN DES HERAUSGEBERS.

Politiker. An Ereignissen ist in Österreich nie Mangel. Gibt's
gerade keine, so macht man sich welche. Auch in der Politik reussiert
der Mann, der nichts tut als minutenlang zum Dach eines Hauses
hinaufschauen. Andere kommen hinzu und schauen auch hinauf, und
bald ist das Verkehrshindernis, das bei uns die Basis allen Verkehrs
bildet, fertig. Wenn ein Einspännerroß stürzt, ein Herr sich auf dem
Graben die Stiefel putzen läßt, so sind dies wenigstens Anlässe, und
das Aufsehen, das an Ort und Stelle entsteht, wird begreiflich. Aber es
geht auch mit dem Einfall, ein Dach anzusehen ... In Wien erscheint
ein »alldeutsches« Blättchen. Kein Mensch hat es je gesehen; keiner weiß,
wie es heißt. Wotan würde nicht einmal seinen Käse darin einwickeln. Aber
es brachte eine Lästerung jenes Kults, der die Verehrung des alldeutsche
Gottes verdrängt hat. Nun, glücklicherweise gibt es noch »Gefühle der
katholischen Bevölkerung«. Das besondere Merkmal dieser Gefühle ist,
daß sie leicht verletzt werden; — der populäre Ausdruck lautet : »gern«.
Keine Gefühle lassen sich lieber verletzen als die der katholischen Bevölkerung. Sie liegen förmlich auf der Lauer nach Verletzung, und sind
am Ende auch durch diese Konstatierung verletzt. Aber das würde
mich nicht abhalten, zur Vernunft zu mahnen und dem Riesen, der zu
flennen beginnt, weil ihm ein Gassenknirps eine lange Nase gedreht

-hat, eine würdigere Haltung zu empfehlen. Seit Wochen wird vom allen
Kirchenglocken Österreichs Sturm geläutet, die Geistlichkeit vom Kardinal bis zum letzten Kooperator »protestiert«, der Papst wird in einer
Porträtsitzung — auch Herr Lippay ist ja eine »Einrichtung der katholischen Kirche« — unterbrochen, der Preßstaatsanwalt wird zur Generalprokuratur versetzt, der neue Justizminister »begibt sich« zum
Fürsterzbischof, Deputationen begeben sich zum neuen Justizminister —
kurzum, man sieht viele Leute, die sonst ihrem Tagewerk nachgehen,
auf ein Dach hinaufschauen ... Was wollen sie noch, da die
Verfolgung des alldeutschen Schreibers eingeleitet ist? Eine Reform
der Presse an Haupt und Gliedern! Daß die Verantwortlichkeit des
Hauptes garantiert sei, ist der einzige unter den frommen Wünschen, gegen
deren Erfüllung selbst die christlichsoziale Presse Einspruch erhebt.
Aber der Schurkerei, die einen immunen Abgeordneten zum verantwortlichen Redakteur bestellt, könnte gewiß auch auf Grund der bestehenden Vorschriften ein Riegel vorgeschoben werden. Wir brauchen
bloß ein neues Gesetz, das die Behörden verpflichtet, wenigstens so
viel Mut zu haben wie die Presse. Gedankenlos ist das Verlangen, daß
der Zeugenzwang auf Redakteure ausgeübt werde, um die »Täterschaft«
zu ermitteln. Wenn der verantwortliche Redakteur so gestraft würde
— und dies wäre ausschließlich zu verlangen — wie der Täter und nicht
mit der »Vernachlässigung der Obsorge« davonkäme, könnte man auf den
Vertrauensmißbrauch umso lieber verzichten, als ja der redaktionelle Nutzen
der Anonymität an sich vermindert würde. Widerlich genug ist das
Geheule der ganzen Concordia, weil der Oberste Gerichtshof sich zugleich
mit den klerikalen Protestlern für den Zeugniszwang ausgesprochen hat.
Nie würde ein Blatt »gezwungen« sein, einen Gewährsmann zu verraten,
wenn der verantwortliche Redakteur nicht die Rolle der ahnungslosen
Unschuld spielte. Das Verlangen, daß vor allem der »Täter« eruiert
werde, ist albern, die Weigerung der Presse, überhaupt eine Verantwortung zu tragen, noch alberner. Aber die zweite Dummheit
hat wenigstens einen greifbaren Anlaß: Der Machtbesitz der Presse ist
bedroht. Welchen Anlaß hat der erste? Ist der Machtbesitz der Kirche
bedroht, weil ein alldeutscher Knirps ihr eine lange Nase gedreht hat?
Wer wird denn immer gleich gekränkt sein!

Mediziner. Die ‚Neue Freie Presse‘ hatte bekanntlich diagnostiziert, daß Herr v. Koerber an einer »nervösen Magenneurose« leidet.
Später gab sie ein detailliertes Gutachten. Die Magenneurose habe »sich
nach den Zwischenfällen im Parlament erheblich verschlechtert.« Und
sie sei »auf die galizische Reise des Ministerpräsidenten zurückzuführen« .... Die politische Diagnostik bringt noch seltsamere Tatsachen.
So ist die Berufung des Herrn v. Gautsch in der Tat eine Folgeerscheinung der Influenza des Grafen Buquoy. Und bevor noch die Obduktion
des Ministeriums Koerber begonnen war, las ich in einem reichsdeutschen
Blatt die Nachricht: »In Prag starb Montag der tschechische Maler und
Professor an der technischen Hochschule Felix Jenneweln an einem
Schlagfluß, der durch die freudige Aufregung herbei-

geführt wurde, in welche der Künstler durch die Ernennung des Barons Gautsch zum Ministerpräsidenten
versetzt wurde.« Damit ein deutscher Maler — Herr Pezzey in Innsbruck — sterbe, dazu hat es bekanntlich erst der ganzen Ungeschicklichkeit des Regimes Koerber bedurft. Herr v. Gautsch brauchte bloß
ernannt zu werden. Es ist ein wahres Glück, daß die Gesundheit
der noch überlebenden österreichischen Künstler sich so entschiedener
Förderung durch den Unterrichtsminister erfreut.

Österreicher. »Aus Tetschen-Bodenbach wird geschrieben: Der
Dresdner Weihnachtsbesuch der ehemaligen Kronprinzessin von Sachsen
hatte auch unsere amtlichen Kreise in großeAufregung versetzt. Auf
dem Bodenbacher Bahnhof hatte die Grenzpolizei Permanenzdienst,
und auf Anordnung der Prager Statthalterei mußten auch die Beamten der
Bezirkshauptmannschaft zu nachtschlafender Zeit auf dem Bahnhof
erscheinen, um das Eintreffen der von Dresden kommenden Nacht-
schnellzüge zu erwarten Die Vorbereitungen hatten den Zweck, es unmöglich zu machen, daß die Gräfin Montignoso österreichischen Boden
betrete. Man befürchtete, die Gräfin werde nach dem Nichtglücken
des Dresdner Weihnachtsbesuches über Bodenbach oder Tetschen zu
ihren Eltern nach Salzburg reisen, und war entschlossen, dies, wenn
nötig, mit den schärfsten Mitteln zu verhindern.« Lieber
hundert Defraudanten hinauslassen, als die eine Ehebrecherin herein! ...
Von der Gefahr ist Österreich verschont geblieben. Wie unbeliebt
muß Herr v. Koerber »oben« gewesen sein, wenn ihn dieser letzte
Regierungserfolg nicht zu halten vermochte!

Wiener. Es gibt Dinge, die nur in Wien möglich sind. Nur
in Wien konnte in dem Nachrufe für einen Verstorbenen erwähnt werden,
daß er in seinem Stammrestaurant das Vorrecht genossen hatte, »zur Mittagsstunde in die Küche zu gehen und sich selbst sein Rindfleisch abzuschneiden«. Man zählt 1905, und man ißt noch immer »sein« Rindfleisch.
Die Kruspelspitz-Weltanschauung bestimmt noch immer alle Entwicklung.
In der Stadt, in der ein Zahlkellner »Napoleon« gerufen wird, war der
feierliche Ernst möglich, der jüngst wieder in einem Nachruf — siehe
‚Neues Wiener Abendblatt‘ vom 31. Dezember —‘ die Worte fand:
»Nach dem Tode des Meisters (Johann Strauß) zog sich Priester
immer mehr ins Café Scheidl zurück; auch schloß er sich
einer in Wien sehr bekannten Stammgesellschaft an«.

Schalk. »Der Chauffeur ist der Herr der Welt«. — »Ein Lausbub
gehört nicht ins Parlament.« — »Herr Bonn spielte dieser Tage den
Nathan. Dieses Geschäft könnte er auch dem Sonnenthal überlassen«...
Erkennt ihr ihn? Einmal im Ernst gesprochen: in einer andern Stadt als
in dieser gemütlich angetrottelten wäre eine Erscheinung wie unser
F. F. Masaidek doch nicht möglich. Auch in einem Blatt nicht, das
bloß von ihm selbst gelesen wird. Dieser christlichsoziale Philosoph der
Selbstverständlichkeit hört nicht auf, den Sonntag durch eine Fülle
von Mots zu heiligen. »Wenn's regnet, ist's naß« oder »Die

Hühner legen Eier« oder »Die meisten Menschen haben eine Nase«.
Und die Setzer werden noch immer nicht nervös. Nun, er hat eben
»seine Note«. Diese sachliche Tiefgründigkeit der Banalität ist
nicht ohne originellen Reiz. Herr Maran würde mit einer Masaidek-
Vorlesung Aufsehen machen. Man muß ihn, um zu wirken, wirklich
nur zitieren. Ich habe es öfter getan. Leider glaubt jetzt der Unverwüstliche, daß ich mit ihm polemisieren wollte. Er hielt mich, bekennt
er enttäuscht, »für einen geistreichen Schriftsteller«; aus der Art
und Weise aber, wie ich jetzt »mit ihm polemisiere«, ersieht er, daß
»es mir an Witz zu einer literarischen Polemik fehlt«. Meine »beiden
Landsleute L. Boerne und F. Lassalle haben das besser verstanden«. Aber ich halte Masaidek nach wie vor für einen geistreichen Schriftsteller, jedenfalls für den eigenartigsten, den wir haben.
Und — so köstlich die Vorstellung ist — ich glaube nicht, daß Boerne
und Lassalle eine Polemik mit Masaidek riskiert hätten. Auch ich
habe es nicht getan. Ich habe mich stets begnügt, ihn zu zitieren.
Natürlich immer mit Quellenangabe.

Literat. In der ‚Österreichischen Rundschau‘, die mehr vom
Atem Glossy's als Berger's, mehr von halbamtlichem als künstlerischem
Geist erfüllt ist, die den Eindruck einer Wochenausgabe von Hannak's
Leitfaden für Mittelschulen macht und die durch ihre Mitarbeiterliste
uns eine annähernde Vorstellung von dem Reichtum unseres Vaterlandes
an Archivaren und Konservatoren beibrachte, schrieb neulich Herr
Antropp über »Wortwitz und Bühnewitz«. Die Bauer'sche Operette
bot ihm den Anlaß, meine Betrachtung in der letzten Nummer sichtlich die
Anregung zu der für Herrn Bauer schmerzlichen Unterscheidung. Leider hat
er meine Spur dort verloren, wo selbst ein deutschnationaler Mann Herrn
Bauer ein Kompliment machen muß. »Ein Meister des Wortwitzes, wie Wien
einen solchen seit M. G. Saphir und Daniel Spitzer nicht in seinen
Mauern gehabt hat.« Spitzer als Wortwitzspezialist und in einem Federzug
mit Herrn Bauer! Und die Kalauer der »Juxheirat« vergleicht Herr
Antropp mit den Wortverdrehungen, die angeblich Julius Hopp in die
Bearbeitung der »Prinzessin von Trapezunt« eingeführt hat. Sie stammen
von Knaack und sind für die verlegenen Prinzenerzieher hundertmal
charakteristischer als die aufgepickten Buchstabenscherze des Herrn Bauer.

Sammler. Nein, ich will nichts mehr davon wissen. Wo käme
ich hin, wenn ich die ‚Fackel‘ systematisch mit den Dummheiten der
Tagespresse anfüllen wollte? Schon früher habe ich den Grundsatz verfolgt, daß man »nicht vollständig sein darf«. Jetzt wächst mir auch
das Notwendige über den Kopf. Was Albernheit und Gedankenlosigkeit
täglich leisten, darf hier nur an den erlesensten Beispielen gezeigt
werden. Und sicherlich waren in den letzten Wochen hundertmal wirk-
samere Fälle zu verzeichnen als das Attentat, von dem ein wirklicher Original-
beitrag des ‚Neuen Wiener Journals‘ kürzlich handelte: »Der Gymnasial-
schüler Wrobel, der den Professor Hlibowicki durch einen Revolver-
schuß tötete, war nicht mehr Schüler des Przemysler Gymnasiums,
sondern gehörte der siebenten Klasse des Gymnasiums von Podgorze

an . . . . Die Verletzung Hilbowicki's ist zwar eine sehr schwere, doch hofft man ihn am Leben erhalten zu können.« . . . Eine erfreulichere Originalnotiz: »(Jean Paul.) Nicht der französische Schrift- steller, sondern der urwüchsige Münchener Komiker entfesselt all- abendlich im Etablissement Gartenbau Stürme von Heiterkeit . . .«

Neugieriger. Sie haben erfahren, daß meine Angriffe auf die ‚Zeit‘ lediglich der Kränkung darüber entstammen, daß mein Wunsch, in die neugegründete Redaktion einzutreten, unerhört geblieben ist, und fragen mich nun, ob dies Gerücht auf einer wahren Tatsache beruht. Ich weiß es nicht. Soweit ich über meine Wünsche unterrichtet bin, ist mir nichts davon bekannt. Sicher aber ist, daß ein Wunsch, den ich nie gefühlt habe, von den Herren Singer und Kanner unerfüllt geblieben ist und daß dieser Tatsache meine Angriffe auf dem Fuße folgten. Das ist psychologisch jedenfalls sehr interessant. Hier ist zur Abwechslung einmal der Gedanke eines Andern der Vater meines Wunsches. Und zwar der Gedanke eines böswilligen Trottels, der Ihnen die Mär be- richtet hat. Glaubt einer im Ernst, daß, wenn ich nur mit einem Ton den Ehrgeiz verriete, in irgendein Tagesblatt einzutreten, ich nicht von jedem, geschweige denn von einem, das dem Mißverstehen meiner Ideen sein Dasein verdankt, mit offenen Armen aufgenommen würde? Und soll ich wirklich jede Dummheit, jede Lüge, die über mich kolpor- tiert wird, widerlegen? Wenn das Gesindel nichts besseres zu tun hat, möge es mich in Wort und Schrift an jedem Tage mit einer Erfindungsgabe bekämpfen, um die es Edison und selbst der Dichter der »Juxheirat« beneiden könnte. Ich nehm's ruhig hin, daß ich die ‚Zeit‘ angriff, weil ich für sie nicht engagiert wurde. Aber dann verlange ich in logischer Konsequenz auch die Feststellung, daß ich die ‚Neue Freie Presse‘, von der ich vor sechs Jahren einen Engagementsantrag bekam, seit damals beständig gelobt habe.

Berichtigung.

In Nr. 172, S. 6, 2. Zeile von unten, ist statt »Wortspiel- höhle«: *Wortspielhölle* zu lesen.

MITTEILUNG DER REDAKTION.

Von zahllosen Einsendern unverwendbarer Manuskripte wird die Erledigung urgiert. Sie seien auf die wiederholt erschienene Kundmachung verwiesen: »Unverlangte Manuskripte werden nur zurückgesendet, wenn frankiertes und adressiertes Kuvert beilag. Es genügt die einer Drucksache entsprechende Frankierung, da die Rücksendung wegen Zeitmangels ohne schriftliche Begleit- worte, Bedauern oder Begründung, erfolgt.«

Herausgeber und verantwortlicher Redakteur: Karl Kraus.
Druck von Jahoda & Siegel. Wien. III. Hintere Zollamtsstraße 3.

DIE FACKEL

| NR. 174 | WIEN, 31. JÄNNER 1905 | VI. JAHR |

Man kann, wenn man von Wien nach Prag
will, auf zwei Arten um's Leben kommen: durch die
Nordbahn und durch die Franz Josefsbahn. Eine
solche Auswahl guter Verbindungen mit dem Jenseits
macht uns stolz. Nach der Katastrophe von Hohenau
erklärte ein hervorragender Technologe dem Reporter
der ‚Neuen Freien Presse‘, »ein großer Teil des im Inland erzeugten Schienenmaterials sei infolge der Reinheit
des Roheisens so vorzüglich, daß bis vor einem Jahrzehnt noch die Verhältnisse in Österreich entschieden
günstiger zu nennen waren als in Deutschland«. Und
nach der Katastrophe bei Tabor erklärte der Eisen-
bahnminister den interpellierenden Abgeordneten, daß
»sich die technischen Einrichtungen auf den österreichischen Staatsbahnen und ihre Handhabung auf der
vollen Höhe der Anforderungen befinden, welche der
moderne Verkehr an sie stellt«. Österreich ist das
Land, in dem Schlamperei zum Schicksal wird und
Schicksalswendungen durch Redewendungen über-
tüncht werden. Nie wird eine Bahnverwaltung mehr
gelobt als nach einem Unfall. Auf der Nordbahnstrecke
fliegen die Waggons über die Böschung, und die ‚Neue
Freie Presse‘ druckt die »die Öffentlichkeit beruhigen-
den« Mitteilungen des Technologen. Dieses mörderische
Bemühen, die Öffentlichkeit immer zu »beruhigen« — sie,
die den begründetsten Anspruch darauf hat, beunruhigt zu
werden! Daß ihn die Erklärung des Fachmanns eigentlich
erfüllt, war im Phrasendunst nicht mehr zu erkennen.
»Ein großer Teil« unseres Schienenmaterials — nicht

das ganze — ist so vorzüglich, daß »bis vor einem Jahrzehnt« die Verhältnisse in Österreich günstiger waren als in Deutschland. Der typische Ausdruck österreichischen Stolzes auf Errungenschaften, in denen wir früher konkurrenzlos waren. Wir wähnen immer, daß mit unserem Ruhm der Fortschritt der Anderen nicht Schritt halten könne, und sind heute noch auf die Wiener Kipfel stolz, weil man sie vor zwanzig Jahre in Berlin nicht so schön verfertigen konnte. Im österreichischen Beruhigungswörterbuch stehen Wendungen, die sich zur Rehabilitierung jeder Institution, deren Ansehen durch gravierende Tatsachen erschüttert wurde, nach Belieben verwenden lassen. Zur Aufdeckung eines Justizmordes wird eine Enquete einberufen, und das Resultat ist die von dem leidenschaftlichen Verteidiger der Unschuld ausgesprochene Erkenntnis, daß Österreich die »beste Justiz der Welt« habe. Eine Interpellation führt aus, daß die beiden letzten Bahnunfälle vermuten lassen, »der Oberbau unserer Eisenbahnen sei den in enormer Weise seit dessen Herstellung gesteigerten Anforderungen nicht mehr vollkommen gewachsen«, beklagt, daß »aus Gründen der Sparsamkeit zu leichte Schienenprofile gewählt und verwendet werden«, fordert, daß »aus Rücksicht auf die Sicherheit des Reisepublikums und auf die Stabilität des Verkehrs derartige Übelstände beseitigt werden«. Die Antwort der Offiziellen ist vor allem eine Lobeserhebung der Bahnverwaltungen und dann die Zusage, noch anderweitige »Erhebungen« zu pflegen....

. . .

Ein Vortrag des Landesausschusses Leopold Steiner, in welchem er für die Trennung der Lehrtätigkeit von der Ausübung der Praxis bei den Klinikern eingetreten ist, hat die ‚Neue Freie Presse‘ so alteriert, wie wenn jemand mit dem Vorschlag, die pub-

lizistische Meinungsmache vom Inseratengeschäft zu
trennen, ihr ins eigene Fleisch geschnitten hätte. Da
ein Geschäft gestört werden soll — wenn auch zum
Vorteil der Wissenschaft — meldet sie sich zum Wort.
Eine »hervorragende klinische Seite« hat ihr versichert, daß »viele Beobachtungen von hohem wissenschaftlichen Werte aus der Privatpraxis stammen«.
Aber das ist nicht wahr; die meisten der Fälle können den oft umständlichen, zeitraubenden, mitunter
auch lästigen Untersuchungen gar nicht unterworfen
werden. »Der praktische Arzt lernt in der Praxis bei
Konsilien vom Kliniker.« Das ist möglich; und die
Ärzte haben sich auch nie dagegen gewehrt, daß
Professoren zu Konsilien herangezogen wurden. Wo-
gegen die Praktiker aber — so versichern mir einige,
die ihre Beschwerde mit Daten belegen — Front
machen, das ist die Ausübung der Privatpraxis durch
Professoren oder solche Herren Dozenten, die oft
dank ihren Verbindungen sich den Professortitel ergattern und dann zu Preisen, die kaum oder gar
nicht höher sind als die der Praktiker, Behandlungen
von Patienten durchführen. Ist dies schon schäbig
genug, so benützen manche die Konsilien oder,
wenn sie ohne Vorwissen des Arztes zu Konsul-
tationen geholt werden, diese Gelegenheit, die sie
überhaupt nicht ohne Verständigung des Ordina-
rius annehmen sollten, zu schamlosen Preisanerbie-
tungen, wenn nicht Preisunterbietungen, um in
den Besitzstand des Hausarztes einzudringen. Von
einem vielgerufenen Herrn — man läßt ihn zu den
Kindlein kommen — wird erzählt, daß er in einem
Krankenzimmer fragte: »Was zahlen Sie Ihrem Haus-
arzt?« Antwort: Zwei Gulden. »Geben Sie eine Krone
drauf, und i c h komme zu Ihnen.« Solcher Illustrations-
fakten gäbe es eine ganze Menge. Wenn diesen Herren,
die ihre Lehrverpflichtung um der auri sacra fames willen
vernachlässigen, ein wenig auf die Hühneraugen getreten wird, so hat der Vorschlag des Herrn Steiner

immerhin seine Berechtigung. Die »hervorragende
klinische Seite« entblödet sich nicht, die Frage auch
vom Standpunkt des Fremdenverkehrs zu behandeln.
Vielleicht, um dem Landesausschuß zu imponieren.
Daß »die praktische Tätigkeit hervorragender Kliniker
Tausende wohlhabender Kranker aus der Ferne heran-
zieht«, wird wohl nur so lange wahr sein, als eben der
Weltruf der Kapazitäten durch die Vernachlässigung
der Forschertätigkeit nicht völlig untergraben ist.
Dann wird auch eine Erhöhung der Trinkgelder für Hôtelportiers und das »Heranziehen« der
fremden Kranken durch die auf den Bahnhöfen
postierten Agenten nichts mehr nützen. Daß die
»Wechselbeziehungen zwischen dem Kliniker und
dem Hausarzte am Krankenbette von nicht zu unter-
schätzendem Werte sind«, ist ja wahr. Ob aber
mehr von wissenschaftlichem oder solchem Werte,
der sich in der Höhe der an arme Ärzte gezahlten
Provisionen ausdrückt, bleibe dahingestellt. Nun, es
wäre schade, wenn eine rauhe Hand, die die Wissenschaft vor Vernachlässigung und die Patienten vor
Ausbeutung schützt, wirklich in die unterschiedlichen
Idyllen friedlich akademischer Geschäftstätigkeit
hineinfahren wollte. Wenn sie zum Beispiel in die
Wiener Sanatorien langen wollte, wo tagtäglich die
moderne Chirurgie die kühnsten Finanzoperationen
glücklich ausführt...

* . *

Die verstaatlichte Technologie.

Der Unterrichtsminister Dr. v. Hartel hat am
19. Jänner die Verstaatlichung des technologischen
Gewerbemuseums feierlich vollzogen. Die offiziellen
Reden drückten allseitige Befriedigung der Fest-
teilnehmer aus, nur einige Professoren der Anstalt
sind mißvergnügt, weil die Fürsorge des Unterrichts-

ministeriums keine Verbesserung der Bezüge, eher deren
»Regulierung« voraussehen läßt. Schon seit ihrem Bestande ist die Anstalt organisch ein Teil des Staatsge-
bäudes und wahrlich nicht der letzte Ziegel auf dessen
Dach. Aber die Lage war unsicher, an der Wetterseite,
in der Zone der wechselnden Zufälle; die Existenz vom
guten Willen privater, von der Freigebigkeit liberaler Körperschaften abhängig. Kein Wunder also,
daß die Anstalt Schulden hatte, von der Hand zum
Mund lebte, wie man's erzählte. Dieser Leumund von
einer bürgerlich bemakelten Lebensführung ist — da
er eine Anstalt betrifft, die Dezennien der Öffentlichkeit dient und die geistige Mutteranstalt des Gewerbe-
förderungs- und Bildungswesens der Monarchie ist —
bezeichnend für die chronische Misère der staatlichen
Zustände in Österreich. Zu begrüßen ist es also, daß
der Staat, der bisher pflichtlässig bloß schäbige Ali-
mente gezahlt hat, endlich die Anstalt an ihrem
25. Geburtstag legitimiert. Die Ursachen, warum gerade die technologische Mutteranstalt die Taschen
gewerblicher Vereinspatrioten belasten mußte, während
doch der größte Teil der gewerblichen Versuchsanstalten und Schulen schon längst vom Staate be-
treut wird, müssen bis in die Zeit der Gründung des
technologischen Gewerbemuseums zurück verfolgt
werden. Die Geschichte des Museums ist nämlich,
obgleich eine ehrenvolle Geschichte österreichischer
Begabung, doch nicht frei von trüben Kapiteln, in
denen die Niederschläge des Strebertums und klein-
licher Eifersüchteleien abgelagert sind. Allerdings wird
man diese Kapitel in der offiziellen Jubiläums-
festschrift, die Sektionschef Exner veröffentlicht
hat, vergeblich suchen, wiewohl dort hervorgehoben
wird, daß die Idee eines Gewerbemuseums im Welt-
ausstellungsjahr 1873 aufgekeimt ist. Der Direktor
der Ausstellung Baron Schwarz-Senborn hat zuerst
die Notwendigkeit eines solchen Institutes betont,
jedoch ohne Erfolg. Er war aus der Welt des Großen

gekommen, aus Amerika, aus dem Horizont seines diplomatischen Berufes gleichsam herabgestiegen. Ein Österreich-Entrückter, dem Gehaben nach ein Lord, hielt er die Weltausstellung, die ein Krampf war, für eine Kraftprobe des neuverjüngten Österreich, das nach dem Verlust der mitteleuropäischen Vorherrschaft sich in aller Hast politisch regeneriert hatte und durch das Prunkspiel einer Weltausstellung den Eindruck einer unerschütterten Weltmachtstellung hervorrufen wollte. Damals suchten sich die Menschen, die soeben verprügelt worden waren, durch Stimulantien auf- zureizen. In der Überfülle des »wirtschaftlichen Auf- schwungs« konnte Schwarz-Senborn über fast un- beschränkte Geldmittel verfügen, die er auch dazu benützte, Gigantisches zu schaffen. Er ließ von Scott- Russell eine Holzkonstruktion für die Rotunde erfinden, aber in Österreich waren Urwaldstämme von jenen Mammutdimensionen, die dem Baron von Amerika her in Erinnerung schwebten, nicht aufzutreiben. Zum Glück gab's Eisen in Fülle. Und so wurde denn die Rotunde statt aus Holz, eilig und unvollständig aus Panzern gefügt, die hinreichend löcherig waren, um dem indiskreten Frühjahrsregen Durchlaß zu ge- währen ... Und dieser Direktor technischer Mißgriffe wollte den schadenfrohen Wienern, die in der Ro- tunde demonstrativ Regenschirme aufspannten, ein »Athenäum« organisieren, Gewerbereformen predigen, die Technologie mit vollen Händen fördern, sie schon damals, vor mehr als 30 Jahren, verstaatlichen! ... Die liberale Flutwelle hatte zwar den Leviathan der Weltausstellung glücklich ans Ufer gebracht, doch die Cholera und der »Krach« setzte dem Aufschwung ein rechtzeitiges Ende, der Tätigkeit Schwarz-Senborn's aber ein vorzeitiges Ziel. Das Defizit des Prunkspiels betrug 17 Millionen Gulden und die Hirten des Staates führten nun allen frommen Schafen den Ausstellungs- direktor als Sündenbock des Mißerfolges vor. Es war die Rache der Bureaukratie an dem Beamtenfeinde, die Rancune der Übergangenen gegen den selbstbewußten Amerikaner. Von einem »Athenäum« unter der Leitung des Barons konnte weiter keine Rede sein, umsoweniger, als die seßhaften Mittelmäßigkeiten, dann die Präsidenten von Gewerbevereinen und Handelskammern jetzt gegen den Mann, den man oben fallen gelassen hatte, offen Front machten. Diese Gewerbevereine, Handelskammern und Kunstgewerbler waren zwar untereinander immer spinnefeind, wenn sich's darum handelte, die Vorhand bei Ausstellungsarrangements zu erhaschen und den Frack für die Ordensgabe bereit zu halten, aber nun, da ihnen einer aus Amerika soeben die schönste Gelegenheit, sich hervorzutun, erschwert hatte, wollten sie ihm's nachtragen und waren somit einmütig in dem Gedanken, ihm nicht auch in der Gewerbeförderung den Vortritt zu lassen. Das heimische Gewerbe — sagten sie — könne viel billiger gerettet werden, als es je der Millionenverschwender der Weltausstellung zu Stande brächte. Man wollte selbst Opfer bringen, aber auch das Heft in der Hand behalten. Die Idee des technologischen Institutes wurde also nicht mit dem Gold des Staates glanzvoll verkörpert, sondern mit dem Blei bürgerlich beschränkter Opferwilligkeit schwerfällig ausgestaltet. Dazu hat man gerade ein Vierteljahrhundert gebraucht.

Für diese Fahrtrichtung liberaler Opportunität war der Professor der Mariabrunner Forstakademie Exner der richtige Mann. Sein Regisseurtalent mit dem rechnerischen Sinn für das Erreichbare, seine Gabe, fortschrittliche und wirtschaftliche Phrasen glaubwürdig vorzutragen, seine Bekanntschaft mit den österreichischen Schwächen mußte die Wahl auf ihn lenken. Die Stellung, die der Diplomat von Beruf verscherzt hatte, fiel nun dem Diplomaten des Anpassungsvermögens in den Schoß. Als Dozent technischer Gegenstände, deren Vermittlung sein

Ehrgeiz als Nebengeschäft betrachtete, wäre Exner
an der Akademie verholzt, und es klingt wie
eine Selbstverhöhnung jener Zeit, die schamlos
die »Fruktifizierung« von Wäldern betrieb, wenn man
hört, daß die technologische Anstalt nach dem Vorschlag Exner's mit einer »Sektion für Holzindustrie«
eröffnet wurde und daß Minister v. Banhans, trotz
der Kompromittierung im Prozeß Ofenheim flott im
Oberwasser, im Namen des Staates einen G r ü n-
d u n g s beitrag leistete...

Die technologische Anstalt hat also keine ein-
wandfreie Abstammung, aber als Kind der Sünde ist
sie vielleicht eben deshalb umso besser geraten. Eine
Anomalie des technischen Jahrhunderts ist es jedoch,
wenn der Staat der g e w e r b l i c h e n Technik auf-
hilft, aber der g r o ß e n Technik gegenüber, der
Ingenieurkunst, von der die gewerbliche Technik die
Wissenschaft empfängt, den Grundsatz der langen
Bank aufrecht erhält. Diese Kunst fristet sich küm-
merlich in veralteten Lehrstätten durch, ist in ihrem
Lebensnerv unterbunden, da ihr alle modernen Hilfsmittel vorenthalten werden. Nur die Elektrotechnik
hat ein würdiges Heim. In Charlottenburg hingegen
erhebt sich ein Komplex von Palästen, es sind Lehrstätten
und wissenschaftlich - technische Versuchsanstalten.
Dort wohnt auch der lenkende Geist der modernen
Technik. Die Arbeitsergebnisse der physikalisch-
technischen Reichsanstalt z. B. zählen nach Hundert-
tausenden. Seit dem Jahre 1899 wurden dort allein
rund 300.000 mechanische, thermische, optische und
elektrische Meßapparate nachgeprüft. Die Wirksamkeit der Ingenieurlaboratorien, die technischen Material-
untersuchungen und die wissenschaftlichen Forschungs-
ergebnisse können gar nicht gezählt, sie müßen gewogen
werden. Die parallele Tätigkeit in Österreich verschwindet dagegen. In Wien wird man vielleicht in
25 Jahren anfragen dürfen, ob derartige Institute
überhaupt bestehen, ob sie gar schon verstaatlicht

sind!... Das gesegnete Österreich kann warten, wie
ein Gutgläubiger, der die verlorene Zeit immer ein-
bringen kann — hat er doch die Ewigkeit vor sich...

Wien.   Professor Victor Loos.

• . •

Der Preßköter ist wieder einmal von der Hunds-
wut befallen. Der »Zeugniszwang« hat's ihm angetan.
Und jeder Tag läßt uns jetzt dank den erschöpfenden
Berichten über die »Protestversammlungen« neue Symptome des Leidens erkennen. Das gelindeste ist die
Forderung, daß die Gleichstellung des Redaktions-
geheimnisses mit dem Amtsgeheimnis gesetzlich anerkannt werde. Aber schlimmer als Größenwahn ist
die Dummheit, die der Welt einredet, der Oberste
Gerichtshof bestehe auf einem Verrat der »Gewährs-
männer«. In Wahrheit ist im Gesetz für jene berück-
sichtigungswerten Fälle, in denen auch dem Redakteur
die Aussage zur Schande oder zum Schaden gereichen
würde, ausreichend vorgesorgt, und der Oberste Gerichtshof will die Enthebung des Redakteurs vom
Zeugniszwang bloß von der Prüfung des Einzelfalles
abhängig gemacht und nicht als die Anerkennung eines
Privilegs bestimmt wissen. Kein Untersuchungsrichter,
dem sich ein Autor oder der verantwortliche Redakteur
als Täter stellt, wird auf den »Gewährsmann«, dessen
Verborgenheit auch in den seltensten Fällen schimpflich
ist, erpicht sein. Aber daß eine prinzipielle Befreiung
vom Zeugniszwang unerhört wäre, weist sich an jenen
viel häufigeren Fällen, wo nach dem Autor (nicht
»Gewährsmann«) eines Artikels gefahndet wird, an
dessen Erscheinen der verantwortliche Redakteur
bloß durch Vernachlässigung der pflichtgemäßen Obsorge beteiligt sein will. Ein Lump, auf den alle
Welt als den ständigen Verfasser anonymer »Wochen-
plaudereien« mit Fingern zeigt, wird wegen Beleidi-

gung angeklagt. Wie soll man seine Autorschaft,
die stadtbekannt ist, auch gerichtsbekannt machen,
wenn er leugnet und die Einvernahme der Herren
Kollegen infolge der Heiligkeit des Geheimnisses,
das eine Schurkerei deckt, unstatthaft ist? Oder der
verantwortliche Redakteur ist gar Abgeordneter und
kann demnach auch wegen »Vernachlässigung«
nicht verurteilt, nicht einmal zum Abdruck einer
Berichtigung gezwungen werden: da sollte, zum Teufel,
kein Redaktionsgenosse verhalten werden können, über
den anonymen Urheber einer Beleidigung — den be-
soldeten Journalisten, nicht den privaten Informator —
Auskunft zu geben? Die Aera Koerber hat die Bäume,
so da täglich zweimal Blätter tragen, in den Himmel
wachsen lassen. Vielleicht hat der neue Justizminister die
Courage, den Herrschaften zu sagen: daß ihre Wünsche
nach gesetzlicher Heiligung ihres Redaktionsgeheim-
nisses bedingungslos erfüllt werden können, wenn
sie sich auf ihren Rütlis zu dem Schwure einigen,
daß ihre verantwortlichen Redakteure künftig verantwortlich sein werden.

* * *

In Österreich wird jetzt nur mehr von der
»Ehre« gesprochen. Aber für dieses Land hat noch
immer die Falstaff-Moral Recht, die da verkündet,
daß man Ehre nicht essen kann. An jenen Rechtsgütern
vorbei, die greifbarere Werte darstellen, wirft sich
der Scharfsinn der Reichsjuristen auf die kuriose
Frage, ob man die Duelle der Adeligen aus der
Welt schafft, wenn die Bürgerlichen gegen Zeitungs-
angriffe besser geschützt werden. Im Herrenhaus wurde
neulich wieder die hypertrophische Entartung des Ehr-
begriffs, an der ein Teil der Bevölkerung fast so sehr
wie der andere unter dem Hunger leidet, sichtbar.
Hofrat Dr. Lammasch begründete seinen Antrag »zur
Verbesserung des Schutzes der Ehre«. Und das in Ehrendingen ausschließlich kompetente Organ des Herrn

Wilhelm Singer, das fast nur mehr aus Ehre und Inseraten besteht, schrieb: »Zutreffend ist es jedenfalls, wenn Hofrat Dr. Lammasch es als eine Unzukömmlichkeit bezeichnete, daß ein Einzelrichter, nachdem er soeben etwa ein Urteil wegen eines maulkorblosen Hundes gefällt hat, eine Ehrenbeleidigungsklage verhandeln, einen Wahrspruch über das höchste Gut des Menschen, über die Ehre schöpfen soll.« Die Sache wird mir zu dumm. Herr Singer scheint zu glauben, daß das Strafurteil, das wegen eines maulkorblosen Hundes gefällt wird, den Hund schützen soll. In Wahrheit schützt es den Menschen, wie das Urteil über eine Preßbeleidigung nicht den maulkorblosen Preßköter, sondern den Menschen schützt, dem er an die Wade gefahren ist. Und ich wage zu behaupten, daß der Rechtsschutz der Gesundheit dringender ist als der der Ehre. Man zwinge Herrn Singer, den Empfindlichen, auf dem nächsten Preßkongreß in Lüttich Farbe zu bekennen: ob ihm der Biß eines Hundes erwünschter ist als ein Zeitungsangriff. Wer es für eine schimpfliche Zumutung hält, als Kläger oder Angeklagter vor einem Richter zu stehen, der »soeben« wegen eines maulkorblosen Hundes verhandelt hat, müßte Gelegenheit bekommen, die Frage, ob ein Hundebiß oder eine Ehrenbeleidigung für das geringfügigere Übel zu halten sei, an seinem eigenen Leib zu entscheiden. Es ist töricht, ein Rechtsgut nach seiner »Würdigkeit« zu beurteilen und gar als Bekämpfer der Ansicht, daß Ehrverletzung blutige Sühne heische, das Rechtsgut der Ehre für »würdiger« zu halten als das der Gesundheit. Nur die größere Kompliziertheit, nicht der größere Wert der Rechtsmaterie könnte das Verlangen nach einem Spezialrichter verständlich machen. Schwieriger mag die Entscheidung über eine Preßbeleidigung sein, für wichtiger halte ich das Verfahren wegen eines maulkorblosen Hundes.

.   .   .

Die täglich zunehmende Sprachverhunzung durch liberale
Redakteure nachweisen wollen, hieße, um ein Hugo Wolf'sches
Bild zu gebrauchen, Eulen nach Tarnopol tragen. Aber ich erinnere
mich nicht, den Schmock, der in seines Nichts durchbohrendem
Gefühle sich seiner stilistischen Inferiorität bewußt ist, je als Sprach-
richter im Sinne Schopenhauers sich aufspielen gesehen zu haben.
Sein antisemitischer Kollege ist weniger bescheiden. Wiewohl er seine
Grammatikfehler, die jener wenigstens mit einer gewissen Virtuosität
beherrscht, kaum zu lallen imstande ist, erfrecht er sich noch,
Anderen Sprachlektionen zu erteilen. Man hat sich daran gewöhnt,
daß Leute, die täglich zweimal das »Deutschtum« statt eines
guten Zahnputzmittels in den Mund nehmen, von den Sprach-
gesetzen ihres Volkstums keine Ahnung haben, daß ein Blatt,
welches etwa Jüdische Zeitung hieße, in besserem Deutsch geschrieben ist, als das Blatt, das sich dreist und allen guten Sprach-
geistern zum Trotz, ,Deutsche Zeitung' nennt. Aber verblüffend
wirkt es, wenn die Eselsbank zu lehren beginnt. Einer ihrer Insassen, ein Feuilletonist jener ,Deutschen Zeitung', hat sich neulich
gewaltig überhoben. Er wendete Äußerungen Schopenhauer'schen
Zornes — mit und ohne Quellenangabe — auf die Werke jüdischer
Zeitungsmacher an und versuchte an »Rechtschreibung, Grammatik
und Stil« die Verwüstungen des Sprachgeistes durch den »Einbruch
der galizischen Judenjüngel in die deutsche Literatur« nachzuweisen. Aber die Wirkungen des Einbruchs der St. Marxer Vieh-
treiber in die Literatur sind auch nicht zu unterschätzen. Ob
das Blatt des Herrn Vergani, ob die ,Deutsche Zeitung' dem
Schopenhauer'schen Ideale reif sind, wer würde die Frage
sofort zu bejahen wagen? Versteht doch selbst Herr Josef Johann
Jekelius, der Verfasser des Feuilletons »Deutsch-jüdische Sprach-
sünden« von Rechtschreibung, Grammatik und Stil bloß so viel,
daß er sich ihres Mangels bei Anderen bewußt wird! Wenn er
versichert, daß man in ein Judenblatt nur hineinzublicken brauche,
»um sofort wie von einem Peitschenhieb mitten ins Gesicht getroffen,
zurückzuprallen«, unterschätzt er da nicht seine eigenen Leser,
denen er solche Empfindung nicht zutraut? Ihr Sprachgefühl
wird »durch die Einwirkung des Judenstils auf dasselbe« nicht
schwerer verletzt als durch die Lektüre seines Feuilletons. Wenn
überdies ein Schriftsteller bei der Wahl der Beistriche eine so un-

glückliche Hand hat wie unser Sprachreiniger, sollte er seine Reform-
vorschläge nicht auch auf die Rechtschreibung ausdehnen. Josef Johann
Jekelius begnüge sich, der jüdischen Presse ein grammatikalisches
und stilistisches Beispiel in dem Satz geliefert zu haben: »G e g e n
die sonstige unsinnige Silbenbeknappung hat sich schon Schopenhauer m i t großer Erbitterung ü b e r diesen Vandalismus m i t
dem Heiligtum der Sprache gewendet u n d e r w ä h n t e r, daß...«

BURGTHEATER 1873.*)

Von **Stanislaus v. Koźmian.**

Das Burgtheater ist noch heute das erste Theater der Welt,
durch die große Zahl ausgezeichneter Talente, die es besitzt, aber
es ist doch nicht mehr jenes über alles Lob glänzende Burgtheater,
welches auch uns noch in Erinnerung geblieben ist, auf dessen
Brettern die Anschütz, La Roche, Rettich, Seebach, Goßmann und
so viele andere große oder vorzügliche Künstler unter einer sach-
kundigen und wirklich künstlerischen Leitung auftraten. Damals
wurde Shakespeare, wurden die Werke großer deutscher Dichter
mit einer Vollkommenheit gegeben, die nach meiner Überzeugung weder früher noch später jemals erreicht wurde. Auch
heute noch hat das Burgtheater ganz ungewöhnliche Künstler
und die Reste einer ausgezeichneten Tradition, aber es weicht all-

---

*) Diese Bemerkungen des polnischen Schriftstellers sollen bald
in einer Sammlung seiner auf Wien bezüglichen Artikel, die den Titel
»Wiener Briefe« führt, erscheinen. Stanislaus v. Koźmian ist, so schreibt
mir der Übersetzer, eine Persönlichkeit von merkwürdiger Vielseitigkeit.
Seit mehr als vierzig Jahren in vorderster Reihe stehender Führer der polnischen konservativen Partei, der bedeutendste polnische Publizist und theo-
retisch sowohl als praktisch der erste polnische Theaterfachmann. Als lang-
jähriger Theaterdirektor in Krakau hat er eine ganze Generation von
Schauspielern ausgebildet, und, obgleich er diese Stellung schon vor
zwanzig Jahren aufgab, wird noch immer von der »Koźmian-Schule« gesprochen. Seit fünfzehn Jahren ständig in Wien lebend, hat sich Koźmian

mälig, wie übrigens alles jetzt, von dieser Tradition ab und wird ihr untreu. Ich glaube, daß dies viel eher gewissen Mängeln der Leitung, als dem Mangel an Talenten zuzuschreiben ist. Selbst die besten, erfahrensten Künstler bedürfen der Führung und Belehrung, und können, wenn es· ihnen daran mangelt, keine Fortschritte machen; selbst das Spiel der erstklassigen Schauspieler muß im Ensemble der Vorstellung harmonisiert, ins Gleichgewicht gebracht werden. Diese führende und den richtigen Weg weisende Hand macht sich heute im Burgtheater nicht sehr bemerkbar.

Auf den guten Bühnen herrscht jetzt ein natürliches, ungezwungenes Spiel, eine Sprechweise, die der im Salon üblichen nahekommt, eine gewisse Enthaltsamkeit in der Gestikulation — kurz gesagt: die Wahrheit. Die Affektation, die Übertreibung, die verhätschelte Sprache, die gezwungenen Geberden, die sentimentalen Blicke sind von den guten Bühnen verbannt worden. Diese heilbringende, notwendige Reform entspricht nicht nur unseren heutigen Vorstellungen, sondern den ewigen Regeln der Kunst und der Schönheit, weil nur das, was wahr ist, schön sein kann. Aber so wie jede andere, kann auch diese Reform durch Menschen oder äußere Umstände mißbraucht und auf Irrwege geleitet werden. Das beginnt auch hier. Immer deutlicher tritt die rein realistische Richtung hervor, welche die große Wahrheit verkennt, daß nur das, was natürlich ist, schön sein kann, daß aber nicht alles, was natürlich ist, auch schön ist ... Eine ganz realistische Komödie, eine treue und trockene Kopie des Alltags, ein Stenogramm von Szenen aus dem Leben, wäre langweilig, unausstehlich, undramatisch, wäre keine Komödie und überhaupt kein Kunstwerk, denn es würde ihr eben daran fehlen, was die Kunst vom alltäglichen Leben unterscheidet,

---

auch früher in seiner literarischen Tätigkeit ungemein viel mit politischen und kulturellen Erscheinungen des Wiener Lebens beschäftigt. Die hier folgenden Betrachtungen veröffentlichte er im Jahre 1873 in der ‚Polnischen Revue' (‚Przegląd Polski') in Krakau. Sie haben hier Platz gefunden, weil sie in ihrem allgemeinen Teil — Burgtheaterverfall, Direktionsjammer und realistischer Stil — von einer fast grotesken Aktualität sind, weil die vorzügliche Charakterisierung Lewinsky's die Bedeutung des Künstlers jenen in Erinnerung ruft, die sie zu seinem fünfzigjährigen Jubiläum vergessen wollen, und weil ein Gedenken der großen Charlotte Wolter immer zeitgemäß ist in einer Zeit, die Thalien ein ärmliches Nachtasyl gewährt hat.   Anm. d. Herausg.

was das Talent des Autors, die Inspiration des Dichters dem Werk einflößt. Dieses künstlerische Element unterscheidet die Kunst vom Realismus: wo es mangelt, dort gibt es keine Kunst, wo es vorhanden ist, hört der Realismus auf........ Erst recht unmöglich ist der Realismus in der Tragödie, welche die menschlichen Leidenschaften und Gefühle nicht nur aus Gründen der technischen Optik, sondern vor allem deshalb vergrößern muß, weil die Menschheit die großen moralischen und psychologischen Wahrheiten nur durch das Prisma der Phantasie wahrnehmen, begreifen und empfinden kann. Die wahre, gesunde, geniale Phantasie verunstaltet gewiß nicht, muß aber vergrößern. Die Tragödie und der Realismus bilden sonach den stärksten Gegensatz, und die Tragödie realistisch spielen, heißt, sie parodieren.......

Diese Begriffsverwirrung, diese ungenügende Unterscheidung der Wahrheit und Natürlichkeit vom Realismus, kann nach meiner Ansicht eine ernste Gefahr für die dramatische Kunst werden. Immer deutlicher tritt diese Tendenz zum Realismus selbst im Burgtheater hervor, und zwar bei einigen erstklassigen Schauspielern, welche, wie immer, den anderen und dem ganzen Theater den Ton angeben. Vor allem bezieht sich das auf Herrn Lewinsky, einen außerordentlichen, in mancher Hinsicht ganz exzeptionellen Künstler. Er verdient es, daß man sich mit ihm näher befaßt, nicht nur weil er ein Schauspieler ist, der in mancher Beziehung nicht seinesgleichen hat, sondern auch, weil er, für deutsche Bühnen wenigstens, diese Tendenz verkörpert. Herr Lewinsky ist vor allem ein intelligenter Schauspieler. Bei jedem Schauspieler, der über die Mittelmäßigkeit emporragt, muß eine Fähigkeit seinen Schöpfungen das Gepräge geben. Diese Fähigkeit ist bei Herrn Lewinsky die Intelligenz; er hat mehr Verstand als Phantasie, mehr Forschungstrieb und Reflexionstiefe als poetischen Schwung, er ist schöpferisch, aber nicht die Inspiration und Phantasie, sondern der Verstand bildet seine schöpferische Kraft. Er ist selbständig, aber es ist eine Selbständigkeit des Kopfes und nicht des Herzens; er hat eine Begeisterung des Gedankens und nicht des Gefühls. Deshalb ist auch keine seiner Rollen einer anderen ähnlich, und jeder von ihm dargestellte Charakter bietet dem Zuschauer eine unerschöpfliche Gelegenheit zum Studieren und Nachdenken. Aber eben infolge dieser Eigenschaften seines Talents hat er eine bedenkliche Neigung zum Realismus. Hinwiederum ist seine Intelligenz stark genug, ihn vor einem völligen Abgleiten auf dieser schiefen Ebene zu bewahren. Er ist von der Natur ziemlich ·stiefmütterlich ausgestattet worden, gehört nicht zu den Künstlern, deren schönes Äußere schon einnehmend wirkt; die Natur hat ihm nur das Merkmal der Intelligenz gegeben, das in seinen Augen und Gesichtszügen leuchtet; das ist viel, sehr viel und doch zu wenig für einen Schauspieler; seine Gestalt ist klein, seine Stimme weder stark noch volltönend, aber dank der Kraft des Willens und des Verstandes bringt er es zuwege, mit diesem unscheinbaren Äußeren die größten, erhabensten Gestalten zu verkörpern, ohne zur gemeinen Charakterisierung, zur Maske zu greifen; er versteht es, seine Stimme mit unerhörter Kunst zu benützen und zu biegen, seine Diktion ist eine der korrektesten und sein Vortrag einer der schönsten, die ich je gehört, so daß bei ihm die Meisterschaft der Kunst vollständig das Alles ersetzt, worin sich die Natur geizig gezeigt hat. Infolge dessen ist jedes Auftreten des Herrn Lewinsky ein Studium für Kenner, und sehr interessant ist die Untersuchung der wenn nicht ausschließlich, so doch vorwiegend mit Verstandeskraft erzielten geistigen Resultate; jede Abweichung, jede Verschiebung nach der einen oder nach der anderen Seite hat hier ihre Bedeutung. Gestern habe ich Herrn Lewinsky als Wurm in »Kabale und Liebe« gesehen und eben an dieser Rolle ist mir das Überwiegen der realistischen Richtung aufgefallen, welches zur Folge hat, daß diese Rolle blässer ausfällt, als es sich gehören würde, so daß dadurch der tragische Ton der ganzen Vorstellung abgeschwächt wird. Herr Lewinsky versteht seine Kunst ausgezeichnet; sehr oft besteht sein ganzes Spiel und seine ganze Meisterschaft darin — und das verstehen die wenigsten Schauspieler —, daß er sich nicht zu sehr auf den ersten Plan hervordrängt, daß er im Halbdunkel bleibt, um andere Hauptpersonen des Dramas nicht zu verdunkeln. Ich glaube aber, daß er als Wurm diese künstlerische Tugend zu weit treibt. Wurm ist die Hauptfeder der Aktion, das dämonische Element der Tragödie und indem man ihn allzu sehr in den Schatten rückt, ihn einfach, ruhig und bürgerlich spielt, seine Gestalt verwischt, so wie es Herr Lewinsky tat, um desto besser den Präsidenten, Ferdinand, die Louise hervortreten zu lassen, so wird dadurch zugleich das dämonische Motiv der Tragödie gewissermaßen unterdrückt. Da auch die anderen Mitspielenden sich nicht immer auf tragischer Höhe zu halten wußten, so fehlte es der ganzen sonst vortrefflichen Aufführung an Schauer und Pathetik. Diesen allgemeinen Ton der Vorstellung, der zuweilen die tragische Note nicht erreichte, führe ich auf den magnetischen Einfluß des Herrn Lewinsky zurück, da er seine ganze Umgebung an geistiger Bedeutung überragt. Wer Herrn Lewinsky sonst nicht gesehen hätte, würde sich aus der Rolle des Wurm von seiner unbedingten Überlegenheit und wirklichen Vorzüglichkeit noch keinen rechten Begriff machen können; so hat er sich zurückgehalten und in den Hintergrund zurückgezogen, so sehr hat er gefürchtet, daß sein Wurm zu schwarz erscheinen könnte, und deshalb nur mit übertriebener Einfachheit und Realismus den Sekretär des Präsidenten dargestellt. Bloß in einer einzigen Szene erstrahlte plötzlich sein großes Talent und offenbarte, aber diesmal glänzend, erschütternd, den hervorragenden Künstler. In der Briefszene, als die gebrochene Louise sich zum Fenster stürzt, erreicht Herr Lewinsky im stummen Spiel die Höhe der Tragik und hebt meisterhaft das Dämonische des dargestellten Charakters hervor. Man fühlt, wie Wurm zittert, daß Louise nicht aus dem Fenster springe, wie er zugleich wütend ist, nicht vorausgesehen zu haben, daß die Verzweiflung des Mädchens seine kunstvolle Intrigue durchkreuzen könnte. Als Louise vom Fenster weggeht, tritt ein kalter Schweiß auf Wurms Stirne und Herr Lewinsky wischt sich ihn mit einer so tragischen, so großartigen Geste ab, daß diese einzige Geste mehr wert ist und die Gestalt des Wurm besser kennzeichnet, als alle Bemühungen manches Schauspielers, aus Wurm den leibhaften Teufel zu machen.

Wenn sonst die Vorstellung nicht immer auf der tragischen Höhe der Dichtung blieb, so hat Fräulein W o l t e r, welche zum ersten Mal die Lady Milford spielte, die tragische Note meisterhaft getroffen und durch die Gewalt ihres Spiels, durch Kraft und Anmut in der Wiedergabe des Charakters, alle und alles überragt. Diese phänomenale Künstlerin, die weitaus beste der deutschen Bühnen, steigt immer höher und überragt die Umgebung, sticht selbst von so ausgezeichneten Künstlern, wie jenen des Burgtheaters noch auffallend ab. Ihre Bedeutung liegt auch darin, daß Frl. Wolter in einer Zeit, wo wirkliche tragische Schauspielerinnen beinahe

fehlen, eine wahrhaftige Tragödin ist, und zwar eine, die alle
hiezu erforderlichen Bedingungen vereinigt. Ihr Wert ist aber ein
absoluter und würde im Vergleich mit jeder Vorgängerin gar
nichts einbüßen. Sie ist ein selbständiges, mächtiges, reiches
Talent, dessen Hauptmerkmal die Wahrheit ist, eine unerhörte
Wahrheit in der Diktion, in den Gesten, in der Wiedergabe der
Gefühle — von den erhabensten, in welchen es am allerschwersten
ist, das richtige Maß einzuhalten, bis zu den rührendsten, wo es
so leicht ist, in Sentimentalität zu verfallen. Ich hatte in meinem
Leben nur eine geniale Tragödin gesehen: die Rachel, und eben
deshalb, weil sie ein Genie war, konnte sie keine Schule machen
und hat auch keine gemacht, ihre göttliche Kunst hat gleichzeitig mit ihr die Welt verlassen. Nach diesem exzeptionellen
Wesen hat niemand von der Bühne auf mich einen größeren Eindruck gemacht, als Frl. Wolter und zwar hauptsächlich durch die
Wahrheit, welche sie nicht nur in der Komödie und im Drama
auszeichnet, sondern die von ihr auch in die Tragödie eingeführt wurde.
Ihre Wahrheit, ihre Einfachheit in großen Gestalten und großen
Schöpfungen ist grandios, ist wirklich in Form und Geist grie-
chisch. So und nicht anders hat man in Athen die großen griechischen Tragiker gespielt. Reden wir nicht von der Rachel, die
ein ganz exzeptionelles Phänomen war, aber bis Frl. Wolter hat
man geglaubt, daß die Tragödie, besonders eine auf griechischen
Motiven erbaute, jenes künstliche, kalte, akademische, geschraubte
Pathos und die angelernte, die tragische Wirkung vernichtende De-
klamation nicht entbehren kann. Deshalb hat man die Tragödien
mit klassischen Gestalten entweder gar nicht, oder recht unausstehlich gespielt. Frl. Wolter hat den Beweis erbracht, daß man, ohne
den Kothurn zu erklimmen, die Gestalten der griechischen Tragödien darstellen kann, wenn man sie mit der Kraft des Talents
belebt und durchstrahlt. Ganz unbewußt, intuitiv hat sie den
wahren griechischen Ton in der Tragödie getroffen. Und trotz
ihrer Wahrhaftigkeit und Natürlichkeit wird sie doch niemals in
den Realismus verfallen. Davor schützt sie die überaus originelle und reiche Art ihres Talents, das voll Schwung, überraschend,
blitzartig ist und ihre Schöpfungen zur idealen Höhe gerade da
erhebt, wo man fürchten möchte, daß ihre Natürlichkeit, ihr ungekünstelter Vortrag, ihre einfachen Gesten sie auf das Niveau

des Realismus herabdrücken könnten. Frl. Wolter ist keine reflek-
tierende, vor allem intelligente Künstlernatur — im Gegensatz zu
Lewinsky ist bei ihr alles Inspiration, Intuition, Instinkt. Nichts
ist berechnet und ausgeklügelt — alles spontan und selbständig.
Wenn sie auf die Bühne tritt, weiß sie gewiß nicht, in welcher
Stelle sie den größten Eindruck machen wird, und gehört gewiß
nicht zu jenen Künstlerinnen, welche in der Garderobe den
Moment auswählen und berechnen, in dem sie sich den Applaus
erobern müssen. Durch diesen großen Zug der Originalität und
Spontaneität steht sie der Rachel am nächsten und ist die einzige,
welche an den Eindruck, den die Rachel gemacht hat, erinnern kann.

»Elle ne declame point, elle parle; elle n'emploie pas, pour
toucher le spectateur, ni ces gestes de convention, ni ces cris fu-
rieux dont on abuse partout aujourdhui; elle ne se sert point de
ces moyens communs, qui sont presque toujours immanquables,
de ces contrastes cadancés qu'on pourrait noter, et dans lesquels
l'acteur sacrifie dix vers pour amener un mot«. Diese Worte
Musset's von der Rachel kann man heute auf Frl. Wolter anwenden. Je einfacher die Mittel sind, die sie gebraucht, je natür-
licher, ungezwungener und ungekünstelter sie, selbst in der Tragödie, ist, desto größeren, stärkeren, unaussprechlichern Eindruck
machen ihre tragischen Aufwallungen und Effekte, die bei ihr
niemals aus dem Kopfe, sondern immer direkt aus der Brust
kommen — aus jener geheimnisvollen, unerforschten Quelle, die
das Talent ist. Dieselbe Frau, die aus ihrem Gefühl die stärkste
tragische Note hervorbringt und die Zuhörer in Schauer versetzt,
vermag auch die Zuhörer zu Tränen zu rühren, indem sie selbst auf
der Bühne in Tränen zerfließt. Sie erreicht mit der intuitiven Kraft
ihres Talents auch das, wozu sonst große Bildung, tiefe Intelligenz
und Reflexion nötig wäre. In »Maria Stuart« kann es niemanden,
der die Natur ihres Talents kennt, wundern, daß sie die große
Szene mit der Elisabeth prachtvoll spielt und in der letzten Szene
des fünften Aktes bis zu Tränen ergreift. Aber wirklich erstaunlich
ist es, wie sie den ersten Akt, die Szene mit Burleigh spielt, die
sonst durch alle Schauspielerinnen ohne Ausnahme gefälscht und
verdorben wird. In dieser Szene ist sie nicht nur eine Königin,
sondern auch ein erfahrener, geriebener Staatsmann, ein Politiker,
der einem Burleigh die Stirne zu bieten vermag und zwar selbst

einem von Herrn Lewinsky gespielten Burleigh; man fühlt,
daß sie mit großen politischen Angelegenheiten vertraut ist und
daß ihr diese Familien-Tradition im Blute liegt. Sie hat etwas
Männliches in sich, sie ist prachtvoll, unvergleichlich in dieser
Szene, welche sie als erste so begriffen hat, wie sie Schiller auffaßte. Dieselbe Frau, die so erstaunlich eine Königin erraten hat,
kann in einem Volksdrama, z. B. in der »Marie Anne« ein Weib
aus dem Volke werden und ist dann einfach, ohne gemein, tragisch, ohne unwahrscheinlich zu sein. Ich habe schon erwähnt, wie großartig sie die griechischen Heroinen spielt.
Es scheint nur, daß sie diese Gestalten mehr erraten, als
durch Studium ergründet hat, man merkt das an den Gesten
und Posen, welche fast zu wenig ausgearbeitet und von der
griechischen Skulptur ganz unbeeinflußt sind, und doch bringt
ihre Intuition einen riesigen Effekt, eine täuschende Illusion hervor. Ein Wort, eine Geste tragen uns durch ihre Macht in die
griechische Welt. Wenn sie als Medea sagt: »Zurück! Wer wagt's
Medeen zu berühren?« ist sie so tragisch und erhaben, daß sie in
diesem Vers und dieser Geste den ganzen Charakter der Medea zu-
sammenfaßt, in diesem einen Ausruf seine Synthese gibt; so viel Wild-
heit, Würde, Schmerz, Schauder und Verzweiflung ist darin, daß
sich uns in einem Augenblick, durch diesen einen, in der höchsten
Begeisterung gesprochenen Vers, die Seele Medeens und alles, wozu
sie fähig ist, offenbart. Um solcherart in einem Wort, in einer
Geste, die Totalität eines Charakters plastisch zur Darstellung zu
bringen — muß man eine große Künstlerin sein. Dazu ein
mächtiges, klangvolles Organ, eine Stimme, die ganz leicht zu
den höchsten Tönen sich erhebt und zu den tiefsten herabsteigt,
die mit Kraft die tragischesten und mit Zärtlichkeit die rührendsten
Gefühle ausdrückt — und Gesichtszüge, die wirklich klassisch,
ideal-klassisch sind, ein Gesicht, das der authentischesten altertüm-
lichen Camée gleicht, eine unaussprechliche Anmut um den Mund, —
man muß wirklich glauben, daß die Natur selbst an diesem Weibe
Gefallen hatte und sie speziell mit der Bestimmung in die Welt
setzte, daß sie eine große Tragödin werde und die Tradition der
großen Schauspielkunst, der großen tragischen Erschütterungen in
einer Zeit, wo sie immer seltener und schwächer werden, bewahre.

• • •

ANTWORTEN DES HERAUSGEBERS.

Politiker. Nach dem Zusammenbruch ihrer ungarischen Ideale hat die ‚Neue Freie Presse' (27. Jänner) ein ehrliches Wort gefunden: »Es ist jammerschade um die Summe von Talent, politischer Bildung, Redlichkeit, Willens- und Tatkraft, die sich in dem Grafen Tisza verkörpert«.

Kriminalist. Ob durch die Abweisung der Berufung der Frau v. Hervay durch die höchste gerichtliche Instanz mein Urteil über den »Fall« abgeändert erscheint? Antwort: Nein. Ob es notwendig ist, dies außer durch den Hinweis auf alles bereits Gesagte besonders zu begründen? Nein. Meine Entscheidung ist in nicht-öffentlicher Sitzung erflossen.

Publikum. Tamagno in Wien... Natürlich wurde er interviewt. Diesmal scheinen aber die verschiedenen Reporter bei verschiedenen Hotelzimmertüren eingetreten zu sein. Der von der ‚Neuen Freien Presse' kam heraus und erzählte, Tamagno sei »untersetzt«, der Vertreter des ‚Fremdenblatt' versicherte, Tamagno habe eine »hünenhafte Gestalt«. Der Mann von der ‚Neuen Freien Presse' meldete, daß der berühmte Tenor 46 Jahre, der vom ‚Fremdenblatt', daß er 54 Jahre alt sei. Dem von der ‚Neuen Freien Presse' hatte Tamagno gesagt, daß er nie eine Wagner-Rolle gesungen habe, dem vom ‚Fremdenblatt' hatte er von jener Zeit erzählt, in der er in Mailand »den Tannhäuser sang«... Wenn ein berühmter Mann nach Wien kommt, funktioniert der Apparat der Wiener Presse tadellos. In jedem Stockwerke des Hotels wird er interviewt. Und meistens ist er um diese Zeit auch schon abgestiegen.

Habitué. »Josef Lewinsky feierte gestern sein fünfzigjähriges Schauspielerjubiläum... Es ist wohl überflüssig, heute auf die Einzelheiten dieser Künstlerlaufbahn einzugehen und die Bedeutung, die Lewinsky als Mitglied des Burgtheaters hat, noch speziell hervorzuheben...« So oder ähnlich hieß es. Bei Sonnenthal war's nicht überflüssig, seine Bedeutung wurde nicht nur konstatiert, sondern »noch speziell« hervorgehoben. Spezieller man kann nicht. (Ich gebrauche diese Wendung, damit der originelle Masaidek wieder einmal entdecken kann, daß sie »nicht deutsch« ist). Womit ich nicht sagen will, daß Herr v. Sonnenthal solche Ausführlichkeit nicht verdient hat. Die infernalische Blödheit einer Antisemitenpresse, die diesen außerordentlichen Schauspieler fortwährend als letzten Stümper behandelt und seinen Ruhm — als ob sich's um die Petersburger Revolution handelte — auf die Machinationen der »Stammesgenossen« zurückführt, wirkt ja nachgerade brechreizend. (Für dieses Gezücht ist Herr Benke ein größerer Tragöde). Aber die liberale Presse spielt sich, wenn's ein Sonnenthaljubiläum gilt, allzu demonstrativ als Religionsgenossenschaft auf. Und vor allem gibt's zu viel Sonnenthaljubiläen. Zu oft wird der ausgezeichnete Schauspieler siebzig Jahre alt. Vor ein paar Jahren — ich glaube 1902 — wurde irgendein fünfzigjähriges Künstlerjubiläum Sonnenthal's gefeiert. Damals hieß es — ich glaube mich daran ganz genau erinnern zu können —, gleichzeitig begehe er auch seinen siebzigsten Geburtstag.

»In aller Stille«. Heute erst wird sie unterbrochen, und der zweiundsiebzigste Geburtstag des Schauspielers wird als sein siebzigster gefeiert.
Nach dem Theaterhistoriker Rudolph Lothar, der ein Buch über Sonnenthal gequatscht hat, ist er am 21. Dezember 1832 geboren worden.
Selbst zu dieser Enthüllung, die ihr gewiß Freude bereitet hätte, ist
die antisemitische Theaterkritik zu dumm gewesen. Sie vergreift sich lieber
an einem ehrwürdigen Meister seiner Kunst, aus dessen Stimme wie aus
dem Brunnengrunde tiefsten Empfindens die versunkene Glocke einer
großen Burgtheaterzeit klingt.

Humorist. »Das einst so amüsante Werk ist ganz verblaßt . . . .
Die ganze Aktualität der Satire ist verloren gegangen, der Spott gegen
die Kleinstaatenmisère wird bestenfalls nur mehr als historisch empfunden . . . . . Ähnliche Stimmung übt selbst die Musik: einzelne graziöse,
filigrane Melodien sind frisch und schlagfertig geblieben, aber sehr
vieles ist schon nachgedunkelt und verstaubt.« Dies Urteil gibt ein
musikkundiger Thebaner in der ‚Zeit' über Offenbach's »Großherzogin«,
die das Theater an der Wien in trostloser Aufführung wieder gebracht
hat. Dennoch ist es der Wunsch aller Freunde echter Bühnenheiterkeit,
daß dieser »verstaubten« Musik ein eigenes Theater errichtet werde,
ein Offenbach-Haus, in dem seine Meisterwerke, aus der Sphäre des
modernen Operettenjammers befreit, fröhliche Auferstehung fänden. Der
Text der »Großherzogin« ist nach vierzig Jahren weniger »verblaßt«, als
der der »Juxheirat« an ihrem Schöpfungstage. Jenem verdankt der
moderne »Serenissimus«-Humor seine ganze fragliche Lustigkeit. In
»Großherzogin«, »Trapezunt« und »Blaubart« hat er seine künstlerische
Berechtigung, in der modernen Witzblattliteratur und auf der Bühne des
Herrn Reinhardt belästigt er als grund- und zeitloser Demokratenhohn, der
Zustände trifft, die es in Deutschland wirklich nicht mehr gibt. Alle Welt
würde einer gewissen Persönlichkeit dort draußen, bei deren Handlungen
die Gediegenheit der Ausführung in umgekehrtem Verhältnis zu der Promptheit der Lieferung steht und deren Selbständigkeit eine tiefempfundene
Kalamität bildet, alle Welt würde diesem Serenissimus einen zurechtweisenden Kindermann wünschen.

Literat. Die Übereinstimmung meiner und des Herrn Antropp
Ansicht über »Wortwitz und Bühnenwitz« — siehe Nr. 173 — war eine
zufällige, umso erfreulichere. Der Aufsatz des Herrn Antropp — eines der
wenigen nichtliberalen Wiener Schreibtalente — ist zwar später als der der
‚Fackel' erschienen, war aber schon vor dem Erscheinungstag der Nummer
an die Redaktion der ‚Österreichischen Rundschau' abgeliefert.

Physiker. Sie schreiben: Einer der liberalsten österreichischen
Physiker und Kenner des Telegraphenwesens, Hofrat K a r e i s, hat uns
schon vor zwei Jahren in der ‚Neuen Freien Presse' versichert, daß
M a r c o n i England mit Amerika drahtlos verbunden habe. Die Bestätigung
dieser Nachricht ist zwar bis heute noch nicht eingetroffen, aber offenbar nur deshalb, weil der berühmte Erfinder zu sehr an Heiratsfieber
leidet, daher nicht arbeiten kann. Zeitungsnachrichten zufolge, hat er

sich der Reihe nach mit der Tochter des Präsidenten der Vereinigten Staaten, mit einer italienischen Fürstin und zuletzt mit einer reichen englischen Dame verlobt. Hofrat Kareis hätte also, um nicht zu fehlen, zunächst das Prophezeien bei einer alten Kartenaufschlägerin erlernen müssen, dann hätte er auch das Richtige vorausgesagt: daß Marconi sich verloben werde.

Ischler. Sie schreiben, daß die Ischler, um ihren Bürgermeister trauernd, mit einem heitern Auge den Nachruf der ‚Neuen Freien Presse' gelesen haben, die unter Herrn Wiesinger's kommunalen Verdiensten in gesperrtem Drucke die Veranstaltung der »interessanten« Wohltätigkeitsvorstellung »von Julius Bauer's ‚Was die Bettler singen' mit Frau Schratt und Herrn Tewele« anführt. Elektrizitätswerk, Tarifermäßigung der Lokalbahn, Inhalatorium, dies alles werde — in durchaus verlogener Darstellung — ausschließlich zu dem Zwecke erwähnt, dem öden Bänkel, das die letzte Saison so sehr beeinträchtigt hat, noch einmal Reklame zu machen . . . . Ein wirkliches Verdienst des Bürgermeisters Wiesinger wurde nicht erwähnt. Er hat auf Betreiben der ‚Fackel' sich für die Einhebung der Kurtaxe, die den Journalisten und deren Familien bis ins vierte Glied statutenwidrig nachgesehen wurde, wieder ein wenig interessiert. Da nach der Kurordnung bloß ein Armutszeugnis und nicht die Zugehörigkeit zu einem journalistischen Räuberkonsortium von der Kurtaxe befreit, so hat er den wohlhabendsten Erpressern die Alternative gestellt, ihre Armut zu bekennen oder zu zahlen. Und sie bekannten ihre Armut.

Dramatiker. Vor Jahren einmal hat mir ein Herr, der der Burgtheaterdirektion das Manuskript eines »Armen Heinrich« schickte, eine Beschwerde darüber zukommen lassen, daß ihm das Manuskript, dessen Blätter er absichtlich verklebt hatte, ungelesen zurückgesandt worden war. Ich nahm die Beschwerde auf, weil mir die Leichtfertigkeit einer Theaterdirektion doch bedenklicher schien als die Absicht eines Autors, jener eine Falle zu stellen. Ich überlegte freilich damals nicht, daß die Direktion den üblen Trik bemerkt und die Verbindung mit einem Autor, der sie voraus der Leichtfertigkeit bezichtigte, verschmäht haben konnte. Heute ist es klar, daß die Zurückweisung des Manuskriptes ein Fehler war. Denn der unaufgeführte Herr Gugitz glaubt heute — und läßt keine Gelegenheit vorübergehen, den Glauben zu bekennen —, daß sein »Armer Heinrich« besser ist, erfolgreicher gewesen wäre als der Gerhart Hauptmann's und dem Freunde zu liebe von Herrn Schlenther abgelehnt wurde. An diesem Glauben des Herrn Gugitz ist nicht zu rütteln. Und so oft ein Grillparzer-Preis verteilt wird und Gerhart Hauptmann ihn erhält, wähnt Herr Gugitz, daß auch hier eine schmähliche Intrige — Herr Schlenther sitzt in der Jury — ihn zugunsten des schlesischen Rivalen geschädigt habe. In dreispaltiger Polemik hat er sie neulich aufgedeckt und nur weil sie in der ‚Deutschen Zeitung', dem Organ für Sprachreinigung, erschienen ist, sei hier einigen markanten Sätzen Raum gegeben: »Schlesisch ist freilich w a s anderes als österreichisch und zu was gibt einem Gott ein Amt, wenn man es nicht mißbrauchen kann? Dazu ist kein Verstand nötig, der einem sonst dazu geschenkt wird. Zu was ist man auch Preisrichter beim Grillparzer-Preis?!« »Alle diese zusammen scheinen nur einen Stolz darauf zu legen, sagen zu können ...« »Dieser Preis, wie er diesmal verteilt wurde, ist ein Beitrag zur Geschichte des modernen literarischen Hochstapels.« »Diese Namen werden der österreichischen Literaturgeschichte dadurch bekannt werden, daß man sagen kann, diese fünf waren die einzigen, die nicht nur gar keinen Verdienst um sie haben, sondern die auch noch gewissenlos genug waren, den österreichischen Schriftstellern jede Hoffnung auf die Zukunft zu benehmen und das Ausland allein zu fördern.« Der Autor dieser Sätze schreibt über sich wie folgt: »Sitzt doch ein so guter Freund in der Burgtheaterdirektion, der ein anderes Stück ‚Der arme Heinrich‘ von einem österreichischen Dichter lange vor Hauptmann's ‚Armem Heinrich‘ mit verklebten Seiten zurückschickt, weil ... weil ... nun weil es vielleicht besser sein könnte.« »Direktor Schlenther hat sein Amt mißbraucht, indem er ein dichterisch wertvolles Stück eines Österreichers einfach im vorhinein zugunsten seines Freundes verworfen hat. Ein Kollegium solcher Preisrichter, das ein solches Individuum in seiner Mitte hat, kennzeichnet sich von selbst . . . . .« Was würde die antisemitische Presse sagen, wenn ein Judenblatt einem »Stammesgenossen« drei Spalten zum Ausdruck solcher Gesinnung in solchem Deutsch zur Verfügung stellte?

Moralist. Und wieder die ‚Deutsche Zeitung‘. Orpheum-Theater. Zum erstenmal: »Eine Hochzeitsnacht«, Vaudeville. »Der Titel verspricht schon viel, aber das Stück hält fast noch mehr. Was an tollem, echt französischem Possenübermut möglich, ist in dieser Hochzeitsnacht aufgespeichert, die allerdings nicht für Mädchenpensionate — gedichtet wurde, dafür aber umso lustiger auf etwas reifere Gemüter wirkt. Die Vorgänge, die sich in der ‚Hochzeitsnacht‘ auf der Bühne abspielen, können allerdings nicht erzählt, sondern nur angedeutet werden.« Folgt Andeutung: Absteigequartier, Schauspielerin, hochzeitliche Freuden, Hochzeitsgemach, hochzeitliches Schlafzimmer, Schlaftrunk, toll, kapriziös, elegant, Scenen im hochzeitlichen Bett, Sehenswürdigkeit, für Rest der Saison ausgesorgt . . . . . Wie beurteilt diese christlich-soziale Gesellschaft in Leitartikeln, Gemeinderatssitzungen, Versammlungen solche Probleme und wie in der Theaterrubrik! Ja, Gabor Steiner's Inserate haben eine versöhnende Gewalt. Vor ihnen erst zeigt es sich, daß Jud und Christ Kinder eines Vaters sind.

MITTEILUNG DER REDAKTION.

Von zahllosen Einsendern unverwendbarer Manuskripte wird die Erledigung urgiert. Sie seien auf die wiederholt erschienene Kundmachung verwiesen: »Unverlangte Manuskripte werden nur zurückgesendet, wenn **frankiertes und adressiertes Kuvert** beilag. Es genügt die einer Drucksache entsprechende Frankierung, da die Rücksendung wegen Zeitmangels ohne schriftliche Begleitworte, Bedauern oder Begründung, erfolgt«.

DIE FACKEL

NR. 175   WIEN, 17. FEBRUAR 1905   VI. JAHR

MONTIGNOSO.

Hofhunde, Preßköter und Polizeibullen wollen
eine Frau zu Tode hetzen. Warum? Glaubt Ihr,
Hunde, weil sie das Unglück hatte, auf den Höhen
der Menschheit geboren zu werden, ihr Privatleben
gehöre der Öffentlichkeit? Ihr Muttersehnen und
ihr Geschlechtsbedürfnis sei eine durch Herrscher-
willen oder Plebiszit zu lösende Frage?... Es greift
an das Kulturbewußtsein, es ist ein Gefühl, an einer
unaussprechlichen Schmach teilzuhaben, seit Tagen
Möglichkeit und Chancen, Art und Intensität eines
Liebesverhältnisses mit der Sachlichkeit einer politischen Diskussion erörtert zu sehen. Man weiß
nicht, ob man die Zeitungsblätter, die die Wut
zusammenballt, ihren Erzeugern oder den Urhebern
des Skandals ins Gesicht schleudern möchte, man weiß
nicht, ob die Frechheit, mit der von Dresden aus
seit Jahr und Tag Europa mit Leintuchaffairen belästigt wird, ob die bodenlose Niedertracht, mit der
eine impotente königlich sächsische Hofgesellschaft
das geheimste Leben einer einsamen Frau kontrol-
liert, empörender ist oder die Gutmütigkeit einer
internationalen Presse, die jedem Gesindeklatsch,
jeder Lüge, durch die sich der Geschlechtsneid geiler
Hofmegären erlöst, jedem Hirngespinst einer unbe-
friedigten Bonne bereitwilligst Unterkunft gewährt!
Von den Abdrücken zweier Köpfe auf dem Polster
der Gräfin Montignoso bis zu dem Mann, der mit den
Schuhen in der Hand aus dem Schlafzimmer

schleichend gesehen wurde, ist uns kein Detail dieser gräßlichen Affaire erspart geblieben. Und all dies nicht mit dem Hohn beschämter Zeitgenossen, die den Ansturm offizieller Heuchelei gegen das einleuchtendste Persönlichkeitsrecht erleben müssen, sondern im respektvollen Ton jener ekelhaften Besonnenheit vorgetragen, welche die Anklage vielleicht unbegründet, aber die Moralprozedur notwendig findet und die Geberden betschwesterlicher Bestürzung mitmacht. Keiner spricht das erlösende Wort: Und wenn die »Erhebungen« des sächsischen Bachrach in Florenz wahr wären, hundertmal wahr, was, zum Teufel, geht das alles uns, was geht es diesen würdigen Friedrich August, diesen öden Herrn v. Metzsch und diese ganze Sippe an, welche die Verbitterung der Jungfrauen Alma Muth und Prinzessin Mathilde an Europa rächen möchte?

Nein, die Art, wie die Verteidigung der Gräfin Montignoso von den publizistischen Nutznießern ihrer Kränkung geführt wird, ist nicht weniger aufreizend als der abscheuliche Plan, den August der Schwache gegen die einst geliebte Frau ausführt, ihr ein Kind zu entreißen, um dessen Erziehung er sich persönlicher bemühen will als um dessen Erzeugung. Es ist eine Geheimsprache, die unsere Zeitungen seit acht Tagen in spaltenlangen Telegrammen und Stimmungsberichten führen, unverständlich für uns, die wir das sexuelle Tun der Frau für so wenig wertmindernd halten wie das des Mannes. Mir war schon die schöne Menschlichkeit jenes »Situationsbildes« unfaßbar, das aus der Dresdener Schandpresse in die unsere übergegangen ist: »Die zahlreich in Florenz angekommenen Neugierigen, deren Zuzug überaus stark ist, bekunden ein lebhaftes Interesse für den Wohnsitz der Gräfin Montignoso. Sie beschäftigen sich viel mit den durch die Zeitungen bekannt gewordenen Mitteilungen, welche in ihnen die Vorstellung erweckt haben, daß die hohe Frau leidet.

Leider stehen die Tatsachen in grellem Widerspruche
mit dem aussöhnenden Bilde reuiger Einkehr....
Wenn der neugierige Fremde am Nachmittage die sonnige
Straße nach Fiesole wandelt, begegnet er der Gräfin im
munteren Gespräche mit ihrem jetzigen Gesellschafter,
und der Blick der Dame wird auch den mildesten
Beurteiler über ihre vermuteten Seelenqualen beruhigen.« Die sächsischen »Neugierigen«,
die die italienische Landschaft verschandeln, diese
Wein- und Hochzeitsreisenden, diese widerwärtigste
Menschengattung, deren barchentselige Vertreterinnen
im Anblick der toskanischen Gefilde die Frage stellen :
»Männe, biste glicklich?«, waren also enttäuscht, weil
Louise Montignoso nicht unglücklich ist. Der Philister
sieht die Trauer ein für allemal in der tiefgebeugten
Plakatdame einer Grabsteinfirma verkörpert: weh dem,
der an seinen Schablonen rüttelt! »Reuige Einkehr«
muß Louisens Antlitz offenbaren, »Seelenqualen« muß
sie spazierenführen; sonst sind die schweißfüßigen
Herrschaften nicht »ausgesöhnt«; sonst freut sie
das ganze Familienleben des Königs von Sachsen
nicht mehr. Und diese Schäbigkeit gibt die Wiener
Presse, mit dem Bewußtsein, einer guten Sache zu
dienen, weiter. Weitergegeben wird auch das »Ärger-
nis«, das die vornehmen florentinischen Familien an
dem Verkehre der Gräfin mit dem Grafen angeblich
nahmen, und das gewiß schon aus dem Grunde berechtigt wäre, weil erwiesenermaßen noch nie eine
italienische Aristokratin die Ehe gebrochen hat und
weil überhaupt eine Verbindung von Mann und
Weib, sobald sie mit einer seelischen Glücksempfin-
dung oder einem Vergnügen verbunden ist, zu den
verhaßtesten Dingen dieser Welt gehört. Weitergegeben wird die famose »Überzeugung« der Salzburger
Verwandten, »daß die Gräfin nicht normal sei«, der
am Anfang des 20. Jahrhunderts noch aussprechbare
Gedanke, eine Irrenanstalt zur Beruhigung aller Lebens-
wünsche auszuwählen. Dem Plane des Kindesraubs

aber scheint Herr Wilhelm Singer mit einem bedauernden Achselzucken zuzustimmen: »Wenn zur Kenntnis des sächsischen Hofes Details gelangt sind, welche es nicht bloß wünschenswert, sondern als dringend geboten erscheinen lassen, die Prinzessin Monika der Obhut der Mutter zu entziehen, so ist begreiflich u. s. w.« Warum, ihr Herren? Warum sollte eine Frau, die einen Geliebten hat, nicht ihr Kind betreuen können? Nicht so gut betreuen können wie ein Mann, der keine Frau hat? Aber freilich, ein sächsischer Offiziosus, der vielleicht in seinem Eheleben Entbehrung nicht als das schwerste Opfer kennen gelernt hat, schleudert Blitze gegen die Begehrlichkeit der Sinne und verkündet eifernd, daß die Bestätigung der Florentiner Nachrichten Aufklärung über den »wahren Charakter der Gräfin« bringen müsse und daß sich dann die Parteinahme für sie »mit keinerlei sittlichen Begriffen vereinbaren lassen würde«.

Diese armen Menschen halten sich für entehrt, wenn sie geliebt haben, und ein Lippowitz ist berufen, den Geist dieser Zeit zu vertreten, die sich die Maxime zurechtgelegt hat: »So etwas sagt, aber tut man nicht«. Jetzt erst erfahren wir, daß das abscheulichste Sudelblatt Europas aus sittlicher Entrüstung, nicht aus Neugierde, die Plumeaus aller besseren Schlafzimmer gelüftet hat: Gräfin Montignoso, ruft es seufzend, »hat sich wieder in ein Liebesverhältnis eingelassen! Ihr Lebenswandel gibt zu ernestem Tadel Anlaß... Beruhen diese Meldungen auf Wahrheit, so werden wohl die Sympathien, deren die Gräfin in so reichem Maße teilhaft geworden, wesentlich abgeschwächt werden, und der Enthusiasmus, der für die ,unglückliche, unschuldig verfolgte Frau' sich kundgibt, wird sich stark abkühlen«. Besonders anstößig — mit Sperrdruck des einen Wortes — findet es Herr Lippowitz, daß die Gräfin »ihre Gunst dem Grafen Guicciardini g e s c h e n k t« habe; nie würde die Redaktion des ,Neuen Wiener Jour-

nals' einem Manne, der sie etwa für die Sache
Montignoso günstig stimmen wollte, ihre Gunst
s c h e n k e n. Ganz geheimnisvoll klang die Meldung
der ‚Neuen Freien Presse‘, am großherzoglich toskanischen Hofe sei man der Ansicht, daß, »sollte sich
die Nachricht bestätigen« — die stereotype Einleitung
aller dieser Gemeinheiten —, »Gräfin Montignoso vom
Anfang an in die Behandlung tüchtiger Ärzte gehörte, statt von Juristen behandelt zu werden«. Hier
scheint entweder die tiefe Erkenntnis, daß Lieben
Leiden ist, oder ein tiefer Verdacht gegen den Grafen
Guicciardini mitzusprechen, den er ebenso entschieden
zurückweisen müßte wie das beleidigende Mißtrauen
in seine »Rüstigkeit«, das ein paar Tage später in der
‚Neuen Freien Presse‘ Platz gefunden hat. Man halte,
schrieb der brieflich ordinierende Korrespondent
wörtlich, den Grafen »wegen seiner harmlosen Gutmütigkeit eines solchen Abenteuers nicht für f ä h i g«.
»Der?«, rief der Gesandte von Argentinien, »Keine
Spur! Ich glaube es nicht, und wenn ich es sähe!«
Da aber jeder Tag neue Schreckensnachrichten brachte,
mußten auch Blätter, die sie anderen stahlen, bald
aus schmerzlicher Überzeugung ihr Resumé mit den
Worten beginnen: »Es kann keinem Zweifel unterliegen, daß die Beziehungen, welche die ehemalige
Kronprinzessin von Sachsen zu dem jungen Grafen
Carlo Guicciardini unterhält, intimer sind, als man
ursprünglich anzunehmen bereit war.« Hatte doch
Fräulein Muth ihrem gepreßten Herzen in dem Ausruf
Luft gemacht: »Hier gehen schauderhafte Dinge vor
sich!«. Herr Justizrat Körner kam, sah und sagte zu
seiner ehemaligen Kronprinzessin: »Ihr Anblick verursacht mir Brechreiz!«
 Dennoch wollten's die guten Seelen nicht
glauben. Die Gräfin Montignoso mag ja eine Verworfene
sein, die ihr Florentiner Exil nicht bloß in der Erinne-
ung an die schöne Zeit, da sie neben Friedrich August
so gut geschlafen hat, hinbringt. Aber der Graf?

Nimmermehr! Nicht Mißtrauen gegen seine körperliche, aber Vertrauen zu seiner moralischen Stärke war es jetzt, was die Zweifler hinderte, den furchtbaren Gedanken auszudenken. Er selbst hatte ja erklärt, daß er »als Edelmann die Pflichten und Rücksichten, die er der Gräfin Montignoso schuldig sei, keinen Augenblick vergessen habe«. Wer die Geheimsprache der guten Gesellschaft nicht versteht, glaubt gewöhnlich, daß nicht geschlechtlicher Verkehr, sondern im Gegenteil die Vernachlässigung einer liebebedürftigen Frau Pflichtvergessenheit und Rücksichtslosigkeit gegen sie bedeute. Aber jetzt wissen wir wenigstens, daß Louise von Sachsen ihrem Gatten wegen seines lebhaften Pflichtgefühls davongegangen ist. Die Geheimsprache! Der Deputierte Rosadi soll erklärt haben, Graf G. »sei der letzte, der einer gemeinen Handlung fähig wäre.« Jawohl, Deputierte, Reporter, alle Welt hält jetzt auch den außerehelichen Beischlaf des Mannes für eine Gemeinheit. Und gar dieser Graf G.! Er »sei ein blonder, harmloser Mann, der nie einen Schritt über die Grenzen des Anstandes unternehmen würde«. Es wäre ja unanständig, die Gunst einer Frau zu erwidern, und erwiesenermaßen kommt bei blonden Männern solch seltene Verirrung überhaupt nicht vor . . .

15. Februar. Gräfin Montignoso hat sich entschlossen, das Kind auszuliefern. Aber was sich im Schlafzimmer der Villa Papiano begeben hat, ist noch immer nicht enthüllt. Der Justizrat ist am Ende seiner Büttelweisheit. Noch erhebt er durch Fräulein Muth, daß die Gräfin einmal abends ein ausgeschnittenes Kleid getragen hat. »Wie tief konnte man in den Brusteinschnitt hineinschauen?« fragt er. Das Bett habe »deutliche Eindrücke zweier Gestalten gezeigt«, versichert Fräulein Muth neuerdings, die »das Schlafzimmer der Gräfin in allen Teilen, Ecken und Enden täglich auf das gründlichste durchsuchte«. Dennoch weiß man nichts Gewisses. »Klei-

nigkeiten«, sagt die Kammerfrau Chiarina, »wird's
gegeben haben, aber Böses nicht.«... Nun, die
Wahrheit ist auf dem Marsche. Eines Tages wird sie
vom Toilettetisch der Gräfin den Weg zu den
Schreibtischen der Redaktionen finden, und Europa,
das aufhorchende, von den Gewalten der Heuchelei
und Lüge strangulierte Europa, wird sie gierig auf-
nehmen, und wird sich darüber entsetzen, daß es
»wahr«, nicht darüber, daß es eine Wahrheit ist...

Herr v. Hartel verharrt auf seinem Standpunkt
in der Marschall-Affaire. Er hat jetzt glücklich die
Universität, die Technik und die Akademie ruiniert
— aber: pereat mundus, fiat injustitia bleibt seine
Devise. Die Abgeordneten aber lassen sich eine dreiste
Amtssprache gefallen und interessieren sich höchstens
dafür, ob sie deutsch oder tschechisch klingt. Nichts
charakterisiert die Erbärmlichkeit unserer Zustände
besser als eine Notiz über den nachgerade grotesken Fall,
die kürzlich im ‚Neuen Wiener Tagblatt‘, dem Sprach-
rohr aller Feigheit, Falschheit und offiziellen Duck-
mäuserei, zu lesen war. Nach einer Erklärung des Unterrichtsministers, die einen Tobsuchtsausbruch des Parlaments gerechtfertigt hätte, nach der Begriffsmogelei
zwischen bürgerlicher und beruflicher Ethik, nach
einer »Untersuchung«, deren Ergebnis die Erbitterung
der Akademie zu Taten treiben müßte, deren unverhoh-
lener Zweck die Rettung des Herrn Marschall war und
deren Verlauf nicht durch die Vernehmung sachverständiger Inhaber einer Künstlerehre gestört werden
durfte, bietet sich der unermüdliche Herr Wilhelm
Singer den »Parteien« als Vermittler an. Es ist un-
erquicklich, ein Schadchentalent auf falschen Bahnen

zu wissen, und es ist ein unappetitlicher Gedanke,
daß der Friede in Österreich durch ein feistes In-
seratenblatt geschlossen werden soll. Wo hierzulande
irgend ein Streit entbrannt ist, erklingt auch schon
der schmalzige Schalmeienton des friedlichen Wolwele.
Und so war denn auch in dem Blatte, das von allen
den dicksten Bauch und die weichsten Kniee hat, die
folgende gesinnungstüchtige Betrachtung zu lesen:

›Aus Künstlerkreisen wird uns von geschätzter
Seite geschrieben: Wie natürlich, wird die Interpellationsbeantwortung des Unterrichtsministers in causa Marschall von beiden
Parteien lebhaft diskutiert. Dr. R. v. Hartel sagte, was er sagen
mußte und konnte; streng korrekt den Ressort- und Amts-
standpunkt wahrend, was die Materie und den Gang der Untersuchung anlangt, wie immer aber zugleich die Fürsorge für die
Akademie betonend. Und in dem neuerlichen Hinweise auf die gegenwärtigen ‚beklagenswerten Zustände‘, unter denen nicht allein die Professoren, sondern
in erster Reihe die heranreifende Künstlerschar leidet, liegt
wohl der stärkste Appell, zu einer Lösung zu gelangen. Die Unterrichtsverwaltung kann die Lösung nicht
herbeiführen; sie muß daran festhalten, daß an einer auf
Grund kaiserlicher Entschließung vollzogenen Ernennung nicht gerüttelt werden dürfe; die Entwirrung liegt
an der Akademie oder richtiger gesagt, bei den Streitteilen selbst.
Und da wäre es denn wünschenswert, wenn mit einiger Energie
und einigem Wohlwollen zugleich der Ausweg gesucht würde.
Es gibt deren mehrere, die in foro interno auch wiederholt erörtert wurden. Jeder legt naturgemäß Opfer auf; der beste Ausweg
wie die minder entsprechenden. Die Frage ist nur, ob diese Opfer,
mögen sie vielleicht auch den einen oder den anderen besonders
schwer treffen, nicht der Sache der Kunst, dem Interesse der Akademie zuliebe gebracht werden sollen. Die bisher übliche
aggressive Art der Gegensätze erscheint nun kaum geeignet,
einen der Streitteile zu einer Konzession zu bewegen und
dankbare Arbeit fänden jene, die mit geänderten Mitteln an die
Besänftigung der Gemüter schreiten würden. In der Interpellationsbeantwortung des Unterrichtsministers ist scharf betont,
daß Erwägungen, die aus dem Gesichtspunkte künstlerischer Empfindung abgeleitet werden, für die Disziplinaruntersuchung nicht
in Betracht kommen. Ist aber die künstlerische Empfindung das
Entscheidende in der causa Marschall, dann kann die Unterrichtsverwaltung nur abwarten; die Entscheidung liegt bei den Künstlern
oder bei dem Künstler. Künstlerische Empfindungen oder
auch nur künstlerische Empfindlichkeiten können

nur in der Künstlern eigenen feinsinnigen Weise ausgetragen werden.«

Wurde solches dem ‚Neuen Wiener Tagblatt‘ wirklich »aus Künstlerkreisen von geschätzter Seite« geschrieben? Der Künstler, der es getan, während seine Kollegen sich mit Streikgedanken tragen, wäre — mein unfeiner Ton wird Herrn Singer gewiß mehr schmerzen als die Gesinnung seines Einsenders — ein Haderlump. Aber ich glaube, daß der Beruhigungswisch dem ‚Neuen Wiener Tagblatt‘ von einer andern geschätzten Seite zugekommen ist, das heißt, von jener Seite, die das ‚Neue Wiener Tagblatt‘ an offiziellen Persönlichkeiten am meisten schätzt. So liebedienerisch, so von hinten herum ist diese Zusprache an die Künstler, daß man nicht einmal versteht, ob sie nicht doch auch von Herrn Marschall ein »Opfer«, also etwa den freiwilligen Rücktritt, verlangt. Sie hat wohl — soweit ich den Sinn der diplomatischen Geberde erfasse — bloß den Zweck, den ministeriellen Gewalten zu schmeicheln und Herrn Hartel zu loben, weil er zwar die Akademie zertrümmert, »wie immer aber zugleich auch die Fürsorge für sie betont« hat. Und sie wiederholt die gedankenlose Amtsphrase, daß an einer auf Grund kaiserlicher Entschließung u. s. w. Was heißt denn das? Kann denn ein soeben ernannter Professor, dem Vergehen gegen die Künstlerehre nachgewiesen würden, nicht in die Pension geschickt werden? Und wozu denn die ganze Komödie der Untersuchung, wenn man vorher wußte, daß ihr Resultat an der Lage der Dinge nichts ändern dürfe? Wohlwollwele Singer möchte die Angelegenheit auf »feinsinnige« Weise austragen. Ich glaube, daß man in ihrem heutigen Stadium besser mit Grobheit auskommt. Weil wir sonst wie in allen Angelegenheiten unseres in Höflichkeit verreckenden Staatslebens nicht zu der von Herrn Singer ersehnten »Lösung«, sondern zu der von Herrn Hartel betriebenen Auflösung gelangen.   * * *

Der neue Preßstaatsanwalt birscht auf ›unsittliche Literatur‹ und schickt einem Wiener Verleger, der durch den Buchtitel ›Das Bett‹ einige christlichsoziale Gemüter aufgeregt hat, seine Organe an den Hals. Zu solcher Dummheit hat man bei uns immer Zeit. Wenn du in Wien nachts auf dem Stephansplatz angefallen würdest, kein Hilferuf dränge bis in die Kärnthnerstraße, wo die Wachleute ihrer Pflicht obliegen, Prostituierte zu belästigen und achtzugeben, daß keine sich ›auffallend‹ benehme oder von dem ihr vorgezeichneten Strich der Tugend auch nur um ein zollbreit abweiche. Unsere Offiziellen jagen unverdrossen den Phantomen ›Sittlichkeit‹ und ›Ehre‹ nach, dieweil die Rechtsgüter der Gesundheit und des Eigentums — das zweite wird bloß gegen den verhungernden Semmeldieb geschützt — infamster Geschäftsmacherei hingeopfert werden... Vielleicht besinnt sich der neue Mann rechtzeitig und studiert einmal den Inseratenteil der Wiener Presse. Aber nicht vom Standpunkt der ›Moral‹. Ihr sollte ja auch nicht durch meine Behandlung inserierter Schweinereien, die bloß die Heuchelei journalistischer Volkserzieher entlarvte, geopfert werden. Um die körperliche Sicherheit der Zeitungsleser, nicht um das Seelenheil der Romanleser bekümmere sich der Nachfolger des Herrn Bobies. Und nehme sich seinen Breslauer Kollegen zum Vorbild, von dessen Amtspflichterkenntnis die folgende Notiz Kunde gibt, die ich in einem reichsdeutschen Fachblatt für Zeitungsinteressen gefunden habe: ›(Bestrafung eines Blattes wegen unwürdiger Reklame.) Ein großes Breslauer Blatt brachte mehreremal ein Inserat, in welchem ein Kurpfuscher gegen bare Bezahlung Heilung jeder Unterleibskrankheit und jedes sexuellen Leidens auch ohne Diagnose versprach. Der Gerichtshof verurteilte das Blatt zu einer Geldbuße von 3000 Mk., mit der Begründung, daß der Redakteur von der Unerfüllbarkeit solcher

Versprechungen überzeugt sein konnte. Die zweite Instanz beließ es bei dem Urteil.« Würde es je ein Wiener Staatsanwalt wagen, in ähnlichem Falle — der sich hier täglich ein dutzendmal wiederholt — Anklage zu erheben? je ein Wiener Gerichtshof, zu verurteilen? Das gienge ja gar nicht. Der Preßstaatsanwalt heißt jetzt Herr v. Klingspor, der Vorsitzende in der Verhandlung wäre wahrscheinlich Herr Landesgerichtsrat Wach; ich weiß nicht, ob beide von dem Koerberglauben an die Mission der Wiener Presse beseelt sind, aber ich weiß, daß beide ihre eifrigen Mitarbeiter sind. Und da könnte denn der Fall eintreten, daß der verantwortliche Redakteur der ,Neuen Freien Presse' oder der des ,Neuen Wiener Tagblatts' die glaubhafte Verteidigung vorbringt: Ich war mit der Korrektur der Beiträge des Herrn Staatsanwalts und des Herrn Vorsitzenden so sehr beschäftigt, daß ich für die Lektüre des Inseratenteils beim besten Willen keine Zeit fand.

* * *

TETMAJER.

Ein blinder Zufall hat die Worte in der jüngsten Nummer der ,Fackel' über die Dringlichkeit der Errichtung technischer Laboratorien mit grausamer Aktualität unterstrichen. Die Ausführungen wurden zu eben derselben Zeit gedruckt, als der Mann, der die Idee jener Reformen nach Österreich getragen hatte, Ludwig v. Tetmajer, niedergebrochen war, ereilt von dem Tode jener, deren Temperament zum Übermaß geistiger Arbeit drängt. Die Nekrologe der Zeitungen liegen jetzt neben seinem letzten wissenschaftlichen Werk*), das der Autor als Gabe Freunden und Verehrern zugesendet hat, die das Buch als sein letztes Vermächtnis zu schätzen wissen werden. Der

---

*) Die angewandte Elastizitäts- und Festigkeitslehre.

Lebensgang des Verblichenen ist einer von den vielen
Belegen für die beschämende Wahrheit von der
Flucht der Intelligenzen aus Österreich. Schon
als Beamter der schweizerischen Ostbahnen hat
Tetmajer ein bescheidenes Laboratorium für Material-
prüfung begründet und verhältnismäßig rasch — er
war eben in der Schweiz — ein großes mustergiltiges Institut in Zürich zustande bringen können.
Was zog also den Mann von der Stätte seines Welt-
rufes nach Wien? Etwa der Reiz der verjüngten
Kaiserstadt? Oder die Lockung, die eine bestrickend
altertümliche Unterrichtsverwaltung auszuwerfen fähig
ist?... Tetmajer kam nur aus dem simplen Grund
nach Wien, der andere bestimmt niemals wegzugehen,
nämlich dem, daß in Österreich auch der Unfähigste,
der einmal den Hut der Staatsbeamten aufstülpt, dadurch einen Ruhegehalt gesichert hat, während
ein solcher in der Schweiz selbst dem Genie unerreichbar bleibt. Tetmajer hatte sein großes technisches
Lebenswerk im Ausland vollendet, durfte sich also
auch den Luxus gönnen, nach einer Altersrente zu
langen, die ihm von Österreich dargeboten wurde.
Im Ausland kann man freizügig schaffen, im Inland
sich gut bürgerlich verpfründen. Tetmajer dachte
aber auch an ein freizügiges Weiterschaffen in
Österreich. Der glaubensselige Mann ließ sich von
der Unterrichtsverwaltung ein Laboratorium »versprechen« und war mit einigen Zimmern zufrieden,
die bestenfalls nur ganz Harmlose für ein Ingenieur-
laboratorium halten können. Der einzige Fehler, den
der unerreichte Meister der Statik und der edle Mensch
sein Eigen nannte, war somit sein Optimismus, auf
den ein Kenner in der ‚Neuen Freien Presse‘ hinwies,
indem er sagte: »Ihm schwebte ein von der technischen Hochschule losgelöstes Reichslaboratorium
als Ideal vor«... Der arglosen Größe Tetmajers
konnte allerdings noch ein österreichisches Reichs-
laboratium vorschweben, da er den merkwürdigen

mechanischen Zustand des »In-Schwebe-Belassens«
nicht kannte, den die Regierungen hierzulande geschickt benützen, um den stockenden Parlamentarismus,
der durch ihre Talentlosigkeit und Unzulänglichkeit
nicht in den normalen Gang zu bringen ist, als eine
vis major darzustellen.

Wie sehr aber die Anschauungen, die in der
‚Fackel‘ vertreten wurden, sich mit den Forderungen
maßgebender Techniker decken, beweisen die Worte
eines Briefes, der unter den Zustimmungen jener eingetroffen ist, die so freundlich waren, meinen Aufsatz
gut zu heißen. Ein aktiver Professor und ehemaliger
Rektor der Wiener technischen Hochschule schreibt
mir: »Es drängt mich Ihnen für den letzten Absatz
Ihres Aufsatzes in der neuesten Nummer der ‚Fackel‘
herzlichst zu danken; v. Tetmajers Tod, der nach der
Niederschrift Ihrer Zeilen eingetreten ist, hat ihn, den
hoffnungsfreudigen Mann, vielleicht vor der Erfahrung
bewahrt, die Ihr vorletzter Satz andeutet« — jener
Satz, in dem ich sagte, daß man in Wien vielleicht
in 25 Jahren wird anfragen dürfen, ob die technischen
Versuchsanstalten überhaupt bestehen, ob sie gar
schon verstaatlicht sind ... Soll die technische Forschung wirklich noch so lange darben?

Wien.   Professor Victor Loos.

. . .

Gerichtspsychiatrie.

In dem Gutachten, das die Herren Dr. Hinterstoißer und Dr. Ruben behufs Internierung des
Fabrikantensohnes Anton B. in einer Irrenanstalt am
3. Februar 1891 abgegeben hatten und das anläßlich eines
von ihm angestrengten handelsgerichtlichen Prozesses
— zwischen Irrenrecht und Handelsrecht besteht eine
offenbare Beziehung — kürzlich zur Sprache kam,
sind nach Zeitungsberichten die folgenden Stellen
enthalten:

Er leidet an Größenwahnideen und glaubt, sein Vater und er seien unermeßlich reich . . .

Er war schon als Kind aufgeregt und unfolgsam. In den Schulen habe er immer schlechte Sittennoten gehabt. Schon während der Hochzeitsreise sei er ganz ohne Grund eifersüchtig und auf geregt gewesen . . .

In der letzten Zeit machte er wiederholt Äußerungen über Selbstmordabsichten, so sagte er einmal: Erst wird genossen, dann geschossen . . . Auf der Klinik erklärte der Patient die Selbstmordabsicht für lächerlich, er habe nur den Text aus einer Operette gesungen . . .

B. erklärt, er habe sich jung gefühlt und wolle noch leben. . . . Daß er sich, um mehrere Leute zu ärgern, bei Ronacher mit der Berta Rother in einer Loge gezeigt habe, findet er nachträglich etwas unvorsichtig.

* • * •

Unter Larven...

Aus London wird gemeldet, daß der Redakteur des ‚Enterprise‘ in Edgerton, Kansas, den folgenden Abschiedsbrief an seine Leser gerichtet hat:

»Der Unterzeichnete zieht sich aus dem Zeitungsgeschäft in Edgerton zurück mit der Überzeugung, daß alles eitel ist. Von dem Augenblick an, wo er das Blatt gründete, bis heute ist ihm stets nahe gelegt worden, über jedes gegebene Thema zu lügen, und er kann sich nicht erinnern, eine einzige gesunde Wahrheit gesagt zu haben, ohne die Abonnentenzahl zu verringern oder sich Feinde zu machen. In dieser Notlage und mit gründlicher Selbstverachtung vertauscht er dieses Feld für ein weiteres, um seine moralische Konstitution wieder aufzufrischen.«

* • *

Der Bildungshort für die Deutschen Österreichs ist und bleibt die ‚Neue Freie Presse‘. Darum muß man sich darauf verlassen, daß sie nicht nur das beste Deutsch bietet, sondern auch die fremdsprachigen Beiträge in mustergiltiger Übersetzung bringt. Leider aber verfügt sie seit Jahren bloß mehr über das beste Deutsch, das in der Umgebung des Franz Josefs-Kai gesprochen wird — »Die letzten Kämpfe bei Sandepu haben ausgewogt« schrieb sie neulich —, und was sie in der Verdeutschung französischer Autoren leistet, ist nichts mehr und nichts weniger als eine »orgue de barbarie«, wofern nämlich dieses Wort nicht mit »Drehorgel«, sondern wie es in der ‚Neuen Freien Presse‘

einmal geschah, mit einer »barbarischen Orgie« übersetzt
wird. Aus einem Interview mit der Prinzessin Louise von Coburg,
das Jules Huret im ,Figaro' veröffentlicht hat, zitierte das Blatt vor einiger
Zeit die Stelle, in der davon die Rede ist, daß man am belgischen
Hofe dem Prinzen von Coburg, da er um die Königstochter warb,
den Rat erteilt habe, vorerst »eine Weltreise zu machen«. So
und nicht anders hatte die ,Neue Freie Presse' die Weisung, die
jungen Leuten erteilt wird, »de faire son tour du monde«,
aufgefaßt. In einem Feuilleton Brisson's wird erzählt, Le-
maitre habe zu den »glänzendsten Zöglingen der Normalschule« gehört. Sind Erfolge in der Volksschule für die geistige
Entwicklung eines berühmten Mannes bezeichnend? Gewiß nicht.
Aber zufällig bedeutet auch école normale in Paris nicht die nie-
drigste, sondern die höchste Etappe der Schulbildung ... Kurz,
man fühlt sich versucht, der ,Neuen Freien Presse' den Rat zu
geben, sie möge ihre Leute eine Weltreise unternehmen oder
wenigstens die Normalschule besuchen lassen, um sie von den sonst
unausbleiblichen barbarischen Orgien der Unbildung zu bewahren.

Im ,Deutschen Volksblatt' würde man diese nur ungern
missen. Für Analphabeten und solche, die es werden wollen,
geschrieben, tut es gut daran, sich geistig bei einer tour
du Kagran zu bescheiden. Seine Unbildung ist ein mühsam
errungener kostbarer Besitz, mit dem die »Schriftleitung« zu
protzen ein Recht hat. Wenn die ,Neue Freie Presse' einen Stuß
schreibt, so gleitet sie mit jener Scheu, die bei den Lesern
eine höhere Intelligenz als bei sich selbst vermutet, darüber hinweg; sie voltigiert über ihre Bildungslücken. Das ,Deutsche
Volksblatt' hat das Bestreben, zu dem Niveau seines Blödsinns
emporzuziehen, unterstreicht jede Eselei und verweilt mit einer
gewissen Andacht vor einer Dummheit, durch die es die
Erwartungen seiner Leser übertroffen hat. Es steht noch auf dem
Standpunkt: eine französische Redewendung verleiht immer, auch wenn
man nicht weiß, was sie bedeutet, einen Ansehenswert. So schrieb
es neulich den Satz: »Der Jude wählte für dieses Kaffeehaus nicht
umsonst den Titel ,Sanssouci', was bekanntlich zu deutsch
,ohnegleichen' heißt«. Die Leser des ,Deutschen Volksblatts'
sind damals vor Bewunderung kopfgestanden. Sie, die das
Wort »distinguiert« »distinkert« aussprechen, mußte die endliche

Erklärung des Wortes »sanssouci«, hinter dem sie eine rätselhafte Beziehung auf die Susi vermuteten, befriedigen.

Aber das Hochdeutsch, das der Wiener spricht, bedürfte nicht des Schmucks mißverstandener Fremdwörter, um drollig zu sein. Dieses in den Panzer der Bildung gepreßte Vorstadtdeutsch, das aus dem Schurl einen Schurel macht, ist der Stil unserer antisemitischen Tagespresse, der nur der Humor der wienerischen Sprachverrenkung abgeht. Die ästhetischen Vorzüge des Strizzi vor dem Sumper sind die Vorzüge des Hernalser Deutsch vor der Sprache des ‚Deutschen Volksblatts‘. In dieser trostlosen Gedankensteppe gedeihen bloß die dürftigsten Stilblüten. Die Phantasie des jüdischen Schmocks zeitigt komplizierteres Unheil als das in dem folgenden Satz enthaltene: »Auf dem geheiligten Boden dieser Gesellschaft b l i e s Dr. Victor Rosenfeld mit fettglänzenden Wangen die R e k l a m e t r o m m e l für den durchgefallenen Diktator von Rußland«.

Wer an Gemeinplatzfurcht leidet, dem ist ein Blick in das ‚Deutsche Volksblatt‘ dringend zu widerraten. Seine Leidenschaft ist die Grobheit des Wiener Hausmeisters, seine Sachlichkeit ein Friseurgespräch, sein Humor . . . nein, für den gibt es kein Vorbild. Eine solche Armseligkeit satirischen Hohns, die sich in Interpunktionen auslebt und Rufzeichen, Fragezeichen und Gedankenstriche als Peitschen, Schlingen und Speere verwendet, hat das Leben außerhalb des antisemitischen Schrifttums bis heute nicht offenbart. Wo das ‚Deutsche Volksblatt‘ lobt — Ball der deutschösterreichischen Schriftstellergenossenschaft, Ball der Stadt Wien —, durchmißt es Gedankengänge, die das schäbigste Judenblatt nicht mehr benützt, und der »Kranz duftiger Mädchenblüten«, der dort kaum mehr als Cliché, also zur Ersparung eigener Gedankenarbeit strapaziert wird, ist hier die Errungenschaft geistiger Produktion. Wo das ‚Deutsche Volksblatt‘ angreift, wird eine Talentlosigkeit ruchbar, die zum christlichsozialen Himmel stinkt. Ich erinnere mich an einen ebenso arischen wie banalen Schriftsteller, der seine Buchkritiken fortwährend durch »ei, ei« unterbrach und ähnliche schlagende Bemerkungen in die Form einer »Anmerkung des Setzerlehrlings« kleidete. Der Mann galt infolgedessen als »Kampfnatur«, die Setzerlehrlinge aber begannen zu streiken. Die Art dieses Autors, die Dinge zu fassen, seine prickelnde Ironie schwebt

mir vor, wenn ich eine Glosse des ‚Deutschen Volksblatts' lese.
In Parteikreisen gilt es gewiß als »schneidig«, wenn — ich bewahre
die Stilmuster aus früheren Jahrgängen — jüdische Schwindler wie
folgt abgefertigt werden: »Im November d. J. ist einer der
bedeutendsten (?) Lemberger Advokaten, Doktor Jakob Reiß (!)
mit Hinterlassung von Schulden etc. nach Amerika abgegangen . . .«
»Der jüdische Armenrat war so fre—i . . .«, »Nachdem er dem
Gastwirt den Revers abgeschw—atzt hatte . . .« Welch eine Fülle
von Talentlosigkeit ist z. B. in solch einem unscheinbaren Fragezeichen enthalten! Die Interpunktionen des ‚Deutschen Volksblatts'
überbrücken (?) eine geistige Leere sanssouci.

> . . . nun ist übrig,
> Daß wir den Grund erspähn von dem Effekt,
> Nein, richtiger, den Grund von dem Defekt;
> Denn dieser Defektiv-Effekt hat Grund.
>
> »Hamlet«, II. 2.

Hugo v. Hofmannsthal hat es gewagt, vor
einem Berliner Interviewer das Wiener Theater-
niveau herabzusetzen, unsere Direktoren der Ver-
geudung des ihnen anvertrauten künstlerischen Kapitals
zu beschuldigen und ihre Berliner Kollegen für die
klügere Verwaltung eines dürftigeren Besitzstandes zu
loben. Darob Empörung im Wiener Blätterwalde und
zumal bei jenen armseligen Kerlen, die jede vaterländische Schweinerei als ein Familiengeheimnis betrachtet
wissen möchten, das dem Ausland nicht verraten
werden dürfe. Die Verdächtigung, daß Hofmannsthal
vor seiner Berliner Première sich in Berlin beliebt
machen wollte, ist nicht eben geistvoll: spekulative
Gesinnung müßte man doch vor allem der Voraussicht
für fähig halten, daß so offenes Meinungsbekenntnis
eine Verstimmung der Wiener bewirken werde, zu

denen er ja gleichfalls nächstens als Dramatiker sprechen
soll. Herr v. Hofmannsthal scheint im Gegenteil zu den
wenigen Menschen zu gehören, die ihr Urteil über
die anderen nicht dem Urteil der anderen über
sie anpassen, und das ist in der Stadt der Verbindungen und Beziehungen, wo Shakespeare totge-
schwiegen würde, wenn er Herrn Klinenberger nicht
gegrüßt hätte, immer ein riskantes Verhalten. Herr
v. Hofmannsthal sagte unter anderm: ›Wenn auch
Wien sowohl hervorragendere als auch zahlrei-
chere Schauspielkräfte von Bedeutung besitzt als
Berlin, so vermag man es dort dennoch nicht, Theater-
aufführungen zu bewerkstelligen, die sich mit den
Vorstellungen auf den Bühnen der Herren Reinhardt
und Brahm auch nur annähernd messen können.‹
Solche Meinung erregt Anstoß bei einer Presse, deren
Rezensenten bei jedem Gastspiel einer Berliner Truppe
sich in Krämpfen der Verzückung winden und vor
jedem Grunzen eines Episodisten im ›Nachtasyl‹
oder in den ›Webern‹ ästhetische Andachtsübungen
verrichten. An der Ekstase der Wiener Besucher der
Nachtasyl-Aufführungen gemessen, ist die Anerkennung, die Herr v. Hofmannsthal an Ort und Stelle
dem Berliner Theaterwesen gezollt hat, der Ausdruck kühlster Objektivität.

Auch dieser Meinung vermag ich bloß zum Teil
beizustimmen. Es ist ja unbestreitbar, daß in Berlin
die bessere Theaterzucht herrscht, und nur ein
Lokalpatriotismus, der der Eitelkeit alle Besinnung
geopfert hat, kann den Kritiker, der uns die
stärkeren Individualitäten zugibt, boshafter Ver-
kennung unseres Wertes beschuldigen. Im allgemeinen
hat Herr v. Hofmannsthal Recht. Aber ein allgemeiner Vergleich zwischen zwei Theaterkulturen, die
ganz verschiedenen Zielen zustreben, ist an sich ungerecht. Man müßte für Berlin zwischen der absoluten Meisterschaft einer Milieukunst und dem völligen Versagen aller Stildarstellung unterscheiden.

Dort kann dem Mangel an künstlerischen Persönlichkeiten die fleißigste Regie noch weniger nützen, als unserer Fülle die Luderwirtschaft schaden kann. Die Berliner Natürlichkeitsspieler, die unsere theaterkundigen Thebaner allsommerlich, da schon der Einbruch der wahren Schlierseer droht, in einen Taumel versetzen, würden unter der Führung eines Wiener Regisseurs sofort als das entlarvt, was sie, wie ich wiederholt geäußert habe, im Grunde sind: Dilettanten ohne Lampenfieber. Aber man erkennt sie auch, wenn sie die vertrauten Dialektniederungen verlassen und sich in die Regionen des höheren Stils und der komplizierteren Psychologie wagen. Nach dem »Nachtasyl«-Triumph, den ein großartiger Drill einem Ensemble gleichgiltiger Episodisten errang, kam »Erdgeist«, und vier Wochen nach der Agnoszierung des Herrn Waßmann durch die ‚Fackel‘ schrieb Herzl in der ‚Neuen Freien Presse‘: »Herrn Waßmann's immer gleicher Ton vermindert nachträglich den Wert seiner Leistung im ‚Nachtasyl‘. Was wir dort für eine besonders feine und seltene Nuancierung hielten, offenbart sich als die etwas schnarrende Manier eines Schauspielers, den wir nicht kannten.« (23. Juni 1903) Dies Bekenntnis bezeichnet das Wesen der täuschenden Wirkung, die von der neuberlinischen Theaterkunst ausgeht. Den Effektschauspielern werden jetzt die Defektschauspieler vorgezogen. Berlin und Wien: Dort ist die Verwandlung der Not in eine Tugend, hier scheint die Verwandlung der Tugend in eine Not das oberste Kunstprinzip der Regieführung. Dort werden Dilettanten und Episodenspieler so gedrillt, daß sie der Theaterfremdheit wie tiefe Charakteristiker vorkommen, hier werden Persönlichkeiten so mißbraucht, daß sie die Theaterfremdheit für Schabloneure hält. Wien's zahllose Chargenspieler würden, »wenn man sie in's Brahm'sche oder Reinhardt'sche Ensemble verpflanzte, bald in ganz Berlin, und dann

natürlich auch in Wien als Säkularerscheinungen aus-
gerufen«. So schrieb ich in Nr. 138 (20. Mai 1903);
und daß man, wollte man aus jener grandiosen Darstellung von Stotterern, wie sie »Nachtasyl« und
»Weber« boten, Prinzipien für moderne Schauspielkunst ableiten, »der Schule, in der sie gelehrt würde,
ein seltsames Unterrichtsprogramm vorschreiben müßte:
die Lehre vom Nichtsprechen-Können«. Die folgerichtige
Entwicklung dieses Stils führt zwar zu keiner Bereicherung der Persönlichkeiten, aber zu einer Ver-
mehrung des Personenstandes einer Bühne, da ja die
Natürlichkeitsregie darauf bedacht sein muß, für
jede Bühnengestalt einen Schauspieler mit dem
entsprechenden Defekt zu finden. An Ibsen und
Wedekind versagt solche Gewissenhaftigkeit, bei
Wilde, Maeterlinck und den Klassikern resigniert
Herr Reinhardt freiwillig und flüchtet aus der
unergiebigen Sphäre neuberlinischer Schauspielkunst
in die Region der — Malerei. Es ist nicht wenig
heiter, diesen nie verlegenen Theaterparvenu, den
nur der Snobismus von Berlin W — das jetzt
offenbar auch den Grunewald und die Behausung
des Herrn Harden umfaßt — zum Messias ausrufen
konnte, mit Menzel und Slevogt mäcenatisch schalten
zu sehen, und nichts ist für den Widersinn des »Kleinen
Theater«-Rummels bezeichnender als das Jubeltele-
gramm der ‚Neuen Freien Presse‘ vom 3. Februar,
in dem der Herrn Reinhardt gewogene Berliner Korrespondent die Aufführung des »Sommernachtstraums«
als den »größten Erfolg der Saison« ausposaunt, die
unzähligen Hervorrufe des Direktors konstatiert, die
Ausstattung, die alles bisher Gebotene übertroffen habe,
preist und zum Schluß so ganz nebenbei konstatiert, daß
»kaum ein einziger Schauspieler sprechen konnte«.
Diese protzige Armut, die justament neben dem
»Nachtasyl« noch ein Weltrepertoire beherrschen
möchte, half sich einmal selbst bei einer Nestroy'schen
Posse, deren Humor ihr unerreichbar wäre, mit der

Dekoration: mit einer spitzfindigen frechen Parodierung
des alten Theaterbrauchs der gemalten Interieurs.
Nur die geschlossene Decke eines Zimmers erinnerte
an die »moderne« Entwicklung des Theaterwesens.
Aber in jener Zeit, da auf der Bühne im Laden einer
Modistin die Möbel und Hüte, in einem Garten das
Grün, in einem Restaurant die Menschengruppen noch
gemalt waren, hatten die im Vordergrund der Szene
stehenden lebenden Personen noch Talent und Humor.
Wie dünkt sich dieser Zeit eine modische Dramaturgie
überlegen, die sich dem Theatermaler bedingungslos
unterworfen hat!... Wer an zwei Schulbeispielen
erkennen will, wie viel und wie wenig das Prinzip
der »Echtheit« mit einem Ensemble unbedeutender
Spieler ausrichten kann, sehe sich in Berlin nach dem
»Nachtasyl« die »Kronprätendenten« an. Welch
meisterliches Zusammenfassen schwacher Kräfte und
welch beschämendes Versagen vor dem höheren Stil!
In seiner ärgsten Verwahrlosung wird das Burgtheater
eine würdigere Vorstellung der leider längst aus dem
Repertoire geworfenen »Kronprätendenten« — Herr
Schlenther kennt sie nur aus seiner Ibsen-Ausgabe —
zustandebringen als das »Neue Theater«, das den
wundervollen Skalden Jatgejr, Skule's Sohn und seine
kassandrahafte Schwester — Hartmann, Hübner und
Frau Bleibtreu sind unvergessen — in schnodderiger
Ausgabe vorführt. Es ist gewiß bezeichnend, daß in
der ganzen jammervollen Aufführung die einzige
Szene, die dem »Neuen Theater« gelang, jene war, wo
das Volk von Oslo, Männer, Weiber und Kinder,
mit Gekreisch und unartikulierten Angstrufen das
Schlachtgetümmel begleitet ...

Die Virtuosität der Berliner Theaterkunst basiert
— wenn man von den wenigen Individualitäten, vor
allem von der Riesenerscheinung des auch das heutige
Burgtheater überragenden Matkowsky absieht — auf
der Technik der unartikulierten Sprache. Sicher ist,
daß wir mit der Zucht, die auf Berliner Bühnen

Nullen zu Scheinwerten macht, eine neue Blüte der
Wiener Theaterkunst erzielen könnten. Sicher ist, daß
unsere reichen Mittel von bequemen Genießern der
Wiener Theaterliebe verwirtschaftet werden. Sicher,
daß nur törichter Lokalpatriotismus diese Wahrheit
bestreiten und ihren Verkünder für einen Verleumder
halten kann.

. . .

ZWEI GEDICHTE.
Von Frank Wedekind.

Das Opfer.

Wenn ich mein Mädel mir bei Tag beseh,
Dann seh ich einen kahlen Totenschädel,
Darunter ein Skelett, und seh mein Mädel
Gebrochen knien von schauerlichem Weh. ·

Sie schreit zum Schöpfer: »Laß mich Freudenquell
Nur schleunigst jetzt an ihm vorübergehen!
Sechs Monde noch, dann wärs um ihn geschehen.
Sein Mark wird mürb, der Tod vergafft sich schnell.«

»Mich wirft man auf den Mist, das ist normal;
Das Fleisch auf meinen Rippen ist Chimäre.
Ich gäb es, wenn mein liebend Herz nicht wäre,
Schon heute gern den Schlächtern im Spital!«

Revolution.

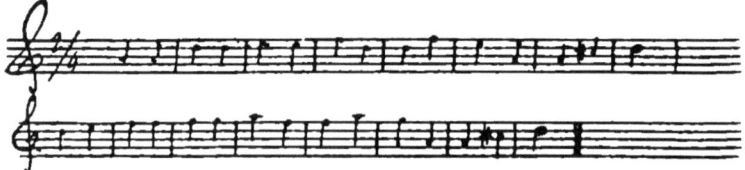

Reicht mir in der Todesstunde
Nicht in Gnaden den Pokal!
Von des Weibes heißem Munde
Laßt mich trinken noch einmal!

Mögt Ihr sinnlos euch berauschen,
Wenn mein Blut zerrinnt im Sand.
Meinen Kuß mag sie nicht tauschen
Auch für Brod aus Henkershand.

Einen Sohn wird sie gebären,
Dem mein Kreuz im Herzen steht,
Der für seiner Mutter Zähren
Eurer Kinder Häupter mäht.

ANTWORTEN DES HERAUSGEBERS.

Wiener. Kossuth beim Kaiser? Was Personalunion! Uns interessieren die Personalien: welche Farbe sein Schnurrbart hat, welche Länge sein Winterrock, und von welchem Fiakereigentümer sein Wagen bestellt war.

Politiker. Die Klagen um Koerber wollen nicht verstummen. Kundgebung folgt auf Kundgebung. Alle Stände, alle Berufe sind einig usw. Vor seinem Scheiden waren sie's nicht. Da waren sie bloß deutsch oder tschechisch ... Erscheint nicht bei diesem allgemeinen Wehgeheul über den Verlust eines Mannes, dem man in seiner Wirkenszeit nicht den kleinsten Erfolg ermöglicht hat, die österreichische Politik als der dümmste Schwindel? Grund zur Klage um Koerber haben bloß jene Kreise, die in ihm den Regenerator des Adels geschätzt haben: vorbei die Zeit, wo bei bürgerlichen Soupers Österreichs Lenker sich durch Personalaugenschein überzeugen konnte, ob eine Baronie oder bloß ein schlichtes »von« angemessen sei, wo zum Dessert Titel und Orden serviert wurden und so mancher, der sich als Pollak zu Tisch gesetzt hatte, als Parnegg aufstand. Und vor allem darf die Presse trauern, die reichlich von dem Trinkgeld aß, das der neue Adel gekostet hatte. Die Köchin des Schlangenfraßes »Öffentliche Meinung« hat ihr Koerberlgeld verloren. In die Seele des Jakob Herzog — jenes Jakob, der zu seinem Gott sprach: Ich lasse dich nicht, du pauschalierest mich denn — ist Trauer eingezogen. Er durfte sich intimster Freundschaft mit Herrn v. Koerber rühmen, der ja stolz genug war, in Ischl außer dem Kaiser nur noch den Herzog zu besuchen. In wieviel Ordensangelegenheiten der geschickte Montagsmakler interveniert hat — wer vermöchte es zu sagen, wer die Summe dieses tatenreichen Lebens zu ziehen? Daß Herr Herzog unter dem Regime Koerber seine Schulden in Eisernen Kronen bezahlen konnte, war gewiß nur ein politischer Witz. Sicher ist, daß diesen der Ernst einer traurigen Wirklichkeit abgelöst hat. Wenn der Mantel fällt, mit dem Herr v. Koerber seine Mittelmäßigkeit zu verhüllen verstanden hat, so muß eben der Herzog nach. Herr v. Gautsch bedarf seiner nicht. Er wird sich seine Ordensgeschäfte selbst machen. Vielversprechend hat er begonnen. Kurz nach Amtsantritt des neuen Herrn war in der ‚Wiener Zeitung‘ eine Ordensverleihung an seinen Schwager Schlumberger verkündet. Die erste Regierungshandlung oder ein Vermächtnis des Vorgängers? Die Absicht wäre aufreizend, der Zufall boshaft.

Spiritist. Bisher hat man Verstorbene bloß vor der Wahlurne erscheinen sehen. Jetzt nehmen sie auch an Leichenbegängnissen teil. Nicht im, sondern am Grabe. In einem Bericht über das Leichenbegängnis des Dr. Ritter v. Ofenheim — der sicher ein Originalbericht war — schrieb das ‚Neue Wiener Journal‘: »Unter den Anwesenden sah man . . . . . und viele verstorbene Freunde des Verstorbenen.« Den Ehrgeiz, »u. a.« bei Begräbnissen gesehen zu werden, haben die Toten von den Überlebenden geerbt.

Kinderarzt. Ich erhalte die folgende Zuschrift: Auf Grund des § 19 des Preßgesetzes fordere ich Sie auf, in der nächsten oder zweitnächsten Nummer Ihres Blattes an derselben Stelle, mit denselben Lettern die folgende Berichtigung der in Nr. 174 der ‚Fackel‘ auf Seite 4 enthaltenen meine Person betreffenden Mitteilung abzudrucken: Es ist unwahr, daß ich jemals gesagt habe: »Geben Sie eine Krone drauf, und ich komme zu Ihnen«, wahr ist vielmehr, daß ich immer nur gesagt habe: »Um dasselbe Geld komme ich zu Ihnen«. Mit Achtung »der, den man zu den Kindlein kommen läßt«.

Leser. Das Selbstschreiben will dem ‚Neuen Wiener Journal‘ dem man zugeben muß, daß es manchmal die besten Artikel stiehlt, noch immer nicht gelingen. Da handelt sich's drum, einen Leitartikel über den bekannten »Schutz der Ehre« — zur Zeit Österreichs dringendstes Thema — erscheinen zu lassen. Woher nehmen und nicht —? Aber siehe, da setzt sich ein Zuschneider des Herrn Lippowitz wirklich hin, gibt dem erstaunten Redaktionsdiener den Auftrag, eine Feder zu kaufen, und — schreibt. Schreibt über den Antrag Lammasch wirklich wie folgt: »Wenn er (der Antragsteller) aber direkt auf eine Abänderung des Staatsgrundgesetzes abzielt und die durch die Presse begangenen Ehrenbeleidigungen den Geschwornengerichten entziehen will, dann ist es doch wohl hohe Zeit, selbst dieser Autorität gegenüber ein Rechtsgut zu verteidigen, dessen Preisgebung der Verzicht auf eine wertvolle Errungenschaft wäre«. Bisher haben wir immer geglaubt, das »Rechtsgut«, das bei dem ganzen Rummel in Frage kommt, sei die Ehre. Jetzt hören wir, daß die Geschwornen das »Rechtsgut« sind. Bisher haben wir immer geglaubt, daß Rechtsgut immer nur ein idealer Zweck sein könne. Jetzt hören wir, daß auch ein reales Mittel, eine Einrichtung, Rechtsgut ist. Das kommt davon, wenn man die gute alte Schere links liegen läßt und mit dem gefährlichen Instrument einer Schreibfeder herumzufuchteln beginnt.

Herausgeber und verantwortlicher Redakteur: Karl Kraus.
Druck von Jahoda & Siegel. Wien, III. Hintere Zollamtstraße 3

Die Fackel

| Nr. 176 | WIEN, 28. FEBRUAR 1905 | VI. JAHR |

O dieses Leben der Deplacements! Das Laster
kommt zu Ehren, die Tugend muß sich selbst genügen.
Dichter verhungern und Stümper werden aufgeführt.
Apoll wird geschunden und Marsyas hat seinen Platz
an der Sonne. Kein Orden paßt zum Knopfloch,
kein Knopfloch zum Orden. Es ist ein tragischer
Zug der Zeit, daß Bild und Rahmen nie zusammen-
stimmen. Umso erfreulicher, wenn einmal ein Verdienst schon im irdischen Leben seinen Lohn findet:
Herr v. Koerber ist Ehrenmitglied der ›Concordia‹
geworden. Die Belohnung im Jenseits hätte hier
ehrenvolle Nachrufe der Wiener Presse bedeutet.
Aber ein herzhafter Entschluß hat der amtlichen
Lebensführung des Herrn v. Koerber rechtzeitig die ihr
einzig organische Weihe gegeben: die Ehrenmitglied-
schaft der ›Concordia‹. Ein Ziel, den Nachfolgern aufs
Innigste zu wünschen, von ihnen nachdrücklichst zu
erstreben. Eine Stelle als Präsident eines Verwaltungs-
rates mag gewinnbringender sein, ehrenvoller ist die
Würde, die der pensionierte Minister aus den Händen
der Herren Spiegel, Bauer und Stern empfängt. ›Der
Präsident hob in seiner Ansprache hervor, daß Dr.
v. Koerber sich von jeher als treuer Freund der
Journalistik erwiesen habe. Den Höhepunkt der
Wirkungen seiner Sympathien aber erblicke man in
dem von ihm ausgearbeiteten Preßgesetzentwurfe...‹.
Mit Recht. Für einen Reformvorschlag, der die Vergehen zu Übertretungen degradiert, um den verant-

wortlichen Redakteur, der bei einer durch sein Blatt
begangenen Übertretung bekanntlich auch wegen der
»pflichtgemäßen Obsorge« nicht angeklagt werden
kann, völlig straffrei zu machen, ist die Ehren-
mitgliedschaft der »Concordia« noch immer kein
Lohn, der allzu reichlich lohnet. Die Prozeßkosten,
die der Entwurf des Herrn v. Koerber der Wiener
Presse erspart, sind doch kaum mit den Summen zu
beziffern, die sie aus seinem Adelsfonds im Laufe der
Jahre bezogen hat. »Nicht in der Zeit, da er noch
die Machtfülle besaß, wollte ihm die ‚Concordia'
Anerkennung und Dank zollen, sondern jetzt, wo er
procul negotiis sich selbst sagen müsse, man wollte
nicht den Minister, sondern den Mann, den Gönner
und Freund der Journalisten ehren«. Vom Minister
Geld nehmen und dem Privatmann danken, das eben
muß, um den Schein jeder Beeinflussung zu meiden,
die Methode einer taktvollen Presse sein. Es war
eine Situation, in der ernste Männer weich werden
und aus ihrem tiefsten Herzen Bekenntnisse holen.
Als Herr v. Koerber das Handschreiben der Weltbeherrscher, in dem seine Verdienste um die Presse
mit einer Ernennung belohnt werden, entgegennahm,
mochte ihm freudiger zu Mute sein als da er das
Handschreiben des Kaisers von Österreich empfing,
der seine Verdienste um den Staat mit einer Pensionierung belohnte. Herr v. Koerber, so erfahren
wir, dankte gerührt und versicherte, »daß er in
allen seinen Stellungen die Journalistik schätzen
lernte und sich ganz besonders zu den
Mitgliedern der ‚Concordia' hingezogen
fühlte... Er freue sich, daß er nun für immer
mit der ‚Concordia' enge verbunden sei«.

*

Bismarck:

»Sie begreifen, daß ich jetzt von der Presse nur noch mit
ironischer Geringschätzung rede.«

›Was Herr Richter über meine Stellung zur Presse bemerkt — so bin ich ja ganz seiner Meinung, daß wir eine freie unabhängige Presse bei uns brauchen; aber ob die Presse, die ich meine, wirklich den Namen verdient, eine freie und unabhängige zu sein, das wird der Abgeordnete Richter freilich genauer wissen als ich. Ich halte sie gerade für eine abhängige und in ihren Redaktionen von Furcht und Sorge, von anderen Einflüssen als den kanzlerischen bis zu einem gewissen Grade geknechtete Presse; ich halte sie nicht für unabhängig und frei. Er verlangt, daß eine solche Presse immer imstande sei, die Wahrheit zu sagen; das ist aber gerade das, was ich ihr vorwerfe, daß sie die Wahrheit nicht sagt‹.

›Wenn jemand in einem anonym geschriebenen Brief verleumdet, so hält man das im allgemeinen für eine ehrlose Beschäftigung; wenn jemand aber in gedruckten Blättern verleumdet, ebenso anonym, so ist es ‚Freiheit der Presse‘, für die einzutreten ist gegen jedermann, der sich gegen diese Verleumdung wehren will!‹

›In ihrem gegenwärtigen Zustande gewährt die Tagespresse weder für die Regierung noch für die politische Bildung der Bevölkerung einen Nutzen, vielmehr das Gegenteil. Die Zeitungen sind gegenwärtig kein Bildungs-, sondern ein Verbildungsmittel, das keine Begünstigung verdient.‹

›Das, was das Schwert uns Deutschen gewonnen hat, wird durch die Presse und die Tribüne wieder verdorben.‹

›Jedes Land ist auf die Dauer doch für die Fenster, die seine Presse einschlägt, irgend einmal verantwortlich.‹

›Was die Zeitungen über mich schreiben, das ist Staub, den ich mit der Bürste abwische, das ist mir gleichgiltig.‹

›Was in der Zeitung steht, das vergeht bald.‹

›Druckerschwärze auf Papier.‹

›Leute, die ihren Beruf verfehlt haben.‹

›Die Presse ist i n W i e n s c h l i m m e r a l s i c h m i r v o r -
g e s t e l l t h a t t e , u n d i n d e r T a t n o c h ü b l e r u n d v o n
b ö s e r e r W i r k u n g a l s d i e p r e u ß i s c h e.‹

• • •

›Kann etwas Gutes von Kappadozien kommen?‹
In Leoben, dem Vielberufenen, ließ der Stationsvorstand
— nicht zu verwechseln mit dem Mürzzuschlager
Kollegen, dem es im Hervay-Prozeß ›wie Schuppen
von den Augen fiel‹ — ein Zirkular anschlagen,
das die ‚Arbeiter-Zeitung‘ schon ›zum ewigen Gedächtnis tiefer gehängt‹ hat. Da aber künftige Kulturforscher in den mit Indices versehenen Quartals-
bänden der ‚Fackel‘ sich leichter zurechtfinden und
ein spezialisierteres Material vor sich haben werden
als in den Monatsbänden eines Tagesblatts, so sei
das Dokument von der österreichischen Sozialpolitik
am Beginne des zwanzigsten Jahrhunderts hier
wiedergegeben:

Leoben, k. k. Staatsbahn. Nr. 178.

Zirkular

an sämtliche Bediensteten.

Der auffallend hohe Krankenstand, welcher sich seit
Anfang dieses Jahres nahezu unverändert erhält, gibt zu der Vermutung Anlaß, daß seitens der Bediensteten die ihnen zu Gebote
stehende Ruhezeit nicht entsprechend zur Erholung ausge-
nützt wird. Jeder Einzelne ist nicht nur im eigenen, sondern im
Interesse des Dienstes verpflichtet, für die Erhaltung
seiner Gesundheit bestmöglichst Sorge zu tragen. Um
dieses Ziel möglichst zu erreichen, wurde jeder Bedienstete — je
nach seiner Verwendung — um sich gegen die Witterungseinflüsse
zu schützen, mit den erforderlichen Dienstkleidern beteilt und ist
es eines jeden Sache, nicht nur diese entsprechend in Gebrauch
zu nehmen, sondern auch durch einen entsprechenden
Lebenswandel seine Gesundheit zu erhalten.

Durch einen hohen Krankenstand werden nicht nur
die dienstlichen, sondern auch die kameradschaftlichen Interessen in nicht unerheblicher Weise in Mitleidenschaft gezogen;
die ersteren dadurch, daß nicht nur für die definitiv Angestellten
teilweise ein diesen nicht gleichgeschulter Ersatz zur Dienstleistung
herangezogen werden muß, sondern daß durch den weiteren Ersatz
dem k. k. Eisenbahnärar auch wesentliche Mehrauslagen erwachsen; die letzteren — die kameradschaftlichen
Interessen — aber dadurch, daß die gesunden Kameraden
zu Mehrleistungen herangezogen werden und dadurch
in ihren eigenen Interessen geschädigt werden.

Ich erwarte, daß diese wohlgemeinte Mahnung von jedem hierorts Bediensteten entsprechend gewürdigt und befolgt und nach Kräften beigetragen wird, daß sich der betreffende Krankenstand nicht nur vermindere, sondern auch keinen Zuwachs erfahre.

Leoben, 20. Jänner 1905.

Der Vorstand: List.

Der »auffallend hohe Krankenstand« gab uns stets »zu der Vermutung Anlaß«, daß die Bediensteten der Eisenbahnen geschunden werden. In Leoben vermutet man, daß sie die karg bemessene Erholungsfrist nicht »entsprechend«, das heißt zwar zur Erholung vom Dienst, aber nicht zur Erholung für den Dienst ausnützen. Dieser Vermutung bringe ich aus tiefstem Herzen ein Pfui Teufel! dar... Eine Eisenbahnverwaltung, deren Sozialpolitik nicht die Verhütung des Krankwerdens, sondern die Verhütung der »Mehrauslagen« bezweckt, für die das Menschenleben bloß »dienstlich« in Betracht kommt und die seine Trümmer, in welche es der Dienst geschlagen hat, noch dem Dienst retten möchte, kann sich vor Europa sehen lassen. Im Dezember 1899 hat der Abgeordnete Dr. Wilhelm Ellenbogen in der ‚Fackel‘ die mörderischen Zustände auf der Südbahn besprochen, eine grauenerregende Statistik der im »Dienst« getöteten und Verstümmelten veröffentlicht und den an die Terminologie des »Weber«-Jammers gemahnenden Ausruf zitiert, den ein Südbahnkondukteur in einer Versammlung der zur Arbeit Gepeitschten getan hatte: »Man muß sich tot melden, wenn man wirklich ausruhen will«. Seit damals hat die österreichische Eisenbahnhumanität, die zwischen erschöpften Lokomotivführern, schlaftrunkenen Wächtern und kopflosen Beamten ihre Pflicht erfüllt, doch einen Fortschritt zu verzeichnen. Man muß sich nicht mehr tot melden; man darf sich nur nicht krank melden!

In dem Fälscherprozeß, der soeben vor dem Wiener Schwurgerichte durchgeführt wurde, trat wieder einmal eine Erscheinung zu tage, die für die Unverdorbenheit der für Kriminalfälle interessierten öffentlichen Meinung bezeichnend ist: das Staunen über die Enthüllung eines Bündnisses zwischen Verbrechertum und Polizei. Herr Stukart, dem die Kenntnis der Banknotenfälschung in die Amtsstube geflogen kam und der immer ausgezeichnet wird, wenn ihm ein Konfident oder ein Privatdetektiv, ein »Vertrauensmann« oder ein Vertrauter, eine Verbrechertat meldet, ward wegen seiner unerhörten Findigkeit gepriesen, aber selbst seine begeistertsten Anhänger konnten sich einer Mißempfindung darüber nicht erwehren, daß der Anzeiger kein Mitglied der ethischen Gesellschaft, sondern ein Pensionär der Anstalt in Stein war. Wenn eine Albernheit stark genug ist, so braucht man sie bloß zu zitieren, um sie darzustellen. Müßte nicht die Stichhältigkeit einer Anzeige, sondern das Motiv, nicht die Informiertheit, sondern die Moral des Anzeigers in Betracht kommen, so würde sich jede behördliche, jede publizistische Gerichtsbarkeit von selbst aufheben. Die gesunde Naivetät, die den Verfolger mit dem Hinterbringer in einem Bündnis der Gesinnung wähnt, beeinflußt bei uns, wo alles Persönliche zuerst sichtbar wird und der unfaßliche Idealzweck hinter dem greifbaren Mittel verschwindet, immer wieder das Urteil über den Wert sozialer Reinigungsarbeit. Als ob es auf die Motive und Gesinnung des Rechercheurs und nicht auf die des Redakteurs ankäme! Aber in Wahrheit scheint es mir keine fruchtbarere Verwendung des Spitzbuben zu geben als den Spitzbuben zu entdecken. Wo Erpressung geschieht, ist meistens ein Verbrechen — jedenfalls im gesetzlichen Sinne — geschehen. Hat der Ankläger es verwirkt, den Erpresser zu verfolgen, wenn er das Verbrechen, an dem der Erpresser sog, verfolgt hat? Ist ein

Bankdiebstahl vornehm zu ignorieren, weil der
Angeber für ein Schweiggeld geschwiegen hätte,
weil seine Anzeige der Rancune des entlassenen
Kommis entsprang? So gedankenlos wie die Anerkennung des Scharfsinns einer Sicherheitsbehörde,
der die Kunde der Notenfälschung von einem »Vertrauensmann« zugetragen wurde, war der Hohn
darüber, daß ihr Vertrauensmann kein des Vertrauens
würdiger Mann sei.

Herr Stukart wird wieder üppig. Sein Auftreten im Prozeß
Liebel könnte fast den Anschein wecken, daß er über den in
der voranstehenden Betrachtung vertretenen Standpunkt hinaus
sich an den Herrn Bodenstein attachiert habe. Der Versuch, nicht
die Notwendigkeit, sich seiner zu bedienen, sondern den Mann selbst zu
verteidigen, da er vom Vertreter Liebels angegriffen wurde, war
ungeschickt. Und die Form, in der es geschah, eine arge Über-
hebung. »Ich bin überrascht, daß der Herr Doktor gerade auf
diese Person (den Cafétier) sich stürzt, wenn ich auch zugeben
muß, daß Bodenstein mit zwei Jahren schweren Kerkers vorbestraft
wurde, dank der Verteidigung des Herrn Dr. Rosenfeld.«
Der Gerichtssaalbericht verzeichnet nach dieser Bemerkung
»Unruhe«. Im Saal, nicht hinter dem Gerichtstisch. Der Vorsitzende — er heißt Hanusch — schwieg zu der ebenso unpassenden
wie törichten Bemerkung, mit der ein Polizeirat die Wut
eines Abgeurteilten, der dem Verteidiger die Schuld gibt, zu seiner
eigenen machte. Das geht über die Verpflichtung behördlicher
Dankbarkeit für geleistete Verräterdienste hinaus. Und Herr
Stukart scheint ja tatsächlich die Entdeckung eines Verbrechens
als persönliche Angelegenheit zu betrachten. Der angeklagte
Fälscher mußte acht Monate in der Untersuchungshaft sitzen, damit
der Liebling des ,Extrablatts' und Chef des Sicherheitsbureaus in
offener Gerichtsverhandlung mit seinem »Material« glänzen
konnte, das, wenn es dem Gericht früher vorgelegen wäre, den
Angeklagten sofort zum Geständnis bewogen hätte. Die Überführung von Verbrechern geschieht bei uns mehr »im Hinblick«
auf den Franz Josephs-Orden als auf die öffentliche Sicherheit.

• • •

Ein Richter in einer österreichischen Provinzstadt schreibt mir:

Da in Ihrem werten Blatte über das wirtschaftliche Elend der Richter bereits so viel geschrieben
wurde, bin ich überzeugt, daß Sie so gütig sein
werden, auch den nachfolgenden Fragen in Ihrem Blatte
Raum zu geben. Wie kommt es, daß die Richter in
Österreich unter sämtlichen Beamten am schlechtesten
gestellt sind? Die politischen Beamten, die Ingenieure,
Steuerinspektoren etc. inbegriffen, bekommen jährlich
durch Kommissionen mehr als der Gehalt beträgt,
ebenso die Geometer bei der Kataster-Evidenzhaltung.
Der Bezirksarzt und Tierarzt haben Nebeneinkünfte,
so daß ihre Gesamtbezüge die Bezüge eines Hofrats
erreichen. Die Finanzbeamten erhalten Remunerationen,
die der Höhe des Gehaltes gleichkommen. Nur der
Richter, der am meisten Arbeit hat, bekommt n i c h t s
und muß mit seinem kargen Gehalt »standesgemäß« leben... Sollte für die Richter nicht ein
besonderer Gehalt bestimmt werden? Ist es nicht ein
Unsinn, die Aktivitätszulage nach der Bevölkerungs-
zahl zu bestimmen? Gerade in kleinen Orten — wo
man Wohnung, Lebensmittel etc. auch nicht
geschenkt bekommt — tritt an den Beamten die Anforderung, standesgemäß zu leben, Vereine und Wohl-
tätigkeitsanstalten zu unterstützen, in höherem Maße
heran. Das sind Fragen, die einer dringenden, gerechten Erledigung zuzuführen wären.

* * *

In Nr. 154 schrieb ich:

»Dieses Österreich ist wirklich das Land der Unwahrschein-
lichkeiten: Ein Richter hat den Ansturm der Coburg'schen Haus-
macht abgewehrt, den anmutigen Herrn Dr. Barber verurteilt die
Briefe zurückzustellen, und den Nebenbuhlern des Unrechts, den
Bachrach und Feistmantel, die Gerichtstür gewiesen. Als heiteres
Moment ist aus dem Verhandlungsbericht ein Zwischenruf zu zi-

tieren. Als ein früherer Diener des Klägers Zeugenschaft ablegte, rief Herr Barber verächtlich: ,Das war also der Vertrauensmann des Herrn Mattasich!' Ernster ist, daß Herr Dr. v. Feistmantel das Vorgehen des ,Verwahrers' der Briefe als korrekt bezeichnet hat. Dazu gehört immerhin mehr Mut, als man dem Präsidenten der Advokatenkammer zugetraut hätte. Wenn jetzt auch noch der Disziplinarrat der Advokatenkammer Mut hat — — Über Herrn Barber herrscht keine Meinungsverschiedenheit, über Herrn Bachrach auch nicht. Aber Herr Dr. v. Feistmantel könnte immerhin noch dazu gebracht werden, die Rolle, die er im Prozeß gespielt hat und als Kurator der gefangenen Prinzessin spielt, als undankbar zu empfinden . . . .«

Damals galt die Disziplinierung des Herrn Dr. Barber als eine Selbstverständlichkeit, von der man nicht weiter sprach. Nur die Situation der Kammer ihrem Präsidenten gegenüber, der als Gutheißer und Anstifter der standeswidrigen Tat dastand, schien noch die juristischen Kreise zu interessieren. Ihre Meinung über die Tat selbst war in dem Schreiben eines Anwalts, das in Nr. 153 der ,Fackel' veröffentlicht war, ausgesprochen. Da hieß es:

»Dr. Barber durfte, wenn er sich nicht eines schweren Standesvergehens schuldig machen wollte, den Gegnern seines Klienten nicht schon die Vollstreckung eines Urteils sichern, dessen Fällung diese noch gar nicht verlangt hatten. Denn wie läßt sich dieses Vorgehen mit § 12 der Advokatenordnung vereinbaren, welcher vorschreibt: ,Wenn die Vertretung aufgehört hat, ist der Advokat verpflichtet, der Partei über Verlangen die ihr gehörigen Urkunden und Akten im Originale auszuhändigen.'? Was sagt der Disziplinarrat der Advokatenkammer zu einer Auffassung der Anwaltspflichten, welche den Gegnern des Mandanten Schergendienste leistet?«

Diese Frage war damals von jedem ehrenhaften Advokaten gestellt worden. Ich selbst bin in der Lage, ein Dutzend der ehrenhaftesten, denen falsches Kameradschaftsgefühl nicht den Mund stopft, wenn es sich um die Besprechung eines ungeheuerlichen Skandals handelt, namhaft zu machen. Über den Ausgang der Disziplinarsache Barber herrschte kein Zweifel, bloß Zweifel darüber, ob der biedere Herr v. Feistmantel nach der gerichtlichen Feststellung der Unkorrektheit eines Vorgehens, das er »korrekt« befunden hatte, als Präsident der Kammer resignieren werde, um den Disziplinarrat von einer großen Verlegenheit zu befreien.

Jetzt, nach einem Jahre, ist die Frage, was das Standesgericht zu einer Auffassung der Anwaltspflichten sagt, die den Gegnern des Mandanten Schergendienst leistet, endlich beantwort worden. Mit einer Frage. Der Disziplinarrat der Advokatenkammer hat erkannt: Warum soll sich die Vertrauensstellung des Anwalts n i c h t mit der Zurückhaltung von Briefen, die ihm der Klient zur Verwahrung übergeben hat, vereinigen lassen? In der Begründung dieses Erkenntnisses soll der Disziplinarrat sogar von der »überflüssigen Entrüstung«, die das Verhalten des Herrn Barber erregt habe, sprechen. Das würde Alles erklären: Jeder Stand muß bloß das Maß von Ehre hüten, das er sich selbst zumißt. Die Bescheidenheit der Advokaten ist eine Eigenschaft, die man an ihnen nicht oft beobachtet hat, die aber, wenn man sie einmal feststellen kann, sicher erfreulich ist.

. . .

In dem amtlichen »Exposé« über den Fall Marschall — das dumme Wort verursacht einem allein schon Übelkeiten und hat nur einen Sinn, wenn es eine Darlegung bedeutet, durch die sich ein Amt bloßstellt, »exponiert« — ist eine Bemerkung enthalten, die der offiziellen Dreistigkeit die Krone aufsetzt. »Und worin bestehen nun die schweren Vergehen Marschalls, die ihn als Akademieprofessor disqualifizieren sollen? Er beging, wie viele andere, das Verbrechen, neben seiner rein künstlerischen Tätigkeit — auch ein kunstgewerbliches Atelier zu leiten, in welchem er, da dasselbe einen geschäftlichen Charakter hatte,

auch gezahlte Hilfsarbeiter, unbeschäftigte, mittellose
Akademiker v e r w e n d e t e. Aus dieser Tatsache ent-
springen alle Vorwürfe des Mangels künstlerischen
Empfindens, der Benützung fremder Arbeit und der
Unstatthaftigkeit der Signierung fertiger Objekte«.
Jawohl, aus dieser Tatsache entspringen sie! Was
soll der witzige Gedankenstrich? Will der k. k. Ironiker
uns wirklich weismachen, eine Übertretung der Künstler-
sitte werde Herrn Marschall als »Verbrechen« ange-
schrieben? Was soll der mitleidige Hohn für die
Idealisten, die das Künstlersein mit geschäftlicher
Ausbeutung von Künstlern nicht für vereinbar halten?
»So sieht nun die ganze Angelegenheit im schlichten
Gewande der Objektivität aus«, ruft der Herrn
v. Hartel exponierende Stilist. Das schlichte Gewand
der Objektivität wird ehestens zum Flickschneider
müssen! Was ist denn das für eine blöde Enthüllung? Die namhaftesten Künstler des Reiches
stehen auf und erheben gegen Herrn Marschall den
Vorwurf »der Benützung fremder Arbeit und der Signierung fertiger Objekte«. Nein, erklärt das Exposé,
er hat b l o ß ein kunstgewerbliches Atelier mit geschäft-
lichem Charakter »geleitet«, in welchem er gezahlte
Akademiker verwendete. Auch der Esel, der nicht
sofort erkennt, daß die Widerlegung eine Bestätigung
der Behauptung ist, muß doch zugeben, daß im Gebiet des
Tatbestandes, der von den Verteidigern des Herrn Marschall selbst eingeräumt wird, P l a t z bleibt für das Verhalten, das ihm seine Gegner zum Vorwurfe machen. Es
wird jemand beschuldigt, silberne Löffel eingesteckt zu
haben. Nein, ruft der Verteidiger, er hat bloß an einem
Diner teilgenommen... »So wollen wir denn«, schließt
das Exposé, »noch in letzter Stunde warnend unsere
Stimme erheben, damit sich die aufgereizten Gemüter
endlich beruhigen, zum Nutzen der Sache, z u r E h r e
d e r ö s t e r r e i c h i s c h e n K ü n s t l e r s c h a f t«. Wenn
ein österreichisches Ministerium seine Stimme »erhebt«,
so ist das eine amtliche »Erhebung« von fragwürdigem

Wert. Künstlergenossenschaft, Sezession und Hagen-
bund, so heißt es bereits, wollen der Ansicht, daß ›an einer
kaiserlichen Ernennung nicht gerüttelt werden dürfe‹,
gemeinsam opponieren, wollen die Frage, ob sie oder
Herr v. Hartel die Ehre der österreichischen Künstler-
schaft besser zu wahren verstehen, mit vereinten Kräften
zur Entscheidung bringen. Und langsam soll sich schon
die Lösung eines beharrlichen Klebers von seinem
Amt ankündigen. Wenn in der Stunde, da diese
Zeilen erscheinen, sich die heilsame Umwälzung noch
nicht vollzogen hat, muß die Parole aller reinlichkeits-
liebenden Mitbürger, die wenigstens die Kunst von
dem Protektionsdreck verschont wissen möchten, unverändert lauten: Künstler heraus! Hartel hinaus!

Da ich neulich in das europäische Chaos der
Heuchelei langte, das der Verkehr des Grafen Guicciardini mit der Gräfin Montignoso entfesselt hat, sprach ich
auch davon, daß die guten Seelen ihn der Tat nicht
für fähig hielten. Ihr trauten sie ja das Schlimmste
zu, mehr als die ›Kleinigkeiten‹, die selbst die
Kammerfrau Chiarina beobachtet haben will. Aber er
ist sämtlichen Redaktionen Wiens und Dresdens als
ein Kavalier bekannt, der die Pflichten und Rücksichten
— na, und so weiter. In dem Wust von Ausschnitten,
die ich mir aus der täglich zweimal erscheinenden
Dummheit gemacht hatte, war mir der drolligste ab-
handen gekommen, und nach Erscheinen des Aufsatzes,
in dem ich all ihre Fülle zusammenfaßte, lächelte er
mich auf meinem Schreibtische an. Graf Guicciardini
habe   so meldet der Florentiner Spezialist der ‚Neuen

Freien Presse', der bekanntlich die Fähigkeit des
Mannes nach jeder Richtung sorgfältig untersucht
hat — ›erklärt, zur Gräfin niemals in anderen Beziehungen gestanden zu sein als in jenen e i n e s
M a n n e s v o n E h r e zu einer Frau, die auf das allgemeine Mitgefühl Anspruch hat.‹ (12. Februar).
Diese Ehrloserklärung sämtlicher Männer, die je zu
Frauen in außerehelichem Verhältnis gestanden sind,
ist ein Folgeübel. Die Heuchelei einer europäischen
Gesittung, die, was sie heimlich liebt, öffentlich verachten muß und bei Tag verleugnet, was sie bei Nacht
tut, die die Ausübung der natürlichsten Funktionen
bisher bloß an den Frauen rächte und die geilsten
Männer als Sittenrichter über die ›Gefallene‹ legiti-
mierte, ist bei der Vermengung von Sexualität und
›Ehre‹ glücklich bis zu jenem Stadium der Gehirn-
erweichung gelangt, wo auch der Charakter des
Mannes nach der Zahl außerehelicher Geschlechtsakte
beurteilt wird. Dies könnte zur Auffassung der lieben
Wiener Leserin stimmen, deren unwandelbares Puppen-
gesichtchen der Schöpfer einem einzigen Manne bestimmt hat: selbst diesem ruft sie, sein zärtliches
Werben ethisch wertend zu: O, Sie Schlimmer!

* * *

Otto Erich ist tot, und jetzt ist's keine Kunst, mit ihm
›intim‹ gewesen zu sein. Wie viele waren es! Man wußte gar
nicht, daß er, der mitunter recht abweisend sein konnte, so viele
seiner Wesensart fremde Herren, die schlecht essen und gar nicht
trinken können, an seinen Stammtischen zwischen Wien, Salo,
München, Zürich und Berlin geduldet hat. Nichts konnte sie ihm
nahebringen, und das einzige, was den Allzudeutschen ihnen näher-
brachte, war die Möglichkeit, das Wort ›Salo‹ mit vertrauterer
Betonung auszusprechen. Das scheint allerdings genügt zu haben.
So entwickelte sich nach Hartleben's Tode ein recht freundschaft-
licher Verkehr. Wem fällt nicht, wenn von einer zwar einseitigen,

aber umso herzlicheren Vertraulichkeit die Rede ist, der Name
Rudolf Lothar ein? Er ließ sich nicht die Gelegenheit entgehen,
nach Hartleben's Tode in der noch immer lebenden ,Wage' zu
melden, daß er mit ihm einst in einer Münchener Wein-
stube gesessen habe. »Wir hatten eine Flasche guten
Mosels vor uns und wir waren sehr vergnügt, Otto Erich
und ich«. Besonders Otto Erich, wenn er sich nämlich den
»Mosel« als eine Diminutivform und dessen Bestellung als eine
etwas tendenziöse Aufmerksamkeit für seinen Gast dachte. »Die
Unterhaltung«, berichtet Lothar, »war eigentlich zweisilbig. Sie
bestand in dem gewissenhaften und nachdrücklichen ,Prosit' beim
Heben der Gläser«. Wie es eben bei kerndeutschen Männern
Sitte ist. »Als wir dann das Wirtshaus verließen, wunderten
wir uns sehr, nicht überall lachende Gesichter zu sehen«. Besonders wieder Otto Erich, der ja als Humorist ein starkes Gefühl für Kontrastwirkungen haben mußte. Seit dieser Enttäuschung soll er es noch öfter mit Herrn Lothar versucht haben.
Wenigstens behauptet es der Überlebende. Aber es muß ein
eigentümlicher Verkehr gewesen sein. »Wir standen uns nahe«,
bekennt Lothar, »und unser ganzes Leben hindurch haben wir
doch nicht mehr als ein Dutzend Worte mit einander gewechselt«.
Das erkläre ich mir so. »Ich möchte Sie für die Neue Press'
interviewen!«, sagte der eine, wobei er dem andern sehr nahe
stand. »Belästigen Sie mich nicht!«, erwiderte der andere. Das
gibt genau ein Dutzend Worte. Herr Lothar erklärt es anders.
»Manche Menschen«, versichert er, »haben die wundervolle Gabe,
sich ohne Sprache mitteilen zu können . . . Hartleben war
nie redselig. Er war sparsam mit dem Worte«. Herrn Lothar
ist diese Gabe, wie man weiß, nicht eigen. Er spricht
viel und sieht mehr auf die Quantität als auf die Qualität
seiner Rede. In dem Nachruf für Hartleben z. B., in dem
sich Gesinnung und Ausdruck ungefähr decken, behauptet er,
das Weib sei eine »Sphinx, die wir immer begegnen, wenn wir
das Glück suchen« — eine Wendung, der wir immer begegnen,
wenn wir die Leopoldstadt besuchen. Ach, die Menschen sind
eben verschieden. Der eine bleibt stumm wie das Grab, und der
andere versteht es dafür, aus solcher Verschlossenheit auf freund-
schaftliche Gesinnung zu schließen. Der andere würde daraufhin

vielleicht die Sprache gewinnen, würde gegen die Zumutung
protestieren, wenn — ein Grab nicht stumm wäre ... Herr Lothar
übt schlecht die Pietätspflicht, die er einem Verstorbenen schuldet.
Es gehört heute wenig Mut dazu, sich den Freund Otto Erich's
zu nennen.

* * *

Ich sprach neulich von der Ironie des ‚Deutschen Volksblatts‘.
Es gibt ihrer drei Arten. Wenn das ‚Deutsche Volksblatt‘ sagen
will, daß jemand berühmt ist, das heißt: wenn es das nicht sagen
will, sondern bloß ausdrücken möchte, daß es seinen Ruf für
einen unverdienten oder wenig schmeichelhaften hält, so durchmißt der in allen Finessen des Geistes bewanderte Schriftleiter
drei Stufen sprachlicher Treffsicherheit: Er nimmt Gänsefüßchen,
Gedankenstrich oder Fragezeichen zu Hilfe. Er unterscheidet also
einen »berühmten«, einen be—rühmten (manchmal auch ber—ühmten
oder berü—hmten) und einen berühmten (?) Mann. Die letzte
Art der Abfertigung ist die geistreichste und zugleich die populärste,
dem Verständnis des Leserkreises angepaßteste. Sie ist eine kunstvolle Methode, das begriffliche Zwielicht der Ironie in Licht und
Dunkel zu zerlegen. Der Gehirnvorgang ist der folgende:
»X ist ein berühmter Mann. Aber nein, ich mach ja nur
Spaß«. Am Tage, da die letzte Nummer der ‚Fackel‘ in Druck
ging, am 16. Februar, war im ‚Deutschen Volksblatt‘ ein recht anschau-
liches Beispiel dieser Art enthalten. Ein Hausmeister hatte über die
städtische Feuerwehr, die ihm bei einem Brande nicht rasch genug
zur Stelle schien, gespottet. Mit Unrecht. »Es gibt Menschen«,
ruft der Polemiker des ‚Deutschen Volksblatts‘, »die alles
bespötteln und bekritteln müssen, denen nicht wohl ist, wenn sie
nicht bei allen unpassenden Gelegenheiten ihrem Witze (?) die
Zügel schießen lassen können.« Fragezeichen sind die Zügel des
Witzes. Und somit ist es sicher ein Tadel, wenn man sagt, daß ein
Hausmeister im Vergleich mit einem Redakteur des ‚Deutschen
Volksblatts‘ ein beißender Spötter ist.

* * *

Wieder hatten alle »Spitzen«, durch langjährigen Gebrauch noch nicht abgestumpft, ihr Erscheinen zugesagt. Wieder mischte sich das vornehme Wiener Bürgertum unter das temperamentvolle Theatervölkchen. Wieder gab es ein beängstigendes Gedränge. Wieder konnte der Zustand auf dem Parkett noch paradiesisch genannt werden im Vergleich zu dem Menschenknäuel, der die Estrade gleichsam blockierte. Wieder gelang es der jungen Welt erst in vorgerückter Stunde, zu ihrem Tanzrecht zu kommen. Wieder machte Schlag 11 Uhr der unverwüstliche Rabensteiner den vergeblichen Versuch, die Paare zum Tanz aufzustellen. Wieder konnten die Ballbesucher nichts anderes tun als »fluten«. Wieder wurden erst um 12 Uhr schüchterne Versuche zu promenieren und erst um 2 Uhr schüchterne Tanzversuche gemacht. Wieder waren die anwesenden Theaterdamen von bestrickendster Anmut und die anwesenden Bankdirektoren von bestechendster Liebenswürdigkeit. Wieder walzte der Übermut mit der Lebensweisheit, wieder plauderte die hohe Politik mit der heiteren Muse. Wieder trug Herr Julius Bauer ein Bänkel vor, dessen Pointen zündend waren. Wieder ist es unmöglich, alle die aufzuzählen, die anwesend waren, während es wenigstens gelingt, alle die aufzuzählen, die abwesend waren. Wieder hatten die Mitglieder des Kaiserhauses ihr Fernbleiben entschuldigt. Mit einem Wort: wieder übertraf der Concordiaball alle seine Vorgänger.

* * *

Ermordung des Großfürsten Sergius. Europa hält den bekannten Atem an. Die ‚Neue Freie Presse‘ schüttet über die Leser ein Füllhorn weltgeschichtlicher Tatsachen aus. Zum Schlusse »Großfürst Sergius in Österreich«: »Vor fünf Jahren hat Großfürst Sergius kurze Zeit auf österreichischem Boden geweilt. Seine Gemahlin, Großfürstin Elisabeth, gebrauchte im Sommer des Jahres 1900 die Kur in Franzensbad. Großfürst Sergius besuchte sie damals auf zwei Tage. Er trug natürlich Zivilkleidung. Da er in Trauer war, erschien er im schwarzen Sakko mit grauem Filzhut und Trauerflor. Die Besucherinnen Franzensbads im Juni 1900 werden sich gewiß der hochgewachsenen eleganten Erscheinung des Großfürsten erinnern.«

Es gibt im Menschenleben Augenblicke, wo auch wir Wiener dem Weltgeist näher sind als sonst und eine Frage frei haben an das Schicksal: »Was hat er angehabt?«

»Es war eine Frau, die beim Ehebruch ergriffen worden war. Man berichtet uns nichts über die Geschichte ihrer Liebe, aber diese Liebe muß sehr groß gewesen sein; denn Jesus sagte, ihre Sünden seien ihr vergeben, nicht weil sie bereute, sondern weil ihre Liebe so stark und wunderbar war. Später, kurze Zeit. vor seinem Tode, als er beim Mahle saß, kam das Weib herein und goß kostbare Wohlgerüche auf sein Haar. Seine Jünger wollten sie davon abhalten und sagten, es sei eine Verschwendung, und das Geld, das dieses köstliche Wasser wert sei, hätte mögen für wohltätige Zwecke, für arme Leute oder dergleichen verwendet werden. Jesus trat dem nicht bei. Er betonte, die leiblichen Bedürfnisse des Menschen seien groß und immerwährend, aber die geistigen Bedürf- . nisse seien noch größer, und in einem einzigen göttlichen Moment, in einer Ausdrucksform, die sie selbst bestimmt, könne eine Persönlichkeit ihre Vollkommenheit erlangen. Die Welt verehrt das Weib noch heute als Heilige«.

»Wenn nun der Staat nicht zu regieren hat, kann gefragt werden, was er zu tun hat. Der Staat wird eine freiwillige Vereinigung sein, die die Arbeit organisiert und der Fabrikant und Verteiler der notwendigen Güter ist. Der Staat hat das Nützliche zu tun. Das Individuum hat das Schöne zu tun. Und da ich das Wort Arbeit gebraucht habe, will ich nicht unterlassen zu bemerken, daß heutzutage sehr viel Unsinn über die Würde der körperlichen Arbeit geschrieben und gesprochen wird. An der körperlichen Arbeit ist ganz und gar nichts notwendig Würdevolles, und meistens ist sie ganz und gar entwürdigend. Es ist geistig und moralisch genommen schimpflich für den Menschen, irgend etwas zu tun, was ihm keine Freude macht, und viele

Formen der Arbeit sind ganz · freudlose Beschäftigungen und sollten dafür gehalten werden. Einen kotigen Straßenübergang bei scharfem Ostwind acht Stunden im Tag zu fegen ist eine widerwärtige Beschäftigung. Ihn mit geistiger, moralischer oder körperlicher Würde zu fegen, scheint mir unmöglich. Ihn freudig zu fegen, wäre schauderhaft. Der Mensch ist zu etwas Besserem da, als Schmutz zu entfernen. Alle Arbeit dieser Art müßte von einer Maschine besorgt werden.«

»Eine Weltkarte, in der das Land Utopia nicht verzeichnet ist, verdient keinen Blick, denn sie läßt die eine Küste aus, wo die Menschheit ewig landen wird. Und wenn die Menschheit da angelangt ist, hält sie Umschau nach einem bessern Land und richtet ihre Segel dahin. Der Fortschritt ist die Verwirklichung von Utopien.«

. »Es ist zu beachten, daß garade die Tatsache, daß die Kunst eine so intensive Form des Individualismus ist, das Publikum zu dem Versuch bringt, über sie eine Autorität auszuüben, die ebenso unmoralisch wie lächerlich und ebenso korrumpierend wie verächtlich ist. Es ist nicht ganz seine Schuld. Das Publikum ist immer, zu allen Zeiten, schlecht erzogen worden. Sie verlangen fortwährend, die Kunst solle populär sein, solle ihrer Geschmacklosigkeit gefallen, ihrer törichten Eitelkeit schmeicheln, ihnen sagen, was ihnen früher gesagt wurde, ihnen zeigen, was sie müde sein sollten zu sehen, sie amüsieren, wenn sie nach zu reichlichem Essen schwermütig geworden sind, und ihre Gedanken zerstreuen, wenn sie ihrer eigenen Dummheit überdrüssig sind. Die Kunst aber dürfte nie populär sein wollen. Das Publikum müßte versuchen, künstlerisch zu werden. Das ist ein sehr großer Unterschied. Wenn man einem Forscher sagte, die Ergebnisse seiner Experimente, und die Schlüsse, zu denen er gelangte, müßten dergestalt sein, daß sie die hergebrachten populären Vorstellungen über den Gegenstand nicht umstürzten, oder das populäre Vorurteil nicht verwirrten, oder die Empfindlichkeiten von Leuten nicht störten, die nichts von der Wissenschaft verstehen: wenn man einem Philosophen sagte, er habe ein vollkommenes Recht, in den höchsten Sphären des Denken zu spekulieren, vorausgesetzt, daß er zu denselben Schlüssen käme, wie sie bei denen in Geltung sind, die überhaupt niemals in irgend einer Sphäre gedacht haben

— nun, heutzutage würde der Forscher und der Philosoph beträchtlich darüber lachen. Aber es ist in der Tat nur sehr wenige Jahre her, daß Philosophie wie Wissenschaft der rohen Volksherrschaft und in Wirklichkeit der Autorität unterworfen waren — entweder der Autorität der in der Gemeinschaft herrschenden allgemeinen Unwissenheit oder der Schreckensherrschaft und der Machtgier einer kirchlichen oder Regierungsgewalt. Nun sind wir zwar bis zu sehr hohem Grade alle Versuche von seiten der Gemeinschaft oder der Kirche oder der Regierung, sich in den Individualismus des spekulativen Denkens einzumischen, losgeworden, aber das Unterfangen, sich in den Individualismus der Phantasie und der Kunst einzumischen, ist immer noch am Leben. Oder vielmehr: es lebt noch sehr lebhaft: es ist aggressiv, gewalttätig und brutal.«

»Wenn sie sagen, ein Werk sei heillos unverständlich, meinen sie, der Künstler habe etwas Schönes gesagt oder vollbracht, das neu ist; wenn sie ein Werk als heillos unmoralisch bezeichnen, meinen sie, der Künstler habe etwas Schönes gesagt oder vollbracht, das wahr ist. Der erste Ausdruck bezieht sich auf den Stil, der zweite auf den Gegenstand. Aber in der Regel gebrauchen sie die Worte ganz unbestimmt, wie ein gewöhnlicher Pöbel fertige Pflastersteine benutzt.«

»Ein wahrer Künstler nimmt keinerlei Notiz vom Publikum. Das Publikum existiert nicht für ihn.«

Oscar Wilde
»Der Sozialismus und die Seele des Menschen.«

• • •

Epigramm
von Daniel Spitzer.*)

Der Philosoph:
Wenn Jeder täte seine Pflicht,
Dann brauchte man Gesetze nicht.

Der Jurist:
Und hätten wir Gesetze nicht,
Wie wüßten wir, was uns're Pflicht?

Der Politiker:

Geht, laßt doch einmal das Geschwätz,
Wen kümmern Pflicht oder Gesetz!

---

*) Diese bisher unveröffentlichten Verse hat mir ein Freund Daniel Spitzer's zur Verfügung gestellt. Sie sind recht zeitgemäß und schon darum ein Unikum, weil der berühmte Wiener Spaziergänger — außer zu Beginn der Sechziger Jahre als lyrischer »Wiener Flaneur« — nie Verse verfaßt hat. Der Freund, dem Spitzer einmal das Epigramm aufschrieb und schenkte, hat mich auch durch die Übersendung des Manuskriptes eines »Wiener Spaziergangs«, das nie gedruckt wurde und einem Verbote des Autors gemäß auch heute nicht gedruckt werden darf, geehrt. Hoffentlich nimmt's die ‚Neue Freie Presse‘ ihm und dem Andenken ihres neben Ludwig Speidel bedeutendsten Mitarbeiters nicht übel.

Anm. d. Herausgebers.

ANTWORTEN DES HERAUSGEBERS.

Schmock. In der Tat, nichts auf der Welt wird in der liberalen Presse so sehr herabgesetzt wie die früheren Concordiabälle. Man nehme in jedem Jahre jede beliebige Zeitung zur Hand und man wird in den verschiedensten Variationen anheben hören: »Mit einem Glanze, den vergangene Feste der ‚Concordia‘ wohl nie erreicht haben . . .« Die schöne Tänzerin mußte diesmal »den Vertreter des Sonnenreiches« über die endlichen Chancen des ostasiatischen Krieges auszuholen versuchen und erhielt natürlich »aus dem lächelnden Munde des Diplomaten allerlei heiter pointierte Antworten«. Die Damenspende »stand diesmal im Zeichen Schiller's«. Julius Bauer's geistvolle Tischrede habe infolgedessen, wie ein feinsinniger Berichterstatter bemerkt, von Pointen »geschillert«. Die Journalisten hatten, wie die ‚Neue Freie Presse‘ sagt, Schiller »gleichsam zu ihrem Schutzpatron erkoren«. »Schiller bringt Glück!« ruft ihr Vertreter beim Anblick des großen Gedränges. Seine Versicherung, daß die Besucher »in hellen Scharen herbeiströmten«, beruht gewiß auf Farbenblindheit. Yvette Guilbert blieb überrascht am Eingange des Saales stehen und rief: »Das hätte ich nicht erwartet!« Aber man sagte ihr, es seien Südfranzosen, und so ließ sie sich beruhigt auf die Estrade führen, wo sie sofort der Mittelpunkt »lebhaft konversierender Gruppen« wurde. Der Vertreter des ‚Fremdenblatts‘ gibt eine Probe solcher Konversation: »Man sah und sah und fragte: Wer ist diese wunderschöne Dame dort? Immer kehrte die Frage zurück.« Zu dem Gesamtbild gehört die Beobachtung: »Ein witziges Wort flattert auf und macht die Runde«. Die »Präsenzliste« ist reichlich; aber wenn sie nicht bloß durch einen Druckfehler in eine Präsentliste verwandelt werden könnte, wäre es den Herren doch lieber. Das ‚Extrablatt' hat den sinnigen Einfall, sie folgendermaßen einzuleiten:

Es waren erschienen:

Oberstkämmerer Freiherr v. Gudenus. Von den Obersthof- meisterämtern der Erzherzoge Franz Ferdinand und Otto und der Erzherzoginnen Maria Theresia und Maria Annunciata waren Entschuldigungsschreiben eingelangt. Ferner hatte der Oberst- hofmeister Fürst Montenuovo sein Fernbleiben entschuldigt.

Die Namen sind gesperrt gedruckt, an dem »entschuldigt« mag der Leser sachte vorübergleiten . . . Die aufgezählten Diplomaten, hohen Beamten, Aristokraten, Industriellen hatten sich wohl wieder durch ihre Bureaudiener, Portiers und ärmeren Verwandten vertreten lassen, denen sie nach alter Sitte die Einladungen schenkten. Dagegen ist es gewiß wahr, daß die aufgezählten Schauspielerinnen persönlich anwesend waren. Wie schrieb doch Hermann Bahr in einer Besprechung des Gagen-Problems am 2. Februar 1895? ».... Dann brauchen sie Kleider, Handschuhe und Hüte und sollen auf den Concordiaball, sonst werden sie schlecht rezensiert.«

Tänzer. Der unvergeßliche Anblick der Opernredouten bleibt uns definitiv entzogen. Ein Architekt brauchte seinerzeit bloß im kleri- kalen ‚Vaterland' die Möglichkeit einer Panik an die Wand zu malen, und der Hof verbot das einzigartige Schauspiel. Das war vielleicht nicht unvernünftig. Vergebens aber würde man sich die Kehle heiser schreien, wollte man hundertmal größere Gefährlichkeit des Sophien- saales, in dem sich heute die geringere Pracht der Metternich-Redouten entfaltet, beweisen. Die unglaublichen Szenen, die sich bei der Zufahrt, bei den Garderoben abspielen, die Schreckensmöglichkeiten, die eine wahre Mausefalle, bei Hinausdrängen der Tausende über die enge Treppe, offenbart, rühren keine Staatsbehörde. »Dies Spiel spielt' ich nicht, wenn ich ein großer Herr wär', und verböt's am Hof und im ganzen Land«.

Prager. »(Ein Hausball) fand gestern Abends bei einem hie- sigen Großkaufmann statt. Die glänzende, gastfreie Aufnahme der großen Gesellschaft trug nicht wenig zu der angeregten Stimmung bei, so daß die Anwesenden vollzählig bis in die Morgenstunden ausharrten. Die aufmerksamen Gastgeber hatten diesen Fall vorsorglich im Auge gehabt und für jeden Gast die vorliegende Frühausgabe des ‚Prager Tagblatt' bestellt. Wir benutzen die Gelegenheit, unseren ersten heutigen Lesern einen fröhlichen Guten Morgen zu wünschen.« Wie sinnig! Das Notizchen, eine Perle aus dem bekannten Schmockkästchen der Monarchie, ward mir von mindestens zehn Prager Lesern zugesendet. Offenbar soll das Beispiel bei der Wiener Journalistik Nachahmung finden. Es wäre ja auch gar nicht überraschend, wenn in unserer Familienpresse ständige Referate über Hausbälle, Hochzeitsdiners und Beschneidungen erschienen. Die Informiertheit des Prager Schmocks wird freilich unübertroffen bleiben.

Er hat schon vor Mitternacht, da die Notiz in Druck gehen mußte, gewußt, daß »die Anwesenden bis in die Morgenstunden ausharrten«. Für Bezahlung muß der Kerl schon am Abend Guten Morgen sagen . . . Nachbarin, Euern Schmalztopf!

Literat. Hoffentlich wird keiner meiner Leser — nicht alle verstehen ja, was sie lesen; die anderen lassen mich ihre Beschränktheit mit der Lektüre absurder Briefe und Anfragen büßen — die folgende Bemerkung mißverstehen; hoffentlich wird keiner glauben, daß die Abweisung einer Reklame des Strindberg-Verlegers einen Angriff auf Strindberg, dem die ‚Fackel' so viele wertvolle Beiträge verdankt, mit dem sie also in »Verbindung« steht, bedeute. Die deutsche Ausgabe des sozialen Romanes »Die gotischen Zimmer« wird mir mit einem Prospekt gesendet, der die Bedeutung Strindberg's folgendermaßen würdigt: »Wer ist heute, um 1900, der größte europäische Dichter? Gehen wir die einzelnen Länder durch! Deutschland hat ja vor hundert Jahren, um 1800, der Welt den größten Dichter geschenkt: Goethe; mit dem kann es noch ein paar Jahrhunderte zufrieden sein und jetzt einem anderen Lande ohne Neid den größten Dichter der Epoche gönnen«. Tolstoi? »Ein großer Dichter ist er ohne Zweifel, aber der größte europäische um 1900? Nein, das kann ein Russe erst in einigen Jahrhunderten werden, wenn die slavische Kultur u. s. w.« (Also etwa um 2300 wird ein russischer Dichter der größte europäische Dichter um 1900 sein können.) Zola? »Zola ist ein Riese, ein Titan, ein Cyklop, aber keine göttliche Kraft!« (Der Cyklop definierte die Kunst als ein Stück Natur, gesehen durch — ein Auge.) Ibsen? »Ibsen ist ja einer der ersten Dramatiker der Welt! Aber der größte Dichter um 1900? Nein! Wer mühselig alle zwei Jahre ein Drama fertig macht, mag ein großer Künstler sein, der größte Dichter ist er nicht . . . Das ist Strindberg!« In dem Ton geht's weiter. Ein wenig wird noch die Konkurrenz herabgesetzt, dann die eigenen Preise . . . Man glaubt eine Empfehlung des »riesigsten Sortiments der Monarchie« zu lesen. Nur die Beschaffenheit des Lagers: »Naturwissenschaft des neunzehnten Jahrhunderts«, »religiöses Empfinden unserer Epoche«, »nationale Geschichte seiner Heimat« und »der bewußte Wille in der Weltgeschichte« — die alle in Strindberg ihren Meister gefunden haben —, nur die organische Verbindung eines Goethe, Sophokles, Dante und Shakespeare in ihm erinnert daran, daß es sich um eine — Verlegerreklame handelt.

Philosoph. Das psychiatrische Gutachten des Herrn Dr. Probst über den Patienten Weininger, das in der ‚Fackel' schon von dem Vater des Betroffenen und von mir selbst gewürdigt wurde, macht in Deutschland einiges Aufsehen. Ein begeisterter Helfer ist dem Münchener Symptomenschnüffler in Herrn Hugo Ganz erstanden, der in der ‚Frankfurter Zeitung' eine Orgie des gesunden Menschenverstandes feierte. Vielleicht ernüchtert ihn die folgende Zuschrift, die mir ein Berliner Leser sendet und die die Empörung geschmackvoller Menschen gegen den immer erneuten Versuch bekundet, dem Genie die Zwangsjacke anzulegen: »Herr Dr. Probst ist Assistenzarzt der Kreisirrenanstalt München.

Hat Cesare Lombroso und Max Nordau gelesen. Die Last philosophischer
Bildung scheint ihn nicht allzuschwer zu drücken. Sonst säße er über
die Werke junger Denker nicht so ‚vorurteilsfrei‘, so ‚wissenschaftlich‘
zu Gericht. Sein erstes Opfer ist der verstorbene Wiener Philosoph
Otto Weininger. Der hat zwei Bücher hinterlassen, die den Ingrimm
des Münchener Irrenarztes weckten. Das eine, ‚Geschlecht und Charakter‘
verneint recht radikal die Grundlagen des Feminismus. Warum sollte
man sich nicht der bedrohten Massenrichtung annehmen? Warum nicht
die günstige Konjunktur benützen? Herr Probst hatte Recht. Seine psychiatrischen Späßchen werden vom Beifallsgestrampel einer populären
Bewegung wirksam unterstützt. Er reißt Weininger'sche Sätze aus ihrem
Zusammenhang, verziert sie mit Randbemerkungen und zieht die
eherne Folgerung: Weininger war hysterisch, war unzurechnungsfähig.
Zum Ersten: Was will Herr Dr. Probst beweisen? Zum Zweiten: Was
kann er beweisen? Hätte er mehr Kant und weniger Lombroso gelesen,
er würde wissen, daß Irrsinn keine Eigenschaft eines Wesens an sich,
sondern nur ein willkürlicher Begriff ist, den wir uns nach einem Nor-
malmaßstabe zurechtgelegt haben. Herr Dr. Probst konnte also nur
dartun, daß Weininger ‚abnormal‘ war. Er hätte sich die Mühe einer
so umständlichen Beweisführung ersparen können. Wer ‚normal‘ ver-
anlagt ist und — um mit Schopenhauer zu reden — ‚seine drei Pfund
grober Gehirnsubstanz‘ besitzt, wird ‚Geschlecht und Charakter‘ natürlich
nicht verfassen. Wird überhaupt kein bedeutendes Werk schreiben. Wir
geben also zu, daß Weininger ein a b n o r m e r Mensch war. Bedeutet aber eine s o l c h e Abnormität eine Entwicklung nach oben oder
eine Degeneration? Ist Beethoven wirklich ein Entarteter und
ein Bierphilister die ideale Norm? Nach Moebius ist bekanntlich
auch Goethe dekadent; nach Nordau Nietzsche ein wahnsinniger Fasler
und Ibsen etwas Ähnliches. Lombroso hält Schopenhauer für irrsinnig,
weil er die Juden haßte. Gogol für einen Degenerierten, weil er
‚zu spät‘ zum erstenmal liebte . . . Weininger mag sich
in dieser Gesellschaft trösten . . . Und warum ist dieser
nach Dr. Probst — hysterisch? Weil er die Tiere für Symbole
hielt. Wenn der Münchener Irrenarzt auch nur eine blasse Ahnung
von der Geschichte der Philosophie hätte — er wäre in seinen Dia-
gnosen vorsichtiger gewesen. Weiß Herr Dr. Probst, daß das ganze
Mittelalter im Symbolismus befangen war? Weiß er, daß man einmal
die Einheit als die Mutter aller Dinge, die gerade Zahl als Sinnbild
des weiblichen Geschlechtes und der Körperlichkeit auffaßte? Aber ist
es denn billig, solche Kenntnisse von modernen Psychiatern zu erwarten? Von Leuten, die in ihrer erkenntnis-theoretischen Unschuld
die ganze Außenwelt für ‚real‘ halten? Warum erklärt Herr Dr. Probst
nicht die Gründer jener philosophischen Richtung für Narren,
die die Materie nur als Vorstellung gelten läßt? Es würde dem Münchener Unschuldigen gewiß nicht schwer fallen, auf Grund seiner aprio-
ristischen ignorantia philosophica auch bei Kant und Schopenhauer
‚hysterische‘ Symbolik nachzuweisen . . . Wir möchten dem Laien bei

der Lektüre psychiatrischer Broschüren Vorsicht empfehlen und dem philo-
sophisch Gebildeten raten, die Komik der Probst'schen Broschüre zu
genießen. Dieses Schriftchen aus München ist eines der lächerlichsten
Produkte, welche der medizinische Dogmatismus je hervorgebracht hat.«

Hausfrau. Sie haben es erraten: Der Streit im Konsumverein
langweilt mich. Höchstens könnten mir beide Parteien gleich grotesk
erscheinen. Die Herren der Schöpfung, die mit präsidialer Erhabenheit
auf das schwache Weib herabblicken, das einen Platz da oben usur-
pieren möchte, und denen kein Mittel der Drangsalierung einer Minorität
zu schlecht ist, und die Frauenrechtlerinnen, die, wenn man ihnen das
Wort entzieht, sich auf die Pflichten der Galanterie berufen.

Dummer August. Als der Justizrat Körner von Dresden nach
Florenz fuhr, ahnte er gewiß noch nicht, daß er binnen kürzester Zeit
eine der wirksamsten Figuren des humoristischen Deutschland würde.
Er brauchte nichts weiter zu tun, als den Auftrag »seines« Königs immer
wieder durchführen zu wollen und immer wieder allem Gelächter
zum Trotz sich auf den Auftrag seines Königs zu berufen. Und jetzt
will ihn dieser undankbare König nicht mehr empfangen. Wenn die
Großen eine lächerliche Aktion vorhaben, sind ihre Bedienten immer
zugleich die Versuchsobjekte der Lächerlichkeit. Jetzt tut der größere
Aujust »indigniert«. Na, vielleicht hat er die Nachtwache des Herrn
Körner und seiner Mannen vor der Villa Papiniano wirklich nicht gewünscht, oder nicht vorhergesehen, daß die Durchführung seines Auf-
trags, die kleine Giron zu entführen, zu solcher Affenkomödie führen
.mußte. Man stelle sich die Situation vor: Der sächsische Justizrat und
andere Sachsen, erwachsene Leute, streifen — »und koste es das
Läben!« — von einem Tor der Villa zum andern, rufen einander an
bestimmten Punkten die Losung »Vade« und die Parole »Mekum« zu
und tauschen ihre Beobachtungen aus. Wodde — Mäkum, Wodde —
Mäkum.. klang es durch die italienische Nacht... Das hatten sich die
Cypressen nicht träumen lassen. Staunend schwiegen sie. Aber in den
Witzblättern begann es am andern Tage zu rauschen.

Kluger August. Der Justizrat Körner ist also doch nicht in
Ungnade gefallen? Das habe ich mir gleich gedacht. Und die einzige
Nachricht, die den Lärm beleidigter Sittlichkeit übertönt, die einzige,
die ich in dem Gedränge von Lügen für wahr halte, ist die, daß der
gekränkte Gatte sich entschlossen habe, die Apanage einzustellen. Was
schert ihn Weib, was schert ihn Kind, er trägt weit besseres Verlangen; laß sie betteln gehn, wenn sie hungrig sind ... Aber warum
hat er das nicht gleich gesagt?

Berichtigung.

In Nr. 175, S. 22, 6. Zeile von oben, ist statt »ihren Verkünder für einen Verleumder«: ihren Verkünder für einen *Verräter*
zu lesen.

Herausgeber und verantwortlicher Redakteur: Karl Kraus.
Druck von Jahoda & Siegel, Wien, III. Hintere Zollamtsstraße 3.

DIE FACKEL

| NR. 177 | WIEN, 11. MÄRZ 1905 | VI. JAHR |

Über den russisch-japanischen Krieg.

»Rußland gleicht einem starken und gesunden Manne, der von einer Krankheit befallen ist. Wenn er Rat annehmen, und zwei oder drei Tage zuhause bleiben will, wird er unmittelbar wohl werden und so stark wie je; aber wenn er darauf bestehen will, auszugehen, umherzuspazieren und draußen Geschäfte zu erledigen, als wenn er wohl wäre, wird sich seine Krankheit fest auf ihn legen, und vielleicht wird er sterben. Zwei oder drei Tage im Leben eines Mannes bedeuten zehn, zwanzig oder dreißig Jahre im Leben einer Nation. Rußland muß ‚zuhause bleiben‘. Es hat eine große Zukunft; seine höchsten Adeligen sind intelligent und ehrenwert, seine Bauern sind die besten Kerls in der Welt; in der Mitte ist es faul, die Beamtenklasse ist ein giftiges Geschwür, welches seine Eingeweide hinwegfrißt.«

Bismarck 1867.
(Poschinger, Tischgespräche).

* * *

Der Huller Zwischenfall
im Zwielicht der ‚Neuen Freien Presse‘.

25. Oktober:	24. Februar:
»Es ist seit vorgestern nicht mehr wahr, daß alles schon einmal dagewesen. Was sich in der Nacht vom Freitag zum Samstag in der Nordsee nahe	»In einem Berichte an die beiden beteiligten Regierungen hat sich bekanntlich die sogenannte Huller Kommission insoferne für die russische Auf-

der englischen Küste ereignet hat, gleicht mehr dem wirren Phantasiestück eines erhitzten Dichtergehirns als einem glaubhaften Vorgange der Wirklichkeit, und es ist dennoch bare, tatsächliche Wahrheit ... Eine traurige Donquixoterie, so ergreifend in ihrer Widersinnigkeit, daß man sich schier überreden muß, sie als glaubhafte Wirklichkeit hinzunehmen.«

»In Rußland selbst ist man von dieser ersten traurigen Erfahrung mit dem baltischen Kriegsgeschwader tief betroffen. Sie soll durch den Argwohn verschuldet sein, daß japanische Torpedoboote den russischen Panzerschiffen auf ihrer Fahrt auflauern und sie gefährden könnten. Wer nur ein einzigesmal von der Küste der Nordsee hinausgeschaut hat in die unermeßliche Wasserfläche, dem sind diese Flottillen von Fischerbooten in der Erinnerung, welche wie kleine dunkle Punkte den Horizont umsäumen. Und auf der vielbefahrenen Wasserstraße, die man fast eine Landstraße des Meeres nennen könnte, beinahe schon im Angesichte des belebten Handelshafens von Hull, sollen japanische Torpedoboote in ganzen Geschwadern umherkreuzen, um die russischen Kriegsschiffe zu überfallen! Es ist eine Vorstellung, deren Widersinn nur davon übertroffen wird, daß man ihn mit der Tatsächlichkeit des unerhörten Ereignisses in Zusammenhang bringen kann.«

fassung der Sachlage entschieden als nach ihrem Urteil Admiral Roschdestwensky mit gutem Grunde eine Gefahr für seine Eskadre annehmen und vorgehen konnte, wie er es getan hatte. Das objektive, durch keinerlei Parteileidenschaften beeinflußte Urteil erfahrener Fachmänner konnte wohl kaum anders ausfallen.«

»Trotz der Entfernung von Japan wäre die Nordsee ein vorzügliches Operationsfeld für derartige Anschläge, weil die Belebtheit des Fahrwassers durch Fahrzeuge geringeren Tonnengehaltes, besonders Fischerflottillen, eine unbemerkte Annäherung kleiner Dampfer bei Nacht, Nebel und unsichtigen Witterungsverhältnissen sehr leicht durchführbar macht. Dem gegenüber wurde allerdings die Erwägung aufgeworfen, daß die Anwesenheit japanischer Fahrzeuge in der Nordsee nicht unbekannt bleiben könne und daher als ausgeschlossen anzunehmen war, solange hierüber nichts verlautete. Diese Erwägung kann jedoch nur in den Augen derjenigen Gewicht haben, welche nicht wissen, wie leicht es japanischen ‚Privaten‘ gewesen wäre, in England — das ja manchem eigenen Gegner Kriegsmaterial lieferte — eine Dampfyacht oder ein sonst geeignetes Dampffahrzeug zu beschaffen und dasselbe bei entsprechender Geheimhaltung mit Streuminen — eventuell auch provisorischen Lancierapparaten und Torpedos — zum Angriffe auf das baltische Geschwader auszurüsten.«

»Rußland, welches Genugtuung und Entschädigung für die
ganz unbegreifliche Verschuldung
seines baltischen Geschwaders zu
leisten hat, ist um eine bittere und
demütigende Erfahrung reicher ...
Wenn aber schon auf der kurzen
Strecke zwischen Reval und der
englischen Nordseeküste so Unbegreifliches sich zutragen kann,
daß das baltische Geschwader
eine harmlose Fischerflottille zu-
sammenschießt, ohne auch nur
die primitivsten Gebote zu befolgen, ohne sich zu vergewissern,
auf wen es seine Geschosse richtet, ohne im Lichte seiner Schein-
werfer zu erkennen, an wem es
die Tragfähigkeit seiner Schnell-
feuergeschütze erprobt, wie un-
übersehbar sind dann die gefährlichen Zwischenfälle, die auf
seiner weiteren Fahrt durch alle
Ozeane sich ereignen können ...
Ein unbegreifliches Abenteuer,
das tragikomisch wirken würde,
wenn es nicht nebstbei auch
wegen seiner Opfer traurig wäre.«

»Daß die gefahrbringende Annäherung eines derartigen Fahr-
zeuges an das baltische Geschwader nur durch das rück-
sichtsloseste, auch für die neu-
trale Schiffahrt verderbliche Vorgehen des russischen Personals
verhindert werden konnte, ist
jedem Fachmann klar. Erwägt
man ferner, daß über die
Vorbereitungen derartiger Anschläge verschiedene Warnungen
russischer Geheimagenten in
England nach Rußland ergangen
waren und Admiral Roschdestwensky dementsprechende Instruktionen erhalten hatte, so
kann man dessen Vorgehen wohl
kaum in einem anderen Lichte betrachten, als die Untersuchungskommission, auch wenn man
— gleich dieser Kommission —
auf die von englischer Seite be-
strittene und von russischer Seite
ebenso fest behauptete Frage
der Anwesenheit japanischer
Torpedoboote unter der Huller
Fischerflottille gar nicht eingeht.«

* * *

»Mit der autoritären Gewalt wird die Justiz verschwinden.
Das wird ein großer Gewinn sein — ein Gewinn von wahrhaft
unberechenbarem Wert. Wenn man die Geschichte erforscht, nicht
in den gereinigten Ausgaben, die für Volksschulen und Gymnasien
veranstaltet sind, sondern in den echten Quellen aus der jeweiligen
Zeit, dann wird man völlig von Ekel erfüllt, nicht wegen der
Taten der Verbrecher, sondern wegen der Strafen, die die Guten
auferlegt haben; und eine Gemeinschaft wird unendlich
mehr durch das gewohnheitsmäßige Verhängen von
Strafen verroht, als durch das gelegentliche Vorkommen von Verbrechen. Daraus ergibt sich von selbst, daß,
je mehr Strafen verhängt werden, umso mehr Verbrechen hervor-

gerufen werden, und die meisten Gesetzgebungen unserer Zeit haben dies durchaus anerkannt und es sich zur Aufgabe gemacht, die Strafen, soweit sie es für angängig hielten, einzuschränken. Überall, wo sie wirklich eingeschränkt wurden, waren die Ergebnisse äußerst gut. Je weniger Strafe, umso weniger Verbrechen. Wenn es überhaupt keine Strafe mehr gibt, hört das Verbrechen entweder auf, oder, falls es noch vorkommt, wird es als eine sehr bedauerliche Form des Wahnsinns, die durch Pflege und Güte zu heilen ist, von Ärzten behandelt werden.‹

Diese Worte wollte ich schon neulich in der Reihe wundervoller Sätze Oskar Wilde's zitieren. Der Gegenwartsstaat kann dem Ideale des Denkers nicht plötzlich reifen. Er kann die Hälfte seiner Strafparagraphen, nicht alle streichen. Eine spontane Freigabe des Diebstahls und Raubes in einer vom Eigentum besessenen Gesellschaft wäre fast so unheilvoll, wie der Schutz, den ihr die Holzinger, Feigl und die sächsischen Blutrichter angedeihen lassen. Die sofort durchführbare Reform könnte nur eine Schiebung von Rechtsgütern, die Milderung und Individualisierung der Strafen und vor allem die Sicherung bezwecken, daß der Staat nicht Verbrecher e r z e u g e. Gerade diese erweist sich in Österreich immer wünschenswerter. Denn nirgendswo ist der Glaube an den Selbstzweck der staatlichen Gewalten so festgewurzelt wie hier, wo noch immer das Publikum als eine zur Bedienung der Beamtenschaft bestimmte Einrichtung oder als eine lästige Begleiterscheinung, ohne die sich's viel leichter amtieren ließe, aufgefaßt wird. Eine Amtshandlung ist hierzulande etwas, in das man sich einmischt. Es entspricht dem allgemeinen Wesen österreichischer Amtlichkeit, daß es unserer Justiz nicht so sehr darauf ankommt, Verbrechen zu verhindern, als sie zu strafen. Die Polizei erzeugt Verbrechen im eigenen Wirkungskreis. An zwei krassen Fällen — ich glaube, innerhalb einer Woche — ist dies kürzlich klar geworden. Der eine ist in einer Zuschrift der ‚Arbeiter-Zeitung‘ behandelt, in der die Frage gestellt wird:

»Wenn der Sicherheitspolizei bereits fünf Monate vor Anfertigung, respektive vor der Ausgabe der Hundertkronenfalsifikate durch Liebel die Tatsache bekannt war, daß die Brüder Liebel sich mit der Absicht tragen und im Begriff stehen, ein Verbrechen zu begehen, worauf nach österreichischem Gesetz lebenslänglicher Kerker steht, warum hat denn die sogenannte ‚Sicherheitspolizei‘ nicht früher eingegriffen?« Durch eine einfache Vorladung des Verdächtigen, durch einen Vorhalt der Mitteilungen des Angebers wäre, meint der Einsender, Liebel ein- für allemal kuriert gewesen, der Staat wäre vor einem umfangreichen Gerichtsverfahren bewahrt geblieben und die Mitbürger wären vor dem zu erwartenden späteren Schaden im voraus geschützt worden. Es sei nicht nötig gewesen, »vier Familien zuschauend ins Verderben rennen zu lassen und dann erst einzugreifen, wenn neben dem hohen Schandlohn für den Vertrauensmann auch der Schandlohn für den sicherheitspolizeilichen Schlachtenlenker zu erwarten war: ein Orden oder eine Anerkennung der ‚außerordentlichen Verdienste‘ in anderer Form, worauf Herr Stukart ebenso versessen ist wie der Konfident auf die Prämie.« Es gehe nicht an, beabsichtigte Verbrechen »auslaufen« zu lassen, nur um dann auf Erfolge hinweisen zu können.

§ 1 des Strafgesetzes sagt, daß »zu einem Verbrechen böser Vorsatz erfordert« wird. Aber der § 1 der Reklameordnung des Wiener Sicherheitsbureaus braucht zu einem bösen Vorsatz ein Verbrechen. In der Zeit, da die Tat verhindert werden konnte, hatte sich der Banknotenfälscher bloß des bösen Vorsatzes schuldig gemacht. In keinem Paragraphen des Strafgesetzes ist von der Strafbarkeit des bösen Vorsatzes, in § 8 bloß von der Strafbarkeit des Versuchs einer Übeltat die Rede. »Insolange sich die strafgesetzwidrige Absicht nicht in einer Handlung objektiviert, kann von strafbarem Versuche keine Rede

sein« — so hat das höchste Gericht wiederholt entschieden. Ich kann straflos die Absicht äußern, einen
Diebstahl zu begehen. Eine behördliche Warnung
wird wahrscheinlich hinreichen, mich an der Ausführung dieser Absicht zu hindern. Aber zugegeben,
der böse Vorsatz des Banknotenfälschers wäre an
sich strafbar gewesen. So wäre er doch nicht so
schwer bestraft worden wie die Tat, zu der man ihn
»ausreifen« ließ und durch die wirklich nur Herrn
Stukart ein Nutzen erwachsen ist.

Die Methode, die Ahndung eines Verbrechens für
ersprießlicher zu halten als daß überhaupt kein Verbrechen geschehe, ist auch in dem Prozesse wegen des
Diebstahls im Palais Henckel-Donnersmark enthüllt
worden. Die Geschwornen sprachen einen geständigen
Dieb frei, weil ihn die Polizei auch noch zum Verleumder gemacht hatte. Ich preise auch hier nicht
das heilsame Korrektiv der Amtlichkeit, als das man
die Geschwornenjustiz noch immer auffaßt. Ich
beklage die Ungerechtigkeit der Milde, die aus dem Unrecht der Verfolgungswut entsteht. »Stift wurde zur
Polizei vorgeladen und gestand beim zweiten Verhöre
den Diebstahl zu, fügte aber bei, daß er im Einver-
ständnisse mit dem Diener Johann S. des Grafen
gehandelt habe. Beide hätten die Tat verabredet und S.
ihm in der Nacht zum 21. Dezember die Eingangstür
zur Wohnung des Grafen geöffnet. Einige Tage
später gab Stift an, S. habe von dem Diebstahl
nichts gewußt und er habe ihn ungerecht als
Mittäter beschuldigt. Bei dieser Angabe blieb
Stift auch in der landesgerichtlichen Untersuchung...
In der Verhandlung bekannte sich der Angeklagte
des Diebstahls schuldig und gab an, er habe den
Diener S. nur deshalb als Mittäter genannt, weil der
Polizeikommissär beim ersten Verhöre sagte, er könne
den Einbruch nicht allein verübt haben, ein Bedien-
steter des Grafen müsse mit ihm einverstanden gewesen sein.« Der Präsident zum Polizeikommissär:

Der Angeklagte sagt, Sie seien in ihn gedrungen und haben ihm sogar die Enthaftung in Aussicht gestellt, wenn er seinen Komplizen nenne. — Zeuge: Ich habe nur gesagt, er kann eher frei werden, wenn er ein volles Geständnis ablegt. — Präs.: Das war etwas weit gegangen, denn über die Enthaftung in solchen Fällen hat nicht die Polizei zu entscheiden. — Der Verteidiger, der den Fall Liebel wohl schon vergessen hatte, führte aus: »Während sonst die Polizei Verbrechen, die begangen wurden, aufzuspüren und die Begehung von Verbrechen zu verhindern sucht, ist in diesem Falle ein nichtbegangenes Verbrechen konstruiert und der Angeklagte zur Begehung eines neuen Verbrechens gezwungen worden.« Soweit er den einzelnen Kommissär traf, war der Vorwurf gewiß ungerecht. Er sollte bloß dem System gelten. Nicht jeder Polizeibeamte ist ein Reklamejäger, und der Mann, in dessen Protokoll ein Unschuldiger zum Dieb und ein Dieb zum Verleumder wurde, hat nichts Schlimmeres getan, als was die meisten Kollegen tun würden. Nicht immer bringen sie den Dienst ihrer Person, oft genug ihre Person dem Dienst zum Opfer. Aber dem Dienst frommt solches Opfer nicht. Müdegehetzt — von 8 Uhr früh bis 8 Uhr Abends hatte jener Kommissär nichts gegessen, bis 11 Uhr amtiert — wollen sie zu einem Ende kommen. Schäbig genug dankt das System seinen Befolgern, schlecht lohnt der Staat jenen, die sich von ihm mißbrauchen lassen.

. . .

Ein Artikel, den die militärische Beilage des ‚Fremdenblatts‘ anläßlich des Falles Hangler veröffentlicht hat, brachte die Mitteilung, daß in Deutschland Portofreiheit für Soldatenbriefe besteht. Und in Österreich? Als hier einst der Zeitungsstempel — in den Kassen der Herausgeber — aufgehoben wurde, schilderte die ‚Fackel‘, wie sich der Staat für die 2½ Millionen, die er in eiuem Rausche von Preßfreiheit den Wiener Zeitungsmillionären geschenkt hat, schadlos hielt. »Der Ausfall des Zeitungsstempels sollte nach der eingestandenen Absicht der Regierung durch die Erhöhung einer ganzen Reihe von Postgebühren wettgemacht werden. Am einschneidendsten war die Verteuerung der Korrespondenzkarte. Der Preis dieses billigsten und bequemsten Instruments des schriftlichen Verkehres wurde von 2 Kreuzern auf 5 Heller erhöht. Das ist schon ein Posten in manchem kleinen Haushalt. Das arme, alte Mütterchen in der Provinz muß sich's jetzt zweimal überlegen, mit ihrem weit, weit in der Stadt im Soldatenrock steckenden Jungen briefliche Zwiesprach zu halten, und auch der hat die Heller nicht gar im Überfluß und zwackt jetzt wohl von seinen Ausgaben für schriftliche Mitteilungen an Mutter und Bruder zwei oder drei Karten monatlich ab. Aber vielleicht könnte man Mutter und Sohn anderweitig eine Genugtuung verschaffen; vielleicht entschlösse man sich, auf die verteuerte Korrespondenzkarte die Conterfeis der Herren Bacher, Benedikt, Singer etc. zu drucken...« Und natürlich das des Herrn v. Koerber daneben, der sich ja nach seinem endlichen Geständnis ganz besonders zu ihnen hingezogen fühlt und sich treut, nun für immer mit ihnen verbunden zu sein.

∴

Hueppe und Hartel.

Jüngst fuhr Hueppe mit der Franz Josefs-Bahn, ohne von einem Unfall betroffen zu werden, von Prag nach Wien, um im Hause der Ärzte über die Tuberkulose zu sprechen. Da Gruber, der frühere Inhaber des Wiener Lehrstuhls für Hygiene, schon vor geraumer Zeit nach München geflüchtet ist und

von dort nimmermehr zurückkehren wird, so konnte
die verwaiste Kanzel, die seither bekanntlich ›schatten-
froh‹ dahindämmert, keinen Hygieniker von ge-
aichtem Wert ins Haus der Ärzte senden, der die
Tuberkulosedebatte würdig eingeleitet hätte. Seitdem
die Wiener medizinische Fakultät die wissenschaftliche Führung an das Berlin der bakteriologischen
Forschung verloren hat, gibts eine Bazillenfurcht im
Publikum und auch einen verhaltenen Bazillenärger in
der Brust unserer heimischen Universitätsmediziner.
Da aber Prag auf dem halben Wege nach Berlin liegt,
so ist es verständlich, daß Hueppe dem reichsdeutschen
Fortschritt näher steht als die Auch-Bakteriologen
Wiens, die ihren Herzensneigungen zufolge — wär's
nicht ein Nonsens — am liebsten einen nichtbakterio-
logischen Hygieniker auf dem erledigten Lehrstuhl
Grubers begrüßen würden. Andere Mitglieder der
medizinischen Fakultät hängen den Mantel nach dem
Winde, den das Unterrichtsministerium macht. Der
faule Friede ist behaglicher als der Kampf gegen
einen einsichtslosen Minister, und man bringt, in der
Stadt der Tafelfreuden, einer ungestörten sozialen
Verdauung ja gern ein Opfer an Überzeugung. Ein
Professor, der etwas erreichen will, muß das Gesetz
der Distanz, die Erfolge der Intimität kennen und
— wie hier schon wiederholt ausgeführt wurde —
die Berührung der Ellbogen suchen, die zur Anlehnung der Seelen führt. Hueppe ist zu sehr Forscher
und zu wenig weltläufig. Dem Minister Hartel hat
er heute die fatale Nackenstarre abzubüßen, die er
dem Sektionschef Hartel seinerzeit entgegengesetzt hat. Der Grund liegt im Folgenden. Als in
Prag — 1897 — die Studentenrevolte ausgebrochen
war, erklärten sich die Professoren zunächst solidarisch
mit den Studenten. Da erschien, vom Ministerium ent-
sendet, Sektionschef v. Hartel und kaptivierte die
meisten Professoren, die nun in einer öffentlichen
Studentenversammlung ihre früheren Anschauungen

verleugneten oder modifizierten. Hueppe allein war gegen jede Maßregelung der Studenten, und seiner Festigkeit ist es auch zu danken, daß die deutsche Universität ihrem heimischen Kultursitz Prag erhalten blieb, obgleich Herr v. Hartel für ihre Verlegung in eine andere Stadt eingetreten war. Daß Hueppe den Sektionschef davor bewahrt hat, eine politische Ungeschicklichkeit zu begehen, das kann ihm der Unterrichtsminister nicht vergessen. Ganz einleuchtend und echt österreichisch sind also die Gründe, warum der gelehrte Hygieniker den Weg zum Wiener Pantheon nicht finden kann, wiewohl er schon in der böhmischen Vorhalle unseres Ruhmestempels seit Jahren wirkt und viele tausende aus seiner eigenen Tasche für erfolgreiche Versuche ausgibt. Hueppe wird sein Mißgeschick noch weiter geduldig tragen müßen, ohne moderne Forschungsstätte, ohne den Hofratstitel ein Leben zu führen, das von Hartels Gunst unberührt, nur von der Wissenschaft beachtet ist. In einer Zeit jedoch, in der der Kanzel für Hygiene eine wichtige und führende Rolle in der Medizin zukommt, da diese heute nicht allein die Beseitigung von Körperübeln und die Erleichterung des Sterbens besorgen will, sondern vor allem bestrebt ist, Erkrankungen zu verhüten, darf die Verkündung der Motive, warum die Fürsorge der Regierung hinsichtlich der Hygiene sich nur auf Spuckverbote beschränkt, dem Publikum nicht vorenthalten bleiben.

Wien.   V i c t o r L o o s.

*

Schon im November 1901, in Nr. 87 der ‚Fackel‘, ward der Fall Hueppe erörtert. Von keinem Geringeren als Houston Stewart C h a m b e r l a i n, der damals freilich den Prager Hygieniker bloß als das Opfer der Fakultätscliquen und deren »Selbstbestimmungsrechtes« auffaßte, ohne zu ahnen, daß gerade hier — wenigstens in Wien — Cliquenwunsch und Regierungswille eine gemeinsame Unterdrückungstendenz verfolgen sollten. Jeden-

falls sind Chamberlain's Worte heute, da sie durch die Enthüllung der Hartel'schen Motive verstärkt werden, wieder von aller-
größtem Interesse. Chamberlain erzählt die Tragödie Heinrich
von Stein's, den die voraussetzungslosen Herren in den Tod
trieben. »Erstens weil ihm die vorausgesetzte Schwiegermutter
fehlte; zweitens weil er das nicht vorausgesetzte Genie besaß«.
»Und da hier nur Namen, nicht Behauptungen nützen können und
das Wort Genie soeben ausgesprochen wurde, füge ich gleich
noch ein Beispiel hinzu. Deutschland besitzt einen wirklichen
‚Pasteur', einen Mann, dessen Entdeckung der Kohlensäureassimilation
im Dunkeln durch nitrifizierende chlorophyllose Mikroben eine
ähnlich epochemachende Bedeutung für die Wissenschaft besitzt
wie Pasteur's Entdeckungen bezüglich der optischen Eigenschaften
der isomeren Körper der Weinsäure- und Zuckergruppe, einen
Mann, dem wir die Umwandlung der Antisepsis in die Asepsis
verdanken, einen Mann, der uns überhaupt eine ganz neue Auffassung des Wesens der Krankheit geschenkt hat und damit —
wie ein Fachmann sich neulich ausdrückte — ‚einen Ariadnefaden
aus dem Labyrinthe' der heutigen Medizin. Dieser Mann, den
man den Robert Mayer der Pathologie hat nennen dürfen, und
der durch sein staunenerregendes Wissen und die Schärfe seines
Verstandes auch sehr entlegene Gebiete plötzlich aufgehellt hat
(man sehe z. B. seine ‚Rassenhygiene der Griechen'), lebt seit zwölf
Jahren in der Verbannung, nämlich in der ‚österreichischen Barbarey', wie sie Beethoven nannte. Daß ein Ferdinand Hueppe auf
Prag angewiesen ist, wo er nichts findet von all dem, was ein
Hygieniker zur Förderung seiner Arbeiten braucht, und wo außerdem sein Einfluß auf die Gestaltung der Wissenschaft auf ein
Minimum reduziert bleibt, das ist ein Schandfleck in der Geschichte
deutscher Wissenschaft. Und wie kann so etwas geschehen? Sehr
einfach; durch die von Prof. Michaelis gepriesene ‚blühende Selbstbestimmung'. Es gibt an deutschen Universitäten zwei oder drei
Hygieniker, deren künstlich hinaufgeschraubter Ruf in der Nähe
Hueppes stark verblassen würde; neben dem geistig so hervorragenden Manne würden diese verdienten fleißigen Alltagsköpfe
selbst den Zeitungsglorienschein einbüßen; das darf nicht sein,
Hueppe muß draußen in der ‚Barbarey' bleiben. Ja, der tyran-
nische Einfluß solcher Professorenkartelle geht so weit, daß sie

aus Lehrbüchern die Namen streichen lassen, die ihnen unbequem
sind; und so kann man es erleben, daß z. B. in der neuesten Ausgabe von de Barys ‚Vorlesungen über Bakterien‘ die Entdeckung
der Kohlensäureassimilation im Dunkeln einem Russen und einem
Polen zugeschrieben und Hueppe, der sie bedeutend früher pub-
liziert hat, in diesem Zusammenhang überhaupt gar nicht genannt
wird... Wir sehen, daß unsere Professorenkonvente nicht bloß
ungewöhnliche Begabung oftmals fernhalten — wie bei Heinrich
von Stein —, weil sie sie nicht zu erkennen vermögen, sondern
daß sie nicht selten, gerade weil sie sie erkennen, sie bewußt und
grundsätzlich und (wennn es sein muß) mit Anwendung recht
bedenklicher Mittel sich vom Leibe halten.« »Manche Fakultät«,
schrieb Chamberlain, »wird eher vom Mond eine gelehrte Null
berufen als das Genie, das unerkannt vor ihrer Nase steht«. Aber
in Österreich haben wir einen Minister, dessen Einfluß schlimmer
ist als die Selbständigkeit der schlimmsten Kollegentyrannis. Für
wahre Bedeutung exponiert sich Herr Hartel nicht: der Fall
Hueppe ist der umgekehrte Fall Marschall. Chamberlain ahnte
nicht, daß Hueppe selbst einen Domizilwechsel innerhalb der
»österreichischen Barbarey«, eine Verlegung seiner Tätigkeit von
Prag nach Wien nicht erreichen könnte, daß, was in Deutschland
das Selbstbestimmungsrecht professoraler Eifersucht verschuldet, in
Österreich ein eitler Minister ganz allein fertig bringt.

$$\bullet \; \bullet \; \bullet$$

Boltzmann auf dem Concordiaball: Der Anblick
hat etwas Rührendes. Das sind die Gegenbesuche,
zu denen sich die Männer der Wissenschaft verpflichtet
glauben, nachdem ihnen das ganze Jahr hindurch
Reporter die Türe eingerannt haben. Niemand wird
durch Schaden weniger klug als ein Professor. So
oft man liest, was eine medizinische Kapazität dem
auskultierenden und perkutierenden Zeitungsmann über
ein neues Serum, über einen kaiserlichen Polypen,
über den Alkohol gesagt haben soll, fühlt man sich
versucht, eine Wiederholung der Schande für unmöglich

zu halten. Nein, immer wieder hatte »einer unserer Redakteure Gelegenheit«. Gelegenheit, die Worte eines Vertreters liberaler Wissenschaft derart zu verdrehen, daß die gehässigste Agitation antisemitischer Volksvertreter ihr nicht schlimmeren Schaden bereiten könnte. Keiner hat den Mut, neben dem Täfelchen, das Bettler und Hausierer fernhält, auch ein Avis für Reporter anzubringen: Nie sollst Du mich befragen... So gelang es Herrn Rudolf Lothar, der als Interviewer schon die bedeutendsten Persönlichkeiten mißverstanden hat und von ihnen nicht nur empfangen, sondern auch berichtigt wurde, Herrn Professor Schauta über die »Verantwortlichkeit des Arztes« auszuholen. Nach seiner Darstellung sagte der Gelehrte wörtlich: »Wie oft kommt es vor, daß ich in einem Sanatorium zum Beispiel eine Operation für einen bestimmten Tag vereinbare. Ich komme an dem bestimmten Tag hin und höre, daß die Patientin in der Nacht gestorben ist.« Nun, hoffentlich kommt das bei Herrn Professor Schauta doch nicht so oft vor, als er es Herrn Lothar gestanden haben soll. Das wäre sehr bedauerlich und würde eine genauere Prüfung der Dringlichkeit oder der Möglichkeit jedes operativen Eingriffs wünschenswert machen. Wäre die Patientin — so beklagt sich Herr Professor Schauta — nach der Operation gestorben, so würde man dem Operateur die Schuld beimessen: »kann ich behaupten, daß die Operation und der Tod in gar keinem Zusammenhang stehen?« Würde der Vorwurf gegen einen Arzt erhoben, dem der Patient vor der Operation stirbt und dem dies »oft« zu passieren pflegt, so wäre er nicht ganz so rückständig, nicht ganz so unbegründet wie jener andere, und Herr Professor Schauta könnte in einem solchen Fall schon mit einiger Sicherheit behaupten, daß die Nichtoperation und der Tod in einem Zusammenhang stehen... Er soll sich Herrn Lothar gegenüber über den Mangel an Vertrauen bei unserem Publikum beklagt haben:

»Kann man sich darüber wundern, wenn man weiß, wie in öffentlichen Versammlungen Ärzte und Wissenschaft lächerlich gemacht werden?« Und in der liberalen Presse macht die Ärmsten wieder der Leichtsinn und die stilistische Ungeschicklichkeit der Reporter lächerlich, vor denen sie ihr Herz ausschütten!

.   .   .

Das ‚Deutsche Volksblatt‘ schreibt:

Man wird sich noch der rührenden Bilder erinnern, die die Judenpresse von dem trauten Familienleben Gorkis entwarf. Wie erschütternd wurde die Sehnsucht des »Eingekerkerten« nach Weib und Kind geschildert! Gorki wurde seitdem aus der Peter Paulsfestung entlassen und man hätte glauben sollen, daß er sofort seine Familie aufsuchen werde. Aber weit gefehlt! Direkt von der Festung fuhr er zum Bahnhofe, um sich zu seiner »F r e u n d i n« Andrejewna zu begeben. Das Publikum kann also wieder einmal sehen, wie schändlich es von der Judenpresse genarrt wurde, als sie die Welt mit ihren Berichten über das grausame Verhalten der russischen Regierung gegenüber der Familie Gorkis überschwemmte!

Die ‚Deutsche Zeitung‘ schreibt:

Jetzt ist es endlich erreicht, was die Juden der ganzen Welt mit ziemlich mißtönigem Geserres seit Wochen verlangen: der Märtyrer Gorki ist frei, er ist seiner Kunst, der Poesie und seiner Familie wiedergegeben. Und was tut er? Der Dichter, Sittenveredler und Apostel seines Volkes findet es nicht einmal der Mühe wert, seine Frau, die sich während seiner Gefangenschaft um ihn gesorgt und bekümmert hat, seinetwegen nach Petersburg gefahren ist, zahllose Schritte für ihn getan hat, auch nur flüchtig zu besuchen. Auch um seine Kinder schert er sich nicht — er trägt weit besseres Verlangen und eilt schnurstracks zu seiner Konkubine. So sieht also das »wahre Menschentum« aus, für welches Gorki »unentwegt« eintritt, so die »erhabene sittliche Gesinnung«, die er repräsentiert. Wir Arier pflegen uns ethisch hochstehende Persönlichkeiten etwas anders vorzustellen. Darum überlassen wir gern den Juden den Triumph, ihren Liebling befreit zu haben für — seine Zuhälterin.

Daß dergleichen geschrieben werden kann, halte ich für trauriger als die Einkerkerung des Politikers Gorki, der besser wußte, was er tat, als die libera-

len Protestler Europas. Ich halte es für einen viel
roheren Eingriff in die Individualitätsrechte, als die
Verhaftung eines Agitators in Revolutionszeiten. Und
daß der liberale Dummkopf, der die Tatsache aus
Gorkis Privat- und Familienleben hörte oder erfand
und um der lieben »Nachricht« willen nicht unterdrücken konnte, sie nicht freisinniger beurteilt als der
antisemitische Dummkopf, der sie glossiert, scheint mir
gewiß. Es kommt einem manchmal grotesk vor, daß noch
immer Versuche gemacht werden, der Masse einen
Künstler einzubläuen, der sie ja doch enttäuschen
muß, sobald sie erfährt, daß in seiner Häuslichkeit
nicht alles in Ordnung ist. Ihre Ruh ist hin, ihr
Herz ist schwer, ihr dreckiges Behagen ist vollends
aufgerüttelt, wenn sie sehen muß, daß ein freige-
lassener Dichter nicht zu »Weib und Kind«, die
im deutschen Gemüt ihren festen Platz haben und
warten, eilt. Weib und Kind sind ohnehin schon ein
Surrogat für das Mutteraug', das den Heimkehrenden
doch erkannt hat. Und nun hört man gar, daß er
ein Wiedersehen mit seiner schwer erkrankten Freundin
einer Aussprache mit seiner robusteren Wäsche-
bewahrerin, die ihm sicher nicht verloren geht, für
den Augenblick vorgezogen hat. Aus Gründen, die
vielleicht zwingender, jedenfalls privater Natur sind.
Sofort verwandelt sich die Gefährtin in eine Konkubine, aus der Tiefe seines Jägernormalhemdes holt der
deutsche Mann das Wort »Kebsweib«, und die Freundin wird von antisemitischen Ironikern mit Gänsefüßchen getreten, mit der abgestandensten Hohnlauge
bespritzt — mit jenem »Sodawasser beim Wimberger«,
dessen Wirkungen christlichsoziale Moralrichter an
ihrem eigenen Leib schätzen gelernt haben . . .

* . *

Kunstförderung.

Das ‚Fremdenblatt‘ vom 5. März meldet:
Ein glänzendes Publikum wohnte der gestrigen Premiere der
Operette »Kaisermanöver« bei. . . In der Hofloge hatten Ihre k. u. k.

Hoheiten Herr Erzherzog Friedrich mit Gemahlin Frau Erzherzogin Isabella Platz genommen... Ihre k. u. k. Hoheiten, welche der Premiere von Anfang bis zum Schlusse beiwohnten, folgten mit sichtlichem Interesse dem Gange der Handlung und gaben wiederholt Beweise ihres Beifalles. Nach dem letzten Fallen des Vorhanges ließ das erzherzogliche Paar den Direktor Aman, sowie die Herren Karl Blasel und Louis Treumann in die Hofloge berufen. Dem Direktor gratulierten die hohen Herrschaften zu dem schönen Erfolge der neuen Operette und äußerten sich in sehr anerkennender Weise über dieselbe. Das Buch sei sehr amüsant und auch die Musik habe ihnen sehr gut gefallen. Erzherzog Friedrich erinnerte sich, Blasel schon vor vielen Jahren in Preßburg kennen gelernt zu haben, und äußerte seine Freude darüber, den Künstler trotz seines Alters noch so agil zu sehen. Frau Erzherzogin Isabella bemerkte zu Direktor Aman, sie sei heute zum erstenmale in diesem Theater. Es tue ihr aber wirklich leid, daß sie nicht schon früher Gelegenheit gehabt habe, dieser Bühne einen Besuch abzustatten. Sie habe sich sehr gut amüsiert. Zu Herrn Treumann meinte die hohe Frau: »Am besten hat mir Ihr Couplet im zweiten Akt gefallen.« Ferner sagte die Frau Erzherzogin zu dem Künstler: »Es muß Ihnen aber recht schwer gefallen sein, im zweiten Akte über die Bäume zu klettern und dann herunterzufallen.« Beim Abschiede erklärten die hohen Herrschaften nochmals, daß sie sich sehr gut unterhalten hätten.

. . .

Die Affaire Marschall hat einen für die Ministeriellen betrüblichen »vorläufigen Abschluß« gefunden. »Ein modus vivendi«, so wird nach langem Kampfe verkündet, »wurde endlich darin gefunden, daß Professor Marschall etwa sich meldende Frequentanten der Medailleurschule in seinem Privatatelier unterrichten soll, so daß ein persönliches Zusammentreffen der übrigen Studierenden und auch der Professoren mit Marschall auf akademischem Boden vollständig ausgeschlossen erscheint«. Ein modus vivendi . . . Es möchte kein Hund so länger leben!

.

Daß Herrn Marschall eine Isolierbaracke angewiesen wurde, scheint auch Herrn v. Hartel recht zu sein. Um sich selbst zu retten, beginnt er bereits den Verkehr mit dem Freunde aufzugeben. Dazu scheint ihm die Broschüre des Herrn Baron d'Albon, in der Herr Marschall die ungeschicktesten Angriffe auf seine Angreifer verüben ließ, ein willkommener Vorwand zu sein. Schon sehen wir ihn »über die Art der Abwehr, die man in diesem Fall gewählt habe, befremdet«. Bald wird Herr Marschall sich über Untreue zu beklagen haben. Einen holt bestimmt der Teufel! Aber die Akademie eröffne man erst, bis nach überstandener Quarantaine die letzte Gefahr einer Ausbreitung der Protektionsseuche beseitigt ist.

Die Verteidigungsschrift des Herrn Baron d'Albon, die sechzig Seiten umfaßt, wurde mir dieser Tage zugesendet. Ich kann die Lektüre des Umschlages empfehlen. Dort las ich, daß von dem Verfasser früher die folgenden Werke erschienen sind: »Kronprinz Rudolf. Sein Leben und Wirken«, »Unsere Kaiserin«, »So ist unser Kaiser!« und »Im Zeichen der Myrte. Beiträge zur Jugend- und Studiengeschichte der Erzherzogin Marie Valerie«.

Ranko der Held.

Von Franz Herczeg.

Ich ging zu Fuß von Szentpéter nach Szerbalmás. Das Tiefland ist dort flach wie eine Tischplatte.

Als ich die unabsehbar lange Birkenallee kreuzte, welche die Bauerngüter von der herrschaftlichen Domäne scheidet, schlug lauter Gesang an mein Ohr. Ein kleines Mädchen saß am Grabenrand, hütete ein geflecktes Kalb, das dort weidete, und sang dabei aus voller Kehle, aber mit viel musikalischem Gefühl ein Lied. Das kleine Mädchen war eine Serbin. Früher einmal war die ganze Gegend hier unten bis zur Donau serbisch; heute freilich liest der Pope nur mehr in vier oder fünf Dörfern die Messe. Die Serben hier haben ein ganz merkwürdig entwickeltes Talent für Musik. Zwei Knirpse, die sich hinter dem Zaun zusammensetzen, wissen ganz prächtig zweistimmig zu singen.

Von dem Liede des kleinen Mädchens verstand ich bloß so viel, daß es den Ruhm irgend eines Helden namens Ivan Ranko preise. Wer war dieser Ranko? Ich kenne die Geschichte und die Legenden dieser unteren Gegend so ziemlich genau, von einem Ranko aber hatte ich noch nichts gehört. War möglicherweise ein

Waffengenosse des großen Mark Králevics. Seltsam — im ungarischen Volke lebt nicht ein einziges der Lieder mehr, die einst zu
Ehren Kinizsis, Toldis oder Hunyadis gesungen wurden, die serbischen Volksgesänge dagegen wissen heute noch von Helden zu
berichten, die als türkische Söldner bei Angora gegen die Mon-
golen kämpften. Es sind recht monotone, schwermütige Melodien,
die Texte aber entbehren nie poetischer Schönheit.

Ich sprach das kleine Mädchen an; dieses aber wurde sehr
verlegen, sprang auf und lief lachend dem Kalbe nach. Sie hatte
wirres Haar und trug einen roten, bis zum Knie reichenden Rock;
ihr Laufen aber zeigte so viel unbewußte Grazie, daß ich an
die den Schmetterling verfolgende Psyche denken mußte. Der
Schmetterling war hier allerdings durch ein scheckiges Kalb mit
rührend einfältigen Glotzaugen ersetzt.

Bei der herrschaftlichen Mühle traf ich den Verwalter. Er
war Serbe und die vielen stillen Winterabende hier draußen hatten ·
ihn allmählig zu einem der Belesensten im Komitate gemacht. Er
kam eben aus der Mühle. Seit zwei Jahren mußte er jeden Montag
dorthin, um Marsics, den Müller, fortzujagen. Seit Jahren betrank
sich nämlich Marsics jeden Sonntag bis zur Bewußtlosigkeit; in
diesem Zustand war er total verrückt und gelobte brüllend, die
Herrschaft demnächst erschießen zu wollen. Montag bat er dann
den Verwalter unter Tränen um Verzeihung und schwor, daß sich
derartiges nie wieder ereignen solle. So kamen die Beiden ganz gut
miteinander aus.

Das Gesicht des Verwalters war noch rot vom Ärger.

— Furchtbar, was Einem der Kerl zu schaffen gibt! Na
aber diesmal gibts keinen Pardon! Jetzt fliegt er hinaus und wenn
er Hungers stirbt . . .

Es wird nichts so heiß gegessen — dachte ich mir. Auch ist
die Mühle heute nicht gerade leicht zu verpachten.

Ich wollte das Gespräch von Marsics, dem jetzt sicher wieder
der Schädel brummte, ablenken und fragte:

— Kennen Sie die serbischen Volkslieder, die hier gesungen
werden?

— Hab' was Klügeres zu tun, als mich darum zu bekümmern — meinte er, noch immer schlecht gelaunt.

— Da wissen Sie also auch nicht, wer Ivan Ranko ist?

— Das sollte ich nicht wissen? Er arbeitet doch bei mir
und ist drüben in Almás zu hause.

— Ranko, der Held? Von dem das Lied meldet?

— Ach was — hierzulande wird sehr bald von Einem
gesungen.

—- Und weshalb ist Ranko ein Held?

— Er hat seine Frau erschlagen — zwei Jahre mögen's
her sein.

— Da sitzt er jetzt wohl im Zuchthaus?

— I wo! Kein Geschworener in der Stadt hätte den Mut, den Angeklagten schuldig zu sprechen, den das Volkslied einmal zum Helden gemacht hat. Übrigens war ich in dem Prozesse damals selbst Geschworener.

— Und Sie haben ihn auch freigesprochen?

— Natürlich!

— Erzählen Sie doch, wie trug sich der Fall zu?

— Ranko heiratete eine rumänische Dirne aus Gesztenyés drüben. Solche Heiraten sind bei uns ziemlich selten — die hiesigen Bauern haben für ihre rumänischen Brüder nicht viel übrig...

— War sie wenigstens schön?

— Na — so! Die Mädchen aus Gesztenyés sind alle gleich. Nicht häßlich, aber so — wie soll ich sagen — sie haben so wässerige, schwarze Augen und große, weiße Zähne. Mit fünfundzwanzig Jahren sind sie alte Weiber... Die Bauernweiber hier tragen alle Lasten auf dem Rücken, die aus Gesztenyés aber Alles auf dem Kopfe; daher ihre kerzengerade, stolze Haltung...

— War natürlich ein schlechtes Ding, das Mädel?

— Wie alle aus Gesztenyés. Die Rumänen im Krassóer Komitat, die durchwegs gute Landwirte und ehrsame Bauern sind, verachten das Dorf nicht ohne Grund. Was mich betrifft, so glaube ich freilich, daß die Verderbtheit dort nur den sommerlichen Badegästen aufs Kerbholz zu schreiben ist... Ranko heiratete im Herbst und im Frühjahr darauf hatte ihn Milka — so hieß das Weibsbild — schon stehen gelassen. Irgend einem jungen Burschen zu Liebe. Den ganzen Sommer hindurch hauste das nichtsnutzige Paar draußen in einer leerstehenden Wächterhütte...

— Hatte Ranko die Frau gern?

— Weiß Gott! Das Bauernvolk ist in solchen Dingen schamhafter als man glaubt und schwer zu durchblicken... Wissen Sie, was ich mir oft denke? Wenn so Euere litterarischen Bauern aus den Volksstücken, die von Liebe und Liebesgram singen — wenn die einmal in die Dörfer herkämen — — die Leute würden sie für wahnsinnig halten... Ich weiß nur so viel, daß Ranko jeden Sonntag nach der Messe zu jener Wächterhütte hinaufging und seine Frau bat, zu ihm zurückzukommen. Von Liebe wird er wohl nicht viel gesprochen haben, sondern eher von seiner Kuh, den zwei Ferkeln und dem Geflügel, mit dem er ohne Frau nicht fortkomme... Milka aber lachte ihm ins Gesicht.

— Ein so schlapper Kerl war der Held?

— Noch viel schlapper... Im Herbst mußte der Galan Milkas zum Militär einrücken und da kam dann die Frau ungebeten nach Hause. Ranko empfing sie mit offenen Armen. Der arme Kerl arbeitete damals wie ein Lasttier, nur um die Frau mit buntem Tand behängen zu können... Im Frühjahr darauf lief sie ihm wieder davon. Damals verdingte sie sich beim Verwalter der Radványschen Herrschaft als Magd oder dergleichen... Der Verwalter war ein hübscher, junger Mensch, so eine Art Dorf-Don-Juan... Ranko stahl sich nun jeden Sonntag vor die Türe des Verwalters, und wenn es irgendwie anging, sprach er Milka wieder von der Kuh, den Ferkeln und dem Geflügel... Im Winter heiratete dann der Verwalter die Tochter eines Weinhändlers aus Krassó, und die junge Frau hatte natürlich nichts Eiligeres zu tun, als Milka fortzujagen...

— Und Ranko nahm sie wieder zurück.

— Freilich. Nicht nur diesmal, sondern noch in vier ganz ähnlichen Fällen. Denn bei der Hauptverhandlung wurde nachgewiesen, daß Milka — von allem Übrigen abgesehen — ihrem Manne im ganzen sechsmal davongelaufen war. Ihr letzter Geliebter war wieder jener Verwalter. Der hatte sich nämlich mit seinem Schwiegervater wegen der Mitgift entzweit und ihm im Ärger seine Tochter zurückgeschickt... Damals stolzierte Milka für kurze Zeit noch einmal in der Verwalterwohnung einher... Auch das nahm dann ein Ende, als der Verwalter sich mit seiner Frau und deren Vater versöhnte und jenseits der Donau ein Gut pachtete... Milka bekam damals eine schöne rotseidene Schürze und war mit einem Male wieder bei Ranko... Damals sah es so aus, als hätte sie das liederliche Umhertreiben satt bekommen. Sie kümmerte sich nicht mehr um die jungen Burschen, saß ruhig bei ihrem Mann und besorgte auch das Hauswesen...

— Und warum mußte sie dann doch sterben?

— Hm... Damals bei der Hauptverhandlung hab' ich die Sache begriffen... heute kann ich's Ihnen nicht mehr recht erklären. Diese Südslaven sind eben eine ganz andere Rasse als unsere ungarischen Bauern... Es gibt vielleicht kein zweites Volk, das soviel zu erdulden vermag, aber auch keines, das beim allergeringsten Anlasse so zu toben beginnt... Im Übrigen glaube ich fast, daß diese Leute in höherem Maße unter der Macht jener geheimnisvollen Kräfte stehen, die man insgesamt als Schicksal zu bezeichnen pflegt... Zu jener Zeit feierte irgend ein Verwandter Rankos im Dorf seine Hochzeit, wobei es, wie Sie wissen, hierzulande immer hoch hergeht. Auch Milka hatte sich in Gala geworfen und jene rotseidene Schürze angelegt, die sie vom Verwalter bekommen. Ranko war diese Schürze ein Dorn im Auge, und es gab so einen kleinen Streit. Milka aber, wiewohl sie ihm gerade damals in allem gehorchte, gab nicht nach und ging schließlich allein zur Hochzeit... Die rote Schürze hatte sie anbehalten...

— Und Ranko?

— Ranko ging in den Stall, schärfte sein Beil, ging dann seiner Frau nach und erschlug sie vor den Augen der versammelten Hochzeitsgäste. Als sie tot dalag, löste er ihr die rote Schürze vom Leibe, trug diese in die Küche und verbrannte sie. Dann küßte er Milka sowie alle, die zugegen waren, sagte nichts als: Serbische Brüder, betet für mich! und schritt geradenwegs zur

Gendarmerie. Vor Gericht verteidigte er sich damit, daß ihm sein Herz befohlen habe, so zu handeln ... Bei diesen serbischen Bauern kommt alles aus dem Herzen ... ihre Kraft, ihre Ehre, ihre Seele ... selbst der Hunger nagt ihnen nicht so sehr am Magen, wie am Herzen ... Der Staatsanwalt fragte ihn, weshalb denn sein Herz stumm geblieben sei, solange Milka sich mit anderen Männern umhergetrieben habe, aber Ranko wußte darauf nichts zu antworten. Die Geschworenen aber verstanden ihn auch so und sprachen ihn frei und auch das Volk verstand ihn und preist ihn im Liede ...

Wir waren während dieses Gespräches ins Dorf gekommen. Ich nahm die Einladung des Verwalters an und kehrte bei ihm ein.

Vor seiner Wohnung standen ein Dutzend Bauern umher, die geduldig hier auf ihn gewartet hatten.

— Sie haben Glück — meinte er — dort steht gerade der »Held«!

Er wies auf einen kleinen, schmächtigen Bauern, der, die Mütze in der Hand, bescheiden bei den übrigen stand. Er trug wie die anderen ein Bauernhemd, eine weiße Filzhose mit schwarzer Verschnürung und Bundschuhe mit roten Riemen. Der Verwalter sprach ihn mir zu Liebe an:

— Nun, Nachbar Ranko, kommst Du morgen mit dem Wagen herein?

— Ich kann hereinkommen, Herr.

— Und was verlangst Du Taglohn?

— Was der Herr mir mit gutem Herzen gibt.

Ich fand diese Antwort recht merkwürdig; denn es gibt auf der Welt niemanden, der so gern feilscht, wie die Fuhrleute dieser Gegend.

— Und wenn der Verwalter mit gutem Herzen garnichts geben will? — nahm ich jetzt das Wort.

— Dann mach' ich die Fuhre um Christi Liebe willen — antwortete Ranko und sah mich mit seinen großen Augen ernst an.

Ich wollte ihm eine Zigarre geben, er nahm sie aber nicht an.

— Wie willst Du aber leben, wenn Du den Reichen umsonst arbeitest? — fragte ich weiter.

Ranko erwiderte mit leise singendem Tonfall:

— Der Herr, der die Lilien kleidet auf dem Felde ...

— Ich sehe schon, Freund Ranko, Du bist Nazarener ...

— Ich habe das ewige Licht erblickt!

— Der arme Mensch hat sich eben nach seiner Art mit seinem Gewissen auseinandergesetzt — sagte ich ungarisch zum Verwalter.

Wir gingen ins Haus. Auf der Treppe blieb mein Wirt stehen.

— Ich muß Ihnen etwas sagen, was recht komisch klingt. Wenn ich damals bei der Hauptverhandlung Ranko schuldig spreche, so zündet man mir unfehlbar das Dach über dem Kopfe an. Wenn ich aber jetzt hinuntergehe, und ihn halb tot prügle, so wird ihn morgen das ganze Dorf auslachen und mir wird durchaus nichts geschehen. Auch das Heldenlied von Ranko wird mit genau derselben Begeisterung weitergesungen werden . . .

— Und was folgt daraus?

— Daß der Heldenruhm nicht Rankos Besitz ist, sondern der des Volkes. Das Volk dürstet nach Helden. Und da es keine bekommt, so hilft es sich eben, so gut es kann . . .

Im Vorzimmer begrüßte uns ein Kanarienvogel mit lautem Singen. In der anstoßenden Küche stand ein Mädchen vor dem Waschtrog und sang das traurige Lied von Ranko, dem Helden.

ANTWORTEN DES HERAUSGEBERS.

Kriminalist. Die Herren Feigl und Pollak haben neulich einem jungen Mädchen die Unschuld geraubt. So und nicht anders kann man's nennen. Dies Wort, mit dem die Menschheit ihren Virginitätsschacher pathetisch verkleidet, muß endlich aus dem Marktverkehr der Geschlechter auf jene sadistischen Gewaltakte übertragen werden, die heute einzig noch das Gefühl bewegen und die Tragik des Opfers begreifen lassen: auf die Strafjustiz, die sich am jungen Leben vergreift. Herr Pollak, der Staatsanwalt, hat eine neunzehnjährige Näherin angeklagt, weil ein Betrüger ihrer Schwesterliebe die letzten Arbeitsgroschen für ihren angeblich notleidenden Bruder, der in einer Militärstrafanstalt sitzt, entlockt hatte. Hat sie wegen »Verbrechens der Verleitung und des Beistands zu einem Militärverbrechen« angeklagt. Unkenntnis des Militärstrafgesetzes schützt in diesem Irrenhaus Österreich auch ein junges Mädchen nicht vor Strafe. Herr Feigl hat sie zu vierzehn Tagen Kerkers verurteilt. Die Kenntnis des Gesetzes wird Herrn Feigl nicht vor der Strafe der Gewissensqualen schützen, wenn dereinst seine Opfer vor einer höheren Instanz die Berufung anmelden sollten. Dies lasset uns hoffen!

Dialektforscher. Der Wiener Volksmund sollte einmal einem Sprachreiniger zur Behandlung überlassen werden. Nicht immer nur den Spezialisten Pötzl und Chiavacci, die gerufen werden, so oft ein Bezirksrichter nicht bloß die Ehre zweier Knochensammlerinnen, die einander beleidigt haben, reparieren, sondern auch den Sinn der beleidigenden Worte verstehen will. Diese sachverständigen Herren versehen ihr Übersetzeramt noch sachkundiger als jener norddeutsche Theatereinrichter der Reclam-Bibliothek, Herr Friedrich Wittmann, der in einem Nestroyschen Stück hinter dem Ausdruck »Beuschl« kurz entschlossen das Wort »Tee« in Klammern hingesetzt hat. (Was er sich gewiß überlegt hätte, wenn es sich bei jener Stelle etwa um das bekannte »Herausreißen« des Beuschels gehandelt hätte.) Sie nehmen 's gewissenhafter. Und so lesen wir denn jahraus, jahrein, Herr Pötzl habe vor Gericht das Wesen eines »G'scherten«, Herr Chiavacci die Bedeutung eines »G'flickten« erklärt. Aber der Wiener Volksmund spricht nach wie vor undeutlich.

Oder er sagt etwas anderes und meint etwas anderes. Und neulich hat ihm gar der Oberste Gerichtshof darin Recht gegeben. Wenn der Volksmund »Louis« sagt, meint er nicht doch vielleicht Ludwig? Nein, weit gefehlt; er meint: Alois. Ein spassiger Gerichtssaalbericht erzählt: es: »Einem Kaufmanne, der den Vornamen Alois trägt, wurde die Registrierung seiner Firma verweigert, weil er den Vornamen Louis in das Handelsregister eingetragen wissen wollte. Das Handelsgericht gab der Vorstellung des Firmawerbers keine Folge, weil die Firma, deren Registrierung angestrebt wird, nicht den richtigen Vornamen des Einschreiters, nämlich Alois, sondern den mit Ludwig gleichbedeutenden Vornamen Louis enthalte, welcher dem Firmaträger gar nicht gebührt und der daher auch zu einer näheren Bezeichnung seiner Person nicht dient. Das Rekursgericht bestätigte die Entscheidung. Der Oberste Gerichtshof hob diese Beschlüsse auf, weil sich der Name ‚Louis‘ als eine im bürgerlichen Leben allgemein bekannte und gebräuchliche Bezeichnung für ‚Alois‘ darstelle, daher als der richtige Vorname des Firmawerbers angesehen werden müsse.« Man sieht, in der Wiener Mundart ist nicht so leicht auszulernen. Immer neue Überraschungen. »Mir san mir«. Oder auf französisch: »l'État c'est moi«. Was bekanntlich ein Ausspruch ist, der Alois XIV. zugeschrieben wird.

Leser. »Im Morgenblatt vom 25. Februar«, schreiben Sie, »leistet sich die ‚Deutsche Zeitung‘ ein gelungenes stilistisches Kunststück. Im Leitartikel werden die Kostenüberschreitungen bei den Alpenbahnen besprochen, und der Autor bedeutet den Abgeordneten, sie werden ‚acht haben müssen, nicht Mücken zu sein und Elefanten zu schlucken‘. Nun ist mir«, schreiben Sie, »wohl die Mahnung bekannt, man solle nicht aus einer Mücke einen Elefanten machen. Dagegen glaube ich, daß man nicht erst darauf acht haben müsse, selbst keine Mücke zu sein, und noch weniger darauf, als solche keinen Elefanten zu schlucken«. Ich bin zu sehr Gemütsmensch, um jemanden leiden sehen zu können; und so will ich Sie denn von der drolligen Unkenntnis der Bibel, in die Sie sich mit der ‚Deutschen Zeitung‘ christlich teilen, sofort kurieren. Ich habe das Blatt angesehen und fand wirklich den Satz darin: »nicht Mücken zu s e i e n und Elefanten zu schlucken«. Zu seien, nicht zu sein. Das ist nämlich ein Unterschied. Wenn Sie jetzt noch statt seien richtig seihen (oder seigen) setzen, so werden Sie wissen, daß von »sickern lassen«, »filtrieren« oder dgl. die Rede ist. Daß man Mücken seihen kann, ist unbestreitbar. Jetzt ist nur noch die Frage, ob man Elefanten schlucken kann. Das wäre erst dann der Fall, wenn es möglich wäre, aus einem Elefanten eine Mücke zu machen, die man natürlich nicht nur seihen, sondern auch, wenn's beliebt, schlucken kann. Elefanten kann man nicht schlucken. Das hat aber auch niemand verlangt. Kamele z. B. kann man auch nicht schlucken. Dennoch warnt ein Bibelwort ausdrücklich davor. Es lautet zu Ihrer und der ‚Deutschen Zeitung‘ Belehrung: »Ihr verblendete Leiter, die ihr Mücken seiget und Kamele verschlucket«. Jesus sprach's zu den Schriftgelehrten und Pharisäern. »Mücken seigen und Kamele verschlucken« ist als

Bezeichnung pedantischer Mühe in kleinen und Sorglosigkeit in großen Dingen sprichwörtlich geworden. Hoffentlich trifft mich selbst der Vorwurf nicht. Ihr Schreiben hat zu einer Antwort — und ich antworte so selten unter den »Antworten des Herausgebers« — allzusehr verlockt: dieser Protest eines Lesers, der ein Sprichwort nicht kennt, gegen einen Schreiber, der es mit einem andern Sprichwort zusammenwirft. Daß die Bildung des Publikums, auch jenes, das seiner Presse überdrüssig wird, ganz und gar von der Journalistenbildung abhängt, zu zeigen, ist gewiß nicht uninteressant. Es sind nicht Mücken, die hier gesiehen werden. Im Gegenteil: es sind die Kamele der Tagespresse.

Spaßvogel. Um die Mitte dieses Monats soll — so will ein menschenfreundliches Gerücht wissen — die ‚Deutsche Zeitung‘ zu erscheinen aufhören. Bald werden wir also, wenn wir daran glauben sollen, keinen Masaidek mehr haben. Wie ein höchstes Anspannen aller Kräfte, wie ein stolzer Versuch, im Letzten das Beste zu geben, damit die Welt die Schwere ihres Verlustes ermesse, wie das jauchzende Justament eines Frohsinns, der zum Teufel fährt, wirken die Gedankenblitze, die uns neulich den Sonntag erhellt haben. »Da habt's mein letztes Kran'l!« Bald wird der Sprühgeist schweigen, der Wendungen hervorzaubern konnte wie die folgenden: »In Brüx haben bei der Stichwahl die Schönerianer für den Kandidaten der Würfelzuckerpartei gestimmt. Brüx ist überhaupt eine schöne Gegend.« »Der amerikanische Professor Dr. Osler behauptet, im sechzigsten Jahre könne ein Mensch nichts besseres tun, als mittelst Chloroform in ein besseres Jenseits eingehen. Das erinnert mich an den tiefsinnigen Ausspruch eines Hühneraugenschneiders im Esterhazy-Bad, der zu sagen pflegte: ‚Älter als fünfzig Jahr soll kein Mensch werden. Wann ich fünfzig Jahr' alt werd', so häng' ich mich auf!' Er wurde aber 67 Jahre alt, bevor er seinem Leben freiwillig ein Ende machte.« »Man braucht gerade kein Betbruder oder ein altes Kerzelweib zu sein, um die Art und Weise, wie mit dem Leichnam Erich Hartlebens verfahren wurde, schändlich zu finden.« »Maxim Gorki begab sich sofort nach seiner Freilassung zu seinem Kebsweib nach Riga. Er tat dies in solcher Eile, daß er nicht Zeit fand, seine rechtmäßige Frau zu besuchen, die mit drei Kindern bei einem ‚Freunde‘ weilt, der sie hoffentlich über den Verlust des Gatten trösten wird.« »Daisy Minor! Wie schön das klingt! Wenn ich ein Frauenzimmer wäre, so müßte ich auch ‚Daisy‘ heißen.« . . . Und damit soll's zu Ende gehen? Wir können's und wollen's nicht glauben. Es ist ja möglich, daß sich der Schlaf der Leser und der Tod der ‚Deutschen Zeitung‘ demnächst als Zwillingsbrüder erkennen werden. Aber F. F. Masaidek darf nicht obdachlos sein. An dieser Stelle werden, wenn sie sich auf der Höhe halten, seine Aperçus — er möge sie mir als Manuskript senden — jederzeit gern gebracht werden.

Herausgeber und verantwortlicher Redakteur: Karl Kraus.
Druck von Jahoda & Siegel. Wien. III. Hintere Zollamtsstraße 3

DIE FACKEL

Nr. 178   WIEN, 25. MARZ 1905   VI. JAHR

Wien war für eine Woche ganz und gar in
»Seelenvollheit« versunken. Das neue Wort stammt
von Ellen Key, die orpheusartig die wildesten Wiener
Bestien der verschiedensten Parteirichtungen zum
Aufhorchen zwang. Sie einigten sich auf das Pro-
gramm der Seelenvollheit. Wenn man die liberale
Presse las, so mochte man wähnen, daß es ihr nie um
etwas anderes zu tun gewesen sei, als um die Erhaltung
der idealsten Güter der Menschheit, und das ‚Deutsche
Volksblatt' gebärdete sich als eine der ältesten Key-
Firmen. Aber ganz gepachtet hatten den Gast unsere
Sozialpolitiker, Sozialwissenschaftler, Sozialethiker,
kurz jene, so es sich zum Beruf gemacht
haben, die Langeweile dieses Lebens noch um ein
Erhebliches zu vermehren. Greuliche Standpunkt-
menschen, Menschen, die nur einen Standpunkt und
keinen Horizont haben, mit den völlig Urteilslosen, die
bloß die Sensation lockt, zur Seelenandacht
und zur Anbetung des Mütterlichkeitsideals vereinigt. Es war für eine Woche zu viel. Aber die
Seelenvöllerei jener Kreise, in denen das Wort Mono-
gamie mit »Einheirat« übersetzt wird und die sich
im Inseratenwege nach jenen »sympathischen«
Vorbedingungen erkundigen, die das Glück der
kommenden Generation garantieren, könnte einem
auch die freundliche Erregerin des Taumels unleidlich
machen. Mir vermag schon die leichte Faßlichkeit
ein Ideal zu entwerten: das hohe Lied von Mütter-
lichkeit und Kindesseele spielt jedes Gedankenwerkel.

Mit der Stärke des Widerstandes wächst, bei Un-
möglichkeit eines Martyriums schwindet der Wert
des Ideals. An einem Ideal darf nichts erreichbar
sein, als das Martyrium. Wer offene Türen einrennt,
braucht nicht zu fürchten und darf nicht hoffen, daß
ihm die Fenster eingeschlagen werden. Der Philister vermag nur im Stofflichen die Idealität zu entdecken, darum
nie etwa dem — im Schillerjahr sei's ausgesprochen —
himmel- und höllestürmenden Idealismus eines Frank
Wedekind auf die Spur zu kommen. Und unsere Jugend
scheint vor allem auf die Bequemlichkeit ihrer
utopischen Wege, auf die Erreichbarkeit ihrer Ideale
zu sehen. Wie viel Fett hat sie in wenigen Jahren
angesetzt! Ihre »warmen Jünglinge« nannte Ellen
Key die Studenten, die sie — im Herzen schon
Familiengründer — sozialethisch angetoastet haben.
Aber ihre Wärme ist nicht Feuersglut, sondern die
Ofenwärme des Heims und die Brutwärme der
Familie.

Zum warmen Jüngling wird auch, wer einst
die Lügenberge der Menschheit mit dem Dynamit
selbsterlebter, selbsterlittener Wahrheit sprengen wollte
und nun sich bescheidet, an den Einrichtungen der
bürgerlichen Gesellschaft programmatische Reparatur-
arbeit zu leisten. Kein Typus ist unsympathischer als
der in die Sozialdemokratie eingefriedete Anarchist.
Hören wir ihn — ‚Arbeiterzeitung‘ vom 18. März
—, wie er Ellen Key's Wort gegen sich selbst
zitiert: »Die meisten Menschen sind schon in
mittleren Jahren geistig fett oder mager geworden,
sie sind verhärtet oder vertrocknet, und mit
vollem Rechte sieht die Jugend sie mit kalten,
unsympathischen Blicken an«. Schwung braucht der
Mensch. Ellen Key sei ohne Skeptizismus. »Ein
Dichter, der über die Wirkungslosigkeit seiner Worte
nachdächte, könnte um allen Schwung kommen; ein
Lehrer, der sich sagen würde, daß heute die Prostituierte oft eine entscheidendere Erziehung auf den

Großstadtjüngling ausübt, könnte leicht seinen heißen
Berufseifer verlieren«. Es braucht kein revolutionärer
Geist vom Grabe herzukommen, um das zu sagen; um
zu beklagen, daß das »Laster« seelenbildender sein kann,
als eine Lebensführung im Dienste einer abgekarteten
Moral. Aber Ellen Key ist wenigstens so vernünftig,
einen individuellen »Willen zum Besserwerden« voraus-
zusetzen. Ein Sozialdemokrat könnte das nicht. Er
ruht auf einer »sozialen Grundlage« und vollzieht selbst
den Beischlaf auf ihr. Ellen Key, sagt er, vergesse,
wenn von der Beseitigung von Lastern die Rede ist,
daß »Laster und Tugenden gesellschaftliche Produkte
sind wie Anilin und Zucker, wie Emile Zola auf
das erste Blatt seiner ,Nana' schrieb«. Das dürfte
ein Mißverständnis sein. Ich habe weder die
»Nana« noch Taine, dessen Wort Zola zitiert,
zur Hand. Aber abgesehen davon, daß Anilin
und Zucker nur dann gesellschaftliche Produkte sein
können, wenn die Fabrik, in der sie erzeugt werden,
einer Aktiengesellschaft gehört, glaube ich auch
nicht, daß Taine sich Laster und Tugenden als
»gesellschaftliche« Produkte gedacht und damit jenem
unpsychologischen Determinismus das Wort geredet hat,
der verbohrter ist als die Auffassung, die sie
unter das Joch persönlicher Verantwortung beugt.
Es braucht auch kein Revolutionär zu kommen,
um uns zuzurufen: Seid fruchtbar und vermehret euch!
Ellen Keys Weltanschauung habe ursprünglich den
Ausgangspunkt »das Kind« gehabt. »Schon dies sicherte
ihren Gedanken den Beifall der Welt.« Ein Erfolg in
den Augen des Weltumstürzers? Ja, er bekennt:
»Mag alle Heiligkeit, alle revolutionäre Sehnsucht aus den
Herzen geschwunden sein, der Gedanke an das Kind ist
selbst in dem am meisten verwüsteten, stumpf und
schmutzig gewordenen Innern des Menschen von
heute heil und heilig geblieben. So kaput, so fertig,
so stumm in der Seele ist fast niemand, daß der
Gedanke an das Kind nicht sehnsuchterweckend

wirken würde.« Fecondité-Stimmung, der sich Sozialdemokraten gern hingeben, nur daß sie sich dabei den Segen des Priesters wegdenken. Aber ist nicht gerade der »Gedanke an das Kind«, der doch nicht auf alle Menschen befeuernd wirkt, ist nicht diese bürgerliche Gattungstreue ein Beweis dafür, daß die »revolutionäre Sehnsucht aus den Herzen geschwunden« ist?...

Wien hat seelengevöllert. In allen Lagern. Die Bekenner ästhetischer Werte aber hatten das Nachsehen. Und wer bisher geglaubt hatte, daß der Zenith weiblicher Vollkommenheit erreicht sei, wenn sich Veränderlichkeit in tausend Formen der Anmut spiegelt, während der Mann seines Wesens feste Prägung offenbare, ward eines Besseren belehrt, und die Häßlichkeit empfing die tröstende Botschaft, daß für die Frau, ausschließlich für die Frau, Goethe's Wort gelte: »Nichts scheinen, aber alles sein«... Ich aber sage Euch: Nur wer goetheisch denkt, darf Goethe zitieren. Denn es steht geschrieben: Du sollst den Namen Goethes nicht eitel nennen!

Die Wiener Straße.

»Vor dem Strafrichter des Bezirksgerichtes Josefstadt, Gerichtssekretär Dr. Schachner, hatte sich gestern eine Witwe, Mutter von fünf Kindern, wegen Bettelns zu verantworten. Der Mann der armen Frau war am 6. März v. J. gestorben und ließ sie mit den Kindern vollständig mittellos zurück. Richter: Warum haben Sie gebettelt? — Angekl.: Ich war in so großer Not, daß ich für das Kind keine Milch hatte. — Richter: Wie viel Kinder haben Sie? — Angekl.: Fünf. — Der Richter verurteilte die Frau, die wegen Bettelns bereits dreimal vorbestraft ist, zu vierundzwanzig Stunden strengen Arrests. Als mildernd nahm er dabei ihre Notlage an. ‚Aber kommen Sie mir nicht mehr', rief er der Angeklagten zu, ‚sonst sperre ich Sie drakonisch ein!'‹

Die Justiz und der Straßenbettel sind Wiener Miseren. Und ihre Vereinigung läßt uns unser Elend doppelt empfinden. Der Wiener Straßenbettel ist ein Skandal, auf den bloß jene Lokalpatrioten stolz sind, die jede Wiener Unart zur Eigenart umfälschen möchten. In Wahrheit ist der antisemitische Straßendreck nicht reiner, der antisemitische Staub nicht gesünder als der liberale. Und die Bettelei hat in einer Weise überhand genommen, die jedem Italienreisenden, der aus dem Norden kommt, das Ziel seiner Sehnsucht bereits in unserer Mitte erreichen scheinen läßt. Es gibt kaum mehr eine elegantere Straße, in der einem nicht, wie Bremsen dem Pferde, bettelnde Kinder an die Waden prallten, dutzendweise und nicht mehr wegzubringen. Vor den Türen der Kaffeehäuser warten sie, hängen sich dem Heraustretenden an die Rockschösse und sind bloß durch Geld, nicht durch böse Worte zu vertreiben. Keine hohle Gasse Wiens ohne Armgard, die sich mit einer Schar von Kindern den Passanten in den Weg wirft, und keiner, der sich bei solchem Anblick nicht als hartherziger Landvogt fühlte. In allen Formen wartet das Elend auf, hüpft, rollt, stelzt durch die Straßen, und der Staat, der die Nerven seiner Bürger stündlich den quälendsten Eindrücken preisgibt, gibt sich in der Gestalt des eisgrauen Kriegers selbst preis, der die hohle Mütze demütig vor eine medaillengeschmückte Brust hält. Wenn's dem Staat zu bunt wird, wenn ihm sein Elend über den Kopf wächst, schickt er seine Polizisten aus, seine Bettler zu verhaften. Aber nicht jeder Richter gleicht Herrn Schachner; die meisten schöpfen ihr Urteil aus dem ›unwiderstehlichen Zwang‹ zum Betteln und nicht bloß aus dem unwiderstehlichen Zwang zum Strafen; sie lassen den Armen nicht schuldig werden, sondern lassen ihn laufen, oder — je nachdem — humpeln, kriechen, davonhüpfen. Ob der

Bettler am selben Tag oder erst am nächsten wieder
an der Straßenecke steht, verschlägt dem einsichts-
vollen Richter nichts. Herr Schachner hält offenbar
den Besitz von Kindern für einen Erschwerungsgrund,
für den er die Nuance des »strengen« Arrest, den er
nächstens noch »drakonisch« überbieten will, ersonnen
hat. Herr Schachner ist ein Ausnahmsfall. Aber warum
lehnen es die anderen Richter nicht endlich kategorisch
ab, das Elend strafrechtlich zu sanieren? Warum belehrt nicht einer in der Begründung seines Freispruchs
die Polizei über die Aussichtslosigkeit der Bettler-
arretierungen, mahnt sie nicht zu besserer Anwendung
ihrer Zeit und ihres Arbeitseifers? Ein Knabe glaubte
einst der Donau durch Zuhalten ihrer Quelle mit dem
Daumen ein jähes Ende zu bereiten. Der Staat, dieser
alte Knabe, ist noch dümmer: er geht nicht einmal auf die
Quelle zurück, sondern möchte den Strom löffelweise aus-
schöpfen. Das Bild stimmt nicht ganz; denn die Quellen
des Straßenelends ließen sich wohl, wenn Staat und Stadt
einträchtigen Willens wären, verstopfen. Freilich, die
Armut scheint in Wien so unpraktisch wie der Staub
bekämpft zu werden. Wer kennt sie nicht, die berühmte Kehrichtwalze? Sie ist dem Nachtleben Wiens
so unentbehrlich geworden, wie etwa Maxim oder
Brady. Das Sinnbild des »Drahns«. Den Staub des
Tages, der auf der Straße ruhig lag, treibt sie in die
Lüfte. Sie bekriecht den Kärnthnerring; aber sie hüllt
die ganze innere Stadt in eine Staubwolke. Natürlich nur
bei trockener Witterung. Wenn's regnet, fährt der Spritz-
wagen auf. Ich weiß, die Kommunaloffiziösen werden
mich belehren, berichtigen, beschimpfen. Aber ich
schwöre, daß ich's nie anders gesehen habe. Und nie
etwas anderes in diesen Maschinen als die Symbole österreichischer Sinnlosigkeit, wienerischer Umständlichkeit
und Gschaftlhuberei, mit einem Wort, die Methode,
Staub aufzuwirbeln und nichts zu erreichen. Nichts?
Doch: eine Ausbreitung der Tuberkulose, mit der die
Anschaffung von Spucknäpfen nicht Schritt halten

kann. Die »Schutzvorrichtung« der Straßenbahn gehört
natürlich in die Reihe dieser Symbole. Sie tötet. Der Staub
aber ist beneidenswert, weil er auch in der heißesten
Sommerszeit auf eine Luftveränderung rechnen kann.
Der Wahlspruch quieta non movere wird nicht dem
Staub, bloß dem Dreck gegenüber praktiziert. Jüngst
ist einer im Wiener Straßenkot, also im »Weich-
bild Wiens«, erstickt. Oder vielmehr, wie ich sofort selbst berichtigen will, nicht im Wiener Straßenkot, sondern in einem epileptischen Anfall. Die Be-
zirksvertretung hat das »festgestellt«. Nur leider die
Frage offen gelassen, ob auch auf trockener Straße
die Epilepsie zum Erstickungstod führt und ob, wenn
dies der Fall ist, ein Symptom dieser Krankheit etwa
darin zu erblicken wäre, daß sich in der Rachen-
höhle des Sterbenden Straßenkot bildet... Solche
Mysterien birgt gewiß auch die Wiener Armenpflege.
Sie wird mit dem Strafparagraphen betrieben, wie die
Staubabfuhr mit dem Kehrichtwagen, und so wahr die
Epilepsie an dem Straßenkot schuld ist, so ist das
Elend eine Folgeerscheinung des Bettels, den man
darum mit Stumpf und Stiel — Körperstumpf und
Holzstiel — ausrotten muß. Durch Arretierung der
Bettler wird die Armut am gründlichsten beseitigt... Ein Shakespearischer Narr, dessen Weisheit allen Anomalien der Zeit die Norm wieder-
findet, gebraucht das Bild von der albernen Köchin,
die die Aale lebendig in die Pastete tat; »sie schlug
ihnen mit einem Stecken auf die Köpfe und rief:
hinunter, ihr Gesindel, hinunter!«

● ● ●

In der ganzen Debatte über den »Fall Hangler«,
in der der Anklage eine ausnahmsweise sachkundige
Verteidigung gegenüberstand, ist nur ein Wort vorgekommen, das innere Wahrheit über den Streit der

Meinungen emporhebt. »Als Hangler am 17. verschieden
war«, so wurde gesagt, »hat die Mutter dem Ober-
stabsarzt, den sie traf, über die Behandlung ihres
Kindes bittere Vorwürfe gemacht, worauf ihr dieser
erklärte: ‚Lassen Sie es gut sein, der Hangler
bekommt eine Leich’, wie sie noch keiner
gehabt hat.‘«

Das ist vielleich das österreichischeste Wort, das
je gesprochen wurde. »Eine schöne Leich«. Für das
unschönste Leben, das einer führen mußte, entschädigt
ihn hierzulande eine »schöne Leich«. Unser ganzes
Staatswesen scheint sich allmählig auf diese Entschädigung vorzubereiten.

* * *

Während der Stationsvorstand von Leoben das
Krankwerden verboten hat, hat es die Staatsbahndirektion in Innsbruck auf das Kinderkriegen abgesehen. Die ‚Arbeiter-Zeitung‘ hat auch den neuesten
Erlaß an’s Licht gebracht:

An alle k. k. Bahnerhaltungssektionen, Bahnbetriebs- und Bahn-
stationsämter und k. k. Betriebsleitungen!

Bei allen Antragstellungen über Aufnahme von Arbeitern
als Aushilfswächter ist anzugeben, ob die Bewerber ledig oder
verheiratet sind. Ferner ist genau die Anzahl der Kinder bekanntzugeben, weil bei zu großer Kinderzahl von einer Aufnahme abgesehen werden müßte. In diesem Sinne ist auch
bei der Auswahl der Wächtersubstituten vorzugehen und stets ein
geeignetes Personal heranzuziehen.

Für den k. k. Staatsbahndirektor: Krummholz.

Wie einer es anstellen soll, um in den Dienst
der Staatsbahn zu gelangen, ist einfach unerfindlich.
Der Familiensegen der armen Leute ist nur zu oft
ein unverhoffter, und nicht der Wunsch dem Staate
Rekruten zu schenken, keine auf das Gemeinwohl,
sondern eine auf das eigene Wohl gerichtete Absicht
treibt sie zu jenen verpönten vorbereitenden Hand-

lungen, die man bisher bei der Zeugung von Kindern
leider nicht umgehen konnte. Die Verhinderung dieses
für arme Familien oft verhängnisvollen Effekts straft
der Staat als ein Verbrechen; und wird sie, solange eng-
stirnige Bosheit die Welt regiert, immer strafen. Die Her-
beiführung dieses Effekts aber versperrt jede Aussicht
auf eine Anstellung im Staatsbahndienst.... In Tirol und
Oberösterreich haben die Herren Geistlichen in der
freien Zeit, die ihnen die Propaganda für die
Parteipresse läßt, nichts besseres zu tun, als die
Gläubigen vor der selbst im Strafgesetz nicht verpönten Methode der Verhinderung des Nachwuchses
zu warnen. Die Staatsbahndirektion Innsbruck will's
wieder anders. Nach jeder Façon kann man in
Osterreich selig werden, nur nicht nach seiner eigenen,
und für nichts trägt man hierzulande schwerere
Verantwortung als für sein Privatleben... Aber
die planvolle Vorschubleistung zum Kindesmord
ist eines der grauenvollsten Kapitel im Schuld-
buch der Staaten, welche die auch von sachkundiger
Hand besorgte »Abtreibung der Leibesfrucht« mit
Kerkerstrafen bedrohen. Die Kaninchenzucht darf
nicht gestört werden, und wenn auch das Leben, das
die Kaninchen »erblicken«, ein Hungertod wäre! Und
wenn auch »bei zu großer Kinderzahl von einer Aufnahme in den Staatsbahndienst abgesehen werden
müßte«!

* * *

Die Affaire Marschall wäre mit der Verweisung
des Schmerzenskindes ministerieller Gunst in eine
Isolierbaracke vorläufig erledigt, wenn nicht die Begriffsverwirrung, die sie verursacht hat, auch noch in
den Epilogen zu der Streitsache fühlbar wäre. Im
Budgetausschuß hat sie sich kürzlich allzu laut
geberdet. Bei der naiven Meinung der Herren Skene
und Kramarz, die den Kunststudenten das »Recht«

auf Unzufriedenheit mit ihrem Lehrer absprechen
wollten, muß man sich nicht aufhalten. Schlimmer
waren die Argumente des Unterrichtsministers. Mit
diesen versöhnt bloß die Komik der Versicherung,
daß der jetzige Zustand vollauf dem Wunsch des
Herrn Marschall entspreche, der das Atelier der
Akademie ohnedies ›als mangelhaft erkannt‹ und längst
um die ›Erlaubnis‹ gebeten habe, in seinem eigenen
Atelier den Unterricht zu erteilen. Wenn jetzt Herr
Marschall, dem die Einrichtungen der Akademie, mit
der bessere Meister ihr Auskommen fanden, nicht
genügt haben, auch noch die Schüler in sein Atelier
bekommt, wird sein Glück ein vollständiges sein...
Ernsteren Einspruch heischt eine Behauptung, die
der Unterrichtsminister mit einem Schein von sach-
licher Begründung neuerdings vorgebracht hat und
an der ihm endgiltig die Freude verdorben werden
muß. Herr v. Hartel sagte: ›Eine Untersuchung
wurde auf den ausdrücklichen Wunsch des Professors
Marschall zwar nicht als eine Disziplinaruntersuchung,
wohl aber als eine Erhebung über jene Anklagen,
welche in der Interpellation der Abgeordneten Dr.
Erler und Genossen gegen ihn vorgebracht worden
waren, angeordnet. Das Resultat der Untersuchung war
ein solches, daß eine ehrenrührige Handlung dem
Beschuldigten nicht nachgewiesen werden konnte.
Über die künstlerische Eignung Marschalls für
die akademische Professur hat der Vorsitzende eine
Diskussion allerdings nicht zulassen können.‹ Herr v.
Hartel irrt. Nie hat es sich um den Nachweis ›ehrenrühriger Handlungen‹ im Sinne von Verstößen gegen
den bürgerlichen Ehrbegriff gehandelt. Nie hat man,
da solche nicht nachzuweisen waren, die ›künstlerische
Eignung‹ des Herrn Marschall in die Debatte gezogen.
Herr v. Hartel verschiebt die begriffliche Situation
des Streitfalls. Geflissentlich oder mit der Unlogik des
Laien und guten Bürgers, der den Künstler eher für
abgetan hält, wenn er ein Mädchen verführt, als wenn

er eine fremde Arbeit käuflich erworben und mit
seinem Namen signiert hat. Nicht zwischen Ehre und
Fähigkeit liegt das Terrain, auf dem für und gegen
Marschall gestritten wurde. Etwas ganz anderes stand
in Frage: das Thema der Berufsethik. Natürlich ist
Herr Marschall im Sinne des Wiener Kaufmännischen
Vereines ein Ehrenmann: er ist seinen Kunst-
bediensteten keinen Heller schuldig geblieben. Er
wäre sicher auch nach dem Ausspruch jenes Offiziers-
ehrenrats, der drolliger Weise die Affaire entscheiden
sollte, »satisfaktionsfähig«. Auch die Beamten des
Herrn v. Hartel konnten keine »ehrenrührige Handlung« entdecken: seit wann wäre ein Staatsbeamter
ehrlos, der einem Figurini-Jungen eine Gypsfigur ab-
kaufte und von deren Erzeuger die Zustimmung erlangte,
seinen eigenen Namen einzukratzen? Nicht so günstig
würden solide Kaufleute über Preisunterbietungen
bei der Bewerbung um Medaillenaufträge denken,
vielleicht sogar den Mangel eines Gesetzes gegen
unlauteren Wettbewerb bedauern und jedenfalls ein
Vergehen gegen die geschäftliche Standesmoral feststellen. Aber im allgemeinen bürgerlichen Sinne läge eine
»Ehrlosigkeit« noch immer nicht vor. Die Künstler
und Kunstlehrer sind empfindlicher. Sie haben ihre
eigene Ethik. Sie wollen nicht, daß eine Bildhauerfirma ein Lehramt usurpiere. Die Unlogik wendet
ein, daß doch alle Künstler auf das Geldverdienen
und Geschäftemachen angewiesen sind. Gewiß. Aber
der Künstler darf bloß Geschäfte mit dem Käufer,
nicht mit dem Verkäufer eines Kunstwerks machen.
Das ist der springende Punkt. Immer wieder wurde darauf
hingewiesen, daß ein Prozeß, den ein Angestellter der
Fabrik Marschall gegen den Chef führte, zu dessen
Gunsten entschieden wurde. Es unterliegt keinem
Zweifel, daß die kaufmännische Ehre des Herrn
Marschall aus jener Affaire heil hervorging. Aber
ist dieser Erfolg nicht gerade das Substrat der späteren
Anklagen, die die Anwälte der Kunstmoral erhoben?

Wenn sie die »Eignung« des Herrn Marschall für sein Lehramt bezweifelten, glaubten seine ministeriellen Verteidiger, eine Kritik der »Fähigkeit«, die ja nach der Ernennung gewiß nicht diskutiert werden konnte, werde versucht, sie riefen: »Das gehört nicht hieher!« und behielten vor einer durch Communiqués und Exposés mattgesetzten Öffentlichkeit Recht. In Wahrheit wurde die Fähigkeit des Herrn Marschall bloß zur Illustrierung des ministeriellen Kunsturteils herangezogen. Einem Genie hätte man kein Vergehen gegen die Standesehre angekreidet, hätte auch gegen den Durchschnittskönner, dem keines vorzuwerfen wäre, nicht Protest erhoben. Aber solcher Unterscheidung ist ministerielle Logik nicht gewachsen. Sie weiß bloß immer wieder — nach »gepflogenen Erhebungen« — zu versichern: Eine Kritik des Könnens gehört nicht hieher, und silberne Löffel hat Herr Marschall keinem seiner Mitarbeiter entwendet . . .

* * *

Die ‚Neue Freie Presse‘ mußte am 19. März die folgende Zuschrift bringen:

Sehr geehrter Herr Redakteur! Ich ersuche höflichst um gefällige Aufnahme nachfolgender Richtigstellung. Herr Professor Stein (Bern) hatte die Freundlichkeit, in seinem Chamberlain-Feuilleton in der letzten Sonntagsnummer Ihres Blattes meines Buches »Romantik und Gegenwart« zu gedenken, sich darauf berufend, daß er nicht der einzige sei, der Chamberlain als geschichtsphilosophischen Romantiker deute, und fügte hinzu: »Dr. Oskar Ewald nun, der es sich zur Lebensaufgabe gemacht, das Erbe der Romantik für unsere Gegenwart herauszustellen und zu verwalten, schreibt wörtlich: ‚Es berührt sich dieses Unternehmen, das im tiefsten Grunde eine Darstellung des deutschen Geistes geben will, mit den Grundlagen des neunzehnten Jahrhunderts von Chamberlain.'« Dieser ganze hier von Professor Stein zitierte Passus kommt aber nicht in meinem Buche vor, wohl aber in dem von meinem Verleger versandten Prospekt, dessen Abfassung sich meiner Einflußnahme entzogen hat. Auch die Bemerkung Professor Steins, daß ich mir es zu meiner Lebensaufgabe gemacht habe, das Erbe der Romantik für unsere Gegenwart herauszustellen etc., beruht auf einem Irrtum, wie es meine Schrift »Nietzsches Lehre in ihren Grundbegriffen« und mein demnächst erscheinendes Buch »Richard Avenarius als Begründer des Empiriokritizismus« beweisen. Ihnen für die Aufnahme dieser Zeilen im vorhinein herzlichst dankend, zeichne ich hochachtungsvollst Dr. Oskar Friedländer-Ewald.«

Damit ist Herr Ludwig Stein (Bern) wohl abgetan. Dieser Gelehrte, der seine Kenntnis wissenschaftlicher Werke aus den Waschzetteln der Verleger bezieht, wird von nun an hoffentlich selbst bei den Lesern der ‚Neuen Freien Presse‘, denen er so lange mit endlosen Feuilletons imponiert hat und die sich nach und nach gewöhnt haben, die Tiefe ihres Hausdenkers mit der Elle zu messen, an Kredit verlieren. Kredit ist in diesem Falle der richtige Ausdruck. Bei einem andern Philosophen wäre das Ansehen erschüttert, bei Herrn Stein steht der Kredit in Frage. Herr Stein ist nämlich, wie hier schon einmal erzählt wurde, ein spekulativer Philosoph in dem den Lesern der ‚Neuen Freien Presse‘ geläufigeren Sinne. Er stammt aus Ungarn, besitzt in Berlin Häuser und Gründe und bringt in Bern vor einem Auditorium von Rabbinatskandidaten die Gedankenwelt des Börsenwöchners in ein philosophisches System. Als vor einigen Jahren in Berlin auf einem seiner Grundstücke ein Theater erbaut wurde und verkrachte, da ward die Geschichte der Philosophie um Stein’s »Satz vom Grunde« bereichert. Daß er sich in Wien, wie ein Gerücht wissen wollte, um eine Professur gegen Verzicht auf Besoldung beworben habe, glaube ich nicht: den Stab des Marschall habe ich in seinem Tornister nie vermutet. Auch hätte sich die Gratislieferung von Vorlesungen nicht rentiert, da hier das Honorar wirklich von »honos« kommt und ein Verzicht auf das eine auch einen Verzicht auf das andere bedeutet hätte. Und das riskiert ein spekulativer Philosoph nicht.

. . .

— 14 —

Im hundertsten Todesjahre Schillers erfahren wir, daß die
»Concordia« — wie herzig! — »ein Kind des Schillerjahres 1859 ist«.
Im Frühling dieses Jahres, so meldet ihr Rechenschaftsbericht,
tauchte der Vorschlag auf, die Journalisten und Schriftsteller
Wiens in eine enge Verbindung zu bringen, »und nach den Worten im
Liede von der Glocke hieß es, ‚Concordia‘ soll ihr Name sein'«.
Wir erfahren, daß sie, im hundertsten Geburtsjahre Schiller's ge-
boren, »im Zeichen des Dichters eine ungeahnte Entwicklung ge-
nommen hat«. (Als ob die faulen Äpfel das einzige Sinnbild
Schiller'scher Größe wäre!) »In Ehrerbietung« — so wendet sich der
Bericht an die Mitglieder — »beugen wir uns 'vor dem hohen
Genius und möchten ihm, unserem Schutzgeist, damit huldigen,
daß wir Ihnen die Worte seiner Glockenverse zurufen:

> Zur Eintracht, zu herzinnigem Vereine
> Versammle sie die liebende Gemeine.«

Die liebende Gemeine, so kann sich die liberale Wiener
Presse, die ihr Schiller-Ideal im Herzen trägt, mit Fug nennen.

ANTWORTEN DES HERAUSGEBERS.

Leser. Ich schwanke noch. Wahrscheinlich aber werde ich mich
doch definitiv entscheiden, die ‚Deutsche Zeitung‘ für das dümmste
Blatt von Wien zu halten. Oft ist sie's genannt worden. Ich sagte:
Nein; die ‚Deutsche Zeitung‘ ist gewiß eines der allerdümmsten Blätter,
die es gibt — aber gegen das ‚Deutsche Volksblatt‘, wenn es seinen
guten Tag hat, gegen das ‚Vaterland‘, wenn es disponiert ist — —.
Und nun sehe ich, daß diese Sakkermenter von der ‚Deutschen
Zeitung‘ — —. Ja, ja, ein Masaidek schlägt ein Dutzend Volksblatt-Satiriker.
Und es ist ein Journal der Überraschungen. Was ist das nur für eine
Popperei, daß das Blatt noch weiter erscheint? Auch nach den Iden
des Märzes, die ihm überall als der Zeitpunkt seines Unterganges
prophezeit wurden? (Hoffentlich wittert die ‚Deutsche Zeitung‘ hier
keine Anspielung auf die Jiden des Märzes, als die ihr die Anhänger
der Revolution von 1848 doch sicher erscheinen.) In der Monatsmitte
werde, so hieß es, die ‚Deutsche Zeitung‘ sterben, alles war in schönster
Ordnung, aber siehe, der Herr, der sie zu sich nehmen sollte, scheint selig
in der ‚Deutschen Zeitung‘ entschlafen zu sein. Ich hatte ihrem Nichterscheinen
eine größere Publizität gegeben als je ihr Erscheinen hatte; nun wird
sie übermütig und erscheint. Das wird der christlichsozialen Partei
leid tun. Die ‚Deutsche Zeitung‘ ist nämlich ihr »Organ«. Eine tote
Niere, ohne die der Patient besser leben kann als mit ihr. Wenn man
sagt, daß die ‚Deutsche Zeitung‘ das Organ der antisemitischen Partei ist,
so müßte man auch sagen, daß die liberale Partei das Organ der liberalen

Presse ist. Die Tribüne stellt heute bloß den Schein politischer Macht dar, der reale Faktor ist die Presse. Die liberale Partei ist ein Stammtisch, »ihre« Presse ein Ungeheuer, das die Welt mit Haut und Haaren frißt. Das umgekehrte Machtverhältnis besteht zwischen der Partei und der Journalistik des Wiener Antiliberalismus. Wer vermöchte an dieser für Analphabetschwestern beiderlei Geschlechts geschriebenen Presse ernstlich mehr auszusetzen als daß sie als Klosettpapier unhygienisch ist? Der Wille zur Schlechtigkeit wird hier fortwährend durch einen so erfreulichen Mangel an Talent paralysiert, daß der kritische Betrachter dem Problem mit mehr Humor als Besorgnis gegenübertreten kann. Nichts auf Erden ist beruhigender als der Anblick der Unfähigkeit, die ein schädliches Machtmittel durch schlechte Hantierung unwirksam macht. Nichts ist moralischer. Da wir Leser der ‚Neuen Freien Presse' das Mittel immer nur wirkend sehen, sehen wir seine Gefährlichkeit, die wir doch spüren, nicht mehr. Wir gewahren sie erst, wo wir sie nicht zu spüren bekommen. Freuen wir uns, daß uns die ‚Deutsche Zeitung' erhalten bleibt! Wenn wir sie durchblättern, sehen wir erst, was für ein schädliches Schandblatt die ‚Neue Freie Presse' ist.

Heimatkünstler. Die ‚Deutsche Zeitung'! Herr Gugitz ist sehr bös, weil Gerhart Hauptmann ausersehen wurde, zur Wiener Schiller-Feier den Prolog zu dichten. Aufführung im Burgtheater und Grillparzer-Preis und jetzt auch noch das! Herr Gugitz nennt darum Gerhart Hauptmann ein »Individuum«, ein paar Mal auch einen Hochstapler und einen Jobber, Herrn Schlenther seinen »Spießgesellen«. Herr Gugitz hat überdies die wahre Gesinnung Hauptmann's gegen Schiller enthüllt. In »Vor Sonnenaufgang« sagt nämlich jemand: »Oaber der Schillerich, oaber a Gethemoan, a sune tummi'n Sch . . . kerle, die da nischt kinn'n als lieja«. Herr Gugitz hält diese — protzigen Bauernhochmut charakterisierenden — Worte für das Bekenntnis des Dichters. Das ist ein Mißverständnis; und Hauptmann fühlt für Schiller sicherlich besser als er's auszudrücken weiß. Das Festgedicht ist von einer Armseligkeit, die ein tiefes Mitleid für den Mitleidsdichter weckt, dem seit Jahren die Entwicklung seines enormen Könnens gesperrt scheint. Trotzdem halte ich die Impotenz eines Gerhart Hauptmann noch immer für zeugungsfähiger als die Fruchtbarkeit eines österreichischen »Heimatkünstlers«. Herr Gugitz beklagt sich durch volle sieben Spalten darüber, daß man ihm neuerdings den Schlesier vorgezogen hat, daß man überhaupt Ausländer aufführt. »Und wer ist dieser Sven Lange, dieser Herr Butti . . .?« fragt er. Zufällig sagt d i e s e l b e N u m m e r des prächtigen Blattes, wer dieser Herr Butti ist. Der Theaterreferent schreibt nämlich: »Ein vieraktiges Drama ‚Luzifer' des Italieners Enrico Annibale Butti hatte heute einen zwar nicht geräuschvollen, aber innerlich dafür um so durchgreifenderen Erfolg. Das ehrliche, in schönen Stimmungen schlicht und ohne Pose bewegte Stück behandelt das Niels Lyhne-Thema, den Bankerott des Gottesleugners . . . Ohne starke Effekte, ohne Tiraden, aus echtem Empfinden heraus vollziehen sich diese Vorgänge. Das Stück erschien in gutem Deutsch; mit Ottomar Piltz hatte es Otto Erich Hartleben übersetzt.« Wer würde sich der Mühe unterziehen wollen, die Klagen des Herrn Gugitz in gutes Deutsch zu übersetzen? Aber höchste Zeit ist es, daß endlich ein Wiener Theaterdirektor ein Werk des Herrn Gugitz aufführt. Strafe muß sein.

Spaßvogel. Masaidek spricht: »Gegenwärtig weilen zwei Vorkämpferinnen für Frauenrechte: Ellen Key und Mrs. Perkins-Gilman in Wien, um für ihre Ideen Propaganda zu machen. Ein boshafter Mensch könnte fragen: Sind denn die deutschen Frauen solche Gänse, daß sie sich von Schwedinnen und Amerikanerinnen über ihre Rechte und Pflichten müssen belehren lassen?« — »Die unverkürzten Aufführungen von Schillers ‚Räubern‘ und ‚Don Carlos‘ dauern fünf bis sechs Stunden lang und das Publikum harrt bis zum Schluß aus. Das sollen sie einmal mit einer Komödie von Ibsen probieren!« — »Der ‚kleine Kraus‘ beanständet es, daß ich die ‚Freundin‘ des Gorki ein ‚Kebsweib‘ nannte... Was die saubere ‚Freundin‘ des Gorki betrifft, so hätte ich für diese Person gern einen stärkeren Ausdruck als ‚Kebsweib‘ gebraucht; doch unterließ ich dies aus Rücksicht darauf, daß die ‚Deutsche Zeitung‘ auch in Familienkreisen gelesen wird. Herr Kraus scheint es sich überhaupt zur Aufgabe gemacht zu haben, alle perversen Geschöpfe in Schutz zu nehmen. Darum nimmt er sich des O s k a r W i l d e , W e i n i n g e r , d e r G r ä f i n M o n t i g n o s o u n d d e s N e b e n w e i b e s d e s G o r k i so warm an.« — »Mancher wird Operndirektor, der besser zum Zuchthausdirektor taugen würde.« — »Das sind nicht die schlechtesten Witze, die fortwährend von der ‚Fackel‘ und anderen Blättern zitiert werden.«

Moralist. Der Sohn eines Ministers ging, so wird mir gemeldet, eines Abends allein und unbehütet nach Hause. Unterwegs wurde er nicht von Räubern überfallen. Weit Ärgeres geschah: einige Mädchen, die der Zeitungsschmock Venus-Priesterinnen nennt, trugen dem zukünftigen Würdenträger Arm und Geleite an. Bedroht an seinem heiligsten Gute, eilte der Jüngling, wie von Furien gepeitscht, nach Hause und erzählte dem Herrn Papa das Fürchterliche. Noch nie ist die österreichische Gerechtigkeit so schnell geritten; der Amtsschimmel galoppierte. Den in der Nähe des Ministerpalais wohnenden Mädchen wurde verboten: a) vor 8 Uhr auf der Bildfläche zu erscheinen; b) die benachbarten Straßen als Angelplätze zu benützen. Das Weiseste war jedoch, daß c) mehr als hundert Prostituierte aus der Liste gestrichen wurden und zwar in der Weise, daß jede Vermieterin gezwungen wurde, einem oder zwei Mädchen zu kündigen. Die Folgen dieser Verfügung interessieren mehr den Nationalökonomen. Die Vermieterinnen brachten den Ausfall dadurch herein, daß sie jede ihrer Mieterinnen um 2 Kronen täglich steigerten, die ihrerseits die neue Steuer auf die Konsumenten überwälzten. Das wird dem Major a. D. — siehe Nr. 169 — nicht angenehm sein.

Regisseur. Die alten Theaterhasen, auf die die Modernen Jagd machten, leben noch und sind unverwüstlich. Zur Zeit behauptet Herr Kadelburg das Feld. Das ist, wie man auch hier weiß, der Mann, der

den »Familientag« gedichtet hat. Im Berliner »Lustspielhaus« war, so
schreibt man mir, jüngst ein Autor darüber verzweifelt, daß die Schauspieler selbst auf der Probe in ganz auffallender Weise chargierten. Ja,
klärte ihn der Direktor auf, das kommt vom »Familientag«, den sie
hundertmal spielen mußten, und von Herrn Kadelsburg's Regiebefehlen.
Als bei einer der Proben des »Familientags« ein Schauspieler einen Satz,
der seinem Partner galt, zu diesem hingewendet sprach, unterbrach ihn
Herr Kadelburg mit den Worten: »Das gibt's nicht! Bei Maeterlinck
können Se meinetwegen so reden — bei mir reden Se ins Publikum
runter! Haben Se verstanden?«

Kritiker. Der ,Literarischen Praxis' wird aus Stuttgart geschrieben:
»Während in früheren Jahren im Schwabenland, sehr zum Vorteil
gegenüber anderen Erfahrungen, das Verhältnis zwischen Theater und
Presse ein freundliches war, scheint man gegenwärtig da und dort in
der Theaterwelt auf eine andere Manier verfallen zu wollen. Im vorigen
Sommer glaubte das Kurtheater in der Stuttgarter Vorstadt Berg eine
ihm nicht passende Kritik mit der Entziehung der Rezensionskarte
beantworten zu müssen; die Gegenwehr der Stuttgarter Presse war eine s o
e i n m ü t i g e, daß die Direktion ihren Schritt rasch wieder zurückzunehmen
vorzog. In Ulm hat dann erst vor wenigen Wochen ein Opernsänger
dem Chefredakteur eines dortigen Blattes wegen einer Kritik in seinem
Blatt mit Tätlichkeiten gedroht; auch die Ulmer Presse hat die
r i c h t i g e A n t w o r t darauf gegeben. Und jetzt ist es in Stuttgart zu
einem tätlichen Überfall gekommen! Der Theaterreferent der ,Schwäb.
Tagwacht' hatte eine scharfe Kritik gegen das recht schwache Schauspiel
,Der Messias' geschrieben, das der Schauspieler am Stuttgarter Residenztheater, Ferd. Skuhra, verfaßt hat. Der Verfasser und der Schauspieler
Köstlin (e r s c h w e r e n d e r W e i s e der Sohn des Theaterdirektors)
fielen nun zu Zweit vor dem Hause der ,Schwäb. Tagwacht' über
den Referenten her und mißhandelten ihn. Der Württembergische
Journalisten- und Schriftstellerverein hat sich natürlich sofort des häß-
lichen Vorfalles angenommen. Er hat den Stuttgarter Zeitungen nahe-
gelegt, das Residenztheater so lange vollständig zu ignorieren, als nicht
volle Genugtuung gegeben ist. Die Stuttgarter Presse, vom amtlichen
Staatsanzeiger bis zur äußersten Linken, hat diese Parole e i n m ü t i g a u f-
g e g r i f f e n, und so ist zu hoffen, daß der Vorfall seine Sühne finden
wird.« Sie sind sich doch überall gleich. Die Selbstverständlichkeit, daß
Druckerschwärze nicht im Dienste öffentlicher Interessen, sondern als
Lohn und Strafe aufgewendet wird, ist international. Einem Schauspieler,
der einen Kritiker schwer beleidigt, weil er ihn ohrfeigt, und einem
Theaterdirektor, der ihn noch schwerer beleidigt, weil er ihm die Frei-
karte entzieht, wird sofort das Interesse für ihre ö f f e n t l i c h e n
Leistungen entzogen.

Habitué. Von hoher Intelligenz zeugen die kritischen Wendungen,
die die Theaterreporter in ihre Erfolgtelegramme flechten. Im ,Berliner
Börsenkurier', den der sympathische Löwy bedient, lesen wir, »Butti's

‚Luzifer' habe bei der Aufführung im Deutschen Volkstheater in den von menschlichen Leidenschaften bewegten Szenen interessiert«. Das Novum, daß in einem Drama menschliche Leidenschaften in die Handlung spielen, ist hier recht feinsinnig betont. Der Kollege vom ‚Berliner Tageblatt' konstatiert, daß sich der Erfolg des Gewissensdramas »Luzifer« »trotz der schönen Gläubigkeit des Verfassers im letzten Akte merklich abgeschwächt« habe. Ja, das Wiener Volkstheater-Publikum läßt sich nicht fangen! Auch wenn ein Autor seiner klerikalen Gesinnung noch so sehr schmeichelt. — Es wäre doch vielleicht angezeigt, daß die beiden Herren ihr schönes Talent künftig bloß in der Abzählung der vorrufe und in der Aufzählung der Darsteller bewähren.

Dialektforscher. Nun wird der Jargon bald überall durchgeführt sein. Die Redakteure der ‚Neuen Freien Presse' haben sich leichter an ihn gewöhnt als an die neue Orthographie. Kürzlich schrieb einer von ihnen — in dem Bericht über den Mord in der Gumpendorferstraße — ganz frohgemut den Satz nieder: »Der Kanal wurde durchsucht, und man fand die Börse ohne dem Geld«.

Köchin. Seit einunddreißig Jahren langweilt die ‚Neue Freie Presse' ihre Sonntagsleser mit einer Inhaltsangabe der ‚Wiener Hausfrauen-Zeitung'. Letzthin begann diese mit den Worten: »Gräfin Montignosos Gedichte sind bekanntlich vor kurzem in Buchform erschienen und bringt das Faksimile eines dieser Gedichte Nr. 12 der soeben erschienenen, stets aktuellen ‚Wiener Hausfrauen-Zeitung'. Außerdem enthält diese Nummer noch: — —« Folgt Adele Crepaz, Graphologie, Rätselecke und dergleichen Urväter-Hausrat. Ja, wie hat sich nur das Blatt die Handschrift der just nicht nach dem Herzen einer Wiener Hausfrau gearteten Gräfin Montignoso verschafft? Die Leser glauben alles. Aber der Verlag des Lyrikbandes — mit dessen Herausgabe der Gräfin übrigens ein so geringer Gefallen geschieht wie mit der Durchschnüffelung ihres Privatlebens — hat an die Redaktionen einen Waschzettel mit dem folgenden Postskriptum versendet: »Für den Fall, daß Sie bereit sein sollten, nachstehendes Originalgedicht der Gräfin von Montignoso im Faksimile, im Anschluß an die Rezension oder unter Hinweis auf das Werk im Feuilleton zum Abdruck zu bringen, stelle ich Ihnen gern ein Klischee leihweise zur Verfügung. Bitte für diesen Fall umgehend zu verlangen«. Und die ‚Hausfrauen-Zeitung', stets aktuell, hat umgehend verlangt.

Grammatiker. Sie können beruhigt sein. Es heißt »gesiehen« und nicht »gesieht«. Seihen, sieh, gesiehen. Oder: seigen, sieg, gesiegen. Denken Sie an leihen und nicht an weihen, an steigen und nicht an neigen. Dann wird's schon gehen. Sie nennen sich »ein um Ihr und sein Deutsch besorgter freundlicher Leser«. Die Sorge um mein Deutsch nehme ich Ihnen gern ab. Jetzt und immerdar!

Physiker. Die Neue Freie Physik führt den Fall des Karlsbader Stadtgeologen an, dem ein elektrischer Strom durch seinen Körper ging.

»Derselbe hatte 150 Volt; da aber Dr. K. ganz durchnäßt war und mit
nassen Händen die Leitung berührt hatte, so dürfte der Strom, der ihm
durch den Körper ging, etwa 1000 Volt gehabt haben.« Sie schreiben
dazu: »Die Spannung von 150 Volt konnte nicht durch die Abnahme
des Widerstandes erhöht werden, die allerdings eintrat. Sowie man das
Gefälle des Wassers nicht erhöhen kann, wenn man breite Röhren
verwendet, nur dessen Menge pro Sekunde und Querschnitts-Einheit.
Also! Durch den Körper des armen Herrn Dr. ing. K. gingen wohl
mehr Ampère, als das Maß der Stromstärke sind, keineswegs aber
1000 Volt!« Dieser Aufklärung hat die ‚Neue Freie Presse‘ inzwischen
selbst Raum gegeben. Und zwar in rührend verschämter Weise. Sie
wiederholte aus dem Bericht ihres Karlsbader Physikers die wissenschaftlich unanfechtbare Behauptung, daß Herr Dr. K. zwei Stunden bewußt-
los war. Und fügte hinzu: »Herr Assistent Dr. S. Jellinek, der im Auftrage des Ministeriums des Innern seit Jahren Studien über die Einwirkung des elektrischen Stromes auf den menschlichen und tierischen
Körper treibt, hatte die Freundlichkeit, zu diesem Falle einem unserer
Mitarbeiter einige interessante Mitteilungen zu machen. Die
Feuchtigkeit verändert nicht die Stromspannung, die unter allen Umständen dieselbe bleibt, und es ist irrig, daß die 150 Volts auf 1000 Volts
stiegen, weil der Ingenieur in der Nässe arbeitete oder die Leitung mit
nasser Hand berührte. Dagegen ist die Stromstärke dieser Erhöhung in
der Feuchtigkeit unterworfen und es kann die Zahl der Ampères sich
unter Umständen verhundertfachen«. In Fachkreisen scheint man viel
gelacht zu haben. Ich schließe darauf aus den Zuschriften, die ich erhielt ... So habe ich es denn für notwendig erachtet, wieder einmal
das Kolleg zu besuchen. Allzuoft habe ich in den letzten Monaten
Neue Freie Physik, Neue Freie Geographie, Mathematik etc. geschwänzt.
Hoffentlich testiert mir Herr Benedikt trotzdem am Schlusse des Semesters.

Irrenwärter. In Wien erscheint — ich darf's verraten — seit
fünf Jahren ein deutschnationales Literaturblatt, das den Titel ‚Neue
Bahnen‘ führt. Die letzte Seite zeigt jedesmal eine Zierleiste, auf der
ein Mann, vermutlich ein »Schriftleiter«, der Austria einen Spiegel vor-
hält. Darunter ist eine politische Betrachtung zu lesen. Kürzlich — zur
Feier der hundertsten Nummer — war sie geradezu schlagend. Man
weiß nur nicht, ob dabei Austrias Schädeldecke oder der Spiegel zerbrochen
wurde. Statt einer Glosse nur ein Satz in ganz großen Lettern. Er
lautete: »Bella gerant alii, tu felix Austria Gautsche!« Darunter die geniale
Übersetzung: »Andre gehn auf Bälle, du glückliches Österreich
gautsche!« Der tolle Paschingshumor, der in der Verdeutschung des Wortes
Bella in Bälle liegt, entschädigt reichlich für die offenbare Unübersetz-
barkeit des lateinischen Wortes »Gautsche«, die ja an sich mit seiner Verwendung des Namens unseres Ministerpräsidenten Freunden beißender
politischer Satire willkommen sein muß. Bella gerant alii, tu felix Austria
— nun, nuhe? Nein eben — Gautsche! ... »Gautschen« — ein fast nie
gehörtes Wort — bedeutet übrigens wirklich etwas, und zwar: frozzeln, Kurz-
weil treiben u. dgl. Umso sinnreicher der Kontrast zwischen den Faschings-

unterhaltungen der anderen Völker und den Scherzspielen der glücklichen Österreicher... Als Herausgeber des Blattes zeichnen Ottokar Stauf von der March und Karl M. Klob. Die Schriftleitung und Verwaltung befindet sich Wien, VIII. Wickenburggasse 5.

Wiener. Die Don-Juanerien der Wiener Frauen werden immer unerträglicher. Ein typisches Erlebnis scheint der Simandltragödie zugrundezuliegen, die in der folgenden Gerichtssaalnotiz des ‚Extrablatts' geschildert ist: »(V e r l e u m d u n g e i n e r V o l k s s ä n g e r i n.) Eine in Volkssängerkreisen vielbesprochene Affaire beschäftigte gestern das Bezirksgericht Wieden, woselbst die Volkssängerin Fräulein Marthe P. als Klägerin gegen den Restaurateur Johann A. auftrat. Dieser soll nämlich vor Zeugen geäußert haben, er lasse die Volkssängergesellschaft, deren Mitglied die Klägerin ist, in seinem Lokale nicht mehr auftreten, da er hiezu seine besonderen Gründe habe. Klägerin habe sich nämlich gelegentlich einer Produktion während der Pause zu einem Gaste gesetzt, ihm E t w a s i n d e n W e i n g e s c h ü t t e t und ihm ein Rendezvous gegeben. Der betreffende Herr, zufällig Ehemann, sei erst am folgenden Morgen ernüchtert heimgekommen, habe über sich Gardinenpredigten und Skandal ergehen lassen müssen und dann bei ihm, dem geklagten Wirte, s i c h b i t t e r b e k l a g t. Die Klage bezeichnet diese V e r d ä c h t i g u n g als völlig aus der Luft gegriffen, Klägerin habe in der kritischen Nacht das Lokal nach Schluß der Produktion in Begleitung des Volkssängers Rudolf B. sofort verlassen und sich direkt in ihre Wohnung begeben, was sie durch Zeugen nachweisen wolle.... Der Wirt stellte in Abrede, sich in der inkriminierten Weise geäußert zu haben. Zur Vorladung von Zeugen beschloß der Richter die Vertagung der Verhandlung.« Wozu dienen solche Verhandlungen? Der Ruf des Mannes, der das Abenteuer mit der Volkssängerin hatte, wird heillos geschädigt. Wäre er nicht verheiratet, hätte die Dame vielleicht eine Anklage wegen Verführung unter Zusage der Ehe zu gewärtigen.

MITTEILUNG DER REDAKTION.

Von zahllosen Einsendern unverwendbarer Manuskripte wird die Erledigung urgiert. Sie seien auf die wiederholt erschienene Kundmachung verwiesen: »Unverlangte Manuskripte werden nur zurückgesendet, wenn **frankiertes** und **adressiertes Kuvert** beilag. Es genügt die einer Drucksache entsprechende Frankierung, da die Rücksendung wegen Zeitmangels ohne schriftliche Begleitworte, Bedauern oder Begründung, erfolgt«.

4159

Herausgeber und verantwortlicher Redakteur: K a r l K r a u s.
Druck von Jahoda & Siegel. Wien. III. Hintere Zollamtsstraße 3